Manual de Direito Internacional Público

Manual de Direito Internacional Público

UMA PERSPETIVA DE LÍNGUA PORTUGUESA

INTRODUÇÃO
FONTES
SUJEITOS
DOMÍNIO
GARANTIA

2017 • 5ª Edição, Atualizada

Jorge Bacelar Gouveia
Professor Catedrático da Universidade Nova
e da Universidade Autónoma de Lisboa
Presidente do Instituto de Direito Público
Agregado, Doutor e Mestre em Direito
Advogado, Árbitro e Jurisconsulto

ALMEDINA

UNIVERSIDADE AUTÓNOMA DE LISBOA UAL

FACULDADE DE DIREITO UNIVERSIDADE NOVA DE LISBOA

MANUAL DE DIREITO INTERNACIONAL PÚBLICO
1ª Edição, Setembro, 2003
AUTOR
Jorge Bacelar Gouveia (jbg@fd.unl.pt / www.jorgebacelargouveia.com)
EDITOR
EDIÇÕES ALMEDINA, S.A.
Rua Fernandes Tomás, nºs 76, 78 e 80
3000-167 Coimbra
Tel.: 239 851 904 · Fax: 239 851 901
www.almedina.net · editora@almedina.net
DESIGN DE CAPA
FBA.
PRÉ-IMPRESSÃO
EDIÇÕES ALMEDINA, S.A.
IMPRESSÃO E ACABAMENTO

Abril, 2017
DEPÓSITO LEGAL
....

ALMEDINA | GRUPOALMEDINA

BIBLIOTECA NACIONAL DE PORTUGAL – CATALOGAÇÃO NA PUBLICAÇÃO
GOUVEIA, Jorge Bacelar, 1966-
Manual de direito internacional público : uma perspetiva de língua portuguesa. – 5ª ed. actualiz. – (Manuais universitários)
ISBN 978-972-40-6973-9
CDU 341

"Ubi bene, ibi patria"

NOTA PRÉVIA À 5ª EDIÇÃO

É com a maior satisfação que se procede à reedição do *Manual de Direito Internacional Público*, agora na 5ª, atualizando referências normativas e doutrinárias, além de se ter simplificado alguns trechos do texto.

Agradeço aos professores e alunos de várias Escolas que continuamente têm dado vida a este livro, que desta feita conta também com a colaboração do Mestre Henrique Dias da Silva e do Dr. João Francisco Diogo na revisão de alguns conteúdos.

Também agradeço à Faculdade de Direito da Universidade Nova de Lisboa o apoio dado a esta publicação, nas pessoas da Senhora Subdiretora – Professora Doutora Helena Pereira de Melo – e do Senhor Diretor do CEDIS (Centro de Investigação & Desenvolvimento sobre Direito e Sociedade) – Professor Doutor Armando Marques Guedes.

Lisboa, 23 de abril de 2017.

JORGE CLÁUDIO DE BACELAR GOUVEIA

NOTA PRÉVIA À 4ª EDIÇÃO

Esgotada há algum tempo, chegou a hora de fazer uma nova edição – a 4ª – do *Manual de Direito Internacional Público*, sendo para mim uma enorme satisfação o acolhimento que este livro tem tido em Portugal e além fronteiras, sobretudo nas comunidades de juristas de língua portuguesa.

Foram feitas as necessárias atualizações, bem como corrigidos os passos do texto menos claros, conservando-se o seu tom pedagógico, neste tempo exaltante em que o Direito Internacional Público ganha uma nova centralidade não apenas no Direito como também na Política. Agradeço a ajuda e o cuidado do Professor Doutor Francisco Pereira Coutinho nesta atualização.

Estou em crer que o futuro será risonho à Ciência do Direito Internacional Público em Portugal e nos Estados de Língua Portuguesa: é crescente o interesse científico por estes temas, essencialmente numa lógica de especialização nos diversos capítulos deste setor jurídico, além da multiplicação de dissertações de mestrado e teses de doutoramento nestes domínios.

Essa é também uma experiência que tenho acompanhado de perto no âmbito dos programas de doutoramento conjunto que a Nova Direito desenvolve com a Faculdade de Direito da Universidade Agostinho Neto, em Luanda, e com a Escola Superior de Direito do Instituto Superior de Ciências e Tecnologia de Moçambique, em Maputo.

Jorge Bacelar Gouveia

Praia, Cabo Verde, 1 de julho de 2013.

NOTA PRÉVIA À 3ª EDIÇÃO

Depressa esgotada, publica-se 3ª edição, revista, atualizada e ampliada, do *Manual de Direito Internacional Público*, o qual permanece, porém, no seu desiderato fundamental de proporcionar elementos de estudo a todos os que se interessam – em número e qualidade crescentes – pelo Direito Internacional Público.

O aparecimento de novos contributos doutrinários permitiu melhorar o texto desta nova edição, ao mesmo tempo que se alargou a discussão a muitos dos temas do Direito Constitucional Internacional à escala de uma perspetiva verdadeiramente geral dos Estados de Língua Portuguesa: Brasil, Angola, Cabo Verde, Guiné-Bissau, Moçambique, São Tomé e Príncipe e Timor-Leste.

Esta nova publicação foi ainda uma ocasião propícia para a correção de vários lapsos, bem como para a introdução de dois novos importantes índices, que se afiguram úteis no conhecimento do Direito Internacional Público: o Índice Cronológico e o Índice Ideográfico.

Jorge Cláudio de Bacelar Gouveia

Lisboa, 26 de dezembro de 2007.

NOTA PRÉVIA À 2ª EDIÇÃO

Rapidamente esgotada, publica-se a 2ª edição, devidamente atualizada e ampliada, do *Manual de Direito Internacional Público*, cuja procura superou – e em muito – as melhores expectativas.

O aparecimento de novos livros e artigos doutrinários, bem como a reedição de vários manuais, impuseram a necessidade de atualizar muitas das referências bibliográficas.

Também houve a oportunidade de acrescentar algumas menções jurisprudenciais, que particularmente enriquecem este ramo jurídico, para além do maior desenvolvimento que passou a ser dado a certos temas, que o apertado tempo de elaboração da 1ª edição em boa medida tinha impedido.

Cumpre ainda referir o apoio recebido do CEDIS – Centro de Investigação e Desenvolvimento sobre Direito e Sociedade da Faculdade de Direito da Universidade Nova de Lisboa, a cujo corpo de investigadores pertenço.

Este ainda não é o livro que gostaria de escrever sobre o apaixonante Direito Internacional Público – mas não deixa de ser seguro que com esta nova edição me aproximei um pouco mais desse desiderato.

Lisboa, 16 de julho de 2004.

JORGE CLÁUDIO DE BACELAR GOUVEIA

NOTA PRÉVIA À 1ª EDIÇÃO

O livro que se publica, pela prestigiada Livraria Almedina, essencialmente corresponde às lições de Direito Internacional Público ministradas na Faculdade de Direito da Universidade Nova de Lisboa, tal acontecendo numa altura em que assumo a tarefa pelo terceiro ano consecutivo, por deliberação do respetivo Conselho Científico.

Creio ser um dever universitário indeclinável editar elementos de estudo sobre as matérias de cujo ensino se seja incumbido, dando assim um registo escrito e complementar ao ensino oral produzido. Aliás, é decerto este – juntamente com a prestação de provas científicas, bem como a investigação que se possa fazer, dentro das limitações que o excesso de trabalho de um professor universitário normalmente impõe – o cerne da carreira académica, que desde logo abracei e que considero ser a minha radical vocação profissional.

Também não posso neste momento esconder a enorme satisfação de ser este título o meu primeiro manual universitário, publicado quando a Faculdade de Direito da Universidade Nova de Lisboa – depois de percorridas as sempre difíceis fases de criação e de instalação – se consolida num corpo docente próprio e qualificado a que tenho a honra de pertencer desde a primeira hora, assim como frutifica nos seus diplomados, tanto na licenciatura como nos graus de mestre e de doutor que tem atribuído.

Fica, no entanto, um desejo: oxalá possa, tão rapidamente quanto possível, regressar ao entusiasmante Direito Internacional Público, corrigindo erros, esclarecendo dúvidas, aprofundando opções, acrescentando elementos jurisprudenciais e doutrinários, na certeza de que o trabalho académico, sendo por natureza imperfeito, requer uma contínua e persistente dedicação, em busca de melhores resultados.

Lisboa, 16 de setembro de 2003.

Jorge Cláudio de Bacelar Gouveia

PLANO

I - INTRODUÇÃO AO DIREITO INTERNACIONAL

CAPÍTULO I – O DIREITO INTERNACIONAL NA ENCICLOPÉDIA JURÍDICA E NA CIÊNCIA DO DIREITO

CAPÍTULO II – EVOLUÇÃO HISTÓRICA, JURIDICIDADE E FUNDAMENTO DO DIREITO INTERNACIONAL

II - AS FONTES DO DIREITO INTERNACIONAL

CAPÍTULO III – AS FONTES DO DIREITO INTERNACIONAL EM GERAL

CAPÍTULO IV – OS TRATADOS INTERNACIONAIS EM ESPECIAL

CAPÍTULO V – A CONCLUSÃO DAS CONVENÇÕES INTERNACIONAIS EM PORTUGAL E NOS ESTADOS DE LÍNGUA PORTUGUESA

CAPÍTULO VI – A RELEVÂNCIA DO DIREITO INTERNACIONAL NO DIREITO INTERNO

III - OS SUJEITOS DO DIREITO INTERNACIONAL

CAPÍTULO VII – OS SUJEITOS INTERNACIONAIS EM GERAL

CAPÍTULO VIII – OS SUJEITOS INTERNACIONAIS EM ESPECIAL

IV - O DOMÍNIO DO DIREITO INTERNACIONAL

CAPÍTULO IX – O DOMÍNIO INTERNACIONAL EM GERAL

CAPÍTULO X – O DOMÍNIO INTERNACIONAL INDIRETO

CAPÍTULO XI – O DOMÍNIO INTERNACIONAL DIRETO

V – A GARANTIA DO DIREITO INTERNACIONAL

ORIENTAÇÕES DE LEITURA

A) CITAÇÕES

1. As referências bibliográficas do texto indicam sempre o autor, a primeira ou as primeiras palavras do título, o número do volume se houver mais do que um, as páginas ou as notas pertinentes e, se for necessário, o número de edição.

2. No caso de se tratar da primeira citação, menciona-se também o título completo, o número, o ano e o local da sua edição, bem como qualquer outro elemento identificador conveniente.

3. A sequência das referências bibliográficas constantes de uma mesma nota obedece, tendencialmente, ao critério cronológico, não se estabelecendo, regra geral, qualquer distinção entre bibliografia nacional e estrangeira.

4. As transcrições são normalmente feitas na língua portuguesa, sendo da responsabilidade do autor se outra coisa não resultar do texto, com exceção daquelas que, pela sua importância, devam aparecer na língua original.

5. Para não sobrecarregar o texto, optou-se por um conjunto de várias abreviaturas, siglas e acrónimos, cujo significado agora se esclarece:

B) ABREVIATURAS, SIGLAS E ACRÓNIMOS

1) Atos normativos e jurisprudenciais

ac. *acórdão*
al. *alínea*
art. *artigo*
CA *Constituição da República de Angola* – aprovada em 3 de fevereiro e promulgada em 5 de fevereiro de 2010
CADHP *Carta Africana dos Direitos do Homem e dos Povos* – de 28 de junho de 1981
cân *cânone*
CB Constituição da República Federativa do Brasil – aprovada em 5 de Outubro de 1988, com muitas alterações posteriores
CC *Código Civil (Português)* – aprovado pelo Decreto-Lei nº 47 344, de 25 de novembro de 1966, com alterações posteriores
CCACI *Convenção de Chicago sobre a Aviação Civil Internacional* – assinada em Chicago, em 7 de dezembro de 1944
CCV Constituição da República de Cabo Verde – aprovada em 1992, com alterações posteriores
CDC *Código de Direito Canónico* – promulgado em 25 de janeiro de 1983
CDFUE *Carta dos Direitos Fundamentais da União Europeia*
CE *Constituição Espanhola* – sancionada em 27 de dezembro de 1978
CEDH *Convenção Europeia dos Direitos do Homem* – assinada em 4 de novembro de 1950
CF *Constituição da República Francesa* – promulgada em 4 de outubro de 1958
CGB Constituição da República da Guiné-Bissau – aprovada em 1993
CI *Constituição da República Italiana* – aprovada em 22 de dezembro de 1947
CIDH *Carta Interamericana de Direitos do Homem* – de 22 de novembro de 1969
CM *Constituição da República de Moçambique* – aprovada em 16 de novembro de 2004
CNU *Carta da Organização das Nações Unidas* – assinada em São Francisco, a 26 de junho de 1945
CNUDM *Convenção das Nações Unidas sobre o Direito do Mar* – assinada em

	Montego Bay, em 10 de dezembro de 1982
COEA	*Carta da Organização dos Estados Americanos* – assinada em Santa Fé de Bogotá, a 30 de abril de 1948
CP	*Código Penal Português* – aprovado pelo DL nº 400/82, de 23 de setembro, com alterações posteriores
CRP	*Constituição da República Portuguesa* – na versão atual, publicada em anexo à Lei Constitucional nº 1/2005, de 12 de agosto
CSTP	*Constituição da República Democrática de São Tomé e Príncipe* – aprovada em 1990
CTL	*Constituição da República Democrática de Timor-Leste* – aprovada em 22 de março de 2002
CVDTE	*Convenção de Viena sobre o Direito dos Tratados entre Estados* – assinada em Viena, a 23 de maio de 1969, e publicada em 7 de agosto de 2003, no *Diário da República* de Portugal
CVDTEO	*Convenção de Viena sobre o Direito dos Tratados entre Estados e Organizações Internacionais* – assinada em Viena, a 21 de março de 1986
CVRC	*Convenção de Viena sobre Relações Consulares* – assinada em Viena, a 24 de abril de 1963
CVRD	*Convenção de Viena sobre Relações Diplomáticas* – assinada em Viena, a 18 de abril de 1961
CVSET	*Convenção de Viena sobre a Sucessão de Estados em Tratados* – assinada em Viena, a 23 de agosto de 1978
DL	*Decreto-Lei*
DUDH	*Declaração Universal dos Direitos do Homem* – aprovada pela Resolução da Assembleia Geral das Nações Unidas nº 217-A (III), em 10 de dezembro de 1948
ERTPI	*Estatuto de Roma do Tribunal Penal Internacional* – assinado em Roma, a 17 de julho de 1998, e publicada no *Diário da República* de Portugal em 18 de janeiro de 2002
ETIDM	*Estatuto do Tribunal Internacional do Direito do Mar* – anexo VI à CNUDM
ETIJ	*Estatuto do Tribunal Internacional de Justiça* – assinado em São Francisco, a 26 de junho de 1945
L	*Lei*
LC	*Lei Constitucional*
LF	*Lei Fundamental de Bonn* – promulgada em 23 de maio de 1949
LO	*Lei Orgânica*

LOFPTC *Lei Orgânica sobre a Organização, Funcionamento e Processo do Tribunal Constitucional* – Lei nº 28/82, de 15 de novembro, com alterações posteriores
LORR *Lei Orgânica do Regime do Referendo* – Lei nº 15-A/98, de 3 de abril
LPIFD *Lei da Publicação, Identificação e Formulário dos Diplomas* – Lei nº 74/98, de 11 de novembro, alterada pela Lei nº 2/2005, de 24 de janeiro, pela Lei nº 26/2006, de 30 de junho, e pela Lei nº 42/2007, de 24 de agosto, este diploma republicando-a integralmente.
§ *parágrafo*
PA *Protocolo Adicional*
PIDCP *Pacto Internacional de Direitos Civis e Políticos* – assinado em 16 de dezembro de 1966
PIDESC *Pacto Internacional de Direitos Económicos, Sociais e Culturais* – assinado em 16 de dezembro de 1966
preâmb. *preâmbulo*
PSDN *Pacto da Sociedade das Nações* – Parte I do Tratado de Versalhes, assinado em 28 de junho de 1919
RAR *Regimento da Assembleia da República* – aprovado pelo Regimento da Assembleia da República nº 1/2007, de 20 de agosto
RTIJ *Regulamento do Tribunal Internacional de Justiça* – de 14 de abril de 1978, modificado em 5 de dezembro de 2000
TAN *Tratado do Atlântico Norte* – assinado em 4 de abril de 1949
TCE Tratado da Comunidade Europeia
TEUEE *Tratado de Exploração e Utilização do Espaço Exterior* – assinado em Genebra, a 27 de janeiro de 1967
TUE *Tratado da União Europeia (= Tratado de Maastricht)* – assinado em Maastricht, a 7 de fevereiro de 1992
TUEO *Tratado da União da Europa Ocidental* – assinado em Bruxelas, a 17 de março de 1948

2) Órgãos e instituições

CDI *Comissão de Direito Internacional da ONU*
CEu *Conselho da Europa*
ComEDH *Comissão Europeia dos Direitos do Homem*

CPLP *Comunidade dos Países de Língua Portuguesa*
OACI *Organização da Aviação Civil Internacional*
OEA *Organização dos Estados Americanos*
OIT *Organização Internacional do Trabalho*
ONU *Organização das Nações Unidas*
OTAN *Organização do Tratado do Atlântico Norte* (=NATO)
OUA *Organização da Unidade Africana*
TEDH *Tribunal Europeu dos Direitos do Homem*
TIDH *Tribunal Interamericano dos Direitos dos Homem*
TIDM *Tribunal Internacional do Direito do Mar*
TIJ *Tribunal Internacional de Justiça*
TJUE *Tribunal de Justiça da União Europeia*
TPI *Tribunal Penal Internacional*
TPJI *Tribunal Permanente de Justiça Internacional*
UA *União Africana*
UE *União Europeia*

3) Publicações periódicas, revistas, enciclopédias, coletâneas, obras coletivas e recolhas de jurisprudência

ADH *Anuário de Derechos Humanos*
ADV *Archives des Völkerrechts*
AE *Annuaire Eruopéenne*
AFDI *Annuaire François de Droit International*
AJIL *American Journal of International Law*
AöR *Archiv des Öffentlich Recht*
APD *Archives de Philosophie du Droit*
ATC *Acórdãos do Tribunal Constitucional*
BFDUC *Boletim da Faculdade de Direito da Universidade de Coimbra*
BFDUM *Boletim da Faculdade de Direito da Universidade de Macau*
BMJ *Boletim do Ministério da Justiça*
BSGL *Boletim da Sociedade de Geografia de Lisboa*
CJ *Coletânea de Jurisprudência*
CTF *Ciência e Técnica Fiscal*
D. *Digesto*
DDC *Documentação e Direito Comparado*

DeC	*Direito e Cidadania*
DemL	*Democracia e Liberdade*
DG	*Diário do Governo*
DHP	*Dicionário da História de Portugal*
DJ	*Direito e Justiça*
DJAP	*Dicionário Jurídico da Administração Pública*
DR	*Diário da República*
ED	*Enciclopedia del Diritto*
ELJ	*European Law Journal*
EPIL	*Encyclopedia of Public International Law*
ESC	*Estudos sobre a Constituição*
HRLJ	*Human Rights Law Journal*
ICLQ	*International & Comparative Law Quarterly*
IJMCL	*The International Journal of Marine and Coastal Law*
JCP	*La Justice Constitutionnelle au Portugal*
L-CCL	*Legislação – Cadernos de Ciência de Legislação*
ND	*Nação e Defesa*
NDAC	*Nos Dez Anos da Constituição*
NDI	*Nuovo Digesto Italiano*
NssDI	*Novissimo Digesto Italiano*
OD	*O Direito*
PCC	*Pareceres da Comissão Constitucional*
PI	*Política Internacional*
Pol	*Pólis – Enciclopédia Verbo da Sociedade e do Estado*
PSPC	*Portugal – Sistema Político e Constitucional – 1974/87*
RBDC	*Revista Brasileira de Direito Comparado*
RBDI	*Revue Belge de Droit International*
RCADI	*Recueil des Cours de l'Académie de Droit International*
RDES	*Revista de Direito e Estudos Sociais*
RDI	*Rivista di Diritto Internazionale*
RDT	*Revista de Direito do Trabalho*
REDI	*Revista Española de Derecho Internacional*
ReDiLP	*Revista do Direito de Língua Portuguesa*
ReDiP	*Revista de Direito Público*
REJP – *Pólis*	*Revista de Estudos Jurídico-Políticos*
RFDUFMG	*Revista da Faculdade de Direito da Universidade Federal de Minas Gerais*
RFDUL	*Revista da Faculdade de Direito da Universidade de Lisboa*

RFDUNL *Revista da Faculdade de Direito da Universidade Nova de Lisboa (=THEMIS)*
RFDUP *Revista da Faculdade de Direito da Universidade do Porto*
RGDIP *Revue Générale de Droit International Public*
RIDC *Revue Internationale de Droit Comparé*
RIL *Revista de Informação Legislativa*
RJ *Revista Jurídica da Associação Académica da Faculdade de Direito de Lisboa*
RLAD *Revista Luso-Africana de Direito*
RMP *Revista do Ministério Público*
ROA *Revista da Ordem dos Advogados*
RPCC *Revista Portuguesa de Ciência Criminal*
RPIIC *Revista Portuguesa de Instituições Internacionais e Comunitárias*
RTDP *Rivista Trimestrale di Diritto Pubblico*
RUDH *Revue Universelle des Droits de l'Homme*
SI *Scientia Iuridica*
VELBC *Verbo – Enciclopédia Luso-Brasileira de Cultura*

4) Outras abreviaturas, siglas e acrónimos

ap. *apêndice*
apud *segundo*
cfr. *confrontar*
coord. *coordenação*
dir. *direção*
ed. *edição*
etc. *ed-cetera*
fasc. *fascículo*
nt. *nota*
nº *número*
org. *organização*
p(p). *página(s)*
passim *aqui e ali*
proc. *processo*
PTRIEFI *Projeto de tratado sobre a responsabilidade internacional dos Estados por factos ilícitos*

Rec.	*recurso*
RENAMO	*Resistência Nacional Moçambicana*
S	*Série*
s. d.	*sem data*
s. l.	*sem local*
s(s).	*seguinte(s)*
sep.	*separata*
sup.	*suplemento*
t.	*tomo*
UNITA	*União Nacional para a Independência Total de Angola*
URSS	*União das Repúblicas Socialistas Soviéticas*
v.	*vide*
v. g.	*verbi gratia*
vol.	*volume*
vs	*versus*

I

Introdução ao Direito Internacional

Capítulo I
O Direito Internacional na Enciclopédia Jurídica e na Ciência do Direito

§ 1º O Direito Internacional na Enciclopédia Jurídica

§ 2º O Direito Internacional na Ciência do Direito

§ 1º O DIREITO INTERNACIONAL NA ENCICLOPÉDIA JURÍDICA

1. O conceito de Direito Internacional

I. O Direito Internacional é bem o exemplo de um setor do Direito que melhor se experimenta do que se conceptualiza, pelo que não tem sido fácil propor uma afinada definição do mesmo.

Enfrentando esse desafio intelectual, não pode causar admiração o facto de, ao longo do tempo, terem sido vários os critérios doutrinais sugeridos para se proceder à respetiva delimitação, salientando-se fundamentalmente estes três[1]:

[1] Para uma apresentação de alguns desses critérios, v. AFONSO RODRIGUES QUEIRÓ, *Lições de Direito Internacional Público*, Coimbra, 1960, pp. 3 e ss.; ANTÓNIO TRUYOL y SERRA, *Noções fundamentais de Direito Internacional Público*, 2ª ed., Coimbra, 1962, pp. 9 e ss.; ALBINO DE AZEVEDO SOARES, *Lições de Direito Internacional Público*, 4ª ed., Coimbra, 1988, pp. 16 e ss.; NUNO E SOUSA, *Curso de Direito Internacional Público*, Coimbra, 1991, pp. 5 e ss.; ARMANDO M. MARQUES GUEDES, *Direito Internacional Público*, 2ª ed., Lisboa, 1992, pp. 7 e ss., e *Direito Internacional Público*, in DJAP, 1º sup., Lisboa, 1998, pp. 102 e ss.; ANDRÉ GONÇALVES PEREIRA e FAUSTO DE QUADROS, *Manual de Direito Internacional Público*, 3ª ed., Coimbra, 1993, pp. 26 e ss.; JEAN TOUSCOZ, *Direito Internacional*, Lisboa, 1993, pp. 23 e ss.; ANTÓNIO CABRAL DE MONCADA, *Curso de Direito Internacional Público*, I, Coimbra, 1996, pp. 15 e ss.; EDUARDO CORREIA BATISTA, *Direito Internacional Público – conceito e fontes*, I, Lisboa, 1998, pp. 21 e ss.; GERSON MELLO BOSON, *Direito Internacional Público – O Estado em Direito das Gentes*, 3ª ed., Belo Horizonte, 2000, pp. 58 e ss.; ADHERBAL MEIRA MATTOS, *Direito Internacional Público*, 2ª ed., Rio de Janeiro/São Paulo, 2002, pp. 3 e 4; WLADIMIR BRITO, *Direito Internacional Público*, Braga, 2003, pp. 13 e ss.; JOAQUIM DA SILVA CUNHA e MARIA DA ASSUNÇÃO DO VALE PEREIRA, *Manual de Direito Internacional Público*, 2ª ed., Coimbra, 2004, pp. 18 e 19; JORGE MIRANDA, *Curso de Direito Internacional Público*, 2ª ed., Cascais, 2004, pp. 23 e ss.; JÓNATAS E.

- o *critério dos sujeitos intervenientes;*
- o *critério das matérias reguladas;* e
- o *critério das fontes normativas.*

Contudo, não cremos que nenhuma destas conceções possa ser, por si só, inteiramente esclarecedora daquilo que é o Direito Internacional.

Daí que seja necessário fazer a respetiva apresentação, para que depois tenhamos ocasião de propor a nossa própria definição acerca do que entendemos ser o Direito Internacional.

II. O primeiro critério faz repousar a definição do Direito Internacional na *inserção internacional dos respetivos sujeitos*, de acordo com a sua qualidade de membros da sociedade internacional.

Não tem sido um critério uniforme porque teve de adaptar-se às mudanças estruturais e profundas entretanto ocorridas na cena internacional, sendo possível distinguir dois momentos no seu itinerário:

- num primeiro momento, o Direito Internacional foi definido, numa visão já então muito restritiva, como o ramo jurídico que disciplinava somente as relações entre os Estados[2];
- num momento ulterior, o Direito Internacional foi proposto, mais abrangentemente, como o setor jurídico regulador dos sujeitos da sociedade internacional, já não os identificando apenas com os Estados.

M. MACHADO, *Direito Internacional – do paradigma clássico ao pós-11 de setembro*, 3ª ed., Coimbra, 2006, pp. 21 e ss.; BENEDETTO CONFORTI, *Diritto Internazionale*, 7ª ed., Napoli, 2006, pp. 3 e ss.; VALÉRIO DE OLIVEIRA MAZZUOLI, *Curso de Direito Internacional Público*, São Paulo, 2006, pp. 36 e ss.; MANUEL DIEZ DE VELASCO, *Instituciones de Derecho Internacional Público*, 18ª ed., Madrid, 2013, pp. 59 e ss.; JORGE BACELAR GOUVEIA, *Direito Internacional Público*, in DJAP, III sup., Lisboa, 2007, pp. 314 e ss., e *Direito Internacional Público*, in AAVV, *Enciclopédia das Relações Internacionais* (org. de NUNO CANAS MENDES e FRANCISCO PEREIRA COUTINHO), Lisboa, 2014, pp. 158 e ss.; MARIA LUÍSA DUARTE, *Direito Internacional Público e ordem jurídica global do século XXI*, Lisboa, 2016, pp. 29 e ss.

[2] Com este entendimento restrito aos Estados, v. PAUL FACHILLE, *Traité de Droit International Public*, Paris, 1922, pp. 5 e ss.; DIONISIO ANZILOTTI, *Corso di Diritto Internazionale*, 3ª ed., 1928, p. 43; JAMES LESLIE BRIERLY, *Direito Internacional*, 4ª ed., Lisboa, 1979, pp. 1 e ss.; RENÉ-JEAN DUPUY, *O Direito Internacional*, Coimbra, 1993, pp. 7 e ss.; ANTÓNIO PINTO MONTEIRO, *Noções Gerais de Direito*, Coimbra, 2003, p. 56. Cfr. também a decisão do *caso Lotus*, de 1927 (França vs. Turquia), tomada pelo TPJI.

A causa do alargamento desta definição subjetiva do Direito Internacional residiu na evidência – que, mais tarde, se foi consolidando – de o Direito Internacional, quase logo desde a sua génese, manifestamente não ser apenas pertinente aos Estados: a começar pela Santa Sé, na sua vertente de entidade dotada de poder espiritual, e, séculos mais tarde, incluindo outros sujeitos internacionais, como as organizações internacionais e outras coletividades, de substrato estadual e não estadual.

Embora esta definição, na sua versão corrigida, tenha o mérito de ser compreensiva das diversas realidades subjetivas presentes no Direito Internacional, mostra-se débil na ideia central de que este ordenamento normativo se recorta, satisfatoriamente, na base de uma dimensão puramente subjetiva, sendo certo haver outras dimensões a merecer alusão nesta instância.

Aquela definição enferma ainda de outro inconveniente[3]: como bem esclarece JORGE MIRANDA, vem ele a ser "...o de implicar uma petição de princípio – define o Direito Internacional a partir dos sujeitos de Direito Internacional; ora, o que sejam e quais sejam esses sujeitos de Direito Internacional depende do próprio Direito Internacional"[4].

[3] Sendo essa a posição de alguns autores portugueses, justifica-se que se lhes faça uma alusão específica, embora com os mesmos não se concordando:

- ARMANDO M. MARQUES GUEDES (*Direito...*, p. 14) refere que "...é na verdade a partir deles possível entender o Direito Internacional Público como *o ordenamento jurídico da comunidade internacional.*", noção depois desenvolvida e propondo-se a sua definição nestes termos mais completos (ARMANDO M. MARQUES GUEDES, *Direito...*, p. 39): "...*o conjunto das normas jurídicas que definem a estrutura da comunidade internacional e disciplinam as atividades públicas nela desenvolvidas*";
- JOAQUIM DA SILVA CUNHA e MARIA DA ASSUNÇÃO DO VALE PEREIRA (*Manual...*, p. 19) escrevem: "Corresponde melhor à realidade defini-lo como o conjunto de normas jurídicas que regem as relações entre todos os componentes da sociedade internacional";
- FRANCISCO FERREIRA DE ALMEIDA (*Direito Internacional Público,* 2ª ed., Coimbra, 2003, p. 7) afirma que "Podemos, por conseguinte, definir o Direito Internacional como aquele que se aplica à sociedade internacional".

Vem a ser também esta a posição, na doutrina francesa, de NGUYEN QUOC DINH, PATRICK DAILLIER e ALAIN PELLET, *Droit International Public,* 8ª ed., Paris, 2009, p. 35.

[4] JORGE MIRANDA, *Curso...*, p. 24. Cfr. também ALBINO DE AZEVEDO SOARES, *Lições...*, pp. 16 e ss.; ANDRÉ GONÇALVES PEREIRA e FAUSTO DE QUADROS, *Manual...*, pp. 27 e 28.

III. O segundo critério liga-se à circunstância de o Direito Internacional se poder delimitar em razão das *matérias objeto da respetiva regulação*, separando-se entre as matérias internacionais e as matérias internas, ainda que não se possa esquecer o enorme crescimento das primeiras[5].

A justificação para a adoção deste critério reporta-se à natureza eminentemente trans-estadual do Direito Internacional, ocupando-se dos assuntos que, ultrapassando as veredas estaduais-internas, oferecem implicações nas relações internacionais, suscitando a sua intervenção reguladora.

Em abono desta solução, coloca-se a própria CNU, que diferencia entre o âmbito da regulação internacional e o âmbito do foro doméstico dos Estados, este impressivamente designado por "domínio reservado"[6].

Mas este é também um critério com insuficiências: além de haver matérias não internacionalizáveis[7], põe-se o problema prático – nalguns casos, intransponível – de saber por onde passa a linha divisória que separaria, de harmonia com esse critério, o Direito Internacional do Direito Interno.

IV. O terceiro critério sublinha que o Direito Internacional se apresenta em função do *teor das suas fontes normativas*, o que fica bem patente no caso dos tratados internacionais, realidade específica deste setor jurídico e sem qualquer outro paralelo, incluindo o Direito Interno[8].

O sentido principal do Direito Internacional, de acordo com esta conceção, é funcional: atende ao modo de produção das suas regras, não tanto

[5] Cfr. Armando M. Marques Guedes, *Direito...*, p. 8.

[6] Cfr. o art. 2º, nº 7, da CNU, que prescreve o seguinte: "Nenhuma disposição da presente Carta autorizará as Nações Unidas a intervir em assuntos que dependam essencialmente da jurisdição interna de qualquer Estado, ou obrigará os membros a submeterem tais assuntos a uma solução, nos termos da presente Carta; este princípio, porém, não prejudicará a aplicação das medidas coercitivas constantes do capítulo VII". Cfr. o respetivo texto em Jorge Bacelar Gouveia, *Textos Fundamentais de Direito Internacional Público*, 4ª ed., Coimbra, 2017, pp. 229 e ss.

[7] André Gonçalves Pereira e Fausto de Quadros (*Manual...*, pp. 29 e 30) afirmam que "...entendemos que a norma de Direito Internacional pode, em princípio, regular qualquer matéria e ser dirigida a qualquer entidade suscetível de personalidade jurídica".

[8] Escreve Albino de Azevedo Soares (*Lições...*, p. 17): "E, assim, podemos compreender que alguns autores, em desespero de causa, tenham chegado ao ponto de optar por um critério formal, apresentando o Direito Internacional Público como o conjunto de «todas as normas, qualquer que seja o seu conteúdo, que procedem de uma fonte internacional»".

aos sujeitos protagonistas das relações internacionais, não tanto às matérias por aquelas abrangidas.

Segundo André Gonçalves Pereira e Fausto de Quadros, que perfilham esta orientação formal, o Direito Internacional é "...o conjunto de normas jurídicas criadas pelos processos de produção jurídica próprios da Comunidade Internacional, e que transcendem o âmbito estadual"[9].

Ainda aqui se depara com um critério falível, uma vez que tem a desvantagem de reduzir este setor jurídico a uma dimensão meramente formal, como se não houvesse dimensões materiais e subjetivas a levar em consideração[10].

Por outro lado, esta definição confronta-se com a dificuldade de no Direito Internacional não haver apenas fontes que lhe sejam privativas: o costume, uma das mais relevantes fontes internacionais, não é estruturalmente diverso do costume interno, pelo que, por este critério, nunca poderia ser qualificado como fonte do Direito Internacional[11].

V. Quer isto tudo dizer que nenhuma destas conceções – porque redutoras de uma realidade que é mais vasta – é suficientemente englobante do Direito Internacional, para além de alguns desses critérios não serem bem explicativos do setor jurídico que pretendem identificar.

[9] André Gonçalves Pereira e Fausto de Quadros, *Manual...*, p. 31. Cfr. também a mesma definição em Marcelo Rebelo de Sousa e Sofia Galvão, *Introdução ao Estudo do Direito*, Lisboa, 2000, p. 161; José de Oliveira Ascensão, *O Direito – Introdução e Teoria Geral*, 11ª ed., Coimbra, 2001, pp. 328 e ss.

[10] No entanto, André Gonçalves Pereira e Fausto de Quadros (*Manual...*, p. 31) expressamente alertam o leitor para a inexistência de qualquer círculo vicioso por esse facto: "A definição por nós utilizada é, e intencionalmente, uma definição formal. E, como em todas as definições formais, não se pretende esgotar a realidade material do objeto a definir. O círculo vicioso quebra-se porque a definição, sendo formal, assenta num elemento extra-jurídico, que não pretende definir: neste caso, é a Comunidade Internacional".

[11] Como refere Albino Azevedo Soares (*Lições...*, p. 17), esta posição é tanto mais criticável quanto é certo mostrar-se cega à vinculação axiológica que também recai sobre o Direito Internacional: "Só que, se compreendemos os motivos desta escolha, de modo algum a avalizamos, tantas são as críticas que geralmente se apontam às teorias que necessariamente acabam por legitimar o direito injusto, que não explicam por que é que normas formalmente válidas podem não ser vigentes e, mais especificamente no campo do Direito Internacional Público, não poderão compreender a atual teorização do conceito de *ius cogens*."

A nossa definição de Direito Internacional, levando em ponderação todos aqueles diversos reparos, apresenta-o do seguinte modo, numa conceção global e o mais possível depurada das mencionadas imperfeições: *o sistema de princípios e normas, de natureza jurídica, que disciplinam os membros da sociedade internacional, ao agirem numa posição jurídico-pública, no âmbito das suas relações internacionais.*

Os elementos constitutivos deste conceito multidimensional de Direito Internacional, os quais importa explicitar, são quatro[12]:

- um *elemento formal*: o conjunto dos princípios e das normas, com conteúdo jurídico, que entre si se articulam sistematicamente, formando um ordenamento normativo *a se*;
- um *elemento subjetivo*: os membros da sociedade internacional, que mutuamente estabelecem relações e vinculações, de coordenação e de subordinação;
- um *elemento funcional*: o estatuto jurídico-público das pessoas jurídicas envolvidas, que desenvolvem a sua atividade jurídico-internacional;
- um *elemento material*: as matérias abrangidas pela regulação em causa, imputadas à órbita das relações internacionais em função da sua internacionalidade, que assim escapam do domínio interno que privativamente se reserva aos sujeitos quando atuam ao nível dos seus Direitos Internos.

VI. O primeiro dos elementos referidos, de cunho formal, alude aos dois indispensáveis componentes da consistência sistemática do Direito Internacional: os princípios e as normas de natureza jurídica.

Os *princípios* – que a moderna Metodologia e Teoria do Direito têm vindo a sublinhar à luz do pensamento jurídico sistemático – são orientações gerais que indicam sentidos valorativos e técnicos para a decisão jurídica, embora não forcem uma aplicação mecânica ou exclusivista[13].

[12] Wladimir Brito, ao considerar conjuntamente o elemento subjetivo e o elemento objetivo, aproxima-se desta nossa definição (*Direito...*, p. 15): "...o Direito Internacional Público deve ser definido como um conjunto de normas e princípios jurídicos reguladores das relações internacionais entre os membros ou sujeitos da comunidade internacional".

[13] Sobre o conceito e operacionalidade dos princípios jurídicos em geral, no plano da Teoria Geral do Direito, v. Claus-Wilhelm Canaris, *Pensamento sistemático e conceito de sis-*

As *normas* têm uma estrutura dualista, discernindo-se entre a *previsão* – que corresponde ao recorte de uma situação ou de um evento – e a *estatuição* – que se traduz na consequência jurídica que se atribui à verificação do acontecimento referido na previsão[14].

Este conjunto sistemático, que integra princípios e normas, tem um caráter jurídico, dissociando-se de idênticas proposições que sejam concebidas à luz de outras ordens normativas, por mais afinidades que tenham com o Direito em geral e com o Direito Internacional em particular.

VII. O segundo elemento, de feição subjetiva, posiciona-nos no âmbito da sociedade internacional, que é constituída por uma multiplicidade de entidades que, nesse plano, estabelecem relações e vinculações.

Tem sido muito discutida a natureza desta vivência internacional subjetiva, fundamentalmente a partir da dicotomia que FERDINAND TÖNNIES propôs entre *comunidade* (*Gemeinschaft*) e *sociedade* (*Gesellschaft*), depois desenvolvida noutros moldes por MAX WEBER[15], uma e outra se diferenciando, para usar uma formulação de MARCELLO CAETANO que ficou muito célebre, do seguinte modo: "....na comunidade os membros estão unidos apesar de tudo quanto os separa; na associação, permanecem separados apesar de tudo quanto fazem para se unir"[16]. Está em causa a natureza do vínculo: um sentimento de pertença na comunidade e uma necessidade de conjugação de interesses na sociedade.

Não obstante o nome de "comunidade internacional" que muitas vezes se utiliza, aquele conjunto de entidades tem revestido um jaez mais socie-

tema na Ciência do Direito, Lisboa, 1989, pp. 76 e ss.; KARL LARENZ, *Metodologia da Ciência do Direito*, 3ª ed., Lisboa, 1997, pp. 599 e ss., e pp. 674 e ss.

[14] Quanto à estrutura das normas jurídicas, v. KARL LARENZ, *Metodologia...*, pp. 349 e ss.; JOSÉ DE OLIVEIRA ASCENSÃO, *O Direito...*, pp. 485 e ss.; MARIA LUÍSA DUARTE, *Introdução ao Estudo do Direito – sumários desenvolvidos*, Lisboa, 2003, pp. 87 e ss.

[15] Assim paradigmaticamente diferenciadas por MAX WEBER (*Economia y Sociedad*, Cidade do México, 1996, p. 33): "Chamamos *comunidade* a uma relação social quando e na medida em que a atitude na ação social se inspira num *sentimento* subjetivo (afetivo ou tradicional) dos participantes na sua pertença a um todo. Chamamos *sociedade* a uma relação social quando e na medida em que a atitude na ação social se inspira numa *compensação* de interesses por motivos racionais (de fins ou de valores) ou também numa união de interesses com igual motivação".

[16] MARCELLO CAETANO, *Manual de Ciência Política e Direito Constitucional*, I, 6ª ed., Coimbra, 1989, p. 2.

tário do que comunitário[17], ainda que se possa aceitar que há elementos de ambas as naturezas nas relações internacionais.

Para além de tudo o que possa encontrar de ocioso no operar de qualificações sem correspondência real, interessa sobretudo olhar os membros da sociedade internacional sob o prisma do tipo de relações que entre si formam, daí se extraindo orientações ambivalentes, num e no outro sentido, relações que podem, portanto, ser[18]:

- de *coordenação*, resultando da necessidade de relacionamento internacional, com o propósito de cada um defender os seus interesses, numa base egoísta;
- de *reciprocidade*, havendo neste caso vantagens recíprocas que derivam do estabelecimento das posições subjetivas individuais, numa comum base de igualdade; ou
- de *subordinação*, através das quais alguns sujeitos aceitam limitações na sua soberania, interna e internacional, assim se submetendo a tais ditames, mesmo contra a sua vontade individualmente expressa.

[17] Como escrevem JOAQUIM DA SILVA CUNHA e MARIA DA ASSUNÇÃO DO VALE PEREIRA (*Manual...*, p. 16), "A ideia de comunidade internacional não corresponde, por isso, no momento presente, a qualquer realidade efetiva. É uma mera aspiração, um ideal ainda não realizado, mas para que devem convergir os esforços de todos os que não desesperaram de ver as relações entre os povos decorrer segundo um sistema, baseado nos valores jurídicos e morais superiores, que seja garantia de uma paz duradoura".

Cfr. também sobre questão, ainda que com entendimentos não totalmente coincidentes, ARMANDO M. MARQUES GUEDES, *Direito...*, pp. 17 e ss.; ANDRÉ GONÇALVES PEREIRA e FAUSTO DE QUADROS, *Manual...*, pp. 32 e ss.; ADRIANO MOREIRA, *Teoria das Relações Internacionais*, 3ª ed., Coimbra, 1999, pp. 21, e ss. e *A Comunidade Internacional em Mudança*, 3ª ed., Coimbra, 2007, pp. 71 e ss.; WLADIMIR BRITO, *A Convenção-Quadro Europeia sobre a Cooperação Transfronteiriça entre as Coletividades ou Autoridades territoriais*, Coimbra, 2000, pp. 34 e ss.; KENNETH N. WALTZ, *Teoria das Relações Internacionais*, Lisboa, 2002, pp. 13 e ss.; JÓNATAS E. M. MACHADO, *Direito Internacional...*, pp. 18 e 19.

[18] Assim, ARMANDO M. MARQUES GUEDES, *Direito...*, pp. 225 e ss.; GERSON MELLO BOSON, *Direito Internacional...*, pp. 67 e ss.; NGUYEN QUOC DINH, PATRICK DAILLIER e ALAIN PELLET, *Droit...*, pp. 38 e 39; FRANCISCO FERREIRA DE ALMEIDA, *Direito...*, pp. 16 e ss.; JORGE MIRANDA, *Curso...*, p. 35.

Esta trilogia das relações jurídicas internacionais tem o seu equivalente filosófico nesta classificação[19] entre três diferentes correntes:

- *a corrente hobbesiana*, pela qual os sujeitos internacionais vivem num estado de natureza, todos sendo inimigos recíprocos (*homo homini lupus*), numa aplicação da conceção de THOMAS HOBBES, para quem só o Leviatã poderia impor a ordem ao nível do Estado;
- *a corrente grociana*, perspetiva que, fundada na doutrina de HUGO GRÓCIO, propugna a possibilidade do estabelecimento de relações internacionais numa base de cooperação e reciprocidade, com ganhos comuns e respeito por cada feixe de posições jurídicas;
- *a corrente kantiana*, em que se acredita na construção de um Direito Internacional universalista e solidário, dele decorrendo a subordinação dos interesses individuais, de acordo com as propostas de IMMANUEL KANT de um Direito Cosmopolita, superior estádio de sofisticação em relação ao Direito das Gentes[20].

VIII. O terceiro elemento, com uma feição funcional, reflete a importância de os sujeitos internacionais - que são abrangidos pelo Direito Internacional e, ao mesmo tempo, nalguns casos, sendo os autores das disposições que o integram - se posicionarem no âmbito do Direito Público, agindo de acordo com as vestes que lhe são próprias.

Nem sempre é isso o que sucede: há sujeitos de Direito Internacional que igualmente agem ao abrigo de outros setores do Direito, que com aquele não se confundem, mesmo em caso de transposição de fronteiras internas.

[19] Cfr. HEDLEY BULL, *The Anarchical Society: a study of Order in World Politics*, New York, 1977, pp. 24 e ss. Cfr. também GUSTAV RADBRUCH, *Filosofia do Direito*, 6ª ed., Coimbra, 1979, pp. 369 e ss.; ANTONIO CASSESE, *International Law in a divided World*, Oxford, 1986, pp. 31 e 32; JOSÉ ADELINO MALTEZ, *Curso de Relações Internacionais*, Cascais, 2002, pp. 195 e ss.; IVO MIGUEL BARROSO, *O acordo com vista à prática de genocídio – o conceito, os requisitos e o fundamento da punição do «contrato criminal»*, in AAVV, *Estudos em Homenagem ao Professor Doutor Inocêncio Galvão Telles*, V, Coimbra, 2003, pp. 248 e ss.; JOSÉ FRANCISCO REZEK, *Direito Internacional Público – Curso Elementar*, 10ª ed., São Paulo, 2006, pp. 2 e 3.

[20] IMMANUEL KANT, *A Metafísica dos Costumes*, Lisboa, 2005, p. 192: "Este Direito, na medida em que conduz à possível união de todos os povos, com o propósito de estabelecer certas leis universais que presidam à sua possível interrelação, pode ser denominado Direito Cosmopolita (*ius cosmopoliticum*)".

Deste modo, é necessário apelar à verificação dos pressupostos fundamentais do Direito Internacional enquanto setor jurídico próprio e não sujeitar essas relações jurídicas, só por causa do seu caráter trans-nacional ou internacional, a outros setores jurídicos que com ele se aproximam, como seria o Direito Internacional Privado.

Este elemento distintivo só se compreende, para a maior parte dos sujeitos internacionais em causa, porque estes sujeitos também podem atuar ao abrigo de outros setores do Direito, mormente de vários ramos do Direito Interno, não sendo, na esmagadora maioria dos casos, apenas sujeitos do Direito Internacional, mas até – e mesmo primariamente – sujeitos de Direito Interno.

IX. O quarto elemento, de cariz material, seleciona nas relações internacionais que se submetem ao Direito Internacional as matérias que são "internacionalizáveis", num esforço que está longe de ser fácil e pacífico.

A ideia central com que se deve partir é a de que o Direito Internacional não pode regular tudo: o seu âmbito material nem sempre é moldável ao sabor dos sujeitos internacionais envolvidos e há matérias que, por natureza intrínseca ou por imposição normativa, nunca são suscetíveis de internacionalização.

Todavia, esta asserção radical, que não se contesta, confronta-se com a dificuldade da imprecisão da linha divisória entre as matérias internacionais e as matérias internas, altamente agravada por vivermos num período de intensa globalização, em que são crescentes os assuntos que passam a constar da agenda do Direito Internacional.

Como quer que seja, não só o domínio reservado dos Estados é um princípio válido e consagrado na CNU, com conteúdo jurídico operativo, como também outras matérias o Direito Internacional deixa, costumeira ou convencionalmente, ao cuidado do Direito Interno: é o que sucede, *v. g.*, no Direito dos Tratados, com as regras organizatórias que, em cada Estado, devem disciplinar a conclusão dos tratados internacionais[21].

[21] No plano costumeiro: o *ius raepresentationis omnimodae* do Estado ser atribuído ao Chefe de Estado; no plano convencional: o art. 27º da CVDTE remeter para o Direito Interno a definição da competência para a conclusão dos tratados internacionais.

X. A terminologia "Direito Internacional Público" – que por vezes aparece simplificadamente como "Direito Internacional" – tem a sua raiz na proposta[22], feita há muito tempo atrás, pelo filósofo britânico Jeremy Bentham, que publicou em 1780 um livro com o título *An Introduction to the Principles of Moral and Legislation*, contendo a expressão *International Law*, em oposição ao *National Law* ou *Municipal Law*[23]. Desde então, a locução *International Law* ganhou adeptos um pouco por toda a parte e é hoje a terminologia largamente triunfante.

Se observarmos os diversos Estados dogmaticamente mais avançados no estudo do Direito Internacional, é a essa conclusão que se chega no âmbito das línguas mais conhecidas: "Droit International" em França, "Diritto Internazionale" em Itália e "Derecho Internacional" em Espanha. A exceção é a Alemanha, que utiliza mais o vocábulo "Völkerrecht".

A locução "Direito Internacional Público" – ou, mais abreviadamente, a expressão "Direito Internacional" – também tem sido preferida em Portugal, pelo que se justifica que ela seja a nossa opção, para além de constar do plano de estudos dos diversos estabelecimentos de ensino do Direito em Portugal.

Não se pense, contudo, que a fórmula "Direito Internacional Público" ou "Direito Internacional" está isenta de críticas, o que passamos a explicar por três motivos[24]:

- *primo*: a locução, ao referir-se a "nações", pode dar a entender que não se distingue a nação do Estado, quando é certo serem dois conceitos bem diferenciados, segundo o demonstra a Teoria Geral do Estado;

[22] Sobre a questão terminológica do Direito Internacional, v. António Truyol y Serra, *Noções fundamentais...*, pp. 23 e ss.; Antonio Cassese, *International Law...*, p. 46; Armando M. Marques Guedes, *Direito...*, pp. 135 e 136; António Cabral de Moncada, *Curso...*, I, pp. 24 e 25; Gerson Mello Boson, *Direito Internacional...*, pp. 65 e 66; Adherbal Meira Mattos, *Direito...*, pp. 7 e 8; Nguyen Quoc Dinh, Patrick Daillier e Alain Pellet, *Droit...*, pp. 35 e 36; Francisco Ferreira de Almeida, *Direito...*, pp. 10 e 11; Wladimir Brito, *Direito...*, pp. 11 e ss.; Joaquim da Silva Cunha e Maria da Assunção do Vale Pereira, *Manual...*, pp. 27 e 28; Jorge Miranda, *Curso...*, p. 36.

[23] Cfr. a lembrança de Nguyen Quoc Dinh, Patrick Daillier e Alain Pellet, *Droit...*, p. 35.

[24] Cfr. André Gonçalves Pereira e Fausto de Quadros, *Manual...*, p. 42.

- *secundo*: os sujeitos internacionais, mesmo com aquela correção, não são apenas os Estados, mas na respetiva categoria se incluem muitas outras entidades, como ficou claro no repúdio de uma conceção meramente estatalista do Direito Internacional;
- *tertio*: são hoje muito relevantes normas que se afiguram diretamente multilaterais, não fazendo sentido um intuito meramente inter-relacional, conexo que está com o bilateralismo.

Atendendo a estas críticas, há quem proponha a expressão "Direito das Gentes" ou "Direito dos Povos", que decerto poderia esquivar-se de algumas daquelas objeções. Mas ela teria por detrás de si o óbice da ausência de uma tradição, bem como o enorme perigo de localizar o Direito Internacional numa senda excessivamente sociológica, que não é o seu melhor lugar, em demasia alargando a sociedade internacional[25] aos povos, numa perspetiva mais do futuro longínquo do que propriamente do presente em que nos situamos.

Uma vez que o Direito Internacional não precisa do adjetivo "público", até porque estruturalmente se distingue bem do Direito Internacional Privado, que não é "internacional" nem "privado", entender-se-á dispensável referi-lo, sendo escorreitamente mencionado apenas por "Direito Internacional"[26].

[25] Cfr. Nguyen Quoc Dinh, Patrick Daillier e Alain Pellet, *Droit...*, p. 36.

[26] Em coerência com este entendimento, dispensa-se o adjetivo "público" nas alusões que neste livro são feitas ao Direito Internacional, apenas o mesmo se conservando no respetivo título – que se chama *Manual de Direito Internacional Público* – pela necessidade de se evitar qualquer confusão com outras disciplinas, científicas e universitárias. Já essa preocupação tinha sido levada a cabo noutro livro que neste domínio temático tivemos ocasião de publicar: Jorge Bacelar Gouveia, *Textos Fundamentais de Direito Internacional*, 4ª ed., Lisboa, 2004, pp. 23 e ss.

Na doutrina portuguesa, de resto, três das suas grandes figuras igualmente consideram que aquele adjetivo é dispensável na identificação do Direito Internacional, tendo-o abolido dos respetivos escritos: André Gonçalves Pereira e Fausto de Quadros, *Manual...*, p. 45; Jorge Miranda, *Curso...*, p. 36.

2. As características do Direito Internacional

I. O Direito Internacional conhece-se um pouco melhor se for referenciado nas suas *características*, assim bem o precisando no seio do Direito em geral, visto na sua globalidade[27].

São três os traços distintivos que sobressaem na tarefa de captar a sua essência, num conjunto de singularidades muito próprias que caracterizam o Direito Internacional como sendo:

- *parcela do Direito Público*;
- *policêntrico nas suas fontes e nos seus sujeitos*; e
- *fragmentário nas matérias abrangidas pela sua regulação*.

II. Se atentarmos na *summa divisio* entre o Direito Público e o Direito Privado[28], é pacífico reconduzir o Direito Internacional àquele primeiro termo, dado o estatuto em que são investidos os seus sujeitos, na posição de superioridade com que atuam, bem como lembrando os poderes que lhes são conferidos pelos Direitos Internos.

Mas também se tem recordado que aquela divisão fundamental se salienta sobretudo dentro do Direito Estadual, não parecendo que possa ter tanta operacionalidade no Direito Internacional, ainda que se aceite a proximidade tradicional ao Direito Público e o facto de naquele, ainda

[27] Quanto aos diversos traços distintivos do Direito Internacional, v. James Leslie Brierly, *Direito ...*, pp. 41 e ss., e pp. 71 e ss.; Paul Reuter, *Direito Internacional Público*, Lisboa, 1981, pp. 24 e ss.; Nuno e Sousa, *Curso...*, pp. 17 e ss.; Antonio Cassese, *International Law...*, pp. 13 e ss.; Armando M. Marques Guedes, *Direito...*, pp. 136 e ss.; António Cabral de Moncada, *Curso...*, I, pp. 62 e ss.; Eduardo Correia Batista, *Direito Internacional...*, I, pp. 28 e ss.; Wladimir Brito, *Direito...*, pp. 69 e ss.; Joaquim da Silva Cunha e Maria da Assunção do Vale Pereira, *Manual...*, pp. 24 e 25; Jorge Miranda, *Curso...*, pp. 19 e ss.

[28] Quanto à distinção entre o Direito Público e o Direito Privado no seio do Direito Interno, v. Angel Latorre, *Introdução ao Direito*, Coimbra, 1978, pp. 208 e ss.; João Batista Machado, *Introdução ao Direito e ao Discurso Legitimador*, Coimbra, 1983, pp. 64 e ss.; José Dias Marques, *Introdução ao Estudo do Direito*, 5ª ed., Lisboa, 1986, pp. 232 e ss.; Inocêncio Galvão Telles, *Introdução ao Estudo do Direito*, I, 11ª ed., Coimbra, 1999, pp. 153 e ss.; Diogo Freitas do Amaral, *Sumários de Introdução ao Direito*, 2ª ed., Lisboa, 2000, pp. 27 e ss.; José de Oliveira Ascensão, *O Direito...*, pp. 325 e ss.; A. Santos Justo, *Introdução ao Estudo do Direito*, Coimbra, 2001, pp. 226 e ss.; Maria Luísa Duarte, *Introdução...*, pp. 147 e ss.

maioritariamente, serem preponderantes os critérios que qualificam o Direito Público[29].

É de assumir esta dificuldade só até certo ponto: a distinção entre o Direito Público e o Direito Privado, que deve ser usada como arrimo para a definição do Direito Internacional, não sendo tão relevante quanto o é no Direito Interno, tem pelo menos a vantagem de permitir dissociar atuações jurídico-internacionais submetidas a regimes radicalmente diversos, ora de Direito Internacional, ora de Direito Privado, podendo intervir o Direito Internacional Privado na especiosa tarefa de resolução de um eventual conflito de leis aplicáveis.

III. O *policentrismo* do Direito Internacional é porventura a sua característica mais visível, sendo ao mesmo tempo aquela que melhor fundamenta muitas das suas peculiaridades.

Este policentrismo, primeiro, diz respeito às suas fontes normativas, já que não se pode dizer que as respetivas normas tenham uma única origem. São diversas as fontes internacionais relevantes, a começar pela distinção entre o tratado internacional – que é um acordo de vontades, de base intencional – e o costume internacional – que espelha a força da convivência espontânea no seio da sociedade internacional.

Este policentrismo, depois, é concernente às entidades subjetivas de onde emanam as normas e os princípios jurídico-internacionais, dado o pluralismo que o tem caracterizado, que se vai aprofundando à medida que novas entidades chegam à sociedade internacional[30]. Esta multiplicação dos sujeitos internacionais começou por ser apenas quantitativa, através do aparecimento de novos Estados, já no século XIX, num movimento que atingiria o seu auge com a descolonização da segunda metade do século XX. Mas rapidamente essa multiplicação passaria a ser qualitativa, com o emergir na cena internacional de novos sujeitos, antes totalmente desconhecidos e até combatidos.

É verdade que o policentrismo do Direito Internacional, tanto nas suas fontes como nos respetivos sujeitos, o torna verdadeiramente único enquanto setor específico do mundo do Direito. Só que não é menos ver-

[29] Chamando a atenção para este facto, Inocêncio Galvão Telles, *Introdução...*, I, pp. 153 e ss.; Jorge Miranda, *Curso...*, p. 36.

[30] Cfr. Antonio Cassese, *International Law*, Oxford, 2003, pp. 5 e 6.

dade que esse policentrismo tem sido um escolho adicional à sua construção dogmática e teorética, contribuindo para a escassez dos índices unitários indispensáveis naquelas duas preciosas tarefas científicas.

IV. O *fragmentarismo* do Direito Internacional implica que a regulação normativa que realiza não seja totalmente extensiva quanto às matérias que gradualmente vão passando para a sua órbita, fragmentarismo que pode ser visto sob duas perspetivas[31]:

- um *fragmentarismo horizontal*, que se determina pela ausência de uma regulação sobre os assuntos conexos com aqueles que, em cada momento, já obtiveram essa regulação, surgindo assim um ordenamento internacional dispersivo e intermitente;
- um *fragmentarismo vertical*, que espelha a circunstância de, quanto a certa matéria, o Direito Internacional normalmente estabelecer orientações mais gerais, não cuidando de efetuar o tratamento normativo exaustivo da problemática sobre que incide, tal sendo deixado à intervenção do Direito Interno.

Na interação que mantém com os Direitos Estaduais, o Direito Internacional nem sempre consegue desenvolver regulações completas, estando-lhe inevitavelmente subjacente o princípio do domínio reservado dos Estados, que torna certos assuntos prismas exclusivos dos Direitos Internos.

Os inconvenientes do fragmentarismo do Direito Internacional, apesar da virtualidade de fomentar uma interessante visão caleidoscópica da atividade jurídico-normativa, ficam patentes no preenchimento das respetivas lacunas, bem como na separação entre a esfera de atuação internacional e a esfera de atuação interna.

Sempre se pode esperar que este fragmentarismo seja progressivamente menor, tendo em atenção a evolução gradual no sentido da internacionalização do Direito, mais e mais matérias transitando para a órbita das relações jurídicas internacionais. Isso será essencialmente seguro no

[31] Fragmentarismo que também se reflete no próprio exercício do poder e na consistência dos comandos do Direito Internacional: cfr. as lúcidas alusões de Antonio Cassese, *International Law...*, pp. 13 e 14, para quem, no Direito Internacional, o "...poder está fragmentado e disperso." (p. 13).

fragmentarismo horizontal, bastando comparar as matérias que vão sendo objeto de tratados internacionais com as matérias em que havia esses tratados há duas ou três décadas.

Só que o fragmentarismo do Direito Internacional, ainda que indesejável e ainda que em regressão, acabará por ser uma marca necessária daquilo que este setor jurídico representa no plano regulativo, tal a dispersão e a heterogeneidade dos assuntos que são chamados à sua intervenção, com a hipotética verificação de um resultado perverso e perturbador: é que a crescente internacionalização – aumentando as matérias a regular no plano internacional – decerto que fomentará ainda mais esta feição fragmentária do Direito Internacional.

3. As divisões do Direito Internacional

I. Por detrás da unidade conceptual que se reconhece existir no Direito Internacional, e que tem permitido, de resto, que o mesmo se consiga cimentar no plano do Direito, é igualmente relevante aludir às múltiplas divisões por que pode ser compreendido, cada uma delas, no seu próprio reduto, correspondendo a um interessante desejo de especialização[32].

A passagem do tempo, sobretudo das últimas décadas, só tem contribuído para tornar mais visível a proeminência de muitas das divisões do Direito Internacional, tal o seu crescimento regulativo, não sendo já raro que os estudiosos do Direito Internacional o sejam unicamente em relação a alguns dos seus domínios.

Eis um claro resultado da paulatina superação do fragmentarismo: à medida que o Direito Internacional se intensifica do ponto de vista regulativo, vai surgindo mais a preocupação da especialização de muitos dos seus meandros, tal a sua diversidade, a requerer um estudo materialmente mais limitado para ser minimamente profundo.

[32] A respeito das várias divisões internas do Direito Internacional, v. Nuno e Sousa, *Curso...*, pp. 31 e ss.; António Cabral de Moncada, *Curso...*, I, pp. 78 e ss.; Gerson Mello Boson, *Direito Internacional...*, pp. 71 e ss.; Adherbal Meira Mattos, *Direito...*, pp. 12 e 13; Joaquim da Silva Cunha e Maria da Assunção do Vale Pereira, *Manual...*, pp. 28 e ss.; Jorge Miranda, *Curso...*, pp. 27 e ss.

II. Durante muito tempo, vigorou como principal divisão do Direito Internacional a contraposição do Direito da Guerra (o *ius bellum*) ao Direito da Paz (o *ius pacis*), bastando olhar a maior parte dos manuais de Direito Internacional do século XIX e da primeira metade do século XX para se comprovar o acerto desta asserção.

Trata-se de uma distinção que deve a paternidade a HUGO GRÓCIO (1583-1645), o fundador do Direito Internacional[33], que precisamente intitularia um dos seus livros pioneiros com essa classificação, publicação saída a lume em 1625[34]: *De Iure Belli ac Pacis*.

Simplesmente, a distinção perdeu todas as virtualidades que já encerrou: a partir do momento em que o Direito Internacional genericamente proscreveu o uso da força, deixou de fazer sentido pensar, alternativamente, numa e noutra daquelas suas duas vertentes[35].

Em contrapartida, têm ganho terreno divisões do Direito Internacional fundadas noutros critérios, de que cumpre evidenciar estes como mais significativos:

- o *critério do âmbito de aplicação*: o Direito Internacional Comum e o Direito Internacional Particular;
- o *critério da hierarquização regulativa*: o Direito Internacional Constitucional e o Direito Internacional Ordinário;
- o *critério das matérias reguladas*: o Direito Internacional Geral e o Direito Internacional Especial.

[33] Cfr. GIORGIO DEL VECCHIO, *Direito e Paz (ensaios)*, Lisboa, 1968, pp. 133 e ss., e *Lições de Filosofia do Direito*, 5ª ed., Coimbra, 1979, pp. 81 e ss.

[34] Cfr. ARMANDO M. MARQUES GUEDES, *Direito...*, p. 13; ANDRÉ GONÇALVES PEREIRA e FAUSTO DE QUADROS, *Manual...*, p. 24; ANTÓNIO CABRAL DE MONCADA, *Curso...*, I, pp. 78 e 79.

[35] Embora ARMANDO M. MARQUES GUEDES (*Direito...*, p. 13 e pp. 215 e ss.) continue acolhendo essa contraposição, assim estruturando o seu manual e também afirmando, não obstante aqueles novos ventos, que "A divisão do Direito Internacional Público nestas duas partições fundamentais – a do *ius belli* e a do *ius pacis* – persistirá, continuando a doutrina mais recente a ocupar-se de um Direito Internacional da Guerra, ou Direito da Guerra, ou ainda Direito Bélico, contraposto a um Direito Internacional da Paz, ou somente Direito da Paz".

III. O primeiro destes critérios, separando entre o *Direito Internacional Comum* e o *Direito Internacional Particular*[36], largamente aceite pela doutrina e pela prática internacionais, funda-se na amplitude subjetiva com que as respetivas normas e princípios são aplicados, por aí se fazendo transparecer as tensões globalistas e regionalistas que coexistem na sociedade internacional[37], distinção esta, de resto, extremamente relevante para o Direito Constitucional Português.

Aquele primeiro respeita aos princípios e às normas que têm uma vocação ampla de aplicação de uma perspetiva subjetiva: a todos ou, pelo menos, a uma grande parte dos sujeitos internacionais pertinentes. O Direito Internacional Comum é bem o exemplo das relações internacionais multilaterais, à escala planetária, espelhando uma regulação de interesses comummente aceites pelos respetivos membros e posicionando-se, assim, acima das suas múltiplas e, às vezes, acentuadas divergências.

O outro é atinente aos princípios e às normas jurídico-internacionais que apenas beneficiam de uma aplicação restrita, em razão das particularidades a que dão corpo, só determinando que faça sentido para alguns dos sujeitos internacionais. O Direito Internacional Particular é ilustrativo das relações internacionais que ligam os sujeitos pertencentes a regiões do Globo, dando assim uma tradução jurídico-internacional aos respetivos problemas e refrangendo a necessidade de afirmar as respetivas singularidades.

O maior interesse desta classificação do Direito Internacional associa-se às consequências de regime que do mesmo se retiram, sendo diverso o esquema de incorporação do Direito Internacional Comum e do Direito Internacional Particular, sendo de salientar mais estas duas:

- o diverso regime da conclusão dos tratados internacionais, não só porque há fases que só fazem sentido nos tratados multilaterais, como também porque os tratados multilaterais gerais diferem dos restritos nalgumas matérias;

[36] Cfr. Albino de Azevedo Soares, *Lições...*, p. 18; Armando M. Marques Guedes, *Direito...*, pp. 41 e 42; António Cabral de Moncada, *Curso...*, I, pp. 23 e 24; Francisco Ferreira de Almeida, *Direito...*, pp. 11 e ss.; Jorge Miranda, *Curso...*, p. 29.

[37] Frisando estas correntes antagónicas no Direito Internacional, Gerson Mello Boson, *Direito Internacional...*, pp. 112 e ss.; Nguyen Quoc Dinh, Patrick Daillier e Alain Pellet, *Droit...*, p. 39.

- o diverso regime da interpretação dos tratados, bem como o da integração das respetiva lacunas, sensíveis que são ao número dos sujeitos pertinentes.

IV. O segundo critério, que distingue o *Direito Internacional Constitucional do Direito Internacional não Constitucional ou Ordinário*[38], repousa na implantação de um escalonamento hierárquico-formal da sociedade internacional, sendo esta a classificação que mais recentemente tem vindo a dar os seus primeiros passos.

Aí se regista uma das consequências do aparecimento, no seio da sociedade internacional, das relações de subordinação, na medida em que por detrás delas – e para além da simples e direta subordinação dos sujeitos, e em particular dos Estados – está presente a necessidade de se conjugar a operatividade das normas e dos princípios internacionais, necessidade tanto mais premente quanto é certo ter vindo a avolumar-se bastante o grau de juridicização das relações internacionais.

Não nos podemos, por isso, assustar com o facto de certas normas e princípios internacionais poderem formar, à semelhança do que se passa no Direito Estadual com o Direito Constitucional, um Direito Internacional Constitucional, que se considere superior ao restante Direito Internacional.

Essa prevalência do Direito Internacional Constitucional (que depois será particularmente referida aquando do estudo das relações entre as fontes e as normas internacionais) tem óbvias implicações práticas, ao impor a sua primazia sobre o restante Direito Internacional, quer em nome da subsistência organizada da sociedade internacional – que carece de ordem e não de anarquia – quer em nome de pautas axiológicas de decisão – as quais condicionam o comportamento dos sujeitos, determinando a sua sujeição a parâmetros materiais.

V. O terceiro critério desemboca noutra importante classificação, que se apoia no grau de densidade das respetivas normas e conceitos, separando o *Direito Internacional Geral* do *Direito Internacional Especial*, que ao contrário da classificação que se explicou há pouco atende, não ao âmbito

[38] Cfr. Armando M. Marques Guedes, *Direito...*, pp. 36 e 37; Gerson Mello Boson, *Direito Internacional...*, p. 167.

subjetivo de aplicação, mas ao grau de relacionamento panorâmico com os diversos lugares do Direito Internacional.

A observação do Direito Interno, *maxime* do Direito Estadual, revela muitas vezes o intuito de certos ramos jurídicos terem de se repartir entre uma regulação que é genericamente aplicável a todas as suas realidades e uma regulação que, assumindo contornos específicos, só se justifica nalgumas matérias, não sendo generalizável.

Os exemplos são, pelo menos, três:

- no *Direito Constitucional*, é de distinguir uma parte geral, reservada aos problemas gerais e que são atinentes a todas as normas e princípios da Constituição, e uma parte especial, que traduz preocupações específicas, cujas soluções ordenadoras não são transplantáveis para outros horizontes;
- no *Direito Penal*, é de separar uma parte geral, que diz respeito à teoria da lei penal e à teoria da infração penal, de uma parte especial, que nesta cuida apenas do estudo específico dos contornos e dos elementos dos tipos de crimes, singularmente reunidos em torno de bens jurídicos que são concebidos;
- no *Direito Fiscal*, cumpre dissociar uma parte geral, ligada aos princípios e às normas fiscais que oferecem uma vocação de aplicação geral, e uma parte especial, que espelha os meandros de certos aspetos nucleares do Direito Fiscal, como os impostos, as infrações fiscais ou os benefícios fiscais.

Assim também no Direito Internacional é proveitoso enquadrar um Direito Internacional Geral – de que nos ocuparemos fundamentalmente neste livro – e recortar muitos Direitos Internacionais Especiais, que em pormenor versam as específicas regulações que se vão suscitando ao sabor de preocupações de tipo material e de tipo funcional:

- de *tipo material*, quando se surpreende a existência de um capítulo do Direito Internacional, num prisma de profundidade regulativa, focando uma realidade bem reduzida, como sucede com o Direito Internacional do Mar ou com o Direito Internacional Penal;
- de *tipo funcional*, quando o Direito Internacional especialmente se organiza, numa lógica de transversalidade, para estudar determinada atividade ou função, como é o caso do Direito Internacio-

nal das Comunicações ou do Direito Internacional dos Conflitos Armados.

VI. A partir deste terceiro critério referido, é finalmente de topar com vários e específicos *capítulos do Direito Internacional*[39], cuja importância e complexidade os têm vindo a enraizar, dando azo a mais sofisticados instrumentos de regulação, esforços doutrinários e instâncias de resolução de conflitos, em correspondência àquelas duas óticas, material e funcional:

- o *Direito Internacional dos Direitos do Homem*: o capítulo jurídico-internacional que procede ao reconhecimento dos direitos do homem, nos seus diversos níveis, e que estabelece as condições adjetivas que permitem a fiscalização do seu acatamento por parte dos Estados[40];
- o *Direito Internacional Humanitário*: o capítulo jurídico-internacional que, durante os conflitos armados, impõe as regras aplicáveis à proteção das pessoas na vigência dessas situações de crise[41];

[39] Quanto a estes vários capítulos que melhor vivificam o Direito Internacional, v., por todos, na sua apresentação, JOAQUIM DA SILVA CUNHA e MARIA DA ASSUNÇÃO DO VALE PEREIRA, *Manual...*, pp. 40 e ss.

[40] Sobre o Direito Internacional dos Direitos do Homem, v. KAREL VASAK, *Por um Direito Internacional específico dos Direitos do Homem*, in AAVV, *As dimensões internacionais dos direitos do homem* (org. de KAREL VASAK), Lisboa, 1983, pp. 674 e ss.; JORGE CAMPINOS, *Direito Internacional dos Direitos do Homem – textos básicos*, Coimbra, 1984, pp. 7 e ss.; ANTONIO CASSESE, *International Law...*, pp. 287 e ss., e *Los derechos humanos en el mundo contemporáneo*, Barcelona, 1993, pp. 17 e ss.; JORGE BACELAR GOUVEIA, *O estado de exceção no Direito Constitucional – entre a eficiência e a normatividade das estruturas de defesa extraordinária da Constituição*, I, Coimbra, 1998, pp. 254 e ss., e *Ensinar Direito Internacional Público*, Coimbra, 2006, pp. 231 e ss., e pp. 303 e ss.; FLÁVIA PIOVESAN, *Direitos humanos e Justiça Internacional*, São Paulo, 2006, pp. 7 e ss.; FABIANA DE OLIVEIRA GODINHO, *A proteção internacional dos direitos humanos*, Belo Horizonte, 2006, pp. 1 e ss.

[41] Sobre o Direito Internacional Humanitário, v. JOAQUIM DA SILVA CUNHA, *Direito Internacional Público – relações internacionais (aspetos fundamentais do seu regime jurídico)*, III, Lisboa, 1990, pp. 152 e ss.; ISABEL RAIMUNDO, *Imperativo humanitário e não ingerência – os novos desafios do Direito Internacional*, Lisboa, 1999, pp. 33 e ss.; NGUYEN QUOC DINH, PATRICK DAILLIER e ALAIN PELLET, *Droit...*, pp. 978 e ss.; VÉRONIQUE HAROUEL-BURELOUP, *Traité de Droit Humanitaire*, Paris, 2005, pp. 15 e ss.; JORGE BACELAR GOUVEIA, *Direito Internacional Humanitário – Introdução e Textos Fundamentais*, Coimbra, 2006, pp. 7 e ss.; LEONARDO ESTRELA BORGES, *O Direito Internacional Humanitário: a proteção do indivíduo em tempo de guerra*, Belo Horizonte, 2006, pp. 1 e ss.; ABDELWAHAB BIAD, *Droit International humanitaire*, 2ª ed., Paris, 2006, pp. 7 e ss.; ORIOL CASANOVAS Y LA ROSA, *El Derecho Internacional Humanitário en los conflic-*

- o *Direito Internacional das Organizações Internacionais*: o capítulo jurídico-internacional que giza a organização e o funcionamento das organizações internacionais, bem como regula as relações que mantêm com outros sujeitos internacionais[42];
- o *Direito Internacional dos Conflitos Armados*: o capítulo do Direito Internacional que define as relações jurídicas em situação de guerra, internacionalmente reconhecida e de acordo com inúmeras limitações, formais e substanciais, que condicionam o seu uso legítimo[43];
- o *Direito Internacional Fiscal*: o capítulo jurídico-internacional que, perante questões jurídico-fiscais conexas com os diversos Direitos Fiscais internos, procede à escolha das leis fiscais aplicáveis, além de poder firmar uma regulação material comum[44];
- o *Direito Internacional Penal e Processual Penal*: o capítulo jurídico-internacional que descreve os crimes internacionais, fixando as res-

tos armados, in MANUEL DIEZ DE VELASCO, *Instituciones de Derecho Internacional Público*, 16ª ed., Madrid, 2007, pp. 1063 e ss.; MICHEL BÉLANGER, *Droit International humanitaire général*, 2ª ed., Paris, 2007, pp. 15 e ss.; MARIA DA ASSUNÇÃO DO VALE PEREIRA, *Noções fundamentais de Direito Internacional Humanitário*, Coimbra, 2014, pp. 3 e ss.

[42] Sobre o Direito Internacional das Organizações Internacionais, v. MARIO BETTATI, *Le Droit des Organisations Internationales*, Paris, 1987, *passim*; JOÃO CAUPERS, *Direito Internacional Público II – sumários*, Lisboa, 1988, *passim*; JOSÉ A. PASTOR RIDRUEJO, *Curso de Derecho Internacional Público y Organizaciones Internacionales*, 3ª ed., Madrid, 1989, pp. 631 e ss.; MARGARIDA SALEMA D'OLIVEIRA MARTINS e AFONSO D'OLIVEIRA MARTINS, *Direito das Organizações Internacionais*, I e II, 2ª ed., Lisboa, 1996; MANUEL DE ALMEIDA RIBEIRO, *A Organização das Nações Unidas*, Coimbra, 1998; MANUEL DÍEZ DE VELASCO, *Las organizaciones internacionales*, 11ª ed., Madrid, 1999, *passim*; AAVV, *Organizações internacionais* (coord. de JOÃO MOTA DE CAMPOS), 2ª ed., Lisboa, 2006, *passim*.

[43] Sobre o Direito Internacional dos Conflitos Armados, v. ANTONIO CASSESE, *International Law...*, pp. 253 e ss.; JOAQUIM DA SILVA CUNHA, *Direito Internacional...*, III, pp. 161 e ss.; ARMANDO M. MARQUES GUEDES, *Direito...*, pp. 230 e ss.; NGUYEN QUOC DINH, PATRICK DAILLIER e ALAIN PELLET, *Droit...*, pp. 963 e ss.; JOSÉ LUÍS MOREIRA DA SILVA, *Direito dos Conflitos Internacionais*, Lisboa, 2003, pp. 7 e ss.; ELÍSIO BORGES MAIA, *Armas nucleares e Direito Internacional*, Coimbra, 2003, pp. 11 e ss.; ORIOL CASANOVAS Y LA ROSA, *El principio de la prohibición del uso de la fuerza*, in MANUEL DÍEZ DE VELASCO, *Instituciones de Derecho Internacional Público*, 16ª ed., Madrid, 2007, pp. 1033 e ss.

[44] Sobre o Direito Internacional Fiscal, v. ALBERTO XAVIER, *Direito Tributário Internacional*, Coimbra, 1993, pp. 3 e ss.; DIOGO LEITE DE CAMPOS e MÔNICA HORTA NEVES LEITE DE CAMPOS, *Direito Tributário*, 2ª ed., Coimbra, 2000, pp. 281 e ss.; JOSÉ CASALTA NABAIS, *Direito Fiscal*, 2ª ed., Coimbra, 2003, pp. 98 e ss.

petivas penas, e que cria os mecanismos internacionais – *maxime* no TPI – de julgamento e execução dessas sanções criminais[45];

- o *Direito Internacional Económico e do Desenvolvimento*: o capítulo jurídico-internacional que enquadra as relações económicas internacionais[46] e que produz as regras que se destinam a estimular o desenvolvimento, económico e social, dos Estados do Terceiro Mundo[47];
- o *Direito Internacional da Cooperação*: o capítulo jurídico-internacional que disciplina as relações de ajuda dos Estados ricos e das organizações internacionais aos Estados mais pobres, promovendo a respetiva capacitação, institucional, social e económica[48];
- o *Direito Internacional das Comunicações*: o capítulo jurídico-internacional que versa o regime das comunicações internacionais, quer do ponto de vista dos meios de transporte, quer do ponto de vista das comunicações eletrónicas[49];

[45] Sobre o Direito Internacional Penal e Processual Penal, v. ANDRÉ HUET e RENÉE KOERING-JOULIN, *Droit Pénal International*, 2ª ed., Paris, 2001, pp. 1 e ss.; WLADIMIR BRITO, *Tribunais Penais Internacionais – da arbitragem aos tribunais internacionais ad hoc*, in RMP, nº 81, 2000, pp. 25 e ss.; M. CHERIF BASSIOUNI, *Introduction au Droit Pénal International*, Bruxelles, 2002, pp. 1 e ss.; ANTONIO CASSESE, *International Criminal Law*, New York, 2003, pp. 3 e ss.; GERHARD WERLE, *Principles of International Criminal Law*, The Hague, 2005, pp. 24 e ss.; KAI AMBOS, *Internationales Strafrecht*, München, 2006, pp. 77 e ss.; JORGE BACELAR GOUVEIA, *Direito Internacional Penal – uma perspetiva dogmático-crítica*, Coimbra, 2008, pp. 15 e ss.

[46] Quanto ao Direito Internacional Económico, v. ANTONIO CASSESE, *International Law...*, pp. 317 e ss.; ALBINO DE AZEVEDO SOARES, *Lições...*, pp. 407 e ss.; JOAQUIM DA SILVA CUNHA, *Direito Internacional...*, III, pp. 207 e ss.; NGUYEN QUOC DINH, PATRICK DAILLIER e ALAIN PELLET, *Droit...*, pp. 1037 e ss.

[47] Sobre o Direito Internacional do Desenvolvimento, v. ANTONIO CASSESE, *International Law...*, pp. 351 e ss.; PIERRE-MARIE DUPUY, *Droit International Public*, Paris, 1992, pp. 445 e ss.; MARIA MANUELA MAGALHÃES SILVA, *Princípios gerais do Direito Internacional do Desenvolvimento*, in AAVV, *Estudos em Homenagem a Joaquim M. da Silva Cunha*, Porto, 1999, pp. 667 e ss.; EDUARDO PAZ FERREIRA, *Valores e interesses – desenvolvimento económico e política comunitária de cooperação*, Coimbra, 2004, pp. 153 e ss.

[48] Sobre o Direito Internacional da Cooperação, v. WLADIMIR BRITO, *A Convenção-Quadro Europeia...*, pp. 39 e ss. Muitos dos respetivos acordos tivemos mesmo ocasião de reunir em publicação própria: JORGE BACELAR GOUVEIA, *Acordos de Cooperação entre Portugal e os Estados Africanos Lusófonos*, Lisboa, 1998, *passim*.

[49] Sobre o Direito Internacional das Comunicações, v. PAUL REUTER, *Direito Internacional...*, pp. 171 e ss.; NGUYEN QUOC DINH, PATRICK DAILLIER e ALAIN PELLET, *Droit...*, pp. 1109 e ss.

- o *Direito Internacional do Ambiente*: o capítulo jurídico-internacional que disciplina a atividade humana em relação ao meio envolvente, sendo certo que os problemas ambientais são hoje inevitáveis e irreversivelmente universais, numa crescente juridificação e interdisciplinaridade sem par[50];
- o *Direito Internacional Diplomático e Consular*: o capítulo jurídico-internacional que regula as relações diplomáticas e consulares entre os sujeitos internacionais, matéria em que se evidencia o lastro histórico do relacionamento entre os Estados, nele se definindo o sentido, o estatuto e as vicissitudes dessas relações[51];
- o *Direito Internacional do Mar*: o capítulo jurídico-internacional que delimita geograficamente os diversos espaços marítimos e fixa o

[50] Sobre o Direito Internacional do Ambiente, v. ALEXANDRE KISS, *Droit International de l'Environnement*, Paris, 1989, *passim*; HEINTSCHEL VON HEINEGG, *Internationales öffentliches Umweltrecht*, in AAVV, *Völkerrecht* (org. de KNUT IPSEN), München, 1990, pp. 805 e ss.; PATRÍCIA W. BIRNIE e ALAN E. BOYLE, *International Law & the Environment*, Oxford, 1992, pp. 1 e ss.; PEDRO SILVA PEREIRA, *Direito Internacional Público do Ambiente: as convenções internacionais e suas implicações para Portugal*, in AAVV, *Direito do Ambiente*, Oeiras, 1994, pp. 165 e ss.; MÁRIO DE MELO ROCHA, *O direito ao ambiente como direito do homem no quadro europeu*, in AAVV, *Juris et de Jure – Nos vinte anos da Faculdade de Direito da Universidade Católica Portuguesa – Porto*, Porto, 1998, pp. 603 e ss., e *A avaliação de impacto ambiental como princípio do Direito do Ambiente nos quadros internacional e europeu*, Porto, 2000, pp. 19 e ss.; PATRICK THIEFFRY, *Direito Europeu do Ambiente*, Lisboa, 2000, pp. 11 e ss.; PAULO DE SOUSA MENDES, *Vale a pena o Direito Penal do Ambiente?*, Lisboa, 2000; VASCO PEREIRA DA SILVA, *Verde Cor de Direito – Lições de Direito do Ambiente*, Coimbra, 2002, pp. 21 e ss.; NGUYEN QUOC DINH, PATRICK DAILLIER e ALAIN PELLET, *Droit...*, pp. 1270 e ss.; MANUEL DE ALMEIDA RIBEIRO, *Traços gerais da evolução do Direito Internacional do Ambiente*, in RPIIC, nº 4, 2º semestre de 2002, Lisboa, 2002, pp. 106 e ss.; MALCOLM N. SHAW, *International Law*, 5ª ed., Cambridge, 2003, pp. 753 e ss.; FERNANDO ARAÚJO, *A hora dos direitos dos animais*, Coimbra, 2003, pp. 265 e ss., numa senda marcadamente filosófico-jurídica de reinvenção de um novo paradigma em matéria de estatuto jurídico dos animais não-humanos; ALFREDO HÉCTOR WILENSKY e RUI JANUÁRIO, *Direito Internacional Público Contemporâneo*, Lisboa, 2003, pp. 61 e ss.; ANTÓNIO MARQUES DOS SANTOS, *Breves notas sobre o Direito Internacional Privado do Ambiente*, in AAVV, *Estudos em Homenagem ao Professor Doutor Jorge Ribeiro de Faria*, Coimbra, 2003, pp. 167 e ss.; MARIA DA GLÓRIA F. P. D. GARCIA, *O lugar do Direito na proteção do ambiente*, Coimbra, 2007, pp. 369 e ss.

[51] Sobre o Direito Internacional Diplomático e Consular, v. JOSÉ CALVET DE MAGALHÃES, *Manual Diplomático*, 2ª ed., Lisboa, 1991, e *A Diplomacia Pura*, Lisboa, 2005; EDUARDO VILARIÑO PINTOS, *Curso de Derecho Diplomático y Consular*, 2ª ed., Madrid, 2003; WLADIMIR BRITO, *Direito Consular*, Coimbra, 2004, *Direito Diplomático*, Lisboa, 2007, e *Diplomacia e Direito Diplomático*, Lisboa, 2016.

regime dos respetivos aproveitamentos, cruzando a soberania estadual com os espaços internacionais[52];

- o *Direito Internacional do Ar*: o capítulo jurídico-internacional que cuida do regime jurídico do espaço aéreo, nacional e internacional[53];
- o *Direito Internacional do Espaço*: o capítulo jurídico-internacional que determina as regras a que se submete o aproveitamento do espaço sideral[54].

4. Os setores afins do Direito Internacional

I. A configuração sistemática do Direito Internacional completa-se com a apresentação dos setores - jurídicos e não jurídicos - que, não o integrando, com ele apresentam manifestos traços de proximidade, sendo de distinguir, dado o seu diferente grau, entre[55]:

- os *setores jurídicos*; e
- os *setores não jurídicos*.

[52] Sobre o Direito Internacional do Mar, v. JORGE BACELAR GOUVEIA, *O direito de passagem inofensiva no novo Direito Internacional do Mar*, Lisboa, 1993, pp. 15 e ss., e *Ensinar Direito Internacional...*, pp. 328 e ss.; ARMANDO M. MARQUES GUEDES, *Direito do Mar*, 2ª ed., Coimbra, 1998, pp. 65 e ss.; JOSÉ LUÍS MOREIRA DA SILVA, *Direito do Mar, Lisboa*, 2003, pp. 7 e ss.; JOAQUIM DA SILVA CUNHA e MARIA DA ASSUNÇÃO DO VALE PEREIRA, *Manual...*, pp. 587 e ss.

[53] Sobre o Direito Internacional do Ar, v. DINIZ FERREIRA, *Elementos de Aeronáutica Civil Nacional e Internacional*, Lisboa, 1952, pp. 19 e ss.; I. H. PH DIEDERIKS-VERSCHOOR, *An Introduction to Air Law*, 7ª ed., The Hague/London/New York, 2001, pp. 1 e ss.; JOAQUIM DA SILVA CUNHA e MARIA DA ASSUNÇÃO DO VALE PEREIRA, *Manual...*, pp. 680 e ss.; JORGE BACELAR GOUVEIA, *Ensinar Direito Internacional...*, pp. 348 e ss.

[54] Sobre o Direito Internacional do Espaço, v. NICOLAS MATEESCO MATTE, *Droit Aérospatial*, Montréal/Paris, 1982; JAIME MARCHÁN, *Derecho Internacional del Espacio – teoría y política*, 2ª ed., Madrid, 1990, *passim*; LÉOPOLD PEYREFITTE, *Droit de l'Espace*, Paris, 1993, pp. 1 e ss.; I. H. PH DIEDERIKS-VERSCHOOR, *An Introduction to Space Law*, 2ª ed., The Hague/London/Boston, 1999, pp. 1 e ss.; BORIS BELITSKY, *International Space Law*, Honolulu, 2000, pp. 9 e ss.; JOAQUIM DA SILVA CUNHA e MARIA DA ASSUNÇÃO DO VALE PEREIRA, *Manual...*, pp. 685 e ss.; BIN CHENG, *Studies in International Space Law*, Oxford, 2004; PAULA VEIGA, *Direito do Espaço Extraterrestre: nota sobre uma nova área do Direito*, in BFDUC, vol. LXXX, 2004, pp. 403 e ss.; JORGE BACELAR GOUVEIA, *Ensinar Direito Internacional...*, pp. 368 e ss.

[55] Cfr. ANTÓNIO TRUYOL Y SERRA, *Noções fundamentais...*, pp. 30 e ss.; ANDRÉ GONÇALVES PEREIRA e FAUSTO DE QUADROS, *Manual...*, pp. 39 e ss.

Os *setores jurídicos* são os núcleos que pertencem ao mundo do Direito, aí se procedendo, mas de modo diverso do que ocorre no Direito Internacional, ao estabelecimento das respetivas proposições normativas.

Os *setores não jurídicos* são conjuntos de proposições que, ainda que dotados de normatividade, não ingressam na lógica dos efeitos jurídicos, posicionando-se *extramuros* desta realidade.

II. Dentro dos setores jurídicos afins do Direito Internacional, é necessário discutir as linhas de proximidade de três mais relevantes, segundo diferentes graus de complexidade:

- o *Direito Internacional Privado*;
- o *Direito Comparado*; e
- o *Direito da União Europeia*.

III. O *Direito Internacional Privado*[56] acolhe o conjunto de princípios e de normas jurídicas que regulam as questões jurídico-privadas internacionais, devendo determinar-se a lei aplicável, no pressuposto de que as que são potencialmente relevantes podem conduzir a díspares resultados, por não serem idênticas no seu sentido ordenador.

Como refere ISABEL DE MAGALHÃES COLLAÇO, aquele consiste no "...sistema de normas que em dada ordem jurídica regulam as questões privadas internacionais, através da remissão para uma das ordens jurídicas locais com que estão conexas, ordem jurídica que desse modo é declarada competente para as resolver"[57].

[56] Para uma apresentação do Direito Internacional Privado, v. ISABEL DE MAGALHÃES COLLAÇO, *Lições de Direito Internacional Privado*, I, Lisboa, 1958-1959, pp. 32 e ss.; RUI MOURA RAMOS, *Direito Internacional Privado e Constituição*, Coimbra, 1980, pp. 9 e ss., e *Da lei aplicável ao contrato de trabalho internacional*, Coimbra, 1991, pp. 1 e ss.; JOÃO BATISTA MACHADO, *Lições de Direito Internacional Privado*, 3ª ed., Coimbra, 1988, pp. 9 e ss.; ANTÓNIO MARQUES DOS SANTOS, *As normas de aplicação imediata no Direito Internacional Privado – esboço de uma teoria geral*, I, Coimbra, 1991, pp. 7 e ss., *Direito Internacional Privado – introdução*, I, Lisboa, 2001, pp. 7 e ss., e *Direito Internacional Privado*, in DJAP, 2º sup., Lisboa, 2001, pp. 265 e ss.; MANUEL DE ALMEIDA RIBEIRO, *Introdução ao Direito Internacional Privado*, Coimbra, 2001, pp. 7 e ss.; LUÍS LIMA PINHEIRO, *Direito Internacional Privado*, I, Coimbra, 2001, pp. 15 e ss.; DÁRIO MOURA VICENTE, *Direito Internacional Privado – ensaios*, I, Coimbra, 2002, *passim*; MARIA HELENA BRITO, *Direito do Comércio Internacional*, Coimbra, 2004, pp. 65 e ss.

[57] ISABEL DE MAGALHÃES COLLAÇO, *Lições...*, I, p. 32.

Só que o Direito Internacional Privado, não obstante a proximidade que tem com o Direito Internacional ao relacionar ordenamentos estrangeiros, jamais a este se pode assimilar, podendo até dizer-se, enfaticamente, que não é internacional, nem privado[58]:

- *não é internacional* porque, afinal, através dele se seleciona a aplicação de um Direito Interno, ganhando um ordenamento estadual na disputa com outros Direitos potencialmente aplicáveis, não incorporando, na vertente remissiva clássica, qualquer solução convencional, antes uma solução legislativa interna, de cunho obviamente unilateral;
- *não é privado* porque procede à escolha de uma legislação aplicável, convocando diversos sistemas normativos estaduais, através de uma determinação imposta por fontes do Direito Público, a começar pela Constituição do Estado, não propriamente por efeito da vontade das partes envolvidas no plano inter-relacional.

Recentemente, o Direito Internacional Privado tem acentuado uma vertente material – ao arrepio da sua tradicional vertente conflitual, de escolha dos ordenamentos nacionais aplicáveis – em que se estabelece a regulação substancial concernente às situações que é preciso resolver. Mas não se crê que isso o possa transformar em disciplina científica com uma vocação especificamente internacional: o ato de adoção dessa regulação é regulado pelo Direito Público, Internacional e Constitucional, e a matéria em causa integra-se em cada um dos ramos do Direito que, internamente, cuidam da questão em apreço. A unificação material dos ordenamentos jurídicos não tem a virtualidade de "internacionalizar" o Direito Internacional Privado porque os instrumentos em que tal se vai consumar são orientados pelo Direito Público e são os setores do Direito Estadual interno que trabalham as opções dogmáticas de fundo que têm de ser tomadas.

[58] Cfr. Albino de Azevedo Soares, *Lições...*, pp. 19 e 20; Armando M. Marques Guedes, *Direito...*, pp. 36 e ss.; André Gonçalves Pereira e Fausto de Quadros, *Manual...*, p. 45; Nguyen Quoc Dinh, Patrick Daillier e Alain Pellet, *Droit...*, pp. 37 e 38; Joaquim da Silva Cunha e Maria da Assunção do Vale Pereira, *Manual...*, pp. 25 e 26; Jorge Miranda, *Curso...*, pp. 35 e 36.

IV. O *Direito Comparado*[59], não sendo verdadeiramente um ramo do Direito, consiste numa metodologia específica, que é o *método comparatístico*. Nele, pretende analisar-se, separadamente, diversas ordens jurídicas em globo – *macro-comparação* – ou institutos pertencentes a diversas ordens jurídicas – *micro-comparação* – e, a partir desse esforço, chegar a resultados, de semelhança ou de diferença, que permitem construir a síntese comparatística.

É também claro que o Direito Internacional não se identifica com o Direito Comparado:

- ao contrário deste, o Direito Internacional tem uma raiz profundamente unitária quanto ao tratamento das matérias sobre que incide e não compagina soluções diversas, em cada um dos Estados;
- ao invés deste, o Direito Internacional é um verdadeiro setor do Direito, não aparecendo como uma mera perspetiva científica que permita comparar, ainda que com um rigorosíssimo cânone, ordenamentos ou institutos jurídicos diferentes entre si.

V. O *Direito da União Europeia*[60] é, de todos eles, o setor jurídico com mais afinidades com o Direito Internacional, embora o seu amadureci-

[59] Sobre o Direito Comparado como atividade juscientífica, v. João de Castro Mendes, *Direito Comparado*, Lisboa, 1982-1983, pp. 7 e ss.; Konrad Zweigert e Hein Kötz, *An Introduction to Comparative Law*, 2ª ed., Oxford, 1992, pp. 1 e ss.; Carlos Ferreira de Almeida, *Introdução ao Direito Comparado*, 2ª ed., Coimbra, 1998, pp. 9 e ss., e *Direito Comparado – ensino e método*, Lisboa, 2000, pp. 61 e ss.; Jorge Bacelar Gouveia, *O estado de exceção...*, I, pp. 53 e ss.; José de Oliveira Ascensão, *O Direito...*, pp. 131 e ss.; René David e Camille Jauffret-Spinosi, *Les grands systèmes de Droit contemporains*, 11ª ed., Paris, 2002, pp. 1 e ss.

[60] Para uma caracterização geral do Direito da União Europeia, v. Maria Isabel Jalles, *Implicações jurídico-constitucionais da adesão de Portugal às Comunidades Europeias – alguns aspetos*, Lisboa, 1980, pp. 100 e ss.; Fausto de Quadros, *Direito das Comunidades Europeias – sumários*, Lisboa, 1983, pp. 17 e ss., *Direito das Comunidades Europeias e Direito Internacional Público – contributo para o estudo da natureza jurídica do Direito Comunitário Europeu*, Lisboa, 1984, pp. 31 e ss., e *Direito Comunitário I – programa, conteúdos e métodos do ensino*, Coimbra, 2000, pp. 11 e ss.; Jean-Victor Louis, *A Ordem Jurídica Comunitária*, 2ª ed., Lisboa, 1983, pp. 9 e ss.; Charles Vallée, *O Direito das Comunidades Europeias*, Lisboa, 1983, pp. 5 e ss.; Etienne Cerexhe, *O Direito Europeu – as instituições*, Lisboa, 1985, pp. 85 e ss.; Jean Groux e Philippe Manin, *As Comunidades Europeias na Ordem Internacional*, Lisboa, 1985, pp. 9 e ss.; José Carlos Moitinho de Almeida, *Direito Comunitário*, Lisboa, 1985, pp. 1 e ss.; João Caupers, *Introdução ao Direito Comunitário*, Lisboa, 1988, pp. 5 e ss.; António Braz Teixeira, *Direito Comu-*

mento tenha acarretado um mais ou menos irreversível distanciamento, a ponto de muitos autores já duvidarem da inserção do Direito da União Europeia no Direito Internacional.

O Direito da União Europeia, numa fase em que ainda se designava "Direito Comunitário", começou indiscutivelmente por ser um capítulo jurídico-internacional peculiarmente relacionado com um fenómeno recente na diversificação dos sujeitos internacionais: o aparecimento das *organizações internacionais supranacionais*, que já não seguem o esquema clássico das organizações internacionais intergovernamentais.

À medida que a integração europeia foi ficando mais fortalecida – primeiro dentro do âmbito económico e, depois, extravasando para outras atribuições – simultaneamente que o Direito da União Europeia se intensificou bastante na sua estruturação interna, bem como no respetivo ordenamento secundário ou derivado, fazendo com que, paulatinamente,

nitário – sumários, Lisboa, 1989, pp. 5 e ss.; ALBERTO SOUTO DE MIRANDA, *Temas de Direito Comunitário*, Coimbra, 1990, *passim*; ANTÓNIO DIAS TEIXEIRA, *A natureza das Comunidades Europeias*, Coimbra, 1993, pp. 81 e ss.; FERNANDO LOUREIRO BASTOS, *A União Europeia – fins, objetivos e estrutura orgânica*, Lisboa, 1993, pp. 11 e ss.; ANA MARIA GUERRA MARTINS, *Introdução ao Estudo do Direito Comunitário – sumários desenvolvidos*, Lisboa, 1995, pp. 23 e ss., e *A natureza jurídica da revisão do Tratado da União Europeia*, Lisboa, 2000, pp. 35 e ss.; FRANCISCO LUCAS PIRES, *Introdução ao Direito Constitucional Europeu*, Coimbra, 1997, pp. 7 e ss.; LUÍS SÁ, *A crise das fronteiras – Estado, Administração Pública e União Europeia*, Lisboa, 1997, pp. 199 e ss.; MARIA JOÃO PALMA e LUÍS DUARTE D'ALMEIDA, *Direito Comunitário*, Lisboa, 2000, pp. 17 e ss.; PAULO SANDE, *O sistema político na União Europeia*, Lisboa, 2000, pp. 46 e ss.; MARIA LUÍSA DUARTE, *Direito da União Europeia e das Comunidades Europeias*, vol. I, t. I, Lisboa, 2001, pp. 21 e ss., e *Contencioso Comunitário*, Cascais, 2003, pp. 49 e ss.; ELIZABETH ACCIOLY, *Mercosul & União Européia – estrutura jurídico-institucional*, 2ª ed., Curitiba, 2001, pp. 55 e ss., e *Sistema de solução de controvérsias em blocos económicos*, Coimbra, 2004, pp. 185 e ss.; PAULA VAZ FREIRE, *Os novos passos da integração europeia*, Lisboa, 2002, pp. 13 e ss.; RUI MOURA RAMOS, *Direito Comunitário – programa, conteúdos e métodos de ensino*, Coimbra, 2003, pp. 17 e ss.; MIGUEL GORJÃO-HENRIQUES, *Direito Comunitário*, 2ª ed., Coimbra, 2003; PAUL CRAIG e GRÁINNE DE BÚRCA, *EU Law*, 3ª ed., Oxford, 2003; JOAQUIM DA SILVA CUNHA e MARIA DA ASSUNÇÃO DO VALE PEREIRA, *Manual...*, pp. 576 e ss.; CLAUDE BLUMANN e LOUIS DUBOIS, *Droit institutionnel de l'Union européenne*, 2ª ed., Paris, 2005; GUY ISAAC e MARC BLANQUET, *Droit général de l'Union européenne*, 9ª ed., Paris, 2006; JOÃO MOTA DE CAMPOS e JOÃO LUIZ MOTA DE CAMPOS, *Manual de Direito Comunitário*, 5ª ed., Coimbra, 2007, pp. 19 e ss.

menos pacífica se tornasse a sua pertença ao Direito Internacional, oscilando a doutrina na sua qualificação como[61]:

- um *Direito Internacional moderno*, numa versão menos arrojada; ou
- um *verdadeiro Direito para-estadual*, numa versão mais aventureira.

Seja como for, o Direito da União Europeia que se tem desenvolvido na Europa assume atualmente uma *natureza híbrida*, pagando tributo quer ao Direito Internacional, quer ao Direito Estadual, numa composição eclética que o transforma num outro fascinante setor do Direito[62].

Mais do que afinidade, pode até afirmar-se – nos aspetos em que se vê o inegável lastro do Direito Internacional – que o Direito da União Europeia acaba por ser, em parte, uma derivação moderna do desejo de integração transnacional que o Direito Internacional inelutavelmente transporta[63].

VI. Os setores afins não jurídicos do Direito Internacional correspondem a ordens normativas que não revestem juridicidade, não podendo assim ingressar no mundo do Direito, cumprindo mencionar os seguintes exemplos[64]:

- a *Moral Internacional*;
- a *Comitas Gentium*; e
- a *Política Internacional*.

[61] Quanto às diversas propostas acerca da natureza jurídica da União Europeia, juntamente com o teor do Direito que produz, v., de entre outros, Fausto de Quadros, *Direito das Comunidades Europeias e Direito Internacional...*, pp. 31 e ss.; António Dias Teixeira, *A natureza...*, pp. 145 e ss.; Ana Maria Guerra Martins, *A natureza jurídica...*, pp. 249 e ss.; António Figueira, *Modelos de legitimação da União Europeia*, Cascais, 2004 pp. 49 e ss.

[62] Seja como for, do ponto de vista didático, é hoje inegável – em Portugal como no estrangeiro – a autonomia pedagógica de que goza: Fausto de Quadros, *Direito Comunitário I...*, pp. 27 e ss.; Rui Moura Ramos, *Direito Comunitário...*, pp. 7 e ss.

[63] Pelo que por vezes se justifica que do Direito Comunitário sejam retirados exemplos ou apresentadas instituições do mesmo modo relevantes para o Direito Internacional, como sucede em matéria de organizações internacionais de integração.

[64] Cfr. António Truyol y Serra, *Noções fundamentais...*, pp. 32 e ss.; Albino de Azevedo Soares, *Lições...*, pp. 21 e 22; Armando M. Marques Guedes, *Direito...*, pp. 85 e 86; André Gonçalves Pereira e Fausto de Quadros, *Manual...*, pp. 39 e 40; Eduardo Correia Batista, *Direito Internacional...*, I, pp. 30 e ss.; Joaquim da Silva Cunha e Maria da Assunção do Vale Pereira, *Manual...*, pp. 17 e 18; Jorge Miranda, *Curso...*, p. 27.

VII. A *Moral Internacional* é uma parte da Moral Social, contendo normas e princípios que equacionam o Bem e o Mal no seio das relações internacionais, deles derivando deveres de conduta internacional.

O mundo das relações internacionais, tal como o mundo das relações interindividuais, não vive apenas de proposições jurídicas, no âmbito do que lhes é próprio, de acordo com os fins que se cometem ao Direito, no seu afã de prosseguir a Justiça e a Segurança.

As relações internacionais são igualmente permeáveis a juízos morais, na procura de fazer o Bem e de evitar o Mal, naquilo que esse critério tenha de aplicável à dimensão interinstitucional e internacional, numa verificação que é tanto mais verdadeira quanto mais forte venha a ser o traço comunitário da sociedade internacional.

Embora se reconheça que o Direito Internacional tem vindo a ser menos sensível à Moral Internacional no mesmo ritmo em que as relações internacionais se materializam cada vez mais ao sabor dos calculismos e dos jogos das grandes potências, ainda assim se assinalam algumas regras relevantes da Moral Internacional: perdoar a dívida internacional aos Estados mais pobres ou ajudar humanitariamente as populações vítimas de flagelos e de conflitos[65].

A proximidade que existe entre a Moral Internacional e o Direito Internacional fica patente nos respetivos objetos – as relações internacionais – e nas respetivas funções – a fixação de pautas de decisão normativa, ambas expressando um sentido de dever-ser.

[65] Outro importante e recente exemplo da ligação entre o Direito Internacional e a Moral Internacional é bem indicado pelo Papa Bento XVI, na sua Mensagem para o XLI Dia Mundial da Paz, de 1 de janeiro de 2008, sob o título "Família humana, comunidade de paz", na qual o Sumo Pontífice afirma (*L'Osservatore Romano*, ano XXXVIII, nº 50, 15 de dezembro de 2007, p. (681) 9): "Com efeito, valores radicados na lei natural estão presentes, ainda que de forma fragmentária e nem sempre coerente, nos acordos internacionais, nas formas de autoridade universalmente reconhecidas, nos princípios do Direito Humanitário recebido nas legislações dos diversos Estados ou nos estatutos dos organismos internacionais. *A Humanidade não está «sem lei»*. É urgente, porém, prosseguir o diálogo sobre estes temas, favorecendo a convergência das próprias legislações dos diversos Estados sobre o reconhecimento dos direitos humanos fundamentais. O crescimento da cultura jurídica no mundo depende, para além do mais, do esforço de tornar as normas internacionais sempre substanciosas de conteúdo profundamente humano, para evitar a sua redução a procedimentos facilmente contornáveis por motivos egoístas ou ideológicos".

A diferença é também clara e radica no facto de a normatividade da Moral Internacional não ser idêntica à do Direito Internacional, tratando-se de ordens normativas que visam fins distintos e que se apoiam em meios distintos:

- a Moral Internacional visa o Bem no âmbito internacional, enquanto o Direito Internacional visa a Justiça e a Segurança nas relações internacionais;
- a Moral Internacional não está dotada de estruturas de coerção, a não ser um juízo culpabilizante emitido pela consciência moral, ao repudiar o mal moral, ao passo que a violação do Direito Internacional faz acionar as consequências das normas secundárias de punição que eventualmente tenham sido estabelecidas.

VIII. A *Comitas Gentium* ("afabilidade das gentes") traduz uma ordem normativa do mesmo modo desprovida de cariz jurídico – alternativamente designada por cortesia internacional – e em que se pretende estabelecer padrões de comportamento destinados à melhor convivência internacional.

A *Comitas Gentium* vale, ao nível internacional, como a ordem de trato social vale ao nível interindividual: incorpora um conjunto de orientações normativas cujo acatamento torna as relações internacionais mais fáceis e agradáveis, fomentando-se o bom e o elegante trato internacional, tanto ao nível institucional como ao nível pessoal.

São vários os exemplos clássicos de regras pertencentes à *Comitas Gentium*: receber um Chefe de Estado no aeroporto com um tapete encarnado; prestar-lhe uma salva de 21 tiros de canhão; dar prioridade protocolar, quando essa regra não exista no Direito Internacional, ao Núncio Apostólico, que é o representante diplomático permanente da Santa Sé nas relações diplomáticas que esta estabelece com os Estados.

Não tendo uma natureza jurídica, a *Comitas Gentium* tem com o Direito Internacional a semelhança de disciplinar os mesmos destinatários – os membros da sociedade internacional – no seio das respetivas relações internacionais, com o objetivo de tornar esse relacionamento mais fluido e agradável.

A destrinça profunda leva em consideração que a *Comitas Gentium* não tem a pretensão de fixar qualquer regime jurídico aplicável e muito menos de visar, pela coerção, o cumprimento dos seus comandos, que apenas poderão ser alvo de uma censura sócio-internacional, de cunho essencialmente psicológico.

IX. A *Política Internacional*, sendo uma parte da Política, é a atividade humana que, não sendo normativa, avalia as melhores opções no relacionamento internacional, sopesando vantagens e inconvenientes, e depois toma as respetivas decisões em conformidade[66].

Como a Política em geral, a Política Internacional é essencialmente a arte de governar, agora numa lógica internacional, na conquista e na manutenção do poder público na esfera das relações internacionais, de acordo com os argumentos que são próprios de uma atividade permanente por parte de cada um dos sujeitos internacionais e na medida das suas capacidades internacionalmente reconhecidas.

A despeito dos traços de afinidade, a Política Internacional não se pode equiparar ao Direito Internacional, ainda que possa respeitar aos mesmos sujeitos: porque evidencia uma atividade prospetiva de decisão, não propriamente a formação de princípios e de normas internacionais, que tenham um cunho ordenador.

[66] Cfr. Adriano Moreira, *Política Internacional*, Braga, 1970, pp. 33 e ss.; António Truyol y Serra, *Noções fundamentais...*, pp. 43 e ss.; Luís L. Tomé, *Novo recorte geopolítico mundial*, Lisboa, 2004, pp. 11 e ss.

§ 2º O DIREITO INTERNACIONAL NA CIÊNCIA DO DIREITO

5. A Ciência do Direito Internacional em geral

I. O Direito Internacional não é apenas um setor do Direito, dotado de características especiais, contendo um conjunto sistemático de normas e de princípios, num âmbito subjetivo especificamente aplicável, para atender a outras tantas necessidades de relacionamento internacional.

Deve igualmente ser observado sob uma ótica científica, porquanto sobre o mesmo se pode lançar uma atividade intelectual que o tempo tem vindo a aperfeiçoar enormemente: a *Ciência do Direito Internacional* ou, noutra terminologia, a *Jusinternacionalística*.

Para que esta atividade científica seja melhor definida, integrando-se na Ciência do Direito em geral e em relação à mesma partilhando das grandes orientações que irradiam para os seus diversos lugares, importa aludir a dois tópicos fundamentais[67]:

- o *objeto*; e
- o *método*.

II. O *objeto* da Ciência do Direito Internacional é constituído pelo próprio Direito Internacional, ordem jurídico-normativa sobre a qual aquela atividade intelectual vai debruçar-se.

[67] Sobre a Ciência do Direito Internacional, v. Joaquim da Silva Cunha e Maria da Assunção do Vale Pereira, *Manual...*, pp. 201 e ss.; Jorge Miranda, *Curso...*, p. 37.

Tal como sucede com a Ciência do Direito, aquela Ciência observa o Direito Internacional na sua dimensão positiva, normativamente perspetivado, depositário que é de um sentido geral de dever-ser, internacionalmente atuante.

A adoção de uma dimensão jurídico-normativa – considerando o Direito Internacional na sua veste normativa, e não numa qualquer conceção realista e, por isso, deslocada – não faz automaticamente excluir a utilidade de outras abordagens, como as económicas, as históricas e as ideológicas, que se apresentam conexas com os elementos jurídico-internacionais[68].

Do ponto de vista da respetiva autonomia, acolhendo todo um rico e atribulado percurso, é hoje uma evidência que a Ciência do Direito Internacional e o Direito Internacional em si mesmo considerado a inequivocamente possuem, nas suas três vertentes:

- a *autonomia regulativa*: uma vez que o Direito Internacional se elabora com base em fontes próprias, que desde o início se diferenciaram de outros complexos normativos, por maioria de razão essa autonomia incidindo formalmente nos textos a analisar;
- a *autonomia dogmática*: na medida em que o Direito Internacional espelha valores, princípios, conceitos e técnicas privativas, ao receber influências de outras ciências, mas também influenciando outros ramos do saber jurídico; e
- a *autonomia didática*: o Direito Internacional, pedagogicamente pensando, tem muitos créditos firmados nos planos de estudo dos estabelecimentos de ensino superior, *maxime* em Direito, até se sentindo a necessidade de o desdobrar em várias disciplinas[69].

III. O *método* da Ciência do Direito Internacional, à semelhança do que sucede com o método da Ciência do Direito em geral, é o *método*

[68] Cfr. Joaquim da Silva Cunha e Maria da Assunção do Vale Pereira, *Manual...*, p. 201.

[69] É claramente o caso da Faculdade de Direito da Universidade Nova de Lisboa, ou da Universidade Autónoma de Lisboa, em cujos planos de estudo da licenciatura existem duas distintas disciplinas de Direito Internacional: uma primeira disciplina, obrigatória e de feição geral, nos primeiros anos; e uma outra disciplina, com uma feição optativa, com o objetivo de se alcançar a especialização nalguns temas, nos anos finais.

jurídico, que pode ser pluralisticamente encarado sob três grandes enfoques[70]:

- a perspetiva *histórica*: a análise da evolução dos regimes jurídicos, bem como das causas que estiveram na génese das mutações ocorridas;
- a perspetiva *dogmática*: a elaboração de conceitos e de princípios, dentro da necessidade de uma visão global e sistemática do Direito Internacional;
- a perspetiva *teórica*: a construção de conceitos e de princípios de validade universal, em conformidade com as múltiplas opções de concretização que o Direito Positivo oferece.

Isto mesmo salienta Joaquim da Silva Cunha: "O internacionalista tem pois que considerar objeto fundamental da sua atividade científica a averiguação do Direito Internacional vigente para, uma vez conhecidas as suas normas, extrair delas os princípios gerais que permitam fazer a sua sistematização e construir os conceitos que facultem uma visão geral das realidades internacionais"[71].

6. A Ciência e o Ensino do Direito Internacional em Portugal

I. A Ciência do Direito Internacional, em Portugal, merece uma peculiar alusão porque nesta matéria há relevantíssimos contributos de que os portugueses se podem orgulhar.

Até vamos mais longe: num esforço que possa comparar o desempenho das diversas Ciências do Direito, é de afirmar, sem se ser temerário, que o Direito Internacional representa em Portugal um dos setores mais

[70] Sobre as diversas perspetivas metodológicas que se contêm na Ciência do Direito, com o peculiar realce que deve ser atribuído à perspetiva dogmática, v. Robert Alexy, *Teoría de la argumentación jurídica*, Madrid, 1989, pp. 240 e ss.; Norberto Bobbio, *Contribución a la Teoría del Derecho*, Madrid, 1990, pp. 184 e ss.; Jorge Bacelar Gouveia, *Os direitos fundamentais atípicos*, Lisboa, 1995, pp. 14 e ss., e *O estado de exceção...*, I, pp. 49 e ss.; Tércio Sampaio Ferraz Júnior, *Introdução ao Estudo do Direito*, 2ª ed., São Paulo, 1996, pp. 82 e 83; José de Oliveira Ascensão, *O Direito...*, pp. 209 e ss., e pp. 461 e ss.; Maria Luísa Duarte, *Introdução...*, pp. 71 e ss.

[71] Joaquim da Silva Cunha e Maria da Assunção do Vale Pereira, *Manual...*, p. 201.

pujantes, tal a profusão e a qualidade dos seus cultores, num plano simultaneamente histórico e atual.

II. Do ponto de vista histórico, o desenvolvimento da Ciência do Direito Internacional, nas suas diversas paragens, bem pode diretamente filiar-se nos Descobrimentos Portugueses, como fenómeno multidimensional e que veio revolucionar as relações internacionais, tendo atingido o seu momento alto com a questão da liberdade de navegação dos mares, essencialmente depois da descoberta do caminho marítimo para a Índia[72].

Para além dos aspetos estruturais do ponto de vista político, económico e religioso, o pretexto para a discussão da liberdade dos mares surgiu a propósito do apresamento da nau portuguesa Santa Catarina, que em 25 de fevereiro de 1603 foi capturada por neerlandeses, na sua viagem de Macau para Goa, num contexto de conflitualidade contra a Espanha, na altura em união pessoal com Portugal[73].

III. A partir de então, iniciou-se uma batalha jurídico-internacional, em que se defenderam duas posições radicalmente distintas a respeito da questão de saber se o alto mar deveria estar aberto à navegação internacional, tendo surgido duas teses antagónicas:

- a tese do *mare liberum*, propugnada por Hugo Grócio, o fundador da Ciência do Direito Internacional, que a pedido das Províncias Unidas escreveria um parecer que ficaria celebrizado pelo título de *De Iure Praedae* (o direito de presa)[74], no qual apresentou numerosos argumentos a favor dessa liberdade, com o principal intuito de rebater as teses portuguesas acerca da impossibilidade de domínio ou navegação estrangeiros por mares descobertos, defendendo o

[72] Tal contexto é bem esclarecido por Marcello Caetano (*Portugal e a internacionalização dos problemas africanos*, 4ª ed., Lisboa, 1971, pp. 16 e 17): "Os grandes descobrimentos, porém, punham agora uma nova questão: a do alto mar. E na impossibilidade de considerar ocupadas ou de conquistar todas as terras aonde os Portugueses aportavam, algumas das quais já não apenas povoadas por gentes selvagens, ou quase, sem visível organização política, ou banhadas pelos mares litorais percorridos, era necessário procurar novas justificações jurídicas para a pretensão portuguesa de conservar o exclusivo do domínio, navegação e comércio nas novas paragens".

[73] Cfr. a descrição de Marcello Caetano, *Portugal e a internacionalização...*, pp. 26 e ss.

[74] Hugo Grócio, *De Jure Praedae*, The Hague, 1868.

ponto de vista neerlandês e mostrando que a Companhia das Índias Orientais cumpria o Direito aplicável;

- a tese do *mare clausum*, defendida por várias juristas portugueses, de que se evidenciaria Frei SERAFIM DE FREITAS, originando aquilo a que podemos designar por Escola Portuguesa de Direito do Mar[75], que se tem mantido até aos nossos dias, na sua máxima força no âmbito da Escola de Direito Público de Lisboa, tendo para o efeito elaborado o texto conhecido por *De iusto imperio lusitanorum asiatico* (1625)[76].

IV. No seio do diversos argumentos defendidos por HUGO GRÓCIO, de um modo geral antilusitanos[77], evidenciou-se o capítulo XII daquele estudo, precisamente dedicado ao *mare liberum*, que, aliás, seria publicado autonomamente em 1608, sem a indicação do autor, com o título *Mare Liberum, sive de iure quod batavis competit ad Indicana, dissertatio.* Aos títulos jurídicos invocados por Portugal, que eram o descobrimento e a posterior ocupação, a doação pontifícia, a conquista e a aquisição por prescrição[78], HUGO GRÓCIO respondeu com treze temas naquele *Mare Liberum*, que assim se distribuíram[79]:

[75] Sobre a doutrina portuguesa de Direito Internacional do Mar em geral, v. MARCELLO CAETANO, *Portugal e a internacionalização...*, pp. 12 e ss.; PEDRO SOARES MARTÍNEZ, *História Diplomática de Portugal*, Lisboa, 1986, pp. 145 e ss.; VICTOR MARQUES DOS SANTOS, *A Humanidade e o seu património – reflexões contextuais sobre a conceptualidade evolutiva e dinâmica operatória em Teoria das Relações Internacionais*, Lisboa, 2001, pp. 241 e ss.; JOAQUIM DA SILVA CUNHA e MARIA DA ASSUNÇÃO DO VALE PEREIRA, *Manual...*, pp. 174 e ss.; PEDRO CARIDADE DE FREITAS, *Portugal e a Comunidade Internacional na segunda metade do século XIX*, Lisboa, 2012, pp. 75 e ss

[76] Tese que depois também seria defendida pela Inglaterra, cujo rei Carlos I, em 1618, perante a divulgação do opúsculo do *Mare Liberum*, encarregou JOHN SELDEN de elaborar a defesa inglesa do *mare clausum*, a partir de então a questão tomando definitivamente uma dimensão europeia, e não apenas bilateral, chegando mesmo aquele trabalho a ser incluído, pela Inquisção Espanhola, no *Index Librorum Prohibitorum*. Cfr. MARCELLO CAETANO, *Portugal e a internacionalização...*, pp. 41 e ss.

[77] Cfr. MARCELLO CAETANO, *Portugal e a internacionalização...*, pp. 36 e ss.

[78] Cfr. MARCELLO CAETANO, *Portugal e a internacionalização...*, p. 40.

[79] HUGO GRÓCIO, *The Freedom of the Seas*, New York, 1916, pp. 1 e ss., embora na versão completa a matéria se apresentasse de modo diverso: *De Jure...*, pp. 204 e ss.

1) Pelo Direito das Gentes a navegação é livre a todos e seja para onde for;
2) Os Portugueses não têm nenhum direito de domínio por motivo de descobrimento sobre as Índias para onde os Holandeses navegam;
3) Os Portugueses não têm sobre as Índias o direito de domínio por doação pontifícia;
4) Os Portugueses não têm sobre as Índias o direito de domínio por motivo de guerra;
5) Nem o mar que conduz às Índias nem o direito de nele navegar pertencem aos Portugueses a título de ocupação;
6) O mar e o direito de navegar não pertencem aos Portugueses a título de doação pontifícia;
7) O mar e o direito de navegar não pertencem aos Portugueses a título de prescrição ou por costume;
8) Pelo Direito das Gentes o comércio é livre a todos;
9) O comércio com as Índias não pertence aos Portugueses a título de ocupação;
10) O comércio com as Índias não pertence aos Portugueses a título de doação pontifícia;
11) O comércio com as Índias não pertence aos Portugueses a título de prescrição ou por costume;
12) A proibição do comércio pelos Portugueses não se apoia em nenhum princípio de equidade;
13) Os Holandeses devem manter o seu comércio com as paragens índicas, na paz, durante as tréguas ou em guerra.

V. Da parte de Frei Serafim de Freitas, havia também boas razões para justificar as posições portuguesas, quanto a cada um dos dois aspetos centrais que estavam em discussão[80]:

- no tocante ao domínio da Índia, ela pertenceria a Portugal por título de descobrimento (*titulo inventionis*), por concessão pontifícia e por direito de justa guerra, aqui permitindo alargar a liberdade de propagação e de prática da fé católica em terra de infiéis;

[80] Cfr. Marcello Caetano, *Portugal e a internacionalização...*, pp. 45 e ss.

- no que tange ao domínio dos mares, tal domínio não apenas se justificaria para evitar a perturbação do seu uso pelos inimigos, que neste caso poderia ser suscetível de apropriação, para além de o poder papal se poder estender à navegação na medida em que se afiguraria uma via de missionação, nem sequer ainda sendo de excluir a prescrição imemorial, por mais de cem anos[81].

VI. Na atualidade, os cultores do Direito Internacional têm-se diversificado, em qualidade e em quantidade, para o que muito tem contribuído o facto de esta disciplina gozar de autonomia didática nos planos de estudos dos estabelecimentos de ensino onde é ministrada[82], para além de poder ser referenciada em inúmeros cursos de pós-graduação, incluindo mestrados e doutoramentos[83].

Mesmo correndo o risco de deixar alguém de fora, seria injusto não salientar o labor de insignes jusinternacionalistas que, no âmbito de estabelecimentos portugueses de ensino público que ministram a licenciatura em Direito, muito têm dado de si para o tornar rigoroso e atraente:

[81] A importância do mar para Portugal não se afere apenas no plano do desenvolvimento da Ciência Portuguesa do Direito Internacional, mas também na perspetiva de múltiplas outras razões. Como bem sintetiza VIRGÍLIO CARVALHO (*A importância do mar para Portugal – passado, presente e futuro*, Venda Nova, 1995, p. 22), "A Portugal cabe também o direito e o dever de reclamar a descoberta da importância estratégica de importantes pontos de convergência obrigatória da navegação oceânica – os mesmos que os ingleses batizaram séculos mais tarde com a designação, que acabou por lhes ficar, de «choke points» – e ainda os princípios fundamentais da estratégia naval...", depois acrescentando que "A Portugal cabe ainda a honra de ter iniciado a edificação daquilo a que hoje se vai chamando de «aldeia global», ao pôr em contacto mais direto, mais livre e mais económico pelos oceanos – povos, culturas, religiões e economias diversas e distantes".

[82] Sobre o ensino do Direito Internacional em Portugal, v. FAUSTO DE QUADROS, *Direito Internacional Público I – Programa, conteúdos e métodos de ensino*, in RFDUL, XXXII, Lisboa, 1991, pp. 369 e ss.; JORGE BACELAR GOUVEIA, *Ensinar Direito Constitucional*, Coimbra, 2003, pp. 32 e ss., e *Ensinar Direito Internacional...*, pp. 41 e ss.; WLADIMIR BRITO, *Direito Internacional Público – programa, conteúdos e métodos do ensino*, Braga, 2005, pp. 5 e ss.; PEDRO CARIDADE DE FREITAS, *Portugal e a Comunidade Internacional...*, pp. 123 e ss.

[83] Para uma análise mais pormenorizada sobre o ensino do Direito Internacional em estabelecimentos de ensino superior de Direito em Portugal e no estrangeiro, com especial incidência nos Estados de Língua Portuguesa, v., por todos, JORGE BACELAR GOUVEIA, *Ensinar Direito Internacional...*, pp. 59 e ss.

- na Faculdade de Direito da Universidade Nova de Lisboa[84], evidencia-se o esforço de DIOGO FREITAS DO AMARAL, que sempre se ocupou de temas de Direito Internacional, não se esquecendo a experiência e o prestígio granjeados aquando do exercício do cargo de Presidente da 50ª Sessão Anual da Assembleia Geral da ONU, bem como de JOÃO CAUPERS, que igualmente lhe dedicou escritos[85], e de NUNO PIÇARRA;
- na Faculdade de Direito da Universidade de Lisboa[86], situam-se os relevantíssimos contributos – que originaram a produção de outras tantas obras científicas de elevadíssima qualidade – de JOAQUIM DA SILVA CUNHA[87], ARMANDO M. MARQUES GUEDES[88], ANDRÉ GONÇALVES PEREIRA[89], JORGE MIRANDA[90], FAUSTO DE QUA-

[84] Quanto às opções de ensino do Direito Internacional na Faculdade de Direito da Universidade Nova de Lisboa e a sua apreciação crítica, cfr. JORGE BACELAR GOUVEIA, *Ensinar Direito Internacional...*, pp. 169 e ss.

[85] JOÃO CAUPERS: *Direito Internacional Público II – sumários*, Lisboa, 1988.

[86] Sobre o ensino do Direito Internacional na Faculdade de Direito da Universidade de Lisboa, numa panorâmica histórica e atual, cfr. JORGE BACELAR GOUVEIA, *Ensinar Direito Internacional...*, pp. 72 e ss.

Sobre a história desta Faculdade, v. MARCELLO CAETANO, *Apontamentos para a História da Faculdade de Direito de Lisboa*, Lisboa, 1961, pp. 7 e ss.

[87] JOAQUIM DA SILVA CUNHA: *Interpretação dos tratados*, Lisboa, 1960; *Direito Internacional Público – introdução e fontes*, 5ª ed., Coimbra, 1991; *Direito Internacional Público – a sociedade internacional*, 4ª ed., Lisboa, 1993; *Direito Internacional Público – as relações internacionais*, III, Lisboa, 1990.

JOAQUIM DA SILVA CUNHA também reuniria em livro alguns dos seus trabalhos produzidos no âmbito do Direito Internacional: JOAQUIM DA SILVA CUNHA, *Estudos de Direito*, I, Porto, 1986.

Com MARIA DA ASSUNÇÃO DO VALE PEREIRA, JOAQUIM DA SILVA CUNHA juntaria dois volumes do seu anterior *Direito Internacional Público*: JOAQUIM DA SILVA CUNHA e MARIA DA ASSUNÇÃO DO VALE PEREIRA, *Manual de Direito Internacional Público*, 2ª ed., Coimbra, 2004.

[88] ARMANDO M. MARQUES GUEDES: *Direito Internacional Público*, 1ª ed., Lisboa, 1985, e 2ª ed., Lisboa, 1992; *Direito do Mar*, ed. policopiada, Lisboa, 1985, 1ª ed., Lisboa, 1989, e 2ª ed., Coimbra, 1998.

[89] ANDRÉ GONÇALVES PEREIRA: *Curso de Direito Internacional Público*, 1ª ed., Lisboa, 1964, e 2ª ed., Lisboa, 1972; *Da sucessão de Estados quanto aos tratados*, Lisboa, 1968.

[90] JORGE MIRANDA: *Direito Internacional Público I – Apontamentos das aulas*, Lisboa, 1991; *Direito Internacional Público – I*, Lisboa, 1995; *Direito Internacional Público – I, substituições e aditamentos*, Lisboa, 2000; *Curso de Direito Internacional Público*, Cascais, 5ª ed., 2012.

DROS[91], MARIA LUÍSA DUARTE[92], ANA MARIA GUERRA MARTINS[93], MARGARIDA SALEMA D'OLIVEIRA MARTINS[94] e EDUARDO CORREIA BATISTA[95];

- na Faculdade de Direito da Universidade de Coimbra[96], apraz-nos assinalar o contributo de RUI MOURA RAMOS, numa sempre rica e multifacetada preocupação com o Direito Internacional[97], o Direito da União Europeia e o Direito Internacional Privado, sendo ainda de referir os contributos de JÓNATAS E. M. MACHADO, que recentemente publicou um global e profundo manual a este respeito[98], para além dos nomes de ALBINO AZEVEDO SOARES[99], NUNO E SOUSA[100] e FRANCISCO FERREIRA DE ALMEIDA[101];

[91] FAUSTO DE QUADROS: *Direito das Comunidades Europeias e Direito Internacional Público – contributo para o estudo da natureza jurídica do Direito Comunitário Europeu*, Lisboa, 1984; *A proteção da propriedade privada pelo Direito Internacional Público*, Coimbra, 1998. Com ANDRÉ GONÇALVES PEREIRA, *Manual de Direito Internacional Público*, 3ª ed., Coimbra, 1993.

[92] MARIA LUÍSA DUARTE, *Direito Internacional Público e ordem jurídica global do século XXI*, Lisboa, 2016.

[93] ANA MARIA GUERRA MARTINS: *A natureza jurídica da revisão do Tratado da União Europeia*, Lisboa, 2000.

[94] MARGARIDA SALEMA D'OLIVEIRA MARTINS: *O princípio da subsidiariedade em perspetiva jurídico-política*, Coimbra, 2003. Com AFONSO D'OLIVEIRA MARTINS, *Direito das Organizações Internacionais*, I e II vols., 2ª ed., Lisboa, 1996.

[95] EDUARDO CORREIA BATISTA: *Ius cogens em Direito Internacional*, Lisboa, 1997; *Direito Internacional Público – conceito e fontes*, vol. I, Lisboa, 1998; *Direito Internacional Público – sujeitos e responsabilidade*, II, Coimbra, 2004.

[96] Sobre o ensino do Direito Internacional na Faculdade de Direito da Universidade de Coimbra, numa panorâmica histórica e atual, cfr. JORGE BACELAR GOUVEIA, *Ensinar Direito Internacional...*, pp. 59 e ss.

[97] RUI MOURA RAMOS: *Da Comunidade Internacional e do seu Direito – estudos de Direito Internacional Público e Relações Internacionais*, Coimbra, 1996.

[98] JÓNATAS E. M. MACHADO: *Direito Internacional – do paradigma clássico ao pós-11 de setembro*, 3ª ed., Coimbra, 2006.

[99] ALBINO DE AZEVEDO SOARES: *Lições de Direito Internacional Público*, 4ª ed., Coimbra, 1988.

[100] NUNO E SOUSA: *Curso de Direito Internacional Público*, Coimbra, 1991.

[101] FRANCISCO FERREIRA DE ALMEIDA: *Direito Internacional Público*, 2ª ed, Coimbra, 2003.

- na Escola de Direito da Universidade do Minho[102], deve registar-se o notável esforço de WLADIMIR BRITO, que tem dedicado importantes escritos ao Direito Internacional[103].

VII. Noutras instituições universitárias em que são ministrados cursos de Direito[104], é de lembrar os contributos de AFONSO D'OLIVEIRA MARTINS[105], ROSA MARIA MARTINS ROCHA[106] e JOSÉ ALBERTO AZEREDO LOPES[107].

Nos estabelecimentos de ensino que não ministram a licenciatura em Direito, o Direito Internacional tem sido ainda cultivado com grande brilho: os trabalhos de ADRIANO MOREIRA[108], JOÃO MOTA DE CAMPOS[109], ADELINO MALTEZ[110], ANTÓNIO VASCONCELOS SALDANHA[111], MANUEL DE ALMEIDA RIBEIRO[112], VICTOR MARQUES DOS SANTOS[113] e JOSÉ LUÍS

[102] Cfr. JORGE BACELAR GOUVEIA, *Ensinar Direito Internacional...*, pp. 100 e ss.

[103] WLADIMIR BRITO: *A Convenção-Quadro Europeia sobre a Cooperação Transfronteiriça entre as Coletividades ou Autoridades territoriais*, Coimbra, 2000; *Direito Consular*, Coimbra, 2004; *Direito Internacional Público*, 2ª ed., Coimbra, 2014.

[104] Cfr. JORGE BACELAR GOUVEIA, *Ensinar Direito Internacional...*, pp. 106 e ss.

[105] AFONSO D'OLIVEIRA MARTINS: com MARGARIDA SALEMA D'OLIVEIRA MARTINS, *Direito das Organizações Internacionais*, I e II vols., 2ª ed., Lisboa, 1996.

[106] ROSA MARIA MARTINS ROCHA: *O mar territorial: largura e natureza jurídica*, Porto, 1996; *O Fundo do Mar – Património Comum da Humanidade*, Porto, 2002.

[107] JOSÉ ALBERTO DE AZEREDO LOPES: *Entre solidão e intervencionismo – direito de autodeterminação dos povos e reações de Estados terceiros*, Porto, 2003.

[108] ADRIANO MOREIRA: *Direito Internacional Público*, Lisboa, 1983.

[109] JOÃO MOTA DE CAMPOS: *A Ordem Constitucional Portuguesa e o Direito Comunitário*, Braga, 1981; *As relações da Ordem Jurídica Portuguesa com o Direito Internacional e o Direito Comunitário à luz da Revisão Constitucional de 1982*, Lisboa, 1985; JOÃO MOTA DE CAMPOS e JOÃO LUIZ MOTA DE CAMPOS, *Manual de Direito Comunitário*, 5ª ed., Coimbra, 2007.

[110] JOSÉ ADELINO MALTEZ: *Curso de Relações Internacionais*, Cascais, 2002.

[111] ANTÓNIO VASCONCELOS SALDANHA: *Iustum Imperium dos tratados como fundamento do império dos portugueses no Oriente: estudo de História do Direito Internacional e do Direito Português*, Lisboa/Macau, 1997.

[112] MANUEL DE ALMEIDA RIBEIRO: *A zona económica exclusiva*, Lisboa, 1992; *A Organização das Nações Unidas*, Coimbra, 1998.

[113] VICTOR MARQUES DOS SANTOS, *A Humanidade e o seu património – reflexões contextuais sobre a conceptualidade evolutiva e dinâmica operatória em Teoria das Relações Internacionais*, Lisboa, 2001.

JACINTO[114], no Instituto Superior de Ciências Sociais e Políticas da Universidade de Lisboa, não deixam margem para dúvidas; ou também os trabalhos de MARIA EDUARDA GONÇALVES[115], no Instituto Superior de Ciências do Trabalho e da Empresa, e de JOSÉ MANUEL PUREZA[116], na Faculdade de Economia da Universidade de Coimbra.

7. A Ciência e o Ensino do Direito Internacional em Estados de Língua Portuguesa

I. Do ponto de vista da Ciência e do Ensino do Direito Internacional em Estados de Língua Portuguesa para além de Portugal, tal se justificando dada a perspetiva que subjaz ao presente livro, certamente que um lugar à parte merece o Brasil, tanto no plano científico como no plano pedagógico.

No plano científico, são numerosos os estudos de Direito Internacional com elevadíssima qualidade, diversificando-se os enfoques metodológicos adotados, ora numa visão mais jurídico-positiva, ora numa visão mais próxima das Relações Internacionais, importância que é devidamente sublinhada nos países que mais contribuíram com manuais da especialidade e em que o Brasil deve claramente ombrear com o Reino Unido, a Alemanha ou a França[117].

No plano pedagógico, uma análise geral acerca dos conteúdos programáticos do ensino do Direito Internacional permite salientar a diversificação de temas versados, distribuindo-se a sua lecionação pelos vários semestres dos cursos de Direito, num reconhecimento efetivo da importância deste setor jurídico no mundo atual da globalização[118].

[114] JOSÉ LUÍS JACINTO: *O trabalho e as relações internacionais*, Lisboa, 2002.

[115] MARIA EDUARDA GONÇALVES: *Direito da Informação – novos direitos e formas de regulação na sociedade de informação*, Coimbra, 2003.

[116] JOSÉ MANUEL PUREZA: *O Património Comum da Humanidade: rumo a um Direito Internacional da solidariedade?*, Porto, 1998.

[117] Cfr. *infra* nº 9 a indicação de tais manuais. Cfr. também a apreciação de alguns desses manuais em JORGE BACELAR GOUVEIA, *Ensinar Direito Internacional...*, pp. 144 e ss.

[118] Cfr. JORGE BACELAR GOUVEIA, *Ensinar Direito Internacional...*, pp. 144 e ss.

II. A Ciência e o Ensino do Direito Internacional Público nos restantes Estados de Língua Portuguesa apresenta diferentes graus de desenvolvimento, até porque em três desses Estados só muito recentemente foi iniciado o ensino do Direito, tal naturalmente se refletindo no Direito Internacional: Cabo Verde, São Tomé e Príncipe e Timor-Leste.

Na Guiné-Bissau, a existência de uma principal instituição de ensino do Direito – a Faculdade de Direito de Bissau – do mesmo modo reduz as oportunidades de diferenciação curricular e de investigação científica[119].

Na Região Administrativa Especial de Macau, território até 1999 integrado na soberania territorial portuguesa, subsiste a Universidade de Macau, que tem prelecionado cursos de Direito Internacional, em português e em inglês, incorporando também as singularidades da integração política e económica regional[120].

As experiências de ensino do Direito Internacional em Angola e Moçambique são mais variadas pelo facto de se terem multiplicado as instituições de ensino superior do Direito:

– Angola: a Faculdade de Direito da Universidade Agostinho Neto, a Faculdade de Direito da Universidade Católica de Angola, a Universidade Lusíada de Angola e a Universidade Independente de Angola[121], assinalando-se docentes com trabalhos de investigação científica nesta área já publicados, como são os casos da Mestra Antónia Florbela de Araújo[122] e do Doutor Joaquim Marques de Oliveira[123], além do Doutor André Víctor ou do Doutor Hermenegildo Avelino;

– Moçambique: a Faculdade de Direito da Universidade Eduardo Mondlane, a Escola Superior de Direito do Instituto Superior de Ciências e Tecnologia de Moçambique, o Instituto Superior Politécnico e Universitário e a Universidade Técnica de Moçambique[124], sobressaindo no ISCTEM os trabalhos dos Doutores Henriques José Henriques e Gildo Espada.

[119] Cfr. Jorge Bacelar Gouveia, *Ensinar Direito Internacional...*, pp. 153 e ss.

[120] Cfr. Jorge Bacelar Gouveia, *Ensinar Direito Internacional...*, p. 163.

[121] Cfr. Jorge Bacelar Gouveia, *Ensinar Direito Internacional...*, pp. 149 e ss.

[122] Antónia Florbela de Araújo, *O mar territorial e a gestão dos recursos de pesca em Angola e em Portugal*, Luanda, 2003.

[123] Joaquim Dias Marques de Oliveira, *Subsídios para o estudo da delimitação e jurisdição dos espaços marítimos em Angola*, Coimbra, 2007.

[124] Cfr. Jorge Bacelar Gouveia, *Ensinar Direito Internacional...*, pp. 160 e ss.

Cumpre ainda referir o importante esforço que tem sido feito em Cabo Verde, evidenciando-se os trabalhos do Doutor José Pina Delgado, no âmbito do Instituto Superior de Ciências Jurídicas e Sociais[125].

III. A primeira conclusão geral que se obtém da leitura de alguns destes programas em relação a estabelecimentos de ensino de língua portuguesa é a de que o ensino do Direito Internacional Público tem um importante lugar no planos de estudos, surgindo como disciplina geral e obrigatória[126].

Note-se que esta verificação é tanto mais relevante quanto é certo ela não surgir no quadro da tendência que se verifica na Europa, em que o Direito Internacional vai perdendo tempo e espaço nas estruturas curriculares.

É verdade que, perante as limitações dos recursos universitários, com a execução da Reforma de Bolonha, se impõe redistribuir os mesmos tempos letivos, sobretudo neste contexto sobressaindo e alargando-se o Direito da União Europeia, em primeira mão à custa do Direito Internacional.

Nem tudo são coisas negativas neste encurtamento da localização do Direito Internacional na Europa: é que acaba por ser parcialmente disseminado por outras cadeiras, como o Direito Constitucional, ao mesmo tempo que o seu lado mais politicizado se inscreve em cursos de especialização, como é o que sucede com o Direito dos Conflitos Armados ou o Direito Humanitário.

IV. Outra conclusão extremamente significativa refere-se ao facto de o Direito Internacional, neste contexto da licenciatura, até pela sua localização normalmente inicial, não ter perdido a sua feição obrigatória e introdutória, logo com um elevado potencial formativo[127].

Creio que este aspeto é um elemento muitíssimo enriquecedor para a formação do licenciado em Direito, uma vez que é através do Direito Internacional – como sucede, de resto, com outras disciplinas, como o

[125] De que é recente exermplo, além de múltiplos e importantes artigos doutrinais, a compilação José Pina Delgado e Liriam Tiujo Delgado, *Textos de Direitos Fundamentais e Direito Internacional da Proteção da Pessoa Humana – com algumas anotações e indicações bibliográficas*, Praia, 2014, pp. 3 e ss.

[126] Cfr. Jorge Bacelar Gouveia, *Ensinar Direito Internacional...*, pp. 163 e 164.

[127] Cfr. Jorge Bacelar Gouveia, *Ensinar Direito Internacional...*, p. 164.

Direito Constitucional ou a Introdução ao Direito – que o estudante pode tomar um primeiro contacto mais suave com a dimensão técnico-jurídica que é própria das disciplinas do curso de Direito.

V. A terceira ideia que se pode extrair desta análise comparada, sendo mais evidente nos Estados Africanos de Língua Portuguesa do que no Brasil, é a de que o ensino do Direito Internacional, não obstante se poder diversificar em múltiplos esquemas curriculares, ainda é muito tributário de uma ótica demasiado generalista[128].

É que hoje o Direito Internacional só se pode conhecer bem se devidamente completado por tratamentos especializados, pondo à prova a necessidade de um conhecimento em profundidade, até pelo facto de o alargamento das matérias atraídas à órbita do Direito Internacional não permitir mais um ensino escorreito dentro dos apertados limites temporais aplicáveis às disciplinas iniciais das licenciaturas jurídicas.

8. As Ciências afins e as Ciências auxiliares do Direito Internacional

I. A atividade científica que é levada a cabo pela Ciência do Direito Internacional pode ser ainda vista pela ajuda dada por outras ciências que, não a integrando segundo um mesmo ângulo metodológico e material, do mesmo modo são chamadas a completar esse esforço, sendo de evidenciar dois grupos[129]:

- as *ciências afins*; e
- as *ciências auxiliares*.

Como escreve Joaquim da Silva Cunha, "A atividade do jurista especializado em Direito Internacional não deve, porém, esgotar-se nestas operações. As normas jurídicas vivem num certo meio social sobre o qual se modelam e a cujas particularidades se adaptam. Para as compreender integralmente é imprescindível a análise das condições de vida do meio

[128] Cfr. Jorge Bacelar Gouveia, *Ensinar Direito Internacional...*, pp. 164 e 165.

[129] Cfr. Armando M. Marques Guedes, *Direito...*, p. 84.

social internacional, dos interesses que nele se debatem, das conceções culturais nele vividas, das correntes ideológicas que nele se afirmam"[130].

II. As *ciências afins* oferecem uma maior proximidade, a qual respeita ao facto de terem o mesmo objeto de estudo: divergem, no entanto, porque possuem métodos próprios, que permitem, sobre um mesmo objeto, resultados científicos diversos e conciliáveis.

Pela sua relevância, são essencialmente duas as ciências afins a que se justifica aludir:

- a *Ciência das Relações Internacionais*; e
- a *Filosofia Política*.

A que tem maiores parecenças é a *Ciências das Relações Internacionais*, ramo da Sociologia, que se ocupa das tendências que se verificam no estabelecimento dos vínculos entre os Estados e os demais sujeitos internacionais, no âmbito das grandes opções que se firmam no seio da Política Internacional[131].

Ciência afim com o mesmo interesse é a *Filosofia Política*, ramo da Filosofia, que aprecia o sentido e os limites do poder, aqui na sua aplicação ao nível internacional, descobrindo os condicionamentos básicos que se impõem ao poder positivo no seio da comunidade internacional.

III. As *ciências auxiliares* estão mais distantes da Ciência do Direito Internacional, pois nem sequer se aproximam pela identidade do objeto, não fazendo, por isso, qualquer sentido formular a pretensão de uma identidade material.

[130] JOAQUIM DA SILVA CUNHA e MARIA DA ASSUNÇÃO DO VALE PEREIRA, *Manual...*, p. 201.

[131] Cfr. ADRIANO MOREIRA, *Relações Internacionais*, in Pol., V, Lisboa, 1987, pp. 314 e ss., e *Teoria das Relações...*, pp. 32 e ss.; PHILIPPE BRAILLARD, *Teoria das Relações Internacionais*, Lisboa, 1990, pp. 11 e ss.; JOAQUIM DA SILVA CUNHA, *Direito Internacional...*, III, pp. 19 e ss.; ARMANDO M. MARQUES GUEDES, *Direito...*, pp. 87 e ss.; JOÃO GOMES CRAVINHO, *Visões do Mundo – as Relações Internacionais e o Mundo Contemporâneo*, Lisboa, 2002; JAMES E. DOUGHERTY e ROBERT L. PFALTZGRAFF, Jr., *Relações Internacionais – as teorias em confronto*, Lisboa, 2003; JOSÉ ADELINO MALTEZ, *Curso de Relações...*, pp. 47 e ss.; JOAQUIM DA SILVA CUNHA e MARIA DA ASSUNÇÃO DO VALE PEREIRA, *Manual...*, pp. 42 e ss.; JORGE MIRANDA, *Curso...*, p. 38.

Simplesmente, também têm uma útil função, permitindo melhor compreender realidades que, posteriormente, serão reguladas pelo Direito Internacional[132].

Podemos referir, pela sua relevância, três delas:

- a *Geografia*;
- a *História*; e
- a *Economia*.

A *Geografia*, na sua vertente de permitir estudar os diversos espaços internacionais (terrestres, aquáticos e aéreos), tem a missão de fornecer os dados geográficos e morfológicos que auxiliam o Direito Internacional na delimitação dos seus espaços em função dos correspondentes regimes jurídicos, constituindo um apoio não despiciendo no capítulo daquele Direito que cuida da delimitação do domínio internacional.

A *História*, que pode trazer explicações sobre os acontecimentos que estão subjacentes às mudanças dos regimes internacionais aplicáveis, tem a importante função de explicitar as causas dos acontecimentos internacionais: da política à social, passando pela económica e religiosa[133].

A *Economia*, numa relevância crescente no plano do Direito Internacional Económico e da Cooperação, contribui com esquemas de quantificação económica, dando às suas normas a configuração apropriada à regulação normativa que se quer estabelecer.

9. Elementos de estudo

I. Os *elementos de estudo* são os dados bibliográficos a fornecer para melhor se compreender o Direito Internacional, tendo este setor jurídico a vantagem de ser universalmente referenciado, assim beneficiando de um conjunto muito mais numeroso de contributos científicos.

Os elementos de estudo subdividem-se em dois tipos:

[132] Frisando a importância de algumas das ciências auxiliares do Direito Internacional, Joaquim da Silva Cunha e Maria da Assunção do Vale Pereira, *Manual...*, pp. 203 e ss.

[133] Cfr. Eduardo Vera-Cruz Pinto, *Apontamentos de História das Relações Internacionais*, Lisboa, 1998, pp. 5 e ss.; António Pedro Barbas Homem, *História das Relações Internacionais – o Direito e as conceções políticas na Idade Moderna*, Coimbra, 2003, pp. 11 e ss.

- os *elementos doutrinais*; e
- os *elementos documentais*.

II. No tocante aos elementos doutrinais, para além de Portugal, é de aludir a outras paragens onde a Ciência do Direito Internacional tem mais frutificado[134]:

a) ***Portugal***

- AAVV, *Enciclopédia de Direito Internacional* (coord. de MANUEL DE ALMEIDA RIBEIRO, FRANCISCO PEREIRA COUTINHO e ISABEL CABRITA), Coimbra, 2011
- AAVV, *Enciclopédia das Relações Internacionais* (org. de NUNO CANAS MENDES e FRANCISCO PEREIRA COUTINHO), Lisboa, 2014
- ADRIANO MOREIRA, *Direito Internacional Público*, Lisboa, 1983
- AFONSO QUEIRÓ, *Lições de Direito Internacional Público*, Coimbra, 1960
- ALBINO DE AZEVEDO SOARES, *Lições de Direito Internacional Público*, 4ª ed., Coimbra, 1988
- ANDRÉ GONÇALVES PEREIRA e FAUSTO DE QUADROS, *Manual de Direito Internacional Público*, 3ª ed., Coimbra, 1993
- ANTÓNIO CABRAL DE MONCADA, *Curso de Direito Internacional Público*, I, Coimbra, 1996
- ANTÓNIO DA SILVA ROCHA, *Direito Internacional – fases e fontes*, Porto, 2007
- ARMANDO M. MARQUES GUEDES, *Direito Internacional Público*, 2ª ed., Lisboa, 1992
- CRISTINA QUEIROZ, *Direito Constitucional Internacional*, Coimbra, 2011
- EDUARDO CORREIA BATISTA, *Direito Internacional Público: conceito e fontes*, I, Lisboa, 1998; *sujeitos e responsabilidade*, II, Coimbra, 2004
- FRANCISCO FERREIRA DE ALMEIDA, *Direito Internacional Público*, 2ª ed., Coimbra, 2003
- JOAQUIM DA SILVA CUNHA, *Direito Internacional Público – relações internacionais*, III, Lisboa, 1990

[134] Cfr. JORGE BACELAR GOUVEIA, *Ensinar Direito Internacional...*, pp. 223 e ss.

- Joaquim da Silva Cunha e Maria da Assunção do Vale Pereira, *Manual de Direito Internacional Público*, 2ª ed., Coimbra, 2004
- Jónatas E. M. Machado, *Direito Internacional – do paradigma clássico ao pós-11 de setembro*, 3ª ed., Coimbra, 2006
- Jorge Bacelar Gouveia, *Manual de Direito Internacional Público*, 5ª ed., Coimbra, 2017; *Ensinar Direito Internacional Público*, Coimbra, 2006
- Jorge Miranda, *Curso de Direito Internacional Público*, 6ª ed., Cascais, 2016
- Maria Luísa Duarte, *Direito Internacional Público e ordem jurídica global do século XXI*, Lisboa, 2016
- Nuno e Sousa, *Curso de Direito Internacional Público*, Coimbra, 1991
- Wladimir Brito, *Direito Internacional Público*, 2ª ed., Coimbra, 2014

b) ***Alemanha***

- AAVV, *Völkerrecht* (org. de Knut Ipsen), 5ª ed., München, 2004
- Albert Bleckmann, *Völkerrecht*, Baden-Baden, 2001
- Friedrich Berber, *Lehrbuch des Völkerrechts*, 2ª ed., München, 1975-1977
- Georg Dahm, *Völkerrecht*, Sttutgard, 1958-1961
- Matthias Herdegen, *Völkerrecht*, 4ª ed., München, 2005
- Stephan Hobe e Otto Kimminich, *Einführung in das Völkerrecht*, 8ª ed., Tübingen/Basel, 2004
- Torsten Stein e Christian Von Buttlar, *Völkerrecht*, 13ª ed., München, 2012
- Wilhelm Wengler, *Völkerrecht*, Berlin, 1964

c) ***Áustria***

- Alfred Verdross, *Völkerrecht*, 5ª ed., Wien, 1964
- Alfred Verdross e Bruno Simma, *Universelles Völkerrecht*, 3ª ed., Berlin, 1984
- Hans Kelsen, *Principles of International Law*, 2ª ed., New York, 1966

d) ***Brasil***

- Adherbal Meira Mattos, *Direito Internacional Público*, 2ª ed., Rio de Janeiro/São Paulo, 2002

- Alberto do Amaral Júnior, *Curso de Direito Internacional Público*, 4ª ed., São Paulo, 2013
- António Augusto Cançado Trindade, *O Direito Internacional em um Mundo em Transformação*, Rio de Janeiro, 2002
- Bruno Yepes Pereira, *Curso de Direito Internacional Público*, São Paulo, 2006
- Carlos Roberto Husek, *Curso de Direito Internacional Público*, 6ª ed., São Paulo, 2006
- Celso de Albuquerque Mello, *Curso de Direito Internacional Público*, I e II, 14ª ed., Rio de Janeiro, 2002
- Gerson de Britto Mello Boson, *Direito Internacional Público – o Estado em Direito das Gentes*, 3ª ed., Belo Horizonte, 2000
- Hildebrando Accioly, G. E. do Nascimento e Silva e Paulo Borba Casella, *Manual de Direito Internacional Público*, 16ª ed., São Paulo, 2008
- José Francisco Rezek, *Direito Internacional Público – curso elementar*, 13ª ed., São Paulo, 2011
- Marcelo D. Varela, *Direito Internacional Público*, 3ª ed., São Paulo, 2011
- Roberto Luiz Silva, *Direito Internacional Público*, 2ª ed., Recife, 2005
- Sidney Guerra, *Direito Internacional Público*, 2ª ed., Rio de Janeiro, 2005
- Valério de Oliveira Mazzuoli, *Curso de Direito Internacional Público*, 10ª ed., São Paulo, 2016
- Vicente Marotta Rangel, *Direito e Relações Internacionais*, 7ª ed., São Paulo, 2002

e) ***Espanha***

- Alejandro J. Rodríguez Carrión, *Leciones de Derecho Internacional Público*, 4ª ed., Madrid, 2002
- António Truyol y Serra, *Noções fundamentais de Direito Internacional Público*, 2ª ed., Coimbra, 1962
- Carlos Fernández de Casadevante Romani, *Derecho Internacional Público*, Madrid, 2003
- Fernando Mariño Menéndez, *Derecho Internacional Público – Parte General*, 4ª ed., Madrid, 2005

- José A. Pastor Ridruejo, *Curso de Derecho Internacional Público y Organizaciones Internacionales,* 8ª ed., Madrid, 2001
- Juan Carrillo Salcedo, *Curso de Derecho Internacional Público,* Madrid, 1992
- Manuel Diez de Velasco, *Las organizaciones internacionales,* 11ª ed., Madrid, 1999, e *Instituciones de Derecho Internacional Público,* 18ª ed., Madrid, 2013

f) ***França***

- Charles Rousseau, *Droit International Public,* 10ª ed., Paris, 1984
- Dominique Carreau, *Droit International Public,* 2ª ed., Paris, 1988
- Emmanuel Decaux, *Droit International Public,* 4ª ed., Paris, 2004
- Hubert Thierry, Serge Sur, Jean Combacau e Charles VallÉe, *Droit International Public,* 4ª ed., Paris, 1986
- Jean Combacau e Serge Sur, *Droit International Public,* 6ª ed., Paris, 2004
- Jean Touscoz, *Direito Internacional,* Lisboa, 1993
- Louis-Antoine Aledo, *Le Droit International Public,* Paris, 2005
- Louis Cavaré, *Le Droit International Public Positif,* 3ª ed., Paris, 1967-1969
- Michel Bélanger, *Droit International Public,* Paris, 2000
- Nguyen Quoc Dinh, Patrick Daillier e Alain Pellet, *Droit International Public,* 8ª ed., Paris, 2009[135]
- Paul Reuter, *Instituições Internacionais,* Lisboa, s. d., e *Direito Internacional Público,* Lisboa, 1981
- Pierre-Marie Dupuy, *Droit International Public,* Paris, 1992
- René-Jean Dupuy, *O Direito Internacional,* Coimbra, 1993

g) ***Itália***

- António Cassese, *International Law in a divided World,* Oxford, 1986, e *International Law,* Oxford, 2003
- Benedetto Conforti, *Diritto Internazionale,* 7ª ed., Napoli, 2006

[135] Cfr. também Nguyen Quoc Dinh, Patrick Daillier e Alain Pellet, *Direito Internacional Público,* 2ª ed., Lisboa, 2003, numa tradução portuguesa de Vítor Marques Coelho.

- Gaetano Morelli, *Nozioni di Diritto Internazionale*, 7ª ed., Milano, 1967
- Giorgio Balladore Pallieri, *Diritto Internazionale Pubblico*, 8ª ed., Milano, 1962
- Mario Giulliano, Tullio Scovazzi e Tullio Treves, *Diritto Internazionale*, 2ª ed., Milano, 1983
- Riccardo Monaco, *Manuale di Diritto Internazionale Pubblico*, 2ª ed., Torino, 1985
- Rolando Quadri, *Corso di Diritto Internazionale Pubblico*, Napoli, 1976

h) ***Reino Unido***

- Georg Schwarzenberger e E. Brown, *A Manual of International Law*, 6ª ed., London, 1986
- Hersch Lauterpacht, *International Law*, Cambridge, 1970-1978
- Ian Brownlie, *Principles of Public International Law*, 5ª ed., Oxford, 2003[136]
- J. G. Starke, *Introduction to International Law*, 10ª ed., London, 1989
- James Leslie Brierly, *Direito Internacional*, 4ª ed., Lisboa, 1979
- Malcolm N. Shaw, *International Law*, 5ª ed., Cambridge, 2003
- Michael Akehurst, *Introdução ao Direito Internacional*, Coimbra, 1985
- Michael Akehurst e Peter Malanczuk, *Modern Introduction to International Law*, 7ª ed., London/New York, 2004

III. Em matéria de textos e documentos, são abundantes os elementos disponíveis, os quais ajudam à formação do estudante.

Nas obras coletivas e enciclopédias, deve especialmente sublinhar-se o papel da *Encyclopedia of Public International Law*, sob a orientação de Rudolf Bernhardt, bem como o *Recueil des Cours* da Academia de Direito Internacional da Haia.

[136] Cfr. também Ian Brownlie, *Princípios de Direito Internacional Público*, 4ª ed., Lisboa, 1997, numa tradução de Maria Manuela Farrajota, Maria João Santos, Victor Richard Stockinger e Patrícia Galvão Teles.

Recentemente, em Portugal, o Ministério dos Negócios Estrangeiros, através do Instituto Diplomático, tem publicado o importante periódico *Anuário de Direito Internacional.*

É também de frisar a proliferação de sítios eletrónicos, onde é acessível múltipla informação relativa a textos convencionais e a outros atos jurídico-internacionais:

- ONU: www.un.org, dentro deste se evidenciando o da CDI;
- TIJ: www.icj-cij.org;
- International Law Association: www.ila-hq.org.

Há ainda que mencionar diversas relevantes compilações, que recolhem elementos que se afiguram úteis ao ensino e à aplicação prática do Direito Internacional:

a) ***Compilações de tratados internacionais***

- Afonso d'Oliveira Martins, *Textos Básicos de Direito do Mar*, 2ª ed., Lisboa, 2000
- Fernando Roboredo Seara, *Direito Internacional Público*, Lisboa, 1989
- Fernando Roboredo Seara, Fernando Loureiro Bastos e José de Matos Correia, *Direito Internacional Público – documentos fundamentais*, 2ª ed., Lisboa, 1995
- J. A. Carrillo Salcedo, *Textos básicos de Naciones Unidas*, 2ª ed., Madrid, 1982
- Joaquim da Silva Cunha e André Gonçalves Pereira, *Textos de Direito Internacional*, vol. I, 2ª ed., Porto, 1990
- Joaquim da Silva Cunha e Maria da Assunção do Vale Pereira, *Textos de Direito Internacional*, vol. II, Porto, 1991
- Jorge Bacelar Gouveia: *Organizações Internacionais – textos fundamentais*, 2ª ed., Coimbra, 1995; *Direito Internacional Humanitário – introdução e textos fundamentais*, Coimbra, 2006; *Textos Fundamentais de Direito Internacional Público*, 4ª ed., Coimbra, 2017
- Jorge Campinos, *Direito Internacional dos Direitos do Homem – textos básicos*, Coimbra, 1984
- Jorge Miranda, *A Declaração Universal e os Pactos Internacionais de Direitos do Homem*, Lisboa, 1977, e *Direitos do Homem – principais textos internacionais*, 2ª ed., Lisboa, 1989

- José Alberto Azeredo Lopes, *Textos Históricos do Direito e das Relações Internacionais*, Porto, 1999
- José de Matos Correia, *Tribunais penais internacionais – coletânea de textos*, Lisboa, 2004
- José Pina Delgado e Liriam Tiujo Delgado, *Textos de Direitos Fundamentais e Direito Internacional da Proteção da Pessoa Humana – com algumas anotações e indicações bibliográficas*, Praia, 2014
- Manuel de Almeida Ribeiro, António Vasconcelos Saldanha e Mónica Ferro, *Organizações Internacionais – textos fundamentais*, 2ª ed., Lisboa, 2003
- Pedro Romano Martinez e J. A. Azeredo Lopes, *Textos de Direito Internacional Público*, 6ª ed., Coimbra, 2000
- Pierre-Marie Dupuy, *Les grands textes de Droit International Public*, 4ª ed., Paris, 2004

b) *Compilações de jurisprudência internacional*

- Afonso d'Oliveira Martins, *O Direito do Mar na recente jurisprudência internacional*, Lisboa, 1992
- Manuel de Almeida Ribeiro e Francisco Pereira Coutinho, *Jurisprudência resumida do Tribunal Internacional de Justiça* (1947-2015), Lisboa, 2016
- Paula V. C. Escarameia, *Coletânea de Jurisprudência de Direito Internacional*, Coimbra, 1992
- Pierre Michel Eisemann, Vincent Coussirat-Coustere e Paul Hur, *Petit Manuel de la Jurisprudence de la Cour Internationale de Justice*, 4ª ed., Paris, 1984

c) *Outras compilações*

- Fernando Roboredo Seara, Fernando Loureiro Bastos e José de Matos Correia, *Direito Internacional Público – coletânea de hipóteses e de testes*, Lisboa, 1993
- Giorgio Filibeck, *Direitos do Homem – de João XXIII a João Paulo II*, Cascais, 2000
- João Martins Claro, Ana Fernanda Neves e André Folque Ferreira, *Direito Internacional Público – elementos de estudo*, vol. I, Lisboa, 2002

- Jorge Bacelar Gouveia, *Casos Práticos de Direito Internacional Público I*, Lisboa, 1993, e *Direito Internacional Público – elementos de estudo*, 2ª ed., Lisboa, 2003

10. A justificação metodológica e programática da presente obra

I. Antes de prosseguir, é a altura de definir e justificar o caminho que irá ser percorrido ao longo das páginas da presente obra, caminho que será tributário de uma ideia de Direito Internacional Geral, não se pretendendo versar, na especialidade, os seus setores, que a respetiva recente evolução, de resto, tem vindo a adensar na sua heterogeneidade ordenadora e na sua complexidade política.

Daí que seja de sublinhar a existência de cinco partes, do seguinte modo tematicamente atribuídas:

- Parte I – *Introdução ao Direito Internacional*;
- Parte II – *As fontes do Direito Internacional*;
- Parte III – *Os sujeitos do Direito Internacional*;
- Parte IV – *O domínio do Direito Internacional*; e
- Parte V – *A garantia do Direito Internacional.*

Importa observar, dentro de cada uma destas cinco partes, as opções programáticas que nelas emergem como oportunas, dentro da tal preocupação com o Direito Internacional Geral, isso se concretizando na divisão de cada parte em capítulos e estes, por seu turno, em parágrafos[137].

II. A Parte I é representada pela *Introdução ao Direito Internacional*, com o que se pretende situar o estudante e o interessado em geral nas questões iniciais que o ensino deste setor jurídico coloca.

O Capítulo I diz respeito à definição do que se entende ser o Direito Internacional, até porque nem sequer se apresenta tão óbvia como a observação prática por vezes indicia, havendo inúmeros lugares de fronteira que devem ser explicados, sem esquecer as suas características fundamentais no conjunto da Enciclopédia Jurídica, sendo essa também a ocasião para

[137] Cfr. Jorge Bacelar Gouveia, *Ensinar Direito Internacional...*, pp. 215 e ss.

se aprofundar os limites do Direito Internacional por referência a disciplinas jurídicas próximas, como o Direito Internacional Privado e o Direito da União Europeia, além de outras não jurídicas, bem como melhor perscrutar os seus meandros, através da apresentação das respetivas divisões internas.

Noutra perspetiva, o Capítulo I apreciará o Direito Internacional como disciplina científica, comungando do que se considera ser atributo da Ciência do Direito em geral, ao mesmo tempo separando a perspetiva metodológica que a anima de outras perspetivas metodológicas que também estudam os factos internacionais, ou que mais lateralmente auxiliam na sua compreensão mais cabal, lembrando ainda a importância histórica e atual para Portugal e para os Estados de Língua Portuguesa da Ciência do Direito Internacional, aquela essencialmente ligada, num percurso histórico, às questões do Direito Internacional Público do Mar.

O Capítulo II – juntando tópicos muitas vezes separados, mas que, vendo bem, têm mais em comum do que parece – versa três distintos temas, e que são os seguintes:

- a evolução histórica do Direito Internacional, dando conta das vicissitudes por que passou através dos períodos em que deve ser repartido, do mesmo modo se frisando a importância das questões jurídico-internacionais em diversos planos da construção do Estado e da Sociedade Internacional;
- a juridicidade do Direito Internacional, perguntando-se acerca dos argumentos que legitimam a afirmação de que, a despeito de todas as objeções, teóricas e práticas, históricas, filosóficas e técnicas, o Direito Internacional pertence ao mundo do Direito, e não descambou para o mundo dos factos ou das "ilusões" internacionais, com isso se mostrando a sua profunda singularidade estrutural e existencial;
- a obrigatoriedade do Direito Internacional, inquirindo-se sobre as razões que tornam o Direito Internacional obrigatório, num primeiro momento como fruto de conceções filosóficas voluntaristas, mas a partir do século XX afirmando-se uma inevitabilidade existencial deste setor jurídico, ora com fundamentações mais formalistas – o positivismo metodológico – ora com fundamentações mais substancialistas – o positivismo sociológico e, sobretudo, o jusnaturalismo personalista.

III. A Parte II versa a problemática das *Fontes do Direito Internacional*, numa lógica mais ampla do que a estrita palavra "fontes normativas" pode aparentar, na medida em que se avalia a consistência intrínseca de uma ordem jurídica própria – a Ordem Jurídica Internacional – e ao mesmo tempo que se analisa as suas relações com a ordem jurídica interna, *maxime* dos Estados.

O Capítulo III destina-se a enquadrar as fontes jurídico-internacionais em geral, pois que subsistem problemas suplementares na demarcação do respetivo conceito, além da circunstância de não existir, no plano internacional, uma definição cogente das fontes relevantes e não relevantes na formação do Direito Internacional Público, servindo o art. 38º do ETIJ como preciso ponto de partida.

Passa-se depois à respetiva identificação e à demonstração da respetiva relevância jurídico-internacional, de acordo com cinco sub-matérias: (i) a determinação das fontes jurídico-internacionais; (ii) as principais fontes jurídico-internacionais; (iii) as outras fontes jurídico-internacionais; (iv) a sistematicidade do Direito Internacional Público; e (v) a codificação do Direito Internacional Público.

O Capítulo IV aprofunda peculiarmente a fonte jurídico-internacional mais relevante do ponto de vista prático, que são os tratados internacionais, não apenas pelo número crescente dos mesmos, mas sobretudo pela capacidade reguladora que eles encerram, ao serem o produto de uma regulação intencional dos sujeitos internacionais, com o objetivo de estabelecerem um regime jurídico-internacional aplicável, sendo oportuna a respetiva demarcação conceptual nos seus elementos e modalidades.

Após essa explicação, desenvolve-se aquela conceção procedimental na elaboração dos tratados internacionais a partir da CVDTE, nela se divisando as cinco fases gerais por que tal percurso é trilhado [que são (i) a negociação do texto, (ii) a adoção do texto, (iii) a vinculação internacional, (iv) a entrada em vigor e (v) o registo e a publicação], ao que se segue a indicação de algumas particularidades dos tratados multilaterais, tudo se finalizando com a alusão aos problemas da interpretação, integração e aplicação dos tratados internacionais, às vicissitudes de extinção, suspensão e modificação dos mesmos, bem como aos relevantes casos de desvalores negativos dos tratados internacionais antijurídicos.

O Capítulo V, estritamente associado aos tratados internacionais como fonte privilegiada do Direito Internacional, cuida do regime da conclusão das convenções internacionais segundo o Direito Português e o Direito dos Estados de Língua Portuguesa, no pressuposto de que, depois de ser conhecido o regime jurídico-internacional, se impõe numa Faculdade de Direito conhecer o regime que é adotado na celebração das convenções internacionais de que Portugal possa ser parte, nas suas fases necessárias e nas suas fases eventuais, além de também se saber o regime que os textos constitucionais de língua portuguesa estabelecem a este propósito.

O Capítulo VI dá conta tanto das conceções doutrinárias como dos esquemas de incorporação do Direito Internacional nos Direitos Internos, sendo certo que, ao lado de um lastro histórico-filosófico forte, se acrescentam diversas modalidades que internamente tornam operacional o Direito Internacional, sem que possam ser desligados daquelas primeiras conceções doutrinárias, quer numa perspetiva teorética, quer numa perspetiva de Direito Português, quer numa perspetiva dos Direitos dos outros Estados de Língua Portuguesa.

IV. A Parte III versa os *Sujeitos do Direito Internacional*, sendo certo que, conhecidas as normas e os princípios jurídico-internacionais, é o momento para se determinar quem são os protagonistas dessas normas e princípios, ou seja, os atores que darão vida ao "enredo" por aqueles composto.

O Capítulo VII é de natureza geral e tem o propósito de explicitar o sentido da subjetividade internacional, na sua visão clássica e na sua visão atual, ao mesmo tempo que se estruturam as diversas modalidades de sujeitos internacionais.

O Capítulo VIII está reservado aos sujeitos internacionais em especial, nele avultando o Estado como sujeito internacional por antonomásia, embora hoje esteja longe de ser o único, com todas as novidades trazidas pelo século XX, fazendo-se até referência a outros sujeitos, como as entidades para-estaduais, as estruturas interestaduais, as coletividades não estaduais e a pessoa humana.

V. A Parte IV é concernente ao *Domínio do Direito Internacional*, na medida em que se impõe conhecer os espaços de atuação dos sujeitos internacionais através da aplicação das normas e dos princípios que integram aquele setor jurídico.

O Capítulo IX genericamente enquadra o domínio internacional, dando conta de alguns conceitos operativos fundamentais, tanto de natureza geográfica como de natureza jurídica, sem olvidar as questões específicas postas no plano da respetiva delimitação.

O Capítulo X focaliza uma das dimensões do domínio internacional, que é o domínio constituído pelos espaços onde se exerce a soberania estadual, nas suas diversas apresentações, justificando-se precisar o domínio espacial do Estado Português e dos Estados de Língua Portuguesa, e concedendo-se um maior desenvolvimento aos espaços marítimos pelas singularidades do seu regime.

O Capítulo XI referencia a outra dimensão do domínio internacional, que é o domínio direto, composto pelos espaços internacionais que não se submetem às soberanias estaduais, uma vez mais se justificando um maior desenvolvimento aos espaços marítimos.

VI. A Parte V e última respeita à *Garantia do Direito Internacional*, momento adequado para o estudo dos mecanismos que conferem a efetividade possível a este setor jurídico perante situações de incumprimento do mesmo.

O Capítulo XII apresenta os conceitos gerais da dimensão sancionatória do Direito Internacional, nas suas vertentes substantiva – o tipo de respostas perante o incumprimento – e adjetiva – os caminhos processuais possíveis para a aplicação daquelas respostas.

O Capítulo XIII particulariza um capítulo clássico do Direito Internacional, que é o do estudo dos termos em que o uso da força se encontra atualmente proibido, não obstante o forte lastro histórico-filosófico que o acompanhou durante muitos séculos, dando-se um maior relevo ao regime atual no seio da ONU.

O Capítulo XIV dedica-se à responsabilidade internacional, tanto a penal como a civil, sendo este provavelmente, hoje, um dos capítulos mais dinâmicos do Direito Internacional, acreditando-se muito nas suas virtualidades na busca de uma maior efetividade deste setor jurídico.

O Capítulo XV é atinente aos tribunais internacionais, constituindo atualmente outra importante tendência a criação e o aperfeiçoamento dos tribunais internacionais para se alcançar uma maior garantia do Direito Internacional, mas aqui apenas se estudando os dois mais importantes, tendo sido escolhidas estruturas judiciais de gerações distintas: o Tribunal Internacional de Justiça e o Tribunal Penal Internacional.

Capítulo II

Evolução Histórica, Juridicidade e Fundamento do Direito Internacional

§ 3º A EVOLUÇÃO HISTÓRICA DO DIREITO INTERNACIONAL

11. Uma proposta de periodificação do Direito Internacional

I. O Direito Internacional, tal como hoje o conhecemos, não é uma criação recente. É antes o produto de múltiplas circunstâncias político-sociais, que paralelamente foram refletindo as principais conceções acerca do Direito Público em geral.

Várias têm sido as soluções do ponto de vista da sua periodificação, com o seu quê de artificial, mas revelando um apreciável empenho na compreensão dos momentos que diferenciadamente revelam as mutações ocorridas no Direito Internacional.

No desenho desse longo percurso, é tarefa prioritária deslindar os períodos de evolução que – sem artificialismo ou com o menor artificialismo possível – permitem identificar os seus aspetos mais característicos[138].

[138] São diversas as propostas de periodificação da evolução do Direito Internacional: JOAQUIM DA SILVA CUNHA, *Direito Internacional...*, III, pp. 26 e ss.; ANDRÉ GONÇALVES PEREIRA e FAUSTO DE QUADROS, *Manual...*, pp. 19 e ss.; NGUYEN QUOC DINH, PATRICK DAILLIER e ALAIN PELLET, *Droit...*, pp. 41 e 42, estes dissociando entre a formação – desde os primórdios até à Revolução Francesa – e o desenvolvimento – desde então até aos nossos dias; JOAQUIM DA SILVA CUNHA e MARIA DA ASSUNÇÃO DO VALE PEREIRA, *Manual...*, pp. 129 e ss.; JORGE MIRANDA, *Curso...*, pp. 9 e ss.; MANUEL DIEZ DE VELASCO, *Instituciones...*, pp. 60 e ss.

Num plano mais tributário das relações internacionais, ANTÓNIO PEDRO BARBAS HOMEM (*História...*, p. 13) separa três fases: 1) a do nascimento do mundo moderno – da Paz de Westefália ao Congresso de Viena; 2) a da hegemonia europeia – do Congresso de Viena à Organização das Nações Unidas; e 3) a dos caminhos da paz e da mundialização das relações internacionais – da Organização das Nações Unidas em diante. Cfr. ainda AAVV, *Atlas das*

Nesse cuidado com a fixação de uma periodificação cientificamente credível, é indiscutível a consideração de dois fatores:

- os *critérios relevantes para essa divisão*; e
- a *delimitação dos períodos a considerar*.

II. Estando em causa a periodificação da evolução de um setor do Direito, é natural que se deva analisar apenas critérios diretamente associados às principais mudanças que foram ocorrendo.

Não quer isto dizer que outros fatores – de cunho histórico, sociológico ou político – não devam ser avaliados. Mas certamente que isso se fará numa medida limitada, porquanto se trata de estudar o caminho de uma ordem jurídica, não propriamente das causas que estiveram na génese de vários fenómenos que sobre ela se projetaram, ainda que lhe mudando, por vezes, o rumo.

Que elementos ficam a integrar os aspetos jurídico-internacionais que subjazem às opções de periodificação?

Podemos apresentar alguns, numa procura meramente exemplificativa:

- o número e a qualidade dos sujeitos internacionais, de acordo com a sua evolução crescente em número;
- a importância e a qualidade das fontes internacionais que se tornaram relevantes;
- a abrangência regulativa do Direito Internacional em comparação ao Direito Interno, quer numa perspetiva atinente ao tipo de matérias abrangidas, quer numa perspetiva relacionada com o grau de intensidade reguladora no tratamento daquelas matérias internacionalizadas.

III. Aplicando estas considerações à tarefa do número de períodos a considerar, propõe-se a existência de *três grandes períodos*, numa opção acentuadamente mais compreensiva, não tanto analítica[139]:

Relações Internacionais (dir. de PASCAL BONIFACE), Lisboa, 2000, pp. 10 e ss.; JOSÉ ADELINO MALTEZ, *Curso...*, pp. 193 e ss.

[139] Com alguns contributos acerca da História do Direito Internacional: ANTÓNIO TRUYOL Y SERRA, *Noções fundamentais...*, pp. 26 e ss., e pp. 171 e ss., e *História do Direito Internacional Público*, Lisboa, 1996, *passim*; PAUL REUTER, *Instituições internacionais*, Lisboa, s. d.,

- o *período pré-fundacional*;
- o *período clássico*; e
- o *período contemporâneo*.

12. O período pré-histórico do Direito Internacional

I. Antes de ter propriamente nascido, é justo reconhecer ao Direito Internacional – pensando-se no que sucede com a própria periodificação da História em Pré-História e História *stricto sensu* – um longo período de amadurecimento, que foi absolutamente indispensável, aliás, em relação àquilo que viria a ser a partir do século XVII.

Deste modo, suscita-se a legitimidade de equacionar nalguns momentos históricos anteriores ao surgimento do Direito Internacional contributos que seriam marcantes na sua conceção e evolução, sendo autonomamente de frisar os períodos gerais da:

- Antiguidade Clássica;
- Idade Média; e
- Idade Moderna, numa primeira fase.

pp. 37 e ss.; FAUSTO DE QUADROS, *Direito das Comunidades Europeias e Direito Internacional...*, pp. 346 e ss.; ANTONIO CASSESE, *International Law...*, pp. 34 e ss., e *International Law*, pp. 19 e ss.; ALBINO DE AZEVEDO SOARES, *Lições...*, pp. 43 e ss.; ANDRÉ GONÇALVES PEREIRA e FAUSTO DE QUADROS, *Manual...*, pp. 19 e ss.; JEAN TOUSCOZ, *Direito Internacional*, pp. 31 e ss.; ANTÓNIO CABRAL DE MONCADA, *Curso...*, I, pp. 113 e ss.; EDUARDO CORREIA BATISTA, *Direito Internacional...*, I, pp. 37 e ss.; GERSON MELLO BOSON, *Direito Internacional...*, pp. 30 e ss.; FAUSTO DE QUADROS e JORGE BACELAR GOUVEIA, *As relações externas de Portugal – aspetos jurídico-políticos*, Lisboa, 2001, pp. 14 e ss.; JOHN CURRIE, *Public International Law*, Toronto, 2001, pp. 5 e ss.; WLADIMIR BRITO, *Direito...*, pp. 25 e ss.; NGUYEN QUOC DINH, PATRICK DAILLIER e ALAIN PELLET, *Droit...*, pp. 42 e ss.; FRANCISCO FERREIRA DE ALMEIDA, *Direito...*, pp. 29 e ss.; ANTÓNIO PEDRO BARBAS HOMEM, *História...*, pp. 19 e ss.; MALCOLM N. SHAW, *International...*, pp. 13 e ss.; JOAQUIM DA SILVA CUNHA e MARIA DA ASSUNÇÃO DO VALE PEREIRA, *Manual...*, pp. 53 e ss., e pp. 129 e ss.; JORGE MIRANDA, *Curso...*, pp. 9 e ss.; VALÉRIO DE OLIVEIRA MAZZUOLI, *Curso de Direito Internacional...*, pp. 30 e ss.; JÓNATAS E. M. MACHADO, *Direito Internacional...*, pp. 53 e ss.; ANTÓNIO DA SILVA ROCHA, *Direito Internacional – fases e fontes*, Porto, 2007, pp. 21 e ss.; PAUL KENNEDY, *O Parlamento do Homem – História das Nações Unidas*, Lisboa, 2009, pp. 21 e ss.; JEREMY BLACK, *Guerra – uma breve história*, Lisboa, 2013, pp. 15 e ss.; MARIA LUÍSA DUARTE, *Direito Internacional Público...*, pp. 55 e ss.

II. A *Antiguidade Clássica*, abrangendo o tempo da fundação da História até à queda do Império Romano do Ocidente, no século V, é um período de afirmação civilizacional da Europa, embora recheada de diversas conceções político-culturais no plano da organização política, realçando-se, no plano jurídico, o importante legado romano.

Até ao predomínio romano, escassas são as novidades para a formação do Direito Internacional, quer na fase dos grandes impérios, do Egito e da Babilónia, quer na fase das potências citadinas, como sucedeu com as cidades-Estado gregas. O facto de os conflitos armados terem sido constantes, bem como a tendência para o isolamento dessas culturas ter sido uma política assumida, podem explicar o pouco que estas civilizações puderem dar ao desenvolvimento futuro do Direito Internacional[140].

A exceção – o que também sucede relativamente a outros ramos do Direito, tanto público como privado – vem a acontecer com o aparecimento da civilização romana, tal o labor na estruturação de institutos que posteriormente se revelariam matriciais para o Direito Internacional.

III. Estamos a pensar no designado *Ius Gentium*, que em Roma se ocupava das leis aplicáveis entre os cidadãos romanos e os estrangeiros (*peregrini*) e entre estes, de certo modo nele se visualizando uma relação interpessoal que ultrapassava as fronteiras internas.

Só que este *Ius Gentium* – que se contrapunha ao *Ius Civile*, que somente se aplicava aos cidadãos romanos (*cives*) – verdadeiramente não podia ainda ser um Direito Internacional, a despeito daquela conexão externa, apenas antecipando o que hoje se considera ser o Direito Internacional Privado[141], uma parcela especial do Direito Interno[142].

Ao *Ius Gentium* se referiram grandes jurisconsultos da época, como foi o caso de GAIO e de ULPIANO:

[140] Cfr. NGUYEN QUOC DINH, PATRICK DAILLIER e ALAIN PELLET, *Droit...*, p. 43; WLADIMIR BRITO, *Direito...*, pp. 26 e ss.

[141] Cfr. ADRIANO MOREIRA, *Direito Internacional Público*, Lisboa, 1983, pp. 14 e 15; ARMANDO M. MARQUES GUEDES, *Direito...*, p. 9; ANDRÉ GONÇALVES PEREIRA e FAUSTO DE QUADROS, *Manual...*, pp. 19 e 20.

[142] Como escreve ANTÓNIO FERNÁNDEZ DE BUJAN (*Derecho Público Romano*, Madrid, 1996, pp. 109 e 110), "É uma espécie de Direito Internacional da Antiguidade, ainda que criado e controlado pela nação de maior poder, caracterizado pelo senso comum, a boa fé, a flexibilidade, a ausência de formalismo e a tradição de outras comunidades".

- Gaio definiu o Direito das Gentes como "*quod vero naturalis inter omnes homines constituit, id apud omnes perarque custoditur, vocaturque ius gentium, qua quo iure omnes gentium utentur*" (Digesto, I.I, tit. I, 9);
- Ulpiano conceptualizou o Direito das Gentes com recurso a uma individualização de matérias: "*ius gentium est sedium occupatio, aedificatio, munitio, bella, captivitates, servitutes, postliminia, foedera, paces, indutiae, legatorum non violandorum religio, connubia inter alienigenas prohibita, et inde ius gentium, quod eo iure omnes fere gentes utentur*"[143].

Nesta modalidade de Direito Romano refulgiam duas importantes notas que mais tarde definitivamente soldariam o Direito Internacional moderno: o seu caráter inter-relacional, do ponto de vista do âmbito subjetivo de aplicação; a sua feição universal, à escala dos amplos horizontes territoriais e culturais que o Direito Romano, na sua fase imperial, sempre almejou.

Ainda assim, esta importância do *Ius Gentium* foi mais técnica do que substantiva, ao assentar numa conceção material de relações internacionais profundamente incompatível com o Direito Internacional que surgiria mais tarde: a superioridade romana sobre outros povos e poderes (*foedus iniquum*), geneticamente incompatível com a essência do Direito Internacional[144].

IV. A *Idade Média*, que cobre o período que vai desde a queda do Império Romano do Ocidente à queda do Império Romano do Oriente, refletiu a absorção, na organização política, do Cristianismo, bem como de todas as novidades trazidas pelas invasões bárbaras dos séculos V e seguintes, com a multiplicação de Estados e de culturas que lhe foi inerente.

O que de mais relevante se verificou nesta outra fase que proximamente antecedeu o aparecimento do Direito Internacional pode ser algo contraditório no respetivo contributo:

- de uma parte, a formação de Estados, na maior parte dos casos embriões dos Estados modernos europeus, a base futura da cena internacional;

[143] Cfr. André Gonçalves Pereira e Fausto de Quadros, *Manual...*, p. 21.

[144] Cfr. Nguyen Quoc Dinh, Patrick Daillier e Alain Pellet, *Droit...*, p. 46.

- da outra parte, a afirmação de estruturas políticas supraestaduais, tanto no poder espiritual – o Papado – como no poder temporal – o Sacro-Império Romano-Germânico, ambos na procura de uma *Civitas Christiana*[145], assim atrasando a eclosão da uma sociedade internacional igualitária.

De alguma sorte, pode dizer-se que foi durante a Idade Média que se forjaram os pressupostos vitais que viriam a proporcionar o nascimento do Direito Internacional: a formação dos Estados, embora durante muito tempo desvitalizados por estruturas supra e infraestaduais, acabaria por ser decisiva na ascensão de novos sujeitos à cena internacional, ao que depois se acrescentaria a recuperação do seu poder soberano, tarefa de que se desincumbiria o Direito Internacional no estabelecimento do correspondente quadro jurídico.

V. Outros acontecimentos históricos, que já podem ser integrados na *Idade Moderna*, na sua primeira fase, participariam no "caldo de cultura" que desembocaria no primeiro período de evolução do Direito Internacional.

Os Descobrimentos Portugueses e Espanhóis seriam uma epopeia de abertura de horizontes, não só colocando novas questões ao Direito Internacional, como igualmente acentuando a globalização, numa tendência sem precedentes: primeiro, limitadamente aos Estados peninsulares e, mais tarde, abarcando os Estados do Norte da Europa, que se lançariam nessa importante aventura marítima.

A afirmação dos Estados soberanos, com o trabalho de Jean Bodin, reconstruindo a autoridade estadual, obscurecida pelo feudalismo e pelas estruturas supraestaduais dominantes, constituiria outro fator a considerar[146], tendo favorecido o ambiente para o nascimento do Direito Internacional[147].

[145] Cfr. Nguyen Quoc Dinh, Patrick Daillier e Alain Pellet, *Droit...*, pp. 47 e 48.

[146] De acordo com a sua célebre fórmula, segundo a qual a "...soberania é o poder absoluto e perpétuo de uma República". Cfr. Jean Bodin, *Los seis libros de la República*, 2ª ed., Madrid, 1992, p. 47.

[147] Cfr. Albino de Azevedo Soares, *Lições...*, pp. 50 e ss.

Não se pode ainda escamotear o relevante contributo que seria dado pela Escola Espanhola de Direito Internacional, que adaptaria o conceito de Direito Internacional aos tempos modernos, acreditando numa comunidade internacional, que requereria um Direito que ligasse os respetivos povos[148].

13. O período clássico do Direito Internacional

I. O *período clássico* (interestadual) abrange a primeira parte da História do Direito Internacional, desde a sua fundação e até aos inícios do século XX. Se quisermos escolher uma palavra que melhor sintetize este longo período, podemos referir o paradigma do Direito Internacional igualitário nos respetivos sujeitos.

Cumpre, pois, sublinhar que o Direito Internacional é um produto da Idade Moderna, que se caracteriza pelo Renascimento, pela afirmação dos Estados soberanos e nacionais, pelos Descobrimentos e pela Filosofia racionalista e subjetivista, cuja viragem se ficou a dever a René Descartes, que passou a radicar a verdade no conhecimento do homem a seu respeito e a respeito das coisas, fundando-se no seu pensamento (*cogito, ergo sum*)[149].

É verdade que a Idade Contemporânea, na primeira época em que foi palco para a afirmação dos diversos liberalismos, contribuiu com importantes acontecimentos e instituições que marcariam a evolução do Direito Internacional.

Mas não se pode dizer que essa primeira fase da Idade Contemporânea, inversamente do que aconteceu no Direito Privado ou no Direito Constitucional, tivesse influído decisivamente no atual Direito Internacional, não tendo mudado a sua configuração essencial, obra que seria já do século XX.

[148] Cfr. André Gonçalves Pereira e Fausto de Quadros, *Manual...*, pp. 22 e ss.

[149] Assim escrevia sugestivamente René Descartes (*Discurso do Método*, 11ª ed., Lisboa, 1982, p. 28): "Mas, logo em seguida, notei que, enquanto assim queria pensar que tudo era falso, eu, que assim o pensava, necessariamente era alguma cousa. E notando que esta verdade – *eu penso, logo existo* – era tão firme e tão certa que todas as extravagantes suposições dos céticos seriam impotentes para a abalar, julguei que a podia aceitar, sem escrúpulo, para primeiro princípio da Filosofia que procurava".

Partindo desta caracterização mais simples, é de avaliar os aspetos que, a seu modo, especificam mais e melhor a contraposição entre o período clássico e o período contemporâneo.

II. A data que tem sido tradicional para a inauguração do Direito Internacional – se é que é possível fazê-lo, não esquecendo o que isso decerto tem de artificial – é a da formalização do fim da Guerra dos 30 Anos, plasmada na Paz de Westefália, celebrada em 24 de outubro de 1648, e que se consubstanciaria em dois tratados: o Tratado de Osnabrück e o Tratado de Münster. A vitória coube à França, à Inglaterra e à Neerlândia, tendo sido derrotados o Sacro-Império, a Santa Sé e os Estados peninsulares[150].

Por que razão se indica esta data para o início do Direito Internacional, segundo uma aceção moderna? Isso explica-se por ter sido com esses tratados que pela primeira vez se reconheceu, no plano internacional, a igualdade formal dos Estados, extinta a influência das estruturas supraestaduais, tanto espirituais como temporais. A Paz de Westefália foi mesmo, para alguns, a primeira "Carta Constitucional da Europa", lançando os primeiros elementos de um Direito Público europeu[151].

A partir de então, os Estados são chamados à convivência internacional por si próprios, no exercício da sua soberania – interna e externa – e não mais se aceitando aquele condicionamento nas respetivas relações internacionais.

Este período seria fértil no plano doutrinário, com o inestimável contributo de Hugo Grócio, jurista neerlandês que tem sido justamente considerado o "pai" do Direito Internacional, ao mesmo tempo concebendo um Direito Natural secularizado (*etsi Deos non esset*)[152]. Dois outros

[150] Como explicam Joaquim da Silva Cunha e Maria da Assunção do Vale Pereira (*Manual...*, p. 138), "A nova ordem europeia baseava-se no reconhecimento da igualdade soberana e da independência recíproca dos Estados, na equiparação, para efeitos de relações internacionais, dos Estados monárquicos e republicanos, e na independência de todos relativamente à Santa Sé". Cfr. também Albino de Azevedo Soares, *Lições...*, pp. 53 e ss.; Francisco Ferreira de Almeida, *Direito...*, pp. 15 e 16; Jónatas E. M. Machado, *Direito Internacional...*, pp. 65 e ss.

[151] Cfr. Antonio Cassese, *International Law...*, pp. 35 e ss.; Nguyen Quoc Dinh, Patrick Daillier e Alain Pellet, *Droit...*, pp. 51 e 52; Wladimir Brito, *Direito...*, pp. 35 e ss.

[152] Na formulação completa do nº 11 dos prolegómenos do livro *De Jure Belli ac Pacis*, no qual Hugo Grócio escreveu o seguinte: "Etiamsi daremus, quod sine summo scelere

importantes nomes se lhe seguiram[153]: SAMUEL PUFFENDORF e EMMERICH DE VATTEL[154].

III. A *Idade Contemporânea*, na sua fase liberal do século XIX, dentro deste primeiro período clássico, a seu modo se projetaria no desenvolvimento do Direito Internacional, em íntima associação ao novo ideário constitucionalista[155].

Na Europa, a transformação dos Estados Modernos em Estados Constitucionais fez multiplicar as relações bilaterais e multilaterais, em grande parte fruto dos conflitos armados que então a assolariam, principalmente depois das invasões napoleónicas, fundando o Congresso de Viena, de 1815, uma nova ordem europeia nas relações internacionais.

Apareceram também as primeiras preocupações com o estatuto dos rios internacionais e com a navegação marítima, altamente estimuladas pelos desenvolvimentos decorrentes da aplicação da máquina a vapor aos meios de comunicação.

É ainda de referir o nascimento das primeiras entidades – depois verdadeiras organizações internacionais – que associaram os Estados, diversas comissões fluviais e algumas uniões internacionais administrativas.

Não se esqueça finalmente o surgimento das primeiras preocupações com as intervenções humanitárias, nessa altura pioneiramente protagonizadas pela Cruz Vermelha Internacional, nesses ventos se dando os primeiros passos do hoje indiscutível Direito Internacional Humanitário[156].

dari nequit, non esse Deum...". Cfr. sobre esta questão as reflexões de PRIMITIVO MARIÑO GOMEZ, *Introdução* ao livro de HUGO GRÓCIO, *Del Derecho de la Guerra y de la Paz*, Madrid, 1987, pp. XX e ss.

[153] Sobre estes contributos para a Ciência do Direito Internacional, v., por todos, NGUYEN QUOC DINH, PATRICK DAILLIER e ALAIN PELLET, *Droit...*, pp. 55 e ss., e JÓNATAS E. M. MACHADO, *Direito Internacional...*, pp. 72 e ss.

[154] Cfr. EMMERICH DE VATTEL, *O Direito das Gentes*, Brasília, 2004.

[155] Assinalando estes e outros relevantes acontecimentos, ANTONIO CASSESE, *International Law...*, pp. 43 e ss.; ALBINO DE AZEVEDO SOARES, *Lições...*, pp. 57 e ss.; NGUYEN QUOC DINH, PATRICK DAILLIER e ALAIN PELLET, *Droit...*, pp. 59 e ss.; JÓNATAS E. M. MACHADO, *Direito Internacional...*, pp. 78 e ss.

[156] Acontecimento secundário, mas que se repercutiria na descolonização da segunda metade do século XX, seria a Conferência de Berlim, seguida depois da de Bruxelas, que redefiniriam os termos das possessões africanas por parte das potências europeias, originando uma corrida à sua exploração, através da proclamação do princípio da efetividade,

14. O período contemporâneo do Direito Internacional

I. O *segundo período* (supraestadual) de evolução do Direito Internacional – que se iniciou no século XX e no qual atualmente vivemos – aceita uma nova perspetiva de desenvolvimento deste Direito, em que se verificam múltiplos fenómenos, muitos deles na tónica geral de "desgastarem" a soberania estadual[157]:

- a consolidação das organizações internacionais, no âmbito do supranacionalismo, bem como no seio do multilateralismo internacional;
- a afirmação dos novos Estados, com a descolonização, e a nova ordem internacional económica, de cooperação e de desenvolvimento;
- a proteção internacional dos direitos humanos e a proscrição do uso da força pelos Estados;
- as novas explorações dos espaços internacionais, com o inelutável alargamento do campo da atividade humana.

Todos eles têm em comum a intenção de imporem relações de subordinação do Direito Internacional relativamente aos Direitos Internos, em

primeiro na costa, mas depois extensível ao interior desse Continente. Sobre estas questões, v., por todos, MARCELLO CAETANO, *Portugal e a internacionalização...*, pp. 79 e ss.

Mais tarde, este princípio da ocupação efetiva evoluiria, com a Convenção de Revisão dos Atos Gerais de Berlim e de Bruxelas, celebrada no contexto das diversas Convenções assinadas em Saint Germain-en-Laye, em 10 de setembro de 1919, no sentido de ser fundamento, não de aquisição, mas de conservação e exercício do poder colonial, de acordo com uma nova conceção do colonialismo trazida pelo PSDN, pois de acordo com o respetivo art. 10º "As Potências signatárias reconhecem a obrigação de manter, nas regiões sob a sua autoridade, a existência de um poder e de meios de polícia suficientes para assegurar a proteção das pessoas e dos bens e, em caso de necessidade, a liberdade de comércio e de trânsito". Cfr. MARCELLO CAETANO, *Portugal e a internacionalização...*, pp. 201 e ss.

[157] Referindo-se a estes acontecimentos, HAROLDO VALLADÃO, *A justiça social e o Direito Internacional*, in AAVV, *Estudos em Memória do Professor Doutor Paulo Cunha*, Lisboa, 1989, pp. 44 e ss.; FAUSTO DE QUADROS, *Direito das Comunidades Europeias e Direito Internacional...*, pp. 336 e ss.; ANTONIO CASSESE, *International Law...*, pp. 55 e ss.; JOSÉ MANUEL PUREZA, *O Património Comum da Humanidade: rumo a um Direito Internacional da solidariedade?*, Porto, 1998, pp. 25 e ss.; ADAM WATSON, *A evolução da sociedade internacional – uma análise histórica comparativa*, Brasília, 2004, pp. 369 e ss.; JÓNATAS E. M. MACHADO, *Direito Internacional...*, pp. 83 e ss.; GEOFFREY BLAINEY, *Uma Breve História do Século XX*, 2ª ed., São Paulo, 2010, pp. 10 e ss.; HENRY KISSINGER, *Diplomacia*, 3ª ed., Lisboa, 2007, pp. 117 e ss.

nome do aperfeiçoamento da eficácia do mesmo e em nome de um desígnio universal pertinente a toda a Humanidade[158].

O Direito Internacional, nesta fase moderna, passou a ser revelador de uma tensão dialética entre os institutos do período clássico, que subsistem, e os institutos do período moderno, que com aquelas convivem, mas que recortam um novo paradigma de limitação da soberania estadual[159].

Indubitavelmente que o Direito Internacional dos nossos dias é dicotomicamente absorvido pela conjugação de dois princípios fundamentais:

- o *princípio da soberania estadual*; e
- o *princípio da solidariedade internacional*.

Como bem escreve Fausto de Quadros, "O DIP não deixou de regular relações entre Estados soberanos, mas passou a preocupar-se com muito mais: com a solidariedade e a justiça social entre Homens e Povos. Por outras palavras: o DIP não deixou de assentar na soberania dos Estados, mas passou a considerá-la numa relação de recíproca limitação com o princípio da solidariedade internacional..."[160].

II. O *nascimento das organizações internacionais* espelha um propósito de melhor estruturação da sociedade internacional, escolhendo-se outro parceiro internacional para ombrear com os Estados, que até então monopolisticamente protagonizavam as relações internacionais.

Na primeira metade do século XX, as organizações internacionais foram essencialmente intergovernamentais, representando uma plataforma de conciliação e de coordenação dos interesses estaduais. Se, num momento inicial, elas foram apenas locais ou regionais, rapidamente outras se afirmariam com uma vocação para-universal, como sucedeu, primeiro, com a SDN, e depois, com a ONU.

Já na segunda metade do século XX, outro modelo de organização internacional se experimentaria: as organizações internacionais supranacionais. Diferentemente das primeiras, sendo também estruturas de representação dos Estados, estas dispõem de poderes mais amplos e de mecanismos de subordinação da vontade dos Estados, como a decisão por

[158] Assim, André Gonçalves Pereira e Fausto de Quadros, *Manual...*, pp. 660 e ss.

[159] Cfr. Cristina Queiroz, *Direito Constitucional Internacional*, Coimbra, 2011, pp. 51 e ss.

[160] Fausto de Quadros, *Direito das Comunidades Europeias e Direito Internacional...*, p. 400.

maioria, e não por unanimidade, ou a incorporação automática das suas normas nos Direitos Estaduais.

III. A *descolonização*, ainda que temporalmente não tivesse sido toda uniforme, acarretou mudanças sensíveis no Direito Internacional, tanto no plano dos respetivos sujeitos, quanto nas matérias que assim começaram a interessar-lhe[161].

No que é concernente aos sujeitos internacionais, a independência de dezenas de novos Estados, principalmente em África, aumentou significativamente o universo dos interlocutores dos Estados tradicionais, deixando de o centro ser propriamente europeu ou norte-americano.

A principal consequência foi a necessidade de o Direito Internacional – até por força das circunstâncias particularmente difíceis em que tais Estados ascenderam às suas independências políticas, com todas as mazelas provocadas por uma colonização de vários séculos por parte das potências europeias, que em muitos casos verdadeiramente os "escravizaram" – ter tido de refletir, nas suas normas, novas matérias que passaram a integrá-lo, essencialmente no domínio económico, social e assistencial.

É neste contexto que assume peculiar importância o tema da cooperação entre países ricos e países pobres, tentando-se ir além de uma igualdade meramente formal. Conseguiu-se criar um verdadeiro Direito Internacional da Cooperação e do Desenvolvimento, como decorrência da descolonização e da internacionalização dos problemas dos Estados mais pobres do Mundo.

IV. O fim da II Guerra Mundial, com tudo quanto este conflito trouxe de indignação geral relativamente aos horrores praticados, despertou a consciência universal para a urgência da *proteção dos direitos humanos*, agora numa escala internacional, em si mesmo capaz de limitar qualquer ditadura interna.

[161] Sobre alguns dos aspetos da descolonização segundo a CNU, v. MARCELLO CAETANO, *Portugal e a internacionalização...*, pp. 243 e ss.; JOSÉ ALBERTO AZEREDO LOPES, *Autodeterminação dos povos, uso da força e responsabilidade internacional – algumas questões e poucas respostas*, in AAVV, *Juris et de Jure – Nos vinte anos da Faculdade de Direito da Universidade Católica Portuguesa – Porto*, Porto, 1998, pp. 453 e ss., e *Entre solidão e intervencionismo – direito de autodeterminação dos povos e reações de Estados terceiros*, Porto, 2003, pp. 17 e ss.

Foi assim que os direitos humanos, durante muito tempo assunto exclusivo para as Constituições dos Estados, se tornaram relevantes no plano internacional, num primeiro momento ao nível da sua positivação substantiva, mas que depois evoluiria para um plano adjetivo-processual.

O marco pioneiro foi a aprovação, em 10 de dezembro de 1948, por resolução da Assembleia Geral da ONU, reunida em Paris, da DUDH. Pela primeira vez se aceitou, no plano internacional, a existência de direitos fundamentais comuns aos seres humanos, não obstante a diversidade de culturas e de religiões, e não obstante a variedade de regimes políticos, admitindo-se que o Direito Internacional teria como uma das suas incumbências, mesmo contra a vontade dos Estados, a respetiva proteção.

Desde então, este foi um caudal que não mais pararia de engrossar, para ser aquilo que é hoje: algo de indiscutível e que tem contribuído para derrubar regimes ditatoriais, além de provavelmente se mostrar uma das principais alavancas daquilo que neste momento nos parece óbvio, que é a globalização civilizacional[162].

Naquele mesmo momento dramático, nasceria outra importante orientação de fundo para o Direito Internacional, que correspondeu à *proscrição geral do uso da força pelos Estados*, estabelecendo-se o monopólio do Conselho de Segurança da ONU na matéria.

Ficou abolida a justiça privada na esfera das relações internacionais e surgiu, no seu lugar, uma instância internacional capaz de manter a paz e a segurança internacionais, tarefa que, mau grado todos os defeitos daquele órgão, se tem conseguido satisfatoriamente alcançar.

V. O século XX, em estreita associação aos desenvolvimentos impressionantes que a Ciência e a Técnica conheceriam, foi muito frutífero nos *aproveitamentos dos espaços internacionais*, tendo por isso suscitado apreciáveis novidades no tocante às normas e princípios aplicáveis.

O Direito Internacional do Mar viveu momentos de profunda codificação e modernização, que se consumaram nos trabalhos da III Conferência das Nações Unidas sobre o Direito do Mar, com a conclusão da CNUDM, assinada em Montego Bay, na Jamaica, em 10 de dezembro de 1982, e modificada em 1994, pelo Acordo de Nova Iorque.

[162] Cfr. AAVV, *Globalization and Human Rights* (ed. de Alison Brysk), Los Angeles, 2002.

O Direito Internacional do Espaço Aéreo também atravessou um momento de codificação, ao mesmo tempo que se iniciou e popularizou a navegação aérea, transportando pessoas e bens, numa intensificação regulativa que já chegou aos aspetos do Direito Privado.

O Direito Internacional do Espaço Exterior, logo depois das primeiras explorações espaciais, é hoje indubitável, acolhendo a proclamação de um regime de não apropriação dos corpos celestes, bem como o reconhecimento da liberdade geral de aproveitamento do espaço exterior.

15. O futuro do Direito Internacional

I. Quase tão apaixonante como o passado e o presente, é o futuro do Direito Internacional porque é através dele que se jogam as grandes opções a colocar à Humanidade e à felicidade dos seres humanos.

A tendência que se tem verificado no século XX – e que o princípio do século XXI assinala e confirma – posiciona os atores internacionais na senda da *crescente internacionalização dos problemas*, bem como no *reforço dos mecanismos de coerção internacional*[163].

Ao contrário do que sucede noutras ciências sociais, como a Economia ou a História, o Direito Internacional não evolui por ciclos, em cuja lógica tudo sempre recomeça – pelo contrário, vai experimentando patamares mais sofisticados de internacionalidade e, concomitantemente, vai enfraquecendo os Direitos Internos, mesmo que não se acredite no fim da evolução deste Direito.

Numa palavra: é inegável que os passos que estão a ser dados se direcionam para a intensificação da internacionalização das questões, aumen-

[163] Quanto às perspetivas da evolução futura do Direito Internacional, v. ARMANDO M. MARQUES GUEDES, *Direito...*, pp. 140 e ss.; ANDRÉ GONÇALVES PEREIRA e FAUSTO DE QUADROS, *Manual...*, pp. 659 e ss.; PAULA ESCARAMEIA, *O Direito Internacional Público nos princípios do século XXI*, Coimbra, 2003, pp. 11 e ss., ainda que neste caso numa ótica mais tributária da política internacional do que propriamente de teor jurídico-científico.

tando os setores e os sujeitos do Direito Internacional, crescendo por isso a sua relevância ao nível planetário[164].

II. Só que essa tendência, que decerto se confirmará, encerra em si mesmo um enorme *paradoxo*: o *engrandecimento do Direito Internacional, na sua capacidade regulativa, podem bem vir a ser o gérmen da sua própria destruição, tal como ele foi idealizado e vivido ao longo destes séculos.*

Se é verdade que o Direito Internacional é tanto mais forte quanto maior for o número de sujeitos e de matérias que disciplina, não é menos verdade que assim se tornará demasiado próximo das características que os Direitos Internos ostentam, designadamente o Direito Estadual, que é o Direito interno por antonomásia.

Por esta ordem de ideias, o Direito Internacional, ao deixar-se insuflar por uma matriz interna no plano organizatório, pouco se distinguirá do Direito Estadual, ao arrepio das singularidades que geneticamente criou, em contraposição aos padrões que aquele Direito mostra possuir[165].

De resto, basta observar o que está acontecendo ao nível da integração europeia, para se confirmar quanto se afirma: não está o Direito da União Europeia cada vez mais parecido, por muito que isso custe e por muito que não se goste, com os Direitos Estaduais, numa expansão algo incontrolada do seu leque regulativo? Claro que sim[166].

[164] Sobre a emergência de um novo Direito Internacional, v., por todos, FAUSTO DE QUADROS, *Direito das Comunidades Europeias e Direito Internacional...*, pp. 387 e ss.

[165] Colocando esta dúvida, ANDRÉ GONÇALVES PEREIRA e FAUSTO DE QUADROS (*Manual...*, p. 671) respondem assim: "A circunstância de não admitirmos para breve a evolução do Direito Internacional para um Direito Mundial não significa que entendamos que a universalização da Ordem Jurídica internacional não seria benéfica para o reforço da componente jurídica nas Relações Internacionais, para uma maior juridicização e democratização da Comunidade Internacional e sobretudo para uma maior eficácia do sistema jurídico internacional".

[166] Embora a tendência para a desvitalização dos Estados seja mais aparente do que real, nem sequer sendo muito prognosticada. Assim escreve PAUL KENNEDY (*Desafios para o Século XXI*, I, Mem Martins, 1993, p. 160), a respeito da importância dos Estados-Nações no mundo futuro: "Em suma, mesmo que a condição e as funções do Estado tenham sido erodidas pelas tendências transnacionais, a transferência de autoridade não produziu um sucedâneo adequado para o substituir como unidade-chave na resposta à mudança global. O que o Estado-Nação faz e, em particular, como os seus líderes agem para prepararem os seus povos para

III. O problema da caracterização futura do Direito Internacional, no entanto, não é tanto o de saber se este setor jurídico se aproxima muito ou pouco do Direito Estadual, perdendo as suas especificidades, mas essencialmente *o de saber se nessa sua nova veste se adequa bem aos desejos de felicidade geral, de ordem e de progresso que a sociedade humana tem o direito de alcançar*.

A tendência da doutrina maioritária, que se vai sentindo à medida que a própria globalização ganha terreno em múltiplos domínios, trazendo coisas boas e coisas más[167], quer fazer crer que o reforço do Direito Internacional traz consigo a inerente vantagem da limitação dos diversos poderes públicos, *maxime* do poder estadual, que assim ficariam pulverizados pela multidão dos sujeitos internacionais envolvidos: dispersando-se o poder público pelos vários Estados, o mesmo também sendo partilhado por outros sujeitos não estaduais, alcançar-se-ia o exercício diferenciado – e não concentracionário – do poder público a uma escala internacional.

O problema é que este pressuposto assenta na falácia de considerar que o Direito Internacional consegue uma limitação do poder pela partilha do poder, o que não é aceitável: é que, no lugar de uma limitação substancial do poder, se assiste apenas a uma nova distribuição do poder.

IV. Quer isto dizer que *o futuro do Direito Internacional deverá passar pela sua limitação substancial*, em que pontificarão alguns dos temas mais candentes que se colocam aos decisores internacionais, para os quais até ao momento os esforços realizados têm valido pouco, temas que são a *verdadeira agenda da Política Internacional*[168]:

o século XXI mantém-se com uma importância vital, mesmo quando os instrumentos tradicionais do Estado apresentam insuficiências. O futuro do Estado-Nação pode ter sido posto em causa, mas, paradoxalmente, a sua existência ainda é exigida para dar algumas respostas – razão pela qual é hoje necessário considerar as perspetivas segundo as quais os países e as regiões, tomados individualmente, respondem ou falham na resposta aos desafios do século que aí vem".

[167] Cfr. John Ralston Saul, *The Collapse of Globalism and the reinvention of the World*, Toronto, 2006.

[168] A qual não poderá deixar de ser tributária de todas as transformações que estão associadas à "terceira vaga" que a civilização enfrenta, lapidarmente descrita por Alvin Toffler (*A Terceira Vaga*, Lisboa, 1984, p. 14): "A Terceira Vaga traz consigo um modo genuinamente

- a repressão dos paraísos fiscais, geradores de profundas injustiças na distribuição da riqueza no Globo;
- o diálogo Norte-Sul, no sentido de diminuir o fosso, cada vez mais abissal, entre Estados ricos e Estados pobres[169];
- a repressão do terrorismo internacional e a prevenção dos conflitos inter-religiosos, que porventura lhe estejam subjacentes, bem como o tráfico de armas de destruição em massa[170], no contexto de uma comunidade internacional de risco[171];
- o combate ao tráfico de estupefacientes, que só ao nível planetário pode ser globalmente eficaz, assim como a respetiva punição no plano da legislação penal[172];
- a promoção de um maior equilíbrio demográfico entre as regiões do Globo, evitando uma intervenção malthusiana, mas também chamando a atenção para a responsabilidade da natalidade em vista das condições sócio-culturais existentes;
- a defesa mais intransigente do meio ambiente, que dadas as suas características só pode ser operativo se visto numa ótica planetária, pela óbvia repercussão internacional dos danos ambientais[173].

novo, baseado em fontes de energia renováveis e diversificadas; em métodos de produção que tornam obsoleta a maioria das linhas de montagem; em famílias novas e não nucleares; numa nova instituição que pode chamar-se «chalé eletrónico» e nas radicalmente modificadas escolas e empresas do futuro. A civilização emergente escreve, para nós, um novo código de comportamento e leva-nos para além da estandardização, da sincronização e da centralização, para além da concentração de energia, dinheiro e poder".

[169] Ligando os direitos humanos e o combate a pobreza, v. AAVV, *O Direito Internacional da Pobreza – um discurso emergente* (coord. de Lucy Williams), Cascais, 2010, pp. 21 e ss.

[170] Cfr. as lúcidas preocupações de Samuel P. Huntington, *O choque das civilizações e a mudança na ordem mundial*, 2ª ed., Lisboa, 2001, pp. 216 e ss., que também alerta para o facto de "O choque intracivilizacional de ideias políticas, geradas em abundância pelo Ocidente, está a ser suplantado por um choque intercivilizacional de cultura e de religião." (p. 60).

[171] Cfr. Ulrich Beck, *Risk Society – Towards a New Modernity*, London, 2012, pp. 19 e ss.

[172] Embora já tenham sido firmadas importantes convenções que precisamente justificam o surgimento de um Direito Internacional da Droga e da Toxicodependência. Cfr. A. G. Lourenço Martins, *Direito Internacional da Droga: sua evolução*, in AAVV, *Droga: Situação e Novas Estratégias*, Lisboa, 1998, pp. 122 e ss.; Ana Maria Guerra Martins, *Direito Internacional da Droga e da Toxicodependência*, in RFDUL, sup. Lisboa, 2003, pp. 89 e ss.

[173] Chamando a atenção para algumas destas questões, Paul Kennedy, *Desafios...*, I, pp. 17 e ss. Em sentido divergente, referindo algumas falácias a respeito do aquecimento global, Roy Spencer, *A mentira do aquecimento global – mito ou ciência?*, Lisboa, 2009, pp. 23 e ss.

Mas porventura o maior desafio que se colocará ao Direito Internacional, visto macroscopicamente em relação a estas questões, será o de prevenir ou, pelo menos, calibrar o choque entre civilizações, mais do que qualquer outro conflito político-económico. Como escreve SAMUEL P. HUNTINGTON, apresentando um interessante paradoxo, "No mundo que nasce, os choques de civilizações são a maior ameaça à paz mundial e uma ordem internacional assente nas civilizações será a mais segura salvaguarda contra uma guerra mundial"[174].

Se estes problemas, que já não têm solução ao nível dos Direitos Internos, forem resolvidos, há todos os motivos para acreditar que o futuro do Direito Internacional será verdadeiramente risonho.

[174] SAMUEL P. HUNTINGTON, *O choque...*, p. 380.

§ 4º A JURIDICIDADE E O FUNDAMENTO DO DIREITO INTERNACIONAL

16. A juridicidade do Direito Internacional

I. A afirmação do Direito Internacional, algo fantasmagoricamente, não tem sido poupada de dúvidas cruciais relacionadas com o seu caráter jurídico, tendo sido este, durante bastante tempo, um terreno fértil para elucubrações mais ou menos teoréticas, protagonizadas pelo grupo dos negadores do Direito Internacional, que puseram em causa a sua existência como Direito[175].

Na atualidade, é de crer que esta é uma questão ultrapassada se se atender aos aspetos que testemunham o êxito do Direito Internacional no contexto das disciplinas jurídicas.

[175] Quanto ao problema da juridicidade do Direito Internacional, v. GUSTAV ADOLF WALZ, *Esencia del Derecho Internacional y crítica de sus negadores*, Madrid, 1943, *passim*; ANTÓNIO TRUYOL Y SERRA, *Noções fundamentais...*, pp. 51 e ss.; MICHAEL AKEHURST, *Introdução ao Direito Internacional*, Coimbra, 1985, pp. 1 e ss.; ALBINO DE AZEVEDO SOARES, *Lições...*, pp. 27 e ss.; J. G. STARKE, *Introduction to International Law*, 10ª ed., London, 1989, pp. 18 e ss.; ARMANDO M. MARQUES GUEDES, *Direito...*, pp. 28 e ss., e pp. 79 e ss.; ANDRÉ GONÇALVES PEREIRA e FAUSTO DE QUADROS, *Manual...*, pp. 46 e ss.; ANTÓNIO CABRAL DE MONCADA, *Curso...*, I, pp. 36 e ss.; EDUARDO CORREIA BATISTA, *Direito Internacional...*, I, pp. 59 e ss.; ADHERBAL MEIRA MATTOS, *Direito...*, pp. 16 e ss.; NGUYEN QUOC DINH, PATRICK DAILLIER e ALAIN PELLET, *Droit...*, pp. 85 e ss.; WLADIMIR BRITO, *Direito...*, pp. 67 e ss.; FRANCISCO FERREIRA DE ALMEIDA, *Direito...*, pp. 19 e ss.; JOAQUIM DA SILVA CUNHA e MARIA DA ASSUNÇÃO DO VALE PEREIRA, *Manual...*, pp. 19 e ss.; MARIA LUÍSA DUARTE, *Direito Internacional Público...*, pp. 86 e ss.

Como não se pode dizer que os argumentos dos negadores da juridicidade do Direito Internacional têm todos a mesma proveniência, divisam-se duas distintas origens, que merecem uma consideração separada:

- as *explicações de índole filosófica*; e
- as *explicações de índole técnico-jurídica*[176].

II. No *plano filosófico*, a negação da juridicidade do Direito Internacional assenta numa conceção muito peculiar acerca da organização do poder estadual, da respetiva consistência e limites, bem como da inserção do Estado na sociedade internacional.

Uma primeira formulação deveu-se ao *jusnaturalismo, radical e pessimista*, de THOMAS HOBBES, para quem o estado de natureza seria um estado de guerra generalizada entre os homens, cuja única saída residiria na criação de um Estado todo-poderoso – o Leviatã – para garantir a paz entre as pessoas, numa conceção original e também relevante na vida internacional[177].

Outra perspetiva ficou associada à *filosofia de cunho hegeliano*, embora depois se tivesse apresentado sob outras vestes, de índole heterogénea, nela se concedendo a primazia ao poder estadual sobre todos os outros poderes, congéneres ou não. Dentro dessa sequência de argumentos, não seria admissível que o poder do Estado, na sua expansiva vocação de incarnar o absoluto, suportasse quaisquer limitações que decorressem de outras estruturas de poder, *maxime* estando em causa estruturas menores que eventualmente tivessem sido criadas no plano internacional.

[176] GUSTAV ADOLF WALZ (*Esencia...*, pp. 36 e ss.), no seu notável trabalho, vai mais longe e organiza os negadores da juridicidade do Direito Internacional por quatro grupos: 1) o Direito Internacional fundado no jusnaturalismo radical; 2) o Direito Internacional como expressão da Política da força; 3) o Direito Internacional como Moral Internacional; 4) o Direito Internacional como Direito imperfeito ou em gestação. Cfr. também WLADIMIR BRITO, *Direito...*, pp. 67 e ss.

[177] São bem elucidativas estas palavras de THOMAS HOBBES (*Leviatã ou matéria, forma e poder de um Estado eclesiástico e civil*, Lisboa, 1994, p. 153): "...pertence à soberania o direito de fazer a guerra e a paz com outras nações e Estados. Quer dizer, o de decidir quando a guerra corresponde ao bem comum e qual a quantidade de forças que devem ser reunidas, armadas e pagas para esse fim, e de levantar dinheiro entre os súbditos, a fim de pagar as suas despesas".

III. Este é bem o caso de uma conceção, praticamente desde o seu começo, sempre desmentida pela realidade dos factos, bem como pela natureza do poder estadual. Se esta conceção pudesse ser explicativa da realidade, o Estado jamais poderia sequer relacionar-se no seio da sociedade internacional, nem à mesma podendo inclusivamente pertencer.

Percebe-se que não é isso o que se passa. A evolução do Direito Internacional tem sido tão intensa que podemos graficamente representar as matérias objeto de regulação internacional numa linha sempre ascendente. Noutro prisma, não nos podemos esquecer que são cada vez mais frequentes os tratados internacionais celebrados entre Estados, que até aceitam pertencer a estruturas menores de poder público – como são as organizações internacionais – e sem que isso belisque a adequação das normas internacionais e o seu generalizado cumprimento.

A exaltação da soberania estadual que está subjacente a esta conceção filosófica geral não tem hoje viabilidade. Mas não podemos cair no extremo oposto de pensar que a soberania estadual se tornou inexistente, pois que tal afirmação também não seria verdadeira. Trata-se, apenas, de encontrar uma linha intermédia de verificação do que pertence ao Direito Internacional e do que pertence ao Direito Interno.

IV. No *plano técnico-jurídico*, as críticas que são dirigidas ao caráter jurídico do Direito Internacional gravitam em torno de alguns aspetos singulares que o mesmo oferece, acentuando uma perspetiva de enorme contraste com o que se passa no Direito Estadual.

O ponto central desta posição apoia-se no facto de no âmbito internacional não haver estruturas de coerção, capazes de por si só imporem o respeito pelo Direito Internacional, com o recurso à força se necessário, para lá da própria limitação substantiva das normas secundárias de feição punitiva.

A este propósito, frisa-se a debilidade dos mecanismos de aplicação coativa de sanções internacionais, não havendo uma polícia ou um exército internacional capaz de adotar – pela força se necessário e com autonomia em relação às grandes potências internacionais – as sanções que punem as violações do Direito Internacional.

V. Esta explicação técnico-jurídica leva-nos ao tema da coercibilidade do Direito Internacional, não apenas se fazendo a sua caracterização como, mais amplamente, se aquilatando da sua relevância para uma conclusão quanto à juridicidade daquele Direito.

A coercibilidade, ao contrário do que esta explicação pretende fazer crer, é uma certeza no Direito Internacional. Há instrumentos adjetivos de verificação do cumprimento das normas internacionais – tribunais internacionais e não só – assim como existem sanções para o seu incumprimento.

Concede-se que a eficácia desses instrumentos e dessas sanções não seja total, dando por isso mesmo a impressão de que ela se afigura incompleta ou imperfeita. Porém, importa saber distinguir entre a deficiente coercibilidade da sua pura e total inoperacionalidade.

Indo mais longe, deve ainda considerar-se que a coercibilidade nem é sequer uma característica da Ordem Jurídica, pelo que nem seria de a exigir para atribuir caráter jurídico a uma dada ordem normativa. Porquê?

Porque o Direito, enquanto sistema normativo de regulação social, não se define pela coercibilidade, embora esta o auxilie muito, estando sobretudo em causa a natureza dos respetivos fins, de Justiça e de Segurança, não tanto os meios que forcem o seu cumprimento coativo[178]. Vários ramos jurídicos não são dotados de coercibilidade e ninguém ousa questionar, por esse facto, a respetiva juridicidade.

VI. Perante estas duas explicações, e segundo os argumentos com que elas foram rebatidas, é fácil concluir pela improbabilidade jurídico-científica das teses que pretendem negar o caráter jurídico ao Direito Internacional, quer por razões filosóficas, quer por razões técnico-jurídicas. De resto, esta vem a ser, até certo ponto, uma discussão bem inútil, pela evidência atual do Direito Internacional.

Naturalmente que não se pode deixar de ser sensível às violações mais flagrantes das normas internacionais nos domínios do uso da força ou da proteção dos direitos humanos, que chocam qualquer consciência, por mais embrutecida que esteja. Ou também é verdade que sempre muito incomodam as afirmações nacionalistas das grandes potências que pretendam liderar os movimentos internacionais, ao sabor dos

[178] Assim, em relação ao Direito em geral, por todos, José de Oliveira Ascensão, *O Direito...*, pp. 72 e ss.

seus interesses económicos, políticos, militares ou mesmo civilizacionais.

Todavia, essa é uma realidade que não está apenas presente no Direito Internacional, do mesmo modo ela surgindo no contexto doméstico dos Direitos Internos, como manifestação da força do poder estadual. Até se pode ver a questão ao contrário: o caráter algo impressionante das violações mais graves esconde as múltiplas oportunidades em que, simetricamente, o Direito Internacional é escrupulosamente cumprido.

Em resumo: o Direito Internacional é um verdadeiro Direito, ainda que dotado de certas características que exatamente justificam a respetiva individualização no contexto da Enciclopédia Jurídica[179].

Como não recordar as poéticas palavras de NGUYEN QUOC DINH, PATRICK DAILLIER e ALAIN PELLET a este propósito: "A prova mais evidente e provavelmente mais convincente da existência do Direito Internacional é fornecida pela observação, mesmo que superficial, da vida e das relações internacionais: o Direito Internacional existe porque os Estados, os homens políticos, os movimentos de opinião, os organismos internacionais, governamentais ou não, o reconhecem e o invocam e porque seria totalmente inverosímil que tanta gente consagrasse tanto tempo, energia, inteligência e, por vezes, dinheiro, a perseguir uma quimera"[180].

[179] Matéria que tem beneficiado de uma impressionante unanimidade por parte da jusinternacionalística portuguesa, sendo de referir dois contributos:

- ANDRÉ GONÇALVES PEREIRA e FAUSTO DE QUADROS (*Manual...*, p. 56): "...parece-nos mais rigoroso e mais realista reconhecer que, não obstante a menor estruturação jurídica da Comunidade Internacional, a norma de Direito Internacional não deixa, efetivamente, de estar dotada de coercibilidade, o que basta para se afirmar que ela consiste numa norma jurídica e que, portanto, o Direito Internacional é, efetivamente, Direito";
- ARMANDO M. MARQUES GUEDES (*Direito...*, p. 81): "O aspeto normativo não é o único que o Direito positivo, como ser independente, comporta; nem será, porventura, o fundamental. A disciplina por seu intermédio instaurada não surge nem existe por si, mas em conjunto com a organização da sociedade a que se destina e de que constitui o ordenamento. Revela-se como uma das faces da vida social, que umas vezes se lhe amolda e outras a contraria".

[180] NGUYEN QUOC DINH, PATRICK DAILLIER e ALAIN PELLET, *Droit...*, p. 88.

17. O fundamento do Direito Internacional

I. Ultrapassada a objeção maior do caráter não jurídico do Direito Internacional, mas ainda numa senda de dúvidas existenciais, também se tem procurado o seu *fundamento de obrigatoriedade*, o mesmo é dizer em nome de que postulados pode este setor jurídico fazer impor as respetivas determinações[181].

São várias as respostas que têm sido organizadas para enfrentar este problema, podendo elas repartir-se por dois grupos:

- os *fundamentos voluntaristas*; e
- os *fundamentos não voluntaristas*.

A despeito das particularidades que o Direito Internacional reclama, um cabal enquadramento desta matéria só pode ser dado considerando que ela é a parte de um todo, que redunda num problema geral de Filosofia Política – a razão por que o Direito vincula, onde está a sua *vis obligandi*[182].

[181] Quanto à problemática do fundamento do Direito Internacional, v. ALFRED VERDROSS, *Le fondement de Droit International*, in RCADI, 1927, I, vol. 16, pp. 251 e ss.; ANTÓNIO TRUYOL Y SERRA, *Noções fundamentais...*, pp. 67 e ss., e pp. 91 e ss.; GAETANO MORELLI, *Nozioni di Diritto Internazionale*, 7ª ed., Milano, 1967, pp. 6 e ss.; AFONSO RODRIGUES QUEIRÓ, *Lições de Direito Internacional...*, pp. 15 e ss.; ROLANDO QUADRI, *Le fondement du caractere obligatoire du Droit International Public*, in RCADI, 1952, I, pp. 583 e ss.; JAMES LESLIE BRIERLY, *Direito...*, pp. 49 e ss.; ADRIANO MOREIRA, *Direito...*, pp. 25 e ss.; ALBINO DE AZEVEDO SOARES, *Lições...*, pp. 32 e ss.; NUNO E SOUSA, *Curso...*, pp. 36 e ss.; ARMANDO M. MARQUES GUEDES, *Direito...*, pp. 63 e ss.; JEAN TOUSCOZ, *Direito Internacional*, pp. 43 e ss.; ANDRÉ GONÇALVES PEREIRA e FAUSTO DE QUADROS, *Manual...*, pp. 57 e ss.; ANTÓNIO CABRAL DE MONCADA, *Curso...*, I, pp. 201 e ss.; GERSON MELLO BOSON, *Direito Internacional...*, pp. 75 e ss.; ADHERBAL MEIRA MATTOS, *Direito...*, pp. 33 e ss.; WLADIMIR BRITO, *Direito...*, pp. 73 e ss.; JOAQUIM DA SILVA CUNHA e MARIA DA ASSUNÇÃO DO VALE PEREIRA, *Manual...*, pp. 47 e ss.; JOSÉ FRANCISCO REZEK, *Direito...*, pp. 3 e 4; JORGE MIRANDA, *Curso...*, pp. 30 e ss.; VALÉRIO DE OLIVEIRA MAZZUOLI, *Curso de Direito Internacional...*, pp. 67 e ss.; JÓNATAS E. M. MACHADO, *Direito Internacional...*, pp. 28 e ss.; MANUEL DIEZ DE VELASCO, *Instituciones...*, pp. 102 e ss.

[182] Assim, ARMANDO M. MARQUES GUEDES, *Direito...*, p. 63; ANDRÉ GONÇALVES PEREIRA e FAUSTO DE QUADROS, *Manual...*, p. 57; NGUYEN QUOC DINH, PATRICK DAILLIER e ALAIN PELLET, *Droit...*, p. 98.

II. Os *fundamentos de raiz voluntarista* são os mais antigos na evolução da Ciência do Direito Internacional e espelham a conceção comum de que é a vontade dos Estados que anima a obrigatoriedade das suas normas. Deste modo, o sistema jurídico-internacional é o reflexo da manifestação da vontade dos Estados que consentiram no estabelecimento de relações e de vinculações, as quais obrigam porque foram queridas.

O pano de fundo destas correntes é o positivismo voluntarista e estadualista, este só admitindo a produção e a obrigatoriedade de normas jurídicas como expressão do poder público, *maxime* do poder dos Estados: eleva-se a sua vontade a critério fundamental da Ordem Jurídica, a lei na ordem interna e o tratado na ordem internacional.

A explicação concreta dentro desta teoria de raiz voluntarista apresenta-se diversificadamente em três cambiantes mais expressivos[183]:

- a *teoria do Direito Estadual Externo*;
- a *teoria da autolimitação do Estado*; e
- a *teoria da vontade comum ou coletiva* (*Vereinbarung*).

A *teoria do Direito Estadual Externo*, defendida pelo próprio Friedrich Hegel e depois apurada por Philippe e Albert Zorn, bem como por Max Wenzel, faz supor que o Direito Internacional, no fim de contas, não existe como tal, o que logo acarreta a sua rejeição: apoiando-se numa conceção hegeliana de Estado, como o ser absoluto, esta teoria frisa que a vinculação internacional do Estado é apenas uma projeção externa do seu Direito, único e indivisível, sempre se integrando no quadro geral de um Direito que permaneceria estadual, vinculando-se e desvinculando--se o Estado a seu bel-prazer, negando-se qualquer possibilidade de este enfrentar uma situação de heterolimitação normativa[184]. Neste caso,

[183] Cfr. Adriano Moreira, *Direito...*, pp. 29 e ss.; Albino de Azevedo Soares, *Lições...*, pp. 32 e ss.; Armando M. Marques Guedes, *Direito...*, pp. 64 e ss.; André Gonçalves Pereira e Fausto de Quadros, *Manual...*, pp. 58 e ss.; Nguyen Quoc Dinh, Patrick Daillier e Alain Pellet, *Droit...*, pp. 99 e 100; Wladimir Brito, *Direito...*, pp. 74 e 75; Joaquim da Silva Cunha e Maria da Assunção do Vale Pereira, *Manual...*, pp. 65 e ss.

[184] Friedrich Hegel (*Princípios da Filosofia do Direito*, Lisboa, 1990, pp. 307 e 308) foi bem contundente a este propósito: "O fundamento do Direito dos povos como Direito universal que entre os Estados é válido em si e para si e que é diferente do conteúdo particular dos contratos, reside no dever de se respeitarem os contratos, pois neles se fundam as obrigações dos Estados uns para com os outros. Como, porém, a relação entre eles tem por

o lugar do Direito Internacional, em sentido próprio, seria substituído pelo do Direito Constitucional Externo.

A *teoria da autolimitação do Estado*, mais moderadamente, defendida por GEORG JELLINEK, argumenta que a sua vinculação internacional se deve à vontade manifestada pelo próprio Estado no estabelecimento de relações com outros sujeitos internacionais, mas nunca ao reconhecimento de uma vontade externa que se lhe possa impor. Sendo o Estado o senhor absoluto do seu poder, a vinculação internacional assumida perante outros interlocutores só é viável se e na medida em que tenha sido aceite pelo próprio Estado[185]. Mas esta teoria traz consigo o inconveniente de permitir a autodesvinculação, não podendo ser procedente porque nunca estaria de harmonia com o princípio *pacta sunt servanda*, que ninguém contesta, não sendo explicativa do facto de os tratados internacionais não poderem ser simplesmente violados por vontade unilateral de uma das partes.

A *teoria da vontade comum ou coletiva dos Estados* (teoria da *Vereinbarung*, que quer dizer, em alemão, "acordo coletivo"), preconizada por HEINRICH TRIEPEL, implica que haja, não já uma autolimitação individual de cada Estado, mas a afirmação de uma vontade em conjunto com as dos outros Estados, dando todos um acordo em simultâneo, comum, se e enquanto essa limitação normativa se mantiver na esfera internacional, com base na prossecução de objetivos partilhados. Esta é uma teoria também com as suas debilidades: se é certo que explica a razão por que os tratados internacionais não se extinguem unilateralmente, não é menos certo que não esclarece o motivo por que há tratados que têm uma vigência objetiva, com independência da vontade posterior dos Estados que os formaram, ou a própria existência de tratados que permitem o recesso ou a denún-

princípio a sua soberania, daí resulta que se encontram uns perante os outros num estado de natureza e os seus direitos não consistem numa vontade universal constituída num poder que lhes é superior, mas obtêm a realidade das suas recíprocas relações na sua vontade particular. Esta condição geral mantém-se no estado de dever ser e o que realmente se passa é uma sucessão de situações conformes a tais tratados e de abolições desses tratados".

[185] Como escreveu GEORG JELLINEK (*Teoría General del Estado*, Granada, 2000, pp. 369 e 370), "A distinção essencial entre o Direito Internacional e o Direito do Estado radica no facto de naquele não existir qualquer relação entre superior e inferior, uma vez que se trata de relações de coordenação, já que as autoridades que estabelecem o Direito Internacional e os sujeitos que ao mesmo estão obrigados são os mesmos, a saber: os Estados".

cia, caso em que não há vontades coletivas, simples vontades unilaterais e plenamente relevantes.

Para além dos inconvenientes específicos que cada uma destas teorias ostenta, todas têm o pecado de assentarem na conceção de que as normas e os princípios internacionais se revestem de uma raiz estadual, o que não vem a ser exato, por duas razões fundamentais:

- no plano das *fontes*, embora menos, continua a ser relevante o costume como fonte do Direito Internacional, que nada deve à vontade dos Estados, em qualquer daquelas fórmulas;
- no plano dos *sujeitos*, verifica-se que os sujeitos internacionais não têm apenas uma estrutura estadual, não podendo alguns destes argumentos ser válidos quando se pensa noutros sujeitos, como em geral os de tipo associativo.

III. Os *fundamentos de raiz não voluntarista* são mais recentes, alguns deles explicando mesmo, na atualidade, a razão de ser da obrigatoriedade do Direito Internacional.

Só que, diferentemente do que sucedeu com os fundamentos de raiz voluntarista, neste caso a diversidade de explicações é bem maior, todas comummente concordando com a conclusão geral de que não é por ser querido que o Direito Internacional se torna obrigatório.

As principais teorias a salientar são[186]:

- a *doutrina do positivismo normativista*;
- as *teorias sociológica* e *institucionalista*; e
- a *tese jusnaturalista.*

O *positivismo normativista*, também designado por positivismo metodológico, é largamente ancorado nas conceções de Hans Kelsen, que em muitos campos permitiu uma importante renovação das conceções tradicionais e voluntaristas do Direito, tal como elas se foram desenvolvendo no

[186] Cfr. Adriano Moreira, *Direito...*, pp. 32 e ss.; Albino de Azevedo Soares, *Lições...*, pp. 36 e ss.; Armando M. Marques Guedes, *Direito...*, pp. 71 e ss.; André Gonçalves Pereira e Fausto de Quadros, *Manual...*, pp. 67 e ss.; Nguyen Quoc Dinh, Patrick Daillier e Alain Pellet, *Droit...*, pp. 100 e ss.; Joaquim da Silva Cunha e Maria da Assunção do Vale Pereira, *Manual...*, pp. 70 e ss.

século XIX, propondo uma *Stufentheorie des Rechtes*[187]. Tal conceção geral do Direito chegaria ao Direito Internacional, apresentando como fundamento para a sua obrigatoriedade a regra da *pacta sunt servanda*, depois substituída[188] pela regra da *consuetudo est servanda*: uma norma pressuposta, de feição lógica, não criada, e que funda a obrigatoriedade do Direito Internacional. Como escreveu HANS KELSEN, "Nesta norma consuetudinariamente criada têm o seu fundamento de vigência as normas jurídicas do Direito Internacional criadas por tratados. Esta norma é usualmente formulada no princípio *pacta sunt servanda*. Na norma fundamental pressuposta do Direito Internacional que institui o costume dos Estados como facto gerador de Direito exprime-se um princípio que é o pressuposto fundamental de todo o Direito consuetudinário..."[189].

A *orientação sociológica*, de que foi paladino GEORGES SCELLES, navegando nos postulados do positivismo sociológico, afirma a obrigatoriedade do Direito Internacional pela sua radicação nas relações internacionais, sendo a vivência internacional geradora da necessidade de leis e de normas que conservem a sua coexistência, numa projeção biológica da necessidade de ordem social, assim aplicada à ordem internacional, de acordo com a ideia da sociabilidade internacional. Esta teoria depois evoluiria

[187] Cfr. HANS KELSEN, *Teoría General del Estado*, 15ª ed., Cidade do México, 1979, pp. 156 e ss., e *Il problema della sovranità e la teoria del Diritto Internazionale*, Milano, 1989, pp. 151 e ss.

[188] Como bem assumiu HANS KELSEN, em nota de pé de página do texto em que defende esta conceção (*Teoria Pura do Direito*, 6ª ed., Coimbra, 1984, p. 303, nt nº 1): "Rejeito a teoria, sufragada por muitos autores – e de começo também por mim – segundo a qual a norma *pacta sunt servanda* deveria ser considerada como fundamento do Direito Internacional, pois ela só pode manter-se com a ajuda de que o costume dos Estados é um tratado tácito".

[189] *Teoria Pura...*, pp. 302 e 303. E o autor confirma este entendimento noutra importante e posterior obra (*Teoria Geral do Direito e do Estado*, São Paulo, 1990, p. 359) "Se, novamente, perguntamos por que esse tratado tem validade, somos levados de volta à norma geral que obriga os Estados a se conduzir de acordo com os tratados por eles firmados, uma norma comummente manifestada pela expressão *pacta sunt servanda*. Essa é uma norma do Direito Internacional geral, e o Direito Internacional geral é criado pelo costume constituído pelos atos dos Estados. A norma fundamental do Direito Internacional, portanto, deve ser uma norma que aprova o costume como fato criador de normas e que poderia ser formulada da seguinte maneira: "Os Estados devem se conduzir como têm se conduzido de costume". O Direito Internacional consuetudinário, desenvolvido com base nessa norma, é o primeiro estágio dentro da ordem jurídica internacional". Cfr. também HANS KELSEN e UMBERTO CAMPAGNOLO, *Direito Internacional e Estado Soberano* (org. de MARIO G. LOSANO), São Paulo, 2002.

segundo os próximos pressupostos do *institucionalismo*, salientando que o Direito em geral – como o Direito Internacional em particular – mais não seria do que a afirmação de um desejo de ordenação em torno de instituições sociais, que sempre requereriam um ordenamento próprio[190].

A *teoria jusnaturalista*, amplamente renovada e corrigida com o segundo pós-guerra, tanto de inspiração teológica como de inspiração humanista, faz apoiar a obrigatoriedade do Direito Internacional no respeito por valores ou princípios de Direito Natural, sediado acima do poder dos Estados, aos quais estes devem obediência, sendo vinculante na medida em que com eles se deve apresentar conforme.

Todas estas teorias comungam da rejeição dos postulados voluntaristas, frisando que se a vontade é importante para a produção de normas internacionais, não é decerto nela que está o fulcro da obrigatoriedade do Direito Internacional, antes em algo que a supera e que externamente se lhe impõe.

IV. A *doutrina portuguesa* de Direito Internacional, neste ponto específico do respetivo fundamento, tem mostrado uma apreciável aproximação de posições, defendendo uma mesma fundamentação de timbre jusnaturalista[191], embora com *nuances*:

- Joaquim da Silva Cunha, no que é acompanhado por Maria da Assunção do Vale Pereira, reclama-se de uma conceção jusnaturalista clássica, à maneira da civilização romana, de tipo cosmológico: "Mas essa maleabilidade tem um limite – o da natureza essencial dos princípios que constituem aquele Direito (o Direito Natural) – e que podem reduzir-se fundamentalmente aos seguintes: viver honesta-

[190] Ainda que tal não seja diretamente assumido, também se reclamam desta conceção Nguyen Quoc Dinh, Patrick Daillier e Alain Pellet (*Droit...*, p. 107): "...mas simplificação não é deformação e é forçoso admitir que a juridicidade é relativa e evolutiva, pois que ela releva, em primeiro lugar, de um sentimento de obrigação, ele mesmo mudando em função das circunstâncias e do meio social".

[191] Cfr. também nesta linha de defesa do jusnaturalismo, António Truyol y Serra, *Noções fundamentais...*, pp. 91 e ss.; Armando M. Marques Guedes, *Direito...*, pp. 76 e ss.; Gerson Mello Boson, *Direito Internacional...*, pp. 106 e ss.

mente (*honeste vivere*); não prejudicar ninguém (*neminem laedere*); dar a cada um aquilo que lhe pertence (*uniquique suum tribuere*)."[192];

- André Gonçalves Pereira e Fausto de Quadros, diferentemente, alinham-se num jusnaturalismo de raiz teológica: "...julgamos que a *forma clássica de jusnaturalismo*, isto é, o jusnaturalismo católico, de inspiração aristotélico-tomista, mesmo sem conseguir por vezes ultrapassar algumas dificuldades a si inerentes, é o que de forma mais convincente explica o fundamento do Direito Internacional."[193];
- Jorge Miranda, não sendo diretamente qualificativo na teoria que adota, coloca-se num jusnaturalismo situado, temperado por um neo-institucionalismo[194]: "Para além da reciprocidade de interesses, para além do temor ou não de sanções, o que determina a obediência é o sentido racional e ético, mais ou menos conscientemente assumido, da pertença a um grupo, a uma comunidade, a um sistema de relações. O destinatário da norma é livre de cumprir ou não cumprir, mas a norma que se lhe dirige não tem por base a sua vontade; funda-se em princípios objetivos de ordem que o transcendem ou num sentido de bem comum; e isto vale tanto para o Direito Interno quanto para o Direito Internacional"[195].

V. A fundamentação do Direito Internacional não pode ser desligada da fundamentação do Direito Público em geral ou mesmo do Direito na sua globalidade. Trata-se apenas de sublinhar uma parcela do Direito que não aconselha qualquer desvio ao que deve ser dito naquela sede mais geral.

[192] Joaquim da Silva Cunha e Maria da Assunção do Vale Pereira, *Manual...*, pp. 88 e 89.

[193] André Gonçalves Pereira e Fausto de Quadros, *Manual...*, p. 78.

[194] De alguma sorte sendo também essa a posição de Albino de Azevedo Soares (*Lições...*, p. 39): "Não representará esta posição um retorno ao jusnaturalismo porque não cremos em princípios imutáveis. Mas é sintoma duma crença segundo a qual os ideais de justiça devem estar presentes em todo o tipo de relações internacionais porque, se tal imperativo se verificar, estarão certamente satisfeitos os objetivos da constituição da comunidade internacional".

[195] Jorge Miranda, *Curso...*, pp. 33 e 34.

Nos dias de hoje, é *a teoria jusnaturalista, ao sublinhar a dignidade da pessoa humana, que pode verdadeiramente corresponder aos anseios e às aspirações do Homem e, assim sendo, ao Homem enquanto refletido em estruturas coletivas, no caso os sujeitos internacionais que atuam ao abrigo deste Direito Internacional*[196].

Não escondemos que a conceção jusnaturalista acusou a erosão do tempo, bem como as más compreensões que assolaram o jusracionalismo, pelo que importa reformulá-la, através da consideração da *dignidade da pessoa humana*[197], de acordo com os seguintes parâmetros:

- uma *limitação transcendente*, não jurídico-positiva;

[196] Sobre o jusnaturalismo em geral, nas suas correntes e formulações, v., ANGEL LATORRE, *Introdução...*, pp. 166 e ss.; GUSTAV RADBRUCH, *Filosofia...*, pp. 61 e ss.; pp. 61 e ss.; GIORGIO DEL VECCHIO, *Lições...*, pp. 558 e ss.; JOSÉ DE OLIVEIRA ASCENSÃO, *O Direito...*, pp. 163 e ss.; GÜNTER ELLSCHEID, *O problema do Direito Natural – uma orientação sistemática*, in AAVV, *Introdução à Filosofia do Direito e à Teoria do Direito Contemporâneas* (org. de ARTHUR KAUFMANN e WINFRIED HASSEMER), Lisboa, 2002, pp. 211 e ss.; ANTÓNIO MANUEL HESPANHA, *Cultura jurídica europeia – síntese de um milénio*, 3ª ed., Mem Martins, 2003, pp. 206 e ss.

[197] Para uma conceção acerca do princípio da dignidade da pessoa humana em geral, a qual sumaria um conjunto de direitos de raiz jusnaturalista, ainda que com cambiantes no seu entendimento, v. MANUEL DUARTE GOMES DA SILVA, *Esboço de uma conceção personalista do Direito*, Lisboa, 1965, pp. 115 e ss.; GIORGIO DEL VECCHIO, *Direito e Paz*, pp. 47 e ss., e *Lições...*, pp. 567 e ss.; VIRGÍLIO DE JESUS MIRANDA CARVALHO, *Os valores constitucionais fundamentais: esboço de uma análise axiológico-normativa*, Coimbra, 1982, pp. 10 e ss., e *Para uma Constituição democrático-liberal*, Coimbra, 1986, pp. 22 e ss.; JESÚS GONZÁLEZ PÉREZ, *La dignidad de la persona*, Madrid, 1986, pp. 24 e ss., e pp. 111 e ss.; PETER HÄBERLE, *Das Menschenbild im Verfassungsstaat*, Berlin, 1988, pp. 32 e ss.; ALBERT BLECKMANN, *Staatsrecht II – Die Grundrechte*, 3ª ed., Köln, Berlin, Bonn e München, 1989, pp. 445 e ss.; BODO PIEROTH e BERNHARD SCHLINK, *Grundrechte Staatsrecht II*, 6ª ed., Heidelberg, 1990, pp. 87 e ss.; FRANCO BARTOLOMEI, *La dignità umana come concetto e valore costituzionale – saggio*, Torino, 1987, pp. 7 e ss.; NICOLA OCCHIOCUPO, *Liberazione e promozione umana nella Costituzione – unità di valori nella pluralità di posizioni*, Milano, 1988, pp. 59 e ss.; PEDRO SERNA BERMÚDEZ, *Positivismo conceptual y fundamentación de los derechos humanos*, Pamplona, 1990, pp. 356 e ss.; JOAQUÍN ARCE y FLÓREZ-VALDÉS, *Los principios generales del Derecho y su formulación constitucional*, Madrid, 1990, pp. 146 e ss.; ALVARO D'ORS, *Derecho y sentido común – siete leciones de derecho natural como limite del Derecho positivo*, Madrid, 1995, pp. 111 e ss.; A. CASTANHEIRA NEVES, *A revolução e o Direito*, in *Digesta*, 1º vol., Coimbra, 1995, pp. 52 e ss.; MIGUEL ANGEL ALEGRE MARTÍNEZ, *La dignidad de la persona – como fundamento del ordenamento constitucional español*, León, 1996, pp. 81 e ss.; PAULO OTERO, *Lições de Introdução ao Estudo do Direito*, I, Lisboa, 1998, pp. 54 e ss.; JORGE BACELAR GOUVEIA, *O estado de exceção no Direito Constitucional – entre a eficiência e a normatividade das estruturas de defesa extraordinária da Constituição*, II, Coimbra, 1998, pp. 1477 e ss.; JORGE MIRANDA, *Manual de Direito Constitucional*, IV, 3ª ed., Coimbra, 2000,

- de acordo com uma *perspetiva universalista e perene*;
- *substancialmente baseada na proteção da pessoa humana*, em atenção também às condições concretas da vida[198].

Em primeiro lugar, a fundamentação do Direito Natural aponta para a existência de uma limitação transcendente ao poder público, no caso o poder de produzir normas internacionais por parte dos sujeitos de Direito Internacional. Quem decide o justo e o injusto não é o poder dos Estados, mas sim a conformidade dos atos do poder público com as orientações que estejam acima do poder positivo que protagonizam, as quais estes não podem manipular a seu bel-prazer.

Em segundo lugar, a fundamentação do Direito Natural reposiciona a necessidade de se procurar orientações perenes e universais, que não mudem ao sabor dos tempos e das conveniências. A consistência do Direito Natural, por mais que se critique, está indelevelmente associada – sendo o Direito Internacional disso um óbvio exemplo – à possibilidade da generalização e da universalização das respetivas orientações, diretamente vivificando a natureza do ser humano, como ser social, agora num plano internacional.

Em terceiro lugar, a fundamentação do Direito Natural deve ser substancialmente orientada em razão da proteção da pessoa humana, numa ótica situada e concreta, não segundo abstrações que o individualismo liberal demonstrou serem inadequadas. O que se deve assinalar, a este respeito, é o personalismo que deve instilar as normas jurídico-internacionais, que jamais fará esquecer à atuação dos sujeitos internacionais que o ponto de referência são as preocupações concretas das pessoas, não tanto os transpersonalismos em que muitas vezes desembocam os grandes sistemas de governo universal.

Em síntese: *o Direito Internacional é obrigatório, não porque tenha sido formalmente querido, mas porque se conforma com os ditames suprapositivos que a dignidade da pessoa humana permite deslindar, numa vocação universalista e permanente, que atenda à sua importância singular no contexto da convivência social internacional.*

pp. 180 e ss.; José Carlos Vieira de Andrade, *Os direitos fundamentais na Constituição Portuguesa de 1976*, 2ª ed., Coimbra, 2001, pp. 47 e ss.

[198] Cfr. Jorge Bacelar Gouveia, *O estado de exceção...*, II, pp. 1477 e ss.

II

As Fontes do Direito Internacional

Capítulo III
As Fontes do Direito Internacional em Geral

§ 5º A DETERMINAÇÃO DAS FONTES DO DIREITO INTERNACIONAL

18. O contributo do artigo 38º do Estatuto do Tribunal Internacional de Justiça

I. O Direito Internacional, enquanto setor jurídico sistemático, conhece mecanismos que dão origem às respetivas normas e princípios[199], assim podendo ser observado, para começar, pelas respetivas *fontes normativas*[200], entendidas em sentido material e em sentido formal, aquelas

[199] Quanto às fontes do Direito em geral, nas respetivas conceções e categorias, v. ANGEL LATORRE, *Introdução...*, pp. 67 e ss.; JOÃO BATISTA MACHADO, *Introdução ao Direito...*, pp. 153 e ss.; JOSÉ DIAS MARQUES, *Introdução...*, 5ª ed., pp. 81 e ss.; INOCÊNCIO GALVÃO TELLES, *Introdução...*, I, pp. 61 e ss.; DIOGO FREITAS DO AMARAL, *Sumários...*, pp. 31 e ss.; A. SANTOS JUSTO, *Introdução...*, pp. 181 e ss.; JOSÉ DE OLIVEIRA ASCENSÃO, *O Direito...*, pp. 240 e ss.; MARIA LUÍSA DUARTE, *Introdução...*, pp. 161 e ss.; ANTÓNIO DA SILVA ROCHA, *Direito Internacional...*, pp. 145 e ss.

[200] A respeito da problemática das fontes do Direito Internacional em geral, v. ANTÓNIO TRUYOL Y SERRA, *Noções fundamentais...*, pp. 123 e ss.; GAETANO MORELLI, *Nozioni...*, pp. 21 e ss.; JAMES LESLIE BRIERLY, *Direito...*, pp. 56 e ss.; ANTÓNIO AUGUSTO CANÇADO TRINDADE, *Princípios do Direito Internacional Contemporâneo*, Brasília, 1981, pp. 1 e ss.; ADRIANO MOREIRA, *Direito...*, pp. 55 e ss.; MICHEL VIRALLY, *Fuentes del Derecho Internacional*, in AAVV, *Manual de Derecho Internacional Público* (org. de MAX SORENSEN), Cidade do México, 1985, pp. 149 e ss.; MICHAEL AKEHURST, *Introdução...*, pp. 29 e ss.; ALBINO DE AZEVEDO SOARES, *Lições...*, pp. 109 e ss.; J. G. STARKE, *Introduction...*, pp. 32 e ss.; IAN BROWNLIE, *Principles of Public International Law*, 4ª ed., Oxford, 1990, pp. 1 e ss.; NUNO e SOUSA, *Curso...*, pp. 46 e ss.; LOUIS HENKIN, *International Law: politics and values*, Dordrecht/Boston/London, 1995, pp. 26 e ss.; PIERRE-MARIE DUPUY, *Droit...*, pp. 171 e ss.; ARMANDO M. MARQUES GUEDES, *Direito...*, pp. 42 e ss.; ANDRÉ GONÇALVES PEREIRA e FAUSTO DE QUADROS, *Manual...*, pp. 151 e ss.;

como as razões para o aparecimento das normas, estas como os esquemas de onde elas provêm.

Sendo habitualmente versada na Teoria Geral do Direito, a problemática das fontes normativas oferece, contudo, no Direito Internacional um especial enfoque, dadas as singularidades que o mesmo ostenta no tocante à respetiva natureza e configuração.

Não parece que faça sentido entender as fontes normativas de um modo diverso do significado que elas ali alcançam: os modos de formação e revelação das normas jurídico-internacionais, dentro de uma aceção formal, porque as fontes de Direito ou o são em sentido formal ou, rigorosamente, não são fontes de Direito, não se devendo autonomizar o conceito de fontes materiais de Direito.

É por vezes utilizada a classificação que separa as fontes imediatas das fontes mediatas do Direito[201], aquelas revelando normas jurídicas e estas apenas consistindo no apoio a essa revelação, que assim não seria direta. Também não parece que esta classificação faça sentido, porquanto as fontes ou são diretas – e fazem revelar as normas – ou não são fontes, sendo indiretas – porque delas nada se extrai.

Jean Touscoz, *Direito Internacional*, pp. 203 e ss.; António Cassese, *International Law...*, pp. 169 e ss., e *International Law*, pp. 117 e ss.; António Cabral de Moncada, *Curso...*, I, pp. 217 e ss.; Eduardo Correia Batista, *Direito Internacional...*, I, pp. 65 e ss.; Gerson Mello Boson, *Direito Internacional...*, pp. 183 e ss.; John Currie, *Public International...*, pp. 66 e ss.; Nguyen Quoc Dinh, Patrick Dailler e Alain Pellet, *Droit...*, pp. 111 e ss.; Maria Luísa Duarte, *Introdução...*, pp. 190 e ss.; Francisco Ferreira de Almeida, *Direito...*, pp. 93 e ss.; Malcolm N. Shaw, *International...*, pp. 65 e ss.; Wladimir Brito, *Direito...*, pp. 91 e ss.; Joaquim da Silva Cunha e Maria da Assunção do Vale Pereira, *Manual...*, pp. 211 e ss.; José Francisco Rezek, *Direito...*, pp. 11 e ss.; Jorge Miranda, *Curso...*, pp. 39 e ss.; Valério De Oliveira Mazzuoli, *Curso de Direito Internacional...*, pp. 75 e ss., e *Tratados Internacionais*, 2ª ed., São Paulo, 2004, pp. 18 e ss.; Jónatas E. M. Machado, *Direito Internacional...*, pp. 99 e ss.; Benedetto Conforti, *Diritto Internazionale*, pp. 31 e ss.; Torsten Stein e Christian Von Buttlar, *Völkerrecht*, 13ª ed., München, 2012, pp. 9 e ss.; Manuel Diez de Velasco, *Instituciones...*, pp. 116 e ss.; Maria Luísa Duarte, *Direito Internacional Público...*, pp. 103 e ss.

[201] Classificação que é utilizada no CC, quando apresenta as diversas fontes do Direito Português: para além de tudo o que esses preceitos tenham de obsoleto, e que é muito, apoiam-se numa distinção cientificamente imprestável. Quanto a essas objeções, v., por todos, Diogo Freitas do Amaral, *Da necessidade de revisão dos artigos 1º a 13º do Código Civil*, in RFDUNL, ano I, nº 1 de 2000, Lisboa, pp. 9 e ss.

Cumpre ainda rejeitar qualquer eventual confusão que se possa estabelecer entre as fontes normativas na sua veste de esquema formal de produção e revelação de normas jurídicas e o próprio conteúdo do sistema jurídico que elas ajudam a construir: uma coisa é, metaforicamente falando, o "lugar de onde jorram as normas"; coisa bem diversa são as normas jurídicas produzidas, consideração que deve ainda incluir os princípios jurídicos, ambos dando coerência sistemática ao Direito.

Sublinhe-se finalmente o facto de nos situarmos no lado objetivo do Direito, embora exista também o lado subjetivo, dos efeitos jurídicos que, no plano concreto e individual, impõem comportamentos e concedem vantagens. As fontes de Direito só fazem sentido na produção de orientações ordenadoras de feição generalizante, ainda que haja outros processos do mesmo modo produtores de efeitos jurídicos, já não sendo estes normativos.

Daí que se assuma que o conceito de fonte normativa – do Direito Internacional como de qualquer outro ramo jurídico ou visto sob a perspetiva mais geral da Teoria Geral do Direito – deva ser puramente qualitativo, não se cuidando de saber se são mais ou menos, antes se são ou se não são.

II. A tipologia tradicional das fontes de Direito faz incluir no respetivo elenco, embora lhe dando diferentes relevâncias, a lei, o costume e a jurisprudência. A doutrina, outrora importante fonte de Direito, deixou de o ser, para alguns podendo ser repescada – a nosso ver, mal – na fórmula equívoca de fonte material do Direito.

A lei ocupa, de há bastante tempo a esta parte, sobretudo com a Idade Contemporânea, um lugar privilegiado, ao traduzir uma vontade ordenadora de disciplina social, democraticamente legitimada e formalmente proclamada.

O costume, pelo contrário, reflete um comportamento espontâneo, se bem que em perda de terreno face à capacidade de especialização material oferecida pela lei, e nele dá-se um íntimo entrelaçamento entre a dimensão ordenadora e o respetivo acatamento social.

A jurisprudência, nalguns casos, posiciona-se como fonte normativa porque, a partir da aplicação do Direito, podem emergir orientações normativas de caráter permanente, genericamente aplicáveis aos diversos operadores jurídicos.

III. O Direito Internacional, em matéria de tipificação das fontes normativas que para o mesmo se afiguram pertinentes, suscita uma dificuldade suplementar: mercê do seu caráter fragmentário e policêntrico, não oferece nenhuma estrutura centralizada que determine a relevância das respetivas fontes normativas, faltando deste prisma qualquer poder constitucional paralelo ao que vigora nos Estados.

Esta não vem a ser uma dificuldade inultrapassável e a doutrina que vai estudando esta questão tem recorrido ao art. 38º do ETIJ, diploma que organiza o órgão judicial da ONU, que é o TIJ. À míngua de um texto constitucional que defina as fontes normativo-internacionais, tem aquele preceito involuntariamente cumprido esse papel, sendo certo que se situa num dos mais relevantes órgãos judiciais da sociedade internacional[202], para além de ser comum à quase totalidade dos Estados do Mundo[203].

Dada a sua importância, vale a pena transcrevê-lo, exatamente se situando no contexto das fontes que devem inspirar este alto tribunal nas respetivas decisões:

> "1. O Tribunal, cuja função é decidir em conformidade com o Direito Internacional as controvérsias que lhe forem submetidas, aplicará:
>
> *a*) As convenções internacionais, quer gerais, quer especiais, que estabeleçam regras expressamente reconhecidas pelos Estados litigantes;
>
> *b*) O costume internacional, como prova de uma prática geral aceite como Direito;
>
> *c*) Os princípios gerais de Direito, reconhecidos pelas nações civilizadas;
>
> *d*) Com ressalva das disposições do artigo 59º, as decisões judiciais e a doutrina dos publicistas mais qualificados das diferentes nações, como meio auxiliar para a determinação das regras de Direito.
>
> "2. A presente disposição não prejudicará a faculdade do Tribunal de decidir uma questão *ex aequo et bono*, se as partes assim convierem."

IV. O problema é que este art. 38º do ETIJ está longe de ser uma solução perfeita para a determinação das fontes do Direito Internacional, tal

[202] Ainda que não seja o único preceito a considerar, uma vez que certos tribunais internacionais têm disposições próximas. É o caso do art. 21º do ERTPI.

[203] Assim, frisando o papel deste art. 38º do ETIJ, para quem ali se depara com uma enumeração universalmente aceite das fontes formais do Direito Internacional, Nguyen Quoc Dinh, Patrick Daillier e Alain Pellet, *Droit...*,p. 114.

o volume de deficiências que comporta[204], umas fruto das idiossincrasias deste Direito, outras originadas pela pressão de nele vislumbrar aquilo que manifestamente não pode oferecer.

Cinco são as dificuldades com que deparamos na função que o art. 38º do ETIJ exerce relativamente à problemática da determinação das fontes do Direito Internacional:

- nem todas as fontes apresentadas o são *proprio sensu*, podendo algumas ser outra coisa, mas não certamente fontes de Direito;
- a definição das fontes normativas é feita incorretamente, padecendo a respetiva formulação de alguns erros técnicos;
- a alusão às fontes, na sequência adotada, não pode ter o significado de proceder à respetiva hierarquização;
- a enumeração das fontes, no conjunto das que foram consideradas, levanta o problema do seu caráter exaustivo, perguntando-se acerca da relevância de outras não contempladas;
- a aprovação deste preceito não tem qualquer valor vinculativo internacional no estabelecimento universal de um sistema de fontes genericamente obrigatório.

Estas cinco dificuldades juntas contribuem para uma certa desvalorização do art. 38º do ETIJ, mas não atropelam por completo a sua utilidade, em face da ausência de qualquer outra melhor indicação. Claro que se torna necessário dar-lhe o devido enquadramento, não lhe atribuindo um papel que o mesmo jamais poderia vir a desempenhar.

Em relação às duas primeiras questões, o estudo individualizado de cada uma das fontes do Direito Internacional permitirá descobrir tais deficiências, propondo-se os entendimentos alternativos que forem ajustados.

O tema da hierarquização das fontes elencadas será versado aquando do estudo das relações internormativas no Direito Internacional, principalmente segundo os critérios aplicáveis nas relações de conflito.

[204] Referindo alguns problemas com o art. 38º do ETIJ enquanto preceito sobre as fontes do Direito Internacional, Armando M. Marques Guedes, *Direito...*, pp. 45 e ss.; André Gonçalves Pereira e Fausto de Quadros, *Manual...*, p. 152; Eduardo Correia Batista, *Direito Internacional...*, I, pp. 66 e ss.; Nguyen Quoc Dinh, Patrick Daillier e Alain Pellet, *Droit...*, pp. 113 e 114; Wladimir Brito, *Direito...*, pp. 92 e 93; Francisco Ferreira de Almeida, *Direito...*, pp. 94 e ss.; Jorge Miranda, *Curso...*, pp. 40 e 41.

As duas últimas questões serão versadas na nossa proposta acerca da tipologia das fontes do Direito Internacional que se considera relevante: o valor que se possa atribuir ao art. 38º do ETIJ na tipificação das fontes do Direito Internacional, quer como preceito normativo que cuidou dessa problemática geral, quer nas suas específicas opções de ter considerado algumas e não outras.

V. Bem mais avisada parece ter sido a solução adotada pelo ERTPI, que igualmente se socorre de artigo análogo na enumeração das fontes jurídico-internacionais que o TPI deve aplicar no exercício das suas competências, mas em que se regista a correção de algumas das anomalias de que padece aquele art. 38º do ETIJ, art. 21º do ERTPI que, pela sua importância, também vale a pena transcrever[205]:

Artigo 21º
Direito aplicável

"1. O Tribunal aplicará:

a) Em primeiro lugar, o presente Estatuto, os elementos constitutivos do crime e o Regulamento Processual;

b) Em segundo lugar, se for o caso, os tratados e os princípios e normas de Direito Internacional aplicáveis, incluindo os princípios estabelecidos no Direito Internacional dos Conflitos Armados;

c) Na falta destes, os princípios gerais do Direito que o Tribunal retire do Direito Interno dos diferentes sistemas jurídicos existentes, incluindo, se for o caso, o Direito Interno dos Estados que exerceriam normalmente a sua jurisdição relativamente ao crime, sempre que esses princípios não sejam incompatíveis com o presente Estatuto, com o Direito Internacional nem com as normas e padrões internacionalmente reconhecidos".

"2. O Tribunal poderá aplicar princípios e normas de Direito tal como já tenham sido por si interpretados em decisões anteriores".

"3. A aplicação e interpretação do Direito, nos termos do presente artigo, deverá ser compatível com os direitos humanos internacionalmente reconhecidos, sem discriminação alguma baseada em motivos tais como o sexo, tal como definido no nº 3 do artigo 7º, a idade, a raça, a cor, a religião ou o credo,

[205] Cfr. Jorge Bacelar Gouveia, *Direito Internacional Humanitário*..., p. 392.

a opinião política ou outra, a origem nacional, étnica ou social, a situação económica, o nascimento ou outra condição".

Da leitura deste preceito, ressaltam três conclusões que atenuam bastante dos mal-entendidos que têm sido associados ao referido art. 38º do ETIJ:

- *primo*: o sentido deste artigo é o realizar uma identificação das verdadeiras fontes do Direito Internacional Penal aplicáveis pelo TPI, pelo que são dispensadas muitas daquelas fontes que nos parecem ser pretensas fontes jurídico-internacionais, não se fazendo qualquer alusão neste contexto – e bem – à jurisprudência e à doutrina internacionais;
- *secundo*: os princípios jurídicos, em qualquer das fórmulas utilizadas, não surgem como algo de externo ao Direito Internacional Penal, mas são diretamente assumidos como integrando esse ordenamento jurídico especial, ainda que num certo passo daquele preceito sejam postos em comparação "tratados" e "princípios";
- *tertio*: o elenco das fontes mencionadas é expressamente promovido com base numa ideia de hierarquia na respetiva aplicação, assim se esclarecendo o intérprete-aplicador quanto à sua importância relativa, transparecendo ainda uma lógica claramente subsidiária, que se compreende bem no âmbito de um ramo especial do Direito Internacional, como é manifestamente o caso do Direito Internacional Penal.

19. A tipologia das fontes normativas admissíveis

I. Na tarefa de se determinar as fontes do Direito Internacional, o ponto central que o art. 38º do ETIJ suscita é o de não ter a virtualidade de operar, com caráter obrigatório geral, a sua definição centralizada.

Isso sucede, por um lado, por força da colocação desse preceito no âmbito do ETIJ, que diz respeito a um órgão que, embora judicial, não desfruta de uma jurisdição obrigatória ao nível internacional: não só apenas os Estados podem nele ser partes como, para este efeito, é necessário manifestar tal vontade, que não decorre automaticamente da simples pertença à ONU. Tanto o art. 38º em especial como o ETIJ em geral não possuem uma eficácia internacional *erga omnes*, nem sequer pretendem rigidamente fixar a orientação por que o TIJ deve prosseguir[206].

Isso sucede, por outro lado, em razão das características que estruturam a sociedade internacional, que assenta ainda, em parte, num paradigma de coordenação e de relações de igualdade entre os respetivos sujeitos, não sendo fácil a imposição de um texto de feição constitucional que fizesse a determinação das fontes, para além do facto de as fontes mais relevantes – os tratados internacionais – repousarem na vontade coletiva dos seus principais membros.

Para muitos, esta verificação tornaria o art. 38º do ETIJ totalmente negligenciável: seria somente um contributo, de entre muitos outros, para resolver a questão, colocando-se numa função para-doutrinária.

Vem a ser esta a nossa posição: não deixamos de olhar o art. 38º do ETIJ como podendo fornecer algumas pistas na construção da tipologia das fontes do Direito Internacional.

II. A observação direta do art. 38º do ETIJ propõe como fontes do Direito Internacional as seguintes realidades:

- os tratados internacionais;
- os costumes internacionais;
- os princípios gerais de Direito;
- a jurisprudência;
- a doutrina; e
- a equidade.

Relativamente aos três últimos casos, este preceito tem o cuidado de limitar a sua relevância, ora frisando o caráter complementar na jurisprudência e na doutrina, ora contextualizando as decisões de equidade em pressupostos específicos.

Simplesmente, esta é uma tipologia que está muito longe de ser uma verdadeira tipologia de fontes do Direito Internacional, pelo que não pode

[206] Parecendo ter um entendimento contrário, dizendo que é "...um texto com valor para-universal, pela sua importância política e pelo número de Estados que a ele aderiram...", ANDRÉ GONÇALVES PEREIRA e FAUSTO DE QUADROS, *Manual...*, p. 151.

ser aceite, de acordo com duas categorias de críticas, dizendo coisas a mais e a menos:

- *a mais*, porque há a consideração como fontes normativas de realidades que não são verdadeiramente fontes de Direito;
- *a menos*, porque não há a consideração como fontes normativas de realidades que efetivamente o são, mas que não aparecem nessa enumeração.

III. Dentro da primeira linha crítica, os princípios gerais de Direito não podem ser considerados fontes normativas *a se* porque eles incorporam – e independentemente das respetivas qualificações – o próprio ordenamento normativo, não se julgando lógico que algo possa ser, em simultâneo, o produto revelado pela fonte e a própria fonte de onde o resultado é extraído.

A doutrina não tem hoje, pacificamente, qualquer viabilidade como fonte normativa, do Direito Internacional ou do Direito em geral, por muito que isso custe a certos jusinternacionalistas, mais ciosos dos seus pensamentos. A doutrina é apenas uma atividade científica e intelectual, que não suscita a produção ou a revelação de quaisquer normas jurídico-internacionais.

O mesmo se diga da jurisprudência, que apenas pode emitir decisões com uma eficácia subjetiva e objetiva limitada ao caso *sub iudice*, não podendo arvorar-se em tendência geral.

A equidade, designada pela decisão *ex aequo et bono*, não configura qualquer fonte de Direito, apresentando-se, antes, como esquema alternativo de decisão de casos, de cariz não normativo.

IV. Segundo a outra linha crítica, o preceito em apreço não contempla a totalidade das fontes que inegavelmente existem no Direito Internacional, mostrando possuir um caráter não exaustivo nessa apresentação.

A respetiva justificação liga-se ao facto de haver outras fontes que dele não constam, mas que nem por isso devem merecer o nosso esquecimento, devendo, ao invés, ser devidamente consideradas: é o caso dos atos unilaterais dos Estados, na sua qualidade de fontes normativo-internacionais, bem como dos atos das organizações internacionais.

A apresentação que o art. 38º do ETIJ faz está, assim sendo, incompleta, o que não é lá muito abonatório da qualidade científica que pretende ostentar, sendo seguro que pertence a um diploma que se insere na CNU, a qual foi exatamente um dos primeiros textos a considerar a existência de atos unilaterais, da maior relevância para o futuro do Direito Internacional.

V. Consequentemente, parece-nos melhor reformular as fontes normativas do Direito Internacional, jamais aceitando acriticamente o elenco das que são sugeridas no art. 38º do ETIJ e, pelo contrário, procedendo-se à sua adaptação.

No nosso ponto de vista, sem rejeitar a análise de todas elas, importa dizer que as verdadeiras fontes normativas do Direito Internacional se limitam aos:

- tratados internacionais;
- costumes internacionais; e
- atos internacionais unilaterais.

Em contrapartida, as outras fontes normativas referenciadas são pretensas fontes, mas que ainda assim interessa fixar no respetivo valor:

- os princípios gerais de Direito;
- a jurisprudência;
- a doutrina; e
- a equidade.

Jorge Miranda opina no sentido de apenas aceitar quatro fontes: o costume, o tratado, a decisão internacional e também a jurisprudência, embora "...com um papel mais reduzido, conquanto de modo algum insignificante quer pela sua intervenção insubstituível na interpretação e integração das normas pré-existentes, quer pelo seu eventual contributo para a formação de um tipo de costume – o costume jurisprudencial"[207].

Estando próximos desta posição, não parece que a possamos aceitar na sua totalidade: a jurisprudência, verdadeiramente, nunca é por si uma

[207] Jorge Miranda, *Curso...*, p. 42.

fonte normativa, mesmo no caso do costume jurisprudencial, em cujos termos vale como costume e não como jurisprudência.

VI. O percurso que vamos seguir, dentro daquela crucial distinção, contemplará, primeiro, a análise das verdadeiras fontes do Direito Internacional, no capítulo seguinte mais se desenvolvendo aquela que se vai tornando predominante: os tratados internacionais.

Virá depois a ocasião, com a devida prevenção de que não são verdadeiras fontes do Direito Internacional, cuja inserção no art. 38º do ETIJ justifica o respetivo estudo, para se apreciar as pretensas fontes do Direito Internacional, explicando o porquê da sua exclusão e determinando o respetivo contributo na construção da Ordem Jurídica Internacional.

Só finalmente feita essa apreciação individualizada, é viável versar dois importantes temas gerais: o das relações entre fontes e normas internacionais e o da codificação internacional.

VII. Outra particularidade que o Direito Internacional tem suscitado em matéria de fontes do Direito é a assim designada "soft law", expressão inglesa que tem feito muito sucesso e que retrata bem a idiossincracia própria deste setor jurídico.

Não se comprometendo com um tipo específico de fonte, a *soft law* pretende abranger todos os documentos internacionais que, não sendo por si vinculativos, acabam por obter uma diretividade implícita, sendo acatados pelos sujeitos internacionais, ainda que num processo que se prolonga no tempo.

Naturalmente que a *soft law* refere textos de índole vária, desde resoluções parlamentares e declarações políticas, mas converge para uma normatividade internacional especial que concilia, a um tempo, uma vontade normativa de um legislador internacional e uma espontaneidade recetícia de uma comunidade internacional que consente na importância de certas regulações normativas.

§ 6º AS PRINCIPAIS FONTES DO DIREITO INTERNACIONAL

20. Os tratados internacionais

I. Os *tratados internacionais* são a mais relevante das fontes internacionais, podendo beneficiar de uma alusão direta no ETIJ, no qual se escreve o seguinte: "O Tribunal, cuja função é decidir em conformidade com o Direito Internacional as controvérsias que lhe forem submetidas, aplicará (...) As convenções internacionais, quer gerais, quer especiais, que estabeleçam regras expressamente reconhecidas pelos Estados litigantes" [cfr. o art. 38º, nº 1, al. *a)*, do ETIJ].

Não é difícil identificar as várias anomalias que subjazem a esta definição da fonte normativa convencional[208]:

- porque na individualização do género não faz sentido aludir às suas duas espécies;
- porque as regras resultantes não podem ser simultaneamente "aceites" e "criadas", como se fosse possível uma dupla posição – constitutiva e declarativa – relativamente àqueles efeitos;
- porque as regras não têm apenas de estar relacionadas com os Estados em litígio, podendo ter outros alcances mais latos, subjetivos e objetivos.

[208] Assim, Jorge Miranda, *Curso...*, p. 41. Menos criticamente, André Gonçalves Pereira e Fausto de Quadros, *Manual...*, pp. 172 e 173.

II. A atenção especial que deve ser dada aos tratados internacionais[209] deriva não tanto de razões quantitativas a respeito do número – que vai crescendo, sendo mais de 158 000 os tratados registados na ONU em 2005 – como sobretudo de razões qualitativas, lembrando a sua ductibilidade à regulação dos problemas que atualmente se colocam à sociedade internacional.

Nem sempre assim foi, porquanto o paradigma tradicional do Direito Internacional postulava a equiparação concorrente entre os costumes e os tratados internacionais. Mas as mudanças no sentido da construção de uma sociedade técnica, bem como a aceleração da História e das Relações Internacionais, rapidamente relegaram o costume para um lugar secundário na intensiva normação que tem chegado à vida internacional.

Aceitando o paralelo até certo ponto, esta evolução espelha algo que identicamente aconteceria no Direito Interno: o costume cedeu o passo à lei, primeiro por razões teóricas, e depois por razões práticas.

III. Os tratados internacionais não suscitam dúvidas na sua qualificação como fonte do Direito Internacional, ao neles inequivocamente se verificar um modo de produção e revelação de normas jurídico-internacionais.

[209] Sobre os tratados como fonte do Direito Internacional, v. James Leslie Brierly, *Direito ...*, pp. 323 e ss.; Paul Reuter, *Direito Internacional...*, pp. 68 e ss.; Adriano Moreira, *Direito....*, pp. 66 e ss.; Rui Moura Ramos, *Tratado*, in Pol., V, Lisboa, 1987, pp. 1301 e ss.; Albino de Azevedo Soares, *Lições...*, pp. 123 e ss.; J. G. Starke, *Introduction...*, pp. 42 e ss.; Nuno e Sousa, *Curso...*, pp. 47 e ss.; André Gonçalves Pereira e Fausto de Quadros, *Manual...*, pp. 169 e ss.; Jean Touscoz, *Direito Internacional*, pp. 205 e ss.; António Cabral de Moncada, *Curso...*, I, pp. 223 e ss.; Eduardo Correia Batista, *Direito Internacional...*, I, pp. 151 e ss.; G. E. do Nascimento da Silva e Hildebrando Accioly, *Manual de Direito Internacional Público*, 13ª ed., São Paulo, 1998, pp. 23 e ss.; John Currie, *Public International...*, pp. 103 e ss.; Fausto de Quadros e Jorge Bacelar Gouveia, *As relações...*, pp. 21 e ss.; Nguyen Quoc Dinh, Patrick Daillier e Alain Pellet, *Droit...*, pp. 117 e ss.; Francisco Ferreira de Almeida, *Direito...*, pp. 96 e ss.; Antonio Cassese, *International Law*, pp. 126 e ss.; Wladimir Brito, *Direito...*, pp. 103 e ss.; Joaquim da Silva Cunha e Maria da Assunção do Vale Pereira, *Manual...*, pp. 215 e ss.; Valério de Oliveira Mazzuoli, *Tratados Internacionais*, 2ª ed., São Paulo, 2004, pp. 35 e ss.; Jorge Miranda, *Curso...*, pp. 56 e ss.; José Francisco Rezek, *Direito...*, pp. 14 e ss.; Jónatas E. M. Machado, *Direito Internacional...*, pp. 101 e ss.; Benedetto Conforti, *Diritto Internazionale*, pp. 57 e ss.; Manuel Diez de Velasco, *Instituciones...*, pp. 158 e ss.

Sendo essa uma conclusão genericamente aceite, pode suscitar-se certa hesitação no caso de um tratado ser essencialmente contratual, categoria que se contrapõe ao tratado-lei. Contudo, ainda aí parece ser conceptualismo escusado desconsiderar a inserção do tratado internacional na tipologia das fontes do Direito Internacional, sobretudo pela dificuldade de fazer uma cristalina separação entre normas jurídicas e situações subjetivas.

Isso não retira ao tratado, no plano internacional, a sua relevância como fonte privilegiada, não só pelo seu número crescente como por não encontrar paralelo no Direito Interno, que tem servido como ponto de referência: a sua estrutura coletiva, articulando-se numa vontade contratualizada, confere-lhe essa posição ímpar nas diversas fontes normativo-internacionais.

IV. A localização dos tratados internacionais no quadro tipológico das fontes do Direito Internacional percebe-se melhor se aludirmos a algumas das suas principais *figuras afins*, assinalando-se por cada um dos elementos constitutivos do respetivo conceito os traços de destrinça que são visíveis entre eles.

As figuras a levar em consideração são as seguintes[210]:

- os acordos políticos (os *gentlemen's agreements*);
- os atos unilaterais não autónomos;
- os contratos internacionais; e
- as declarações ou as atas no final das conferências internacionais.

Os *acordos políticos* representam a combinação de vontades formulada entre os sujeitos internacionais, muitas vezes sobre aspetos determinantes da evolução futura da sociedade internacional, mas que não está provida de efeitos jurídicos[211], situando-se no plano fáctico das relações interna-

[210] Cfr. EDUARDO CORREIA BATISTA, *Direito Internacional...*, I, pp. 156 e ss.; JORGE MIRANDA, *Curso...*, pp. 58 e ss.

[211] Sobre esta categoria de atos não convencionais, v. NGUYEN QUOC DINH, PATRICK DAILLIER e ALAIN PELLET, *Droit...*, pp. 385 e ss.

cionais[212] e podendo aproximar-se da *Comitas Gentium* ou da Moral Internacional[213].

Os *atos unilaterais não autónomos*, sendo atos jurídico-internacionais, não se apresentam com valor próprio relativamente aos tratados internacionais de que dependem. Assim sendo, o seu estudo deve ser reconduzido ao estudo daqueles tratados, que estabelecem os termos da respetiva validade e eficácia.

Os *contratos internacionais* expressam vontades, contratualmente estabelecidas, que transcendem as fronteiras estaduais, suscitando imbricados problemas de conflitos de leis. Só que lhes falta o elemento público para poderem ser reconduzidos aos tratados internacionais. Esta é uma figura, porém, que para alguns autores tem vindo a aproximar-se dos tratados quando é outorgada pelos Estados e pelas organizações internacionais, entrando assim em relação com empresas multinacionais.

As *declarações ou atas finais*, produzidas no fim dos encontros e conferências internacionais, e quando não se destinem a ser tratados internacionais *proprio sensu*, têm um valor meramente político-histórico, espelhando as posições assumidas pelos diferentes sujeitos representados, mas sem que por isso se possam colocar sob a alçada do Direito Internacional.

V. A terminologia, tendo bastante de arbitrário, pode ainda assim desempenhar uma função específica, na individualização dos tratados internacionais, mesmo no confronto com outras realidades.

[212] Os exemplos mais relevantes desta categoria são a Carta do Atlântico, uma declaração assinada a bordo do navio Augusta, em 14 de agosto de 1941, entre o presidente americano Franklin Roosevelt e o primeiro-ministro britânico Winston Churchill, a qual estabeleceu um programa para o pós-guerra no âmbito das Relações Internacionais e do Direito Internacional, e o Acordo de Yalta, de fevereiro de 1945, em que outorgaram o presidente norte-americano, o primeiro-ministro britânico e o presidente soviético, que gizou o futuro da Europa no fim da II Guerra Mundial.

[213] Como esclarece José Francisco Rezek (*Direito*..., pp. 19 e 20), a aferição desta qualidade de texto político – e não jurídico-internacional – respeita essencialmente ao seu conteúdo, e não tanto à qualidade dos respetivos outorgantes: "A realidade é que nenhum expoente doutrinário pôde jamais classificar certa avença como um *gentlemen's agreement* senão depois de haver examinado o *teor do compromisso*, para, ali, detetar a falta de uma tendência à produção de *efeitos jurídicos*".

A doutrina internacional, sobretudo a que se filia na tradição anglo-saxónica, refere genericamente esta fonte do Direito Internacional através da expressão "treaty", assim retratando o género e não a espécie.

Esta explicitação é importante porque a grande diferença a recordar, com muitas consequências de regime, é entre os tratados solenes e os acordos simplificados, que surgiriam a partir de meados do século XX, no objetivo de agilizar os procedimentos internacionais de conclusão dos tratados pela intervenção dos órgãos executivos.

A despeito da relevância e da divulgação do vocábulo "tratado", o certo é que, pensando especificamente na Ordem Constitucional Portuguesa, se preferiu a utilização de outro termo para referir o género, que é o de "convenção internacional", reservando-se a expressão "tratado" para do tratado solene e a palavra "acordo" para o acordo simplificado.

Mesmo que não se reconheça tradição a nesta nomenclatura, é aconselhável, para evitar confusões, seguir a terminologia constitucional no âmbito do estudo do Direito Constitucional Português, enquanto no plano do Direito Internacional cumpre manter a expressão "tratado internacional", que tem aí os seus créditos bem firmados.

21. O costume internacional

I. A segunda fonte do Direito Internacional a considerar é o *costume internacional*, que alguns consideram fonte privilegiada por pressupor uma elevada taxa de cumprimento por parte dos respetivos destinatários.

De acordo com o mencionado preceito do ETIJ, esta fonte é descrita nos seguintes termos: "O Tribunal, cuja função é decidir em conformidade com o Direito Internacional as controvérsias que lhe forem submetidas, aplicará (...) O costume internacional, como prova de uma prática geral aceite como Direito" [Art. 38º, nº 1, al. *b)*, do ETIJ].

Enfrenta-se uma menção bastante errónea do que, com efeito, vem a ser o costume, metodologicamente claudicante nalguns dos seus aspetos mais básicos, por várias razões[214]:

[214] Quanto a algumas destas críticas, v. ARMANDO M. MARQUES GUEDES, *Direito...*, p. 46; ANDRÉ GONÇALVES PEREIRA e FAUSTO DE QUADROS, *Manual...*, p. 159; JORGE MIRANDA, *Curso...*, p. 41.

- porque o costume não é uma prova de uma prática, é a própria prática que se eleva a norma jurídico-internacional[215];
- porque o costume não vincula por ser aceite, mas porque brota espontaneamente da convivência internacional, tendo como tal feição jurídica;
- porque o costume relevante não é só o geral, no sentido do âmbito da sua aplicação subjetiva, pois que pode ser um costume regional e local, nem por isso deixando de ser costume.

II. Os costumes internacionais[216], tal como o costume em geral, existem na forçosa combinação de dois elementos, sem os quais esta fonte não produz quaisquer efeitos normativos:

- o *elemento material* (o *corpus*), que se traduz na existência de uma prática reiterada, que oportunamente é levada a cabo pelos respetivos destinatários;
- o *elemento psicológico* (o *animus*), que consiste na convicção de que aquela prática, não sendo tradicional ou rotineira, é para ser cumprida, tendo uma natureza de Direito aplicável (*opinio iuris vel necessitatis*).

[215] António Cabral de Moncada (*Curso...*, I, p. 248) refuta esta crítica, dizendo que "...o enunciado pode ser entendido como esclarecedor de que nem todos os costumes são fontes utilizáveis pelo TIJ. Este tribunal apenas pode aplicar costumes, quando a análise do uso social que eles incorporam e dos sentimentos e noções que o acompanham, fizerem prova de uma prática que seja geral e que seja aceite como direito. Não sobressai aqui qualquer contradição."

[216] Enquadrando o costume como fonte internacional, v. Paul Reuter, *Direito Internacional...*, pp. 62 e ss.; Adriano Moreira, *Direito...*, pp. 57 e ss.; Albino de Azevedo Soares, *Lições...*, pp. 110 e ss.; André Gonçalves Pereira e Fausto de Quadros, *Manual...*, pp. 155 e ss.; António Cabral de Moncada, *Curso...*, I, pp. 248 e ss.; Eduardo Correia Batista, *Direito Internacional...*, I, pp. 75 e ss.; John Currie, *Public International...*, pp. 160 e ss.; Nguyen Quoc Dinh, Patrick Daillier e Alain Pellet, *Droit...*, pp. 322 e ss.; Francisco Ferreira de Almeida, *Direito...*, pp. 158 e ss.; Antonio Cassese, *International Law*, pp. 119 e ss.; Wladimir Brito, *Direito...*, pp. 95 e ss.; Joaquim da Silva Cunha e Maria da Assunção do Vale Pereira, *Manual...*, pp. 297 e ss.; Jorge Miranda, *Curso...*, pp. 44 e ss.; José Francisco Rezek, *Direito...*, pp. 118 e ss.; Jónatas E. M. Machado, *Direito Internacional...*, pp. 106 e ss.; Benedetto Conforti, *Diritto Internazionale*, pp. 31 e ss.

III. A caracterização do elemento material do costume internacional não tem sido tarefa fácil, até porque ao longo do tempo têm variado os requisitos exigidos para a sua identificação, podendo dizer-se que agora o Direito Internacional se tornou bastante menos exigente.

Foi durante muito tempo usual requerer-se para a formação do costume internacional, nesta sua vertente material, uma prática generalizada e imemorial, num duplo sentido:

- que a prática fosse executada por um número apreciável de sujeitos internacionais, não podendo ser relevante um número reduzido; e
- que a prática fosse levada a cabo há muito tempo, não sendo suficiente a sua formação recente.

Já não vem a ser esta a opinião dominante, mormente dos órgãos judiciais aplicadores do Direito Internacional, quanto à necessidade da verificação destas duas facetas do elemento material do costume internacional.

No tocante ao número de sujeitos abrangidos pela prática que se quer costumeira, admite-se que possa ser executado por um número restrito, não sendo de excluir a formação de normas costumeiras de âmbito regional ou local. Ponto é verificar que a prática se insere numa senda de uniformidade de comportamentos, não propriamente de comportamentos contrários entre si, que assim coloquem em xeque uma sucessão de comportamentos repetidos. O caso do direito de passagem sobre o território indiano, entre Damão e Dadrá e Nagar Aveli (então possessões de Portugal), no Ac. do TIJ de 12 de abril de 1960 (Portugal vs. Índia) (1955-1960), é bem disso um exemplo[217].

Relativamente à exigência de uma duração longa dos costumes internacionais, está completamente posto de parte o requisito da imemorialidade, por força da velocidade das mudanças que vão ocorrendo na sociedade

[217] Quanto à importância deste caso, v. Joaquim da Silva Cunha, *A anexação do Estado Português da Índia pela União Indiana face ao Direito Internacional*, in *Estudos de Direito*, I, Porto, 1986, pp. 5 e ss.; Jorge Bacelar Gouveia, *O direito de passagem inofensiva...*, pp. 98 e ss.; Miguel Galvão Teles, *Costume bilateral em Direito Internacional Público*, in OD, ano 142º, 2010, II, pp. 353 e ss.; Cfr. o texto da sentença deste caso publicada em edição especial da RFDUNL de 2004, pp. 13 e ss.

Com uma descrição dos circunstancialismos que então rodeavam a presença portuguesa na Índia, v. Hermes de Araújo Oliveira, *O problema da Índia Portuguesa*, Lisboa, 1958, pp. 181 e ss.

internacional, que na maior parte dos casos são incompatíveis com uma lenta formação de costumes internacionais. Não havendo nenhum prazo determinado, nem sequer é de excluir que, em curto lapso de tempo, se permita a formação de costumes internacionais, quase podendo ser instantâneos. Foi o que sucedeu com algumas normas de Direito Internacional do Mar quando a CNUDM ainda não estava em vigor a título convencional[218], como reconheceu o TIJ no caso da Plataforma Continental do Mar do Norte (República Federal da Alemanha vs. Dinamarca e Países Baixos) (1967-1969).

Daí que o costume, quanto a este elemento material, deva apenas nascer a partir de uma prática constante, ainda que se reconheça a dificuldade da sua determinação, prática que tanto pode consumar-se por ação ou por omissão: constante no sentido de uma prática uniforme[219], sendo insuscetível de se aceitar ziguezagues de comportamento, mantendo-se estável. Tal não impede que ocorram situações de violação pontual[220], pois se o costume internacional é decerto sociologicamente mais efetivo, não equivalerá também a algo de infalível e que possa transpor-se para o campo da inevitabilidade normativa.

IV. A apreciação do elemento psicológico é mais espinhosa, uma vez que se liga a um sentimento, o qual deve expressar-se na convicção de que a prática que se executa é juridicamente obrigatória.

É desde logo necessário que nessa convicção se instale um sentido normativo, ou seja, de que se está perante uma orientação normativa, não tanto uma atividade dispensável ou recomendatória, ou que se afigure

[218] Sobre a formação destes costumes instantâneos, nem sequer tendo a CNUDM entrado em vigor a título convencional, v. Armando M. Marques Guedes, *Direito do Mar*, pp. 65 e ss.; Rosa Maria Martins Rocha, *O costume e a Convenção do Direito do Mar de 1982*, in AAVV, *Estudos em Homenagem a Joaquim M. da Silva Cunha*, Porto, 1999, pp. 657 e ss.

[219] Cfr. André Gonçalves Pereira e Fausto de Quadros, *Manual...*, p. 162; Nguyen Quoc Dinh, Patrick Daillier e Alain Pellet, *Droit...*, pp. 328 e 329.

[220] Como escreve Francisco Ferreira de Almeida (*Direito...*, p. 167) "...se porventura um Estado pratica uma conduta que está em manifesta contradição com essa regra, de duas, uma: ou poderá tê-lo feito com a consciência de que está a infringi-la e, portanto, com a deliberada intenção de a contestar; ou então, considera lícita a sua atuação, invocando exceções ou justificações, alegadamente comportadas pelo âmbito da dita regra. Em ambos os casos, como se vê, do que se trata é de uma confirmação, antes que de um enfraquecimento ou de um perigar da uniformidade da prática".

meramente conveniente para uma melhor organização internacional. Não: tem de verificar-se uma prática que se sinta como normativamente vinculativa.

Não quer isto dizer que essa obrigatoriedade passe, sempre e forçosamente, pela sua associação a uma norma de natureza impositiva, quer seja prescritiva, quer seja proibitiva[221]. A obrigatoriedade que se representa, na sua aceção de normatividade, é geral e não se reduz a certo tipo de normas. Se assim fosse, nunca os sujeitos poderiam reivindicar a existência de direitos conferidos por costumes, o que seria desmentido pela verdade das coisas.

A normatividade não é apenas apanágio da Ordem Jurídica, podendo estar presente noutras Ordens, precisamente as ordens normativas, como a Ordem Moral, a Ordem Religiosa e a Ordem de Civilidade. No entanto, este costume não se confunde com qualquer norma dessas ordens normativas afins, o que não exclui a existência, entre elas, de relações de coincidência: a normatividade dos costumes internacionais é uma normatividade jurídica, estes sendo práticas reiteradas que são sentidas como manifestações de um dever-ser pertencente à órbita do Direito Internacional. Novamente citando o caso da Plataforma Continental do Mar do Norte, o TIJ veio frisar a importância de se dissociar a normatividade jurídico-internacional – a única a considerar-se relevante – de outras normatividades, como a que decorresse da cortesia internacional.

A acentuada complexidade da caracterização desta vertente psicológica dos costumes internacionais é de tal magnitude, comparativamente ao que sucede com a sua vertente material, que nos últimos tempos se tem aceitado a existência de uma presunção *iuris tantum* – portanto, ilidível – de que a formação do *corpus*, nada havendo em contrário, permite supor a formação do correspondente *animus*[222].

[221] Normas jurídicas que podem ser tanto impositivas – quando impõem uma decisão – como permissivas – quando conferem uma permissão, podendo aquelas ainda subdividir-se em normas prescritivas e normas proibitivas.

Sobre esta classificação de normas jurídicas, v. por todos, José De Oliveira Ascensão, *O Direito...*, pp. 498 e ss.

[222] Como notam André Gonçalves Pereira e Fausto de Quadros (*Manual...*, pp. 167 e 168), "...é imprescindível a *opinio iuris* para que surja o costume, mas, como a sua averiguação é particularmente difícil, o TIJ tem seguido o critério de em princípio supor que a prática constante é acompanhada da *opinio iuris*; e assim, quando se defronta com um uso geral,

V. A explicação da estrutura dos costumes internacionais transporta-nos para o tema mais complexo do fundamento do mesmo, numa certa reposição da problemática, já analisada, do fundamento do Direito Internacional.

Durante muito tempo, por força dos postulados voluntaristas, o costume internacional era visto como estando fundado num pacto tácito, como propôs HUGO GRÓCIO. Derivando este Direito da vontade dos Estados, a cabal conceção do costume só poderia ter essa raiz voluntária tacitamente admitida, pois que os Estados os aceitariam nada fazendo ou nada dizendo em contrário e, ao mesmo tempo, conformando-se com a respetiva conduta. A sobrevivência dos costumes internacionais apenas seria possível pelo consentimento dado pelos Estados através do seu silêncio legitimador.

Simplesmente, esta explicação jamais pode ser aceite, tropeçando em duas evidências que a imediatamente deitam por terra: por um lado, se assim fosse, isso pressuporia que todos os Estados deveriam conhecer a formação do costume, quando nem sempre isso sucede; por outro lado, tal teoria não explica o motivo por que os novos Estados que ascendem à vida da sociedade internacional se consideram vinculados a costumes relativamente aos quais, no momento da sua formação, nem sequer existiam, por maioria de razão não podendo dizer sim ou não, mesmo que tacitamente, no tocante à sua vigência[223].

constante e uniforme, presume estar perante um costume, a menos que lhe seja demonstrado que não existe convicção de obrigatoriedade mas que a prática resulta apenas de motivos de conveniência ou de oportunidade".

Cfr. também FRANCISCO FERREIRA DE ALMEIDA, *Direito...*, pp. 164 e 165; JOAQUIM DA SILVA CUNHA e MARIA DA ASSUNÇÃO DO VALE PEREIRA, *Manual...*, pp. 298 e ss.

[223] Concordando com a rejeição dos postulados voluntaristas, ainda que com justificações diversas:

- ALBINO DE AZEVEDO SOARES (*Lições...*, p. 111) escreve que a "...doutrina do *pactum tacitum* destrói completamente o fundamento do costume internacional e diverge em pleno do seu entendimento clássico";
- ANDRÉ GONÇALVES PEREIRA e FAUSTO DE QUADROS (*Manual...*, p. 157) referem que "...a conceção voluntarista do costume é desmentida pela realidade e pela prática internacional, já que *se não exige a intervenção de todos os Estados na formação do costume*";
- JORGE MIRANDA (*Curso...*, p. 46) afirma que "...as doutrinas voluntaristas estão ultrapassadas e nem sequer fornecem uma base segura para a compreensão de costumes locais ou bilaterais".

Por aqui se percebe – sendo este mais um argumento para rejeitar as teorias voluntaristas no fundamento do Direito Internacional, embora apenas operativo no concernente ao costume internacional – que o fundamento dos costumes internacionais jamais pode ser a vontade dos Estados, mesmo que tácita, devendo, ao invés, assentar no respeito por valores supremos decorrentes do Direito Natural.

A prática do TIJ não tem sido uniforme, sendo possível indicar arestos em sentidos divergentes: no Caso da Plataforma Continental do Mar do Norte, o TIJ afastou a tese voluntarista, ao passo que noutras decisões, como no Caso das Pescarias (Reino Unido vs. Noruega) (1949-1950) e no caso Barcelona Traction (Bélgica vs. Espanha) (1958-1961), veio a aceitá-la em certas condições através da produção de uma vontade expressa dos Estados contra algumas regras costumeiras, orientação que também o tribunal antecessor, o TPJI, tinha já referido no caso Lotus (França vs. Turquia) (1927)[224].

VI. Não sendo a verificação dos costumes internacionais muito frequente, e também não sendo fácil a respetiva comprovação, surge com particular interesse o estudo dos esquemas que o Direito Internacional tem sugerido para se proceder à respetiva prova. Com certeza que perante esta escassez, todos os meios probatórios disponíveis desempenham essa função, numa trilogia que compreende[225]:

- *os atos relativos à vida internacional*: tratados, decisões judiciais, atos de organizações e atos estaduais internos, aqui se incluindo os atos governativos e legislativos;

Cfr. também Adriano Moreira, *Direito...*, pp. 58 e 59; António Cabral de Moncada, *Curso...*, I, pp. 251 e ss.; Eduardo Correia Batista, *Direito Internacional...*, I, pp. 78 e ss.; Nguyen Quoc Dinh, Patrick Daillier e Alain Pellet, *Droit...*, pp. 324 e 325.; Francisco Ferreira de Almeida, *Direito...*, pp. 161 e 158; Joaquim da Silva Cunha e Maria da Assunção do Vale Pereira, *Manual...*, pp. 305 e 306.

[224] Cfr. José Francisco Rezek, *Direito...*, pp. 130 e ss.

[225] Cfr. Albino de Azevedo Soares, *Lições...*, pp. 112 e 113; António Cabral de Moncada, *Curso...*, I, pp. 271 e ss.; Nguyen Quoc Dinh, Patrick Daillier e Alain Pellet, *Droit...*, pp. 325 e ss., e pp. 333 e ss.; Francisco Ferreira de Almeida, *Direito...*, pp. 163 e ss.; Wladimir Brito, *Direito...*, pp. 98 e 99; Joaquim da Silva Cunha e Maria da Assunção do Vale Pereira, *Manual...*, pp. 308 e ss.; José Francisco Rezek, *Direito...*, pp. 122 e ss.; Jorge Miranda, *Curso...*, p. 46.

- *as decisões judiciais*; e
- *as obras dos jurisconsultos*.

Os mais significativos, porque dizem respeito aos próprios destinatários dos costumes, são os elementos que podem ser obtidos a partir dos atos jurídicos internacionais, tanto os tratados internacionais como os atos de organizações internacionais, neles se podendo ainda incluir os atos unilaterais dos Estados, como os atos de governo, os atos diplomáticos e as leis internas.

As decisões judiciais e as opiniões dos jurisconsultos não são de negligenciar, não obstante a sua valia secundária se comparados com aqueles primeiros meios de prova, mas do mesmo modo exprimindo entendimentos que permitem identificar indícios da existência de costumes internacionais.

Esta é mesmo uma matéria particularmente sensível, já tendo o TIJ decidido no sentido da imposição à parte demandante do ónus da prova acerca do costume que invoca como regra fundamental da decisão do processo em marcha. No caso do direito de asilo (Colômbia vs. Peru) (1949-1950), o TIJ reconheceu que a parte demandante não conseguiu provar a existência de um costume específico relativo à qualificação unilateral dos pressupostos do asilo por parte da autoridade asilante, não obstante ter aceitado a existência de um costume geral sobre a existência de um direito costumeiro de asilo na América Latina.

22. Os atos unilaterais internacionais

I. Os *atos unilaterais internacionais* – dos Estados e das organizações internacionais – não são referidos no elenco do art. 38º do ETIJ, o que não impede que se lhes faça uma igual alusão, até porque a sua pertinência tem sido muito evidenciada na crescente intensificação das relações internacionais[226].

[226] Sobre os atos unilaterais em geral como fonte do Direito Internacional, v. Eric Suy, *Les actes juridiques unilateraux en Droit International Public*, Paris, 1962, *passim*; Paul Reuter, *Direito Internacional...*, pp. 93 e ss.; Adriano Moreira, *Direito...*, pp. 65 e 66; Albino de Azevedo Soares, *Lições...*, pp. 191 e ss.; André Gonçalves Pereira e Fausto de Quadros,

O estar omisso naquele preceito, como já tivemos ocasião de explicitar, não obsta à sua consideração, dado que a respetiva validade, no plano das fontes normativas do Direito Internacional, se impõe por si, não precisando do apoio de outros preceitos.

De resto, são várias as decisões jurisprudenciais que apontam nesse sentido: o caso do estatuto jurídico da Gronelândia Oriental, julgado pelo TPJI em 5 de abril de 1933, no qual se aceitou o valor jurídico da promessa[227]; o caso do direito de passagem por território indiano, julgado pelo TIJ em 1960; o caso das experiências nucleares, julgado pelo TIJ em 20 de dezembro de 1974 (Austrália e Nova Zelândia vs. França)[228].

II. Contudo, importa fazer uma restrição na consideração dos atos jurídico-internacionais unilaterais, nem todos se afigurando relevantes para o presente efeito: é de afastar os chamados *atos unilaterais não autónomos*, isto é, os que são previstos por outras fontes normativas, que executam ou concretizam, não retirando deles próprios a sua força jurídico-internacional[229].

Pense-se na multidão de atos que dinamizam o Direito Internacional Convencional, como as notificações, as reservas ou as denúncias, todos eles diretamente aferidos aos respetivos tratados internacionais[230].

Uma prevenção, em todo o caso, se impõe: os atos unilaterais nem sempre podem ser considerados como verdadeira fonte do Direito Internacional, não em função da sua dependência de outra fonte superior, mas

Manual..., pp. 265 e ss.; António Cabral de Moncada, *Curso...*, I, pp. 329 e ss.; Nguyen Quoc Dinh, Patrick Daillier e Alain Pellet, *Droit...*, pp. 358 e ss.; Francisco Ferreira de Almeida, *Direito...*, pp. 184 e ss.; Joaquim da Silva Cunha e Maria da Assunção do Vale Pereira, *Manual...*, pp. 327 e ss.; José Francisco Rezek, *Direito...*, pp. 135 e ss.

[227] Cfr. Paul de Visscher, *De la conclusion des traités internationaux*, Bruxelles, 1943, pp. 193 e ss.; José Francisco Rezek, *Direito...*, p. 136.

[228] Cfr. Nguyen Quoc Dinh, Patrick Daillier e Alain Pellet, *Droit...*, p. 360.

[229] Assim, Albino de Azevedo Soares, *Lições...*, p. 192; André Gonçalves Pereira e Fausto de Quadros, *Manual...*, p. 266; Nguyen Quoc Dinh, Patrick Daillier e Alain Pellet, *Droit...*, p. 361; Francisco Ferreira de Almeida, *Direito...*, pp. 188 e 189; Joaquim da Silva Cunha e Maria da Assunção do Vale Pereira, *Manual...*, pp. 339 e ss.; Jorge Miranda, *Curso...*, p. 51.

[230] Também considerados por Nguyen Quoc Dinh, Patrick Daillier e Alain Pellet (*Droit...*, pp. 362 e ss.) numa aceção ampla de atos unilaterais dos Estados.

por os respetivos efeitos poderem não ascender à categoria de efeitos normativos[231].

Ainda assim, é útil fazer a sua consideração, não se caindo no perigo de um rígido conceptualismo, não se deixando, porém, de se assinalar o seu diverso conteúdo, a comungar de muitos dos aspetos dos atos unilaterais normativos.

Como escreve ALBINO DE AZEVEDO SOARES, "...se é certo que as regras atribuem direitos e deveres, a produção de efeitos jurídicos não pode ter outro sentido que não seja o de atribuir direitos ou o de impor deveres ou ónus, mediante a permissão de um princípio que os antecede e legitima"[232].

III. O grupo de atos unilaterais[233] doutrinalmente mais trabalhado tem sido o dos *atos unilaterais dos Estados*, classicamente se agrupando nestas cinco categorias[234]:

- a notificação;
- o reconhecimento;
- a promessa;
- a renúncia; e
- o protesto.

[231] Como explicita JOSÉ FRANCISCO REZEK (*Direito...*, p. 135), "Não há, efetivamente, em tais atos qualquer aspeto normativo, marcado por um mínimo de abstração e generalidade. É óbvio, entretanto, que esses atos produzem consequências jurídicas – criando, eventualmente, obrigações – tanto quanto as produzem a ratificação de um tratado, a adesão ou a renúncia".

[232] ALBINO DE AZEVEDO SOARES, *Lições...*, p. 191.

[233] Quanto aos atos unilaterais dos Estados, v. ALBINO DE AZEVEDO SOARES, *Lições...*, pp. 192 e 193; ANDRÉ GONÇALVES PEREIRA e FAUSTO DE QUADROS, *Manual...*, pp. 265 e ss.; ANTÓNIO CABRAL DE MONCADA, *Curso...*, I, pp. 329 e ss.; EDUARDO CORREIA BATISTA, *Direito Internacional...*, I, pp. 390 e ss.; WLADIMIR BRITO, *Direito...*, pp. 192 e 193; NGUYEN QUOC DINH, PATRICK DAILLIER e ALAIN PELLET, *Droit...*, pp. 359 e ss.; FRANCISCO FERREIRA DE ALMEIDA, *Direito...*, pp. 189 e ss.; JOAQUIM DA SILVA CUNHA e MARIA DA ASSUNÇÃO DO VALE PEREIRA, *Manual...*, pp. 328 e ss.; JORGE MIRANDA, *Curso...*, pp. 50 e ss.

[234] Cfr. ANDRÉ GONÇALVES PEREIRA e FAUSTO DE QUADROS, *Manual...*, pp. 267 e 268; NGUYEN QUOC DINH, PATRICK DAILLIER e ALAIN PELLET, *Droit...*, pp. 361 e 362; JOAQUIM DA SILVA CUNHA e MARIA DA ASSUNÇÃO DO VALE PEREIRA, *Manual...*, pp. 331 e ss.; JORGE MIRANDA, *Curso...*, p. 52.

A *notificação* consiste na comunicação aos respetivos destinatários, gerais ou específicos, de uma qualquer situação ou acontecimento, ao qual se associam efeitos jurídico-internacionais, de cujo conhecimento precisamente depende a produção de tais efeitos na esfera jurídica de um sujeito internacional.

O *reconhecimento* representa a aceitação por parte do respetivo autor quanto à qualidade de certa entidade como sujeito de Direito Internacional, daí depois se atribuindo efeitos jurídico-internacionais, alternativamente o mesmo sendo constitutivo ou declarativo.

A *promessa* expressa a vontade do autor do ato na concessão de uma vantagem que passa a ser juridicamente protegida, independentemente da existência de qualquer retribuição, apenas dependendo de si própria, numa visão estritamente unilateral.

A *renúncia* significa a vontade de o sujeito internacional fazer extinguir um direito que pertença à sua esfera jurídica, claramente se diferenciando da situação do não exercício.

O *protesto* corresponde à manifestação de uma discordância, factual ou jurídica, quanto a um acontecimento ou a uma situação, assumindo-se de elevada relevância para se evitar a produção de hipóteses de consentimento do lesado.

IV. Essa lista não esgota todas as possibilidades em matéria de atos unilaterais porque ultimamente têm sido muito valorizados os *atos unilaterais das organizações internacionais*[235].

São múltiplas as classificações possíveis de atos internacionais destas organizações:

- *atos vinculativos* e *atos consultivos*: atos que produzem efeitos obrigatórios e atos que apenas contêm recomendações ou pareceres;

[235] Quanto aos atos das organizações internacionais como fonte do Direito Internacional, v. Albino de Azevedo Soares, *Lições...*, p. 193; André Gonçalves Pereira e Fausto de Quadros, *Manual...*, pp. 269 e ss.; Margarida Salema d'Oliveira Martins e Afonso d'Oliveira Martins, *Direito das Organizações...*, I, pp. 274 e ss.; António Cabral de Moncada, *Curso...*, I, pp. 332 e ss.; Wladimir Brito, *Direito...*, p. 193; Nguyen Quoc Dinh, Patrick Daillier e Alain Pellet, *Droit...*, pp. 367 e ss.; Francisco Ferreira de Almeida, *Direito...*, pp. 190 e ss.; Joaquim da Silva Cunha e Maria da Assunção do Vale Pereira, *Manual...*, pp. 337 e ss.; José Francisco Rezek, *Direito...*, pp. 137 e ss.; Jorge Miranda, *Curso...*, pp. 47 e ss.

- *atos internos* e *atos externos*: atos que apenas se destinam à organização e ao funcionamento dos respetivos órgãos e atos que, inversamente, se projetam nas relações jurídicas com outras entidades;
- *atos normativos* e *atos não normativos*: atos que incorporam normas jurídicas e atos que contêm somente efeitos individuais e concretos;
- *atos autoexequíveis* e *atos heteroexequíveis*: atos que se aplicam por si e atos que, para se tornarem operativos, carecem de um outro ato que lhes confira executoriedade.

De todas estas classificações, ressalta a importância da tipologia de atos unilaterais das organizações internacionais que tomem em linha de conta a natureza do poder público de que são titulares, distinguindo-se, numa clara inspiração da paralela tipologia célebre do Direito Constitucional, entre:

- os *atos legislativos*;
- os *atos executivos*; e
- os *atos jurisdicionais*.

A colocação dos atos unilaterais das organizações internacionais como fonte do Direito Internacional apenas releva do ponto de vista dos atos que sejam produtores de normas jurídicas, ou seja, os atos externos ou internos, com conteúdo normativo, sendo certo que nem todas as aludidas modalidades revestem tais características, numa posição em que seja manifesta a sua autonomia nos efeitos produzidos relativamente ao tratado internacional que instituiu a organização a que pertencem.

Por outro lado, não se pode deixar de lembrar a dependência destes atos unilaterais relativamente ao tratado constitucional institutivo da organização internacional em que são segregados: mas essa vem a ser uma dependência que lhes pode conferir uma específica autonomia, já que se impõem mesmo contra os Estados outorgantes naquele tratado fundacional que não tenham dado o seu assentimento à respetiva produção ou que, pura e simplesmente, não estejam representados no órgão que tenha proferido a decisão em questão[236].

[236] Quanto a este aspeto, salientando a impropriedade de os atos unilaterais das organizações internacionais serem considerados análogos aos tratados institutivos das mesmas, v., por todos, José Francisco Rezek, *Direito...*, p. 140: "Nesse contexto, a posição do Estado vencido destrói a ideia da analogia ao acordo formal: não havendo aquiescido, está ele, não

§ 7º OUTRAS FONTES DO DIREITO INTERNACIONAL

23. Os princípios gerais de Direito

I. Entrando agora no grupo das outras e pretensas fontes do Direito Internacional, decerto que a mais significativa, pelo seu conteúdo, vem a ser a dos *princípios gerais de Direito*[237], igualmente referenciados no art. 38º do ETIJ.

A fórmula que este preceito adota descreve-os assim: "O Tribunal, cuja função é decidir em conformidade com o Direito Internacional as controvérsias que lhe forem submetidas, aplicará (...) Os princípios gerais de Direito, reconhecidos pelas nações civilizadas" [art. 38º, nº 1, al. c), do ETIJ], disposição que suscita as maiores reticências quanto à respetiva aceitabilidade científica, por vários motivos:

obstante, vinculado àquilo que a decisão realmente é, vale dizer, um ato normativo obrigatório, editado pela organização, de cujos estatutos promana a sua legitimidade".

[237] Quanto aos princípios gerais de Direito como fonte do Direito Internacional, v. José Manuel Cardoso da Costa, *Os princípios gerais de Direito como fonte do Direito Internacional*, Coimbra, 1963, *passim*; Paul Reuter, *Direito Internacional...*, pp. 66 e ss.; Adriano Moreira, *Direito...*, pp. 63 e 64; Albino de Azevedo Soares, *Lições...*, pp. 187 e ss.; André Gonçalves Pereira e Fausto de Quadros, *Manual...*, pp. 257 e ss.; António Cabral de Moncada, *Curso...*, I, pp. 291 e ss.; Maria da Assunção do Vale Pereira, *As medidas provisórias na jurisprudência recente do Tribunal Internacional de Justiça*, Coimbra, 1998, pp. 11 e ss.; Nguyen Quoc Dinh, Patrick Daillier e Alain Pellet, *Droit...*, pp. 348 e ss.; Francisco Ferreira de Almeida, *Direito...*, pp. 175 e ss.; Wladimir Brito, *Direito...*, p. 190; Joaquim da Silva Cunha e Maria da Assunção do Vale Pereira, *Manual...*, pp. 321 e ss.; José Francisco Rezek, *Direito...*, pp. 132 e ss.; Jónatas E. M. Machado, *Direito Internacional...*, pp. 120 e ss.; Benedetto Conforti, *Diritto Internazionale*, pp. 39 e ss.

- porque dá a entender que o Globo tem nações "civilizadas" e nações "não civilizadas", discriminação inadmissível e que mergulha as suas razões no tempo colonial;
- porque os princípios em causa, seja qual for o seu âmbito, nunca derivam das nações, mas sim dos Estados, as nações representando um conceito sociológico, e não um conceito jurídico-público;
- porque tais princípios, ao referirem-se aos Estados, de acordo com esta correção, desconsideram outros sujeitos internacionais que poderiam igualmente contribuir para a descoberta desses princípios, como já vai sucedendo com as organizações internacionais, dotadas de ordenamentos internos progressivamente mais sofisticados.

II. Estes princípios gerais de Direito correspondem, no plano da Metodologia do Direito, a orientações ordenadoras gerais, que indicam ao intérprete e ao aplicador do Direito Internacional uma determinada direção, em grande medida se concretizando através de outras normas, que especificamente fazem deles uma aplicação normativa, ainda que possam ter uma aplicação autónoma.

Em rigor, deve-se frontalmente questionar a inserção dos princípios gerais de Direito no conceito de fonte formal do Direito Internacional: é que eles correspondem a Direito aplicável, não sendo propriamente um esquema por que se possa exprimir um dever-ser a aplicar depois, na convicção de que o aplicador resolve os casos que lhe sejam submetidos tanto por normas como por princípios jurídicos.

A referência à categoria, feita esta advertência, permite considerar a sua valia intrínseca neste contexto, sem nunca deixar de reconhecer que o seu lugar melhor seria ao lado das normas internacionais, em conjunto dando consistência sistemática ao Direito Internacional, de acordo com as diversas funções que lhe podem ser assacadas.

Esta conclusão jamais pode fazer esquecer que rejeitamos que os princípios gerais de Direito – quer na formulação específica do Direito Internacional, quer na formulação geral que se encontre noutros setores do Direito – tenham lugar como fonte do Direito Internacional[238].

[238] Francisco Ferreira de Almeida (*Direito...*, pp. 177 e 178) está próximo desta nossa posição, mas não tira dela todas as consequências que nela se encerram: "...a verdade é que estes não são fonte formal da nossa disciplina, ou seja, não constituem um processo técnico

III. A fraseologia que é adotada no ETIJ para identificar os princípios gerais de Direito tem o seu aspeto curioso, dada a limitação da respetiva admissibilidade aos que sejam "...reconhecidos pelas nações civilizadas". É toda a difícil questão da delimitação material destes princípios que cumpre versar.

Indubitavelmente que a formulação do mencionado preceito não é abrangente, já que se pressente a intenção de fazer excluir algo de semelhante a uma aparente e excessiva aceitação generalizada de todo e qualquer princípio geral de Direito, com isso se correndo o risco de aguar a sua relevância.

Não se crê que seja possível conferir êxito a essa limitação pelas inexatidões que se contêm na expressão utilizada: o importante seria referir os Estados e não as nações; por outra parte, o sentido de ser "civilizado" não será certamente cultural ou tecnológico, como parece entender-se.

Que utilidade, então, podemos atribuir à locução "...reconhecidos pelas nações civilizadas"? Muito escassa e reside fundamentalmente no seguinte: não aceitar os princípios gerais de Direito que provenham de sistemas jurídicos que desrespeitem o Direito Internacional[239], na suposição - que é bem duvidosa, de resto - de que de tais sistemas pudessem derivar alguns destes princípios.

É assim que deparamos com um conceito indeterminado por esvaziamento[240]: não só não há Estados não civilizados como parece que não faz sentido uma qualquer intenção restritiva na admissão desses princípios,

de produção ou revelação de normas jurídico-internacionais. São, isso sim, regras gerais que se deduzem do espírito dos costumes e convenções internacionais em vigor, carecendo, por conseguinte, de autonomia a estas fontes de Direito Internacional".

[239] E como afirmam Joaquim da Silva Cunha e Maria da Assunção do Vale Pereira (*Manual...*, p. 321), "Hoje, deve entender-se na perspetiva de uma regra válida para todos os Estados que fazem parte da sociedade internacional, tanto mais que o art. 9º do Estatuto do Tribunal Internacional de Justiça (que reproduz o artigo com o mesmo número do Estatuto do Tribunal Permanente de Justiça Internacional) dispõe que, na sua constituição, deve ser assegurada no conjunto a representação das grandes formas de civilização e dos principais sistemas jurídicos do mundo".

[240] Quanto à problemática dos conceitos indeterminados, incluindo o esvaziamento, v. João Batista Machado, *Introdução ao Direito...*, pp. 113 e 114; António Menezes Cordeiro, *Da boa fé no Direito Civil*, Coimbra, 1984, pp. 1176 e ss.; Jorge Bacelar Gouveia, *Os direitos fundamentais atípicos*, pp. 133 e ss.; Karl Engisch, *Introdução ao Pensamento Jurídico*, 7ª ed., Lisboa, 1996, pp. 205 e ss.

que nem sequer precisam de qualquer licença normativa para se afirmarem[241].

IV. Tarefa bem mais interessante do que esta aparente limitação aos princípios reconhecidos pelas nações civilizadas é precisar o seu alcance, sendo diversas as possibilidades que se abrem, tantas as ambiências em que podem frutificar, com a ponderação de três equações[242]:

- princípios de Direito Natural e princípios de Direito Positivo;
- princípios formados no Direito Internacional e princípios oriundos dos Direitos Internos;
- princípios internacionais comuns aos Estados com diferentes regimes e princípios privativos de alguns grupos de Estados com sistemas jurídico-políticos afins.

V. Em relação à primeira questão, não faz sentido excluir os princípios que derivem de conceções jusnaturalistas porque, não obstante essa sua transcendência juspositiva, são tão ou mais vinculantes do que as orientações de Direito Positivo, pelo que só têm de ser aceites como tal.

Nem sequer colhe o argumento de que tais princípios estão a ser reconhecidos por uma norma de Direito Positivo, que é o art. 38º do ETIJ: o Direito Positivo não está impedido de positivar orientações que sejam diretamente aferidas ao Direito Natural.

Muito menos é procedente o entendimento segundo o qual por aquele texto ser de Direito Positivo seria impossível que apontasse para princípios de Direito Natural: não só não há qualquer impossibilidade lógica como se afirma a existência de um dever geral de conformidade com as respe-

[241] Proposta diversa é a de José Francisco Rezek (*Direito...*, p. 133), para quem não haveria qualquer intuito discriminatório: "O uso do termo *nações civilizadas* não teve substrato discriminatório ou preconceituoso, tal como ficou desde logo esclarecido. A ideia é a de que onde existe ordem jurídica – da qual se possam depreender princípios – existe civilização. Ficam assim excluídas apenas as sociedades primitivas – que, de todo o modo, porque não organizadas sob a forma estatal, não teriam como oferecer qualquer subsídio".

[242] Cfr. André Gonçalves Pereira e Fausto de Quadros, *Manual...*, pp. 260 e 261; Nguyen Quoc Dinh, Patrick Daillier e Alain Pellet, *Droit...*, pp. 348 e ss.; José Francisco Rezek, *Direito...*, p. 133.

tivas orientações, sendo a alusão aos mesmos uma concretização desse dever[243].

VI. No tocante à segunda contraposição, é também de acreditar que os princípios podem ser simultaneamente oriundos do Direito Internacional e dos Direitos Internos.

A explicação para a relevância dos Direitos Internos é a que sofre menos dúvida, até porque estes ordenamentos jurídicos, formados muito mais cedo, mais cedo também desenvolveram as suas potencialidades sistemáticas[244]. Não faria sentido apontar princípios gerais de Direito onde eles não pudessem existir! A aplicabilidade dos princípios oriundos do Direito Interno advém da sua comunicação com as respetivas fontes, tal como elas se transportam nas soluções que são diretamente vertidas para as efetivas fontes internacionais, *maxime* por intermédio dos tratados internacionais.

Essa conclusão não pode do mesmo passo significar que sejam só os princípios gerais dos diversos Direitos Internos os que sejam tidos por aplicáveis[245]. É verdade que a função destes princípios é a de completar o sentido normativo do Direito Internacional. Só que nunca se poderia chegar ao extremo de pensar que só serviriam os do Direito Interno para o Direito Internacional, por serem uma fonte subsidiária, não podendo servir os do próprio Direito Internacional, por não serem fontes do próprio ordenamento internacional a que pertencem.

Além disso, este é um entendimento que tropeça numa forte petição de princípio: é que os princípios gerais de Direito nunca são fonte, no Direito Interno e no Direito Internacional. Não se compreenderia que

[243] Há que levar em consideração a opinião contrária, uma vez que se trataria, até por força do sentido convencional do próprio ETIJ, de um texto de Direito Positivo, o qual não estaria a fazer alusão a princípios de Direito Natural. É o caso de Joaquim da Silva Cunha e Maria da Assunção do Vale Pereira, *Manual...*, p. 322.

Este é um entendimento demasiadamente restritivo, contrariando a intenção subjacente ao respetivo preceito, que se mostra disponível a um sentido ampliativo, incluindo também o Direito Natural, que se considera, apesar de não positivado, um Direito sumamente vinculativo.

[244] Cfr. Francisco Ferreira de Almeida, *Direito...*, p. 178; Joaquim da Silva Cunha e Maria da Assunção do Vale Pereira, *Manual...*, pp. 322 e 323.

[245] Como pretendem Albino de Azevedo Soares, *Lições...*, p. 187, e Francisco Ferreira de Almeida, *Direito...*, pp. 177 e 178.

pudessem ser considerados como fonte deste, numa relação intersistemática, não podendo ser considerados como fonte daquele, se lhe disserem respeito.

VII. Quanto à terceira dicotomia, ela bem evidencia as contraposições regulativas que têm atravessado o Direito Internacional ao longo dos tempos, bem como as dificuldades que tem enfrentado na sua implantação global e uniforme.

É certamente irrealista pensar que o Direito Internacional deve ser sempre igual em todo o lado e em toda a parte, pois que isso contradiria uma das tendências que justamente mais se pressente na sociedade internacional atual: o regionalismo e a respetiva tradução prática ao nível das fontes especificamente aplicáveis.

Por essa ordem de argumentos, não se pode considerar impossível que os princípios gerais de Direito, no que respeita ao Direito Internacional, sejam oriundos de setores do Direito Internacional Comum e Geral, assim como de setores do Direito Internacional Particular e Especial.

Tudo reside em encontrar as condições propícias para a formação dos princípios gerais, como orientações globais que se extraem de complexos normativos, reveladores dos seus grandes vetores sistemáticos, tanto numa perspetiva técnica quanto numa perspetiva ética.

VIII. Em resumo: a amplitude dos princípios gerais de Direito a admitir é total, incluindo princípios de Direito Positivo e de Direito Natural, incluindo princípios comuns ao Direito Internacional Geral e Comum e princípios específicos do Direito Internacional Particular e Especial, e incluindo princípios de Direito Internacional e de Direito Interno.

De resto, esta cláusula ganha sobretudo se entendida para os princípios que, por razões diversas, não integrem diretamente o Direito Internacional, por pertencerem a outros ordenamentos, como o Direito Natural ou o Direito Interno, numa porta que assim se abre ao seu acolhimento.

Por isso mesmo, sempre estaria em contradição com a *ratio legis* deste preceito não considerar os princípios gerais de Direito com esta amplitude, não se percebendo a aceitação só dos princípios gerais que fossem gerados em sistemas jurídicos exteriores ao próprio Direito Internacional.

Vários são os exemplos que é possível indicar de princípios gerais do Direito operativos no Direito Internacional, segundo aquelas diversas categorias[246]:

- *princípios de Direito Natural*: princípio da dignidade da pessoa humana; princípio da igualdade; princípio da liberdade; princípio da proporcionalidade;
- *princípios oriundos dos diversos sistemas jurídicos internos*: princípio da *pacta sunt servanda*; princípio da não vinculação de terceiros; princípio da boa fé; princípio *rebus sic stantibus*; princípio da proporcionalidade; princípio da proteção da confiança; princípio da segurança jurídica; princípio do caso julgado; princípio da prescrição; princípio da atribuição de uma dimensão cautelar na função jurisdicional[247];
- *princípios de Direito Internacional Geral*: princípio da não ingerência; princípio da não agressão; princípio da autodeterminação; princípio do não reconhecimento de conquistas territoriais pela força.

IX. Esta aparente preocupação de seletividade com os princípios gerais de Direito é melhor compreendida se se atentar no papel que o Direito Internacional lhes reserva.

Não tem sido esta uma matéria fácil para a Metodologia do Direito, sendo uma ocasião propícia para debates filosófico-metodológicos de elevada intensidade.

Correspondem a quatro as funções habitualmente atribuídas aos princípios gerais de Direito[248]:

- uma função *legitimadora*: os princípios, sobretudo os de coloração ética, permitem questionar a legitimidade material das normas ou

[246] Cfr. alguns exemplos em Albino de Azevedo Soares, *Lições...*, pp. 188 e ss.; André Gonçalves Pereira e Fausto de Quadros, *Manual...*, p. 262; António Cabral de Moncada, *Curso...*, I, pp. 308 e ss.; Nguyen Quoc Dinh, Patrick Daillier e Alain Pellet, *Droit...*, pp. 352 e ss.; Joaquim da Silva Cunha e Maria da Assunção do Vale Pereira, *Manual...*, pp. 323 e 324.

[247] Assim, realçando a importância deste princípio, Maria da Assunção do Vale Pereira, *As medidas provisórias...*, p. 61.

[248] Cfr. Francisco Ferreira de Almeida, *Direito...*, pp. 179 e 180; Joaquim da Silva Cunha e Maria da Assunção do Vale Pereira, *Manual...*, p. 324.

de outros princípios que com eles estejam desconformes, podendo provocar a respetiva invalidade material;

- uma função *interpretativa*: os princípios permitem determinar preferências, de entre várias soluções hermenêuticas, de outro modo todas igualmente possíveis;
- uma função *integradora*: os princípios possibilitam integrar lacunas de regulamentação, assim se colmatando a ausência de critérios de decisão, derivada da falta de normas especificamente aplicáveis; e
- uma função *complementadora*: os princípios têm a virtualidade de regulativamente alargar a extensão da aplicação do Direito Internacional.

Qualquer uma destas funções pode vir a ser desempenhada pelos princípios gerais de Direito no Direito Internacional, de acordo com o sentido que lhe atribuímos.

Naturalmente que as funções interpretativa, integradora e complementadora são as mais diretas, não suscitando por isso hesitações, as duas últimas até sustentando a posição daqueles que os entendem como verdadeiras fontes – indiretas, mediatas ou materiais, conforme os respetivos entendimentos – de Direito Internacional.

Já a primeira função, de feição legitimadora, se afigura mais árdua, embora a consideremos inevitável não só pela avaliação sistemática interna que necessariamente traz para o Direito Internacional como por ser a maior utilidade que se pode atribuir aos princípios que sejam de Direito Natural.

24. A jurisprudência

I. Prosseguindo no elenco das pretensas fontes do Direito Internacional apresentadas no art. 38º do ETIJ, observe-se também a relevância da *jurisprudência* na respetiva formação[249].

[249] Quanto à jurisprudência como fonte do Direito Internacional, v. ADRIANO MOREIRA, *Direito...*, p. 64; ALBINO DE AZEVEDO SOARES, *Lições...*, p. 190; ANDRÉ GONÇALVES PEREIRA e FAUSTO DE QUADROS, *Manual...*, p. 274; ANTÓNIO CABRAL DE MONCADA, *Curso...*, I, pp. 320 e ss.; WLADIMIR BRITO, *Direito...*, p. 191; NGUYEN QUOC DINH, PATRICK DAILLIER e ALAIN

De harmonia com a fórmula inserta nesse preceito, afirma-se o seguinte: "O Tribunal, cuja função é decidir em conformidade com o Direito Internacional as controvérsias que lhe forem submetidas, aplicará (...) Com ressalva das disposições do artigo 59º, as decisões judiciais (...) como meio auxiliar para a determinação das regras de Direito" [art. 38º, nº 1, al. d), primeira parte, do ETIJ].

De novo, não foi este preceito feliz na localização conceptual e funcional desta pretensa fonte normativo-internacional, vistos os vários equívocos em que tropeça:

- a alusão ao seu papel de ser "...meio auxiliar para a determinação das regras de Direito" não se ajusta à ideia de se lhe conferir uma função de fonte de Direito, porque ou é fonte ou é meio auxiliar para encontrar as regras;
- esta função auxiliar não está também conforme com o facto de se dizer, no proémio desse mesmo preceito, que o TIJ "aplicará", porquanto é logicamente impossível aplicar em processos judiciais elementos que são apenas meios auxiliares na descoberta de outras regras;
- deve ainda referir-se que não se percebe a ressalva do caso julgado, na sua limitação objetiva e subjetiva, pois que expressamente se aceita que as decisões jurisprudenciais não assumem valor para além daqueles apertados limites;
- cumpre finalmente chamar a atenção para o facto de a alusão à determinação das regras de Direito ser porventura a menos importante das tarefas que se tem atribuído à jurisprudência, tendo ela essencialmente valido na descoberta de princípios gerais de Direito.

II. No seu sentido geral, o valor da jurisprudência na construção do Direito Internacional é limitado, não vigorando a regra do precedente, a qual significaria, se tivesse sido adotada, que as decisões futuras deveriam tomar-se em obediência a uma primeira decisão obtida, no âmbito de uma idêntica questão jurídica.

Pellet, *Droit...*, pp. 396 e ss.; Francisco Ferreira de Almeida, *Direito...*, pp. 193 e ss.; Joaquim da Silva Cunha e Maria da Assunção do Vale Pereira, *Manual...*, p. 325; José Francisco Rezek, *Direito...*, pp. 141 e ss.; Jorge Miranda, *Curso...*, pp. 49 e ss.; Jónatas E. M. Machado, *Direito Internacional...*, pp. 124 e ss.

É seguro que a *precedent rule* vale nos sistemas jurídicos internos integrados na família do Direito anglo-saxónico, que é a *common law*, num contexto muito peculiar quanto ao modo como aí se concebe o Direito. Não é menos seguro que a construção do Direito Internacional, nesta sua vertente dos órgãos jurisprudenciais, se tem feito sem a aplicação de qualquer regra do precedente[250], isto acontecendo nos diversos tribunais que têm sido sucessivamente criados.

Disso não decorre a total despiciência da jurisprudência para a formação do Direito Internacional, mas no mesmo plano em que se situa a importância da doutrina: apenas permitindo revelar as tendências e as orientações jurisprudenciais quanto a certos problemas jurídico-internacionais[251].

O mesmo se diga das opiniões que venham a ser expressas pelos juízes, particularmente se aferidas ao conteúdo global das decisões[252], havendo que destrinçar, no âmbito do TIJ, entre as opiniões individuais – concordando com a conclusão, mas seguindo outra fundamentação – e as opiniões dissidentes – com rejeição também da decisão maioritariamente tomada[253].

[250] Assinalando que não se aplica a regra do precedente, André Gonçalves Pereira e Fausto de Quadros, *Manual...*, p. 274; Jorge Miranda, *Curso...*, p. 50.

[251] Com resenhas acerca da principal jurisprudência internacional: Pierre Michel Eisemann, Vicent Coussirat-Coustere e Paul Hur, *Petit Manuel de la Jurisprudence de la Cour Internationale de Justice*, 4ª ed., Paris, 1984, *passim*; Paula V. C. Escarameia, *Coletânea de Jurisprudência de Direito Internacional*, Coimbra, 1992, *passim*; Afonso d'Oliveira Martins, *O Direito do Mar na recente jurisprudência internacional*, Lisboa, 1992, *passim*.; Manuel de Almeida Ribeiro e Francisco Pereira Coutinho, *Jurisprudência resumida do Tribunal Internacional de Justiça* (1947-2015), Lisboa, 2016, pp. 87 e ss.

[252] Contudo, não se pode desconsiderar a importância dessas opiniões em vista de futuras viragens jurisprudenciais ou para a evolução das fontes do Direito Internacional. Um exemplo interessante a respeito do relevo destas opiniões refere-se ao paulatino reconhecimento dos direitos do homem no âmbito de muitas decisões do TIJ, constantemente referenciados em opiniões individuais dos respetivos juízes, sendo certo que este órgão judicial não tem competência em matéria de Direito Internacional dos Direitos do Homem. Cfr. a resenha de Raymond Goy, *La Cour Internationale de Justice et les droits de l'homme*, Bruxelles, 2002, pp. 129 e ss.

[253] Cfr. o art. 95, nº 2, do RTIJ. Cfr., na doutrina, Francisco Ferreira de Almeida, *Direito...*, p. 195.

Porém, tal nunca envolverá a consideração da jurisprudência como fonte normativa de Direito Internacional, que por si não possui tal qualidade, embora o panorama possa ser diferente quando, no entanto, os tribunais sejam confrontados com a imposição de orientações gerais, nestas duas ocasiões:

- ou pela formação de um costume jurisprudencial;
- ou pela imposição de uma orientação comum admitida ao nível do estatuto do órgão judicial em causa.

Mesmo assim, não é a jurisprudência que funciona como fonte do Direito Internacional: no primeiro caso, avulta a fonte costumeira, ao passo que no segundo caso avulta a atribuição ao órgão judicial de uma faculdade normativa, em acréscimo à função judicial.

III. A jurisprudência no âmbito do Direito Internacional, tal como ela vem a ser equacionada no seio das "decisões judiciais", cobre múltiplas e diferenciadas situações, que se repartem por dois grandes grupos:

- as *decisões arbitrais*; e
- as *decisões judiciais*.

As *decisões arbitrais* são proferidas por tribunais de cunho arbitral, os quais têm como singularidades o menor formalismo processual, a disposição do Direito aplicável pelas partes e a intervenção destas na escolha dos juízes que se encarregarão de decidir o litígio.

As *decisões judiciais stricto sensu* incluem as sentenças e os acórdãos dos tribunais judiciais, os quais se revestem de todas as características atribuídas à judicatura pública.

Não se deve ainda descurar a importância, se bem que a título marginal, da própria jurisprudência interna, que pode desempenhar uma relevante função na descoberta indireta do Direito Internacional aplicável[254].

[254] Cfr. Francisco Ferreira de Almeida, *Direito...*, p. 194; Joaquim da Silva Cunha e Maria da Assunção do Vale Pereira, *Manual...*, p. 325.

Contra, José Francisco Rezek (*Direito...*, p. 144), ao referir que "As decisões judiciárias nacionais, como foi dito, não se aproveitam no plano internacional a título de *jurisprudência*. Sua consideração pode ao acaso ser útil, na medida em que a convergência das convicções

De toda a maneira, salienta-se o uso impróprio da expressão "decisões judiciais", que deve ser entendido no seu mais amplo sentido: como decisão final produzida por um órgão jurisdicional, judicial ou arbitral, sem esquecer o órgão jurisdicional que integra a estrutura estadual.

IV. São várias as instâncias que oferecem um recorte de tipo jurisdicional, podendo até dizer-se que o avanço do Direito Internacional se tem devido, em grande medida, ao esforço jurisprudencial que nessa sede tem vindo a ser feito.

O órgão que cumpre referir a título fundamental é o TIJ, criado no âmbito da ONU e que beneficia de diploma próprio, que é precisamente o ETIJ. A publicação periódica das respetivas decisões – que são acórdãos e opiniões – tem sido de uma enorme utilidade para a modernização e pré-codificação do Direito Internacional.

Nos últimos tempos, numa tendência que só podemos saudar, têm-se multiplicado os tribunais internacionais, importando salientar os seguintes:

- o Tribunal Penal Internacional;
- o Tribunal Europeu dos Direitos do Homem; e
- o Tribunal Internacional do Direito do Mar.

25. A doutrina

I. A *doutrina* é constituída pelas opiniões científicas que venham a ser emitidas pelos estudiosos do Direito Internacional, nas suas mais diversas paragens[255].

reinantes em foros domésticos sobre certo tema de Direito Internacional sirva como elemento auxiliar à prova da existência de certa norma internacional costumeira".

[255] Quanto à doutrina como fonte do Direito Internacional, v. Adriano Moreira, *Direito...*, p. 64; Albino de Azevedo Soares, *Lições...*, p. 190; André Gonçalves Pereira e Fausto de Quadros, *Manual...*, pp. 273 e 274; António Cabral de Moncada, *Curso...*, I, pp. 323 e 324; Nguyen Quoc Dinh, Patrick Daillier e Alain Pellet, *Droit...*, pp. 394 e ss.; Francisco Ferreira de Almeida, *Direito...*, pp. 195 e 196; Wladimir Brito, *Direito...*, pp. 190 e 191; Joaquim da Silva Cunha e Maria da Assunção do Vale Pereira, *Manual...*, p. 326; José Francisco Rezek, *Direito...*, pp. 144 e 145; Jónatas E. M. Machado, *Direito Internacional...*, pp. 126 e ss.

A expressão "doutrina" pode ter dois sentidos distintos[256]:

- como orientação de política externa, sendo frequente que os Estados, conforme as respetivas administrações, tenham políticas próprias, que tomam por vezes o nome dos respetivos chefes de Estado e de Governo, como foi o caso da doutrina Monroe ou da doutrina Brejnev;
- como conjunto de opiniões jurídicas a respeito do Direito Internacional, nas suas fontes, na sua interpretação e na sua aplicação.

O art. 38º do ETIJ refere-se a este segundo sentido, que é o que importa analisar, delimitando-a nos seguintes termos: "O Tribunal (...) aplicará (...) a doutrina dos publicistas mais qualificados das diferentes nações, como meio auxiliar para a determinação das regras de Direito" [art. 38º, nº 1, al. d), *in fine*, do ETIJ].

De novo se regista a infelicidade da fraseologia utilizada para aludir à doutrina:

- estando em causa a aplicação do Direito Internacional, a referência aos publicistas revela-se excessivamente ampla, havendo muitos campos do Direito Público interno que pouco podem contribuir para compreender as questões jurídico-internacionais;
- não deixa de se notar também a imprudência de se pretender separar os publicistas de primeira categoria – "os mais qualificados" – dos publicistas de segunda categoria – os restantes – quando se sabe que, na atividade científica, a autoridade provém da consistência das opiniões e dos argumentos, não sendo decerto herdada ou imposta[257];

[256] Salientando esta distinção, Nguyen Quoc Dinh, Patrick Daillier e Alain Pellet, *Droit...*, p. 394.

[257] Aspeto que encobria ainda a prevalência do Primeiro Mundo, já que, como refere José Francisco Rezek (*Direito...*, p. 144), "A doutrina existente era, pois, a expressão de um pensamento eurocêntrico, em regra preconceituoso e colonialista", tendo hoje essa doutrina uma configuração bem mais ampla (p. 145): "Na hora presente, pois, toda a tese que obtenha o consenso doutrinário é de ser vista como segura, seja no domínio da interpretação de uma regra convencional, seja naquele da dedução de uma norma costumeira ou de um princípio geral de Direito".

- é ainda de frisar a estranha alusão às diferentes nações, não tanto na sua dimensão sociológica, quanto sobretudo pela intenção subliminar que se percebe de o acolhimento dos publicistas ser abrangente, sabendo-se que o grau de desenvolvimento da jusinternacionalística é muito desigual por esse mundo fora, tornando-se inútil qualquer intuito de igualização geográfica da respetiva impor tância;
- cumpre finalmente dizer que a referência não é apenas válida a título individual, mas igualmente opera a título coletivo, para referir as sociedades científicas internacionais.

II. O papel dos jusinternacionalistas fica claro quando, debruçando-se sobre os assuntos em discussão, dão opiniões que permitem melhor interpretar os textos, descobrir novas fontes ou resolver antinomias lógicas e valorativas entre normas do Direito Internacional, bem como sistematicamente surpreender os seus princípios rectores, resolvendo os casos práticos que se lhes colocam.

Não se vislumbra qualquer função normativa que rigorosamente justifique que a doutrina seja fonte do Direito Internacional, como, de resto, de qualquer outro setor jurídico. Por mais geniais que sejam tais opiniões, elas nunca podem impor-se como solução normativa a acatar pelos sujeitos internacionais.

É impossível esconder que há opiniões de jurisconsultos que, pela sua valia intrínseca ou originalidade, provocam verdadeiras revoluções científicas e viragens na atuação dos órgãos internacionais, tornando o Direito Internacional mais seguro e estável, em benefício de todos.

Mesmo nesses casos, essa é apenas uma mera influência, que só lateralmente vem a ser considerada no âmbito do Direito Internacional, sendo relevante para múltiplas operações jurídicas, mas também estando conexa com as fontes normativas, muitas vezes contribuindo para a respetiva dilucidação, ainda que não seja a doutrina, em sim mesmo, a fonte do Direito Internacional.

III. A observação do papel da doutrina ao longo da história mostra uma progressiva diminuição da sua relevância, tendo inclusivamente a doutrina sido – ao nível interno – uma verdadeira fonte de Direito.

Num primeiro momento, de maior inorganicidade, o Direito Internacional esteve muito dependente do trabalho dos jusinternacionalistas, bastando pensar nas questões relativas à liberdade de navegação ou à utilização da força.

Só que essa importância tem vindo a diminuir não só por causa da multiplicação daqueles que hoje cultivam o Direito Internacional como por o Direito Internacional ter vindo a diversificar-se dogmaticamente[258], conquanto já não politicamente[259].

IV. Numa perspetiva individual, pode dizer-se que é bastante rica a experiência da doutrina internacional e que não é difícil perceber que em cada Estado existe uma doutrina jusinternacional, tanto mais relevante quanto é certo versar sobre realidades idênticas, não se perdendo na diversidade regulativa, como sucede com as doutrinas que cuidam dos Direitos Estaduais.

Mas não se pode esquecer que o labor doutrinal no plano do Direito Internacional se vai reunindo cada vez mais em torno de instituições universitárias, com uma forte componente pedagógica, como igualmente em torno de associações e instituições puramente científicas, que periodicamente estudam temas de Direito Internacional, num plano transnacional e num plano interno.

No caso português, é de aludir ao esforço de uma associação criada recentemente – a Sociedade Portuguesa de Direito Internacional – e que tem versado alguns temas de Direito Internacional.

[258] Dentro desta preocupação, Joaquim da Silva Cunha e Maria da Assunção do Vale Pereira (*Manual...*, p. 326) salientam ainda o aspeto ideológico: "Esta função está prejudicada modernamente pelas divergências de Escola dos autores das diferentes nacionalidades, principalmente quando exprimem opiniões alicerçadas em ideologias diferentes, como era o caso dos juristas dos países socialistas-marxistas".

[259] Como outrora aconteceu com as diferentes escolas de Direito Internacional que se associaram à divisão do Mundo em três setores: o 1º Mundo capitalista, europeu e norte-americano; o 2º Mundo coletivista, dominado pela URSS; e o 3º Mundo dos países subdesenvolvidos e em vias de desenvolvimento, não alinhados com qualquer daqueles dois primeiros blocos político-militares. A divisão não era só geo-política ou económica, mas também se fazia refletir no modo de entender e de conceber o Direito Internacional. Cfr. Antonio Cassese, *International Law...*, pp. 105 e ss.

26. A equidade

I. A *equidade* é a última das pseudo-fontes normativas que têm lugar no elenco do art. 38º do ETIJ, embora se verifique uma referência especial, separada da indicação feita no número primeiro desse artigo[260].

Aquele preceito faz-lhe a seguinte menção: "A presente disposição não prejudicará a faculdade do Tribunal de decidir uma questão *ex aequo et bono*, se as partes assim convierem" (Art. 38º, nº 2, do ETIJ).

Diferentemente dos casos anteriores, a alusão separada que é feita à decisão *ex aequo et bono* evita os reparos relacionados com a sua hipotética posição de fonte do Direito Internacional, claramente o ETIJ a situando numa perspetiva lateral, fora do contexto geral das fontes normativas principais que regulou no número anterior do mesmo art. 38º.

Se bem que retificada na sua localização sistemática no quadro das fontes normativo-internacionais, mantém-se uma solução com duas dificuldades literais que cumpre lembrar:

- a primeira respeita a saber se a menção das decisões *ex aequo et bono* corresponde rigorosamente à equidade, o que não suscitará dúvidas, tendo-se utilizado expressões equivalentes;
- a segunda é a da ausência de qualquer relação entre o juízo da equidade e o Direito Internacional potencialmente aplicável, não sendo de crer que aquela possa simplesmente desconsiderar certas normas e princípios deste.

[260] Sobre a relevância da equidade como fonte do Direito Internacional, v. K. Strupp, *Le droit du juge international de statuer selon l'équité*, in RCADI, 1930, III, pp. 351 e ss.; Paul Reuter, *Quelques refléxions sur l'equité en Droit International*, in RBDI, 1980, pp. 165 e ss.; Adriano Moreira, *Direito...*, pp. 64 e 65; Albino de Azevedo Soares, *Lições...*, pp. 190 e 191; André Gonçalves Pereira e Fausto De Quadros, *Manual...*, p. 275; António Cabral de Moncada, *Curso...*, I, pp. 324 e ss.; Nguyen Quoc Dinh, Patrick Daillier e Alain Pellet, *Droit...*, pp. 354 e ss.; Francisco Ferreira de Almeida, *Direito...*, pp. 196 e 197; Wladimir Brito, *Direito...*, p. 189; Joaquim da Silva Cunha e Maria da Assunção do Vale Pereira, *Manual...*, pp. 317 e ss.; José Francisco Rezek, *Direito...*, pp. 146 e 147; Jónatas E. M. Machado, *Direito Internacional...*, pp. 128 e 129; Gonçalo Almeida Ribeiro, *Equidade*, in AAVV, *Enciclopédia de Direito Internacional* (coord. de Manuel de Almeida Ribeiro, Francisco Pereira Coutinho e Isabel Cabrita), Coimbra, 2011, pp. 197 e ss.

II. A equidade, comummente entendida como a "justiça do caso concreto", significa a resolução de casos através da aplicação de critérios criados pelo próprio aplicador, num ajustamento da pauta de decisão às características de cada situação em análise[261].

É para esse tipo de juízo que o art. 38º do ETIJ aponta ao dizer que as decisões podem ser *ex aequo et bono*. Esta expressão implicita que o julgador, perante o caso concreto, está liberto da aplicação de orientações normativas pré-definidas, devendo procurar um critério que melhor sirva os interesses contrapostos do caso *sub iudice*.

O ponto é que a equidade não configura qualquer esquema de produção de critérios materiais de decisão, que têm a característica de serem normativos. É antes um critério que se constrói ao sabor do caso, aspirando-se a uma orientação que se julga, de acordo com o espírito de justiça do julgador, mais apropriada às singularidades factuais da situação que lhe incumbe resolver.

Evidentemente que daqui resulta a ausência de qualquer orientação normativa, com o consequente afastamento da equidade – em geral e no Direito Internacional – do elenco das fontes de Direito.

No entanto, o julgamento segundo a equidade não é arbitrário e destina-se a ajustar o critério de decisão do mesmo à sua peculiar configuração, com as vantagens de um maior afinamento decisório.

Em contrapartida, não deixa sempre de criar insegurança pensar-se que o critério de decisão de um caso é livremente construído por parte dos julgadores, por maior e infalível que seja o seu sentido comum de justiça.

III. A utilização da equidade como esquema de decisão no seio do Direito Internacional não é, porém, ilimitada, na medida em que parece ser necessário que ocorram duas condições fundamentais:

- o acordo das partes; e

[261] Sobre a equidade na Teoria Geral do Direito, v. Angel Latorre, *Introdução...*, pp. 118 e ss.; Mário Bigotte Chorão, *Introdução ao Direito*, I, Coimbra, 1989, pp. 95 e ss.; Inocêncio Galvão Telles, *Introdução...*, I, pp. 149 e ss.; Diogo Freitas do Amaral, *Sumários...*, p. 25; José de Oliveira Ascensão, *O Direito...*, pp. 229 e ss.; Fernando Araújo, *Os sentidos de aequitas em Marco Túlio Cícero*, in AAVV, *Estudos em Homenagem ao Professor Doutor Inocêncio Galvão Telles*, I, Coimbra, 2002, pp. 875 e ss.

– a disponibilidade das normas internacionais potencialmente aplicáveis.

Para que a equidade possa funcionar, devem as partes envolvidas no litígio internacional que vai ser resolvido segundo os seus termos exprimir a vontade de recorrer a tal esquema de solução. A respetiva manifestação tanto pode ser expressa *ad hoc* como pode constar de uma prévia convenção, que antecipadamente esclareça que os litígios decorrentes da sua aplicação serão daquele modo resolvidos.

É igualmente imperioso que as normas internacionais aplicáveis na resolução do litígio – e que, assim, são diretamente afastadas e substituídas pelo julgamento segundo a equidade – não sejam normas imperativas. Ainda que o preceito do ETIJ não lhes faça qualquer referência, o raio de ação da vontade das partes só pode atingir, na configuração do critério de decisão, as normas que possam ser voluntariamente afastadas, deste modo oferecendo a característica da sua disponibilidade como *ius dispositivum*.

Sem o preenchimento destas duas relevantes condições, não é viável recorrer à equidade como critério de decisão internacional, tal como ele vem a ser equacionado no contexto do TIJ.

IV. A operacionalidade da equidade deve ainda ser vista em contexto diverso daquele que é referido no ETIJ, embora se aceite que essa norma venha a arvorar-se em orientação geral, aplicável noutros tribunais.

A equidade pode ser erigida a critério de decisão no Direito Internacional por outras fontes internacionais, dispensando até a vontade das partes[262].

São vários os casos em que isso sucede, quer por força de norma costumeira, quer por força de norma convencional: no Direito do Mar, *v. g.*, a delimitação dos espaços marítimos pode ser feita com recurso à equidade, tal como resulta da leitura da CNUDM[263].

[262] Colocando esta possibilidade, Nguyen Quoc Dinh, Patrick Daillier e Alain Pellet, *Droit...*, pp. 356 e 357.

[263] É o caso da delimitação das zonas económicas exclusivas de Estados com costas adjacentes ou situadas frente a frente, nos termos do art. 74º, nº 1, da CNUDM: "A delimitação da zona económica exclusiva entre Estados com costas adjacentes ou situadas frente a frente deve ser feita por acordo, de conformidade com o Direito Internacional, a que se faz referên-

Trata-se, neste caso, de uma equidade "alternativa", que retira o seu fundamento, não da vontade das partes, mas de outra fonte do Direito Internacional, que se demite de fornecer os critérios materiais de decisão, mais confiando na decisão formal do caso concreto.

V. Sendo a equidade um esquema que faculta uma decisão sem recurso a um critério material, ainda que nas condições limitadas em que tal sucede, são relevantes algumas das importantes funções que se lhe pode atribuir na resolução dos litígios internacionais, pois como diziam os romanos, muito sabiamente, *summum ius, summa iniuria*.

A equidade é chamada a cumprir várias tarefas, recordando-se que a mesma consiste na aplicação de um critério formal de decisão ao caso concreto, no lugar das normas e dos princípios normalmente aplicáveis[264], de entre elas se salientado estas três:

- *suavizar* o Direito Internacional (a equidade *secundum legem*): significa que o Direito aplicável, sem ser afastado, pode ser adaptado às circunstâncias de cada caso;
- *completar* o Direito Internacional (a equidade *praeter legem*): assume uma lógica subsidiária, na medida em que por ela se possam aplicar critérios formais de decisão que não decorram das fontes normativas existentes; e
- *substituir* o Direito Internacional (a equidade *contra legem*): é a situação em que equidade, afastando o Direito aplicável, se eleva a único critério de decisão.

Esta terceira função vem a ser a que mais dúvidas suscita na respetiva aceitabilidade porque implica a claudicação do Direito Internacional em nome de uma orientação concreta e individual que as partes pretendem ver aplicada. Não parece que as duas primeiras funções – a equidade *secun-*

cia no artigo 38º do Estatuto do Tribunal Internacional de Justiça, a fim de se chegar a uma solução equitativa".

[264] Cfr. ANDRÉ GONÇALVES PEREIRA e FAUSTO DE QUADROS, *Manual...*, p. 275; ANTÓNIO CABRAL DE MONCADA, *Curso...*, I, pp. 325 e ss.; JOSÉ FRANCISCO REZEK, *Direito...*, p. 146; NGUYEN QUOC DINH, PATRICK DAILLIER e ALAIN PELLET, *Droit...*, pp. 354 e 355; FRANCISCO FERREIRA DE ALMEIDA, *Direito...*, pp. 196 e 197.

dum legem e a equidade *praeter legem* – possam ser questionadas, ainda que em relação à primeira, sendo *secundum legem*, pouco sirva na prática.

Em relação à equidade *contra legem*, havendo o acordo das partes, a específica disposição do TIJ claramente a admite, não procedendo a qualquer outra distinção. Como o Direito Internacional a afastar nesse caso é sempre *ius dispositivum* por força da segunda condição mencionada, nunca estando em causa a ordem pública internacional, não se julga que a sua adoção levante hesitações, na medida em que os imperativos e supremos valores da sociedade internacional ficam salvaguardados pelo *ius cogens* e não pelo *ius dispositivum*[265], equidade *contra legem* que, por este entendimento, só apenas em relação ao Direito Internacional dispositivo se pode aceitar.

[265] Francisco Ferreira de Almeida (*Direito...*, p. 197) tem uma posição mais coerente e sem dúvida mais radical: "Ora, é nossa convicção que não deve admitir-se o recurso à equidade *contra legem*, quer por razões de segurança jurídica, mais a mais num ordenamento jurídico com as características do internacional, quer porque aceitar esse tipo de equidade conduziria, a nosso ver, a um completo desvirtuamento da função jurisdicional".

António Cabral de Moncada (*Curso...*, I, p. 328), menos contundente, igualmente propende para a limitação da aceitação da equidade *contralegem*: "A função derrogadora de regras do DIP desempenhada pela equidade apenas pode ser exercida sob autorização dos litigantes, nos termos do art. 38º, nº 2, e desde que o Tribunal entenda que as regras existentes e aplicáveis conduziriam no caso pendente, dadas as circunstâncias e particularidades deste, a um resultado iníquo ou injusto".

§ 8º A SISTEMATICIDADE DO DIREITO INTERNACIONAL

27. As relações internormativas; as antinomias normativas em especial

I. Expostas as diversas fontes do Direito Internacional, embora reservando para momento posterior a melhor explicitação acerca de alguns tópicos do regime dos tratados internacionais, interessa agora apreciar por que forma tais fontes normativas jurídico-internacionais entre si se relacionam.

Eis uma questão da maior relevância para o escorreito entendimento deste Direito, sem cujo estudo seria impossível encontrar-lhe uma unidade sistemática e, dessa sorte, compreendê-lo na sua íntima profundidade.

O pressuposto fundamental de que se parte é o da pluralidade – que é, como se compreende, intensa – das normas e das fontes que estão em causa, podendo assim diretamente relacionar-se.

II. Esse é um relacionamento que pode apresentar-se sob diversas vestes, que interessa identificar, para a seguir se estudar a última delas com mais detença, a mais relevante e difícil no plano prático[266].

[266] Sobre as diversas relações internormativas, incluindo as antinomias normativas, no plano da Teoria Geral do Direito, mas largamente operativas no Direito Internacional, v. António Baião do Nascimento, *Do concurso de normas*, Lisboa, 1971, pp. 37 e ss.; José Dias Marques, *Introdução ao Estudo do Direito*, 4ª ed., Lisboa, 1972, pp. 171 e ss.; Manuel Cavaleiro de Ferreira, *Lições de Direito Penal*, I, Lisboa, 1992, pp. 527 e ss.; Karl Larenz, *Meto-*

A situação mais comum é aquela em que à diversidade regulativa corresponde uma diversidade factual do ponto de vista das situações que são versadas: a cada grupo de casos corresponde uma regulação normativa própria, assim se distribuindo o Direito, nos seus vários ramos, sem concursos de normas ou de fontes.

Sendo essa a situação normal, nem sempre ela é a situação real, podendo haver casos em que surge uma pluralidade de fontes e de normas aplicáveis a uma dada situação, que fica assim sendo potencialmente regulada por mais do que uma solução normativa, relações que podem ser de diversas categorias:

- as *relações de subsidiariedade*: é a relação que se estabelece entre uma norma que regula certo instituto e a norma que genericamente se aplica, sendo esta subsidiária por funcionar na falta daquela norma que lhe foi peculiarmente dirigida;
- as *relações de especialidade*: é a relação que se estabelece entre a norma especial, que está peculiarmente adaptada a determinadas situações, e a norma geral, aquela ganhando preferência sobre esta, numa conexão entre espécie e género;
- as *relações de excecionalidade*: é a relação que se estabelece entre a norma excecional, que está singularmente dirigida a certas situações, para as mesmas fixando um regime substancialmente diverso, e a norma que é genericamente aplicável, não levando em conta aquelas especificidades, devendo aquela preferir-se a esta; e
- as *relações de consumpção*: é a relação que se estabelece entre duas normas, com âmbitos de aplicação factual coincidentes, mas em que a norma mais ampla absorve a norma menos ampla, prevalecendo a tutela de interesses que ali se realiza.

Estas relações internormativas dão origem a *concursos aparentes*, uma vez que se descobre sempre uma norma que é tida por aplicável, em detrimento de outra, a qual apenas o foi em potência.

dologia..., pp. 372 e ss.; GERMANO MARQUES DA SILVA, *Direito Penal Português*, I, Lisboa, 1997, pp. 305 e ss.; JOSÉ DE OLIVEIRA ASCENSÃO, *O Direito...*, pp. 523 e ss.; LUÍS DUARTE D'ALMEIDA, *O "concurso de normas" em Direito Penal*, Coimbra, 2004, pp. 9 e ss.

Mais complexa vem a ser a situação de *concurso real de normas e de fontes*, hipótese em que se verifica a aplicabilidade de duas ou mais normas a uma mesma situação de facto, gerando-se assim:

- as *relações de cumulação*: é a relação que se estabelece entre duas normas, que se aplicam simultaneamente ao mesmo grupo de casos, sendo dotadas de efeitos que são complementares entre si; e
- as *relações de conflito*: é a relação que se estabelece entre duas normas que disciplinam divergentemente um mesmo grupo de casos, nenhuma delas se podendo aplicar por ambas traduzirem orientações antinómicas, entre si incompatíveis.

III. Sem dúvida que é esta última categoria de relação internormativa que sobressai na sua importância, ao mesmo tempo que suscita as mais delicadas questões do ponto de vista da respetiva resolução.

A contradição internormativa não tem sempre a mesma consistência, sendo legítimo apresentar duas diversas modalidades:

- a *contradição lógica*; e
- a *contradição valorativa*.

A *contradição lógica* afirma-se pela impossibilidade de duas mesmas disposições, entre si incompatíveis, poderem ser simultaneamente aplicáveis, porquanto contêm sentidos normativos inconciliáveis.

A *contradição valorativa* plasma-se no facto de, havendo duas normas incompatíveis entre si, uma delas ser preferida, por refranger valores normativos eticamente prevalecentes.

IV. Depois da definição da relação de incompatibilidade internormativa no Direito Internacional, coloca-se o problema da procura dos critérios que permitam pôr cobro a esse conflito, elegendo-se as normas que devem ser tidas por vencedoras.

Infelizmente, este tema dos conflitos internormativos tem sido redutoramente reconduzido à questão da hierarquia das fontes e das normas do Direito Internacional[267], como se tal dificuldade se pudesse unicamente resolver com base num critério hierárquico.

[267] Como escreve José Dias Marques (*Introdução...*, 4ª ed., pp. 216 e 217): "Inerente à *unidade* do sistema existe assim um *princípio de não contradição normativa*, que pode conside-

Ele é muito mais do que isso: o correto entendimento desta questão, importando alargar os horizontes em que tem sido situada, leva à busca de outros possíveis critérios, para além do critério mais óbvio da hierarquia[268].

V. Retomando de novo a atenção no art. 38º do ETIJ, é pena que pouca luz aí se possa obter quanto a orientações tidas por pertinentes ao problema exposto.

É seguro que nesse preceito se preferiu uma listagem de possíveis fontes do Direito Internacional, mas entre si é totalmente descabido fazer uma diferenciação hierarquizante, ou qualquer outra.

Recorde-se até que numa versão preliminar deste preceito ainda constou a locução "...por ordem sucessiva...", com isso se dando a entender o estabelecimento de uma hierarquia entre as referidas fontes. Como essa locução, na passagem à versão definitiva, desapareceria, não se afigura relevante que tal critério possa ser considerado.

Numa palavra: da leitura do mencionado art. 38º do ETIJ, depois de retirado o critério hierárquico que pertencia a uma sua versão provisória, nada se pode dizer sobre a existência dos critérios de solução das antinomias normativas no domínio do Direito Internacional.

VI. Do mesmo modo não parece aconselhável operar uma distinção rigorosa entre o plano das contradições entre fontes e o plano das contradições entre normas de Direito Internacional.

É preciso não perder de vista que se pretende a aplicação do Direito Internacional, dele extraindo orientações – normativas ou principiais – que permitam, com coerência, resolver os casos e apontar o caminho da atividade jurídico-internacional.

rar-se como a transposição para a lógica do Direito de um princípio comum a toda a lógica formal – o princípio da não contradição. Tal como uma coisa não pode ser e não ser ao mesmo tempo, assim diremos que, dentro do mesmo sistema jurídico, não podem valer simultaneamente uma norma e a sua contrária, pois não pode conceber-se que alguém possa ser coagido a adotar ao mesmo tempo duas condutas opostas".

[268] Para isso mesmo nos alerta José de Oliveira Ascensão (*O Direito...*, p. 523), ao nível da Teoria Geral do Direito, referindo-se simultaneamente a casos de concurso e conflito de leis e de regras.

Se as contradições são das fontes ou das normas de Direito Internacional, a relevância prática desse *distinguo* acaba por ser muito escassa, até porque ambas podem conviver: pode haver, quanto a uma mesma fonte, um problema de contradição nas suas normas, como um problema de contradição entre essa fonte e outra fonte normativo-internacional.

Não julgamos que os critérios que presidem à resolução dessas antinomias sejam substancialmente diferentes, assim como também não entendemos que a respetiva identificação obedeça a parâmetros distintos quando se passa da fonte à norma de Direito Internacional.

Pensando no desenvolvimento do Direito Internacional Constitucional, facilmente se compreende que exista mesmo uma hierarquia de fontes internacionais: precisamente das fontes que possam desempenhar essa função constitucional. É o que se passa no seio de algumas organizações internacionais, cujos tratados constitutivos surgem, na fonte que corporizam, como prevalecentes sobre outras fontes da mesma categoria, mas que lhes devem obediência.

Em resumo: pode haver critérios de prevalência tanto das fontes como das normas e princípios[269], podendo a prevalência atribuir-se, conforme os casos, tanto ao sentido da norma como à função da fonte internacional em causa.

28. Os critérios de resolução das antinomias normativas em geral

I. Apelando à Teoria Geral do Direito, e olhando para os poucos elementos que podemos colher no Direito Internacional Positivo, arriscamos a necessidade de resolver as antinomias entre fontes e normas com base em quatro critérios que determinam a prevalência de umas sobre as outras:

- o *critério ético-valorativo*;

[269] Contra, a generalidade da doutrina, ao dizer que só há hierarquia de normas, e não de fontes: Albino de Azevedo Soares, *Lições...*, p. 117; Armando M. Marques Guedes, *Direito...*, p. 50; Nguyen Quoc Dinh, Patrick Daillier e Alain Pellet, *Droit...*, p. 114; Jorge Miranda, *Curso...*, p. 41.

Referindo-se, isoladamente, ao facto de o costume ser sempre e necessariamente superior ao tratado, Eduardo Correia Batista, *Direito Internacional...*, I, pp. 70 e ss.

- o *critério hierárquico*;
- o *critério lógico*; e
- o *critério cronológico*[270].

Entre estes quatro possíveis critérios para solucionar antinomias normativas no Direito Internacional, parece ser ainda viável estabelecer graus de preferência, precisamente seguindo a sequência da tipologia apresentada, o anterior devendo ser normalmente considerado prevalente em relação ao critério seguinte, salvo alguma pontual exceção que seja considerada pertinente[271].

Uma coisa parece certa: não se trata sempre de hierarquia, como a esmagadora maioria da doutrina equaciona, porque o critério hierárquico não é o único, nem sequer se julga útil que o problema da prevalência das fontes e das normas seja feito abstratamente, pois que só faz sentido na resolução dos casos, enfrentando-se orientações divergentes e simultaneamente aplicáveis.

II. O *critério ético-valorativo* parte da ideia de que as opções jurídico-internacionais que constam das suas fontes e normas não são todas iguais, devendo-se fazer uma distinção entre um patamar mais relevante – pela proximidade com o próprio fundamento supremo do Direito Internacional – e os restantes patamares inferiores – não tão relevantes ou até mesmo indiferentes do ponto de vista de uma consideração axiológica tida por aplicável.

[270] Sobre estes vários critérios de resolução das antinomias internormativas, v. José Dias Marques, *Introdução...*, 4ª ed., pp. 216 e ss.; Gerson Mello Boson, *Direito Internacional...*, pp. 177 e ss.; Jorge Miranda e Jorge Bacelar Gouveia, *A duração da patente no Acordo do TRIPS e no novo Código da Propriedade Industrial à luz da Constituição Portuguesa*, in ROA, ano 57, I, janeiro de 1997, pp. 276 e ss.; José de Oliveira Ascensão, *O Direito...*, pp. 523 e ss.; Jorge Bacelar Gouveia, *Ensinar Direito Constitucional*, p. 428.

[271] Quanto às antinomias das fontes e normas do Direito Internacional, bem como os respetivos critérios de solução em geral, v. Albino de Azevedo Soares, *Lições...*, pp. 116 e ss.; António Cabral de Moncada, *Curso...*, I, pp. 354 e ss.; Nguyen Quoc Dinh, Patrick Daillier e Alain Pellet, *Droit...*, pp. 115 e 116; Wladimir Brito, *Direito...*, pp. 195 e ss.; José Francisco Rezek, *Direito...*, pp. 93 e ss.

É nesse sentido que aponta a categoria do *ius cogens*, Direito impositivo ou cogente[272], enfim reconhecida pelo Direito Internacional Positivo, depois de muitas décadas de interessantes e sobretudo profusas discussões: a CVDTE alude, em dois dos seus preceitos, a essa categoria, pressupondo que as normas de *ius cogens* prevalecem sobre outras que não sejam alcandoradas a esse supremo estalão normativo, independentemente de outras considerações, como o tipo de fonte ou o momento do início da respetiva vigência.

Mesmo sem unanimidade, todos os jusinternacionalistas concordam com a dimensão valorativa que está subjacente ao *ius cogens*, por oposição ao *ius dispositivum*, sendo o mesmo peculiarmente sensível no Direito Internacional dos Direitos do Homem.

Mas também pode suceder que essa prevalência seja reconhecida a normas internacionais que não são sequer qualificadas como *ius cogens*, partindo tal orientação de certo tratado que assume uma posição de subordinação em face dessas normas, como sucede com as disposições do ERTPI, cuja "... aplicação e interpretação do Direito (...) deverá ser compatível com os direitos humanos internacionalmente reconhecidos..." (art. 21º, nº 3, do ERTPI).

III. O *critério hierárquico* é também um fator de prevalência entre fontes e normas do Direito Internacional, o qual se prende com o reconhecimento da superioridade formal de certa fonte ou norma em função do poder que a segrega, de certa sorte podendo ser aparentado a uma função constitucional que se vai desenvolvendo na sociedade internacional.

A diferença entre este critério hierárquico e o critério ético-valorativo reside no facto de a prevalência hierárquica não ser materialmente

[272] Sobre o *ius cogens* em Direito Internacional, v. AAVV, *The Concept of Jus Cogens in International Law*, Genéve, 1967, *passim*; Albino de Azevedo Soares, *Lições...*, pp. 115 e ss.; Armando M. Marques Guedes, *Direito...*, p. 51; André Gonçalves Pereira e Fausto de Quadros, *Manual...*, pp. 277 e ss.; António Cabral de Moncada, *Curso...*, I, pp. 356 e 357; Eduardo Correia Batista, *Ius cogens em Direito Internacional*, Lisboa, 1997, *passim*; Nguyen Quoc Dinh, Patrick Daillier e Alain Pellet, *Droit...*, pp. 202 e ss.; Antonio Cassese, *International Law*, pp. 138 e ss.; Wladimir Brito, *Direito...*, pp. 131 e ss., e pp. 198 e ss.; Joaquim da Silva Cunha e Maria da Assunção do Vale Pereira, *Manual...*, pp. 347 e ss.; Jorge Miranda, *Curso...*, pp. 121 e ss.; José Francisco Rezek, *Direito...*, pp. 115 e ss.; Jónatas E. M. Machado, *Direito Internacional...*, pp. 132 e ss.

seletiva, sendo muitas vezes indiferente às opções de conteúdo, e apenas se afigura relevante a entidade que a produz, bem como o lugar que lhe reserva na hierarquia das fontes e das normas de Direito Internacional.

Significativo exemplo que é possível encontrar a respeito da aplicação do critério hierárquico é o da relação da ONU com outras organizações internacionais[273]. Um dos seus preceitos, na hipótese de uma contradição entre deveres decorrentes da CNU e de textos institutivos de outras organizações, expressamente determina – crê-se que por motivos de hierarquia – a prevalência daqueles sobre estes: "No caso de conflito entre as obrigações dos membros das Nações Unidas em virtude da presente Carta e as obrigações resultantes de qualquer outro acordo internacional, prevalecerão as obrigações assumidas em virtude da presente Carta"[274].

E há autores que encaram o elenco das fontes numa escala hierárquica, de acordo com diversos entendimentos, que importa resumir:

- André Gonçalves Pereira e Fausto de Quadros, noutra perspetiva, vão mesmo mais além: "...na prática a força do costume é superior à do tratado, pois este nem sempre pode revogar aquele", ainda acrescentando que "Os costumes e os tratados universais ou para-universais prevalecerão, como é óbvio, sobre os costumes e tratados regionais, e estes sobre os costumes e tratados bilaterais"[275];
- Adriano Moreira chega mesmo a afirmar que "É geralmente reconhecido que não há hierarquia entre as fontes formais de Direito assim enumeradas, mas parece que o costume deve ser considerado a fonte de maior dignidade já que o costume é o direito por excelência de uma sociedade inorgânica, e a principal das fontes não convencionais de Direito Internacional"[276];

[273] E mesmo no âmbito do Direito Internacional em geral: v., a este propósito, as reflexões constante da obra coletiva AAVV, *La Charte des Nations Unies, Constitution Mondiale?* (dir. de Regis Chemain e Alain Pellet), Paris, 2006, pp. 11 e ss.

[274] Art. 103º da CNU. Para a interpretação e relevância deste preceito, v. Thiébaut Flory, *Article 103*, in AAVV, *La Charte des Nations Unies* (dir. de Jean-Pierre Cot e Alain Pellet), 2ª ed., Paris, 1991, pp. 1381 e ss.

[275] André Gonçalves Pereira e Fausto de Quadros, *Manual...*, p. 287.

[276] Adriano Moreira, *Direito...*, p. 56.

- Joaquim da Silva Cunha e Maria da Assunção do Vale Pereira, numa visão global, propõem finalmente uma hierarquia das fontes do Direito Internacional[277].

Ora, não só estas conclusões podem considerar-se espinhosamente harmonizáveis com a afirmação de que não há hierarquia entre fontes, que estes autores professam, como elas repousam no "preconceito" histórico-ideológico de considerar o costume prioritário em relação às outras fontes, quando não é isso o que se passa na realidade das coisas.

Registemos as sábias palavras de José Francisco Rezek: "Não há desnível hierárquico entre normas costumeiras e normas convencionais. Um tratado é idóneo para derrogar, entre as partes celebrantes, certa norma costumeira. De igual modo, pode o costume derrogar a norma expressa em tratado: em alguns casos desse género, é comum dizer-se que o tratado quedou extinto por desuso. O Estatuto da Corte da Haia não tencionou ser hierarquizante ao mencionar os tratados antes do costume. É sabido que aqueles primam grandemente sobre este em matéria de *operacionalidade*: todo tratado oferece um alto grau de segurança no que concerne à apuração de sua existência, de seu termo inicial de vigência, das partes obrigadas, e do exato teor da norma – expressa articuladamente em linguagem jurídica. A apuração da norma costumeira é muitas vezes árdua e nebulosa"[278].

IV. O *critério lógico* (*specialia generalibus derogant*) salienta a preferência a dar à fonte ou à norma que especificamente regula certa situação em relação a fonte ou a norma que apenas genericamente versa a mesma situação[279], no pressuposto de que melhor se adequa a orientação normativa que mais proximamente quis abordar a hipótese em análise, isto é,

[277] Cfr. Joaquim da Silva Cunha e Maria da Assunção do Vale Pereira, *Manual...*, pp. 355 e 356.

[278] José Francisco Rezek, *Direito...*, pp. 124 e 125.

[279] Note-se que este critério de solução de uma antinomia internormativa não se confunde com a relação, em concurso aparente, entre a norma geral e a norma especial, que por si, diretamente, se resolveria, sem necessidade de convocar qualquer critério de solução de conflitos internormativos, que nesse caso nem chegam a acontecer.

O que importa sublinhar é a vontade de o legislador ter especificamente previsto a situação, interpretando-se a sua intenção revogatória, não tanto o resultado dessa vontade, plas-

devendo aplicar-se a norma que foi especialmente concebida para regular o caso.

A dificuldade é que nem sempre isso sucede e não se esqueça, por outro lado, que este critério não é tido por aplicável quando a vontade normativa for também a de afastar a solução especial, por aí se favorecendo a solução geral.

A aplicabilidade deste critério de solução das antinomias internormativas é limitada: ele tem de ser especificamente pretendido pela fonte ou pela norma, sendo legítimo, perante o silêncio na matéria, preferir a solução normativa especial em detrimento da solução normativa geral.

V. O *critério cronológico* (*lex posterior priori derogat*) é porventura o mais pacífico de todos e reside na crença de que a vontade normativa que foi manifestada em último lugar, por razões de maior vizinhança em relação ao problema político-social subjacente, é sempre a melhor[280].

Não se vê motivo para não considerar este mesmo critério no âmbito da relação entre fontes e normas de Direito Internacional, embora se deva considerar este um critério subordinado aos critérios que acabámos de observar, apenas operando na impossibilidade de aqueles se aplicarem.

O Direito Internacional Positivo oferece alguns exemplos de como isso expressamente sucede, ainda que estejamos perante um critério que deve ser tido por genericamente aplicável: o caso da sucessão de tratados internacionais.

29. O *ius cogens* internacional em especial

I. No seio dos diversos critérios de resolução das antinomias entre fontes e normas de Direito Internacional, o *ius cogens* requer uma alusão mais desenvolvida, *ius cogens* que se contrapõe ao *ius dispositivum*.

Este vem a ser um caso de interessante evolução histórica, embora durante muito tempo dentro das paredes de uma discussão apenas dou-

mada na construção de uma norma especial, havendo sempre o pressuposto de o conflito ser real porque não solucionado ao primeiro nível da relação de especialidade.

[280] Cfr. André Gonçalves Pereira e Fausto de Quadros, *Manual...*, p. 286; António Cabral de Moncada, *Curso...*, I, pp. 360 e 361.

trinária[281], até que com a CVDTE, finalmente, o *ius cogens* ficaria reconhecido num texto de valor convencional, e em dois vetores fundamentais:

- por um lado, como parâmetro aferidor da validade dos tratados internacionais no momento da sua feitura: "É nulo todo o tratado que, no momento da sua conclusão, seja incompatível com uma norma imperativa de Direito Internacional geral. Para os efeitos da presente Convenção, uma norma imperativa de Direito Internacional geral é uma norma aceite e reconhecida pela comunidade internacional dos Estados no seu todo como norma cuja derrogação não é permitida e que só pode ser modificada por uma nova norma de Direito Internacional geral com a mesma natureza" (art. 53º da CVDTE);
- por outro lado, como parâmetro aferidor da vigência dos tratados internacionais, depois de terem sido feitos: "Se sobrevier uma nova norma imperativa de Direito Internacional geral, qualquer tratado existente que seja incompatível com essa norma torna-se nulo e cessa a sua vigência" (art. 64º da CVDTE).

II. O grande interesse das normas de *ius cogens* internacional, no contexto em que localizámos a categoria, é o de servir de critério, numa feição ético-valorativa, para dirimir conflitos entre normas e fontes de Direito Internacional.

Em nome da sua relevância, não raro têm-lhe sido atribuídas múltiplas funções sistemáticas no seio do Direito Internacional, as quais extravasam de uma mera função de prevalência material naquele específico contexto.

A pertinência material do sentido ordenador contido nas normas de *ius cogens* internacional tem, assim, suscitado a sua aplicação numa outra dimensão, conexa com o peculiar vigor da sua eficácia jurídica: uma dimensão *subjetiva*, dada a sua relação com a generalidade da comunidade internacional[282], delas derivando obrigações *erga omnes*.

[281] Para um bosquejo histórico do *ius cogens* em Direito Internacional, v. André Gonçalves Pereira e Fausto de Quadros, *Manual...*, pp. 278 e ss.; Eduardo Correia Batista, *Ius cogens...*, pp. 25 e ss.; Wladimir Brito, *Direito...*, pp. 132 e ss.

[282] Sobre as obrigações *erga omnes* em Direito Internacional, v., por todos, Patrícia Galvão Teles, *Obligations Erga Omnes in International Law*, in RJ, nº 20, novembro de 1996, pp. 73 e ss.

III. Não obstante a louvável preocupação com a consagração jurídico-positiva do *ius cogens* internacional, o certo é que ela é ainda bastante deficiente, poucas luzes podendo dar num conceito que só caminha sem cambalear com o papel decisivo da doutrina e da jurisprudência internacionais.

São vários os inevitáveis tópicos que configuram os mais relevantes aspetos do respetivo regime jurídico-internacional:

- a determinação substantiva dessas regras e desses princípios;
- a relação entre essas normas e princípios com as fontes normativo-internacionais de onde brotam;
- as consequências negativas que se abatem sobre as normas internacionais que os contradigam.

IV. O principal dos problemas com que se defronta o *ius cogens* é o da sua determinação material, tarefa tanto mais ingente quanto é certo representar uma localização suprema na Ordem Jurídica Internacional.

A leitura da CVDTE, nos preceitos transcritos, por seu turno, é inútil porque aí debalde encontramos quaisquer índices de descoberta do seu conteúdo: apenas se diz, o que é pouco ou mesmo nada, que o *ius cogens* respeita a normas de Direito Internacional imperativo, atinentes à comunidade no seu conjunto, sendo geral.

A tentação do intérprete incauto, perante estes dados, seria a de assimilar o *ius cogens* ao Direito Internacional Geral ou Comum, pois que este precisamente se identifica com a parcela do Direito Internacional que tem a maior abrangência subjetiva.

Se isso fosse admissível, estar-se-ia não só a obliterar a novidade deste conceito como a confundir aspetos do âmbito subjetivo de aplicação das normas com os aspetos materiais do respetivo conteúdo. E há ainda outro argumento: já se tem admitido o *ius cogens* regional, pelo que este conceito pode estar irremediavelmente separado do Direito Internacional Geral ou Comum[283].

A construção substantiva do *ius cogens* só se realiza com recurso a normas e princípios que sejam portadores dos grandes valores da sociedade

[283] Assim, André Gonçalves Pereira e Fausto de Quadros, *Manual...*, pp. 281 e 282; Eduardo Correia Batista, *Ius cogens...*, pp. 267 e ss.; Nguyen Quoc Dinh, Patrick Daillier e Alain Pellet, *Droit...*, p. 205.

internacional, os quais se impõem, involuntariamente, à conduta dos respetivos membros. São blocos essenciais de *ius cogens* os direitos humanos ou certas normas universalmente estruturadoras da sociedade internacional[284], do mesmo modo se devendo abrir a porta aos regimes gerais da responsabilidade internacional e dos crimes internacionais[285].

V. Questão que igualmente se coloca é a da necessidade de se dissociar o *ius cogens* das respetivas fontes normativas, sendo uma parcela daquele Direito Internacional a observar como um todo, numa função de prevalência mais de normas do que de fontes[286].

Segundo a formulação ali mencionada, percebe-se que o *ius cogens* não deriva de nenhuma fonte em especial, podendo brotar tanto da fonte convencional como da fonte consuetudinária, com o que se contribui para o alargamento do seu âmbito regulativo[287].

Isso também implica o seu caráter evolutivo, não estando petrificado num especialmente tempo em que seja criado, porquanto se admite que as normas de *ius cogens* de hoje não o sejam amanhã e sendo a *vice-versa* também verdadeira[288].

VI. As consequências para a contradição do Direito Internacional relativamente à sua parte que seja de *ius cogens* refletem-se na respetiva eliminação, mas de acordo com dois resultados distintos[289]:

[284] Assim, André Gonçalves Pereira e Fausto de Quadros, *Manual...*, p. 283.

[285] Cfr. Nguyen Quoc Dinh, Patrick Daillier e Alain Pellet, *Droit...*, pp. 207 e 208.

[286] Assim, enfaticamente, Nguyen Quoc Dinh, Patrick Daillier e Alain Pellet, *Droit...*, pp. 204 e 205.

[287] Cfr. Albino de Azevedo Soares, *Lições...*, pp. 115 e 116.

[288] Ainda que essa evolução se afigure potencial porque se lhe refere a própria CVDTE, não sendo esta a determinar a própria evolução das normas de *ius cogens*.

Por outro lado, não parece que essa evolutividade possa impedir que o *ius cogens* seja a precipitação jurídico-positiva de orientações de Direito Natural, nem sequer se podendo dizer que isso se torna impossível por o *ius cogens* surgir na base de uma manifestação voluntária, que não se afigura ser inteiramente exata.

Sobre a ligação do *ius cogens* ao Direito Natural, v., por todos, Eduardo Correia Batista, *Ius cogens...*, pp. 267 e ss.

[289] Quanto ao regime jurídico do *ius cogens* internacional, v. André Gonçalves Pereira e Fausto de Quadros, *Manual...*, pp. 284 e 285; Eduardo Correia Batista, *Ius cogens...*, pp. 491 e ss.; Wladimir Brito, *Direito...*, pp. 137 e ss.

- ou o do desvalor das normas violadoras, por nulidade, no caso de essa desconformidade ser inicial;
- ou o da cessação de vigência dessa norma, no caso de a norma de *ius cogens* surgir posteriormente.

Lembrando que ambos os preceitos mencionados referem sempre a nulidade, certa doutrina separa a nulidade *proprio sensu* da cessação de vigência, por caducidade, no caso em que a norma de *ius cogens* apareça ulteriormente.

§ 9º A CODIFICAÇÃO DO DIREITO INTERNACIONAL

30. O sentido da codificação jurídica em geral

I. Um dos fenómenos jurídicos contemporâneos mais importantes foi, indubitavelmente, o do aparecimento dos códigos modernos, que se inscreveram numa corrente de viragem para uma nova era de desenvolvimento do Direito Positivo[290].

Apesar de o conceito de código ser um dado adquirido, interessa averiguar, com o rigor possível, os seus traços distintivos, para que se possa fazer o seu confronto com algumas das figuras que lhe são afins, assim ainda se mostrando útil ao Direito Internacional.

II. O *código*, nos termos em que foi concebido a partir dos finais do século XVIII, integra como seus elementos indispensáveis *quatro notas* fundamentais[291]:

- consiste, em primeiro lugar, numa lei, ato produzido pelo poder público que se manifesta exclusivamente no âmbito das fontes intencionais do Direito, com a força jurídica própria dos textos

[290] Sobre a codificação jurídica em geral, v. Jorge Bacelar Gouveia, *Da codificação jurídica em geral à codificação no Direito Internacional*, in *Estudos de Direito Público*, I, Cascais, 2000, pp. 126 e ss.; José de Oliveira Ascensão, *O Direito...*, pp. 360 e ss.

[291] Sobre o conceito de código jurídico, v. João Batista Machado, *Introdução ao Direito...*, pp. 99 e ss.; Mário Bigotte Chorão, *Temas fundamentais de Direito*, Coimbra, 1991, pp. 191 e 192; Jorge Bacelar Gouveia, *Os direitos fundamentais atípicos*, pp. 141 e ss., e *Da codificação...*, p. 126; José de Oliveira Ascensão, *O Direito...*, pp. 351 e ss.

legais, contrapondo-se, desta forma, ao costume, que brota espontaneamente de comportamentos sociais reiterados que adquirem obrigatoriedade;

- implica, depois, a regulação unitária de um setor da Ordem Jurídica, a qual espelha a sua autonomia material, conferida pela especificidade das suas respostas aos problemas de ordenação social que deve atalhar, nunca abrangendo uma pluralidade de matérias heterogéneas entre si e, muito menos, o tratamento simultâneo de vários ramos do Direito;
- essa regulação unitária contém ainda, quanto a esse setor jurídico em causa, a sua disciplina fundamental, isto é, a formulação das normas e dos princípios mais elementares ou básicos, sendo evidente que não se impede a adição de diplomas extravagantes; importante é que incida sobre a maior parte dos institutos que são chamados à sua órbita;
- por fim, compreende um conjunto de normas jurídicas particularmente ordenadas em função de certos princípios comuns que comandam o regime que se pretende criar, sendo a disciplina normativa sistematicamente orientada, não se apresentando como um aglomerado jurídico desligado e informe.

Pode acontecer, no entanto, que a presença de um código não seja acompanhada da utilização desse *nomen iuris*, assim como essa designação seja erroneamente empregue para referir um texto que não tem esse caráter.

É assim que se aparta, a este propósito, o código em sentido material do código em sentido formal: enquanto naquele deparamos com um verdadeiro código, de acordo com os elementos que assinalámos, neste a ideia de código é apenas dada pela utilização da respetiva expressão.

O ideal é que haja sempre a coincidência entre as duas aceções, mas por vezes tal não sucede: a Constituição é um caso paradigmático de código apenas em sentido material, ao passo que o Código da Estrada é um código unicamente em sentido formal.

III. As várias figuras afins do conceito de código, embora ostentando facetas de maior ou menor proximidade, não comungam de todos os seus elementos constitutivos, não sendo permitida, por isso, qualquer assimilação entre si. Mencione-se, a esse título, o código em sentido antigo, anterior ao movimento da codificação, a compilação e a consolidação.

O *código* no sentido que lhe foi atribuído anteriormente à codificação, de que são exemplos a Lei das XII Tábuas ou as Ordenações do Reino, não oferecia uma especialização dirigida a um único ramo do Direito, já que se repartia por vários deles, pondo em causa, desde logo, o respetivo caráter científico.

A *compilação* representa a concentração de regras, por ramos jurídicos ou por zonas mais limitadas, segundo um critério cronológico e/ou material, com o objetivo de reunir um conjunto de fontes dispersas. As normas assim agregadas continuam a ter a sua força própria, que não é dada pela compilação, e não se agrupam em função de princípios comuns. Aliás, a compilação pode inclusivamente abranger outras fontes diversas da lei, como o costume e a jurisprudência.

A *consolidação* liga-se à junção de regras jurídicas já existentes em novo diploma legal, com a adoção de novas fórmulas, sem se alterar, contudo, o seu sentido jurídico. Ainda aqui não estamos perante um código: não se reelabora o conjunto dessas regras com base numa exposição inovadora.

IV. Que motivos pontificaram, afinal, no aparecimento – e sucessiva divulgação tão rápida – do movimento codificador, a ponto de se considerar, atualmente, como um dos aspetos caracterizadores do sistema jurídico romano-germânico?

Segundo José de Oliveira Ascensão, podemos divisar quatro espécies de razões[292]:

- ideológicas;
- políticas;
- técnico-jurídicas; e
- práticas.

Do ponto de vista ideológico, o movimento codificador surgiu numa altura em que dominavam as correntes racionalistas do Direito Natural, pelas quais seria possível à razão raciocinante extrair da natureza das coisas as regras necessárias à regulação da sociedade humana. Assim sendo,

[292] José de Oliveira Ascensão, *O Direito...*, pp. 355 e ss. Cfr. também Jorge Bacelar Gouveia, *Da codificação...*, pp. 127 e 128.

a elaboração de códigos constituía um instrumento imprescindível para plasmar o sistema gizado.

Num prisma político, a codificação adequou-se bem ao rumo delineado pelo Estado liberal então emergente, principalmente pela possibilidade de uniformizar os diferentes estatutos dos grupos sociais, arredando as leis destinadas aos que eram privilegiados pelo *Ancien Régime*, e de unificar politicamente certos Estados, como sucedeu na Alemanha ou na Itália.

Ao nível técnico-jurídico, os códigos foram favorecidos pelo avanço que a Ciência do Direito em geral registou a partir do século XVIII. Mas cumpre verificar, paralelamente, um sentido de retorno, pois, a despeito de a elaboração dos códigos ter sido influenciada, decisivamente, pelo labor dos cientistas do Direito, não foi menos certo que a própria elaboração desses códigos acabou por, reflexamente, potenciar o progresso científico a que mais tarde se assistiria.

No concernente ao lado mais prático das coisas, a codificação impôs-se como uma das vias mais idóneas para conhecer o Direito vigente, tal era a sua enorme dispersão e descoordenação ao nível dos princípios rectores fundamentais.

V. Não se julgue que a introdução dos primeiros códigos se processou de um modo totalmente pacífico e sem obstáculos. Dos vários problemas que se colocaram ao Direito a partir da Idade Contemporânea, este terá sido um dos que mais vivo debate concitou. Tratou-se não só de uma querela clássica, em que se envolveram muitos juristas, distribuídos entre seus defensores e opositores. Nela se jogou muito do Direito contemporâneo nascente, das suas virtualidades e das suas limitações.

Em defesa da necessidade da codificação, pode dizer-se que ela permite, desde logo, um conhecimento mais fácil e seguro do Direito, através da concentração científica das regras aplicáveis em certa matéria. Também possibilita, por se consubstanciar numa regulamentação normativa unitária, a ausência de incoerências materiais no sistema jurídico, evitando consequentemente injustiças daí decorrentes. Finalmente, os códigos são ainda muito úteis na tarefa da aplicação do Direito, tornando-a mais rápida e auxiliando a atividade da integração de lacunas.

Em contrapartida, para contestar a utilidade da codificação, saliente-se que ela rigidifica as soluções jurídicas, não acompanhando as subtilezas dos casos que, muitas vezes, aconselham uma diferenciação material de tratamento. Por outro lado, a existência de códigos, atendendo à dimensão dos materiais normativos a estudar e a rever por ocasião de qualquer modificação, pela ligação entre cada parte e o todo, dificulta ao máximo a permanente atualização do Direito às novas situações da vida, em constante mutação. Por fim, a codificação serve os interesses da centralização do Direito, aniquilando outras formas de produção normativa, mormente costumeiras.

A observação da evolução da História do Direito mostra, sem qualquer margem para dúvidas, a opção generalizada pelos códigos em todos os setores jurídicos e a rejeição ou relativização dos argumentos negativistas. Essa verificação não nos deve fazer esquecer, em todo o caso, dos perigos que, na realidade, inerem à prática da codificação, sobretudo na interpretação e aplicação do Direito, transformando o intérprete-aplicador, com muito maior probabilidade, num mero servidor acrítico do Direito, excessos que a Ciência do Direito nem sempre consegue convenientemente contornar.

VI. Embora as divergências doutrinárias em torno da bondade da codificação tenham nascido no seio do Direito Privado, as suas primeiras manifestações tiveram lugar, ironicamente, no Direito Constitucional, com a aprovação, no último quartel do século XVIII, das primeiras Constituições materiais e formais em sentido moderno.

Logo a seguir às Revoluções Americana e Francesa, ambas influenciadas pelo Iluminismo, foram aprovados os textos constitucionais que aplicaram, pela primeira vez, o pensamento liberal aos direitos fundamentais e à separação de poderes.

Só alguns anos mais tarde é que a codificação atingiria o Direito Civil. Os primeiros códigos civis foram o Código Civil Prussiano de 1794, o Código Civil Francês de 1804 e o Código Civil Austríaco de 1811.

A este mesmo percurso, que varreu rapidamente toda a Europa, não fugiu Portugal, cujo sistema jurídico depressa ficaria apetrechado com vários importantes códigos. Tal movimento começou também pelo Direito Constitucional, com a aprovação da primeira Constituição monárquica em 1822, para depois se estender ao Direito Comercial, ao Direito Civil e ao Direito Penal.

Nos dias de hoje, podemos dizer sem exagero que os códigos são uma realidade presente nos diferentes ramos do Direito Positivo Português.

31. As singularidades da codificação no Direito Internacional

I. O Direito Internacional também tem sido influenciado pela ideia de código, que aqui costuma designar a formalização, por intermédio da feitura de textos escritos, das suas normas consuetudinárias, mas de acordo com princípios comuns[293].

Na realização dessa tarefa, pode optar-se entre o *método da declaração* e o *método da convenção*, ou, por outras palavras, entre a *codificação científica* e a *codificação jurídica*:

- ali, as normas consuetudinárias são simplesmente reduzidas a escrito;
- aqui, as normas costumeiras são incorporadas num texto com força convencional própria[294].

II. O acolhimento do conceito de código pelo Direito Internacional obrigou à sua reformulação em face de uma das particularidades do seu sistema de fontes: em vez da fonte unilateral que é a lei, aparece numa fonte plurilateral, corporizada pelo tratado internacional.

Devido ao caráter inorganizado da sociedade internacional, que difere muito da sociedade estadual, não há um centro mundial produtor de normas jurídicas, capaz de proceder à sua emissão geral e unilateral. A ordenação normativa da sociedade internacional, quando intencional, faz-se (ainda) pelos tratados internacionais, em que todos os sujeitos internacionais ocupam idêntica posição jurídica.

A despeito disso, recentemente tem-se admitido que certos atos jurídicos unilaterais se constituam como fonte do Direito Internacional.

[293] Sobre a codificação do Direito Internacional, v. Robert Ago, *Nouvelles refléxions sur la codification du Droit International*, in RGDIP, 1988, pp. 539 e ss.; Armando M. Marques Guedes, *Direito...*, pp. 144 e 145; André Gonçalves Pereira e Fausto de Quadros, *Manual...*, pp. 289 e ss.; António Cabral de Moncada, *Curso...*, I, pp. 284 e ss.; Gerson Mello Boson, *Direito Internacional...*, pp. 43 e ss.; Jorge Bacelar Gouveia, *Da codificação...*, pp. 130 e ss.; Adherbal Meira Mattos, *Direito...*, pp. 55 e ss.; Nguyen Quoc Dinh, Patrick Daillier e Alain Pellet, *Droit...*, pp. 336 e ss.; Joaquim Da Silva Cunha e Maria da Assunção do Vale Pereira, *Manual...*, pp. 357 e ss.; Jorge Miranda, *Curso...*, pp. 53 e ss.

[294] Cfr. André Gonçalves Pereira e Fausto de Quadros, *Manual...*, pp. 290 e 291; Jorge Bacelar Gouveia, *Da codificação...*, p. 130; Joaquim da Silva Cunha e Maria da Assunção do Vale Pereira, *Manual...*, p. 357.

Simplesmente, são situações muito contadas, pouco significativas no conjunto, que se resumem, na esmagadora maioria dos casos, a aspetos do funcionamento interno das organizações internacionais.

A utilização do método da convenção não suscita, por si, qualquer perplexidade, ao traduzir uma vontade jurídica de inserir num texto inovador um conjunto de regras pré-existentes.

Já não pode dizer-se o mesmo no que respeita à escolha do método da declaração, que se compreende pela imperiosa necessidade de associar a esse movimento, numa fase em que o desenvolvimento do Direito Internacional é manifestamente menor se comparado com o do Direito Interno, o esforço da doutrina na clarificação das regras jurídicas aplicáveis.

De facto, o resultado em que se salda assume-se substancialmente diverso do da codificação, pois não leva à produção de qualquer texto diretamente vinculativo.

III. A adaptação que a Ciência do Direito Internacional foi forçada a fazer no conceito de código, por via da acentuada diferença que se verifica na fonte convencional relativamente à fonte unilateral interna, lança algumas dúvidas acerca da verdadeira natureza de tal realidade.

Do nosso ponto de vista, essencialmente são três as hipóteses em causa[295]:

- ou a noção de código, porque requer a existência de uma fonte intencional unilateral, é, de todo, inaplicável ao Direito Internacional;
- ou a aplicação desse conceito ao Direito Internacional passa pela construção de um novo conceito comum, que funciona também no Direito Interno;
- ou, finalmente, a noção de código só tem sentido para uma parcela muito reduzida das normas do Direito Internacional, precisamente a representada pelos atos jurídicos unilaterais que se considerem sua fonte efetiva.

A primeira hipótese, mesmo aparentemente parecendo mais rigorosa, nunca mostrará, ao fim e ao cabo, a verdadeira razão de ser da codificação. Os conceitos jurídicos – e o de código não é exceção – têm de ser vistos

[295] Cfr. Jorge Bacelar Gouveia, *Da codificação...*, pp. 131 e 132.

no ambiente em que despontam. A tensão que se estabeleceu entre a lei e o costume aquando dos primeiros códigos põe a nu, no fundo, a tensão entre a dispersão normativa de raiz sociológica e a vontade unilateral do Estado ou de qualquer ente dotado de poder público para proceder a uma harmonização normativa segundo certos princípios. Se essa discussão surgisse no Direito Internacional, ela certamente revestiria, desde o início, os contornos de uma disputa entre costume e tratado.

A terceira hipótese não tem grande significado no atual estádio de desenvolvimento do Direito Internacional e nem sequer retrata fielmente o espírito que subjaz a este especial movimento codificador, que pouco ou nada tem a ver com a conversão das normas costumeiras em normas produzidas por atos unilaterais.

IV. Na realidade, é a segunda hipótese a que nos parece mais aceitável. Embora haja uma tendencial universalidade dos conceitos jurídicos, mesmo entre o Direito Interno e o Direito Internacional, certo é que devemos abstrair sempre dos respetivos elementos constitutivos que se determinaram pelas circunstâncias particulares que lhes deram origem.

A conclusão que podemos retirar, afirmando como postulado fundamental a unidade da ordem jurídica no seu conjunto, é a de que a noção de código, com referência à fonte necessariamente presente para a sua revelação, carece somente do seu lado intencional, independentemente de a sua estrutura ser unilateral ou plurilateral. Com esta precisão conceptual, é possível trabalhar com um conceito comum de código, na passagem do Direito Interno para o Direito Internacional[296].

Obviamente que o desenrolar da codificação internacional através do método da declaração, do nosso ponto de vista, está completamente excluída da verdadeira codificação. É somente uma atividade de compilação de normas consuetudinárias de acordo com um critério cronológico ou temático. Nada mais do que isso.

V. A afirmação de que a ideia de código, bem como o movimento codificador que o vivifica permanentemente, nascidos no Direito Interno, se aplicam à ambiência própria do Direito Internacional supõe naturalmente que haja uma semelhante natureza desses fenómenos em ambos os domí-

[296] Cfr. JORGE BACELAR GOUVEIA, *Da codificação...*, p. 132.

nios jurídicos. Tal conclusão não impede, no entanto, que se descubra na codificação do Direito Internacional alguns aspetos específicos, os quais certamente não se encontrarão no Direito Interno.

Uma dessas características prende-se com a própria dispersão material que se verifica no Direito Internacional, facto que o crescente alargamento das matérias internacionalmente reguladas, com a concomitante diminuição da esfera pertencente ao domínio reservado dos Estados, veio frisar ainda mais. Esse caráter fragmentário do Direito Internacional inviabiliza a produção de um código que contenha todas as suas normas. Assiste-se, ao invés, à proliferação de codificações parcelares, em diversas áreas muito restritas e meramente pontuais. Mesmo que se entenda que se trata de uma primeira fase, prévia a um futuro período durante o qual se dará a codificação conjunta de todo o Direito Internacional, não deixa de ser um traço privativo deste domínio, num contraponto claro ao que acontece no Direito Interno.

Outra característica deriva da particular função que a codificação é chamada a desempenhar no Direito Internacional: ela destina-se, essencialmente, à conversão do Direito Costumeiro em Direito Convencional. Ora, essa razão esteve também inicialmente presente no movimento codificador do Direito Interno, mas com o andar dos tempos os códigos desempenharam outras importantes tarefas, agora de feição mais científica. O Direito Internacional, contudo, ainda se mantém muito marcado por essa função inicial do código, como instrumento de vontade ao serviço dos sujeitos internacionais.

Uma terceira e última característica, de muito menor peso se analisada juntamente com as anteriores, situa-se numa vertente técnico-procedimental, pertinente ao modo como a codificação internacional se organiza. Aquando da aplicação do conceito de código ao Direito Internacional, dissemos que, para nós, as chamadas codificações científicas ou codificações levadas a cabo pelo método da declaração não desembocavam em verdadeiros códigos, por lhes faltar a força inerente a um novo ato jurídico. Isto evidencia que, por vezes, os códigos de Direito Internacional são o fruto da elaboração doutrinária efetuada nos códigos científicos, concedendo-se à doutrina um papel muito mais decisivo e autónomo relativamente àquilo que se passa no Direito Interno[297].

[297] Cfr. Jorge Bacelar Gouveia, *Da codificação...*, pp. 132 e 133.

VI. A polémica que surgiu entre defensores e opositores da codificação, pensada então apenas em termos de Direito Interno, igualmente despertou a atenção do Direito Internacional. Muitos dos argumentos expendidos têm aqui plena validade: a vantagem da certeza conferida por um código internacional tem o mesmo significado que no Direito Interno, assim como a rigidez das normas internacionais se verifica quando transpostas para um código, à semelhança do que sucede naquele[298].

É forçoso reconhecer que, no cômputo das vantagens e das desvantagens da codificação internacional, estas podem pesar um pouco mais se contrapostas às do Direito Interno. É que, como salientam André Gonçalves Pereira e Fausto de Quadros, as objeções que normalmente são dirigidas à codificação sobem de tom por o Direito Internacional – mais do que qualquer outro Direito – estar muitíssimo submetido à pressão da intensa evolução económica e social das relações internacionais[299].

O reverso da medalha também é real: o Direito Internacional carece muito desse esclarecimento e dessa segurança, diminuindo as desvantagens que estão normalmente associadas às fontes costumeiras, por via da sua indeterminação regulativa e incerteza probatória, ao que se juntam ainda finalidades técnicas e políticas.

VII. Desde cedo que no Direito Internacional houve a preocupação de codificar muitas das suas normas, com tentativas protagonizadas quer por instituições internacionais privadas, sobretudo no século XIX, quer por organizações internacionais universais, já no século XX. A história mais recente da codificação internacional pode dividir-se entre duas fases distintas: até à criação da ONU e depois da criação desta organização internacional.

A primeira caracterizou-se ou pela existência de tentativas de codificação que redundaram em fracassos, como o caso da Conferência da Haia de 1930, ou pela sua concretização meramente regional, como a Conferência de Havana de 1928 para o continente americano. Já no tempo da SDN, houve a preocupação geral com a codificação internacional, tendo sido

[298] Para uma ilustração acerca da evolução do esforço codificador, v. Nguyen Quoc Dinh, Patrick Daillier e Alain Pellet, *Droit...*, pp. 340 e ss.; Joaquim da Silva Cunha e Maria da Assunção do Vale Pereira, *Manual...*, pp. 359 e ss.

[299] Cfr. André Gonçalves Pereira e Fausto de Quadros, *Manual...*, p. 290.

criado um órgão específico no seu âmbito, que foi a comissão de peritos para a codificação do Direito Internacional.

Apenas com a ONU a codificação seria seriamente encarada como uma tarefa fundamental, de resto inscrita mesmo na CNU, nela se dizendo que "A Assembleia Geral promove estudos e faz recomendações com vista a: "a) Fomentar a cooperação internacional no plano político e incentivar o desenvolvimento progressivo do Direito Internacional e a sua codificação" [art. 13º, nº 1, al. a), da CNU].

Caberia à Assembleia Geral criar um órgão subsidiário, a CDI, com a tarefa específica de trabalhar nessa codificação, a qual significa, segundo o respetivo estatuto, "...a formulação mais precisa e a sistematização das regras de Direito Internacional nos domínios em que já exista prática dos Estados, precedentes judiciais e considerações doutrinais" (art. 15º, *in fine*, do Estatuto da CDI).

VIII. O movimento codificador tem vindo a receber constantes impulsos, verificando-se a multiplicação de novos tratados internacionais, que são concluídos e que entram em vigor[300].

Sem qualquer preocupação de exaustividade, é possível frisar a importância destes cinco grandes núcleos temáticos como testemunho impressivo da vitalidade da codificação internacional no tempo presente:

- os direitos do homem;
- as organizações internacionais;
- as relações diplomáticas e consulares;
- o direito dos tratados; e
- o domínio internacional.

O primeiro núcleo é encimado pela DUDH, de 10 de dezembro de 1948, e inclui inúmeras convenções internacionais, evidenciando-se duas de âmbito universal - o PIDESC e o PIDCP, ambos de 16 de dezembro de 1966 - e três principais de âmbito regional - a CEDH, a CIDH e a CADHP.

[300] Cfr. André Gonçalves Pereira e Fausto de Quadros, *Manual...*, pp. 292 e 293; Jorge Bacelar Gouveia, *Da codificação...*, pp. 134 e 135.

O segundo núcleo abrange os textos institutivos de várias organizações internacionais, neles sobressaindo, pelo seu caráter pioneiro, o PSDN, primeiro, e a CNU, depois, aqui ainda se devendo acrescentar o ETIJ.

O terceiro núcleo cura das relações diplomáticas e consulares, cujo regime foi codificado por duas convenções elaboradas nos anos sessenta – a CVRD e a CVRC – e correspondendo às situações costumeiras mais antigas no plano das relações internacionais[301].

O quarto núcleo engloba as convenções internacionais que estabelecem as regras sobre a celebração de tratados e a posição que os Estados e outros sujeitos internacionais neles assumem, sendo de distinguir três: a CVDTE, a CVDTEO e a CVSET.

O quinto núcleo contém as convenções sobre o aproveitamento dos espaços internacionais, nessa matéria sendo de sublinhar a CNUDM e o TEUEE.

[301] Cfr. Wladimir Brito, *Direito Consular*, pp. 35 e ss.

Capítulo IV
Os Tratados Internacionais em Especial

§ 10º Os tratados internacionais como principal fonte do Direito Internacional

§ 11º O procedimento geral de conclusão dos tratados internacionais

§ 12º O procedimento de conclusão dos tratados internacionais multilaterais

§ 13º A interpretação, a integração e a aplicação dos tratados internacionais

§ 14º As vicissitudes dos tratados internacionais

§ 15º Os desvalores dos tratados internacionais antijurídicos

§ 10º OS TRATADOS INTERNACIONAIS COMO PRINCIPAL FONTE DO DIREITO INTERNACIONAL

32. As Convenções de Viena sobre o Direito dos Tratados de 1969 e de 1986

I. Até alguns anos atrás, o estudo dos tratados internacionais assumia-se particularmente árduo por causa da ausência de um regime que genericamente esclarecesse os aspetos fundamentais da sua produção, em grande desvantagem com os Direitos Internos, em cujo contexto os respetivos textos constitucionais são verdadeiras *normae normarum* no tocante às fontes que nessa sede se mostram ser relevantes.

Com os anos sessenta, sob o impulso codificador da ONU, foi possível celebrar a CVDTE, em 23 de maio de 1969[302], que desde então viria a esclarecer um conjunto orientações normativas atinentes à feitura dos tratados internacionais, numa manifesta vocação de aplicação geral[303].

Na sequência do sucesso daquela Convenção, haveria a oportunidade de elaborar um outro tratado, desta feita a CVDTEO, de 21 de março de 1986, abrangendo a celebração de tratados entre Estados e organi-

[302] Cfr. o respetivo texto, ao qual recentemente Portugal se vinculou, no DR, I S, nº 181, de 7 de agosto de 2003, pp. 4662 e ss. Cfr. esse texto em Jorge Bacelar Gouveia, *Textos Fundamentais...*, pp. 303 e ss.

Para uma interpretação de todos os artigos da CVDTE, v. AAVV, *Direito dos Tratados – Comentários à Convenção de Viena sobre o Direito dos Tratados* (org. Aziz Tuffi Saliba), Belo Horizonte, 2011.

[303] Segundo o disposto no respetivo art. 1º, "A presente Convenção aplica-se aos tratados concluídos entre Estados".

zações internacionais e também destas entre si[304], cada vez mais numerosos e requerendo disposições específicas, dada a especial estrutura destas.

Deste modo, o estudo científico desta fonte do Direito Internacional tornou-se mais fácil pelas opções que ali se tomaram, muitas vezes recebendo os contributos das dogmáticas do Direito Interno, como o Direito Constitucional, o Direito Administrativo e o Direito Civil.

II. O caráter fundamental da CVDTE, sendo certo que a CVDTEO na prática reproduz as orientações daquela[305], aconselha a que a apreciação desta matéria se faça em seu torno, a mesma contendo 85 artigos, que se repartem por 8 partes, com secções, assim organizadas:

- Parte I – *Introdução*
- Parte II – *Conclusão e entrada em vigor dos tratados*
- Parte III – *Observância, aplicação e interpretação dos tratados*
- Parte IV – *Revisão e modificação dos tratados*
- Parte V – *Nulidade, extinção e suspensão da aplicação dos tratados*
- Parte VI – *Disposições diversas*
- Parte VII – *Depositários, notificações, retificações e registo*
- Parte VIII – *Disposições finais*

Este texto tem vigorado sem alterações, curiosamente não se prevendo, diretamente, mecanismos para a sua modificação. A CVDTE tem ainda um anexo relativo às entidades com funções de conciliação, no sentido de se garantir a resolução dos diferendos que eventualmente surjam.

[304] De acordo com o art. 1º da CVDTEO, "A presente Convenção aplica-se: a) Aos tratados entre um ou vários Estados e uma ou várias organizações internacionais; e b) Aos tratados entre organizações internacionais".

[305] Tendo apenas uma especial importância na definição dos termos da vinculação internacional das organizações internacionais intergovernamentais, que acontece através do ato de confirmação formal, para elas o equivalente à ratificação dos Estados, assim definida no art. 2º, nº 1, al. b) bis), da CVDTEO: "Por «ato de confirmação formal» entende-se um ato internacional que corresponde ao da ratificação por um Estado e pelo qual uma organização internacional faz constar no âmbito internacional o seu consentimento em obrigar-se por um tratado".

III. A aplicação da CVDTE aos diversos Estados, com vista a regular os termos por que se deve reger a sua participação na elaboração dos tratados internacionais, está diretamente prevista, devendo ser ratificada pelos Estados signatários, também se admitindo a sua abertura para adesão de outros Estados.

A entrada em vigor inicia-se no 30º dia seguinte ao momento do depósito do 35º instrumento de ratificação ou adesão, o que já ocorreu em 27 de janeiro de 1980.

No entanto, a CVDTE, como vai sucedendo cada vez mais com outros instrumentos convencionais emblemáticos, para muitos Estados que não emitiram uma vontade de ratificar ou de aderir, pode bem considerar-se globalmente vinculativa como repositório de costumes internacionais gerais ou até, nalguns casos, de princípios gerais de Direito.

Daí que a sua aceitação material como quadro fundamental de condução do procedimento de elaboração dos tratados internacionais, por uma via ou por outra, não tenha sofrido contestação e rapidamente tenha sido bem absorvida, não só ao nível da prática dos Estados como do ponto de vista doutrinal, cada vez mais os jusinternacionalistas lhe dando o devido relevo nas suas atividades pedagógicas e científicas.

Noutra perspetiva, interessa ainda não esquecer que a aplicação destas disposições é efetiva para as alterações supervenientes que um tratado internacional venha a sofrer, de acordo com esta regra geral de revisão: "Um tratado pode ser revisto por acordo entre as Partes. Aplicam-se a tal acordo as normas enunciadas na Parte II, salvo disposição do tratado em contrário" (art. 39º da CVDTE).

IV. Não se pense que a codificação que se plasmou tanto na CVDTE como na CVDTEO resultou numa regulamentação exclusivista quanto à conclusão dos tratados internacionais, havendo zonas de regulação que continuarão a caber aos Estados:

- isso sucede, por um lado, por razões técnicas, dada a diversidade de opções constitucionais, quanto à forma de Estado, à forma de governo, à forma institucional de governo e ao sistema de governo;
- isso sucede, por outro lado, em reconhecimento da liberdade de atuação dos próprios sujeitos internacionais envolvidos, que assim atuam livremente.

Dentro do Direito Interno, caberá ao Direito Constitucional um papel primordial na organização dessas disposições, ainda que possa remeter, por seu lado, para outros níveis regulatórios.

V. A questão da vigência da CVDTE interessa particularmente a Portugal, pois que a prática tem-se encaminhado no sentido do respeito cada vez mais escrupuloso pelas respetivas orientações.

E é assim que foi há muito pouco tempo que o Estado Português formulou a vontade de ficar vinculado à CVDTE, pondo assim termo a um conjunto de dúvidas que se colocavam na tramitação da sua vinculação internacional, numa decisão que só se deve aplaudir[306].

Se até há alguns anos se podia justificar este compasso de espera por o nosso sistema constitucional não estar ainda devidamente estabilizado, não é menos verdade que, agora, quase quatro décadas volvidas depois da implantação da III República Democrática, muito se justificava essa vinculação.

Como quer que seja, havia consenso na aplicação, a título costumeiro, da CVDTE em Portugal, que do ponto de vista constitucional nem sequer requeria qualquer adicional formalidade, submetendo-se ao regime da receção automática, por se tratar de Direito Internacional Comum de base costumeira.

Sendo este já um resultado alcançado, pode inquirir-se acerca do porquê de uma vinculação voluntária, se a CVDTE já se considerava internamente vigente?

Não havendo nenhuma incompatibilidade, pode o Estado Português beneficiar de uma vinculação voluntária e formal, ao mesmo tempo afastando qualquer nuvem de incerteza a respeito de algumas das suas disposições, precisamente aquelas que podem merecer mais dúvidas na defesa dos interesses de Portugal.

[306] Cfr. o Decreto do Presidente da República nº 46/2003, de 7 de agosto, e a Resolução da Assembleia da República nº 67/2003, de 7 de agosto, respetivamente, de ratificação e de aprovação para adesão à CVDTE.

33. A delimitação conceptual

I. O estudo dos tratados internacionais deve começar pela análise do respetivo conceito, que a própria CVDTE tem o cuidado de propor, nos seguintes termos: "um acordo internacional concluído por escrito entre Estados e regido pelo Direito Internacional, quer esteja consignado num instrumento único, quer em dois ou mais instrumentos conexos, e qualquer que seja a sua denominação particular" [art. 2º, nº 1, al. a), da CVDTE].

Todavia, esta definição de tratado internacional não é feliz, havendo a assinalar-lhe diversos reparos[307]:

- omite diversos elementos que se afiguram essenciais na caracterização desta fonte internacional, sobretudo no confronto com outras fontes estruturalmente díspares, como o seu conteúdo ou a posição dos respetivos intervenientes, não os realçando ou não os realçando devidamente;
- inclui aspetos que rigorosamente não pertencem ao género, mas sim à espécie, como é o caso do modo da formalização documental do tratado, apresentando duas modalidades que estão para além do conceito, que deve ser único;
- é redundante na inclusão do adjetivo "internacional", uma vez que se insere no Direito Internacional, só deste se estando a curar;
- confunde o nível da definição conceptual do tratado com o seu nível regimental do ponto de vista da forma escrita dos tratados, que é apenas uma exigência de validade imposta pela CVDTE[308];
- mistura o nível conceptual do tratado internacional com o seu âmbito pessoal de aplicação, que é apenas atinente aos sujeitos internacionais a que se vincula, que são os Estados, não fazendo sentido alcandorá-los no plano da definição do tratado internacional, tendo

[307] Cfr. Albino de Azevedo Soares, *Lições...*, pp. 123 e 124; André Gonçalves Pereira e Fausto de Quadros, *Manual...*, pp. 172 e 173; Fausto de Quadros e Jorge Bacelar Gouveia, *As relações...*, pp. 23 e 24; Nguyen Quoc Dinh, Patrick Daillier e Alain Pellet, *Droit...*, pp. 119 e ss.

[308] Diferentemente o fazem André Gonçalves Pereira e Fausto de Quadros (*Manual...*, p. 173), inserindo a forma como elemento do conceito, sob a ótica da CVDTE: "... poderemos definir o tratado como *um acordo de vontades, em forma escrita, entre sujeitos de Direito Internacional, agindo nessa qualidade, de que resulta a produção de efeitos jurídicos*".

o preceito anterior já frisado este aspeto, que além do mais se torna redundante.

II. Em alternativa, um corrigido conceito de tratado internacional inclui três elementos[309]:

- um *elemento material*;
- um *elemento subjetivo*; e
- um *elemento formal*.

O *elemento material* implica que o tratado repouse num acordo de vontades de cariz plurilateral, o que chama simultaneamente a atenção para dois aspetos fundamentais: por um lado, haver a expressão de uma vontade, produto de uma intenção de criação de normas jurídicas; por outro lado, ser uma manifestação intencional geneticamente combinada entre dois ou mais sujeitos.

O *elemento subjetivo* sublinha a consideração das entidades que produzem o acordo de vontades, não sendo irrelevante a sua qualidade: devem ser sujeitos de Direito Internacional, por este reconhecidos a outorgar nesta fonte normativa[310].

O *elemento formal* consiste na especial configuração da vontade manifestada segundo três características fundamentais: (i) ser uma vontade normativa, dirigida à criação de proposições normativas; (ii) ser uma von-

[309] Sobre o conceito de tratado internacional, v. PAUL GUGGENHEIM, *Traité du Droit International Public*, I, 2ª ed., Genève, 1967, pp. 119 e 120; PAUL REUTER, *Direito...*, pp. 68 e ss.; MARIO GIULIANO, TULLIO SCOVAZZI e TULLIO TREVES, *Diritto Internazionale*, I, 2ª ed., Milano, 1983, pp. 343 e ss.; CHARLES ROUSSEAU, *Droit International Public*, 10ª ed., Paris, 1984, pp. 20 e ss.; MICHAEL AKEHURST, *Introdução...*, pp. 153 e ss.; RICCARDO MONACO, *Manuale di Diritto Internazionale Pubblico*, 2ª ed., Torino, 1985, pp. 95 e ss.; ALBINO DE AZEVEDO SOARES, *Lições...*, pp. 123 e ss.; ANA MARIA GUERRA MARTINS, *A natureza jurídica...*, pp. 262 e ss.; FAUSTO DE QUADROS e JORGE BACELAR GOUVEIA, *As relações...*, pp. 22 e 23; EDUARDO CORREIA BATISTA, *Direito Internacional...*, I, pp. 151 e ss.; ADHERBAL MEIRA MATTOS, *Direito...*, pp. 113 e ss.; NGUYEN QUOC DINH, PATRICK DAILLIER e ALAIN PELLET, *Droit...*, pp. 118 e 119; FRANCISCO FERREIRA DE ALMEIDA, *Direito...*, pp. 97 e 98; WLADIMIR BRITO, *Direito...*, p. 105; JOSÉ FRANCISCO REZEK, *Direito...*, pp. 14 e ss.; JORGE MIRANDA, *Curso...*, pp. 56 e 57.

[310] FRANCISCO FERREIRA DE ALMEIDA (*Direito...*, p. 97) refere dois ou mais sujeitos de Direito Internacional, o que pode revelar-se supérfluo dado o caráter necessariamente plural – com dois ou mais sujeitos – do acordo de vontades que lhe está subjacente.

tade que se destina à produção de efeitos colocados ao abrigo do Direito; e (iii) serem efeitos normativos regulados pelo Direito Internacional, não de qualquer outro setor jurídico.

III. No plano terminológico, a CVDTE, acertadamente, aponta o princípio da não relevância da nomenclatura, para se evitar cair em nominalismos estéreis, tendo em atenção que a substância dos tratados é fornecida por eles próprios, não exatamente por via da terminologia empregue para os designar (cfr. o art. 2º, nº 2, da CVDTE).

Não obstante esta tendencial irrelevância da terminologia, é seguro que a denominação dos tratados internacionais tem uma importância internacional que não pode ser desprezada, muitas vezes sendo muito comunicante quanto ao conteúdo do texto internacional que ainda não se chegou a conhecer.

Em conformidade com a tradição e a prática internacionais, há denominações que têm tido uma utilização mais frequente e até constante para nomear certas modalidades de tratados internacionais[311], ainda que não se possa encontrar qualquer orientação normativa na respetiva utilização[312]:

- "constituição", "carta" ou "estatuto": para textos institutivos de organizações internacionais[313];
- "convenção" e "pacto": para textos declarativos de direitos do homem e para tratados entre Estados e organizações internacionais;
- "concordatas": para textos que vinculam a Santa Sé e outros sujeitos internacionais;

[311] Cfr. André Gonçalves Pereira e Fausto de Quadros, *Manual...*, pp. 175 e 176; Joaquim da Silva Cunha e Maria da Assunção do Vale Pereira, *Manual...*, pp. 220 e ss.; José Francisco Rezek, *Direito...*, pp. 14 e ss.; Jorge Miranda, *Curso...*, pp. 60 e 61.

[312] José Francisco Rezek (*Direito...*, p. 15) é até mais impressivo, ao afirmar que "O que a realidade mostra é o uso livre, indiscriminado, e muitas vezes ilógico, dos termos variantes daquele que a comunidade universitária, em toda a parte – não houvesse boas razões históricas para isso – vem utilizando como termo-padrão".

[313] Expressão "constituição", *v. g.*, frequentemente utilizada nalguns textos fundadores de agências internacionais especializadas, como a OIT, a Organização das Nações Unidas para a Alimentação e Agricultura, a Organização das Nações Unidas para a Educação, Ciência e Cultura ou a Organização Mundial de Saúde. Cfr. estes textos em Jorge Bacelar Gouveia, *Organizações Internacionais – textos fundamentais*, 2ª ed., Coimbra, 1995, respetivamente, pp. 91 e ss., pp. 115 e ss., pp. 133 e ss., e pp. 149 e ss.

- "protocolos": para textos de modificação, aditamento ou revisão de tratados inicialmente elaborados e que se afiguram como o núcleo central da regulação em causa;
- "ata geral" ou "ata final": para o texto celebrado no final de uma conferência internacional;
- "modus vivendi": para um texto que reflita um acordo temporário ou provisório;
- "compromisso": para o texto de um acordo relativo ao funcionamento de um tribunal arbitral.

34. As mais relevantes modalidades

I. A apresentação dos elementos que integram o conceito de tratado internacional, para o seu mais perfeito conhecimento, sugere-nos a observação de algumas das respetivas modalidades[314], agrupadas por outras tantas classificações.

A sua multiplicação recente, causada pela interpenetração metodológica com outras ciências normativas, permite a indicação de três grupos de classificações mais relevantes:

- as *classificações subjetivas*, atendendo aos sujeitos intervenientes;
- as *classificações materiais*, tomando em consideração as opções de conteúdo que são adotadas; e
- as *classificações formais*, pensando-se no formalismo da respetiva celebração.

[314] Sobre as modalidades de tratados internacionais, v. ADRIANO MOREIRA, *Direito...*, p. 67; ALBINO DE AZEVEDO SOARES, *Lições...*, pp. 152 e ss.; NUNO E SOUSA, *Curso...*, pp. 47 e ss.; ANDRÉ GONÇALVES PEREIRA e FAUSTO DE QUADROS, *Manual...*, pp. 182 e ss.; JORGE BACELAR GOUVEIA, *A zona económica exclusiva*, in DJAP, VII, Lisboa, 1994, p. 618; ANTÓNIO CABRAL DE MONCADA, *Curso...*, I, pp. 231 e ss.; EDUARDO CORREIA BATISTA, *Direito Internacional...*, I, pp. 163 e ss.; NGUYEN QUOC DINH, PATRICK DAILLIER e ALAIN PELLET, *Droit...*, pp. 121 e ss.; WLADIMIR BRITO, *Direito...*, pp. 106 e ss.; FRANCISCO FERREIRA DE ALMEIDA, *Direito...*, pp. 99 e ss.; JOAQUIM DA SILVA CUNHA e MARIA DA ASSUNÇÃO DO VALE PEREIRA, *Manual...*, pp. 217 e ss.; JOSÉ FRANCISCO REZEK, *Direito...*, pp. 25 e ss.; JORGE MIRANDA, *Curso...*, pp. 61 e ss.

II. As *classificações subjetivas* permitem avançar com três exemplificações mais recorrentes, sendo a primeira delas a que inequivocamente se projeta com mais fundas consequências de regime aplicável:

- o *critério do número das partes*: tratados bilaterais ou tratados multilaterais, tudo dependendo do número de sujeitos celebrantes, dois ou mais do que dois, sendo ainda neste caso de diferenciar entre os tratados multilaterais gerais – para uma apreciável quantidade de outorgantes – e os tratados multilaterais restritos – para um número reduzido de sujeitos partes;
- o *critério da qualidade das partes*: tratados entre Estados, tratados entre organizações internacionais ou tratados entre outros sujeitos internacionais, atendendo à qualidade dos sujeitos, por vezes com terminologias próprias;
- o *critério da abertura a sujeitos terceiros*: tratados abertos, tratados semifechados ou tratados fechados, em função de ser possível a sujeitos que não assinaram e ratificaram a ulterior pertença ao seu conteúdo, de tal possibilidade ser condicionada ou de tal possibilidade ser, simplesmente, proibida.

III. As *classificações materiais* levam em consideração aspetos do conteúdo dos tratados internacionais, sendo de dissociar as seguintes modalidades mais significativas:

- o *critério da abrangência das matérias*: tratados gerais ou tratados especiais, conforme estabeleçam uma regulação aplicável a uma generalidade de matérias ou, pelo contrário, se destinam a versar especificamente um aspeto material;
- o *critério do tipo de efeitos*: tratados-leis ou tratados-contratos, de acordo com o sentido normativo ou concreto, individual e não duradouro, dos efeitos que sejam estabelecidos no respetivo articulado, com implicações essencialmente hermenêuticas;
- o *critério da natureza institucional ou material*: tratados constitucionais (ou institucionais) ou tratados materiais, em razão da diferença que existe entre um tratado que institua uma nova entidade e um tratado que se limite a estabelecer um conjunto de normas e procedimentos;

- o *critério do tipo de exequibilidade*: tratados autoexequíveis ou tratados heteroexequíveis, conforme possam ser aplicáveis por si ou por interposto ato ou procedimento;
- o *critério da aplicabilidade circunstancial*: tratados imediatamente aplicáveis ou tratados mediatamente aplicáveis, conforme possam ou não ter logo aplicação;
- o *critério da duração*: tratados perpétuos ou tratados temporários;
- o *critério da conexão com outros tratados*: tratados principais ou tratados acessórios.

IV. As *classificações formais* respeitam a aspetos de forma e de procedimento que podem ser relevantes no plano da elaboração e da extrinsecação dos tratados internacionais, sendo de equacionar estas duas modalidades:

- o *critério do grau de complexidade procedimental*: tratados solenes ou acordos em forma simplificada (*executive agreements*), em razão de ser ou não necessário, autonomamente, o ato de ratificação por parte do Chefe de Estado;
- o *critério da formalização escrita ou verbal*: tratados escritos ou tratados orais, tomando em consideração a adoção ou não da forma escrita na respetiva celebração.

V. Esta apresentação teorética das modalidades possíveis dos tratados internacionais nunca pode ser desligada das consequências regimentais que se lhes possa atribuir, juntamente com a questão da delimitação do âmbito de aplicação da CVDTE, que ao longo destas páginas será uma grande bússola.

Do ponto de vista metodológico, até se pode duvidar do interesse da apresentação de classificações, mesmo se geometricamente arrumadas, que não tenham qualquer consequência prática ao nível do regime que lhes está dedicado, nesse caso refletindo uma operação intelectual que não dá luz sobre o Direito aplicável.

Eis uma máxima metodológica que só podemos aplaudir: mas também se deve considerar que praticamente todas aquelas classificações logram ter uma aplicação prática, não sendo o respetivo conhecimento um esforço perdido, na própria CVDTE e noutros complexos regulativos.

VI. Quanto ao âmbito de aplicação da CVDTE, corroborando tudo quanto se disse a esse propósito, este instrumento apenas considera, no seu estrito âmbito, duas únicas modalidades[315]:

- *tratados apenas entre Estados*, não se incluindo os tratados entre Estados e organizações internacionais e entre estas; e
- *tratados apenas celebrados por escrito*, excluindo-se os tratados celebrados por outro meio de formalização da vontade.

Nas restantes classificações, não parece que se suscitem dúvidas de que a CVDTE as regula, sendo nos seus meandros que ulteriormente se torna possível vislumbrar as consequências regimentais das classificações mencionadas.

É o que passamos a fazer, dirigindo a nossa atenção aos tratados – bilaterais e multilaterais – celebrados entre os Estados, nos próximos números.

[315] O que naturalmente não afeta o seu valor jurídico, nem a possibilidade de uma aplicação indireta da própria CVDTE. Cfr. o art. 3º da CVDTE.

§ 11º O PROCEDIMENTO GERAL DE CONCLUSÃO DOS TRATADOS INTERNACIONAIS

35. A procedimentalização da feitura dos tratados internacionais

I. Observados os tratados internacionais na sua dimensão estática, de acordo com o tripé constituído pelos seus conceito, modalidades e figuras afins, é o momento de serem vistos sob um *prisma dinâmico*, em cujos termos se vai indagar acerca da sua formação[316].

É este o tema geral da conclusão dos tratados internacionais, que iniludivelmente apresenta uma faceta procedimental porque o resultado em que eles consistem não é fruto de um ato instantâneo: antes é a combina-

[316] Quanto ao procedimento de feitura dos tratados internacionais em geral, v. T. O. ELIAS, *The Modern Law of Treaties*, London, 1974, pp. 13 e ss.; PAUL REUTER, *Direito...*, pp. 71 e ss.; ADRIANO MOREIRA, *Direito...*, pp. 68 e 69; MICHAEL AKEHURST, *Introdução...*, pp. 153 e ss.; ALBINO DE AZEVEDO SOARES, *Lições...*, pp. 154 e ss.; DOMINIQUE CARREAU, *Droit International*, 2ª ed., Paris, 1988, pp. 112 e ss.; J. G. STARKE, *Introduction...*, pp. 436 e ss.; IAN BROWNLIE, *Principles...*, pp. 603 e ss.; NUNO E SOUSA, *Curso...*, pp. 168 e ss.; ANDRÉ GONÇALVES PEREIRA e FAUSTO DE QUADROS, *Manual...*, pp. 186 e ss.; EDUARDO CORREIA BATISTA, *Direito Internacional...*, I, pp. 168 e ss.; NGUYEN QUOC DINH, PATRICK DAILLIER e ALAIN PELLET, *Droit...*, pp. 125 e ss.; FAUSTO DE QUADROS e JORGE BACELAR GOUVEIA, *As relações...*, pp. 25 e ss.; WLADIMIR BRITO, *Direito...*, pp. 109 e ss.; FRANCISCO FERREIRA DE ALMEIDA, *Direito...*, pp. 102 e ss.; MALCOLM N. SHAW, *International...*, pp. 810 e ss.; ANTONIO CASSESE, *International Law*, pp. 149 e ss.; JOAQUIM DA SILVA CUNHA e MARIA DA ASSUNÇÃO DO VALE PEREIRA, *Manual...*, pp. 223 e ss.; JORGE MIRANDA, *Curso...*, pp. 66 e ss.; JOSÉ FRANCISCO REZEK, *Direito...*, pp. 33 e ss.; JÓNATAS E. M. MACHADO, *Direito Internacional...*, pp. 293 e ss.; MARIA LUÍSA DUARTE, *Direito Internacional Público...*, pp. 187 e ss.

ção de diversos atos interlocutórios que desembocam, sequencialmente, na emanação de um ato final, que é o tratado internacional celebrado[317].

Note-se, inclusivamente, que esta não é uma tarefa despicienda, nela se descobrindo relevantes consequências práticas, ao sublinhar-se estes três aspetos fundamentais[318]:

- a determinação do tipo de participação preparatória no procedimento;
- as consequências dos vícios que atinjam os atos prévios, porquanto, não possuindo autonomia funcional, se repercutem no ato final;
- a determinação da aplicação das leis no tempo, à luz do princípio *tempus regit factum*.

A definição do número e o encadeamento dessas diversas fases não têm sido propriamente olhados com unanimidade pela doutrina, nem sequer se podendo considerar muito científica a divisão sistemática operada pela CVDTE, matéria que deve ser sobretudo perspetivada pela sua utilidade prática, não tanto pelas elucubrações mais ou menos teoréticas que possa levantar.

II. A leitura da CVDTE, ao contrário do que sucede noutros aspetos do regime dos tratados internacionais, não é muito útil para a dilucidação de cada uma das fases do *iter* procedimental da sua conclusão.

Na arrumação das matérias que nesta se faz, a conclusão dos tratados internacionais está concentrada na Parte II, que tem por epígrafe "Conclusão e entrada em vigor dos tratados".

Noutros lugares, é ainda possível colher contributos regulativos, que assim não podem ser desconsiderados:

- na Parte I, algumas disposições sobre o caráter escrito do procedimento;

[317] Ideia de procedimento que comporta, assim, três elementos fundamentais: (i) a pluralidade de atos jurídicos que se sucedem; (ii) o estabelecimento de uma ordem sequencial temporal entre eles; e (iii) a identidade de objetivos para a formação da vontade última.

Sobre o conceito de procedimento dos atos do poder público, v., por todos, Jorge Bacelar Gouveia, *O estado de exceção...*, II, pp. 1108 e ss.

[318] Cfr. Jorge bacelar gouveia, *O estado de exceção...*, II, p. 1109.

- na Parte VII, a importante regra sobre o registo e publicação dos tratados.

Só que não é possível encarar como cientificamente recomendável a distribuição de matérias que a CVDTE realizou, ela interessando sobretudo às opções de regime que daí se retiram e que são consideradas relevantes.

III. Aquela falta de unanimidade também se reflete na jusinternacionalística portuguesa que sobre este ponto teve ocasião de se pronunciar, com diferentes ângulos de análise na delimitação de cada uma daquelas fases:

- Albino de Azevedo Soares refere cinco momentos: (i) a negociação, (ii) a autenticação do texto, (iii) a manifestação do consentimento à vinculação, (iv) a entrada em vigor e (v) o registo e publicação[319];
- André Gonçalves Pereira e Fausto de Quadros designam as fases, não tanto pelos seus efeitos na conclusão dos tratados, mas sobretudo por alguns aspetos que as diferenciam entre si, como a assinatura representativa da adoção do texto – mas este não sendo decerto o único ato aqui possível – ou a ratificação – como demonstrativa da ratificação – embora também salientando a assinatura dos tratados simplificados e a adesão nos tratados abertos[320];
- Eduardo Correia Batista dissocia cinco fases: (i) a negociação, adoção e autenticação do texto, (ii) a vinculação, (iii) a entrada em vigor, (iv) o registo e (v) o depósito[321];
- Joaquim da Silva Cunha e Maria da Assunção do Vale Pereira aludem a quatro fases: (i) as negociações, (ii) a redação, (iii) a assinatura e (iv) a ratificação[322];

[319] Cfr. Albino de Azevedo Soares, *Lições...*, pp. 155 e ss.

[320] Cfr. André Gonçalves Pereira e Fausto de Quadros, *Manual...*, pp. 186 e ss.

[321] Cfr. Eduardo Correia Batista, *Direito Internacional...*, I, pp. 169 e ss.

[322] Cfr. Joaquim da Silva Cunha e Maria da Assunção do Vale Pereira, *Manual...*, p. 226.

- Francisco Ferreira de Almeida refere cinco fases: (i) a negociação, (ii) a autenticação ou assinatura, (iii) a vinculação ao tratado, (iv) a entrada em vigor e (v) o registo e publicação[323];
- Jorge Miranda divisa apenas três fases: (i) a negociação (com assinatura), (ii) a aprovação e (iii) a ratificação[324];
- Wladimir Brito indica a existência de quatro fases: (i) a negociação, (ii) a redação, (iii) a assinatura e (iv) a ratificação[325].

No plano da doutrina estrangeira mais avançada, é de indicar o entendimento de Nguyen Quoc Dinh, Patrick Daillier e Alain Pellet, para quem a conclusão dos tratados internacionais, menos analiticamente, se deve repartir do seguinte modo: (i) a elaboração do texto, (ii) a expressão do consentimento de vinculação e (iii) a introdução do tratado na ordem jurídica internacional[326].

IV. Da nossa parte, julgamos que *são cinco as fases por que se desdobra a celebração dos tratados internacionais*, considerando compreensivamente desde a fase da iniciativa das negociações até ao momento em que se pratica o último ato destinado a garantir a sua total operacionalidade no Direito Internacional:

- a negociação do tratado;
- a adoção do tratado;
- a vinculação ao tratado;
- a entrada em vigor do tratado;
- o registo e a publicação do tratado.

Esta é uma opção mais substancialista do que propriamente nominalista: na arrumação sistemática, interessa identificar os efeitos que derivam de cada uma dessas fases, no que será relevante a experiência de

[323] Cfr. Francisco Ferreira de Almeida, *Direito...*, pp. 102 e ss.

[324] Cfr. Jorge Miranda, *Curso...*, p. 66.

[325] Cfr. Wladimir Brito, *Direito...*, p. 109.

[326] Cfr. Nguyen Quoc Dinh, Patrick Daillier e Alain Pellet, *Droit...*, pp. 127 e ss.

outras ciências, como o Direito Administrativo[327] e o Direito Constitucional[328].

Também consideramos a importância de dois fundamentais critérios: a heterogeneidade dos elementos que são necessários à formação do tratado internacional, ao mesmo tempo avultando os requisitos de existência, de validade e de eficácia; a distinção real entre as diversas fases, as quais devem ser autonomamente idealizadas, como se peças separadas fossem num contexto procedimental que exige um mínimo de identificabilidade de cada uma delas.

Esta nossa delimitação das fases do procedimento de conclusão dos tratados é ainda sensível aos efeitos específicos de cada um dos momentos que nele se visualizam. O principal aspeto a referir é a inclusão dos atos que sejam externos ao respetivo conteúdo, ou seja, todos os atos que surjam depois do momento de vinculação internacional ao tratado, como sucede com a vigência e a publicidade.

V. A definição do procedimento de conclusão não foi indiferente à passagem do Estado pré-constitucional – Estado monárquico e absoluto – ao Estado Constitucional – com representação democrática e separação de poderes.

Ali, o procedimento concentrava-se no Rei, titular do poder absoluto, que negociava diretamente ou fazia-o indiretamente, embora depois no ato final de ratificação absorvesse todos os atos interlocutórios antecedentes.

[327] Sobre o procedimento administrativo, v. Paulo Ferreira da Cunha, *O procedimento administrativo*, Coimbra, 1987, pp. 59 e ss.; Diogo Freitas do Amaral, *Curso de Direito Administrativo*, II, Coimbra, 2001, pp. 288 e ss.; João Caupers, *Introdução ao Direito Administrativo*, 7ª ed., Lisboa, 2003, pp. 135 e ss.; José Figueiredo Dias e Fernanda Paula Oliveira, *Direito Administrativo*, 2ª ed., Coimbra, 2003, pp. 177 e ss.

[328] Relativamente ao procedimento político-legislativo, v. Jorge Bacelar Gouveia, *O estado de exceção...*, II, pp. 1106 e ss., *O procedimento legislativo*, in DJAP, III suplemento, Lisboa, 2007, pp. 595 e ss., e *Manual de Direito Constitucional*, II, 6ª ed., Coimbra, 2016, pp. 1287 e ss.; Jorge Miranda, *Manual de Direito Constitucional*, V, 2ª ed., Coimbra, 2000, pp. 238 e ss.; J. J. Gomes Canotilho, *Direito Constitucional e Teoria da Constituição*, 6ª ed., Coimbra, 2002, pp. 865 e ss.

Aqui, o procedimento é dispersivo do ponto de vista dos órgãos intervenientes, essencialmente com a participação do Chefe de Estado e da assembleia representativa.

Seja como for, a proeminência do Chefe de Estado no momento da ratificação parece que se conservou como um importante resquício do tempo monárquico.

36. A fase da negociação

I. A primeira fase da feitura dos tratados internacionais é a *da negociação*, que integra todos os atos destinados a aproximar as partes que têm interesse num futuro articulado de tratado a celebrar.

Logicamente que a negociação nem sempre termina com a passagem à fase seguinte – que é a da adoção do texto – porque pode deixar de haver vontade, nalgumas ou em todas as partes envolvidas, para consolidar as negociações, assim se extinguindo este momento procedimental.

É por isso que nem sempre tal fase aparece devidamente autonomizada, para alguns devendo integrar-se na fase da adoção do texto do futuro tratado internacional. É, de resto, esse o entendimento da própria CVDTE, que se lhe refere de um prisma que apenas interessa aquando da sua passagem à adoção ou autenticação do texto, ao regular a matéria dos plenos poderes (cfr. o art. 7º do CVDTE).

Porém, o simples facto de se pensar na possibilidade de a negociação poder gorar-se basta para elucidar acerca da necessidade da sua autonomização conceptual e regimental, mesmo que depois existam normas idênticas que regulem ambas as fases.

II. Numa perspetiva material, a ativação da negociação internacional não pode ser vista de um modo fotográfico, como se a respetiva realidade pudesse ser captada num único momento.

Pelo contrário: a atividade da negociação internacional só pode ser analisada num sub-procedimento próprio, ou seja, uma sucessão ordenada de atos que se organizam para a produção de um ato final, que consubstancia as negociações havidas.

Quer isso então dizer que a negociação internacional deve ser distribuída por três momentos bem distintos: a fase da pré-negociação; a fase do quadro da negociação; e a fase da particularização da negociação.

A primeira fase prende-se com a necessidade de estabelecer as disposições que guiarão o processo negocial, através da identificação das partes negociadoras, bem como das matérias que vão ser objeto de negociação.

A segunda fase corresponde à definição dos sub-temas e dos esquemas de desenvolvimento da negociação propriamente dita, pois que nessa ocasião importa definir a calendarização das negociações.

A terceira fase é a da consulta direta, recíproca e pormenorizada entre os negociadores, que assim vão discutindo os diversos assuntos, de acordo com o esquema definido na segunda fase.

III. Em termos subjetivos, a negociação só pode ser levada a cabo por entidades habilitadas para o efeito, assim podendo falar em nome dos sujeitos internacionais nela intervenientes.

Esta capacidade para a negociação internacional designa-se pela expressão "plenos poderes", numa tradição já antiga, e significa a apresentação de uma carta-patente, na qual se indica a pessoa do representante, bem como os atos para que está autorizado.

Este documento é escrito e deve ser assinado pelas entidades que são internamente responsáveis pela manifestação da vontade de o Estado internacionalmente se representar nessa fase.

IV. A habilitação dos plenos poderes, porém, pode ser de duas categorias[329]:

- uma *habilitação funcional*; ou
- uma *habilitação voluntária*[330].

A *habilitação funcional* autoriza o estabelecimento da negociação por parte daqueles que exercem certos cargos na estrutura de poder do sujeito interessado, podendo ser titulada, quanto ao Estado, por diversas entidades [cfr. o art. 7º, nº 2, nas als. a), b) e c), da CVDTE]:

[329] Cfr. José Francisco Rezek, *Direito...*, pp. 34 e ss.; Jorge Miranda, *Curso...*, pp. 67 e 68.

[330] Matéria que sempre fica sendo reservada ao Direito Constitucional dos Estados negociadores. Neste sentido, Nguyen Quoc Dinh, Patrick Daillier e Alain Pellet, *Droit...*, p. 128.

- uma *habilitação funcional geral*: os Chefes de Estado, os Chefes de Governo e os Ministros dos Negócios Estrangeiros, para todos os atos;
- uma *habilitação funcional específica diplomática*: os chefes de missão diplomática, no estrito âmbito da negociação de tratados entre o Estado acreditante e o Estado acreditador;
- uma *habilitação funcional específica institucional*: os representantes acreditados dos Estados numa conferência internacional ou junto de uma organização internacional, ou de um dos seus órgãos, quanto a tratados celebrados nessas instâncias.

A *habilitação voluntária* decorre de o sujeito internacional conferir uma carta de plenos poderes a alguém para, em seu nome, poder negociar a elaboração de um texto de tratado internacional, embora se admita a presunção de que esse documento existe e que, desse jeito, não tem de ser apresentado.

V. A CVDTE expressamente considera a possibilidade de no âmbito das negociações, bem como nos momentos posteriores, os representantes dos Estados não possuírem os plenos poderes apropriados, do que resultará a invalidade procedimental da conclusão do tratado internacional.

Simplesmente, dada a sua precoce localização, é sempre viável a confirmação do ato praticado sem habilitação, num caso claro de sanação de um ato procedimentalmente inválido[331].

Por outra parte, ainda que durante muito tempo isso tivesse sucedido, é hoje inequívoco que a apresentação de plenos poderes não envolve qualquer promessa de ratificação, quanto mais não seja por não ser possível vislumbrar os contornos finais da negociação[332].

[331] André Gonçalves Pereira e Fausto de Quadros, *Manual...*, pp. 187 e 188, referindo aqui a gestão de negócios.

[332] Assim, Joaquim da Silva Cunha e Maria da Assunção do Vale Pereira, *Manual...*, p. 227.

37. A fase da adoção do texto

I. A *adoção do texto* é a segunda fase do procedimento de elaboração dos tratados internacionais, significando que da negociação resultou um interesse na redação de um texto, não tendo aquelas ficado goradas ou interrompidas.

Esta é uma fase procedimental que se consubstancia em dois aspetos que lhe são nucleares, com direta e autónoma relevância jurídico-internacional[333]:

- por um lado, ela encerra a fase das negociações, pondo-lhe termo e fixando-lhe os respetivos contornos, através da redação do correspondente texto;
- por outro lado, ela certifica a sua autenticidade, através da sua formalização num documento escrito, assinalando o caráter fidedigno dessas mesmas negociações, bem como o seu cariz definitivo.

Consequentemente, a adoção do texto pode ser dividida em dois sub-momentos, logicamente distintos, mas nem sempre cronologicamente separados, como sucede com os tratados bilaterais:

- a *aprovação do texto*, ato que expressa o encerramento das negociações, tendo estas chegado a bom porto;
- a *autenticação do texto*, ato que lhe atribui um valor de veracidade e de definitividade.

II. O primeiro destes momentos da adoção, que diz respeito ao texto de um hipotético tratado internacional, traduz-se no acordo dado, entre as partes negociadoras, a um texto escrito, que foi sendo redigido durante a fase da negociação, nada mais havendo a dizer sobre o mesmo, que se dá por concluído (cfr. o art. 9º, nº 1, da CVDTE).

É com este consentimento que substancialmente se pode dizer que as negociações não foram apenas isso: foram também um momento em que se aceitou que as discussões havidas pudessem constar de um documento

[333] Cfr. André Gonçalves Pereira e Fausto De Quadros, *Manual...*, pp. 195 e 196; Nguyen Quoc Dinh, Patrick Daillier e Alain Pellet, *Droit...*, p. 134; Francisco Ferreira De Almeida, *Direito...*, p. 104.

escrito, o futuro tratado internacional, dando azo a que esse texto venha efetivamente a existir na sua validade e na sua eficácia.

Claro que a adoção do texto, nesta dimensão da respetiva fixação, depende sempre da vontade expressa nesse sentido manifestada por parte dos interlocutores da negociação.

III. O outro momento da adoção do texto consubstancia-se na respetiva autenticação, ato pelo qual os Estados negociadores confirmam, quanto ao articulado apresentado, o consenso a que chegaram, ao mesmo tempo que o consideram definitivo.

São múltiplos os atos que formalmente servem este propósito de atestar a autenticidade de um projeto de tratado internacional, os quais, nos tratados bilaterais, também significam a aprovação dos mesmos (cfr. o art. 10º da CVDTE):

- a assinatura;
- a assinatura *ad referendum*;
- a rubrica; ou
- qualquer outro esquema estabelecido nas negociações.

Há, contudo, uma diferença importante entre a assinatura, por um lado, e a rubrica e a assinatura *ad referendum*, por outro lado: enquanto que a primeira é definitiva, estas duas são provisórias e a eficácia que lhes está inerente fica sempre dependente da confirmação ulterior por parte do Estado em causa.

No caso dos acordos simplificados, nesta sub-fase da autenticação, dentro da adoção do texto, ocorre também a fase da vinculação internacional, residindo aqui, de resto, a maior relevância jurídico-dogmática desta modalidade de tratado internacional.

Coloca-se ainda a questão de saber qual o regime aplicável no caso de no texto em questão não ter sido definido o modo da vinculação, omitindo-se o esclarecimento sobre a sua qualidade de tratado solene ou de acordo em forma simplificada.

Após bastante tempo se entender que haveria uma presunção da necessidade da ratificação, hoje considera-se que nada se pode concluir sobre o assunto atenta a versão definitiva da CVDTE[334], devendo resolver-se o

[334] Cfr. André Gonçalves Pereira e Fausto de Quadros, *Manual...*, pp. 216 e 217; Nguyen Quoc Dinh, Patrick Daillier e Alain Pellet, *Droit...*, pp. 142 e 143; Joaquim

problema através do esquema geral da interpretação dos tratados, aí se buscando a disponível vontade das partes quanto a esse ponto.

IV. O sentido normativo da adoção do texto, para além daqueles aspetos centrais em que ela diretamente se consubstancia, também se perspetiva num conjunto de efeitos laterais que se desenvolvem.

Um deles reside no facto de, após aquele momento, a parte outorgante ter o direito à vinculação futura ao tratado, podendo vir a tomar parte dele.

Em compensação, deve agir de boa fé, não dando a entender algo que não queira fazer: sempre quebraria a necessária confiança que deve existir nas relações contratuais alguém que, depois de se ter ativamente empenhado na negociação e na adoção de um texto, já de antemão soubesse que não queria ou poderia vincular-se a esse mesmo texto[335].

Cumpre ainda dizer que são normalmente o momento e o lugar da adoção do texto de um tratado os fatores de referência para a identificação da respetiva celebração.

V. O *corpus* do projeto de tratado internacional surge nesta fase da adoção, nela ficando definitivamente fixado, sendo de assinalar três partes distintas, no seu conteúdo e no seu valor[336]:

- a *parte preambular*: que tem o preâmbulo, com um conjunto de considerandos a respeito da razão de ser do tratado, bem como das intenções dos Estados que o negociaram, incluindo a sua própria identificação, que, porém, não possui valor diretamente normativo, ainda que possa ser elemento hermenêutico não despiciendo[337];

da Silva Cunha e Maria da Assunção do Vale Pereira, *Manual...*, p. 246; Francisco Ferreira de Almeida, *Direito...*, pp. 104 e 105.

[335] Este é, pois, um direito temperado pela irrupção de uma modalidade de responsabilidade pré-contratual, que reside no facto de um Estado dever "...abster-se de atos que privem um tratado do seu objeto ou do seu fim: a) Quando assinou o tratado ou trocou os instrumentos constitutivos do tratado sob reserva de ratificação, aceitação ou aprovação, enquanto não manifestar a sua intenção de não se tornar parte no tratado;". Cfr. o art. 18º, al. a), da CVDTE.

[336] Cfr. Nguyen Quoc Dinh, Patrick Daillier e Alain Pellet, *Droit...*, pp. 131 e ss.; Francisco Ferreira de Almeida, *Direito...*, pp. 103 e 104; Wladimir Brito, *Direito...*, p. 113; Joaquim da Silva Cunha e Maria da Assunção do Vale Pereira, *Manual...*, pp. 227 e 228; José Francisco Rezek, *Direito...*, pp. 44 e ss.

[337] Cfr. José Francisco Rezek, *Direito...*, pp. 44 e 45.

- a *parte dispositiva*: que tem o articulado ou o clausulado, conforme seja redigido por artigos ou por cláusulas, o qual consiste num conjunto de preceitos, separadamente para cada uma das matérias, distinguindo-se entre disposições materiais e cláusulas finais;
- a *parte complementar*: que tem os anexos, podendo aparecer com um sentido técnico ou geográfico, embora possuindo o mesmo valor normativo do articulado[338].

Ao nível do texto do tratado, merece ainda atenção, dentro desta lógica documental, a matéria da sua retificação. A ideia geral é a de que, havendo lapsos ou erros materiais, deles decorre um dever de retificação, que não pode ser confundido com qualquer modificação do tratado[339].

VI. A adoção do texto ainda levanta o problema suplementar – que não faz sentido para a generalidade dos atos internos – da escolha da língua para a respetiva redação, estando em causa celebrantes que utilizem mais de uma língua.

Até ao século XIX, o sistema adotado acompanhava a língua universal por excelência – primeiro, o latim e, depois, o francês – como veículo das relações internacionais, sendo também considerada como a língua de comunicação entre as diversas intelectualidades da época[340].

A partir do século XIX, o latim passou a língua morta, numa perspetiva falada e escrita, perdendo também o francês terreno relativamente à maior expansão geográfica do inglês, decorrência da progressiva influência internacional do mundo anglo-saxónico, os Estados Unidos da Amé-

[338] Exemplo: o caso da CNUDM, que tem 9 anexos, é evidente no sentido de lhes atribuir uma mesma força normativa, como se escreve no respetivo art. 318º: "Os Anexos são parte integrante da presente Convenção e, salvo disposição expressa em contrário, uma referência à presente Convenção ou a uma das suas Partes constitui uma referência aos Anexos correspondentes".

[339] Cfr. o art. 79º da CVDTE. Cfr. Eduardo Correia Batista, *Direito Internacional...*, I, pp. 229 e 230.

[340] Como pitorescamente refere Henri Robert (*Grandes julgamentos da História*, São Paulo, 2008, p. 174), "A língua francesa não só era adotada por todas as nações como língua oficial internacional dos tratados, como também era conhecida e falada pela aristocracia de todas as capitais da Europa. De tal modo que um francês se sentia em casa em Haia, em Viena, em Berlim ou em São Petersburgo".

rica e do Reino Unido, tendo o primeiro sinal disso mesmo sido dado pelo Tratado de Versalhes, de 1919, redigido já simultaneamente em francês e em inglês.

É assim que se coloca a questão da escolha das línguas de redação dos textos dos tratados. Não há propriamente nenhuma regra, embora deva entender-se que se prefere a escolha de um número razoável de línguas de redação, algumas delas dando azo a textos considerados autênticos[341], de acordo com um valor essencialmente hermenêutico[342].

38. A fase da vinculação internacional

I. A *vinculação ao texto do tratado internacional* é a terceira fase no procedimento destinado à sua conclusão, sendo porventura o momento mais relevante, ao nele o sujeito internacional exprimir a sua vontade de ficar obrigado pelas cláusulas que constam do respetivo articulado.

No plano do Direito Internacional, é curioso verificar que do facto de um Estado ter aceite encerrar as negociações, com a adoção do texto, não decorre qualquer obrigação de se vincular no futuro, inversamente derivando mesmo um direito de o fazer através de um ato posterior e que pode nunca vir a praticar: o ato de vinculação internacional.

A sua razão de ser parece óbvia: se o Estado se empenhou tanto na condução das negociações, que atingiram a maturidade da adoção de um texto, é natural que depois tenha a possibilidade de beneficiar da conjugação dos interesses que nele se plasmaram, obrigando-se ao respetivo texto.

[341] Exemplos: os principais tratados celebrados sob a égide da ONU oferecem-se autênticos em várias línguas: a CNU, o PIDCP, o PIDESC, segundo os respetivos arts. 111, 31º e 53º, em inglês, chinês, espanhol, francês e russo, e o ERTPI, de acordo com o seu art. 128º, em árabe, chinês, espanhol, francês, inglês e russo.

[342] Quanto ao problema da escolha das línguas na redação dos textos dos tratados, v. Wladimir Brito, *Direito...*, p. 111; Nguyen Quoc Dinh, Patrick Daillier e Alain Pellet, *Droit...*, p. 171; Joaquim da Silva Cunha e Maria da Assunção do Vale Pereira, *Manual...*, p. 227.

II. Longe de ser unívoco, este ato de vinculação internacional, que normalmente pressupõe a adoção do texto, pode revestir-se de diversas modalidades[343]:

- a *assinatura*: no caso de na adoção do texto também ter sido estabelecida a possibilidade de uma simultânea vinculação aquando da autenticação[344];
- a *troca de instrumentos constitutivos*: que se traduz na entrega recíproca dos textos, assinados por ambas as partes em representação dos respetivos sujeitos outorgantes;
- a *ratificação*: sendo a mais comum delas[345], é praticada no âmbito da vinculação dos Estados pelos respetivos Chefes de Estado, estando reservada aos tratados solenes[346];
- a *aceitação* ou a *aprovação*: o paralelo da ratificação, mas agora no âmbito das organizações internacionais;
- a *adesão*: surge quando está em causa a vinculação de um sujeito que não adotou o texto, não tendo participado nas negociações, nem tendo feito a respetiva assinatura diferida.

III. O momento a partir do qual se considera produzida a vontade de os Estados internacionalmente se vincularem – tal não se confundindo, porém, com o momento da sua entrada em vigor – pode ser concretizado nalgum destes acontecimentos quanto aos instrumentos ou atos de vin-

[343] Cfr. os arts. 11º e ss. da CVDTE. Cfr. André Gonçalves Pereira e Fausto de Quadros, *Manual...*, pp. 196 e 197; Nguyen Quoc Dinh, Patrick Daillier e Alain Pellet, *Droit...*, pp. 138 e ss.; Wladimir Brito, *Direito...*, pp. 114 e ss.; Joaquim da Silva Cunha e Maria da Assunção do Vale Pereira, *Manual...*, pp. 229 e 230, e pp. 244 e ss.; José Francisco Rezek, *Direito...*, pp. 46 e ss.

[344] É o que sucede nos acordos simplificados, quando o Direito Interno respetivo permite que, no ato da assinatura da autenticação, o representante do Estado também manifeste a vontade em vincular-se ao mesmo.

Contra, Jorge Miranda (*Curso...*, p. 69), dizendo que "Tirando os tratados sob forma ultrassimplificada, todos os tratados requerem aprovação pelo órgão interno competente".

[345] Exemplos: o PIDESC e o PIDCP, segundo os respetivos arts. 26º, nº 2, e 48º, nº 2, ao dizerem que "O presente Pacto está sujeito a ratificação".

[346] Ratificação que é internamente definida quanto à entidade que a pratica, sendo um ato discricionário e irrevogável. Cfr. José Francisco Rezek, *Direito...*, pp. 50 e ss.

culação, a não ser que outra coisa convencionalmente se estabeleça (cfr. o art. 16º da CVDTE):

- na troca desses instrumentos entre os Estados contratantes, havendo a figura da troca de instrumentos constitutivos;
- no depósito dos instrumentos internacionalmente vinculativos junto do depositário, para os tratados internacionais multilaterais em geral;
- na notificação da emissão daqueles instrumentos, tendo isso sido especialmente convencionado[347].

IV. O consentimento a estar vinculado a um tratado internacional, agora do ponto de vista da sua extensão, assenta no princípio da unidade material do respetivo clausulado, não podendo o sujeito vincular-se apenas a uma parte desse texto (cfr. o art. 17º, nº 1, da CVDTE).

Mas tal será viável se o texto assim o permitir ou se os outros sujeitos assim o consentirem, devendo, nestes casos, os Estados indicar a que disposições pretendem obrigar-se (cfr. o art. 17º, nº 2, da CVDTE).

Eis um mecanismo que não deve ser confundido com o instituto das reservas e tem o intuito de flexibilizar a vinculação ao mesmo, ainda que a título excecional, assim se evitando situações de indesejável fragmentação regulativa.

39. A fase da entrada em vigor

I. A *entrada em vigor* é a quarta fase da elaboração dos tratados internacionais e implica que os efeitos jurídicos determinados nos respetivos articulados possam tornar-se eficazes, no pressuposto de que já eram vinculativos para as partes.

A dissociação entre a vinculação e a produção de efeitos, ao contrário do que sucede nos atos estaduais, tem outra motivação: a de estabelecer uma plataforma comum, para que a entrada em vigor aconteça unifor-

[347] Como acrescenta Jorge Miranda (*Curso...*, p. 70), "...nos sistemas representativos, os efeitos da ratificação apenas podem produzir-se para o futuro, por só terem intervindo no processo os vários órgãos constitucionalmente necessários".

memente para todas as partes ou, pelo menos, para um seu apreciável conjunto.

Utilizando a dogmática do Direito Constitucional, que é aqui pertinente, ocorre a passagem de um momento de existência e de validade a um momento de eficácia dos tratados concluídos[348].

II. Em geral, a entrada em vigor dos tratados internacionais submete-se a dois possíveis esquemas[349]:

- ou entram em vigor na data e nos termos que ficaram combinados nas respetivas disposições finais ou por outra qualquer forma considerada relevante;
- ou entram em vigor, no caso de aquele esquema não ter sido preferido, logo que o último sujeito que adotou o texto tenha também emitido o ato de vinculação ao mesmo.

Para evitar que um tratado multilateral demore muito a entrar em vigor, é frequente adotar-se um *sistema misto*, em que se exige um número razoável de vinculações: foi o que se passou com a CNUDM e com o ERTPI, em cujos articulados não se exige a totalidade das ratificações para o início das respetivas vigências[350].

[348] Sobre a entrada em vigor dos tratados internacionais, v. ADRIANO MOREIRA, *Direito...*, pp. 72 e 73; NGUYEN QUOC DINH, PATRICK DAILLIER e ALAIN PELLET, *Droit...*, pp. 159 e ss.; FRANCISCO FERREIRA DE ALMEIDA, *Direito...*, p. 113; JOAQUIM DA SILVA CUNHA e MARIA DA ASSUNÇÃO DO VALE PEREIRA, *Manual...*, pp. 280 e 281; JOSÉ FRANCISCO REZEK, *Direito...*, pp. 73 e ss.; JÓNATAS E. M. MACHADO, *Direito Internacional...*, pp. 322 e ss.

[349] Cfr. o art. 24º, nºs 1 e 2, da CVDTE. Cfr. JOAQUIM DA SILVA CUNHA e MARIA DA ASSUNÇÃO DO VALE PEREIRA, *Manual...*, p. 280.

[350] A CNUDM entrou em vigor, conforme o seu art. 308º, nº 1, "...12 meses após a data de depósito do sexagésimo instrumento de ratificação ou adesão"; o ERTPI iniciou a sua vigência, nos termos do respetivo art. 126º, nº 1, "...no 1º dia do mês seguinte ao termo de um período de 60 dias após a data do depósito do 60º instrumento de ratificação, aceitação, aprovação ou de adesão...".

Outros exemplos: o estatuto do CEu entrou em vigor "...depois do depósito de sete instrumentos de ratificação" (art. 42º, al. b); a CVRD entrou em vigor "...no trigésimo dia que se seguir à data do depósito, perante o Secretário-Geral das Nações Unidas, do vigésimo segundo instrumento de ratificação ou adesão" (art. 51º, nº 1); a CVDTE iniciou a sua vigência "..no 30º dia após a data do depósito do 35º instrumento de ratificação ou adesão".

Na hipótese de se tratar da vigência de um tratado internacional relativamente a um Estado que ao mesmo só se tenha vinculado num momento em que já esteja em vigor, para ele a vigência do tratado é imediata, verificando-se logo que tenha expresso o consentimento a obrigar-se ao mesmo (cfr. o art. 24º, nº 3, da CVDTE).

III. Não quer isto dizer que não se verifiquem mecanismos de vigência antecipada dos tratados internacionais, prevendo a CVDTE duas distintas figuras:

- a *pré-vigência*; e
- a *aplicação provisória.*

A *pré-vigência* significa que certas normas têm de entrar logo em vigor, sob pena de o tratado não poder consumar-se nos termos estabelecidos, segundo a dinâmica burocrática que é própria do respetivo procedimento: "As disposições de um tratado que regem a autenticação do texto, a manifestação do consentimento dos Estados a ficarem vinculados pelo tratado, as modalidades ou a data da entrada em vigor, as reservas, as funções do depositário, bem como as outras questões que se suscitam necessariamente antes da entrada em vigor do tratado, são aplicáveis desde a adoção do texto" (art. 24º, nº 4, da CVDTE).

Neste primeiro caso, trata-se de uma vigência que se considera de natureza parcial e também temporária, não só se aplicando apenas a certas disposições como podendo suceder a definitiva não entrada em vigor do tratado se o mesmo nunca reunir as vinculações suficientes.

A *aplicação provisória*, que também acontece depois da adoção do texto, surge antes da vinculação e pode ser determinada para a totalidade ou para apenas uma parte do texto, indo necessariamente além do âmbito de aplicação da pré-vigência (cfr. o art. 25º, nº 1, da CVDTE). Essa aplicação a título provisório termina "...se este notificar os outros Estados, entre os quais o tratado é aplicado provisoriamente, da sua intenção de não se tornar Parte no mesmo" (art. 25º, nº 2, *in fine*, da CVDTE).

Em relação a este outro caso, não se pode esquecer que, desde a vinculação e até à sua entrada em vigor, as partes se submetem a um dever geral de boa fé, devendo o Estado "...abster-se de atos que privem um tratado do seu objeto ou fim: (...) b) Quando exprimiu o seu consentimento em se obrigar pelo tratado, no período que precede a entrada em vigor do tratado e com a condição de esta não ser indevidamente retardada" [art. 18º, al. b), da CVDTE].

40. A fase do registo e publicação

I. O *registo e a publicação* é a quinta e última fase na elaboração dos tratados internacionais e visa dotá-los do atributo da publicidade internacional[351].

Isso mesmo se estabelece neste importante preceito da CVDTE: "Após a sua entrada em vigor, os tratados são transmitidos ao Secretariado da Organização das Nações Unidas para efeitos de registo ou arquivo e inscrição, conforme o caso, bem como para publicação" (art. 80º, nº 1, da CVDTE).

Também importa tomar nota de outro preceito, agora da CNU, que com este se encontra ligado: "Nenhuma parte em qualquer tratado ou acordo internacional que não tenha sido registado em conformidade com as disposições do nº 1 deste artigo poderá invocar tal tratado ou acordo perante qualquer órgão das Nações Unidas" (art. 102º, nº 2, da CNU).

II. Não deixa de soar estranho – sobretudo num esforço comparativo com o que sucede no Direito Interno e lembrando a sacrossanta regra da publicidade como condição de eficácia das leis – que o Direito Internacional tenha primeiro previsto a entrada em vigor e, só depois de isso ter sucedido, se tenha ocupado da imposição de os tratados serem internacionalmente publicados.

Mesmo que se detete aqui uma certa anomalia, a verdade é que se enfrenta um resquício do caráter meramente organizatório dos tratados, dificilmente compaginável com a ideia da sua universal relevância subje-

[351] Sobre o registo e a publicação dos tratados, v. JEAN-PAUL JACQUE, *Article 102*, in AAVV, *La Charte des Nations Unies* (dir. de JEAN-PIERRE COT e ALAIN PELLET), 2ª ed., Paris, 1991, pp. 1365 e ss.; ANDRÉ GONÇALVES PEREIRA e FAUSTO DE QUADROS, *Manual...*, pp. 238 e ss.; NGUYEN QUOC DINH, PATRICK DAILLIER e ALAIN PELLET, *Droit...*, pp. 163 e ss.; FRANCISCO FERREIRA DE ALMEIDA, *Direito...*, pp. 113 e 114; JOAQUIM DA SILVA CUNHA e MARIA DA ASSUNÇÃO DO VALE PEREIRA, *Manual...*, pp. 248 e ss.; JOSÉ FRANCISCO REZEK, *Direito...*, pp. 74 e ss.; JORGE MIRANDA, *Curso...*, pp. 78 e 79.

tiva, que pouco ou nada teriam que ver com o mundo das pessoas, apenas lidando diretamente com o mundo das instituições.

Por isso, não parece errada, para além da futura alteração desta disposição da CVDTE, a vontade de os Estados poderem antecipar o registo e a publicação dos tratados, o que, porém, não se encontra diretamente previsto.

Nem se crê que tal possibilidade esteja proibida, embora o texto da CVDTE expressamente localize a fase da publicidade depois da fase da entrada em vigor, que só se pode compreender no seu lado de dever jurídico. Se a interpretação fosse assim literal, então os tratados internacionais sujeitos a uma condição suspensiva, por não estarem em vigor, nunca poderiam ser publicados, o que seria sempre totalmente absurdo.

III. O primeiro aspeto que importa sublinhar é o estabelecimento de um dever geral internacional de promoção da publicação dos tratados internacionais, amplamente concebido, sobretudo se comparado com o preceito que o antecedeu no tempo da SDN[352].

A descrição desse regime geral não contempla quaisquer aceções de modalidades, subjetivas, materiais ou procedimentais, pelo que não há aspetos específicos a considerar, não obstante diversas tentativas no sentido de excluir os tratados internacionais de índole mais técnica, mas que não faria vencimento nos trabalhos preparatórios[353].

Essa amplitude parece que igualmente contempla que a publicitação abranja todos os atos posteriores relacionados com a dinâmica do primeiro tratado internacional celebrado, em qualquer das dimensões relevantes: partes, preceitos, prazo de aplicação temporal e âmbito espacial de aplicação.

A publicidade dos tratados internacionais desdobra-se, em si mesmo, em dois atos:

- no *registo*: o que implica que cada tratado, identificado nas suas características fundamentais, seja assinalado num registo próprio; e

[352] Em cujo art. 18º, primeira parte, se dispunha o seguinte: "Qualquer tratado ou compromisso internacional concluído de hoje para o futuro por um Membro da Sociedade Internacional deverá ser imediatamente registado pelo Secretariado e por ele publicado o mais depressa possível."

[353] Cfr. JEAN-PAUL JACQUE, *Article 102*, p. 1367.

- na *publicação*: o que implica a publicitação do conteúdo do tratado nas publicações oficiais da ONU, bem como a sua disponibilização *on line* nos respetivos *sites*.

Esta publicitação dos tratados internacionais abrange aqueles que vinculem os Estados membros das Nações Unidas, do mesmo modo que inclui os tratados em que Estados não membros sejam partes, podendo ser feita *ex officio* pelo Secretariado-Geral da ONU no caso de tratados celebrados por esta organização ou tendo ela sido autorizada a fazê-lo[354].

IV. O sentido de fundo que se colhe deste dever de publicitação é o de que a vida internacional não deve ser secreta e, pelo contrário, deve proporcionar o conhecimento de todas as normas e instrumentos aprovados e aplicáveis de Direito Internacional.

Tal como sucede com os Estados ao nível interno, em que pode vigorar um regime de segredo, de Estado[355] ou de qualquer outra natureza, pode legitimamente perguntar-se: não será prudente admitir um excecional regime de secretismo para certos tratados, sobretudo os de natureza militar, que podem não aconselhar a respetiva publicidade?

Os preceitos em questão não contemplam qualquer exceção que possa cobrir este caso. Mas é possível conjeturar duas hipóteses, dentro de uma lógica geral de sempre limitar os tratados secretos:

- ou aceitar a integração de uma lacuna de exceção, porque estes preceitos deviam dar guarida a um regime excecional, que pode ter justificação à luz da defesa do Estado;
- ou correr o risco da não publicidade, com a eventualidade da aplicação das sanções previstas para essa hipótese.

V. No caso de este dever geral de registo e publicação dos tratados internacionais ser violado, comina-se a sanção da respetiva inoponibili-

[354] Cfr. Jean-Paul Jacque, *Article 102*, pp. 1369 e 1370.

[355] Sobre os valores subjacentes ao segredo de Estado, v., por todos, Jorge Bacelar Gouveia, *Segredo de Estado*, in DJAP, VII, Lisboa, 1996, pp. 36 e ss., e *Segredo de Estado e Lei Constitucional em Angola*, in AAVV, *A produção de informações de segurança no Estado Democrático de Direito – o caso angolano* (org. de Carlos Feijó), Cascais, 2003, pp. 62 e ss.

dade perante os órgãos da ONU, apenas aplicável aos tratados celebrados depois da sua vigência[356].

Os tratados internacionais não publicitados permanecem válidos, mas os seus outorgantes não podem prevalecer-se do texto celebrado para solicitar a intervenção dos órgãos da ONU, *maxime* do TIJ, no caso de ter havido a violação do mesmo, assim não podendo requerer a tutela da ONU e dos seus órgãos para debelar aquela violação.

Este é um regime que contrasta com o regime anteriormente gizado no âmbito do PSDN, no qual se punia a violação do dever de promoção da publicidade com a sanção da ineficácia: "Nenhum destes tratados ou compromissos internacionais será obrigatório antes do respetivo registo" (art. 18º, *in fine*, do PSDN).

Apesar do tom perentório deste preceito, a verdade é que em qualquer momento os sujeitos partes podem promover o registo e a publicação do tratado em causa, assim já podendo solicitar a intervenção dos pertinentes órgãos da ONU[357].

[356] Cfr. Adriano Moreira, *Direito...*, p. 73; Francisco Ferreira de Almeida, *Direito...*, p. 114; Joaquim da Silva Cunha e Maria da Assunção do Vale Pereira, *Manual...*, pp. 249 e 250.

[357] Mesmo assim, como refere Jean-Paul Jacque (*Article 102*, p. 1379), só um quarto dos tratados internacionais abrangidos lograram ser registados e publicados nos termos deste preceito, dizendo que "A Carta das Nações Unidas, à imagem do Pacto da Sociedade das Nações, não conseguiu tornar a diplomacia pública. Os votos de Wilson continuam no domínio da utopia".

§ 12º O PROCEDIMENTO DE CONCLUSÃO DOS TRATADOS INTERNACIONAIS MULTILATERAIS

41. O regime peculiar dos tratados internacionais multilaterais

I. O procedimento de conclusão dos tratados internacionais que observámos corresponde a um regime geral, que se aplica sem considerar as singularidades por que pode apresentar-se na feitura dos tratados multilaterais[358], assim se estabelecendo desvios àquele regime geral.

Os tratados internacionais multilaterais, que se contrapõem aos tratados internacionais bilaterais, são uma categoria que se constrói sobre o critério do número das partes que aos mesmos se vincularam, devendo ser necessariamente superiores a duas.

Deparamos com uma distinção suscetível de ulteriores subespecificações, pois que se aceita que nos tratados multilaterais se possa ainda separar entre:

- os *tratados multilaterais gerais*: quando o seu número é muito alargado, aproximando as respetivas normas do Direito Internacional Geral;

[358] Realçando estes aspetos no procedimento de elaboração dos tratados internacionais multilaterais, v. KRISTINA MAREK, *Contribution à l'étude de l'histoire du traité multilatéral*, in AAVV, *Festschrift Bindschedler*, 1980, pp. 17 e ss.; ALBINO DE AZEVEDO SOARES, *Lições...*, pp. 162 e ss.; ANDRÉ GONÇALVES PEREIRA e FAUSTO DE QUADROS, *Manual...*, pp. 223 e ss.; FAUSTO DE QUADROS e JORGE BACELAR GOUVEIA, *As relações...*, pp. 28 e ss.; NGUYEN QUOC DINH, PATRICK DAILLIER e ALAIN PELLET, *Droit...*, pp. 165 e ss.; FRANCISCO FERREIRA DE ALMEIDA, *Direito...*, pp. 118 e ss.

- os *tratados multilaterais restritos*: quando o seu número, indo além de dois, é reduzido, longe estando, por isso, daquele Direito Internacional Geral e sendo, ao invés, Direito Internacional Particular.

O regime dos tratados internacionais multilaterais vale sobretudo pelas consequências que lhe estão diretamente associadas, de acordo com os seguintes tópicos, que vamos analisar, conferindo ao terceiro uma maior atenção:

- a negociação em conferência internacional;
- a aprovação e a autenticação do texto separadamente;
- a aposição de reservas;
- a abertura a terceiros Estados;
- a instituição do depositário.

II. A negociação de um tratado internacional multilateral[359], devido ao facto de haver uma grande pluralidade de interessados, não pode ser convenientemente realizada através de encontros ou de conversações bilaterais. Torna-se necessário adotar outros esquemas que permitam a fluida expressão de uma tão variegada gama de interesses e de posições.

O esquema da conferência internacional, que representa a reunião numa assembleia de todos esses representantes, é o mais frequente, podendo tal conferência internacional ter outras finalidades – de entre elas também se inscrevendo a discussão do tratado em causa – ou ser especificamente convocada para essa negociação, adquirindo assim uma feição específica.

Outra possibilidade consiste na submissão da negociação aos auspícios de organizações internacionais que patrocinem os interesses em apreço, embora aqui se exigindo uma conexão entre o objeto e o âmbito do tratado e as atribuições dessa organização.

Seja como for, o facto de as negociações terem lugar neste âmbito não impede os representantes de a todo o momento abandonarem a sua participação se considerarem que os seus interesses não estão a ser salvaguardados nas conversações que estão a ter lugar.

[359] Sobre a negociação dos tratados multilaterais, v. Nguyen Quoc Dinh, Patrick Daillier e Alain Pellet, *Droit...*, pp. 167 e ss.

III. Outra fase em que os tratados internacionais multilaterais se singularizam é a da adoção do texto[360]. Aquilo que bilateralmente não faz sentido separar – o fim das negociações e a sua autenticação – passa a ser viável no plano multilateral e pode discutir-se, com autonomia, a concordância quanto a certas cláusulas e a sua posterior autenticação.

Daí que se individualizem dois momentos distintos, ambos integrados na adoção do texto, depois de concluída a negociação em sede de conferência internacional multilateral:

- a *aprovação do texto*, feita por votação, requerendo que mais de dois terços dos representantes dos sujeitos negociadores votem favoravelmente: "A adoção do texto de um tratado numa conferência internacional efetua-se pela maioria de dois terços dos Estados presentes e votantes, a menos que estes Estados decidam, por igual maioria, aplicar uma regra diferente" (art. 9º, nº 2, da CVDTE);
- a *autenticação do texto*, feita por assinatura ou outro ato equivalente, a realizar no momento seguinte, por cada um daqueles representantes, "...da ata final de uma conferência em que o texto seja consignado" [art. 10º, al. b), da CVDTE].

Parece lógico que neste tipo de negociação, ocorrida no âmbito de uma conferência internacional, para que a negociação tenha êxito e se possa passar à fase seguinte, que é a da adoção do texto, não se faça uso da regra da unanimidade. É necessário que essa regra se flexibilize, aplicando-se apenas a regra menos exigente da maioria de dois terços.

IV. No âmbito dos tratados internacionais de índole multilateral, de um ponto de vista potencial, coloca-se a questão da respetiva abertura a outros outorgantes, Estados terceiros relativamente àqueles que adotaram o texto e que, posteriormente, o ratificaram[361].

[360] Quanto à adoção dos tratados multilaterais, v. André Gonçalves Pereira e Fausto de Quadros, *Manual...*, p. 224; Nguyen Quoc Dinh, Patrick Daillier e Alain Pellet, *Droit...*, pp. 170 e 171.

[361] Quanto à abertura dos tratados a terceiros Estados, v. André Gonçalves Pereira e Fausto de Quadros, *Manual...*, pp. 224 e ss., e pp. 229 e ss.; Nguyen Quoc Dinh, Patrick Daillier e Alain Pellet, *Droit...*, pp. 174 e ss.; Francisco Ferreira de Almeida, *Direito...*, pp. 118 e ss., e pp. 116 e ss.

São três as possibilidades que aqui se pode idealizar, as quais se referem, em relação a cada tratado, à perspetiva de saber se outros Estados, por uma simples vontade unilateral, podem naquele tornar-se partes:

- os *tratados fechados*, que não admitem a inclusão de sujeitos terceiros manifestando uma vontade nesse sentido, sem dependência de outra formalidade (o que não exclui a sua posterior inclusão, mas sempre se recorrendo a outra via, que é a da modificação subjetiva do tratado)[362];
- os *tratados semiabertos ou semifechados*, que ponderam a admissão de outros sujeitos, mas desde que cumprindo alguns requisitos, formais ou substanciais, como a necessidade de um convite formal ou a sua aceitação[363];
- os *tratados abertos*, que permitem a admissão de outro sujeito, bastando para o efeito que produzam essa vontade num ato unilateral, sem o preenchimento de qualquer outro condicionalismo[364].

Tem-se mesmo discutido se não haveria uma presunção de abertura dos tratados multilaterais gerais, em nome de uma tendência universalista do Direito Internacional. Existem diversas correntes e argumentos contrapostos, a favor e contra. Mas parece deduzir-se da CVDTE uma posição algo favorável a essa presunção de abertura a terceiros Estados, no caso dos tratados multilaterais gerais[365], não se exigindo que a abertura dos tratados a terceiros Estados tenha de ser expressamente consagrada (cfr. o art. 15º da CVDTE).

Pensando na intervenção dos Estados em tratados abertos, ela pode concretizar-se em dois momentos distintos:

[362] Exemplos: os tratados de colaboração militar, como no seio da OTAN ou o extinto Pacto de Varsóvia, ou de integração económica mais intensa, como os tratados comunitários, em relação aos quais as possibilidades de vinculação de um Estado terceiro só podem ocorrer através de tratados modificativos ou de adesão, que não se confundem com os atos unilaterais de adesão.

[363] Exemplos : o PIDESC e o PIDCP, abertos a todos os Estados convidados pela Assembleia Geral, nos termos dos respetivos arts. 26º e 48º.

[364] Exemplo: o ERTPI, que segundo o seu art. 125º, nº 3, "...fica aberto à adesão de qualquer Estado."

[365] Assim, Nguyen Quoc Dinh, Patrick Daillier e Alain Pellet, *Droit...*, pp. 175 e 176.

- na *assinatura diferida*: quando, por um certo período, se permite a um Estado que não adotou o texto – seja porque negociou, mas não quis adotar, seja porque, simplesmente, não participou na negociação – o venha a fazer, automaticamente adquirindo o direito a ratificar o texto do tratado ou sendo ela própria, no caso dos acordos, essa vinculação, assinalando-se a vantagem de se conferir a estes Estados, *in extremis*, o título de Estados fundadores dos tratados;
- na *adesão*: quando a vontade de o Estado terceiro se vincular ao mesmo, não tendo participado nas suas negociações e não tendo adotado o seu texto, vem a consumar-se numa manifestação de vontade unilateral, em tudo equivalente ao ato de ratificação[366].

V. A circunstância de os tratados internacionais multilaterais, por natureza, implicarem uma acentuada multiplicidade de intervenientes suscita acrescidos problemas no tocante à gestão burocrática do respetivo texto. Foi para enfrentar tais dificuldades que se consagrou a figura do depositário[367], cujas funções, naquele contexto geral, são variadas, em substituição da simples e normal troca de originais e dos demais instrumentos relacionados com o tratado.

O depositário pode ser protagonizado por várias entidades: um ou vários Estados, uma organização internacional ou o principal funcionário de uma tal organização (cfr. o art. 76º, nº 1, *in fine*, da CVDTE). Claro que não se exclui a escolha de outra entidade, segundo o entendimento dos Estados outorgantes, bem como a própria possibilidade de haver depositários múltiplos, ainda que aqui a duplicação das funções, podendo gerar mais segurança, acarrete decerto mais burocracia[368].

A escolha é feita no âmbito da definição das cláusulas do tratado internacional, quer formalmente no respetivo articulado, quer externamente

[366] Cfr. ANDRÉ GONÇALVES PEREIRA e FAUSTO DE QUADROS, *Manual*..., p. 225; FRANCISCO FERREIRA DE ALMEIDA, *Direito*..., pp. 119 e 120; JOAQUIM DA SILVA CUNHA e MARIA DA ASSUNÇÃO DO VALE PEREIRA, *Manual*..., pp. 243 e 244.

[367] Sobre o depositário de tratados internacionais, v. ANDRÉ GONÇALVES PEREIRA e FAUSTO DE QUADROS, *Manual*..., pp. 226 e ss.; NGUYEN QUOC DINH, PATRICK DAILLIER e ALAIN PELLET, *Droit*..., pp. 185 e ss.; WLADIMIR BRITO, *Direito*..., pp. 127 e 128; JOSÉ FRANCISCO REZEK, *Direito*..., pp. 56 e 57.

[368] Assinalando estas possibilidades, NGUYEN QUOC DINH, PATRICK DAILLIER e ALAIN PELLET, *Droit*..., p. 186.

por qualquer outro modo de exprimir essa vontade (cfr. o art. 76º, nº 1, primeira parte, da CVDTE).

O depositário tem em geral a atribuição de gerir burocraticamente os atos unilaterais relativos aos diversos momentos que integram a dinâmica dos tratados internacionais multilaterais, devendo ainda considerar-se que "As funções do depositário de um tratado têm caráter internacional e o depositário é obrigado a agir imparcialmente no cumprimento destas funções" (art. 76º, nº 2, primeira parte, da CVDTE).

É a própria CVDTE que depois se encarrega, embora apenas exemplificativamente, de apresentar diversas competências que podem ser cometidas ao depositário (cfr. o art. 77º, nº 1, nas suas diversas als., da CVDTE):

- assegurar a guarda do texto original do tratado, bem como dos respetivos plenos poderes;
- fornecer cópias autenticadas do texto original e noutras línguas, comunicando-as às partes no tratado e aos Estados potencialmente contratantes;
- receber as assinaturas do tratado, bem como guardar os instrumentos de notificação do mesmo;
- apreciar a regularidade formal dos atos relativos aos tratados;
- informar as partes, efetivas e potenciais, do tratado de todos os atos e comunicações que tenham sido feitas;
- assegurar o registo do tratado junto do Secretariado da ONU.

Tudo isto não impede a exclusão de algumas destas competências, bem como a possibilidade de ao depositário se acrescentarem outras: "Salvo disposição do tratado ou acordo dos Estados Contratantes em contrário..." (art. 77º, nº 1, primeira parte, da CVDTE), além de que se admite que o depositário possa exercer "...as funções especificadas noutras disposições da presente Convenção" [art. 77º, nº 1, al. h), da CVDTE].

42. O regime das reservas em especial

I. Quanto ao conteúdo do texto de um tratado multilateral, a possibilidade da formulação de *reservas* significa que se pretende não ficar abrangido pela totalidade do respetivo articulado, embora tal restrição não impeça a vinculação a outras suas disposições, assim se modificando o grau de pertença de certo sujeito relativamente a um tratado internacional no seu conjunto[369].

Não existe propriamente uma impossibilidade lógica de as reservas[370] serem formuladas no seio dos tratados bilaterais[371]: mas também é inequívoco que o instituto somente está pensado para os tratados multilaterais, para além de fazer pouco sentido, numa negociação bilateral, rejeitar certas cláusulas, isso normalmente representando o dissenso, e não o acordo. É por isso mesmo que o regime das reservas só se aplica no âmbito dos tratados internacionais multilaterais, ao qual se dedica a secção II da Parte II da CVDTE (cfr. os arts. 19º e ss. da CVDTE).

Importa ainda separar as reservas das declarações interpretativas, que nos últimos tempos têm abundado na prática internacional. Estas, ao contrário daquelas, não querem modificar o tratado e unicamente precisam o sentido que as partes pretendem atribuir-lhe, ainda que por vezes essa

[369] Quanto ao regime das reservas no Direito Internacional, v. J. M. RUDA, *Reservations to treaties*, in RCADI, 1975, III, pp. 101 e ss.; SUZANNE BASTID, *Les traités dans la vie internationale*, Paris, 1985, pp. 71 e ss.; ALBINO DE AZEVEDO SOARES, *Lições...*, pp. 164 e ss.; ANDRÉ GONÇALVES PEREIRA e FAUSTO DE QUADROS, *Manual...*, pp. 231 e ss.; RAUL GUICHARD ALVES, *Alguns aspetos do regime das reservas aos tratados na Convenção de Viena de 1969*, in DJ, 1993, pp. 139 e ss.; JORGE MIRANDA e JORGE BACELAR GOUVEIA, *A duração da patente...*, pp. 273 e ss.; MARIA JOSÉ MORAIS PIRES, *As reservas à Convenção Europeia dos Direitos do Homem*, Coimbra, 1997, pp. 25 e ss.; EDUARDO CORREIA BATISTA, *Direito Internacional...*, I, pp. 190 e ss.; NGUYEN QUOC DINH, PATRICK DAILLIER e ALAIN PELLET, *Droit...*, pp. 178 e ss.; WLADIMIR BRITO, *Direito...*, pp. 122 e ss.; FRANCISCO FERREIRA DE ALMEIDA, *Direito...*, pp. 120 e ss.; JOAQUIM DA SILVA CUNHA e MARIA DA ASSUNÇÃO DO VALE PEREIRA, *Manual...*, pp. 236 e ss.; JORGE MIRANDA, *Curso...*, pp. 74 e ss.; JOSÉ FRANCISCO REZEK, *Direito...*, pp. 66 e ss.; JÓNATAS E. M. MACHADO, *Direito Internacional...*, pp. 317 e ss.; BENEDETTO CONFORTI, *Diritto Internazionale*, pp. 87 e ss.

[370] Reserva que é especificamente definida pela própria CVDTE, no seu art. 2º, nº 1, al. d), nos seguintes termos: "«Reserva» designa uma declaração unilateral, qualquer que seja o seu conteúdo ou a sua denominação, feita por um Estado quando assina, ratifica, aceita ou aprova um tratado ou a ele adere, pela qual visa excluir ou modificar o efeito jurídico de certas disposições do tratado na sua aplicação a esse Estado".

[371] Contra, dizendo ser isso inviável, ANDRÉ GONÇALVES PEREIRA e FAUSTO DE QUADROS, *Manual...*, p. 231; JORGE MIRANDA, *Curso...*, p. 74. Ou como escreve JOSÉ FRANCISCO REZEK (*Direito...*, p. 67), "...uma pretensa reserva a tratado bilateral não é reserva, mas recusa de confirmar o texto avençado e convite à renegociação".

sua função seja adulterada, aproximando-se as declarações interpretativas do conceito das reservas[372].

As reservas ainda não devem ser confundidas com as efetivas alterações às cláusulas dos tratados internacionais – no decurso da negociação ou já depiis de fixado o texto – e com as disposições transitórias dos mesmos, as quais se destinam a vigorar por um período limitado, carecendo do consentimento de todas as partes.

II. As reservas justificam um regime claramente compromissório, pretendendo fixar um equilíbrio, no que for possível, entre dois interesses divergentes:

- "Um é o da extensão da convenção: deseja-se que ela valha para o maior número possível de Estados e, deste modo, tende-se a aceitar os arranjos que permitam obter o seu consentimento";
- "O outro é o da preocupação pela integridade da convenção: as mesmas regras devem valer para todas as partes, sem lacunas nem exceções"[373].

Assim, a reserva é um ato unilateral, através do qual o Estado titular quer modificar certas cláusulas em relação a certas partes, em divergência do que se estabelece no articulado do tratado.

O regime das reservas, tal como vem a ser desenhado pela CVDTE, abrange os seguintes tópicos:

- a admissibilidade da respetiva aposição;
- a aceitação e a oposição às reservas;
- os efeitos jurídicos das reservas e das objeções às reservas;
- a revogação das reservas e das objeções;

[372] É claramente o que sucede com a ratificação por Portugal da CNUDM, em cuja resolução a Assembleia da República, no seu art. 2º, formulou 13 declarações, algumas delas de duvidosa conformidade com o texto do tratado internacional em questão, como a matéria de fiscalização para além das águas sob a sua jurisdição. É verdade que a CNUDM, no seu art. 310º, admite declarações unilaterais, mas não é menos verdade que tais declarações só são aceitáveis "...desde que (...) não tenham por finalidade excluir ou modificar o efeito jurídico das disposições da presente Convenção na sua aplicação a esse Estado".

[373] Jorge Miranda e Jorge Bacelar Gouveia, *A duração...*, p. 273. Cfr. também Nguyen Quoc Dinh, Patrick Daillier e Alain Pellet, *Droit...*, p. 180.

- o procedimento da formulação das reservas, das objeções e das revogações.

III. Em matéria de *admissibilidade da formulação de reservas*, o princípio geral adotado é o de que as reservas podem ser decretadas no âmbito dos tratados internacionais[374].

Isso mesmo se depreende da formulação literal do primeiro dos preceitos que, na CVDTE, versa este assunto: "Um Estado pode (...) formular uma reserva, a menos que..."[375].

A impossibilidade da aposição de reservas vem a corresponder a situações de exceção, de entre elas se incluindo as hipóteses em que as reservas sejam proibidas, de acordo com vários limites materiais:

- por serem especificamente proibidas, total ou parcialmente[376];
- por serem pertinentes a matérias que não se harmonizam aos casos expressamente admitidos, adotando-se um esquema de indicação das reservas permitidas[377]; e

[374] Que na prática se aplica, por força do lugar da CVDTE no seio do Direito Internacional, sempre que cada tratado internacional específico não contemple qualquer outra orientação. É o que sucede com a CVSET ou com o estatuto do CEu.

[375] Proémio do art. 19º da CVDTE. Assim, André Gonçalves Pereira e Fausto de Quadros, *Manual*..., p. 232; Jorge Miranda e Jorge Bacelar Gouveia, *A duração*..., pp. 273 e 274; Nguyen Quoc Dinh, Patrick Daillier e Alain Pellet, *Droit*..., pp. 180 e 181.

Francisco Ferreira de Almeida (*Direito*..., p. 122), talvez excessivamente, vai mais longe, afirmando que "Rege, neste domínio, um princípio fundamental de liberdade. Quer dizer, nos tratados que concluam, os Estados são livres de permitir, impedir ou limitar a formulação de reservas".

[376] Exemplos: de proibição total de reservas, o ERTPI, pelo seu art. 120º, afirmando que "Não são admitidas reservas a este Estatuto"; de proibição parcial de reservas, o PA nº 2 ao PIDCP, que apesar de ter uma preocupação primordial com a abolição da pena de morte, ainda a admite em casos residuais, conforme se lê no respetivo art. 2º, nº 1: "Não é admitida qualquer reserva ao presente Protocolo, exceto a reserva formulada no momento da ratificação ou adesão prevendo a aplicação da pena de morte em tempo de guerra em virtude de condenação por infração penal de natureza militar de gravidade extrema cometida em tempo de guerra".

[377] Exemplos: reservas genericamente admitidas no âmbito da CEDH, em cujo art. 57º se declara que "Qualquer Estado pode, no momento da assinatura desta Convenção ou no depósito do seu instrumento de ratificação, formular uma reserva a propósito de qualquer disposição da Convenção, na medida em que uma lei então em vigor no seu território estiver em discordância com aquela disposição"; reservas especificamente admitidas no seio da

- por serem incompatíveis com o objeto e fim do tratado [cfr. as als. a), b) e c) do art. 19º da CVDTE].

IV. Por si só, a plausibilidade material da formulação das reservas não é totalmente conclusiva quanto ao valor que elas possam ter, passando-se à questão da aceitação das reservas e da objeção às reservas, desses diversos atos decorrendo outros tantos efeitos do ponto de vista da vinculação das partes aos tratados internacionais multilaterais.

A orientação geral, no domínio da aceitação das reservas, é a de que se presume a aceitação à aposição das reservas, nas seguintes duas hipóteses, numa solução de aceitação tácita: "...uma reserva é considerada como aceite por um Estado quando este não formulou qualquer objeção à reserva nos 12 meses seguintes à data em que recebeu a notificação ou na data em que manifestou o seu consentimento em ficar vinculado pelo tratado, se esta for posterior" (art. 20º, nº 5, da CVDTE).

Fora destes casos, vigoram regimes especiais na expressão da vontade de aceitar a formulação de reservas e a respetiva objeção[378]:

- a desnecessidade de qualquer vontade, expressa ou presumida, de aceitação no caso de se tratar de reserva expressamente prevista no texto do tratado;
- a necessidade de ter de ser aceite por todas as partes se isso resultar do facto de o tratado ser celebrado por um número restrito ou se tal decorrer do seu objeto e fim;
- a necessidade de a reserva ser aceite pelo órgão competente ao referir-se a ato constitutivo de uma organização internacional.

Numa palavra: o regime das reservas, tal como está concebido, mostra-se favorável à máxima vinculação possível, retirando aos Estados qualquer direito veto sobre a participação dos outros Estados, posição que hoje se consideraria obsoleta[379].

CNUDM, ao dizer no seu art. 309º que "A presente Convenção não admite quaisquer reservas ou exceções além das por ela expressamente autorizadas noutros artigos".

[378] Cfr. André Gonçalves Pereira e Fausto de Quadros, *Manual...*, pp. 234 e 235; Francisco Ferreira de Almeida, *Direito...*, p. 123; Joaquim da Silva Cunha e Maria da Assunção do Vale Pereira, *Manual...*, pp. 240 e ss.

[379] Assim, Nguyen Quoc Dinh, Patrick Daillier e Alain Pellet, *Droit...*, p. 184.

V. A formulação das reservas, a aceitação das reservas e a objeção às reservas são sobretudo relevantes do ponto de vista do jogo de *efeitos jurídicos* que podem vir a produzir no articulado do tratado internacional em causa.

A produção de efeitos quanto a esse articulado, tal como ele foi negociado e assinado, mantém-se incólume no que tange aos sujeitos internacionais em cujas relações não houve qualquer formulação de reservas, aplicando-se o tratado inicialmente previsto: "A reserva não modifica as disposições do tratado quanto às outras Partes, nas suas relações *inter se*" (art. 21º, nº 2, da CVDTE).

O mesmo já não acontece entre os Estados que formularam reservas, que aceitaram as reservas e se opuseram às reservas, com duas hipóteses a abrirem-se alternativamente, sendo certo que se pretende equacionar reservas possíveis e que não tenham de ser aceites por todos os Estados, de acordo com o seguinte quadro de consequências:

- a modificação das disposições do tratado segundo o estabelecido nas reservas nas relações entre os Estados que as formularam e os Estados que as aceitaram, solução lógica na medida em que estes Estados não objetaram às reservas;
- a modificação das disposições do tratado segundo o estabelecido nas reservas nas relações entre os Estados que as formularam e os Estados que às mesmas objetaram sem que, todavia, estes se tenham oposto à entrada em vigor do tratado entre eles: "Quando um Estado que formulou uma objeção a uma reserva não se oponha à entrada em vigor do tratado entre ele próprio e o Estado autor da reserva, as disposições sobre que incide a reserva não se aplicam entre os dois Estados, na medida do previsto pela reserva" (art. 21º, nº 3, da CVDTE);
- a não aplicação das disposições do tratado, por maioria de razão não vigorando as reservas, entre os Estados que formularam as reservas e os Estados que, tendo objetado às reservas formuladas, se opuseram à entrada em vigor do tratado.

VI. As reservas e as objeções são genericamente facilitadas no regime que lhes está destinado da ótica da respetiva *revogação*, já que se dispensa a manifestação de vontade do Estado que as aceitou, nem sequer a revogação das objeções requerendo qualquer outra vontade, para além da vontade do Estado que quer revogar (cfr. o art. 22º da CVDTE).

Por outra parte, numa ótica temporal, regista-se que a formulação da vontade de revogar reservas e objeções às reservas pode ser feita a todo o tempo, isso mostrando a perspetiva de se favorecer ao máximo a produção deste tipo de atos unilaterais.

VII. A aposição das reservas é adequada em qualquer dos diversos momentos que antecedam a vigência do tratado relativamente ao Estado que as pretende formular.

Todos os atos que dizem respeito à formulação de reservas, à objeção às reservas e à revogação das mesmas obedecem ao *princípio do seu caráter escrito*, que se justifica por uma questão de segurança jurídica (cfr. o art. 23º, nº 1, primeira parte, da CVDTE).

Outra orientação geral é a da *publicidade geral de todos estes atos*, que devem ser comunicados aos Estados contratantes, bem como "...aos outros Estados que possam vir a ser Partes do tratado" (art. 23º, nº 1, *in fine*, da CVDTE).

§ 13º A INTERPRETAÇÃO, A INTEGRAÇÃO E A APLICAÇÃO DOS TRATADOS INTERNACIONAIS

43. A interpretação dos tratados internacionais

I. A formação dos tratados internacionais é o primeiro momento necessário na edificação do Direito Internacional Convencional, ainda que essa não seja uma etapa única: a fonte normativa em que aqueles se exprimem carece de um momento hermenêutico posterior, para a determinação das orientações que ali se inseriram, aquando da resolução de cada caso concreto.

Pode parecer estranho reduzir esta problemática ao estrito âmbito do Direito Internacional Convencional, quando é certo que outras fontes normativas se afiguram relevantes no plano do Direito Internacional, as quais igualmente requerem uma resposta da ótica da interpretação e integração das lacunas.

Sem pretender pôr em causa a unidade da Ordem Jurídico-Internacional, o certo é que as orientações científicas apenas ganham um sentido substancialmente autónomo relativamente aos tratados internacionais. Mas muitas delas podem ser aplicáveis a outras fontes, como decerto sucederá com os atos unilaterais, desde que nenhuma incompatibilidade estrutural se estabeleça e que o venha a impedir.

Isso não acontecerá, porém, no tocante às fontes internacionais espontâneas, como são os costumes, porquanto não se formalizam através de índices literais. A essência da teoria da interpretação, na procura de um sentido normativo tendo por referência a letra que exterioriza um ato do poder público, não pode lograr alcançar aplicação nos costumes, situando-

-se na importante passagem dos elementos literais para os elementos extraliterais, da sua síntese surgindo a norma jurídica, que ali não ocorre.

Ser este regime apenas construído para os tratados internacionais que se submetem ao âmbito material de aplicação da CVDTE não veda que o mesmo, por ser generalizável às restantes fontes intencionais de Direito Internacional, possa fazer sentido nessas outras fontes jurídico-internacionais, embora pensemos apenas e diretamente na interpretação dos tratados internacionais, de acordo com o regime que a CVDTE elabora.

II. A *interpretação dos tratados* internacionais[380] é especificamente regulada pela CVDTE, que lhe dedica importantes preceitos, sistematicamente organizados (cfr. os arts. 31º e ss. da CVDTE).

Como decorre da Teoria Geral do Direito, esta é uma tarefa que visa alcançar o sentido normativo que se contém nas fontes normativas analisandas, com os seguintes tópicos fundamentais:

- o objeto da interpretação;
- o sujeito da interpretação;
- os elementos da interpretação;
- os resultados da interpretação.

III. O *objeto da interpretação* consiste na descoberta das normas jurídico-internacionais que se objetivam nas fontes convencionais, de acordo com uma orientação que é, a um tempo, *objetivista e atualista*:

- *objetivista*, porque se pretende a *mens legis*, e não a *mens legislatoris*, esta traduzindo uma orientação subjetivista, redutora e, na maior

[380] Sobre a interpretação dos tratados internacionais, v. Joaquim da Silva Cunha, *A interpretação dos tratados na jurisprudência e na doutrina*, Lisboa, 1960, *passim*; Albino de Azevedo Soares, *Lições...*, pp. 177 e 178; Luís Barbosa Rodrigues, *Interpretação de tratados – elementos para uma dogmática*, Lisboa, 1990, *passim*; Armando M. Marques Guedes, *Direito...*, pp. 53 e ss.; André Gonçalves Pereira e Fausto de Quadros, *Manual...*, pp. 240 e ss.; Eduardo Correia Batista, *Direito Internacional...*, I, pp. 251 e ss.; Nguyen Quoc Dinh, Patrick Daillier e Alain Pellet, *Droit...*, pp. 252 e ss.; Jónatas J. M. Machado, *Direito Internacional...*, pp. 248 e ss.; Wladimir Brito, *Direito...*, pp. 181 e ss.; Francisco Ferreira de Almeida, *Direito...*, pp. 150 e ss.; Joaquim da Silva Cunha e Maria da Assunção do Vale Pereira, *Manual...*, pp. 263 e ss.; José Francisco Rezek, *Direito...*, pp. 90 e ss.; Jorge Miranda, *Curso...*, pp. 131 e ss.; Benedetto Conforti, *Diritto Internazionale*, pp. 95 e ss.; Manuel Diez de Velasco, *Instituciones...*, pp. 204 e ss.

parte dos casos, impossível de alcançar, dada a dificuldade de uma colocação psicológica no espírito do autor da fonte;
- *atualista*, porque se pretende surpreender as normas no seu contexto atual, não uma vontade normativa só exteriorizada no momento em que entrou em vigor, o que seria uma orientação historicista, presa ao passado e muitas vezes totalmente inútil para o momento da aplicação da norma.

Que assim é, a própria CVDTE diretamente o diz, sem qualquer rebuço, ao prescrever que "Um tratado deve ser interpretado de boa fé, de acordo com o sentido comum a atribuir aos termos do tratado..." (art. 31º, nº 1, primeira parte, da CVDTE), o que vale tanto para a conceção objetivista como para a conceção atualista[381].

Por outro lado, também se sublinha a importância de se considerar acordos e práticas posteriores à celebração dos tratados, que sobre os mesmos se projetam hermeneuticamente.

Só por exceção se pode dar valor à vontade subjetiva das partes outorgantes se esse peculiar entendimento tiver sido admitido. É isso o que se admite na CVDTE, ao nela se dizer que "Um termo será entendido num sentido particular se estiver estabelecido que tal foi a intenção das partes"[382].

IV. O *sujeito da interpretação* é todo aquele a quem sejam dirigidas as fontes, relativamente às quais deve conformar o seu comportamento, carecendo por isso de previamente lhes extrair um sentido normativo[383].

Há certas entidades que desempenham um papel especial, conferindo à interpretação que realizam um valor acrescentado superior:

- a interpretação autêntica: que é feita pelos autores do tratado;

[381] Diferentemente, Joaquim da Silva Cunha e Maria da Assunção do Vale Pereira (*Manual*..., p. 250) referem que "A interpretação dos tratados tem por objeto, ou fim, o esclarecimento da vontade dos contraentes, isto é, a determinação do conteúdo do acordo". Cfr. também Francisco Ferreira de Almeida, *Direito*..., p. 153.

[382] Art. 31º, nº 4, da CVDTE. Cfr. André Gonçalves Pereira e Fausto de Quadros, *Manual*..., p. 243; Nguyen Quoc Dinh, Patrick Daillier e Alain Pellet, *Droit*..., pp. 264 e ss.

[383] Cfr. Joaquim da Silva Cunha e Maria da Assunção do Vale Pereira, *Manual*..., pp. 265 e 266; José Francisco Rezek, *Direito*..., pp. 90 e 91.

- a interpretação jurisprudencial: feita pelos órgãos judiciais a quem incumbe a aplicação do tratado.

Fora destes casos, a interpretação afigura-se possível e necessária, embora os seus efeitos sejam mais limitados, podendo equacionar-se diversas hipóteses, consoante as entidades que a realizam:

- a interpretação feita pelos Estados partes, distinguindo-se entre a feita a título unilateral e a feita a título coletivo, só esta sendo, verdadeiramente, uma interpretação autêntica;
- a interpretação feita por outros sujeitos internacionais, incluindo as organizações internacionais;
- a interpretação feita pelos órgãos internos dos sujeitos partes;
- a interpretação feita pelos restantes operadores jurídicos, avultando a doutrina.

V. Os *elementos de interpretação* são os meios de que o intérprete se serve para atingir o objeto da interpretação – a *mens legis* – e muitas vezes o resultado não é o da coincidência entre a letra e o espírito da fonte normativa em questão.

Seguindo as orientações da Teoria Geral do Direito, os elementos de interpretação podem ser tanto *literais* – que consistem nos preceitos que se incluem no articulado do tratado – como *extraliterais* – que são os instrumentos que permitem chegar ao objeto de interpretação, estes se sub-distinguindo em três tipos[384]:

- o *elemento sistemático*;
- o *elemento teleológico*; e
- o *elemento histórico.*

O *elemento sistemático* é o que tem maiores referências, sendo aludido pelo "contexto" dos termos de um tratado, e é visto abrangentemente, pois que nesse conceito se incluem, "...além do texto, preâmbulo e anexos

[384] Cfr. Joaquim da Silva Cunha, *A interpretação...*, pp. 34 e ss.; Luís Barbosa Rodrigues, *Interpretação...*, pp. 85 e ss.; André Gonçalves Pereira e Fausto de Quadros, *Manual...*, pp. 241 e 242; Nguyen Quoc Dinh, Patrick Daillier e Alain Pellet, *Droit...*, pp. 260 e ss.; Joaquim da Silva Cunha e Maria da Assunção do Vale Pereira, *Manual...*, pp. 270 e ss.

incluídos..." (art. 31º, nº 2, proémio, da CVDTE), outros acordos celebrados e que com o mesmo possuam uma relação específica.

O *elemento teleológico* é outro meio imprescindível, sendo admitido porque indiscutivelmente a interpretação deve procurar o sentido normativo do tratado "...à luz dos respetivos objeto e fim" (art. 31º, nº 1, *in fine*, da CVDTE).

O *elemento histórico* é ainda relevante, tanto da ótica do próprio preâmbulo – que decerto é mais pertença deste elemento do que do elemento sistemático – como de uma perspetiva dita complementar: a CVDTE impõe que "...os trabalhos preparatórios e as circunstâncias em que foi concluído o tratado..." (proémio do art. 32º da CVDTE) sejam expressamente mencionados como referência de confirmação ou de determinação de um sentido normativo.

A despeito da alusão formalmente paritária, não há um rigoroso paralelismo na valia hermenêutica destes três elementos, os dois primeiros aparecendo como superiores, relegando o terceiro para um lugar inferior, já que o seu uso fica adstrito a duas circunstâncias específicas: quando "...a interpretação dada em conformidade com o artigo 31º: a) Deixe o sentido ambíguo ou obscuro; ou b) Conduza a um resultado que é manifestamente absurdo ou incoerente" [art. 32º, als. a) e b), da CVDTE].

No conjunto das originalidades que se detetam na interpretação dos tratados internacionais, frise-se o facto de a CVDTE ainda fazer apelo a princípios específicos, que também devem ser levados em conta, depois de aplicados os elementos gerais de interpretação, como o *princípio da boa fé* (que se desdobra em vários corolários: como o do efeito útil ou o de que a interpretação não poder conduzir ao absurdo[385]), além de se acrescentar o princípio da admissão dos efeitos implícitos do tratado, bem como

[385] Cfr. o art. 31º, nº 1, primeira parte, da CVDTE. Sobre o princípio da boa fé na interpretação dos tratados, v., por todos, Joaquim da Silva Cunha, *A interpretação...*, pp. 20 e ss.; Elisabeth Zoller, *La bonne foi en Droit International Public*, Paris, 1977, pp. 202 e ss.; Luís Barbosa Rodrigues, *Interpretação...*, pp. 117 e ss.

Mas a boa fé tem um maior raio de ação no atual Direito Internacional, como bem o demonstra Elisabeth Zoller (*La bonne foi...*, pp. 245 e ss.), sendo de referir, para além de outras aplicações na elaboração dos tratados, também a respetiva ilicitude e a responsabilidade internacional.

o princípio da interpretação teleológica, este sobreposto ao elemento teleológico[386].

VI. A relevância dos elementos de interpretação dos tratados internacionais a utilizar pelos sujeitos desta tarefa hermenêutica, no objetivo de se alcançar o sentido normativo que neles se precipitou, culmina no *resultado da interpretação*, assim se encerrando o ciclo dessa atividade científica.

Na articulação entre os elementos literais e os elementos extraliterais, atinge-se o resultado da interpretação, que pode ter *cinco* categorias:

- a *interpretação declarativa*, que é mais comum, assinalando-se pela exata correspondência entre a letra e o espírito do tratado;
- a *interpretação restritiva*, que traduz a necessidade de limitar o alcance da letra, porque o espírito é mais limitado, já que o articulado do tratado disse mais do que queria dizer;
- a *interpretação extensiva*, sempre que se justifica alargar o alcance da letra, havendo um sentido espiritual mais lato, pois que o tratado disse menos do que queria dizer;
- a *interpretação enunciativa*, sendo esta a que especificamente se expressa na extração de um sentido hermenêutico não constante da letra, mas que resulta da aplicação de argumentos lógico-formais, como o argumento *a contrario sensu*, além de outros;
- a *interpretação abrogante*, total ou parcial, que se impõe quando se chegue à conclusão de que a letra do tratado não faz sentido, por incongruência lógica interna ou porque deve ser eliminada em favor de outro sentido normativo tido por prevalecente[387].

VII. Para além destas questões gerais, a interpretação dos tratados internacionais tem o problema específico da *interpretação de textos que*

[386] Cfr. André Gonçalves Pereira e Fausto de Quadros, *Manual*..., p. 241; Joaquim da Silva Cunha e Maria da Assunção do Vale Pereira, *Manual*..., pp. 268 e ss.

[387] Exemplo: na CNUDM, a delimitação vertical inferior da zona económica exclusiva tem normas contraditórias – na parte atinente àquele espaço dá-se a entender que o solo e subsolo são regulados pela zona económica exclusiva, enquanto noutra parte essa porção de terra sub-marítima é inequivocamente regulada pelo instituto da plataforma continental. A solução reside em considerar esta norma prevalecente, devendo fazer-se a interpretação abrogante daquela primeira fonte. Cfr. Armando M. Marques Guedes, *Direito do Mar*, pp. 153 e 154; Jorge Bacelar Gouveia, *A zona*..., pp. 630 e 631.

tenham sido redigidos em diversas línguas, perante uma divergência dispositiva, não propriamente uma divergência linguística.

A grande linha divisória passa por saber se aos tratados internacionais feitos em diversas línguas correspondem ou não textos autenticados em todas essas línguas:

- se os dois ou mais textos não são todos autênticos, a orientação geral é a de fazer prevalecer o sentido do texto que tenha sido redigido na versão autêntica (cfr. o art. 33º, nº 1, da CVDTE);
- se os dois ou mais textos são autênticos, presume-se que o respetivo valor é idêntico (cfr. o art. 33º, nº 3, da CVDTE), só podendo a divergência ser ultrapassada adotando-se "...o sentido que melhor concilie esses textos, tendo em conta o objeto e o fim do tratado" (art. 33º, nº 4, *in fine*, da CVDTE).

44. A integração das lacunas internacionais

I. As *lacunas do Direito* Internacional[388], na sua definição e nos critérios possíveis para se proceder ao respetivo preenchimento, é outro dos temas que merece alusão, concluída a produção de normas jurídicas que as fontes do Direito Internacional proporcionam.

Nesta matéria, infelizmente não é possível contar com o subsídio da CVDTE, pois que da respetiva leitura nenhum contributo se pode retirar para uma tomada de posição no tocante ao seu regime, que assim se deve construir por outras vias, tendo em atenção estes dois pontos fundamentais:

- o *conceito de lacuna internacional tido por relevante*; e
- os *critérios que possibilitam o seu preenchimento.*

II. As lacunas internacionais, tal como a lacuna do Direito em geral, representam a ausência de um sentido ordenador em vista de um caso que dele absolutamente carece, para ser resolvido ao nível do Direito aplicável.

[388] A respeito da complexa questão das lacunas e da respetiva integração no Direito Internacional, v. Paul Reuter, *Direito Internacional...*, pp. 33 e ss.; Armando M. Marques Guedes, *Direito...*, pp. 60 e 61; Eduardo Correia Batista, *Direito Internacional...*, I, pp. 254 e ss.; José Francisco Rezek, *Direito...*, pp. 145 e 146; Jorge Miranda, *Curso...*, pp. 134 e 135.

É que nenhum decisor – *maxime*, quando seja julgador – pode invocar a ausência de norma como desculpa para não decidir.

Só que esta não é uma incompleição qualquer: tem de ser uma incompleição que não seja pretendida pelo próprio Direito Internacional, que assim não permite fornecer uma solução para o caso que dá origem à verificação da situação lacunar.

Isto quer dizer que a aceção da lacuna de Direito Internacional só pode ser vista amplamente, ao considerar todas as fontes normativas possíveis, não se limitando a ser uma lacuna apenas de certas fontes, como as fontes intencionais. Só ocorre uma verdadeira lacuna quando são percorridos todos os níveis normativos e todas as fontes do Direito Internacional.

Ainda assim, é possível não deparar com uma lacuna de Direito Internacional: é adicionalmente necessário que a incompleição não seja pretendida pelo Direito Internacional, verificando-se uma falha que contraria o seu programa normativo. O Direito Internacional teria previsto uma solução se se tivesse apercebido dessa mesma falha.

É importante distinguir-se entre a *lacuna jurídico-internacional* – atinente a todas as suas fontes – da *situação extrajurídica* – que não tem de ser regulada pelo Direito Internacional, competindo a outro ramo jurídico e até se situando por vezes fora do patamar da juridicidade.

III. A verdade, porém, é que a admissibilidade das lacunas internacionais, se de si já é espinhosa, mais espinhosa se torna ao pensarmos nas características próprias do Direito Internacional[389].

Tudo repousa na característica do fragmentarismo que acompanha este Direito, que não perfilha uma vocação regulativa homogénea e global sobre os assuntos que ficam a pertencer ao raio da sua ação ordenadora[390].

[389] Nem sequer se podendo obter qualquer arrimo na CVDTE, que nesta matéria é totalmente silente. Apenas no § 8º do preâmb., a CVDTE apela ao Direito Costumeiro para colmatar lacunas, numa situação que, verdadeiramente, não se trata de lacuna de Direito Internacional. Cfr. Armando M. Marques Guedes, *Direito...*, p. 61; Eduardo Correia Batista, *Direito Internacional...*, I, p. 255.

[390] Frisando esta causa, Armando M. Marques Guedes (*Direito...*, p. 60), dizendo ainda este autor (*Direito...*, p. 61) que "Motivo adicional de dificuldade e de constantes discrepâncias é também o facto de o caráter incompleto da organização da comunidade internacional

Por outra banda, a doutrina internacional ainda se ressente de alguns dos postulados do positivismo voluntarista, que parte da ideia geral de que o que não é objeto de regulação internacional automaticamente fica confinado à esfera dos Estados, que assim não teriam autorizado a internacionalização do domínio normativo em questão, invocando-se a respetiva soberania ou em aspetos abrangidos por maior exigência de norma estrita, como é o caso do Direito Penal[391].

Decerto que essa verificação impede que se possa falar em lacunas de regulamentação de natureza geral, atinentes a amplos setores, exatamente por se tratar de setores em que não faz sentido aquela regulamentação.

Também não deixa de ser seguro que as lacunas não se confundem com omissões regulativas, aquelas apenas fazendo sentido relativamente à resolução de casos concretos que, não tendo uma resposta internacional, deveriam possuir essa mesma resposta.

Como quer que seja, seria no mínimo estranho que no Direito Internacional não se pudesse aceitar a verificação de lacunas, na medida em que as suas regulações podem ser do mesmo modo imperfeitas, ocorrendo lapsos de regulamentação, em toda a parte e aqui também.

IV. A existência de lacunas no Direito Internacional, de acordo com uma conveniente visão holística que não separe as normas dos tratados das normas provenientes de outras fontes internacionais, coloca como outra grande dificuldade o processo do respetivo preenchimento.

Na falta de indicações particulares normativas, não se vê razão para o afastamento dos esquemas que são válidos no âmbito da Teoria Geral do Direito, no qual pontificam dois grandes critérios:

- a *analogia legis*, em que se apela à aplicação de normas que regulam casos dotados de analogia com o caso que carece de tratamento; e

levar em numerosos casos a cometer a órgãos administrativos e judiciais nacionais, na falta de órgãos internacionais competentes, a verificação e colmatagem das lacunas do Direito Internacional Público e das suas normas".

[391] Cfr. José Francisco Rezek, *Direito...*, p. 145.

- a *analogia iuris*, hipótese em que diretamente se recorre a princípios gerais, de acordo com as diversas possibilidades que se organizam[392].

Todavia, importa sublinhar o favor que o TIJ já dispensou ao método da analogia perante situações lacunares quando foi chamado a dar parecer no caso da morte do Conde Bernadotte, seu representante na Palestina: no Parecer sobre os prejuízos sofridos ao serviço das Nações Unidas (1948-1949), os juízes recorreram a raciocínios analógicos para construírem uma solução que justificasse as indemnizações a dar à ONU, de acordo com a atribuição a tal entidade de uma prerrogativa de proteção funcional aos seus funcionários[393].

45. A aplicação dos tratados internacionais em geral

I. A *aplicação dos tratados* internacionais[394] é ainda um dos mais relevantes assuntos do Direito Internacional Convencional. E essa importância é tanto mais intensa quanto é certo dela depender, realisticamente, o sucesso da contratação internacional, que não pode vir a ser bloqueada por obstáculos que sejam internamente suscitados pelos sujeitos internacionais, dos Estados ou de quaisquer outros.

Assim sendo, não é de estranhar que a CVDTE se tenha diretamente ocupado deste assunto, juntando aos tópicos típicos da aplicação das fontes normativas a questão da relação entre o Direito Internacional e o Direito Interno, sendo de discernir quatro aspetos fundamentais na problemática geral da aplicação dos tratados internacionais:

[392] Assim, ARMANDO M. MARQUES GUEDES, *Direito...*, pp. 60 e 61; JOSÉ FRANCISCO REZEK, *Direito...*, p. 146.

[393] Cfr. JOSÉ FRANCISCO REZEK, *Direito...*, p. 146.

[394] Sobre a aplicação dos tratados internacionais em geral, v. ALBINO DE AZEVEDO SOARES, *Lições...*, pp. 174 e ss.; ARMANDO M. MARQUES GUEDES, *Direito...*, pp. 58 e ss.; ANDRÉ GONÇALVES PEREIRA e FAUSTO DE QUADROS, *Manual...*, pp. 245 e ss.; NGUYEN QUOC DINH, PATRICK DAILLIER e ALAIN PELLET, *Droit...*, pp. 217 e ss.; WLADIMIR BRITO, *Direito...*, pp. 176 e ss.; JOAQUIM DA SILVA CUNHA e MARIA DA ASSUNÇÃO DO VALE PEREIRA, *Manual...*, pp. 277 e ss.; JORGE MIRANDA, *Curso...*, pp. 135 e 136; JOSÉ FRANCISCO REZEK, *Direito...*, pp. 30 e ss.; MANUEL DIEZ DE VELASCO, *Instituciones...*, pp. 196 e ss.

- a *aplicação temporal*;
- a *aplicação espacial*;
- a *aplicação pessoal*; e
- a *aplicação interna*.

De um modo geral, esta aplicação vai submeter-se a dois princípios fundamentais, que são, na verdade, princípios gerais do Direito Internacional: o princípio *pacta sunt servanda* e o princípio da boa fé[395].

II. A *aplicação temporal* dos tratados internacionais abrange simultaneamente três questões distintas e que põem em evidência a sua vigência:

- o *início da vigência temporal*: o início da vigência temporal, já vista aquando do estudo do procedimento de feitura dos tratados internacionais, ocorre, na falta de momento especial, depois do último sujeito que assinou o texto ao mesmo manifestar a vontade de lhe ficar obrigado;
- o *fim da vigência temporal*: o fim da vigência dos tratados internacionais, a que aludiremos, concretiza-se nos seus diversos momentos de caducidade, de revogação e de desvalor jurídico;
- a *sucessão de tratados internacionais*: a sucessão dos tratados internacionais joga-se no problema da sua temporalidade, sendo necessário que a certa regulação suceda outra regulação, dita nova; mas a questão pode assumir contornos mais complexos sempre que seja necessário estabelecer um regime jurídico-internacional transitório, podendo diferenciar-se entre um *regime formal* – que remete para uma das regulações em causa, a antiga ou a nova – e um *regime*

[395] Frisando a importância destes dois princípios, NGUYEN QUOC DINH, PATRICK DAILLIER e ALAIN PELLET, *Droit...*, pp. 218 e ss.; WLADIMIR BRITO, *Direito...*, p. 176.

Desenvolvendo o princípio do *pacta sunt servanda*, num contexto histórico-filosófico muito interessante, EMÍLIO SILVESTRINI, *Il fondamento ético-giuridico del principio internazionale "Pacta sunt servanda"*, Roma, 1987, *passim*.

material – que elabora uma solução própria, com normas específicas[396].

Quanto ao primeiro tópico, estabelece-se ainda a regra de que os tratados internacionais não são retroativos: "...as disposições de um tratado não vinculam uma Parte no que se refere a um ato ou facto anterior ou a qualquer situação que tenha deixado de existir à data da entrada em vigor do tratado relativamente a essa Parte"[397].

Esta é uma orientação geral que aceita derrogações, podendo haver efeitos retroativos se essa for a vontade das partes, expressa ou tacitamente produzida. Este é um preceito que funciona sobretudo como máxima interpretativa quanto ao momento da produção de efeitos, nada se dispondo sobre essa matéria.

Reversamente, não se pode cair na ideia de que os sujeitos livremente determinam a retroatividade dos tratados internacionais, uma vez que o princípio do Estado de Direito, oriundo do Direito Estadual, bem como os princípios de Direito Penal, internacionalmente aplicáveis, se alinham nessa senda limitadora, merecendo assim ser devidamente considerados[398].

III. A *aplicação espacial* dos tratados internacionais está estritamente associada aos sujeitos que à mesma se vincularam, embora não tenha de se lhes necessariamente reduzir.

A orientação prevalecente é a que for determinada pelas disposições finais de cada texto convencional, podendo aí estabelecer-se regras de delimitação a respeito do espaço geográfico a que o mesmo se aplica, de

[396] Sobre esta questão do Direito Transitório numa lógica estritamente interna, embora facilmente transplantável para o Direito Internacional, v. João Batista Machado, *Introdução ao Direito...*, pp. 229 e 230; José de Oliveira Ascensão, *O Direito...*, pp. 531 e ss.

[397] Art. 28º, *in fine*, da CVDTE. Cfr. Nguyen Quoc Dinh, Patrick Daillier e Alain Pellet, *Droit...*, pp. 221 e 222.

[398] Contra, aceitando a livre vontade das partes para afastar o princípio da irretroatividade dos tratados, Wladimir Brito (*Direito...*, p. 180), ao dizer que "...tal princípio não deixa de ser supletivo, pelo que só é aplicável quando as Partes nada tenham acordado ou quando do Tratado não resulte o contrário. Significa isto que o princípio da não retroatividade, que visa garantir certeza e segurança jurídica das Partes contratantes, pode ser derrogado pela vontade destas, de uma forma explícita ou implícita".

que são exemplo a *cláusula federal* – para excluir os efeitos da aplicação aos Estados federados – ou a *cláusula colonial* – que exclua a aplicação dos tratados aos territórios não metropolitanos.

Na falta de tais disposições, ou se outro entendimento não resultar da lógica intrínseca do tratado internacional sob análise, é de supor que os tratados internacionais se aplicam à totalidade dos territórios dos sujeitos que aos mesmos se obrigaram, tendo sido a sua vinculação feita sem especificações territoriais, qualquer das suas parcelas integrando a realidade unitária do sujeito que a eles se vinculou: "...a aplicação de um tratado estende-se à totalidade do território de cada uma das Partes"[399].

IV. A *aplicação pessoal* dos tratados internacionais refere-se ao círculo de entidades jurídico-internacionais a quem os respetivos efeitos são concernentes[400].

A vinculação dos tratados internacionais aos sujeitos que aos mesmos consentiram não levanta problemas especiais, porquanto se aplica o princípio, oriundo do Direito Civil, segundo o qual os efeitos atingem quem nos mesmos autorizou, pois *pacta tertiis nec nocent nec prosunt*, afirmação do princípio da relatividade dos tratados internacionais, já que o tratado é *res inter alios acta*. É a própria CVDTE a dizer que "Um tratado não cria obrigações nem direitos para um terceiro Estado sem o consentimento deste" (art. 34º da CVDTE).

Uma especial atenção deve ser dirigida aos terceiros sujeitos, dando a CVDTE duas respostas específicas quanto aos Estados que se encontram

[399] Art. 29º, *in fine*, da CVDTE. Cfr. Nguyen Quoc Dinh, Patrick Daillier e Alain Pellet, *Droit...*, pp. 222 e 223; Joaquim da Silva Cunha e Maria da Assunção do Vale Pereira, *Manual...*, p. 280.

[400] Sobre a aplicação pessoal dos tratados internacionais, v. Adriano Moreira, *Direito...*, p. 78; Albino de Azevedo Soares, *Lições...*, pp. 176 e 177; André Gonçalves Pereira e Fausto de Quadros, *Manual...*, pp. 245 e ss.; Eduardo Correia Batista, *Direito Internacional...*, I, pp. 234 e ss.; Nguyen Quoc Dinh, Patrick Daillier e Alain Pellet, *Droit...*, pp. 240 e ss.; Wladimir Brito, *Direito...*, pp. 177 e 178; Francisco Ferreira de Almeida, *Direito...*, pp. 126 e ss.; Joaquim da Silva Cunha e Maria da Assunção do Vale Pereira, *Manual...*, pp. 277 e ss.; José Francisco Rezek, *Direito...*, pp. 81 e ss.; Jorge Miranda, *Curso...*, pp. 79 e 80.

nessas circunstâncias[401], de acordo com os termos da manifestação da respetiva vontade[402]:

- se se tratar de direitos, estes integram a esfera jurídica dos Estados terceiros se nada disserem, valendo o seu silêncio como consentimento, vigorando uma presunção *iuris tantum*[403];
- se se tratar de obrigações, estas só integram a esfera jurídica dos Estados terceiros se nisso expressamente tiverem consentido, não havendo lugar a qualquer presunção (cfr. o art. 35º da CVDTE).

Por causa da situação de vantagem criada, a revogação ou a modificação daqueles direitos carece de alguns cuidados especiais:

- "Quando uma obrigação tenha nascido para um terceiro Estado (...), essa obrigação só pode ser revogada ou modificada mediante o consentimento das Partes no tratado e do terceiro Estado, salvo se de outro modo tiverem acordado" (art. 37º, nº 1, da CVDTE);
- "Quando um direito tenha nascido para um terceiro Estado (...), esse direito não pode ser revogado ou modificado pelas Partes se se concluir que houve a intenção de não ser revogável ou modificável sem o consentimento do terceiro Estado" (art. 37º, nº 2, da CVDTE).

[401] Autores há que avançam com outra exceção, que seria a da aplicação de regras consuetudinárias, como sucede com JOAQUIM DA SILVA CUNHA e MARIA DA ASSUNÇÃO DO VALE PEREIRA, *Manual...*, p. 277. Estes autores invocam o art. 38º da CVDTE, o qual refere que "O disposto nos artigos 34º a 37º não obsta a que uma norma enunciada num tratado se torne vinculativa para um terceiro Estado como norma consuetudinária de Direito Internacional, reconhecida como tal".

Mas, em rigor, tal não é uma exceção porque se trata da confluência de uma outra fonte – o costume – com o mesmo sentido normativo, aplicando-se à entidade que não se sujeitaria a uma mesma regra aplicável a título convencional.

[402] FRANCISCO FERREIRA DE ALMEIDA (*Direito...*, pp. 129 e ss.) vai mais além e apresenta um largo elenco de situações geradoras de efeitos para terceiros Estados sem que estes tivessem produzido qualquer vontade, mesmo que presumida: (i) criação de situações objetivas ou estatutárias, (ii) disposições destinadas à criação de novos sujeitos internacionais e (iii) os tratados normativos. Na maior partes dos casos, são afirmações de um prévio e costumeiro Direito Internacional Geral.

[403] Cfr. o art. 36º, nº 1, primeira parte, da CVDTE. Cfr. ANDRÉ GONÇALVES PEREIRA e FAUSTO DE QUADROS, *Manual...*, p. 246.

Evidentemente que toda esta problemática deve ser ainda observada à luz da possibilidade de existirem normas convencionais que, a despeito de apenas formalmente vincularem certo número de entidades que ao conteúdo das mesmas voluntariamente consentiram, acabam por ganhar um tal relevo jurídico-internacional que se mostram obrigatórias para a generalidade dos membros da sociedade internacional, assumindo-se como normas portadoras de obrigações *erga omnes*[404].

46. A aplicação interna dos tratados internacionais em especial: as ratificações imperfeitas

I. A *aplicação interna dos tratados internacionais* é provavelmente o mais complexo tópico que se suscita na apreciação da aplicação dos tratados internacionais em geral, através dele se palpando a coluna vertebral da subsistência do Direito Internacional.

Essa conclusão pode ser inclusivamente testada pela existência de diferentes teorias que se foram desenvolvendo para fazer face às situações do seu eventual incumprimento, as quais se podiam resumir a três[405]:

- a teoria da irrelevância, devendo o tratado ser válido;
- a teoria da relevância, não podendo o tratado ser válido;
- a teoria da relevância parcial, não afetando a validade, mas instituindo o Estado em responsabilidade internacional.

II. Com o amadurecimento dos tempos, esta foi uma temática que deixou de pertencer à doutrina internacional, para dela diretamente se ocupar o Direito Internacional Convencional.

É assim que se estabeleceu o entendimento geral, tal como consta da CVDTE, da irrelevância geral do Direito Interno para efeitos de avaliação da validade internacional dos tratados: "Uma Parte não pode invocar as disposições do seu Direito Interno para justificar a não execução de um tratado" (art. 27º, primeira parte, da CVDTE).

[404] A respeito desta problemática, v., por todos, Patrícia Galvão Teles, *Obligations* erga omnes..., pp. 73 e ss.

[405] Para a sua caracterização, v. Adriano Moreira, *Direito*..., pp. 73 e 74; Joaquim da Silva Cunha e Maria da Assunção do Vale Pereira, *Manual*..., pp. 233 e 234.

Assim sendo, o Direito Interno dos Estados, *maxime* o seu Direito Constitucional, não pode ser alegado em defesa da não aplicação interna dos tratados internacionais[406].

A razão para que isso suceda parece óbvia: se assim não fosse, dada a heterogeneidade dos sistemas constitucionais estaduais, nunca se alcançaria qualquer uniformidade na contratação internacional.

Se esta orientação não existisse, também nunca haveria um verdadeiro propósito de estabelecer, no seio da sociedade internacional, uma plataforma de vinculação comum.

É por isso que há mecanismos para libertar os Estados de certos constrangimentos internos, assim como há mecanismos para que os Estados reflitam bem antes da vinculação a determinado tratado internacional.

III. Diferentemente do que por vezes se julga, a aplicação do princípio da irrelevância do Direito Interno não é absoluta e conhece limitações, exatamente no domínio do Direito Interno Organizatório.

Pela sua importância, a correspondente disposição da CVDTE merece ser transcrita[407]: "A circunstância de o consentimento em ficar vinculado por um tratado ter sido manifestado com violação de uma disposição do seu Direito Interno relativa à competência para concluir tratados não pode ser invocada por esse Estado como tendo viciado o seu consentimento, salvo se essa violação tiver sido manifesta e disser respeito a uma norma de importância fundamental do seu Direito Interno" (art. 46º, nº 1, da CVDTE, também aplicável *ex vi* art. 27º, primeira parte, da CVDTE).

[406] Não parece ser esta a posição de JORGE MIRANDA (*Curso...*, p. 64), enfaticamente assumida: "Nenhum Estado pode celebrar tratados contrários às normas constitucionais por que se rege – sejam normas orgânicas e formais, sejam normas de fundo. Essas normas adstringem os órgãos de poder tanto na sua atuação na ordem interna quanto nas convenções que concluem. E o mesmo se passa com os atos unilaterais que emitam e com os atos que pratiquem no seio de organizações internacionais".

[407] Sobre o problema das ratificações imperfeitas, PHILIP CAHIER, *La violation de droit interne relatif à la compétence pour conclure des traités*, in RDI, 1971, pp. 266 e ss.; PAUL REUTER, *Direito Internacional...*, p. 57; MARIO GIULIANO, TULLIO SCOVAZZI e TULLIO TREVES, *Diritto Internazionale*, I, pp. 461 e ss.; CHARLES ROUSSEAU, *Droit International...*, pp. 41 e ss.; MICHAEL AKEHURST, *Introdução...*, p. 164; ALBINO DE AZEVEDO SOARES, *Lições...*, p. 157; DOMINIQUE CARREAU, *Droit International*, pp. 124 e ss.; ANDRÉ GONÇALVES PEREIRA e FAUSTO DE QUADROS, *Manual...*, pp. 208 e ss.; WLADIMIR BRITO, *Direito...*, pp. 115 e ss.; JOAQUIM DA SILVA CUNHA e MARIA DA ASSUNÇÃO DO VALE PEREIRA, *Manual...*, pp. 233 e ss.

Note-se, porém, que não é todo o Direito Interno Organizatório que se afigura relevante, até se podendo dizer que se parte do pressuposto de que não o pode ser: em princípio, como se frisa neste preceito reproduzido, não é relevante para ser invocado para a viciação do procedimento interno.

IV. Por aqui se conclui que mesmo dentro do Direito Interno Organizatório nem todas as situações são relevantes, apenas algumas o sendo, de acordo com duas circunstâncias especificamente referidas:

- uma *violação manifesta* do preceito do Direito Interno relativo à competência para a conclusão de tratados internacionais;
- uma violação de uma regra do Direito Interno atinente à competência para a conclusão de tratados internacionais de *importância fundamental.*

Como não são fáceis estes meandros interpretativos, a CVDTE teve ainda a preocupação de, quanto a uma dessas circunstâncias, auxiliar o intérprete, embora com escassos resultados, dizendo que "Uma violação é manifesta se for objetivamente evidente para qualquer Estado que proceda, nesse domínio, de acordo com a prática habitual e de boa fé" (art. 46º, nº 2, da CVDTE).

§ 14º AS VICISSITUDES DOS TRATADOS INTERNACIONAIS

47. A extinção dos tratados internacionais

I. A aplicação dos tratados internacionais não é eterna e interessa observar os esquemas que podem afetar a respetiva subsistência, podendo os mesmos ser:

- a *cessação de* vigência[408];
- a *suspensão de vigência*; e
- a *alteração convencional.*

[408] Sobre a cessação da vigência das convenções internacionais, v. Joaquim da Silva Cunha, *Problemas da vigência dos tratados*, in OD, 1962, pp. 24 e ss.; André Gonçalves Pereira, *Da sucessão de Estados quanto aos tratados*, Lisboa, 1968, pp. 196 e ss.; F. Capotorti, *L'extinction et la suspension des traités*, in RCADI, 1971, III, pp. 419 e ss.; Adriano Moreira, *Direito...*, pp. 80 e ss.; Albino de Azevedo Soares, *Lições...*, pp. 178 e 179; André Gonçalves Pereira e Fausto de Quadros, *Manual...*, pp. 248 e ss.; Eduardo Correia Batista, *Direito Internacional...*, I, pp. 313 e ss.; Nguyen Quoc Dinh, Patrick Daillier e Alain Pellet, *Droit...*, pp. 302 e ss.; Wladimir Brito, *Direito...*, pp. 183 e ss.; Francisco Ferreira de Almeida, *Direito...*, pp. 154 e ss.; Joaquim da Silva Cunha e Maria da Assunção do Vale Pereira, *Manual...*, pp. 281 e ss.; Jorge Miranda, *Curso...*, p. 86; José Francisco Rezek, *Direito...*, pp. 103 e ss.; Jónatas E. M. Machado, *Direito Internacional...*, pp. 324 e ss.; Ricardo Branco, *Cessação da vigência de tratados internacionais*, in AAVV, *Enciclopédia de Direito Internacional* (coord. de Manuel de Almeida Ribeiro, Francisco Pereira Coutinho e Isabel Cabrita), Coimbra, 2011, pp. 82 e ss.; Maria Luísa Duarte, *Direito Internacional Público...*, pp. 220 e ss.

Importa analisá-los separadamente, conferindo uma maior atenção ao primeiro destes fenómenos, que implica uma extinção definitiva do tratado internacional, ao passo que os outros dois apenas o afetam parcialmente:

- no caso da *suspensão*, apenas paralisando a sua vigência durante um período limitado;
- no caso da *alteração*, modificando algumas das suas cláusulas ou sujeitos, mas conservando-se noutros aspetos, objetivos ou subjetivos.

II. Relativamente às *causas da cessação de vigência dos tratados*, elas são múltiplas, permitindo gizar uma dupla perspetiva, em razão da relevância ou da irrelevância da vontade das partes envolvidas na execução dos tratados internacionais[409]:

- as causas de cessação da vigência por vontade das partes; e
- as causas de cessação da vigência por factos alheios à vontade das partes.

Esta é uma das matérias que se tornou mais relevante na CVDTE, dela cuidando a sua Parte V, exclusivamente definindo o seu regime: "A cessação da vigência de um tratado, a sua denúncia ou a retirada de uma Parte só podem ter lugar de acordo com as disposições do tratado, ou da presente Convenção" (art. 42º, nº 2, primeira parte, da CVDTE).

Perante as circunstâncias que determinam o fim da vigência dos tratados, a CVDTE prevê ainda um procedimento aplicável, o qual se desenvolve por duas fases[410]:

- uma *fase amigável*, através da qual uma das partes notifica a outra de que pretende a cessação do tratado, para tanto invocando uma ajustada justificação, que pode ser aceite;

[409] Cfr. André Gonçalves Pereira e Fausto de Quadros, *Manual...*, p. 248; Joaquim da Silva Cunha e Maria da Assunção do Vale Pereira, *Manual...*, pp. 281 e 282.

[410] Sobre o procedimento a adotar na cessação da vigência de um tratado, v. Albino de Azevedo Soares, *Lições...*, p. 179; Eduardo Correia Batista, *Direito Internacional...*, I, pp. 343 e ss.; Joaquim da Silva Cunha e Maria da Assunção do Vale Pereira, *Manual...*, pp. 292 e ss.

- uma *fase litigiosa*, no caso de aquela vontade extintiva não ter sido aceite, criando-se um diferendo.

Na hipótese de diferendo, ele pode ser resolvido de duas maneiras: por recurso à via geral da arbitragem ou do tribunal; ou por recurso à via especial da conciliação, especialmente regulada no anexo à CVDTE.

III. No primeiro grupo de causas de cessação de vigência, deparamos com situações em que a vontade dos sujeitos internacionais vinculados diretamente concorre para a determinação de um efeito extintivo do tratado internacional.

Nesse contexto, é aconselhável dissociar dois tipos de causas que voluntariamente contribuem para a cessação da vigência dos tratados internacionais:

- a *vontade coletiva*; e
- a *vontade individual*.

IV. No caso de a *vontade ser comum ou coletiva*, todos os sujeitos vinculados dela devendo participar, a causa de cessação toma o nome de revogação ou ab-rogação, que se traduz na feitura de uma "anticonvenção" ou de um *actus contrarius*, pondo termo ao tratado existente[411], com duas sub-hipóteses:

- de essa revogação ser retroativa – atingindo os efeitos já produzidos; ou
- de essa revogação ser apenas prospetiva – só valendo para o futuro.

Não havendo uma intenção especificamente revogatória, esse é ainda um resultado possível se as partes, num novo acordo, forem as mesmas do acordo anterior, nos termos expressamente consagrados na CVDTE[412].

[411] É esse o caso da relação da CNUDM com as predecessoras Convenções de Genebra sobre o Direito do Mar, de 1958, não obstante a expressa prevalência que se utiliza, crendo tratar-se de uma verdadeira revogação, conforme se estabelece no respetivo art. 311º, nº 1: "A presente Convenção prevalece, nas relações entre os Estados Partes, sobre as Convenções de Genebra sobre o Direito do Mar de 29 de abril de 1958."

[412] Cfr. o art. 59º, nº 1, da CVDTE. Cfr. ALBINO DE AZEVEDO SOARES, *Lições...*, p. 179.

V. No caso de a vontade ser apenas de um dos sujeitos que integram o tratado, é de distinguir entre:

- a *denúncia*, quando para o tratado de vigência periódica uma das partes se oponha à sua renovação, para tanto o comunicando nos termos estabelecidos;
- o *recesso*, quando o tratado admita a saída do mesmo em qualquer momento, por vontade unilateral dos sujeitos[413]; e
- o *incumprimento do tratado*, aplicando-se a *exceptio non adimpleti contractus*.

Em qualquer destes casos, o princípio geral é o da sua inoperacionalidade, a não ser que as duas primeiras modalidades tenham sido aceites pelas partes ou se deduza da natureza do tratado (cfr. o art. 56º, nº 1, da CVDTE).

Se isso vier a suceder, estabelece-se um prazo largo, de 12 meses, para que os efeitos cessatórios de vigência que inerem a cada um destes atos possam começar a produzir-se (cfr. o art. 56º, nº 2, da CVDTE).

VI. A repercussão da *guerra* ou das hostilidades militares na vigência dos tratados internacionais merece um tratamento particular, sendo bem o sinal vivo da dinâmica evolutiva do Direito Internacional[414], embora a figura próxima da rutura das relações diplomáticas seja considerada pela CVDTE como não beliscando a vigência dos tratados, a não ser que elas se afigurem um pressuposto indispensável para essa execução[415].

[413] Exemplos: o ERTPI, no seu art. 127º, estabelece que "Qualquer Estado Parte poderá, mediante notificação escrita e dirigida ao Secretário-Geral da Organização das Nações Unidas, retirar-se do presente Estatuto. A retirada produzirá efeitos um ano após a data de receção da notificação, salvo se esta indicar uma data posterior"; o TEUEE, no seu art. 16º, prevê que "Qualquer Estado Parte poderá notificar a sua retirada do Tratado um ano após a sua entrada em vigor e por meio de notificação escrita feita aos Governos depositários".

[414] Discutindo a guerra como causa de cessação e suspensão da vigência dos tratados, Albino de Azevedo Soares, *Lições...*, p. 176; André Gonçalves Pereira e Fausto de Quadros, *Manual...*, pp. 251 e 252; Wladimir Brito, *Direito...*, pp. 184 e 185; Francisco Ferreira de Almeida, *Direito...*, p. 155; Joaquim da Silva Cunha e Maria da Assunção do Vale Pereira, *Manual...*, pp. 284 e ss.

[415] Cfr. o art. 63º da CVDTE, havendo ainda a simétrica regra do art. 74º da CVDTE, na qual se estipula que "A rutura ou a inexistência de relações diplomáticas ou consulares entre

Até ao novo regime do *ius ad bellum*, a guerra era pacificamente considerada como uma causa de perturbação da vigência nos tratados celebrados entre os Estados beligerantes, ficando essas disposições suspensas, mas mantendo-se relativamente a outros Estados, considerados alheios ao conflito, de acordo com um estatuto de neutralidade[416].

Com a proscrição geral do uso da força, a guerra não foi logicamente considerada no âmbito da CVDTE, apenas sendo referida indiretamente, e até certo ponto, por intermédio da rutura das relações diplomáticas, que não tem efeitos cessatórios da vigência de tratados celebrados entre os Estados em conflito.

Não obstante a omissão específica do uso da força como fator a ter em atenção na respetiva projeção nos efeitos dos tratados, o problema subsiste, mesmo quanto aos Estados que estão em conflito armado, pois que pode a força ser devidamente autorizada pelo Conselho de Segurança da ONU.

O que entender?

É necessário avaliar as circunstâncias à luz das normas e dos sujeitos de cada tratado internacional, sempre no diapasão de que está apenas em causa uma suspensão, dada a provisoriedade da guerra, de acordo com três possíveis resultados: nos casos em que a guerra seja um acontecimento incompatível com a manutenção dos efeitos convencionais, opera-se essa suspensão; mas pode haver casos em que precisamente alguns dos efeitos sejam exatamente ativados em função da deflagração de um conflito armado; pense-se ainda em situações relativamente às quais o estalar de um conflito entre entidades beligerantes se mostre irrelevante, não havendo nada a alterar na respetiva configuração jurídica[417].

dois ou mais Estados não obsta à conclusão de tratados entre esses Estados. A conclusão de um tratado não produz, por si mesma, efeitos no respeitante a relações diplomáticas ou consulares".

[416] Exceção é certamente a disposição do art. 89º da CCACI, já produzida antes da CNU, na qual se afirma que "Em caso de guerra, as disposições desta Convenção não afetarão a liberdade de ação de qualquer dos Estados contratantes, quer como beligerante, quer como neutro. O mesmo princípio será aplicado no caso de qualquer Estado contratante declarar a existência de um estado de emergência nacional, notificando disso o Conselho".

[417] Na sequência destas orientações, não deixa de ser curiosa a solução que se adotou no Acordo sobre a Promoção e Proteção do Investimento, celebrado entre Portugal e a Guiné--Bissau, em 24 de junho de 1991, que consiste no seguinte, nos termos do respetivo art. 16º:

De acordo com a posição de JOAQUIM DA SILVA CUNHA, a guerra, sendo um fator da cessação de vigência dos tratados, pode não produzir esse efeito nos seguintes casos[418]:

- quando o tratado preveja essa vigência expressamente em condições de conflito;
- quando o tratado faça realmente sentido no caso da eclosão de um conflito armado;
- quando um tratado crie situações objetivas, imunes aos efeitos da guerra.

VII. No outro grupo de causas de cessação da vigência dos tratados internacionais, verifica-se que esse efeito extintivo ocorre de acordo com acontecimentos que são alheios à vontade das partes, que assim permanecem externas a esse efeito, sendo tais causas as seguintes:

- a *caducidade*;
- a *impossibilidade de cumprimento ou de execução*; e
- a *alteração das circunstâncias*.

VIII. A *caducidade* é o fim da vigência dos tratados internacionais pelo decurso do tempo por que as mesmas foram concebidas ou pela superveniência de novos pressupostos extintivos do mesmo, num período que pode ser certo ou incerto:

- certo quando está à partida definido nas cláusulas finais ou, por qualquer outra via, se percebe que vem a ser esse o resultado;
- incerto quando a extinção do tratado é a consequência inelutável da verificação do esgotamento da razão de ser do tratado, por alteração superveniente dos respetivos pressupostos;

"O presente Acordo permanecerá em vigor mesmo no caso de conflito entre as Partes Contratantes, sem prejuízo do direito de serem adotadas medidas provisórias, desde que admitidas pelas normas gerais de Direito Internacional. As referidas medidas provisórias serão derrogadas o mais tardar no momento da cessação efetiva do conflito, independentemente da existência ou não de relações diplomáticas".

418 Cfr. NGUYEN QUOC DINH, PATRICK DAILLIER e ALAIN PELLET, *Droit...*, pp. 312 e 313; JOAQUIM DA SILVA CUNHA e MARIA DA ASSUNÇÃO DO VALE PEREIRA, *Manual...*, pp. 285 e 286.

- incerto quando a extinção do tratado é o resultado da normal execução do mesmo ou do desaparecimento dos sujeitos contratuais.

IX. A *impossibilidade de cumprimento* consiste na incapacidade de se cumprir os efeitos estabelecidos no articulado do tratado, motivo pelo qual se entende que o mesmo não pode continuar a vigorar.

A CVDTE apresenta a impossibilidade de cumprimento numa configuração bastante restrita pelas características que exige, pois que tem de ser relativa ao desaparecimento ou destruição permanente de um objeto indispensável à execução do tratado, sendo assim[419]:

- *objetiva*, não subjetiva, porque relativa a um aspeto externo, e não tanto à vontade das partes de cumprirem ou não cumprirem o tratado;
- *definitiva*, não temporária, porque concernente ao desaparecimento ou destruição permanente de um objeto indispensável à execução do tratado, cominando-se apenas a situação de suspensão para o caso de aquele evento ser temporário.

Independentemente de qualquer outra consideração, a impossibilidade de cumprimento jamais pode ser alegada se puder filiar-se na culpa da entidade que dela pretende beneficiar: "A impossibilidade de cumprimento não pode ser invocada por uma Parte como motivo para fazer cessar a vigência do tratado, para dele se retirar ou para suspender a sua aplicação, se essa impossibilidade resultar de uma violação, pela Parte que a invoca, de uma obrigação decorrente do tratado ou de qualquer outra obrigação internacional relativa a qualquer outra Parte no tratado" (art. 61º, nº 2, da CVDTE).

X. A *alteração das circunstâncias* – também nominada pela locução latina *rebus sic stantibus* – implica que, perante um contexto distinto daquele em que se formou o tratado, pode ocorrer a cessação de vigência, devendo aquela ser radical.

[419] Cfr. o art. 61º, nº 1, da CVDTE. Cfr. Nguyen Quoc Dinh, Patrick Daillier e Alain Pellet, *Droit...*, pp. 314 e ss.; Joaquim da Silva Cunha e Maria da Assunção do Vale Pereira, *Manual...*, pp. 288 e 289.

O princípio geral é o de que a alteração de circunstâncias não faz cessar a vigência do tratado internacional: "Uma alteração fundamental das circunstâncias relativamente às que existiam no momento da conclusão de um tratado e que não fora prevista pelas Partes não pode ser invocada como motivo para fazer cessar a vigência de um tratado ou para dele se retirar..."[420].

A operacionalidade da alteração das circunstâncias está dependente da verificação de dois possíveis resultados, não sendo previsíveis [cfr. as als. a) e b) do nº 1 do art. 62º da CVDTE]:

- a alteração de circunstâncias modificar a base essencial do consentimento dos Estados a vincular-se ao tratado;
- a alteração de circunstâncias desembocar numa transformação radical da natureza das obrigações assumidas no tratado.

A terminar, sublinhe-se que a alteração das circunstâncias nunca é aplicável estando em causa um tratado de fixação de fronteiras ou se a alteração se ficar a dever a comportamento antijurídico de quem a invoca (cfr. o art. 62º, nº 2, da CVDTE).

48. A suspensão e a modificação dos tratados internacionais

I. Não tão drasticamente quanto a cessação de vigência, que se apresenta numa feição irreversível, a eficácia de um tratado internacional pode também sofrer uma *suspensão.*

Tem este fenómeno aspetos semelhantes com a cessação de vigência porque igualmente determina a interrupção da produção dos seus efeitos. Mas dela difere substancialmente por se considerar que se trata apenas de uma paralisação, por natureza temporária, não o suprimento da fonte de onde emanam esses efeitos.

A suspensão pode ser tanto determinada como indeterminada e surge associada a acontecimentos, parcialmente coincidentes com os que podem provocar a cessação de vigência, considerados temporários, seja por causa

[420] Proémio do nº 1 do art. 62º da CVDTE. Em sentido divergente, André Gonçalves Pereira e Fausto de Quadros (*Manual*..., p. 254), dizendo que "...como ponto de partida, aceita-se que ela seja invocada...".

da sua natureza intrínseca – uma impossibilidade temporária de cumprir o tratado – seja por causa da vontade manifestada nesse sentido – um acordo que decidiu suspender a vigência de um tratado por um certo período de tempo.

Exatamente por via das semelhanças que a suspensão ostenta em relação à cessação de vigência, está incluída no regime geral daquela, escusando-se, assim, a CVDTE de lhe conferir um regime próprio, sendo puramente remissivo: "A mesma regra vale para a suspensão da aplicação de um tratado" (art. 42º, nº 2, *in fine*, da CVDTE).

II. Os tratados internacionais, uma vez elaborados, não têm de estar sempre vigentes, enfrentando o seu fim, como também podem sofrer vicissitudes menos drásticas: a sua *alteração* objetiva, que se traduz na modificação do respetivo clausulado[421].

A CVDTE expressamente contempla um regime para as situações de revisão e modificação de um tratado internacional já realizado, espécies de um género comum que pode ser globalmente considerado no conceito de alteração, cada um deles com o seguinte significado:

- a *revisão*: é uma alteração das cláusulas do tratado e envolve a participação dos Estados que outorgaram no tratado internacional;
- a *modificação* (ou emenda): é uma alteração subjetivamente parcial do tratado internacional, apenas sendo atinente a certas partes, não ao universo global dos que nela participaram.

Não interessa aludir especificamente à alteração dos tratados bilaterais porque neste caso as regras são mais óbvias do ponto de vista do consenso necessário para que os correspondentes efeitos se produzam.

[421] Sobre a modificação dos tratados internacionais, v. Adriano Moreira, *Direito...*, p. 79; Albino de Azevedo Soares, *Lições...*, pp. 179 e ss.; Ana Maria Guerra Martins, *Algumas notas sobre o regime jurídico da revisão da Convenção de Montego Bay*, in ROA, ano 53, III, dezembro de 1993, pp. 610 e ss., e *A natureza jurídica...*, pp. 404 e ss.; Eduardo Correia Batista, *Direito Internacional...*, I, pp. 269 e ss.; Jorge Miranda, *Sobre as modificações de tratados internacionais*, in AAVV, *Estudos em Homenagem a Joaquim M. da Silva Cunha*, Porto, 1999, pp. 65 e ss.; Nguyen Quoc Dinh, Patrick Daillier e Alain Pellet, *Droit...*, pp. 293 e ss.; Francisco Ferreira de Almeida, *Direito...*, p. 154; José Francisco Rezek, *Direito...*, pp. 87 e ss.

III. Tal como sucede com outras situações, a alteração dos tratados multilaterais deve submeter-se, em primeira linha, ao regime que for especificamente concebido nas respetivas disposições finais.

A CVDTE tem a preocupação de, a esse propósito, estabelecer um regime supletivo, assente nas seguintes orientações gerais, perante a ausência de normas sobre essa matéria (cfr. os arts. 39º e ss. da CVDTE):

- quanto à revisão, ela assenta na regra da unanimidade, só podendo as alterações vincular as partes que no respetivo procedimento outorgaram: "O acordo que revê o tratado não vincula os Estados que são já Partes no tratado e que não se tornem Partes nesse acordo" (art. 40º, nº 4, primeira parte, da CVDTE);
- quanto à emenda, esta apenas afeta as partes que assim decidiram, devendo ser um caso em que tal procedimento esteja permitido ou que, não estando proibido, se contenha dentro de dois importantes limites: "i) Não prejudique o gozo, pelas outras Partes, dos direitos que lhes advenham do tratado, nem o cumprimento das suas obrigações; ii) Não respeite a uma disposição cuja derrogação seja incompatível com a realização efetiva do objeto ou do fim do tratado no seu todo" [art. 41º, nº 1, al. b), i) e ii), da CVDTE].

Dentro das alterações que afetam o clausulado do tratado, problema mais complexo é o da aceitabilidade de limites materiais à sua revisibilidade, na medida em que se possa aceitar que certas matérias, institutos ou soluções não consentem qualquer alteração normativa[422]. Tudo depende do sentido daquelas cláusulas, não se excluindo tal possibilidade no contexto próprio dos tratados internacionais constitucionais.

IV. As modificações subjetivas relacionam-se com a matéria da sucessão de sujeitos internacionais quanto aos tratados celebrados, pois que se versa agora, não as modificações que as respetivas cláusulas sofrem, mas a titularidade em relação aos direitos e aos deveres que deles emergem[423].

[422] Chamando a atenção para este problema de um modo muito interessante, JORGE MIRANDA, *Sobre as modificações...*, pp. 69 e 70, e *Curso...*, pp. 84 e ss.

[423] Sobre a sucessão de tratados internacionais, bem como os critérios de solução das respetivas antinomias, v. NGUYEN QUOC DINH, PATRICK DAILLIER e ALAIN PELLET, *Droit...*, pp. 268 e ss.

A solução mais fácil, quanto à durabilidade das disposições inseridas em tratados internacionais, acontece quando aí se encontra um arrimo seguro que esclareça o problema (cfr. o art. 30º, nº 2, da CVDTE). Esta é, porém, uma solução rara, pelo que importa resolver o problema no silêncio das partes quanto ao aparecimento de novo tratado incompatível.

Se os Estados partes forem exatamente os mesmos, prevalece o tratado posterior, que revoga o anterior, em aplicação do princípio da cronologia, devendo entender-se a última vontade como a mais atualizada na disciplina dos interesses em causa (cfr. o art. 30º, nº 3, da CVDTE).

Se os Estados partes não forem todos coincidentes, abrem-se duas hipóteses distintas, a que se aplicam duas soluções também diversas (cfr. o art. 30º, nº 4, da CVDTE):

- a prevalência de regimes diferenciados consoante a diversidade de Estados que se vincularam ao antigo e ao novo tratado;
- a manutenção do primeiro tratado, por aplicação do princípio *pacta sunt servanda*, nos casos em que os outorgantes não são os mesmos.

§ 15º OS DESVALORES DOS TRATADOS INTERNACIONAIS ANTIJURÍDICOS

49. Valor e desvalor dos tratados internacionais

I. A elaboração dos tratados internacionais forçosamente fica condicionada à verificação de um conjunto de parâmetros que limitam os sujeitos internacionais na sua liberdade de disposição.

Acolhendo o importante contributo que pode ser dado pelo Direito Estadual, *maxime* o Direito Constitucional e o Direito Administrativo, é de diferenciar, em razão da função que se cometa a esses parâmetros, bem como à respetiva consistência, entre as seguintes categorias de requisitos jurídicos que se impõem aos tratados internacionais:

- os *requisitos de existência*;
- os *requisitos de validade*;
- os *requisitos de eficácia*;
- *outros requisitos.*

Em qualquer destes casos, estamos perante exigências que o Direito Internacional faz aplicar para considerar lícita ou correta a produção desses mesmos tratados, tendo a violação daqueles requisitos a consequência de sobre eles se aplicarem diversas sanções, na sequência de outros tantos fatores de ponderação, distinguindo-se entre:

- os *desvalores jurídicos*, que afetam a consistência intrínseca do ato jurídico-público;
- a *ineficácia jurídica*, que apenas determina a impossibilidade da produção de efeitos por motivos extrínsecos ao ato jurídico-público;

- outras consequências, como a *irregularidade* ou a *responsabilidade*, quando as anomalias detetadas não atingem a consistência do ato jurídico-público, antes se projetando sobre os respetivos autores.

II. No tocante aos diversos requisitos que acompanham a elaboração dos tratados internacionais, podemos elencar diferentes categorias, tomando em atenção os vários elementos constitutivos do ato em causa, bebendo influências na teoria do ato de Direito Público, largamente trabalhada no Direito Constitucional[424] e no Direito Administrativo[425]:

- os *requisitos subjetivos*: dizem respeito à qualidade e à capacidade dos sujeitos internacionais outorgantes, bem como à manifestação da respetiva vontade, seja no plano funcional dos órgãos que para tanto estão habilitados, seja no plano psicológico, relativamente às exigências de expressão de uma vontade que seja livre e esclarecida;
- os *requisitos objetivos*: dizem respeito ao conteúdo e ao objeto do tratado internacional, na medida em que é internacionalmente relevante, para além de dever ser inteligível e coerente nos efeitos que contém;
- os *requisitos funcionais*: dizem respeito à conexão entre a vontade manifestada, atestada pela respetiva motivação, e os fins a alcançar, segundo uma sequência teleologicamente aceitável;
- os *requisitos formais*: dizem respeito às exigências formais e procedimentais, na extrinsecação do tratado, bem como no *iter* procedimental que importa respeitar para se afirmar completo.

[424] Sobre a teoria da invalidade dos atos jurídico-públicos inconstitucionais, v. HANS KELSEN, *L'Illecito dello Stato*, Roma, 1988, pp. 10 e ss.; MARCELO REBELO DE SOUSA, *O valor jurídico do ato inconstitucional*, I, Lisboa, 1988, pp. 103 e ss.; JORGE BACELAR GOUVEIA, *O valor positivo do ato inconstitucional*, Lisboa, 1992, pp. 17 e ss., *e Manual de Direito Constitucional...*, II, pp. 1254 e ss.; JORGE MIRANDA, *Manual de Direito Constitucional*, VI, Coimbra, 2001, pp. 84 e ss.; J. J. GOMES CANOTILHO, *Direito Constitucional...*, pp. 938 e ss.

[425] Sobre a teoria da invalidade do ato administrativo ilegal, v. MARCELLO CAETANO, *Manual de Direito Administrativo*, I, 10ª ed., Coimbra, 1991, pp. 465 e ss.; DIOGO FREITAS DO AMARAL, *Curso de Direito Administrativo*, II, Coimbra, 2001, pp. 342 e ss.; JOÃO CAUPERS, *Introdução ao Direito Administrativo*, pp. 187 e ss.

Não julgamos de aceitar uma qualquer aproximação excessiva à teoria do negócio jurídico, como fazem ALBINO DE AZEVEDO SOARES[426] e FRANCISCO FERREIRA DE ALMEIDA, na esteira de NGUYEN QUOC DINH, PATRICK DAILLIER e ALAIN PELLET[427], ainda que nela possamos encontrar alguns elementos úteis. Estamos em crer que o tratado internacional, apesar da sua estrutura de vontade coletiva, está mais próximo do ato jurídico-público, como se verifica nas diversas soluções que vão sendo consagradas, o que claramente se comprova, *v.g.*, em matéria de interpretação, que é já objetivista, e não subjetivista, resultado que seria imposto pela teoria do negócio jurídico.

III. Nem sempre os tratados internacionais se conformam com o Direito Internacional que lhes é aplicável, através destes mencionados requisitos, pelo que é natural que se equacione a hipótese de eles se colocarem numa situação de infração daqueles mesmos requisitos.

A despeito da importância desta problemática, e ao contrário do que vai sucedendo no Direito Interno, a verdade é que na dogmática jusinternacionalista poucos têm sido os esforços para a enquadrar devidamente. E o problema agrava-se mais por a CVDTE, não obstante aquela louvável preocupação regulativa, não ter tido o cuidado da separação – que é mister traçar – entre o mundo da eficácia dos tratados e o mundo dos desvalores dos tratados antijurídicos, incluindo os dois regimes numa mesma Parte – a Parte V – que é destinada tanto à nulidade como à cessação de vigência (cfr., respetivamente, os arts. 46º e ss. e os arts. 54º e ss. da CVDTE).

É por isso que devemos dissociar os desvalores – ou os valores negativos – dos tratados internacionais antijurídicos de outras situações conceptualmente distintas, como é o caso das situações de valor positivo e das situações de ineficácia simples.

Nestas duas hipóteses, mas por razões diferentes, não se belisca a existência e a validade dos tratados internacionais: ali porque não existem sanções que afetem o ato viciado; aqui porque apenas se afeta externamente a vigência, não por motivos intrínsecos, que tenham a ver com os seus elementos constitutivos.

[426] Cfr. ALBINO DE AZEVEDO SOARES, *Lições...*, pp. 167 e ss.

[427] Cfr. NGUYEN QUOC DINH, PATRICK DAILLIER e ALAIN PELLET, *Droit...*, pp. 188 e 189.

Regulativamente falando, a CVDTE estabelece o quadro geral dos desvalores, sob a designação geral de nulidade, dizendo que "A validade de um tratado ou do consentimento de um Estado em ficar vinculado por um tratado só pode ser contestada de acordo com a presente Convenção" (art. 42º, nº 1, da CVDTE).

Ora, importa dilucidar tais disposições acerca da nulidade dos tratados antijurídicos, no que se deve estudar, separadamente, dois tópicos que se afiguram fundamentais:

- as *causas ou os vícios que determinam a nulidade*;
- as *consequências ou os efeitos que decorrem da nulidade.*

IV. Essa é uma verificação que não se faz sem um procedimento específico que seja aplicável, tendo a CVDTE a preocupação, neste ponto até exemplar, de gizar mecanismos que permitam, com segurança, esclarecer dúvidas a respeito da verificação das situações de invalidade dos tratados internacionais[428].

O ponto de partida é a formalização dessa vontade, que incumbe ao Estado que quer fazer valer uma causa de invalidade de um tratado, por uma notificação escrita, dirigida a todos os outros Estados contratantes, dessa sua mesma pretensão.

Apresentado o pedido, o procedimento que se encontra organizado bifurca-se por duas vias alternativas:

- ou os outros Estados aceitam essa pretensão e o assunto resolve-se num contexto amigável, podendo o Estado concretizar o efeito inerente à pretensão formulada[429];
- ou os outros Estados contestam essa pretensão e gera-se uma situação de conflito internacional, abrindo-se duas outras sub-hipóteses.

Neste contexto conflitual, a primeira possibilidade é recorrer aos diversos mecanismos gerais estabelecidos na CNU, todos eles se inserindo

[428] A respeito deste procedimento, v. Nguyen Quoc Dinh, Patrick Daillier e Alain Pellet, *Droit...*, pp. 211 e ss.; Wladimir Brito, *Direito...*, pp. 172 e ss.

[429] Como se preceitua no art. 65º, nº 2, da CVDTE, "Se, após o decurso de um prazo que, salvo em casos de particular urgência, não deve ser inferior a três meses a contar da receção da notificação, nenhuma Parte formular objeções, a Parte que faz a notificação pode tomar, nas formas prescritas no artigo 67º, a medida que tiver previsto".

numa lógica de resolução pacífica de conflitos sem caráter jurisdicional (cfr. o art. 33º da CNU *ex vi* art. 65º, nº 3, da CNU).

Só na hipótese de por ali o assunto não ficar resolvido doze meses depois, se avança com outros procedimentos, desta feita podendo acolher duas outras possibilidades de procedimentos a adotar:

- o recurso ao TIJ na situação de violação das normas imperativas de *ius cogens* [cfr. o art. 66º, al. a), da CVDTE], ou também o recurso à arbitragem[430]; ou
- "Qualquer Parte num diferendo relativo à aplicação ou à interpretação de qualquer dos outros artigos da Parte V da presente Convenção pode dar início ao procedimento indicado no anexo à Convenção, dirigindo um pedido nesse sentido ao Secretário-Geral das Nações Unidas" [art. 66º, al. b), da CVDTE], o que traduz um esquema de conciliação.

50. As causas da invalidade dos tratados internacionais

I. As causas da nulidade são os vícios que, consistindo na violação do Direito Internacional, intrinsecamente inquinam os tratados internacionais celebrados, assim se distribuindo em função das diversas categorias de elementos e requisitos que foram assinalados, de acordo com a seguinte tetralogia:

- os *vícios subjetivos*;
- os *vícios objetivos*;
- os *vícios funcionais*; e
- os *vícios formais*.

II. Os *vícios subjetivos* atingem os elementos subjetivos que integram a estrutura do tratado internacional, relacionando-se com aspetos dos sujeitos outorgantes, bem como com a expressão da sua vontade psicológica, podendo consistir nos seguintes casos:

430 Arbitragem que não deixa de suscitar surpresa por estar em causa uma norma de *ius cogens* internacional, na certeza de que a arbitragem tem a possibilidade, pelo menos teorética, de atingir o núcleo de normas aplicáveis, podendo facilitar o recurso à equidade.

- a incapacidade internacional de contratação, por se tratar de entidade sem personalidade ou capacidade jurídica internacional adequada;
- a ausência de vontade internacional de contratação, sendo fatal no caso dos tratados bilaterais;
- o erro quanto a aspetos que sejam considerados determinantes na economia do tratado;
- o dolo na medida em que implica um erro provocado que perturba a construção de uma vontade livre;
- a coação psicológica quando implica a adulteração da vontade do Estado por medo invencível;
- a coação física ou uso ou ameaça de uso da força, que suprimem a vontade do sujeito[431].

A leitura da CVDTE permite deparar com algumas destas situações, que têm assim guarida:

- a limitação da capacidade aos Estados: só pensando nestes é que a CVDTE se organiza e aplica[432];
- a verificação de uma situação de erro relevante: só o é na medida em que o erro tenha incidido "...sobre um facto ou uma situação que esse Estado supunha existir no momento em que o tratado foi concluído e que constituía uma base essencial do consentimento desse Estado em estar vinculado pelo tratado"[433];

[431] A importância da prevenção das situações de coação na celebração dos tratados internacionais levou mesmo a Conferência das Nações Unidas sobre o Direito dos Tratados à emissão de uma Declaração, que ficou como parte integrante da Ata Final, frisando esta preocupação nos seguintes termos: "Condena solenemente o recurso à ameaça ou ao uso da pressão, em todas as suas formas, seja militar, política ou económica, por um Estado, com o fim de coagir outro Estado a realizar um ato relativo à celebração de um tratado, em violação dos princípios da igualdade soberana dos Estados e da liberdade do consentimento". Cfr. o respetivo texto em Fernando Roboredo Seara, Fernando Loureiro Bastos e José de Matos Correia, *Direito Internacional...*, p. 151.

[432] O art. 6º da CVDTE afirma que "Todo o Estado tem capacidade para concluir tratados".

[433] Art. 48º, nº 1, da CVDTE, esclarecendo-se no nº 2 dessa disposição que o regime do erro não se aplica "...quando o referido Estado contribuiu para o erro com a sua conduta

- a ocorrência de um erro provocado, que é o dolo, com o intuito de enganar: "Se um Estado tiver sido induzido a concluir um tratado pela conduta fraudulenta de um outro Estado que participou na negociação, pode invocar o dolo como tendo viciado o seu consentimento em ficar vinculado pelo tratado" (art. 49º da CVDTE);
- o surgimento de um caso de coação psicológica: "A manifestação do consentimento de um Estado em ficar vinculado por um tratado obtida por coação exercida sobre o seu representante, por meio de atos ou de ameaças dirigidos contra ele, é desprovida de qualquer efeito jurídico" (art. 51º da CVDTE);
- a possibilidade, mais dramática, de ter sido exercida uma coação física, aqui nem sequer havendo a expressão de uma vontade minimamente livre: "É nulo todo o tratado cuja conclusão tenha sido obtida pela ameaça ou pelo emprego da força, em violação dos princípios de Direito Internacional consignados na Carta das Nações Unidas"[434].

III. Os *vícios objetivos* dizem respeito ao facto de o objeto ou de o conteúdo do tratado não ser viável no plano da sua conformidade internacional, divisando-se diferentes hipóteses, para além de outras que possam eventualmente colocar-se:

- o objeto impossível ou inexistente;
- o conteúdo proibido por violação de outras normas e princípios de Direito Internacional tidos por aplicáveis.

De acordo com uma perspetiva objetiva, importa observar que os efeitos previstos no tratado – ou a realidade sobre a qual esses mesmos efeitos são criados – corporizam aspetos em que pode ser visível uma situação patológica, diretamente prevista na CVDTE.

Vem ela a acontecer quando se dá a infração de uma regra de *ius cogens* internacional, que já observámos sob a ótica da prevalência valorativa do

ou quando as circunstâncias forem tais que ele devia ter-se apercebido da possibilidade do erro".

[434] Art. 52º da CVDTE, embora este preceito ainda possa dar guarida a situações de coação psicológica mais intensa, mas que ainda não configuram casos de coação física, que é a *vis absoluta*.

Direito Internacional: "É nulo todo o tratado que, no momento da sua conclusão, seja incompatível com uma norma imperativa de Direito Internacional geral" (art. 53º, primeira parte, da CVDTE).

IV. Os *vícios funcionais* relacionam-se com a circunstância de a liberdade jurígena, que é conferida pelo Direito Internacional, não ser posta ao serviço dos valores que o mesmo serve, havendo que referir, pelos menos, estas duas modalidades:

- desvio de poder, quando as finalidades que são assinaladas não correspondem às motivações subjacentes;
- abuso de poder, que se manifesta na corrupção exercida sobre o representante do Estado.

A CVDTE apenas contempla uma situação que se pode reconduzir a uma preocupação funcionalista na contratação internacional, não se escondendo, em geral, a enorme dificuldade de juridificar estas matérias.

Esse é o caso da corrupção do representante de um Estado: "Se a manifestação do consentimento de um Estado em ficar vinculado por um tratado tiver sido obtida por meio da corrupção do seu representante, efetuada direta ou indiretamente por outro Estado que participou na negociação, aquele Estado pode invocar essa corrupção como tendo viciado o seu consentimento em ficar vinculado pelo tratado" (art. 50º da CVDTE).

Há ainda um outro caso, expressamente referido na CVDTE, que hipoteticamente se poderia chamar à colação, o qual se relaciona com a limitação do mandato exercido pelo representante do Estado na contratação: "Se o poder de um representante para manifestar o consentimento de um Estado em ficar vinculado por um determinado tratado for objeto de uma restrição especial, a inobservância desta pelo representante não pode ser invocada como tendo viciado o consentimento que ele manifestou, salvo se a restrição tiver sido notificada aos outros Estados que tenham participado na negociação, anteriormente à manifestação desse consentimento" (art. 47º da CVDTE).

V. Os *vícios formais* são atinentes à tramitação e ao formalismo que deve acompanhar a produção do tratado internacional:

- *vício de forma*: a exteriorização do tratado não seguir a forma que lhe é imposta, como é o caso da forma escrita, no caso em que é exigida;

- *vício de procedimento*: quando os atos praticados não forem conformes às exigências aplicáveis, faltando um desses atos ou não tiverem sido corretamente produzidos, assunto genericamente referido às ratificações imperfeitas, incluindo aspetos relacionados com a competência dos órgãos intervenientes.

No tocante ao primeiro aspeto, a CVDTE delimita o seu campo de atuação aos tratados celebrados por escrito, mas isso não obsta à sua validade [cfr. o art. 3º, al. a), da CVDTE]. O que acontece é que as suas normas, sendo aplicáveis, incluindo estas do regime da nulidade, apenas o serão enquanto configurarem Direito Internacional consuetudinário, e não já Direito Internacional Convencional que seja considerado aplicável.

Em relação ao outro aspeto, a CVDTE refere o tema das ratificações imperfeitas, mas de um modo globalmente remissivo para o Direito Interno, apenas aceitando a pertinência da obliteração de regras procedimentais nos apertados ditames de ter sido uma "violação manifesta e disser respeito a uma norma de importância fundamental do seu Direito interno" (art. 46º, nº 1, *in fine*, da CVDTE).

51. Os efeitos da invalidade dos tratados internacionais

I. Os efeitos da nulidade dos tratados internacionais representam-se nas consequências negativas que recaem sobre os mesmos, em virtude dos vícios que os inquinam.

Se bem que muito imperfeitamente, por usar o definido na definição, é isso o que a CVDTE vem a proclamar, prescrevendo que "É nulo um tratado cuja nulidade resulte das disposições da presente Convenção. As disposições de um tratado nulo não têm força jurídica" (art. 69º, nº 1, da CVDTE).

Quer isto dizer que a verificação da nulidade, no âmbito de um tratado internacional, determina o apagamento dos seus efeitos, quase como que se o mesmo nunca tivesse visto a luz do dia.

II. Esse genérico efeito invalidatório não é totalmente ilustrativo das particularidades com que a sua aplicação se pode defrontar, uma vez que importa aludir a diversas modalidades por que a nulidade, assim genericamente entendida, se pode consagrar, dando azo a outras tantas categorias, agora vistas sob a ótica dos efeitos, não já das causas:

- a *nulidade total e a nulidade parcial*, conforme a extensão do vício provocado na economia do tratado afetado;
- a *nulidade insanável e a nulidade sanável*, consoante os respetivos efeitos possam ou não ser contornados;
- a *nulidade forte e a nulidade fraca*, sendo os efeitos totais ou parciais, respetivamente, quando extingam ou apenas enfraqueçam os atos produzidos à sombra do tratado internacional viciado;
- a *nulidade originária e a nulidade superveniente*, sempre que se imponha deslindar entre o início da vigência do desvalor, ora desde que o ato foi praticado, ora a partir de certo momento posterior.

III. Em relação à primeira classificação mencionada, a da extensão da nulidade, a CVDTE prefere o princípio geral de que a causa de nulidade afeta o tratado no seu todo, sendo assim, em geral, a nulidade total.

Este princípio geral é reafirmado para algumas das causas de nulidade, como é o caso da coação sobre o representante de um Estado, a coação sobre um Estado pela ameaça ou pelo emprego da força e a violação de norma imperativa de *ius cogens* internacional (cfr. o art. 44º, nº 5, da CVDTE). E também parece que assim é nos casos, não referidos, da nulidade resultante de vício do consentimento ou de restrição especial na expressão da vontade do Estado, partindo-se do pressuposto de que a respetiva causa afeta o tratado na sua globalidade.

Essa não é uma resposta uniforme porque a CVDTE, dentro de uma saudável lógica das coisas, admite a divisibilidade das disposições do tratado ferido pela nulidade, em homenagem ao princípio do aproveitamento dos atos jurídicos, desde que se verifiquem cumulativamente as seguintes condições, sendo o vício de nulidade atinente a apenas uma parte do tratado [cfr. o art. 44º, nº 3, nas suas als. a), b) e c), da CVDTE]:

- as cláusulas sejam separáveis do restante articulado do tratado na sua execução;
- a não aplicação das cláusulas afetadas não ponha em causa a base essencial que presidiu à celebração do tratado; e
- essa divisão não envolva uma injusta manutenção da parte sã do tratado.

A divisibilidade do tratado sujeita-se, em todo o caso, a dois regimes: ao da sua obrigatoriedade, que é o regime geral, mas verificando-se estes pressupostos; ao da sua facultatividade, podendo os Estados optar pela totalidade ou pela parte do tratado a afetar pela nulidade, tendo havido dolo ou corrupção do representante do Estado (cfr. o art. 44º, nº 4, da CVDTE).

IV. Quanto à segunda classificação, a subsistência de uma nulidade que tenha sido detetada pode ficar dependente do comportamento dos Estados relativamente à sua prática.

A gravidade das causas que determinam a invalidade joga-se normalmente pela inviabilidade de os Estados, pelo seu comportamento, havendo razões de ordem pública, poderem manipular os seus efeitos.

De um modo geral, a conduta dos Estados atingidos pela invalidade é indiferente para a sua concretização, mesmo que nada façam ou expressamente aceitem as consequências da nulidade praticada, sendo, portanto, insanável e definitiva.

Contudo, a CVDTE admite que nalguns casos a vontade do Estado lesado pela nulidade, que tem em princípio o direito de a invocar, possa ser relevante ao ponto de determinar a perda desse mesmo direito, sempre que tal Estado:

- "Aceitou expressamente considerar que o tratado (...) é válido...";
- "Deva, em razão da sua conduta, ser considerado como tendo aceite (...) a validade do tratado..." [als. a) e b) do art. 45º da CVDTE].

E quais são esses casos? Apenas as situações porventura menos graves de irregularidade no consentimento formal, da restrição do consentimento, do erro, do dolo e da corrupção (cfr. o proémio do art. 45º da CVDTE).

Numa via adjetiva, por aqui se percebe que a nulidade, nestes moldes, pode vir a desaparecer, valendo a vontade, expressa ou tácita, como ato de convalidação da nulidade ocorrida.

V. No tocante à terceira classificação, o que é normal, havendo tão drástica consequência, é que se imponha o desaparecimento de todos os atos, bem como dos respetivos vestígios, celebrados ao abrigo do tratado internacional viciado, precisamente em nome da disposição que proclama que "As disposições de um tratado nulo não têm força jurídica"[435].

De resto, a CVDTE, neste ponto, até toma uma posição pró-ativa, porque vai além de uma visão meramente performativa e esclarece que, tendo "...sido praticados atos com base num tal tratado: a) Qualquer Parte pode pedir a qualquer outra Parte que restabeleça, tanto quanto possível, nas suas relações mútuas, a situação que existiria se esses atos não tivessem sido praticados" [art. 69º, nº 2, al. a), da CVDTE].

A CVDTE concede algumas limitações na intensidade do desvalor dos tratados internacionais, ao aceitar que em certas circunstâncias o correspondente efeito seja mais fraco, e não tão forte como sucede normalmente, assim podendo alguns atos praticados ficar preservados do efeito destruidor inerente à decretação da nulidade: "Os atos praticados de boa fé, antes de a nulidade ter sido invocada, não se tornam ilícitos apenas por força da nulidade do tratado" [art. 69º, nº 2, al. b), da CVDTE].

Claro que a própria CVDTE também esclarece que os Estados que provocaram a viciação dos tratados internacionais não podem prevalecer-se dessa mesma situação, essencialmente não podendo gozar do estatuto de partes que estejam de boa fé [cfr. o art. 69º, nº 3, da CVDTE].

Acresce ainda que a CVDTE encara um regime especial para as situações de violação das normas de *ius cogens*, não só porque aqui a nulidade pode ser originária ou superveniente, mas fundamentalmente porque determina um dever positivo de estar em conformidade com a nova realidade que passou a ser designada pela norma de *ius cogens* internacional que foi violada, não havendo lugar, aparentemente, à salvaguarda de situações de boa fé (cfr. o art. 71º da CVDTE).

VI. No que é concernente à quarta classificação, leva-se em consideração o momento que em ocorreu o vício que passou a inquinar o tratado internacional, sendo normal que a nulidade se apresenta na veste de nulidade originária, afetando o tratado logo à sua nascença.

[435] Sobre as consequências da verificação das nulidades nos tratados internacionais, v. Albino de Azevedo Soares, *Lições...*, pp. 173 e ss.; Nguyen Quoc Dinh, Patrick Daillier e Alain Pellet, *Droit...*, pp. 213 e ss.; Wladimir Brito, *Direito...*, pp. 174 e ss.; Jónatas E. M. Machado, *Direito Internacional...*, pp. 346 e ss.; Benedetto Conforti, *Diritto Internazionale*, pp. 118 e ss.

A fundamental razão para que isto suceda prende-se com a dimensão organizatória que está presente no procedimento de conclusão dos tratados, por força da aplicação do princípio *tempus regit actum*: são relevantes, para a apreciação da validade dos atos jurídico-públicos, as regras existentes no momento em que o mesmo foi elaborado, não tendo as normas organizatórias qualquer virtualidade de aplicação retroativa.

Isso já não sucede, porém, com as normas de teor material, essas permanentemente limitando o conteúdo que se inscreve nas opções dos atos jurídico-públicos. Isso também acontece com o Direito Internacional: se o conteúdo de certo tratado se tornar contrário a uma norma de *ius cogens* posterior, essa norma fulmina-o de nulidade, mas neste caso é superveniente porque vigora a partir do aparecimento da norma parâmetro com a qual o tratado entrou em colisão, não a partir do momento em que o tratado entrou em vigor, que foi antes[436].

52. Nulidade absoluta e nulidade relativa; outras possíveis consequências

I. A apresentação do regime da nulidade dos tratados internacionais, nas suas causas e nos seus efeitos, está ainda longe de ser suficientemente esclarecedora acerca das singularidades que podem ser detetadas[437].

Alguma doutrina tem perguntado – e com toda a razão – se não é viável transpor para o Direito Internacional a destrinça, de créditos firmados

[436] Cfr. os arts. 64º e 71º da CVDTE, sendo isso motivo para alguns frisarem o desacerto da figura da invalidade neste caso. Mas a doutrina do Direito Constitucional conhece bem a inconstitucionalidade superveniente, em que faz sentido falar de invalidade e não em cessação de vigência, por caducidade.

[437] Sobre a invalidade dos tratados internacionais, v. ADRIANO MOREIRA, *Direito...*, pp. 74 e ss.; ALBINO DE AZEVEDO SOARES, *Lições...*, pp. 167 e ss.; EDUARDO CORREIA BATISTA, *Direito Internacional...*, I, pp. 276 e ss.; JOAQUIM DA SILVA CUNHA e MARIA DA ASSUNÇÃO DO VALE PEREIRA, *Manual...*, pp. 278 e ss.; ADHERBAL MEIRA MATTOS, *Direito...*, pp. 117 e ss.; NGUYEN QUOC DINH, PATRICK DAILLIER e ALAIN PELLET, *Droit...*, pp. 188 e ss.; WLADIMIR BRITO, *Direito...*, pp. 128 e ss.; FRANCISCO FERREIRA DE ALMEIDA, *Direito...*, pp. 133 e ss.; JOSÉ FRANCISCO REZEK, *Direito...*, pp. 69 e ss.; JORGE MIRANDA, *Curso...*, pp. 88 e ss.; RICARDO BRANCO, *Nulidade de tratados internacionais*, in AAVV, *Enciclopédia de Direito Internacional* (coord. de MANUEL DE ALMEIDA RIBEIRO, FRANCISCO PEREIRA COUTINHO e ISABEL CABRITA), Coimbra, 2011, pp. 311 e ss.

no Direito Interno, Direito Público e Direito Privado, entre a nulidade e a anulabilidade, de acordo com os seus mais significativos traços individualizadores[438].

Ou, indo mais longe, também se pode perguntar se não é possível alargar esse leque a outras categorias menos comuns, como é o caso da inexistência jurídica, aquilatando até que ponto pode ela ser aplicável no Direito Internacional dos Tratados.

II. Depois do estudo que pudemos fazer, nos limites que se impõem a uma visão que só pode ser panorâmica, estamos em crer que se aproxima mais da verdade o entendimento que se mostra favorável à introdução de uma separação fundamental na nulidade, apartando as categorias da nulidade absoluta e da nulidade relativa.

Essa afirmação apoia-se num conjunto de elementos que permitem fazer racionalmente tal divisão, ainda que nem sempre ela seja uniforme, o que dificulta mais tal tarefa. Ela tem, todavia, o mérito de ir um pouco mais fundo no regime das causas e dos efeitos da invalidade dos tratados internacionais, recebendo as boas influências do Direito Interno, embora os resultados estejam bastante distantes da sofisticação já aqui alcançada.

São dois os fatores que permitem distinguir entre a nulidade absoluta e a nulidade relativa:

- o *critério da sanabilidade do correspondente vício*;
- o *critério da divisibilidade dos tratados viciados.*

Em relação ao primeiro elemento, cumpre dizer que a alegação da nulidade nem sempre pode acontecer, uma vez que, quanto a algumas das causas da nulidade, essa invocação não produz efeitos se entretanto tiver acontecido a sua aceitação, expressa ou tácita, o que já não sucederá em relação a outras causas, sanação que assim se exprime através da emissão de um novo ato, que é unilateral e que pode ser tácito.

Em relação ao outro critério, refira-se que nem todas as causas de nulidade permitem que se possa invocar a sua operatividade por referência a

[438] Para uma explicitação acerca destas modalidades, à luz da CVDTE, v. Albino de Azevedo Soares, *Lições...*, pp. 173 e ss.; Adherbal Meira Mattos, *Direito...*, pp. 126 e ss.; Nguyen Quoc Dinh, Patrick Daillier e Alain Pellet, *Droit...*, pp. 208 e ss.; Wladimir Brito, *Direito...*, pp. 169 e ss.; Francisco Ferreira de Almeida, *Direito...*, pp. 144 e ss.

uma parte do tratado, nalguns casos isso só acontecendo para a totalidade do tratado.

III. A *nulidade absoluta* inclui as causas que são mais graves na violação dos princípios e normas de Direito Internacional, sendo de elencar os seguintes vícios como causa dessa categoria:

- a coação sobre o representante de um Estado;
- a coação sobre um Estado pela ameaça ou pelo emprego da força;
- a violação de norma internacional de *ius cogens*.

A *nulidade relativa* é menos grave, isso sendo possível avaliar pelas respetivas causas:

- a irregularidade na conclusão interna do tratado;
- a restrição especial ao poder de manifestar o consentimento;
- o erro;
- o dolo;
- a corrupção do representante de um Estado.

IV. Pode ainda perguntar-se se não há uma regra geral, perante a ausência de indicação de uma ou de outra, acerca da categoria de nulidade tida por prevalecente.

Estamos em crer que essa regra é a da nulidade absoluta porque os dois critérios assinalados só se aplicam aos casos que tenham sido diretamente considerados como de nulidade relativa.

Eis uma questão que não é retórica: pode ter todo o interesse para a descoberta de outros vícios que não tenham sido arrolados pela CVDTE e em relação aos quais se deve legitimamente perguntar em que vertente se integram, se nulidade absoluta ou se nulidade relativa.

V. Uma última questão a suscitar refere-se à possibilidade de se invocar outros possíveis desvalores no caso de ter havido a prática de tratados internacionais antijurídicos.

Uma delas, embora não seja este o seu lugar, é certamente a da ineficácia jurídico-internacional em resultado da violação de parâmetros tidos por aplicáveis, nomeadamente a falta de publicidade, no seio da ONU (com o particularismo de ser uma inoponibilidade, que não deixa de refletir uma desvantagem).

Também se pode pensar na própria *inexistência jurídica*, que não tem qualquer acolhimento direto na CVDTE, tomando mesmo esta posição em relação à sua consideração no âmbito da nulidade absoluta, como acontece com a ameaça ou o emprego da força.

Não se vê como não autonomizar a inexistência jurídica: seria sumamente chocante que certos atos pudessem ser protegidos pelo princípio da boa fé ou que até não fossem desconsiderados só porque uma visão mais literalista os não tivesse englobado na tabela de nulidades que a CVDTE diretamente contempla.

Capítulo V
A Conclusão das Convenções Internacionais em Portugal e nos Estados de Língua Portuguesa

§ 16º O Direito Português das convenções internacionais

§ 17º As fases procedimentais necessárias em Portugal

§ 18º As fases procedimentais eventuais em Portugal

§ 19º A conclusão das convenções internacionais no Direito dos Estados de Língua Portuguesa

§ 16º O DIREITO PORTUGUÊS DAS CONVENÇÕES INTERNACIONAIS

53. As opções constitucionais e legais

I. A reflexão feita até ao momento apenas se dedicou ao regime jurídico-internacional que acompanha a elaboração dos tratados internacionais, regime que tem a enorme vantagem de ser uniforme no plano da sociedade internacional, para além de se ter tornado mais seguro após a conclusão da CVDTE.

Essa seria sempre uma perspetiva incompleta se não pudesse levar em linha de conta as particularidades que em Portugal se assinalam na elaboração dos tratados internacionais, dentro da liberdade regulativa que o Direito Internacional deixa nas mãos dos Estados, em reconhecimento das suas legítimas aspirações ao mais alto nível definidas nos respetivos sistemas constitucionais.

Aceitando que o Direito Internacional, por uma questão de sobrevivência e de afirmação existencial, tenha de excluir exceções ou desvios perpetrados pelo Direito Interno, sendo as normas deste genericamente irrelevantes para os efeitos que ali se produzem, em múltiplos aspetos organizatórios ainda concede uma margem de conformação aos sistemas constitucionais, que é justamente admissível e que jamais põe em causa aquele óbvio desejo de uniformidade.

II. O texto constitucional português, depois das sete revisões de que já foi alvo após a sua aprovação em 2 de abril de 1976 pela Assembleia Constituinte[439], é largamente sensível ao regime das convenções inter-

[439] Com uma versão atualizada da CRP, cfr. Jorge Bacelar Gouveia, *Legislação de Direito Constitucional*, 3ª ed., Lisboa, 2013, pp. 11 e ss. Sobre a versão primitiva da CRP e o sen-

nacionais, e a vários títulos, indo até para além do problema da respetiva feitura[440], erigindo-se mesmo a núcleo fundamental desse regime jurídico, nos seguintes quatro aspetos:

- a localização nas fontes de Direito, bem como a sua hierarquização;
- os critérios de destrinça entre os tratados solenes e os acordos simplificados;
- as diversas fases da elaboração das convenções internacionais; e
- o regime de fiscalização da respetiva constitucionalidade.

III. Ele não vem a ser a sua única sede normativa porque noutras instâncias ordenadoras, não já constitucionais, se pode colher outros não menos relevantes contributos:

- no RAR, nele se consagrando regras fundamentais sobre o procedimento aplicável à intervenção parlamentar na aprovação de convenções internacionais, sendo a "Aprovação de tratados" uma forma especial de processo parlamentar, que se encontra regulado no seu

tido das respetivas sete revisões, v., por todos, JORGE BACELAR GOUVEIA, *Manual de Direito Constitucional*, I, 6ª ed., Coimbra, 2016, pp. 652 e ss.

[440] Sobre o procedimento de conclusão dos tratados internacionais no Direito Português, v. NUNO A. BESSA LOPES, *A Constituição e o Direito Internacional*, Vila do Conde, 1979, pp. 23 e ss.; ANDRÉ GONÇALVES PEREIRA, *Aspetos Especiais da Feitura dos Tratados*, in AAVV, *A Feitura das Leis*, II, Oeiras, 1986, pp. 409 e ss.; ALBINO DE AZEVEDO SOARES, *Lições...*, pp. 154 e ss.; ANTÓNIO COSTA, *A Constituição e as relações externas*, in AAVV, PSPC, pp. 679 e ss.; LUÍS BARBOSA RODRIGUES, *O processo de conclusão de convenções internacionais após a revisão constitucional de 1989*, Lisboa, 1991, pp. 7 e ss.; ANDRÉ GONÇALVES PEREIRA e FAUSTO DE QUADROS, *Manual...*, pp. 186 e ss.; FERNANDO LOUREIRO BASTOS, *Procedimento de vinculação internacional*, in DJAP, 1º sup., Lisboa, 1998, pp. 377 e ss.; EDUARDO CORREIA BATISTA, *Direito Internacional...*, I, pp. 352 e ss.; JOSÉ DE MATOS CORREIA, *Direito das Relações Externas: o "parente pobre" da Constituição de 1976?*, in REJP, ano VI, nºs 7/8, Janeiro-Dezembro de 1999, pp. 121 e ss.; FAUSTO DE QUADROS e JORGE BACELAR GOUVEIA, *As relações...*, pp. 79 e ss.; ANDREIA SOFIA PINTO DE OLIVEIRA, *Tratado e acordo internacional – a propósito do Acórdão do Tribunal Constitucional nº 494/99*, in OD, ano 133º, 2001, III, pp. 736 e ss.; JOAQUIM DA SILVA CUNHA e MARIA DA ASSUNÇÃO DO VALE PEREIRA, *Manual...*, pp. 250 e ss.; JORGE MIRANDA, *Curso...*, pp. 92 e ss.; JÓNATAS E. M. MACHADO, *Direito Internacional...*, pp. 296 e ss.; JORGE BACELAR GOUVEIA, *A feitura das convenções internacionais em Portugal*, in AAVV, *O Direito Constitucional Internacional após a Emenda 45/2004 e os direitos fundamentais* (coord. de EDUARDO BIACCHI GOMES e TARCÍSIO HARDMAN REIS), São Paulo, 2007, pp. 91 e ss.; MARIA LUÍSA DUARTE, *Direito Internacional Público...*, pp. 238 e ss.

Título IV, atinente às "Formas de processo", nele aparecendo como o seu Capítulo III[441];

- na Res. do Conselho de Ministros nº 17/88, de 11 de maio, ao nela se fixarem os aspetos fundamentais do desenvolvimento das fases da negociação e ajuste pelo Governo dos tratados internacionais;
- nos Estatutos Político-Administrativos das Regiões Autónomas dos Açores e da Madeira, aí se cuidando dos termos da participação destas entidades públicas na negociação das convenções internacionais que lhes digam respeito;
- na LOFPTC, neste diploma se encontrando disposições atinentes à fiscalização da constitucionalidade e legalidade envolvendo convenções internacionais;
- na LORR, pois que se depara com disposições que esclarecem o modo por que se torna possível referendar questões que devam ser resolvidas pela celebração de convenções internacionais.

Nesta ocasião, importa estudar o regime das diversas fases que integram o procedimento interno das convenções internacionais, numa necessária articulação com o que sucede no plano internacional, que já houve ocasião de observar, tomando em consideração tanto os dados constitucionais como os elementos infraconstitucionais.

IV. No contexto desta panóplia apreciável de competências do foro político-público, relevantes para o relacionamento internacional do Estado Português, suscita especial atenção a distribuição de poderes entre os diversos órgãos no contexto da conclusão interna das convenções internacionais.

A primeira conclusão a que se chega é a de que o poder de contratação internacional está reservado aos órgãos nacionais, não sendo relevante, a título constitutivo, a estrutura de regionalização político-administrativa do Estado ou a sua estruturação autárquica. As Regiões Autónomas só são relevantes, no momento da negociação, quando as convenções em causa

[441] Cfr. os arts. 198º e ss. do RAR. V. o respetivo texto em Jorge Bacelar Gouveia, *Legislação de Direito Constitucional*, pp. 401 e ss., tendo o RAR sido substancialmente renovado pelo Regimento da Assembleia da República nº 1/2007, de 20 de agosto.

possam dizer respeito aos interesses regionais. Nada mais do que isso do ponto de vista da expressão da vontade do Estado.

A segunda conclusão que se deve sublinhar refere que, no plano nacional, o poder executivo possui uma faculdade exclusiva de impulso procedimental, nenhum outro órgão interveniente podendo avançar com um procedimento destinado à conclusão de um tratado internacional.

A terceira conclusão salienta a circunstância de o poder no momento atinente à deliberação, aquando da aprovação, ser mais intenso por parte da Assembleia da República do que por parte do Governo, dada a maior importância das matérias que são da competência daquela, não só se falando nos tratados, como se referindo os acordos simplificados.

A quarta conclusão acentua o relevante poder presidencial na celebração das convenções internacionais em Portugal, sem cujo consentimento, que é insuscetível de superação por não haver mecanismos que permitam ultrapassar o veto político, essa contratação é virtualmente impossível.

54. A divisão entre tratados solenes e acordos simplificados

I. Uma boa compreensão do regime aplicável à elaboração das convenções internacionais, sob o ponto de vista do Direito Constitucional Português, deve acolher a *summa divisio*, já anunciada, entre tratados solenes e acordos simplificados, duas espécies do género convenção internacional ou tratado internacional *lato sensu*[442].

[442] Sobre os termos da relevância jurídico-constitucional da distinção entre tratados solenes e acordos simplificados, v. Nuno A. Bessa Lopes, *A Constituição e o Direito...*, pp. 15 e ss.; André Gonçalves Pereira, *Aspetos especiais...*, p. 414; Luís Barbosa Rodrigues, *O processo de conclusão...*, pp. 11 e 12; Jorge Bacelar Gouveia, *O valor positivo...*, p. 49; André Gonçalves Pereira e Fausto de Quadros, *Manual...*, pp. 185 e 186; Fausto de Quadros e Jorge Bacelar Gouveia, *As relações...*, pp. 100 e ss.; Andreia Sofia Pinto Oliveira, *Tratado e acordo...*, pp. 727 e ss.; Filipe da Boa Batista, *Ainda a questão da distinção entre acordos e tratados internacionais na ordem constitucional portuguesa*, in RFDUL, vol. XLIII, nº 1 de 2002, pp. 207 e ss.; Eduardo André Folque Ferreira, *Os poderes do Presidente da República na conclusão de tratados e acordos internacionais*, in AAVV, *Estudos em Homenagem ao Prof. Doutor Joaquim Moreira da Silva Cunha*, Coimbra, 2005 pp. 231 e ss.; Jorge Miranda, *Curso...*, p. 92; Jónatas E. M. Machado, *Direito Internacional...*, pp. 311 e ss. Na jurisprudência constitucional, assinala-se a produção do Ac. nº 494/99 do Tribunal Constitucional, de 5 de agosto de 1999.

Eis um caso em que, por detrás de uma diferença terminológica, se instala uma apreciável diferença de regime, sendo até conveniente que a explicação seja feita separadamente para uma e para outra nalgumas das fases da sua conclusão sob a perspetiva interna.

As principais diferenças a mencionar são as seguintes[443]:

- na *fase da aprovação*, os tratados solenes são sempre da competência da Assembleia da República, enquanto os acordos podem ser aprovados tanto por aquele órgão como pelo Governo;
- na *fase da vinculação*, a ratificação manifesta a vontade de o Estado Português se vincular aos tratados solenes, enquanto nos acordos simplificados isso sucede logo com o ato de aprovação, parlamentar ou governamental;
- na *fiscalização preventiva*, quanto aos tratados solenes, admite-se que possa haver confirmação, no caso de pronúncia pela inconstitucionalidade, o mesmo já não se verificando no caso dos acordos simplificados, pelo menos numa interpretação de teor literal.

O Direito Português não admite a celebração de convenções por troca de notas porque tal dispensaria a intervenção do Chefe de Estado[444], inadmissivelmente arredando aquele órgão fundamental do nosso sistema político de uma intervenção no respetivo procedimento.

II. O regime que vamos estudar visa essencialmente a participação de Portugal nos procedimentos de vinculação das convenções internacionais de que venha a ser parte, com todas as vicissitudes que isso implica.

Trabalhando com dados normativos omissos nesta matéria, é de crer que se aplicam os mesmos procedimentos nas situações de voluntária cessação ou suspensão de vigência, vigorando o princípio do paralelismo procedimental.

[443] Embora se deva dizer que o art. 204º do RAR, infelizmente, e não obstante a alteração que agora se lhe fez, ainda não se afeiçoou inteiramente à versão do texto constitucional que está em vigor, não admitindo, pelo menos literalmente, a intervenção da Assembleia da República no procedimento de conclusão dos acordos simplificados.

[444] Assim, Jorge Miranda, *Curso...*, p. 93. Cfr. também Parecer nº 8/83 da Procuradoria-Geral da República, de 12 de abril de 1983, in BMJ, nº 342, janeiro de 1985, pp. 90 e 91; Ac. nº 168/88 do Tribunal Constitucional, de 13 de julho de 1988.

Perante a situação de lacuna de regulamentação, deve aplicar-se analogicamente as normas sobre a conclusão inicial das convenções internacionais, deste modo se regulando as vicissitudes supervenientes que as mesmas venham a sofrer.

III. Ponto que tem suscitado mais melindre é o da existência de uma distinção material entre o tratado solene e o acordo simplificado: saber se para certas matérias se impõe a adoção de um especial procedimento ou se essa é uma escolha feita no momento das negociações, surgindo internamente como um puro facto[445].

Com interesse para esta questão, na jurisprudência constitucional, recentemente produziu-se um aresto – o Ac. nº 494/99 do Tribunal Constitucional, de 5 de agosto de 1999 – em que se abordou o problema da aprovação de um acordo internacional entre Portugal e o Chile sobre Segurança Social, discutindo-se a constitucionalidade da intervenção do Governo, estando em causa matéria da esfera de competência parlamentar.

A maioria da doutrina portuguesa tem-se inclinado para a existência de uma reserva material de tratado, a qual implica que, havendo contratação internacional sobre certas matérias, não possa haver a manipulação da escolha do procedimento, a ser necessariamente o tratado solene[446], entendimento que deve ser seguido.

Isso sucederia sempre que o Estado Português se preparasse para estabelecer convenções internacionais em matéria constitucionalmente incluída no "tratado", procedimento que constituiria um conceito normativo, não um conceito fáctico: a Assembleia da República seria competente, não por ser um tratado, mas porque deve ser um tratado.

O sentido fundamental dos argumentos insere-se na lógica da defesa da preeminência da função parlamentar em detrimento da função governamental, com a estranheza que sempre causaria a conclusão de que sobre

[445] Sobre esta questão, v. Jorge Bacelar Gouveia, *O valor positivo*..., pp. 43 e ss.; Fausto de Quadros e Jorge Bacelar Gouveia, *As relações*..., pp. 111 e ss.; Jorge Miranda, *Curso*..., pp. 94 e ss.

[446] Assim, André Gonçalves Pereira, *Aspetos especiais*..., p. 414; Luís Barbosa Rodrigues, *O processo de conclusão*..., pp. 11 e 12.

as mais relevantes matérias que se colocam à contratação internacional o poder governamental pudesse manipulá-las[447].

IV. A doutrina também tem assinalado, se bem que minoritariamente, a não existência de qualquer reserva material de tratado[448]: o procedimento de tratado não é uma imposição constitucional, é algo que fica bem cedo definido no âmbito das negociações internacionais prévias.

São vários os argumentos que podemos elencar nesse sentido[449]:

- o facto de essa escolha ser feita no plano internacional e interessar a todos os Estados[450], podendo colocar o Estado Português numa situação de severa limitação da sua liberdade de negociação, no caso de a orientação geral se inclinar para o acordo[451];
- numa lógica sistemática, se houvesse essa reserva material, nos casos em que devesse ser tratado, o texto constitucional falaria de tratado nas mais sensíveis matérias, como sucede com os direitos fundamentais[452], e a verdade é que refere genericamente só a convenção;
- nenhuma subversão se vislumbraria no horizonte com esta solução porque as matérias em relação às quais a Assembleia de República tem o poder de aprovar os tratados também estão acolhidas na competência que se lhe defere na aprovação dos acordos que lhes possam materialmente corresponder, sendo essa competência definida primariamente pelo âmbito material, não pelo tipo de procedimento;

[447] É também essa a posição de ANDREIA SOFIA PINTO OLIVEIRA, *Tratado e acordo...*, pp. 739 e 740, mas falando que "...a Constituição estabelece aqui uma presunção de que estas matérias revestem uma importância política fundamental e, como tal, a forma que se lhes adequa é a de tratado".

[448] Assim, ISALTINO MORAIS, JOSÉ MÁRIO FERREIRA DE ALMEIDA e RICARDO LEITE PINTO, *Constituição da República Portuguesa anotada e comentada*, Lisboa, 1983, pp. 315 e 316; JOÃO MOTA DE CAMPOS, *As relações da Ordem Jurídica Portuguesa com o Direito Internacional e o Direito Comunitário à luz da revisão constitucional de 1982*, Lisboa, 1985, pp. 101 e ss.

[449] Cfr. JORGE BACELAR GOUVEIA, *O valor positivo...*, pp. 44 e ss.

[450] Como escrevemos noutro lugar (JORGE BACELAR GOUVEIA, *O valor positivo...*, p. 45) "Pretendeu-se, unicamente, dizer que o tratado sobre certa matéria (a previsão) é da competência, quanto à sua aprovação, da Assembleia da República (a estatuição)".

[451] Argumento invocado por ANDREIA SOFIA PINTO DE OLIVEIRA, *Tratado e acordo...*, p. 734.

[452] Cfr. JORGE BACELAR GOUVEIA, *O valor positivo...*, p. 45.

- nem sequer haveria o perigo de fazer excluir a intervenção do Presidente da República porque este dispõe exatamente do mesmo poder – o poder de assinar e de recusar a assinatura – nos atos parlamentares e governamentais de aprovação dos acordos internacionais.

§ 17º AS FASES PROCEDIMENTAIS NECESSÁRIAS EM PORTUGAL

55. A "negociação e o ajuste" pelo Governo

I. As primeira e segunda fases do ponto de vista internacional – a da negociação e a da adoção do texto – são conjuntamente versadas no plano interno pela designada fase da "negociação e ajuste" das convenções internacionais[453].

À luz do texto da CRP, essa é uma competência que está atribuída ao Governo, no âmbito do exercício da sua função política, sendo atinente às relações internacionais: "Compete ao Governo, no exercício de funções políticas (...) Negociar e ajustar convenções internacionais" [art. 197º, nº 1, al. b), da CRP].

Não obstante o caráter direto deste preceito, não é menos certo que ficam por esclarecer duas coisas:

- a instância governamental a quem compete essas operações; e
- a articulação desta disposição com os preceitos da CVDTE a respeito da negociação e adoção do texto.

II. A CRP não esclarece de que forma o Governo intervém nestas duas fases de elaboração das convenções internacionais, explicitação tanto mais

[453] Sobre estas duas primeiras fases da negociação e da adoção do texto, dentro de uma ótica interna, v. André Gonçalves Pereira e Fausto de Quadros, *Manual...*, pp. 189 e ss.; Fausto de Quadros e Jorge Bacelar Gouveia, *As relações...*, pp. 127 e ss.; Joaquim da Silva Cunha e Maria da Assunção do Vale Pereira, *Manual...*, pp. 250 e 251; Jónatas E. M. Machado, *Direito Internacional...*, pp. 225 e ss.

necessária quanto é certo ser um órgão complexo, que pode agir sob diversas instâncias[454].

Compreende-se bem que a "...atribuição desta competência ao Governo não pode implicar o necessário exercício da mesma por parte dos membros do Governo e muito menos por parte do Conselho de Ministros. O que parece ser necessário é que seja o Governo a entidade dirigente de qualquer um desses momentos, mas que tem a liberdade de o fazer diretamente ou através de representante seu para tanto credenciado com os correspondentes poderes"[455].

O DL nº 121/2011, de 29 de dezembro, defere ao Ministério dos Negócios Estrangeiros a condução das negociações, sendo assim no respetivo âmbito que as mesmas se iniciam e desenvolvem: "Na prossecução da sua missão, são atribuições do MNE: (...) j) Conduzir as negociações internacionais e os processos de vinculação internacional do Estado Português, sem prejuízo das competências atribuídas por lei a outras entidades públicas" [art. 2º, nº 1, al. j), do DL nº 121/2011]. A Resolução do Conselho de Ministros nº 17/88, de 11 de maio de 1988, no tocante ao ajuste[456], veio dizer o seguinte: a rubrica e a assinatura dependem da aprovação do Conselho de Ministros, estando tacitamente delegadas no Primeiro-Ministro.

III. Na economia do texto constitucional, a direção da política externa cabe ao Governo, verificando-se que nestas duas primeiras fases – da negociação e da adoção do texto – aquele é o órgão constitucionalmente competente, ainda que noutras fases tal função seja repartida por outros órgãos.

A dúvida é que no plano da CVDTE a negociação e a adoção do texto nem sempre surgem diretamente legitimadas pelo Governo, devendo

[454] Para o estudo da complexidade organizatória do Governo, nos seus diversos subórgãos e competências, Diogo Freitas do Amaral, *Curso de Direito Administrativo*, I, 2ª ed., Coimbra, 1994, pp. 235 e ss.

[455] Fausto de Quadros e Jorge Bacelar Gouveia, *As relações...*, pp. 128 e 129.

[456] "Ajuste" que, não sendo um conceito internacionalmente conhecido, pode levantar dificuldades, devendo ser entendido com variações: nos tratados bilaterais, o ajuste tem o sentido da assinatura, terminando as negociações e autenticando-se o respetivo texto; nos tratados multilaterais, o ajuste tem o significado da adoção do texto, o mesmo se desdobrando na aprovação e na autenticação como atos separados. Cfr. Fausto de Quadros e Jorge Bacelar Gouveia, *As relações...*, p. 129.

recordar-se que nos casos de habilitação funcional – não nos casos de habilitação específica – pode haver a intervenção de entidades que ou não são o Governo, como é o Presidente da República, ou, sendo do Governo, não se inscrevem no condicionalismo acima descrito.

A validade das convenções internacionais fica sempre dependente das orientações internas, não podendo prevalecer as regras internacionais, apesar daquelas normas que foram indicadas, até porque se aplica o princípio geral da exclusividade do Direito Constitucional Organizatório nos aspetos formais e procedimentais da conclusão das convenções internacionais.

Tendo essa anomalia sido registada, o Governo tem a possibilidade, ao abrigo da própria CVDTE, de concordar com tais atos, sanando assim a irregularidade verificada.

56. A "participação nas negociações" das Regiões Autónomas

I. Uma especial referência merece a "negociação e o ajuste" das convenções internacionais que interessem às Regiões Autónomas dos Açores e da Madeira, em vista do regime que para as mesmas se encontra construído[457].

Do ponto de vista constitucional, estas entidades jurídico-públicas menores têm o direito de participar na fase das negociações, para assunto que aluda ao seu interesse regional.

A respetiva disposição constitucional diz o seguinte: "As regiões autónomas são pessoas coletivas territoriais e têm os seguintes poderes, a definir nos respetivos estatutos (...) Participar nas negociações de tratados e

[457] Sobre a participação das Regiões Autónomas na negociação e ajuste de convenções internacionais, v. André Gonçalves Pereira e Fausto de Quadros, *Manual...*, pp. 190 e ss.; Jorge Miranda, *Sobre a audição dos órgãos das regiões autónomas pelos órgãos de soberania*, in AAVV, *Estudos em Homenagem à Professora Doutora Isabel de Magalhães Collaço*, II, Coimbra, 2001, pp. 781 e ss., e *Curso...*, pp. 103 e 104; Fausto de Quadros e Jorge Bacelar Gouveia, *As relações...*, pp. 157 e ss.; Joaquim da Silva Cunha e Maria da Assunção do Vale Pereira, *Manual...*, pp. 231 e 232; Jónatas E. M. Machado, *Direito Internacional...*, pp. 307 e 308; Jorge Bacelar Gouveia, *A autonomia legislativa das Regiões Autónomas Portuguesas – um contributo de Direito Constitucional Regional*, Lisboa, 2012, pp. 70 e 71.

acordos internacionais que diretamente lhes digam respeito, bem como nos benefícios deles decorrentes" [art. 227º, nº 1, al. t), da CRP].

Esta comum disposição constitucional foi concretizada pelas respetivas normas estatutárias, uma para cada região autónoma em causa.

Eis os principais pontos a considerar[458]:

- qual a posição procedimental em que se dá a participação;
- sobre que convenções essa participação faz sentido; e
- que órgão regional tem o poder de intervir.

II. O momento que aparece como sendo o procedimentalmente adequado explicita-se no próprio conceito de negociação internacional a que este poder de intervenção regional se agrega.

Essa intervenção nunca pode redundar na atribuição ao poder regional de uma capacidade de determinação do sentido das futuras convenções internacionais, não só porque nem sequer há um texto como ainda, se o houvesse, esse texto não seria vinculativo de Portugal, para além de ter a participação numa negociação que é dirigida pelo Governo da República.

Todavia, não se deve desdenhar a importância desta participação, uma vez que pode trazer ao universo negocial a importância dos interesses regionais, que são assim diretamente ponderados, tendo em conta a sua força argumentativa[459].

III. O âmbito do poder regional de participar nas negociações internacionais do Estado Português não acontece em relação a toda e a qualquer convenção internacional, mas, de acordo com a CRP, apenas em relação aos "tratados e acordos internacionais que diretamente lhes digam respeito", fórmula que não deixa de levantar algumas hesitações.

Regista-se a abertura com que as convenções são acolhidas, não fazendo sentido distinguir entre categorias, seja em função do procedimento, seja em função do número de outorgantes.

Noutro plano, nota-se uma preocupação material de fazer afluir ao plano da negociação os interesses regionais, num conceito que, sendo

[458] Referindo estas três questões, Fausto de Quadros e Jorge Bacelar Gouveia, *As relações...*, pp. 162 e 163.

[459] Cfr. Fausto de Quadros e Jorge Bacelar Gouveia, *As relações...*, pp. 163 e 164.

claramente material, não coincide automaticamente com o de interesse específico regional.

Neste contexto, é necessário configurar um *conceito intermédio*, algures entre o interesse nacional e o interesse regional *stricto sensu*, de interesse regional para efeitos de negociação de convenções internacionais com a participação regional: "para que as regiões autónomas possam reivindicar este direito, não é preciso ser apenas um interesse específico regional; mas também não pode ser um interesse nacional qualquer, sob pena de as regiões autónomas poderem intervir em tudo o que respeita à negociação internacional do Estado Português, o que seria sempre excessivo"[460].

IV. A instância de poder regional que participa nas negociações é o Governo Regional, na medida em que, a esse nível, é a entidade que dispõe da função política, que aqui fica em evidência, valendo também neste contexto um argumento de paralelismo com o tipo de organismo que, a nível nacional, intervém, que é o órgão titular do poder governamental.

Como não é possível ao Governo Regional diretamente participar, sendo um órgão colegial, essa participação dá-se através de mandato expresso conferido a um membro do Governo ou a outro representante, de novo funcionando a regra do paralelismo com aquela intervenção nacional.

O sentido desta participação nas negociações tem de possuir um mínimo de efetividade: "...a participação nas negociações inclui não só a informação a respeito das posições que sejam veiculadas em nome do Estado Português, como também o direito de fazer propostas concretas quanto ao desenrolar das negociações"[461].

V. Na fase seguinte da aprovação parlamentar, o RAR estabelece outra possível intervenção das Regiões Autónomas, da ótica da instrução específica que se organiza naquele órgão colegial.

O próprio texto do RAR expressamente prevê essa possibilidade, dizendo o seguinte: "Quando o tratado ou o acordo diga respeito às Regi-

[460] Fausto de Quadros e Jorge Bacelar Gouveia, *As relações...*, pp. 164 e 165. Vem a ser esta, de algum modo, a posição da antiga Comissão Constitucional, produzida no Parecer nº 20/77, de 18 de agosto de 1977, in PCC, II, Lisboa, 1977, p. 166.

[461] Fausto de Quadros e Jorge Bacelar Gouveia, *As relações...*, p. 165.

ões Autónomas, nos termos da alínea *t*) do nº 1 do artigo 227º da Constituição, o texto é remetido aos respetivos órgãos de governo próprio, a fim de sobre eles se pronunciarem" (art. 198º, nº 3, do RAR).

Estamos, pois, em face de uma nova intervenção do poder regional, a título meramente consultivo, que parece poder assim duplicar-se em relação àquilo que já tivera lugar na fase das negociações, o que não deixa de suscitar alguma apreensão quanto à sua aceitabilidade científica.

57. A "aprovação" pela Assembleia da República e pelo Governo

I. A fase da *aprovação interna* não tem uma direta correspondência no plano do Direito Internacional, mas significa um relevante momento de legitimação político-democrática quanto ao conteúdo das convenções internacionais em causa[462].

É curioso que esta fase não tenha normalmente efeitos internacionais, o que comprova ser uma consequência da diversificação representativa dos sistemas políticos que foram criados depois do Constitucionalismo.

Simplesmente, ela não pode ser negligenciada pelas suas implicações no alargamento da legitimidade popular dos tratados internacionais, o que só pode ser louvado.

II. A explicitação desse regime deve destrinçar com clareza entre os tratados e os acordos, no que especificamente toca à aprovação interna.

O texto da CRP cuida separadamente da intervenção de cada um dos dois órgãos que são chamados a intervir:

- no caso da Assembleia da República, prescreve que "Compete à Assembleia da República (...) Aprovar os tratados, designadamente os tratados de participação de Portugal em organizações internacionais, os tratados de amizade, de paz, de defesa, de retificação de fronteiras e os respeitantes a assuntos militares, bem como os acordos internacionais que versem matérias da sua competência reservada

[462] Sobre esta fase da aprovação interna das convenções internacionais, que não tem uma repercussão internacional direta, v. FAUSTO DE QUADROS e JORGE BACELAR GOUVEIA, *As relações...*, pp. 110 e ss.; JORGE MIRANDA, *Curso...*, pp. 104 e ss.; JÓNATAS E. M. MACHADO, *Direito Internacional...*, pp. 298 e ss.

ou que o Governo entenda submeter à sua apreciação" [art. 161º, al. i), da CRP];

- no caso do Governo, dispõe que "Compete ao Governo, no exercício de funções políticas (...) Aprovar os acordos internacionais cuja aprovação não seja da competência da Assembleia da República ou que a esta não tenham sido submetidos" [art. 197º, nº 1, al. c), da CRP].

III. Quanto aos *tratados solenes*, a competência para a sua aprovação é sempre da Assembleia da República, e isto independentemente da matéria a que o mesmo respeitar, havendo uma reserva orgânica de tratado.

Para efeitos de aprovação, a respetiva competência é atribuída ao plenário parlamentar, que vota segundo a maioria deliberativa geral, que é a maioria relativa.

A questão da reserva material de tratado – conquanto não a questão de reserva procedimental de tratado – não tem aqui aplicação porque apenas se discute, perante uma convenção que seja tratado, já previamente definido no seio das negociações, quem é o órgão competente para aprovar, que é a Assembleia da República.

IV. Quanto aos *acordos simplificados*, a competência para a sua aprovação é variável:

- ou *da Assembleia da República*: sempre que as respetivas matérias se incluam na esfera da sua reserva de competência legislativa, analogicamente vista sob o prisma das convenções internacionais; e numa segunda hipótese em que, embora sendo o Governo o órgão normalmente competente, este entenda cometer à Assembleia da República a faculdade de o aprovar, com isso buscando uma maior legitimação político-democrática;
- ou *do Governo*: sempre que, residualmente, não se verifiquem as duas possibilidades abertas na alínea anterior, sendo de sublinhar a sua competência primária para a aprovação de acordos simplificados nos casos em que não versem as matérias de reserva de competência legislativa parlamentar.

V. O procedimento da aprovação dos tratados internacionais solenes, bem como dos acordos simplificados da competência da Assembleia da República, é composto por vários momentos, os quais, sendo apenas sumariamente referidos ao nível da CRP, ganham o necessário desenvolvimento no plano do RAR, que o sectoriza do seguinte modo[463]:

- a *iniciativa*: que cabe ao Governo, sendo este o órgão constitucional competente para as fases que antecedem a da aprovação (cfr. o art. 198º, nº 1, do RAR);
- a *instrução*: que compete à comissão parlamentar especializada, dispondo-se do prazo de 30 dias, podendo ser excecionalmente encurtado[464]; e
- a *deliberação*: que compreende a discussão e a votação, de acordo com as regras gerais do procedimento legislativo, na generalidade, na especialidade e como votação final global (cfr. o art. 200º do RAR).

O procedimento de aprovação dos acordos da competência do Governo é escassamente relevante para a CRP e a competência, na sua aprovação, pertence ao Conselho de Ministros, subórgão colegial do Governo, que reúne o Primeiro-Ministro e os Ministros.

VI. A forma dos atos finais em cada um destes procedimentos de aprovação dos tratados e dos acordos internacionais nem sempre é a mesma[465]:

[463] Cfr. Fausto de Quadros e Jorge Bacelar Gouveia, *As relações...*, pp. 114 e 115; Jorge Miranda, *Curso...*, pp. 106 e ss.

[464] Cfr. o art. 199º, nº 1, do RAR, artigo regimental que no seu nº 2, curiosamente, é sensível ao secretismo de algumas matérias submetidas à contratação internacional, estabelecendo-se que "Por motivo de relevante de interesse nacional, pode o Governo, a título excecional, requerer que a reunião da comissão parlamentar se faça à porta fechada".

[465] Estranhamente, bem ao arrepio da lógica das coisas e também da lógica constitucional, o RAR confere autonomia formal ao ato de não aprovação dos tratados ou acordos internacionais, dizendo o seguinte no seu art. 201º, nº 2: "A resolução de aprovação ou rejeição do tratado ou acordo é mandada publicar pelo Presidente da Assembleia no *Diário da República*".

Daqui se percebe que a rejeição de um tratado internacional tem os favores de uma publicação no DR, o que não se deduz da consagração da competência constitucional dispositiva, nem é isso o que sucede no caso dos atos legislativos reprovados: não se publica a lei que os reprova, mesmo quando são atos secundários em relação a outros atos. A única justificação que se pode encontrar para este inabitual procedimento é o facto de assim se clarificar uma posição parlamentar relativamente a um ato que já se encontra totalmente negociado pelo Governo.

- no caso dos *tratados solenes* – resolução da Assembleia da República, resultado que se alcança por exclusão de partes, mas também por ser expressamente referido (cfr. o art. 166º, nº 5, da CRP e o art. 201º, nº 2, do RAR);
- no caso dos *acordos aprovados pela Assembleia da República* – resolução da Assembleia da República, assinada pelo Presidente da República, sendo a assinatura deste um seu elemento de existência [cfr. o art. 134º, al. b), da CRP];
- no caso dos *acordos aprovados pelo Governo* – decreto, assinado pelo Presidente da República, sendo a assinatura deste um seu elemento de existência jurídica (cfr. o art. 197º, nº 2, da CRP).

58. A "ratificação" e a "assinatura" pelo Presidente da República

I. A fase da vinculação ao conteúdo das convenções internacionais é visto de modo diverso em relação à contraposição entre os tratados solenes e os acordos simplificados[466].

Os tratados solenes, seguindo a tradição e o regime de Direito Internacional, carecem de uma intervenção ao nível do Chefe de Estado, que assina uma carta de ratificação, tendo o simétrico interno de um decreto presidencial de ratificação [cfr. o art. 135º, al. b), da CRP].

Os acordos simplificados, por causa disso mesmo, dispensam uma fase autónoma de vinculação, apresentando-se com a vantagem de fazerem coincidir num mesmo momento – o ato de assinatura – a adoção do texto e a vinculação ao mesmo, o que nos tratados solenes acontece através de dois atos distintos.

Em acordância com o regime constitucional português, sucede algo de bizarro: o facto de o Presidente da República identicamente intervir no procedimento de conclusão dos acordos simplificados, não já pela ratificação enquanto ato autónomo, que não existe, mas através da assinatura, como ato conexo, da resolução da Assembleia da República ou do decreto

[466] Sobre esta fase de vinculação aos tratados no Direito Português, v. André Gonçalves Pereira e Fausto de Quadros, *Manual...*, pp. 203 e ss., pp. 220 e ss., e pp. 247 e 248; Fausto de Quadros e Jorge Bacelar Gouveia, *As relações...*, pp. 99 e ss.; Joaquim da Silva Cunha e Maria da Assunção do Vale Pereira, *Manual...*, p. 231.

do Governo, conforme os casos, que venha a aprovar, no plano interno, tais acordos [cfr. o art. 134º, al. b), *in fine*, da CRP].

II. Tem-se justamente discutido a utilidade da equiparação prática entre os tratados e acordos, que ficam sendo do mesmo modo participados pelo Chefe de Estado, obliterando-se bastante o relevo da autonomia dogmático-internacional da figura dos acordos simplificados.

Uma via de solução seria a de considerar a assinatura presidencial nos acordos simplificados de exercício obrigatório, tornando o Presidente da República um mero notário dessa contratação internacional.

Não se vê como entender obrigatório um ato que exige a manifestação de vontade do Chefe de Estado, sendo certo que a ausência de mecanismos de superação de uma eventual recusa de assinar só pode ser interpretada como lhe conferindo um valor absoluto.

Cabe então perguntar: se assim é, onde reside a utilidade da distinção entre tratado e acordo, agora numa lógica de contratação internacional, não tanto por razões internas?

Essa é uma utilidade bastante escassa, mas que ainda assim pode subsistir: no momento da adoção do acordo, que também seria o momento da vinculação ao mesmo, o Estado Português, através do seu representante, apenas pode produzir uma assinatura *ad referendum*, sob reserva de aprovação interna, que a acontecer assinala o momento da vinculação a esse texto, àquele mesmo retroagindo.

Eis um resultado bastante limitado porque nunca se dispensa a intervenção de mais um órgão político interno, embora essa intervenção não seja feita autonomamente do ato de aprovação interna do acordo, o mesmo permitindo, por aquele regime, recuperar o tempo entretanto transcorrido desde a adoção do texto.

III. A *ratificação presidencial* é um ato discricionário do Chefe de Estado, que se formaliza num decreto presidencial. O ato de ratificação não admite cláusulas acessórias, sendo o seu conteúdo pré-determinado ao nível constitucional e legal.

Não existem elementos sobre os prazos em que o ato de ratificação deve ser praticado. Parece que não se justifica qualquer prazo, inserindo-se essa omissão num dos aspetos constitucionais inerentes à liberdade de atuação, neste domínio, do Presidente da República. Qualquer outra solução, por não haver analogia possível e por não se vislumbrar a necessidade de um prazo, tem sempre um ressaibo de artificialismo, que é de rejeitar[467].

E como se resolve o risco de uma ratificação tardia? À luz dos próprios termos da vinculação internacional, que não desconhece o problema. Daqui também se segue que a recusa é expressa ou tácita, podendo ali haver lugar a uma comunicação à Assembleia da República.

A ratificação dos tratados internacionais acolhe uma dúplice perspetiva: "uma vertente interna, sendo um ato de Direito Constitucional; e uma vertente externa, sendo um ato de Direito Internacional"[468].

IV. A *assinatura da aprovação dos acordos*, não tendo já qualquer autonomia formal e incorporando-se naqueles atos[469], suscita a questão de saber se é ou não obrigatória, dúvida que se encontra resolvida relativamente ao ato de ratificação.

A doutrina que tem discutido esta matéria opina no sentido de considerar a assinatura dos atos de aprovação, à semelhança do ato de ratificação, livre, podendo ser rejeitada, com base nos argumentos de paralelismo procedimental em relação àquele ato e no pressuposto fundamental de que não se pode impor ao Chefe de Estado intervenções obrigatórias quando pratica atos jurídico-públicos – é a opinião de ANDRÉ GONÇALVES PEREIRA e FAUSTO DE QUADROS[470] e, mais recentemente, de JORGE MIRANDA[471].

[467] É o que sucede com a proposta de JORGE MIRANDA, de estipular um prazo diferenciado, a combinar entre o Presidente da República e o Governo. Cfr. JORGE MIRANDA, *Curso...*, p. 114.

[468] FAUSTO DE QUADROS e JORGE BACELAR GOUVEIA, *As relações...*, p. 102.

[469] Como escrevem FAUSTO DE QUADROS e JORGE BACELAR GOUVEIA (*As relações...*, p. 103), "...agora a expressão da vontade presidencial já não se opera autonomamente pela ratificação, seja ela de relevo interno ou internacional, mas enxerta-se num ato político parlamentar ou governamental, consoante seja a resolução ou o decreto governamental. A assinatura presidencial, como sucede na promulgação de uma lei ou de um decreto-lei, é um elemento essencial que se incorpora nesse ato, ele mesmo a vinculação do Estado".

[470] ANDRÉ GONÇALVES PEREIRA e FAUSTO DE QUADROS, *Manual...*, p. 206.

[471] Cfr. JORGE MIRANDA, *Curso...*, pp. 115 e 116.

Da nossa parte, sempre entendemos que o ato de assinatura dos atos de aprovação só pode ser considerado uma manifestação livre do Chefe de Estado, para tanto se podendo convocar vários argumentos[472]:

- o princípio geral de que a atribuição de uma competência constitucional a inscreve, dentro da lógica das coisas, numa avaliação da oportunidade da correspondente decisão, que ficaria completamente obnubilada se essa decisão fosse forçada;
- a comparação com o regime da ratificação, através de um argumento de maioria de razão, porque se para as convenções mais importantes ela é livre – os tratados solenes – o mesmo deve suceder para convenções menos relevantes – os acordos simplificados;
- a ausência de mecanismos de superação da recusa apoia o seu exercício pleno, os quais apenas devem ser vistos como limitando uma recusa que, de outro modo, seria totalmente livre, sendo isso o que sucede com a generalidade dos atos presidenciais, em relação aos quais não se defende, que se saiba, o seu caráter obrigatório só porque nada se diz a respeito do que acontece no caso de ter havido a sua recusa.

V. Um lugar à parte merece ainda o procedimento interno para regular a participação de Portugal em convenções internacionais abertas e semiabertas, colocando-se a dúvida de saber como pode passar a figurar como um dos seus sujeitos, segundo os termos constitucionalmente traçados.

Do lado do Direito Internacional, só interessa equacionar o momento da vinculação ao texto da convenção em causa, uma vez que, sendo esta aberta ou semiaberta, do que se cura é apenas da vinculação, e não já da negociação ou da adoção do respetivo texto, que pertencem ao passado. O ato internacional que nestes casos designa a vontade de o Estado se vincular tem o nome de adesão.

O texto constitucional português é totalmente silente nesta matéria[473], em lado algum se referindo a esta modalidade de vinculação a uma convenção internacional.

Manifestamente que se enfrenta uma lacuna de regulamentação porque não faria sentido que o resultado fosse o da impossibilidade da per-

[472] Cfr. Fausto de Quadros e Jorge Bacelar Gouveia, *As relações...*, pp. 105 e 106.

[473] Cfr. Jorge Bacelar Gouveia, *Reflexões sobre a 5ª Revisão da Constituição Portuguesa*, in AAVV, *Nos 25 Anos da Constituição da República Portuguesa de 1976 – evolução constitucional e perspetivas de futuro*, Lisboa, 2001, p. 646; Jorge Miranda, *Curso...*, p. 113.

tença de Portugal a uma convenção que já vinculasse outros sujeitos e em relação à qual não tivesse participado nas negociações[474].

A integração desta lacuna deve ser feita aplicando analogicamente as normas que regulam a fase da vinculação às convenções internacionais em que Portugal seja parte negociante, cabendo ao Governo tomar essa iniciativa e fazendo-se a distinção, segundo o regime aplicável, entre os tratados solenes e os acordos simplificados.

VI. A ratificação e a assinatura dos respetivos decreto presidencial, resolução parlamentar ou decreto governamental, conforme os procedimentos, carecem de referenda ministerial, que é aposta depois de praticados, fazendo parte integrante de cada deles, dele formalmente não se autonomizando, portanto (cfr. o art. 140º, nº 1, da CRP).

A referenda ministerial, segundo a CRP, é condição *sine qua non* para a existência jurídica do ato de ratificação ou de aprovação da convenção internacional em causa (cfr. o art. 140º, nº 2, da CRP), parecendo que a carta da ratificação igualmente se deve sujeitar a este mesmo condicionalismo.

O que dizer acerca do caráter obrigatório ou facultativo da referenda ministerial, numa *vaexata questio* do Direito Constitucional Organizatório? Tem-se entendido que é obrigatória, quanto mais não seja pelo caráter livre do ato de ratificação; a não ser assim, caucionar-se-ia uma completa subversão do sistema de repartição de competências entre os órgãos constitucionais em causa.

59. A publicação no *Diário da República* e a entrada em vigor na ordem interna

I. Do ponto de vista do Direito Português, a última fase que importa referir é a da publicação e vigência das convenções internacionais em que Portugal se tenha tornado parte[475].

[474] Daí que pudesse ser boa ideia o seu preenchimento, por via normativa, em sede da próxima revisão constitucional. Cfr. JORGE BACELAR GOUVEIA, *Reflexões sobre a 5ª Revisão...*, p. 646.

[475] Sobre a vigência dos tratados internacionais na ordem interna, v. JOAQUIM DA SILVA CUNHA e MARIA DA ASSUNÇÃO DO VALE PEREIRA, *Manual...*, pp. 294 e 295.

A sua colocação na reta final do procedimento interno de conclusão das convenções ajusta-se inteiramente pelo facto de, determinado o conteúdo do seu texto, bem como praticados os pertinentes atos procedimentais, ser ainda necessário dar a conhecê-lo à comunidade em geral.

Só depois desse conhecimento, é que se pode avançar com a respetiva vigência, nos termos em que o exige o princípio do Estado de Direito, que no plano estritamente internacional se encontra invertido, dado que, primeiro, as convenções entram em vigor e, só após isso, devem ser internacionalmente registadas e publicadas.

II. A publicação das convenções internacionais, no Direito Português, é uma exigência genericamente referida para momento anterior ao da sua entrada em vigor, apresentando-se a publicação no *Diário da República* uma sua condição de eficácia no próprio preceito que versa a incorporação do Direito Internacional no Direito Interno, o qual só admite a entrada em vigor para depois da publicação: "As normas constantes de convenções internacionais ratificadas ou aprovadas vigoram na ordem interna após a sua publicação oficial e enquanto vincularem internacionalmente o Estado português" (art. 8º, nº 2, da CRP).

Evidentemente que só se pode aplaudir esta solução de não se ter invertido as funções ligadas à publicação e à vigência, assim se alinhando, de resto, com o que é habitual ao nível dos Direitos Estaduais, o mesmo já não se podendo dizer do Direito Internacional.

É a partir daqui que se gizam os aspetos fundamentais desta fase de publicidade e eficácia das convenções internacionais, num regime que, na sua essência, assenta na análise de dois tópicos centrais:

- a sujeição a publicação dos atos de ratificação presidencial e de aprovação, parlamentar ou governamental, na sua qualidade de atos finais do procedimento de feitura das convenções internacionais;
- a conexão estreita entre a vigência interna e a vigência internacional das convenções internacionais, numa necessária articulação entre a esfera internacional e a esfera interna de eficácia.

III. A exigência da publicação dos atos relativos ao procedimento das convenções internacionais situa-se no contexto global das disposições que regulam o dever geral de publicidade dos atos jurídico-públicos, sem a qual, de resto, tais atos ficariam desprovidos de eficácia jurídica[476].

Essa é uma exigência que se coloca ao mais alto nível do texto constitucional, que não só versa a problemática *ex professo* como alude, particularmente, aos atos que interessam no procedimento de conclusão das convenções internacionais:

> "São publicados no jornal oficial, *Diário da República*: (...)
>
> b) As convenções internacionais e os respetivos avisos de ratificação, bem como os restantes avisos a elas respeitantes; (...)
>
> d) Os decretos do Presidente da República;
>
> e) As resoluções da Assembleia da República e das Assembleias Legislativas das Regiões Autónomas;
>
> h) Os decretos regulamentares e os demais decretos e regulamentos do Governo, bem como os decretos dos Representantes da República para as Regiões Autónomas e os decretos regulamentares regionais" [art. 119º, nº 1, als. b), d), e) e h), da CRP].

A consulta da LPIFD aponta-nos idêntico caminho, nela se prescrevendo o mesmo que consta da CRP, com a particularidade de as convenções internacionais beneficiarem de uma publicação mais solene na 1ª S do DR (cfr. o art. 3º da LPIFD).

IV. Ora, sistematizando estes dispersos elementos normativos, constitucionais e legais, o dever de publicação encontra-se aferido em razão de vários atos, todos relacionados com o procedimento interno de conclusão das convenções internacionais, segundo esta orientação:

- a convenção internacional em si mesmo considerada;
- o decreto presidencial de ratificação dos tratados solenes;
- a resolução parlamentar de aprovação dos tratados solenes e dos acordos simplificados[477];

[476] Como dispõe o art. 119º, nº 2, da CRP, "A falta de publicidade dos atos previstos nas alíneas *a*) a *h*) do número anterior e de qualquer ato de conteúdo genérico dos órgãos de soberania, das regiões autónomas e do poder local implica a sua ineficácia jurídica".

[477] Cfr. os arts. 201º, nº 2, e 202º do RAR, este especificamente estabelecendo que "A resolução de aprovação do tratado ou acordo contém o texto do tratado".

- o decreto do Conselho de Ministros de aprovação dos acordos simplificados.

Diga-se ainda que a necessidade de publicação não diz apenas respeito aos atos principais de intervenção no procedimento, mas também se estende a todas as informações relativas à vigência dos tratados em relação aos outros Estados: os avisos de ratificação.

É finalmente de recordar que a publicação das convenções internacionais, não obstante a autonomia com que são encaradas, tanto na CRP como na LPIFD, é feita fora da numeração dos atos jurídico-públicos internos correspondentes, os decretos presidenciais de ratificação dos tratados, as resoluções parlamentares de aprovação dos tratados e dos acordos e os decretos governamentais de aprovação dos acordos (cfr. o art. 8º da LPIFD).

V. De um modo geral, a entrada em vigor dos atos jurídico-públicos obedece a dois possíveis esquemas, no cumprimento do princípio geral de que dependem de prévia publicação (cfr. o art. 1º, nº 1, da LPIFD):

- ou essa vigência é determinada no próprio diploma, nos seus artigos finais (cfr. o art. 2º, nº 1, da LPIFD);
- ou essa vigência surge supletivamente determinada na LPIFD (cfr. o art. 2º, nº 1, da LPIFD).

Nesta situação, até à alteração de 2006 da LPIFD, abria-se a possibilidade de essa entrada em vigor se diversificar, consoante a vigência dissesse respeito (cfr. o art. 2º, nº 2, da LPIFD, antes da alteração de 2006) ao território continental – caso em que a vigência supletiva era a do 5º dia posterior ao da publicação – ou a outros locais, com noutras datas: nas regiões autónomas, no 15º dia, e no estrangeiro, no 30º dia.

Hoje, a regra é mais simples, estabelecendo-se a vigência supletiva unitária, bem mais apropriada: "Na falta de fixação do dia, os diplomas referidos no número anterior entram em vigor, em todo o território nacional e no estrangeiro, no 5º dia após a publicação" (cfr. o art. 2º, nº 2, da LPIFD).

Olhando para as convenções internacionais, é necessário equacionar, por junto com estas orientações gerais, não só a regra que opera a sua incorporação interna como também as próprias disposições que, a este propósito, a convenção eventualmente contenha, por fim não esquecendo que, neste ponto, a CVDTE é também aplicável, contendo ela própria um regime supletivo só pensado para os tratados internacionais.

VI. O resultado da conjugação destas diversas disposições vem a traduzir-se nalgumas particularidades que importa salientar na entrada em vigor das convenções internacionais, num momento em que já ocorreu a sua publicação, este sendo um requisito necessário, conquanto não suficiente.

É que, começando por ver a norma do art. 8º, nº 2, da CRP, a entrada em vigor dos tratados internacionais está ainda dependente da vinculação internacional do Estado Português porque "só vigoram na ordem interna desde que vigorem na ordem internacional".

A CRP exige uma estrita conexão entre a vigência interna e a vigência internacional, com o confesso receio de não permitir que internamente normas possam vigorar sem que o mesmo aconteça internacionalmente: assim se pretende salvaguardar a reciprocidade das vinculações das convenções internacionais de que Portugal venha a fazer parte.

Como é que, na prática, se combinam as diversas possibilidades? É possível pensar em quatro casos emblemáticos, cumprindo-se aquela norma constitucional:

- se a convenção estabelecer a sua entrada em vigor, será também essa a data a cumprir do ponto de vista do Direito Português, de acordo tanto com a norma da CVDTE como com a norma da LPIFD, na pressuposição de ser posterior ao momento da publicação oficial;
- se a convenção estabelecer a sua entrada em vigor, mas essa data se colocar, do ponto de vista do Direito Português, por aplicação tanto da norma da CVDTE como da norma da LPIFD, num momento anterior ao da publicação oficial, essa vigência só será operativa após esta publicação, prevalecendo, neste caso, a norma constitucional sobre as outras normas, internacional e legal, a respeito da determinação da sua vigência, mesmo que diretamente definida na própria convenção internacional em apreço;
- se a convenção nada disser sobre a matéria da sua vigência, a sua entrada em vigor acontecerá logo que o último Estado que a negociou manifeste a vontade de à mesma se vincular, sendo certo que, não sendo essa última vontade a de Portugal, porque já o fez anteriormente, ainda assim na ordem interna portuguesa, apesar de

aquele consentimento já ter pressuposto a publicação oficial interna, a vigência da convenção fica congelada até à produção daquela última vontade, dado que a convenção, até esse momento, ainda não está internacionalmente vinculante, também não o podendo ser internamente;

- se a convenção nada disser sobre a matéria da sua vigência, a sua entrada em vigor acontecerá logo que o último Estado que a negociou manifeste a vontade de à mesma se vincular, sendo certo que, na hipótese de essa última vontade de vinculação ser a vontade de Portugal, aquela vigência fica congelada até se perfazer a *vacatio legis* interna de ordem geral, porque mesmo já havendo vigência internacional, ainda se deve esperar pela aplicação da *vacatio legis* interna, que decorre da LPIFD, o que também condiciona a vigência internacional.

É impossível esconder a teia intrincada de efeitos a conjugar para se alcançar a vigência interna das convenções internacionais, não se podendo sequer evitar algumas situações de conflito, normativo e lógico:

- *normativo* no facto, bem patente no último caso, em que internacionalmente a vigência imediata após a última vontade se produziu, enquanto, internamente, existe uma *vacatio legis* de alguns dias, podendo pôr-se mesmo a hipótese de aquele regime internacional prevalecer sobre este regime legal;
- *lógico* porque há sempre certas disposições das convenções internacionais que logo começam a vigorar, numa ótica de pré-vigência, não se sabendo como elas podem vincular Portugal se a vigência das mesmas, na ordem interna portuguesa, depende sempre da sua publicação e da vinculação internacional, que se interpreta como sendo a definitiva, que obviamente ainda não existe, nem sequer tendo todos os Estados que negociaram produzido a sua vontade de à mesma se vincularem.

§ 18º AS FASES PROCEDIMENTAIS EVENTUAIS EM PORTUGAL

60. A fiscalização preventiva pelo Tribunal Constitucional

I. Ao lado das fases necessárias aplicáveis no regime interno de conclusão das convenções internacionais em Portugal, é também de analisar, ainda que sumariamente, as fases que se apresentem eventuais, nem sempre, portanto, elas ocorrendo.

Uma delas é a da *fiscalização preventiva por parte do Tribunal Constitucional*[478], que se mostra como um enxerto procedimental hipotético, jamais havendo qualquer obrigatoriedade de vir a ser desencadeada.

Eis uma modalidade de fiscalização da constitucionalidade, prevista para as convenções internacionais, que se afigura importante da perspetiva de garantir que o Estado Português não se vinculará a fontes normativas que violem a CRP.

Este é um regime que se encontra diretamente descrito no texto constitucional, no qual se afirma o seguinte, em três dos seus preceitos que especificamente versam as convenções internacionais:

- "O Presidente da República pode requerer ao Tribunal Constitucional a apreciação preventiva da constitucionalidade de qualquer

[478] Sobre a fiscalização preventiva da constitucionalidade em geral em Portugal, assim melhor se podendo compreender esta sua aplicação às convenções internacionais, v. J. J. Gomes Canotilho e Vital Moreira, *Constituição da República Portuguesa anotada*, 3ª ed., Coimbra, 1993, pp. 1006 e ss.; Jorge Bacelar Gouveia, *O estado de exceção...*, II, pp. 1204 e ss., e *Autonomia regional, procedimento legislativo e confirmação parlamentar*, in RFDUL, XLI, nº 1 de 2000, pp. 150 e ss.; Jorge Miranda, *Manual...*, VI, pp. 227 e ss.

norma constante de tratado internacional que lhe tenha sido submetido para ratificação, de decreto que lhe tenha sido enviado para promulgação como lei ou como decreto-lei ou de acordo internacional cujo decreto de aprovação lhe tenha sido remetido para assinatura"[479];

- "Se o Tribunal Constitucional se pronunciar pela inconstitucionalidade de norma constante de qualquer decreto ou acordo internacional, deverá o diploma ser vetado pelo Presidente da República ou pelo Representante da República, conforme os casos, e devolvido ao órgão que o tiver aprovado" (art. 279º, nº 1, da CRP);
- "Se o Tribunal Constitucional se pronunciar pela inconstitucionalidade de norma constante de tratado, este só poderá ser ratificado se a Assembleia da República o vier a aprovar por maioria de dois terços dos Deputados presentes, desde que superior à maioria absoluta dos Deputados em efetividade de funções" (art. 279º, nº 4, da CRP).

II. Esta modalidade de controlo da constitucionalidade exerce-se em dois momentos precisos:

- depois de produzida a resolução de aprovação parlamentar e antes de o Presidente da República se decidir a ratificar, no caso dos tratados solenes;
- dentro da fase da aprovação, no caso dos acordos, no estreito intervalo que se verifica entre a votação da resolução parlamentar ou do decreto governamental e a respetiva assinatura presidencial[480].

[479] Art. 278º, nº 1, da CRP. Cfr. também os arts. 57º e ss. da LOFPTC.

[480] O Ac. nº 494/99 do Tribunal Constitucional, a certo passo, entende que o regime de fiscalização preventiva não abrange os acordos internacionais aprovados por resolução da Assembleia da República.

Não parece que seja opinião muito sustentável por confundir o sentido restrito de decreto – neste caso, de decreto simples do Governo, esse, sim, só aplicável aos acordos a aprovar pelo Governo – com o sentido amplo do decreto – no caso, de projeto de ato jurídico-público, incluindo os decretos simples do Governo, mas também incluindo os decretos da Assembleia numa fase de projeto, que com a assinatura presidencial se transformarão em resoluções de aprovação dos acordos internacionais.

Em qualquer dos casos, esta intervenção preventiva do Tribunal Constitucional surge sob decisão direta do Chefe de Estado, num pedido de fiscalização que se submete aos requisitos gerais aplicáveis[481].

O Tribunal Constitucional, sendo um processo urgente, dispõe de 25 dias, num prazo contínuo, para proferir uma decisão, prazo que pode ser encurtado "por motivo de urgência" (cfr. o art. 278º, nº 8, da CRP).

O parâmetro que suscita a atividade judicial deste alto tribunal é a defesa da constitucionalidade das convenções internacionais, indagando se as mesmas se adequam ao "...disposto na Constituição ou os princípios nelas consignados" (arts. 204º, *in fine*, e 277º, nº 1, da CRP).

III. A apreciação desse pedido pelo Tribunal Constitucional pode desembocar em três resultados divergentes:

- a *não decisão, com preclusão do seu poder*: quando o Tribunal Constitucional, no prazo assinalado, normal ou mais curto, nada decide, ou no caso de haver uma decisão que não seja proferida dentro do prazo, precludindo-se o respetivo poder jurisdicional;
- a *pronúncia pela inconstitucionalidade*: quando o Tribunal Constitucional considera a existência de cláusulas viciadas de inconstitucionalidade; e
- a *não pronúncia pela inconstitucionalidade*: quando o Tribunal Constitucional não deteta a existência de inconstitucionalidades.

Com as primeira e terceira hipóteses, o procedimento de conclusão das convenções internacionais regressa ao ponto em que se situava no momento em que o Chefe de Estado solicitou a fiscalização preventiva, como que se fechando, nesse momento, o parêntesis que entretanto se tinha aberto.

Colocando-se a segunda hipótese, havendo da parte do Tribunal Constitucional a pronúncia pela inconstitucionalidade, são dois os efeitos secundários que desse ato decorrem: (i) deve o Presidente da República

[481] Sobre a sujeição das convenções internacionais a fiscalização preventiva da constitucionalidade, v. Albino de Azevedo Soares, *Lições...*, pp. 181 e 182; J. J. Gomes Canotilho e Vital Moreira, *Constituição...*, 3ª ed., pp. 1010 e ss.; Fausto de Quadros e Jorge Bacelar Gouveia, *As relações...*, pp. 147 e 148; Francisco Ferreira de Almeida, *Direito...*, pp. 157 e 158; Jorge Miranda, *Curso...*, pp. 112 e 113.

vetar juridicamente o diploma, utilizando os fundamentos do acórdão proferido, e deve também (ii) devolvê-lo ao órgão que o tiver promanado. Escusado será dizer que, simetricamente, o Chefe de Estado está impedido de ratificar ou de assinar os atos jurídico-públicos em questão.

IV. Verificando-se os efeitos primários da pronúncia pela inconstitucionalidade, a CRP admite, em termos gerais, três tipos de resposta[482]:

- a *não decisão*: sempre que o órgão promanante do diploma em causa entende não ser de prosseguir com o assunto, não podendo haver juridicamente qualquer ato jurídico-público que seja constitutivo do mesmo;
- o *expurgo*: sempre que o órgão promanante extrai do diploma as normas ou os segmentos de normas consideradas inconstitucionais pelo Tribunal Constitucional;
- a *confirmação*: sempre que o diploma em causa seja confirmado pela maioria de dois terços dos Deputados presentes, desde que superior à maioria absoluta dos Deputados em efetividade de funções.

Se esta esquematização dos efeitos secundários da pronúncia pela inconstitucionalidade não é, por si só e em geral, de fácil perceção, o panorama complica-se bastante quando especialmente consideramos a fiscalização preventiva das convenções internacionais.

A agravar tudo isto está o facto de a CRP apenas contemplar a hipótese da confirmação dos tratados solenes, nada dizendo sobre o assunto para os acordos internacionais: admite que os tratados solenes, mesmo padecendo de inconstitucionalidade, possam ser confirmados por uma maioria de dois terços dos Deputados presentes, desde que superior à maioria absoluta dos Deputados em efetividade de funções.

V. A primeira situação assinalada, a menos plausível de todas, é teoricamente concebível: pode suceder que os órgãos intervenientes não considerem superáveis as inconstitucionalidades que afetam, inabalavelmente, o diploma internacional em questão.

[482] Quanto a estes efeitos em geral, v. Jorge Bacelar Gouveia, *Autonomia regional...*, pp. 151 e 152.

Não deixará de soar estranho que, nesse caso, o Estado Português tenha ido tão longe numa negociação e adoção, tendo em conta as inconstitucionalidades que o vêm a afetar.

Só que daí não se segue problema maior, uma vez que o Estado não está ainda obrigado: se não quer ficar obrigado no futuro, deve, no entanto, comunicar internacionalmente essa sua vontade de não pretender ratificar ou assinar, em definitivo, o tratado ou o acordo.

VI. A segunda situação apresentada consiste na vontade de o órgão promanante do diploma extirpar as normas ou os segmentos de normas que tenham sido considerados inconstitucionais pelo Tribunal Constitucional, tal permitindo que nenhuma dúvida de inconstitucionalidade possa sobre o mesmo pairar.

Esta hipótese de superação da inconstitucionalidade pronunciada levanta a dificuldade de não ter sido especificamente prevista pela CRP para as convenções internacionais, no pressuposto de que, estando a negociação já terminada e fechado o respetivo clausulado, seria impensável uma modificação unilateral desses artigos.

Eis uma solução, contudo, excessiva porque os meandros da contratação internacional podem facultar esquemas alternativos de flexibilização do articulado das convenções internacionais, como sucede com as reservas.

Foi bem mais avisada a solução do RAR, que expressamente previu a possibilidade da formulação de reservas ao tratado: "Se o tratado admitir reservas, a resolução da Assembleia que o confirme em segunda deliberação pode introduzir alterações à primeira resolução de aprovação do tratado, formulando novas reservas ou modificando as anteriormente formuladas" (art. 204º, nº 1, do RAR).

Indo mais longe, nem sequer parece ser de excluir uma reabertura de negociações, com vista a superar o problema, no caso de isso ser viável e no caso de o problema não poder ser resolvido pela simples aposição de reservas[483].

Qualquer uma destas hipóteses não vai contrariar a CRP porque sempre se inscrevem na ideia geral de expurgo, que será circunstancialmente

[483] No caso da formulação de reservas, expressamente se admite a reapreciação em sede de fiscalização preventiva da constitucionalidade. Cfr. o art. 204º, nº 2, do RAR.

aceitável em razão das características da convenção internacional em presença.

VII. A terceira situação referida é a da possibilidade de confirmação do texto da convenção internacional por uma maioria agravada, partindo-se da lógica argumentativa de que o peso da inconstitucionalidade só pode ser contrabalançado pela força da legitimidade democrática acrescida do mesmo diploma.

Esta é uma situação diretamente prevista para os tratados solenes, sendo certo que para esse efeito é a Assembleia da República a entidade competente[484]. Mas levanta-se o problema de saber como enquadrar a questão no caso dos acordos internacionais, o que manifestamente configura uma situação lacunar por não ter sido prevista[485].

Percebe-se que esta possibilidade, bastante esdrúxula, da confirmação apenas possa funcionar no âmbito da Assembleia da República, o órgão maximamente democrático e pluralista. Só que a Assembleia da República igualmente participa na aprovação de acordos simplificados, não se alcançando o porquê da sua exclusão. Portanto, onde se lê "tratados", deve ler-se "convenções", abarcando-se, assim, também os acordos simplificados.

VIII. Nos casos em que é possível superar os efeitos da inconstitucionalidade, seja pela confirmação, seja pelo expurgo, é de perguntar: como pode o Chefe de Estado agir, sendo certo que a sua intervenção – ratificando o tratado ou assinando o ato de aprovação, parlamentar ou governamental – se afigura indispensável?

A resposta que seja dada – quer ao nível da confirmação, quer ao nível do expurgo – coloca sempre o Chefe de Estado perante a livre opção entre ratificar e assinar ou não o fazer[486].

[484] Cfr. o art. 203º, nº 1, do RAR, embora apenas o regule exigindo a maioria de dois terços dos Deputados presentes: "No caso de o Tribunal Constitucional se pronunciar pela inconstitucionalidade de norma constante de tratado, a resolução que o aprova deve ser confirmada por maioria de dois terços dos Deputados presentes, desde que superior à maioria absoluta dos Deputados em efetividade de funções".

[485] Ponto que o próprio RAR não considera diretamente.

[486] No caso de ter havido o expurgo, o Chefe de Estado goza ainda da faculdade de novamente poder requerer a intervenção do Tribunal Constitucional, uma vez que se está em face de um novo diploma.

Todavia, no caso de confirmação, trata-se de um mecanismo no mínimo discutível, dada a forte probabilidade de o mesmo texto, *a posteriori* e já em vigor, ser de novo submetido a fiscalização sucessiva da constitucionalidade, com os efeitos definitivos que dela advêm, nessa altura sem qualquer possibilidade de superação por parte do órgão político que o aprovou.

61. O referendo nacional de convenções internacionais

I. Outra fase eventual que importa salientar é representada pela sujeição das convenções internacionais a referendo interno nacional[487].

Se até à 4ª revisão constitucional, essa era uma possibilidade muito limitada, com a aprovação da LC nº 1/97, de 5 de Outubro, abriu-se um pouco mais a faculdade de se recorrer ao referendo popular, desta feita isso podendo genericamente suceder com as convenções internacionais[488].

Consagrado em 1989, assim se inaugurando um mecanismo referendário geral num regime apenas representativo, o quadro disciplinador do referendo estava, a despeito disso, longe de se apresentar satisfatório: não tanto pela ausência de vinculatividade ou sequer pela limitação da participação dos cidadãos; mas sobretudo porque o referendo não conseguiu ser utilizado no momento para o qual estava funcionalmente fadado – a ratificação do TUE[489].

Subsequentemente, como refere JORGE MIRANDA, "Em 1996-1997, na perspetiva de um novo tratado, o assunto voltaria a ser posto em foco e, dessa feita, inserir-se-ia emendas de relevo nos preceitos constitucionais.

[487] Sobre o regime do referendo nacional em geral, J. J. GOMES CANOTILHO e VITAL MOREIRA, *Constituição...*, 3ª ed., pp. 529 e ss.; LUÍS BARBOSA RODRIGUES, *O referendo português a nível nacional*, Coimbra, 1994, pp. 157 e ss.; MARIA BENEDITA PIRES URBANO, *O referendo*, Coimbra, 1998, pp. 140 e ss.; JORGE MIRANDA, *Manual...*, V, pp. 379 e ss.; J. J. GOMES CANOTILHO, *Direito Constitucional...*, pp. 860 e ss.

[488] Sobre a sujeição a referendo nacional dos tratados internacionais, v. JOAQUIM DA SILVA CUNHA e MARIA DA ASSUNÇÃO DO VALE PEREIRA, *Manual...*, pp. 251 e 252; JORGE MIRANDA, *Curso...*, pp. 108 e ss.; JÓNATAS E. M. MACHADO, *Direito Internacional...*, pp. 308 e ss.

[489] JORGE BACELAR GOUVEIA, *A Quarta Revisão da Constituição Portuguesa*, in *Estudos de Direito Público*, I, Cascais, 2000, p. 90.

Passaram a ser admitidos referendos sobre quaisquer questões que devessem ser decididas através de aprovação de convenções internacionais..."[490].

O regime do referendo nacional, plasmado na CRP, e mais recentemente na nova LORR que o concretizou, suscita o interesse em torno de um numeroso conjunto de tópicos que integram o respetivo regime.

Como nem todas estas questões suscitam particularidades no referendo nacional quando pertinente às convenções internacionais, apenas interessa frisar os aspetos que possam traduzir tais singularidades:

- *o objeto do referendo*: as questões internacionais que podem ser referendadas;
- *a inserção procedimental da decisão referendária*: a colocação da convocação do referendo no procedimento de conclusão das convenções internacionais, podendo ser o próprio texto do tratado a ser submetido a referendo – um referendo direto, portanto, no caso de tratados de integração europeia[491]; e
- *o valor da decisão referendária*: a projeção do resultado do referendo na vinculação convencional do Estado Português.

II. Do ponto de vista das matérias, a utilização do referendo nacional – que bem se compreende em nome da sua importância na estruturação do sistema político democrático – é limitada à auscultação da vontade dos cidadãos apenas em relação às questões de relevante interesse nacional que devam ser decididas por ato jurídico-público: "O referendo só pode ter por objeto questões de relevante interesse nacional que devam ser decididas pela Assembleia da República ou pelo Governo através da aprovação de convenção internacional ou de ato legislativo" (art. 115º, nº 3, da CRP).

Ora, um desses atos vem a ser precisamente a convenção internacional, permitindo-se que o povo seja perguntado, em referendo vinculativo, acerca das matérias a versar no futuro em tratado solene ou em acordo simplificado, da competência da Assembleia da República ou do Governo

[490] JORGE MIRANDA, *Curso...*, p. 109.

[491] Foi esse, de resto, o conteúdo da LC nº 1/2005, de 12 de agosto, que deu nova redação ao art. 295º da CRP, nele se passsando a dispor que "O disposto no nº 3 do art. 115º não prejudica a possibilidade de convocação e de efetivação de referendo sobre a aprovação de tratado que vise a construção e aprofundamento da União Europeia".

quanto à sua aprovação, numa abertura que foi levada a cabo pela IV revisão constitucional, que também se tornou importante por esta razão.

Essa abertura, quanto às convenções internacionais, se bem que ampla, deixou de fora algumas possibilidades, como as convenções internacionais sobre paz e retificação de fronteiras, a aprovar pela Assembleia da República: "O disposto no número anterior não prejudica a submissão a referendo das questões de relevante interesse nacional que devam ser objeto de convenção internacional, nos termos da alínea *i*) do artigo 161º da Constituição, exceto quando relativas à paz e à retificação de fronteiras" (art. 115º, nº 5, da CRP).

Não é fácil perceber esta exclusão: a retificação de fronteiras radica no âmago do sentido territorial da vivência em Portugal, enquanto a paz deve ser genericamente vivida por todos, até porque se admite o referendo sobre as questões de defesa e sobre os assuntos militares, outras das matérias abrangidas pelo art. 161º, al. i), da CRP.

III. A colocação do referendo nacional no procedimento de conclusão dos tratados internacionais é importante para se saber até que ponto essa questão diz respeito à formalização dos atos jurídico-públicos.

Numa primeira perspetiva, o referendo incide sempre sobre as questões que são materialmente sujeitas às convenções internacionais, não sendo propriamente o instrumento convencional que se submete à consulta popular, lembrando ainda que em Portugal não há referendos abrogativos, sendo apenas de salientar a exceção da possibilidade – não obrigatoriedade – do referendo direto dos tratados de integração europeia (cfr. o art. 295º da CRP).

Por outro lado, não deixa de ser verdade que a própria LORR admite que o referendo recaia sobre questões que já estejam a ser apreciadas no âmbito do respetivo procedimento parlamentar que conduza à sua aprovação: "As questões suscitadas por convenções internacionais ou por atos legislativos em processo de apreciação, mas ainda não definitivamente aprovados, podem constituir objeto de referendo" (art. 4º, nº 1, da LORR).

Exatamente por isso mesmo e dados os termos daquele preceito, se deve concluir que questões de relevante interesse nacional que ainda não tenham chegado a essa fase – ora porque as negociações nem sequer começaram, ora porque não passaram de meras negociações – do mesmo modo se admitem no objeto do referendo[492]. Se assim não fosse, obliterar-se-ia gravemente o alcance desta faculdade de decisão popular, ao arrepio do seu sentido mais profundo de lídimo instrumento de democracia referendária.

Num outro prisma, o referendo não tem de necessariamente incidir sobre a inicial celebração de uma convenção internacional, podendo ser pertinente a outros atos supervenientes, pelo que o conceito de "questão de relevante interesse nacional" igualmente abrange atos supervenientes, quer sejam de timbre contratual, modificativos e extintivos – como a celebração de um novo tratado – quer sejam de cunho unilateral, que se possam inserir nos atos de natureza não autónoma – como a adesão de certo tratado internacional aberto.

IV. No tocante à decisão do referendo, deve primeiro pôr-se a opção de saber se o resultado é ou não vinculativo, uma vez que, juridicamente, embora não tanto politicamente, os passos que se seguem vão ser radicalmente distintos.

O modelo que a CRP adotou é o do referendo vinculativo, não o do referendo consultivo: "Os cidadãos eleitores recenseados no território nacional podem ser chamados a pronunciar-se diretamente, a título vinculativo, através de referendo, por decisão do Presidente da República, mediante proposta da Assembleia da República ou do Governo, em matérias das respetivas competências, nos casos e nos termos previstos na Constituição e na lei" (art. 115º, nº 1, da CRP).

Essa vinculatividade fica limitada à participação no ato de votação de uma maioria de cidadãos eleitores, pelo que a decisão só se torna vinculativa se essa maioria for alcançada: "O referendo só tem efeito vinculativo quando o número de votantes for superior a metade dos eleitores inscritos no recenseamento" (art. 115º, nº 11, da CRP e art. 240º da LORR).

Se isso vier a suceder, a decisão referendária inevitavelmente que se projeta sobre a intervenção dos órgãos de soberania na conclusão da convenção internacional em causa, impondo deveres antagónicos, em consonância com o sentido da decisão tomada em referendo:

- a obrigação de aprovação do tratado ou do acordo internacional em causa por parte do órgão competente, a Assembleia da República

[492] Expressamente admitindo esta possibilidade, JORGE MIRANDA, *Curso...*, p. 110.

ou o Governo: "Se da votação resultar resposta afirmativa de eficácia vinculativa à pergunta ou perguntas submetidas a referendo, a Assembleia da República ou o Governo aprovarão, em prazo não superior, respetivamente, a 90 ou a 60 dias, a convenção internacional ou o ato legislativo de sentido correspondente." (art. 241º da LORR);

- a obrigação de ratificação ou de assinatura do ato de aprovação, conforme os casos, por parte do Presidente da República: "O Presidente da República não pode recusar a ratificação de tratado internacional, a assinatura de ato que aprove um acordo internacional ou a promulgação de ato legislativo por discordância com o sentido apurado em referendo com eficácia vinculativa." (art. 242º da LORR);
- a obrigação de não aprovar convenções internacionais contrariando o sentido do resultado referendário, obrigação de não agir que se impõe à Assembleia da República e ao Governo: "A Assembleia da República ou o Governo não podem aprovar convenção internacional ou ato legislativo correspondentes às perguntas objeto de resposta negativa com eficácia vinculativa..." (art. 243º, primeira parte, da LORR).

O resultado do referendo vinculativo implica uma modificação da liberdade constitucional dos órgãos intervenientes no respetivo procedimento, de acordo com a lógica e a função do referendo vinculativo que a CRP, em boa hora, adotou.

Contudo, o efeito vinculativo de um referendo sobre uma questão a versar em convenção internacional deve contar com uma limitação lógica de tomo: é que a contratação internacional – inicial e superveniente – não está, por natureza, só dependente de Portugal e deve articular-se, no contexto plurilateral que o domina, com a produção de outras vontades, que são alheias à intervenção de Portugal. Quanto aos atos legislativos, a suficiência dos órgãos internos portugueses é manifesta, mas o mesmo já não se pode dizer na celebração de convenções internacionais.

Pode até dar-se o caso-limite de Portugal, depois de sujeitar a referendo certa questão de apreciável relevância para as suas relações internacionais, não ter conseguido interlocutor com vontade para com ele firmar a tão almejada convenção internacional. Claro que nestes casos manda a prudência que a iniciativa do referendo seja ponderada com todas as respostas possíveis, não colocando Portugal numa situação difícil no tocante aos seus compromissos internacionais, ainda que aqui não seja de excluir a possível intervenção preventiva do Tribunal Constitucional, controlando o procedimento referendário no seu parâmetro de legalidade.

§ 19º A CONCLUSÃO DAS CONVENÇÕES INTERNACIONAIS NO DIREITO DOS ESTADOS DE LÍNGUA PORTUGUESA

62. Um conspecto de Direito Constitucional Internacional Comparado na conclusão de convenções internacionais

I. Numa perspetiva mais larga conferida pelos Estados de Língua Portuguesa, justifica-se que se assinalem as opções que são tomadas, em relação ao Direito Internacional, por cada um deles, num enfoque que se concentrará no plano das suas escolhas constitucionais, assim se permitindo desenvolver um Direito Constitucional Internacional Comparado de Língua Portuguesa[493].

Excede o âmbito deste escrito, de cunho essencialmente pedagógico, uma apreciação exaustiva de toda essa problemática, ainda que se apresente útil – até para tornar operativa a sua utilização no âmbito das universidades e das instituições públicas dos Estados que falam português – a averiguação de alguns dos seus tópicos fundamentais, que têm que ver com estes dois assuntos na Parte II, relativa às *Fontes do Direito Internacional*:

- primeiro, cumpre determinar qual a intervenção dos órgãos constitucionais de cada Estado no procedimento interno de conclusão das convenções internacionais, domínio que o Direito Internacional essencialmente remete para o foro das opções estaduais; e

[493] Cfr. o conceito de "Direito Constitucional Internacional" de CELSO D. DE ALBUQUERQUE MELLO: *Direito Constitucional Internacional – uma introdução*, 2ª ed., Rio de Janeiro/São Paulo, 2000, pp. 3 e ss.

- depois, na relevância do *Direito Internacional no Direito Interno*, importa aquilatar das relações que se estabelecem entre essas duas ordens jurídicas, relações que devem ser iluminadas a partir de cada um daqueles textos constitucionais.

II. Por agora, interessa apenas a matéria concernente ao modo como se decide a participação dos órgãos dos Estados de Língua Portuguesa no procedimento interno de conclusão das convenções internacionais, sendo aí de indagar acerca de dois aspetos fundamentais:

- saber quem intervém nas diversas fases de conclusão das convenções internacionais, tomando-se por referência as fases internacionalmente relevantes;
- saber se dentro das convenções internacionais em geral se justifica fixar espécies, com regimes diferenciados, ao nível do conteúdo, do procedimento e da forma.

III. Embora este esforço já tivesse sido autonomizado em relação ao Direito Português, é de salientar que semelhante exercício, no tocante aos restantes Estados de Língua Portuguesa, é bem mais árduo e, por isso, deve ser menos ambicioso, para não ser temerário...

É mais árduo porque se trata de estudar realidades jurídico-políticas que não se conhece tão bem quanto a realidade jurídico-política portuguesa, sendo certo que os resultados a que se possa chegar devem ser globalmente condicionados por outros contributos interpretativos que só a prática político-internacional nagluns casos permite registar com absoluta fidelidade.

É menos ambicioso porque haverá a preocupação fundamental com as opções do Direito Constitucional Internacional, tal como ele se plasma em cada texto constitucional, não se cuidando tanto – a não ser pontualmente – da legislação infraconstitucional que eventualmente exista e que possa estabelecer entendimentos específicos e diversos daqueles que se obtenham pela simples leitura dos articulados constitucionais.

63. Brasil

I. Em grande medida se inspirando na CRP, a CB[494] contém inúmeras disposições em matéria de Direito Internacional e até sendo esse um assunto privilegiado para recorrentes discussões políticas e doutrinárias, a principal delas tendo consistido na Emenda nº 45 àquele texto constitucional.

Pela sua importância, vale a pena fazer a respetiva indicação global, assim interessando os preceitos constitucionais brasileiros atinentes à relação do Direito Internacional com o Direito Interno[495]:

- o art. 4º, contendo os princípios que regem o Brasil nas relações internacionais;
- o art. 5º, § 2º, frisando a importância dos tratados como fonte dos direitos fundamentais atípicos;
- o art. 5º, § 3º, estabelecendo o valor jurídico-constitucional dos tratados internacionais sobre direitos humanos se aprovados por maioria agravada;
- o art. 5º, § 4º, apelando à vinculação do Brasil à jurisdição do TPI;
- o art. 20º, fixando os espaços territoriais brasileiros e os direitos sobre espaços internacionais;
- o art. 49º, I, atribuindo competência ao Congresso Nacional em matéria de resolução de convenções internacionais;
- o art. 84º, atribuindo ao Presidente da República, no inciso VII, o desenvolvimento das relações diplomáticas com Estados estrangeiros e a acreditação dos respetivos representantes, e no inciso VIII, a celebração de convenções internacionais, sob a condição do assentimento último por parte do Congresso Nacional.

II. A despeito de os dados jurídico-constitucionais na CB, a este propósito, serem escassos, é indiscutível a lógica procedimental que envolve a

[494] Cfr. o respetivo texto em Jorge Bacelar Gouveia, *As Constituições dos Estados de Língua Portuguesa*, 4ª ed., Coimbra, 2014, pp. 151 e ss.

[495] Sobre a CB em geral, bem como o respetivo sistema jurídico-político, v., por todos, Jorge Bacelar Gouveia, *Manual de Direito Constitucional*, I, pp. 460 e ss.

celebração das convenções internacionais[496], surgindo como protagonistas nos diversos momentos desse procedimento o Poder Legislativo – através do Congresso Nacional – e o Poder Executivo – através do Presidente da República (cfr., respetivamente, os arts. 44º e ss. e os arts. 76º e ss. da CB).

Sendo o Estado Brasileiro um Estado composto, de natureza federal e com 26 Estados federados e um Distrito Federal que está equiparado aos Estados federados, cumpre ainda explicitar que a matéria das relações externas[497], nelas se incluindo a da feitura de convenções internacionais, é atribuição exclusiva da Federação: "Compete à União: I – manter relações com Estados estrangeiros e participar de organizações internacionais" (art. 21º, I, da CB).

III. A leitura do texto da CB evidencia que as duas primeiras fases na conclusão de convenções internacionais por parte do Estado Brasileiro são protagonizadas pelo Presidente da República, porquanto se lhe confere a competência para "...celebrar tratados, convenções e atos internacionais, sujeitos a referendo do Congresso Nacional" (art. 84º, VIII, da CB).

A dúvida maior reside no significado jurídico-constitucional da tarefa de "celebrar" os atos internacionais, nele parecendo pacificamente incorporar-se tanto a atividade preliminar de negociação como a atividade de fixação de um texto que seja o resultado positivo dessa mesma negociação, portanto, o ato de adoção do mesmo.

Mas julga-se que já é controvertida a competência presidencial para além deste momento, uma vez que é explicitamente dito que a sua intervenção não pode revelar-se definitiva, pois que se submeterá ao consentimento posterior do Congresso Nacional, embora a doutrina brasileira mais relevante refira que, ainda assim, a intervenção final compete ao

[496] Sobre a conclusão das convenções internacionais no Direito Brasileiro, v. José Francisco Rezek, *Direito Internacional Público...*, pp. 57 e ss.; Valério de Oliveira Mazzuoli, *O poder legislativo e os tratados internacionais*, in RIL, ano 38, nº 150, abril/junho de 2001, pp. 27 e ss., e *Curso de Direito Internacional...*, pp. 126 e ss.; Eduardo Biacchi Gomes, *A celebração dos tratados no Ordenamento Constitucional Brasileiro e os Direitos Fundamentais*, in AAVV, *O Direito Constitucional Internacional após a Emenda 45/04 e os Direitos Fundamentais* (coord. de Eduardo Biacchi Gomes e Tarcísio Hardman Reis), São Paulo, 2007, pp. 75 e ss.

[497] Cfr. Celso D. de Albuquerque Mello, *Direito Constitucional Internacional...*, pp. 300 e ss.

Chefe de Estado através a ratificação e promulgação do tratado internacional[498].

A amplitude da competência presidencial para "celebrar" as convenções internacionais reside na opção entre negociar e não negociar, na opção da escolha dos conegociadores, na opção do conteúdo da negociação, na opção da modelação formal do texto resultante da negociação, sendo já mais problemática a aceitação da capacidade de essa intervenção vincular definitivamente o Estado Brasileiro.

IV. O momento da vinculação do Estado Brasileiro às convenções internacionais reservado à intervenção do Congresso Nacional suscita algumas incertezas interpretativas porque do ponto de vista do articulado constitucional se faz uma redução no âmbito dos tratados que se lhe submetem, pois que lhe incumbe "...resolver definitivamente sobre tratados, acordos ou atos internacionais que acarretem encargos ou compromissos gravosos ao património nacional" (art. 49º, I, da CB).

Esta atividade de "resolver definitivamente", nisso não há dúvida, deve ser avaliada como a manifestação da vontade do Estado, através deste órgão de soberania, de exprimir o respetivo consentimento a ficar vinculado pelo seu conteúdo.

A despeito do caráter algo incisivo deste preceito constitucional, ainda assim subsistem alguns pontos por esclarecer, pelo menos estes dois:

- são todas as convenções internacionais submetidas a decisão do Congresso Nacional ou são apenas aquelas que se afiguram, do ponto de vista dos interesses do Estado Brasileiro, como mais ponderosas, de acordo com a locução usada de serem aquelas que acarretarem "...encargos ou compromissos gravosos ao património nacional"?
- o Presidente da República está arredado da participação final através do ato de ratificação, que simplesmente não é referenciado no contexto das suas competências em matéria de conclusão das convenções internacionais?

V. No tocante à primeira questão, uma leitura isolada do preceito constitucional atinente à competência do Congresso Nacional, na verdade,

[498] Assim, Valério de Oliveira Mazzuoli, *O poder legislativo...*, pp. 33 e ss.; Eduardo Biacchi Gomes, *A celebração dos tratados...*, p. 79.

sugeriria que a intervenção deste órgão teria sido apenas concebida para os casos mais graves de vinculação internacional do Estado Brasileiro.

Simplesmente, essa interpretação não pode ser feita de um modo isolado, antes sistematicamente orientada pela sua compaginação com o homólogo preceito constitucional respeitante à intervenção do Presidente da República.

Ora, pela observação deste outro preceito, percebe-se que a sujeição à decisão final do Congresso Nacional, nas convenções internacionais em que tenha intervindo o Presidente da República, não conhece distinção entre atos "gravosos" e atos "não gravosos" para o interesse nacional.

Assim sendo, deve estabelecer-se como interpretação mais adequada a de que a intervenção definitiva do Congresso Nacional se refere a todas as convenções internacionais, e não apenas àquelas que se mostram "mais gravosas" para o interesse nacional[499].

VI. No tocante à outra questão, é certo que a ratificação do Presidente da República não é necessariamente identificada como ato jurídico-constitucional, com relevância interna e relevância internacional, sendo ainda de mencionar que o ato de ratificação das convenções internacionais, na tradição e procedimento da respetiva elaboração, se apresenta como um ato final de vinculação ao conteúdo das mesmas.

A verdade, porém, é que não é aqui mencionada essa participação, nem ela poderia ser considerada atípica – ao ser acrescentada por lei infraconstitucional – porque a ratificação nunca se poderia aqui apresentar como ato final de vinculação, visto que essa posição é ocupada pelo Congresso Nacional.

Quer isto dizer que a ratificação presidencial de convenções internacionais, mesmo sendo praticada, significa apenas um ato simbólico-confirmativo de uma vontade de vinculação internacional sempre da competência final do Congresso Nacional.

VII. Aspeto que deve finalmente merecer atenção liga-se à destrinça entre os tratados solenes e os acordos em forma simplificada – os *executive agreements*, na terminologia anglo-saxónixa – no Direito Brasileiro.

[499] Assim, Valério de Oliveira Mazzuoli, *O poder legislativo...*, pp. 40 e ss.

Eis um assunto por demais relevante tendo em atenção não apenas a influência que o Brasil sempre recebeu do Direito Constitucional Norte-Americano como a omissão de uma tomada de posição, no articulado do texto da CB, a este propósito.

Ainda assim, a prática tem seguido a orientação de fazer tal destrinça, deixando para os acordos sob forma simplificada as convenções sobre assuntos de índole governativa, posição que tem tido acolhimento na doutrina brasileira[500].

José Francisco Rezek propõe uma solução intermédia, pela qual seria de aceitar a celebração de acordos simplificados dentro das seguintes duas categorias: o acordo executivo como subproduto de tratado vigente e o acordo executivo como expressão de diplomacia ordinária[501].

64. Angola

I. Angola foi o último Estado de Língua Portuguesa a dotar-se de um texto constitucional definitivo[502], com a aprovação, em 3 de fevereiro de 2010, da Constituição da República de Angola[503].

No âmbito do o Direito Constitucional Internacional de Angola, podemos topar com as seguintes disposições:

- os arts. 3º e 5ºº, definindo o território angolano, bem como os direitos de Angola ao aproveitamento de espaços internacionais;
- o art. 12º, consagrando os princípios que regem o Estado Angolano nas suas relações internacionais;
- o art. 13º, estipulando as fontes internacionais da ordem jurídica de Angola;

[500] Cfr. Valério de Oliveira Mazzuoli, *O poder legislativo...*, pp. 30 e ss.; Eduardo Biacchi Gomes, *A celebração dos tratados...*, pp. 81 e 82.

[501] José Francisco Rezek, *Direito Internacional Público...*, pp. 62 e 63.

[502] Sobre a CA, bem como o respetivo sistema jurídico-político, v. por todos, Jorge Bacelar Gouveia, *Manual de Direito Constitucional*, I, pp. 491 e ss., e *Direito Constitucional de Angola*, Lisboa/Luanda, 2014, pp. 196 e ss.

[503] Cfr. o respetivo texto em Jorge Bacelar Gouveia, *As Constituições dos Estados de Língua Portuguesa*, pp. 641 e ss.

- o art. 26º, determinando que o Direito Internacional é fonte e parâmetro interpretativo e integrativo dos direitos fundamentais;
- o art. 121º, conferindo ao Presidente da República competências nas relações internacionais;
- o art. 160º, als. k) e l), atribuindo à Assembleia Nacional competência em matéria de tratados internacionais;
- os arts. 226º, estabelecendo a fiscalização da constitucionalidade dos tratados internacionais.

II. As duas primeiras fases de conclusão dos tratados internacionais são da competência do Presidente da República, tal como isso vem a ser diretamente assumido pela CA: "Assinar (...) os tratados, convenções, acordos e outros instrumentos internacionais" [art. 121º, al. c), primeira parte, da CA].

Ainda que não explicitamente referenciada, percebe-se que a negociação está igualmente cometida ao Presidente da República, por maioria de razão com a norma que lhe atribui o poder de assinatura das convenções internacionais.

III. Já a fase seguinte da vinculação aos tratados internacionais permite visualizar a ação dos dois órgãos de soberania de natureza política: o Presidente da República e a Assembleia Nacional.

A orientação da CA vai no sentido de separar, dentro da fase da vinculação, entre dois momentos distintos: a aprovação e a ratificação.

A aprovação pode ser feita tanto pela Assembleia Nacional como pelo Presidente da República, reservando-se para aquele órgão parlamentar os casos de tratados internacionais materialmente mais relevantes, segundo este esquema:

- Assembleia Nacional: "Aprovar para ratificação e adesão os tratados, convenções, acordos e outros instrumentos internacionais que versem matéria da sua competência legislativa absoluta, bem como tratados de participação de Angola em organizações internacionais, de retificação de fronteiras, de amizade, de cooperação, de defesa e respeitantes a assuntos militares" [art. 161º, al. k), da CA]; ou
- Presidente da República, na medida em que lhe cabe dirigir a política externa do Estado, na ausência de uma norma constitucional

expressa que lhe confira uma competência específica para aprovar convenções internacionais, e sendo certo que há uma distinção entre a assinatura e a ratificação.

A ratificação, que só é possível se previamente feita a aprovação por um destes órgãos de soberania, é sempre da competência do Presidente da República e representa a decisão final de vinculação

65. Cabo Verde

I. Em radical oposição à situação jurídico-constitucional de Angola, Cabo Verde oferece o mais completo panorama normativo-constitucional em matéria de opções expressas no tocante ao seu Direito Constitucional Internacional, relevância que assume foros de cidade mesmo ao nível da sistemática do texto constitucional cabo-verdiano de 1992[504], com o seguinte elenco de disposições[505]:

- o art. 6º, definindo o território de Cabo Verde, bem como os direitos deste Estado em espaços internacionais;
- o art. 11º, estabelecendo os princípios aplicáveis às relações internacionais de Cabo Verde;
- o art. 12º, fixando o regime da incorporação do Direito Internacional na ordem jurídica interna;
- o art. 13º, especificando o regime de produção dos atos de adesão e de desvinculação a tratados e acordos internacionais;
- o art. 14º, contemplando o critério constitucional para a distinção entre tratados e acordos internacionais, expressamente considerados "acordos em forma simplificada";
- o art. 17º, assumindo a relevância do Direito Internacional na positivação, interpretação e aplicação dos direitos fundamentais;
- o art. 135º, al. a), atribuindo ao Presidente da República competência para ratificar os tratados e acordos internacionais;

504 Cfr. o respetivo texto em Jorge Bacelar Gouveia, *As Constituições dos Estados de Língua Portuguesa*, pp. 385 e ss.

505 Sobre a CCV, bem como o respetivo sistema jurídico-político, v., por todos, Jorge Bacelar Gouveia, *Manual de Direito Constitucional*, I, pp. 478 e ss.

- o art. 174º, al. h), atribuindo à Assembleia Nacional competência para aprovar tratados e acordos internacionais;
- o art. 178º, diferenciando as situações em que se concretiza esta competência da Assembleia Nacional no tocante à aprovação de tratados e acordos internacionais;
- o art. 202º, als. j) e k), atribuindo ao Governo, respetivamente, competência para negociar e adotar convenções internacionais e para aprovar os tratados e acordos internacionais que não sejam da competência da Assembleia Nacional;
- o art. 203º, nº 2, al. d), e o art. 257º, nº 2, al. a), escolhendo o decreto como forma do ato de aprovação de tratados e acordos internacionais da competência do Governo;
- o art. 205º, al. e), localizando no Conselho de Ministros o exercício da competência governamental para aprovar tratados e acordos internacionais;
- o art. 250º, nº 1, al. g), conferindo uma especial competência consultiva ao Conselho da República havendo um procedimento no tocante a tratados de limitação de soberania ou de cunho militar;
- o art. 255º, definindo como decreto presidencial a forma do ato de ratificação dos tratados e acordos internacionais;
- o art. 260º, nº 1, escolhendo a resolução como forma do ato de aprovação de tratados e acordos internacionais por parte da Assembleia Nacional;
- o art. 264º, impondo a publicação obrigatória no jornal oficial dos tratados e acordos internacionais;
- o art. 272º, nº 2, estabelecendo um caso de valor positivo de tratados e acordos internacionais;
- o art. 273º, nº 1, al. a), e o art. 274º, nºs 1 e 2, estabelecendo um mecanismo de fiscalização preventiva da constitucionalidade;
- os arts. 275º e 280º, estabelecendo um mecanismo de fiscalização sucessiva abstrata de constitucionalidade.

II. Do ponto de vista da intervenção procedimental dos órgãos de soberania prevista na CCV, as fases da negociação e da adoção do texto são sempre da responsabilidade do Governo, pois que lhe compete "Negociar e ajustar convenções internacionais" [art. 203º, nº 1, al. i), da CCV].

Já no tocante à vinculação das convenções internacionais, cumpre diferenciar entre dois atos que, identicamente, se incorporam nessa ideia de expressão do consentimento do Estado de Cabo Verde: a aprovação e a ratificação.

A aprovação é dicotomicamente repartida entre a Assembleia Nacional e o Governo:

- Assembleia Nacional: "Aprovar para ratificação ou adesão os tratados e acordos internacionais de participação de Cabo Verde em organizações internacionais, dos tratados e acordos de amizade, de paz, de defesa, de estabelecimento ou retificação de fronteiras e dos respeitantes a assuntos militares", além de "Aprovar para ratificação ou adesão outros tratados e acordos internacionais que versem matérias da sua competência reservada e os demais que o Governo entenda submeter à sua apreciação" [art. 179º, als. a) e b), da CCV];
- Governo: "Aprovar, por decreto, os tratados e acordos internacionais cuja aprovação não seja da competência da Assembleia Nacional nem a esta tenham sido submetidos" [art. 203º, nº 1, a. j), da CCV].

A ratificação é cometida ao Presidente da República, indistintamente sobre os tratados e sobre os acordos internacionais, já que lhe compete "Ratificar, depois de validamente aprovados, os tratados e os acordos internacionais" [art. 136º, al. a), da CCV].

A publicitação dos tratados e dos acordos internacionais é expressamente referida, assumindo-se mesmo como condição de eficácia dos mesmos na ordem jurídica cabo-verdiana [cfr. o art. 269º, nº 1, al. c), da CCV].

III. Quanto à relevância constitucional das convenções internacionais, a CCV assume solenemente o compromisso da separação, abissal e rigorosa, entre os tratados internacionais e os acordos em forma simplicada, género normalmente designado por aquele articulado pelo conjunto destas duas espécies, à exceção do preceito constitucional que atribui competência ao Governo para os negociar e adotar, aqui se empregando a nomenclatura englobante de "convenções internacionais" [cfr. o art. 203º, nº 1, al. i), da CCV].

O entendimento constitucional, a respeito desta distinção, consta logo de um dos preceitos iniciais da CCV, inserido no Título II da Parte I do respetivo texto, sob a epígrafe "Relações internacionais e Direito Internacional", ao nele se prescrever que "Os acordos em forma simplificada, que não carecem de ratificação, são aprovados pelo Governo, mas unicamente versarão matérias compreendidas na competência administrativa deste órgão" (art. 14º da CCV).

A análise deste preceito constitucional permite destilar três critérios que estabelecem a autonomia de regime dos acordos simplificados por contraponto aos tratados internacionais:

- não carecem de intervenção presidencial porque não são ratificados;
- no tocante à aprovação, são exclusivamente aprovados pelo Governo;
- no tocante ao conteúdo, só podem abranger matérias da competência administrativa governamental.

IV. A verdade, porém, é que a análise do restante conjunto de disposições constitucionais organizatórias relacionadas com o procedimento de conclusão dos tratados e acordos internacionais em Cabo Verde diretamente desmente esta qualificação constitucional, devendo prevalecer os juízos específicos de regime contra os juízos genéricos de cunho doutrinário, afirmação que se funda nos seguintes argumentos:

- a competência do Presidente da República para ratificar simultaneamente abrange tanto a ratificação dos tratados como a ratificação dos acordos, por aqui se desdizendo aquele primeiro preceito constitucional, segundo o qual os acordos internacionais não seriam submetidos a ratificação presidencial [cfr. o art. 136º, al. a), da CCV];
- os acordos internacionais são igualmente aprovados pela Assembleia Nacional, dado que a disposição que lhe dá competência para aprovar convenções internacionais se refere tanto a tratados como a acordos (cfr. o art. 175º, que é depois concretizado pelo art. 179º, todos da CCV), pelo que assim se desmente a afirmação constitucional de que os acordos são apenas aprovados pelo Governo;
- o âmbito da competência do Governo na mencionada separação entre tratados e acordos internacionais não diz apenas respeito ao facto de os acordos serem atinentes à sua competência administrativa porque: por um lado, a própria Assembleia Nacional pode aprovar acordos se os mesmos respeitarem a matérias da sua competência – política e legislativa reservada – ou se lhe tiverem sido

submetidos pelo Governo, este não tendo competência para os aprovar; por outro lado, a cláusula de competência residual em favor do Governo para os tratados e acordos internacionais [cfr. o art. 206º, al. e), da CCV] que, do prisma da aprovação, não são da competência da Assembleia Nacional não se limita aos acordos e muito menos se limita a dizer que neles cabem somente as matérias de cunho administrativo, até porque a competência do Governo não é apenas administrativa e é ainda político-legislativa naquilo que não fica reservado à Assembleia Nacional.

Em resumo: não há, ao contrário do que parece, uma distinção procedimental e material entre o tratado e o acordo, pelo que a designação, no início da negociação, de uma ou da outra qualificação se afigura totalmente irrelevante para a aplicação diferenciada de normas constitucionais que eventualmente pretendessem realçar a maior solenidade do tratado em detrimento do acordo, não tendo tais normas constitucionais a virtualidade de operar tal distinção.

Por incrível que pareça, desfeita a intenção ordenadora do preceito constitucional que doutrinariamente assume a tentativa impossível de fazer essa distinção, estamos perante uma mera distinção nominalista que, na prática, não tem qualquer projeção num regime jurídico aplicável, nem mesmo o de o tratado ser ratificado e o acordo não porque diretamente se diz que o acordo é do mesmo modo objeto de ratificação presidencial.

66. Guiné-Bissau

I. O texto constitucional da Guiné-Bissau[506] – alcançado no âmbito de uma transição constitucional prolongada no tempo e ainda sem ter conhecido uma remodelação profunda, que chegou a ser parlamentarmente aprovada, mas não presidencialmente promulgada[507] – consagra

[506] Cfr. o respetivo texto em Jorge Bacelar Gouveia, *As Constituições dos Estados de Língua Portuguesa*, pp. 397 e ss.

[507] Sobre a CGB, bem como o respetivo sistema jurídico-político, v., por todos, Jorge Bacelar Gouveia, *Manual de Direito Constitucional*, I, pp. 487 e ss.

um conjunto razoável de disposições em matéria de Direito Constitucional Internacional, que são as seguintes:

- os arts. 9º e 10º, delimitando o território nacional e os direitos sobre espaços internacionais;
- o art. 18º, fixando os princípios fundamentais rectores das relações internacionais;
- o art. 29º, apontando o Direito Internacional como relevante para as fontes e para a aplicação dos direitos fundamentais;
- o art. 68º, al. e), conferindo ao Presidente da República competência para ratificar os tratados internacionais;
- o art. 85º, al. h), conferindo à Assembleia Nacional Popular competência para aprovar os tratados mais relevantes do ponto de vista do interesse nacional;
- o art. 100º, nº 1, al. f), conferindo ao Governo competência para negociar e concluir acordos e convenções internacionais.

II. No plano da negociação e da adoção do texto, parece nítido, ainda que a letra da CGB o não refira diretamente, que tais fases procedimentais são sempre da competência do Governo [cfr. o art. 100º, nº 1, al. f), da CGB]: onde se lê acordos, deve antes ler-se "convenções internacionais", locução que também se utiliza, e que melhor refere o género, que se distribui por aquelas duas espécies, sendo o emprego da expressão acordos, neste contexto, claramente redundante.

Em matéria da vinculação às convenções internacionais, ressalta a posição dos três órgãos de soberania, pelo que importa dissociar entre a aprovação e a ratificação, sendo aquela ainda de subdividir entre a posição da Assembleia Nacional Popular e a posição do Governo.

A aprovação interna das convenções internacionais obedece ao figurino de reservar para o órgão parlamentar, em desfavor do órgão governamental, as matérias mais relevantes que venham a ser versadas em atos internacionais:

- Assembleia Nacional Popular: "Aprovar os tratados que envolvam a participação da Guiné-Bissau em organizações internacionais, os tratados de amizade, de paz, de defesa, de retificação de fronteiras e ainda quaisquer outros que o Governo entenda submeter-lhe" [art. 85º, nº 1, al. h), da CGB];

- Governo: aprovar os restantes casos de tratados internacionais, e os acordos internacionais, pois que neste caso não há intervenção parlamentar, sendo esta competência governamental implicitamente assumida a título de competência residual, ora porque aquela competência parlamentar refere este caso para os tratados, ora porque alguém tem de aprovar os acordos, uma vez que em relação aos mesmos a Assembleia Nacional Popular não tem qualquer competência de aprovação.

A intervenção do Presidente da República cinge-se aos tratados internacionais, ainda que se possa pensar na sua participação na assinatura de diplomas governamentais de aprovação dos acordos internacionais: "São atribuições do Presidente da República: (...) Ratificar os tratados internacionais" [art. 68º, al. e), da CGB].

III. A despeito de não se produzir uma intencionalidade na distinção entre tratados, acordos e convenções internacionais, é certo que essa diferenciação se estabelece, pelo menos, no preceito constitucional atinente à competência do Governo, pelo que legitimamente se pergunta se foi feita alguma separação válida na matéria.

A conclusão deve ser negativa a partir dos elementos normativo-constitucionais que são disponibilizados, os quais ofereceriam dois resultados que nunca poderiam ser aceites:

- uma interpretação "marginalizadora", distinguindo entre convenções e acordos, de um lado e aos quais se refere o preceito constitucional do Governo, e os tratados internacionais, do outro lado e aos quais aludem os preceitos constitucionais do Presidente da República e da Assembleia Nacional Popular, pois que levaria ao absurdo de, quanto aos primeiros, eles serem os únicos a ser negociados e concluídos pelo Governo, perguntando-se, então, quem poderia começar o procedimento de conclusão dos tratados internacionais, nada se dizendo a tal respeito no âmbito das competências do Governo;
- uma interpretação "indiferenciadora", considerando as "convenções", os "acordos" e os "tratados internacionais" como sinónimos, porquanto neste caso se estaria a inutilizar algum do alcance prático e regimental que, ainda assim, é possível encontrar.

Daí que só uma interpretação constitucional sistemática nos possa colocar no melhor resultado hermenêutico a extrair deste conjunto de normas constitucionais, o qual passa pela existência de uma distinção tanto procedimental quanto material entre tratados e acordos internacionais.

67. Moçambique

I. Sendo a CM atual[508] a penúltima do Direito Constitucional de Língua Portuguesa, cabe-lhe o mérito de ter absorvido diversas experiências, assim se permitindo mais facilmente corrigir soluções menos conseguidas[509].

Trata-se de um texto que apresenta um elenco apreciável de preceitos constitucionais relativos ao Direito Internacional, conferindo-se-lhe em boa medida uma autonomia sistemática inspirada na CCV[510]:

- os arts. 6º e 98º, delimitando o território estadual e aludindo aos direitos nos espaços internacionais;
- os arts. 17º, 19º, 20º, 21º e 22º, estipulando diversas orientações e princípios em matéria de relações internacionais;
- o art. 18º, definindo o regime da incorporação do Direito Internacional no Direito Interno moçambicano;
- o art. 43º, oferecendo normas e princípios de Direito Internacional na interpretação e aplicação dos direitos fundamentais;
- o art. 162º, al. b), conferindo ao Presidente da República competência para celebrar tratados internacionais;
- art. 179º, als. e), t) e u), conferindo à Assembleia da República competência para aprovar e ratificar tratados internacionais;

[508] Cfr. o respetivo texto em JORGE BACELAR GOUVEIA, *As Constituições dos Estados de Língua Portuguesa*, pp. 567 e ss.

[509] Sobre a CM, bem como o respetivo sistema jurídico-político, v., por todos, JORGE BACELAR GOUVEIA, *Manual de Direito Constitucional*, I, pp. 525 e ss., e *Direito Constitucional de Moçambique*, Lisboa/Maputo, 2015, pp. 189 e ss.

[510] Cfr. o estudo, com o qual globalmente se discorda, de FERNANDO LOUREIRO BASTOS, *O Direito Internacional na Constituição Moçambicana de 2004*, Lisboa, 2007 (www.fd.ul.pt).

- o art. 204º, nº 1, al. g), conferindo ao Governo competência para preparar a celebração de tratados internacionais, além de lhe atribuir competência para celebrar e ratificar acordos internacionais em matéria da sua competência.

II. A elaboração das convenções internacionais à luz da CM deve apoiar-se nesta *summa divisio*: os tratados, de um lado, e os acordos, do outro.

Os tratados internacionais respeitam sempre à competência político-legislativa da Assembleia da República, sendo as suas fases assim desenhadas:

- pré-negociação pelo Governo: "Compete, nomeadamente, ao Conselho de Ministros: (...) preparar a celebração de tratados internacionais..." [art. 204º, nº 1, al. g), primeira parte, da CM];
- negociação e adoção pelo Presidente da República: "No domínio das relações internacionais, compete ao Presidente da República: (...) celebrar tratados internacionais" [art. 162º, al. b), da CM];
- aprovação pela Assembleia da República: "Compete à Assembleia da República legislar sobre as questões básicas da política interna e externa do país: (...) aprovar e denunciar os tratados que versem sobre matérias da sua competência" [art. 179º, nº 2, al. e), da CM];
- ratificação pela Assembleia da República: "Compete à Assembleia da República legislar sobre as questões básicas da política interna e externa do país: (...) ratificar e denunciar os tratados internacionais" e "ratificar os tratados de participação de Moçambique nas organizações internacionais de defesa" [art. 179º, nº 2, als. t) e u), da CM].

Os acordos internacionais respeitam sempre à competência político-legislativo-administrativa do Governo, sendo as suas fases assim delineadas, aqui se assinalando que não se subdistigue entre a aprovação e a ratificação, só esta oferecendo autonomia, certamente por ambas as fases, teoricamente autonomizáveis, recairem sob a responsabilidade do mesmo órgão, que é o Governo: "Compete, noemadamente, ao Conselho de Ministros: (...) ...celebrar, ratificar, aderir e denunciar acordos internacionais, em matérias da sua competência governativa" [art. 204º, nº 1, al. g), *in fine*, da CM].

III. Mantendo-se na tónica quase constante dos Estados Africanos de Língua Portuguesa, o Direito Constitucional Internacional de Moçambique opera a distinção entre tratados e acordos internacionais, sem nunca, contudo, se adiantar na respetiva dilucidação.

Tudo leva a crer que a distinção em causa se apoia em duas dimensões igualmente presentes: uma dimensão material, que se relaciona com a importância das matérias; e uma dimensão competencial, a qual tem que ver com as entidades intervenientes na respetiva conclusão.

Assim sendo, pode dizer-se, com segurança, que o tratado internacional é mais solene em comparação com o acordo internacional:

- o tratado internacional é negociado e adotado com a intervenção do Presidente da República, com a devida e prévia preparação efetuada pelo Governo, ao que se segue a aprovação e a ratificação da da Assembleia da República, além de o tratado internacional respeitar a matéria da competência político-legislativa deste órgão parlamentar;
- o acordo internacional, sempre da competência do Governo, é do foro deste órgão de soberania em todas as suas fases de conclusão, além de respeitar a matéria da sua competência legislativo-administrativa.

68. São Tomé e Príncipe

I. São Tomé e Príncipe[511], depois do Brasil, tem o texto constitucional mais antigo, com a singularidade de ter sido a CSTP[512] a única Constituição de Língua Portuguesa popularmente referendada, mas em que identicamente avultam diversas disposições relacionadas com o Direito Constitucional Internacional:

- o art. 4º, delimitando o território estadual e estabelecendo os direitos de São Tomé e Príncipe nos espaços internacionais;
- o art. 12º, fixando os princípios rectores das relações internacionais;

[511] Sobre a CSTP, bem como o respetivo o sistema jurídico-político, v., por todos, Jorge Bacelar Gouveia, *Manual de Direito Constitucional*, I, pp. 478 e ss.

[512] Cfr. o respetivo texto em Jorge Bacelar Gouveia, *As Constituições dos Estados de Língua Portuguesa*, pp. 343 e ss.

- o art. 13º, estabelecendo o regime da incorporação do Direito Internacional no Direito interno;
- o art. 18º, apelando ao Direito Internacional na positivação, interpretação e integração dos direitos fundamentais;
- o art. 82º, als. b) e e), aquela conferindo ao Presidente da República competência para ratificar dos tratados internacionais e esta dando a este órgão de soberania uma competência específica na condução das negociações, juntamente com o Governo, relativamente aos acordos internacionais na área da defesa e segurança;
- o art. 90º, nº 1, al. e), conferindo ao Conselho de Estado competência consultiva na conclusão de tratados internacionais que impliquem restrições de soberania ou tenham natureza militar;
- o art. 97º, al. j), conferindo à Assembleia Nacional competência para aprovar tratados internacionais mais relevantes;
- o art. 111º, al. e), conferindo ao Governo competência para negociar e concluir acordos e convenções internacionais;
- o art. 144º, nº 2, admitindo o valor positivo de certos tratados internacionais inconstitucionais;
- os arts. 145º e 146º, fixando a possibilidade da fiscalização preventiva específica da constitucionalidade de tratados e acordos internacionais, ao mesmo tempo prevendo efeitos especiais no caso de ter havido pronúncia no sentido da inconstitucionalidade daqueles atos internacionais.

II. A negociação e a adoção dos compromissos internacionais em São Tomé e Príncipe, segundo o respetivo texto constitucional, são da competência do Governo, não se impondo que a respetiva deliberação seja tomada em sede de Conselho de Ministros[513]: "Compete ao Governo: (...) Negociar e concluir acordos e convenções internacionais" [art. 111º, al. e), da CSTP].

Mas há um caso em que tal competência governamental é condicionalmente exercida com a participação do Presidente da República, a este órgão cabendo a negociação e a conclusão de acordos internacionais no domínio da defesa e da segurança: "Compete ao Presidente da República no domínio das relações internacionais: (...) Conduzir, em concertação

[513] Dado que esta competência não surge referenciada no art. 112º, nº 3, da CSTP.

com o Governo, todo o processo negocial para conclusão de acordos internacionais na área da defesa e segurança" [art. 82º, al. e), da CSTP].

Noutra perspetiva, o Conselho de Estado (cfr. os arts. 88º e ss. da CSTP), que é um órgão de consulta do Presidente da República, tem a competência consultiva específica de "Pronunciar-se sobre os tratados que envolvam restrições da soberania, a participação do País em organizações internacionais de segurança coletiva ou militar" [art. 90º, nº 1, al. e), da CSTP].

Daqui se pode inferir que, cabendo em geral ao Governo a condução das duas primeiras fases da celebração das convenções internacionais, o Presidente da República assume uma preponderância específica na preparação das convenções internacionais que incidam sobre aquelas mais melindrosas matérias.

III. As fases de vinculação interna às convenções internacionais concitam algumas normas expressas sobre a intervenção dos diversos órgãos políticos de soberania, de acordo com o seguinte esquema:

- Aprovação por parte da Assembleia Nacional: "Aprovar os tratados que tenham por objetivo matéria de lei prevista no artigo 98º, os tratados que envolvam a participação de São Tomé e Príncipe em organizações internacionais, os tratados de amizade, de paz e de defesa e ainda quaisquer outros que o Governo entenda submeter-lhe" [art. 97º, al. j), da CSTP]; e
- Ratificação por parte do Presidente da República: "Ratificar os tratados internacionais depois de devidamente aprovados" [art. 82º, al. b), da CSTP].

Relativamente ao Governo, na perspetiva de uma intervenção autónoma e decisória, depois das tarefas que lhe competem na preparação das convenções internacionais, não se faz, no articulado constitucional, qualquer alusão, pelo que se coloca a dúvida sobre se tem competência para o efeito.

Na ausência de elementos normativo-constitucionais específicos, a resposta deve ser positiva para as convenções internacionais que não incidam sobre as matérias em que é competente a Assembleia Nacional, entendimento que se retira da norma que atribui esta competência de aprovação ao órgão parlamentar: como se refere a existência de convenções internacionais que o Governo não lhe tenha submetido, indiretamente se retira que o Governo é competente na aprovação das restantes convenções internacionais, as quais correspondem aos casos em que não há competência direta da Assembleia Nacional – porque não respeitam às matérias do art. 98º da CSTP – e em que não há competência substitutiva desta – quando o Governo é competente, mas não pretende que este órgão aprove.

IV. De dilucidação mais complexa vem a ser a classificação interna das convenções internacionais nos termos em que a CSTP versa o assunto, até porque se verifica a seguinte oscilação:

- na normas que definem as competências preliminares de negociação e de adoção, a cargo do Governo e, em certas matérias, a cargo do Presidente da República, a CSTP refere genericamente as convenções internacionais e também os acordos internacionais;
- nas normas que definem as competências decisórias de aprovação e de ratificação, a cargo da Assembleia Nacional, e implicitamente do Governo e do Presidente da República, a CSTP só refere, uniformemente, os tratados internacionais.

Há monismo ou dualismo nas convenções internacionais previstas no texto constitucional de São Tomé e Príncipe? A melhor solução deve pender para o monismo, até porque é a competência decisória a determinante na feitura dos atos jurídico-públicos em causa, não sendo evidentemente desejável esta flutuação terminológica da CSTP: as convenções internacionais relevantes são apenas os tratados internacionais.

69. Timor-Leste

I. Timor-Leste é o mais jovem dos Estados de Língua Portuguesa[514], sendo também o único que, no seu curto período de vida, experimentou apenas um texto constitucional duradouro, tendo a CTL sido aprovada em março de 2002[515].

[514] Sobre a CTL, bem como o respetivo sistema jurídico-político, v., por todos, JORGE BACELAR GOUVEIA, *Manual de Direito Constitucional*, I, pp. 548 e ss., e *Direito Constitucional de Timor-Leste*, Lisboa/Díli, 2012, pp. 95 e ss.

[515] Cfr. o respetivo texto em JORGE BACELAR GOUVEIA, *As Constituições dos Estados de Língua Portuguesa*, pp. 519 e ss.

Acolhendo a lição de outros Estados irmãos, em termos histórico-linguísticos, a CTL contempla diversas disposições de Direito Constitucional Internacional[516]:

- o art. 4º, recortando o território de Timor-Leste, bem como os direitos de aproveitamento sobre espaços internacionais;
- o art. 8º, apontando os princípios rectores das relações internacionais de Timor-Leste;
- o art. 9º, estabelecendo o regime de incorporação do Direito Internacional no Direito estadual;
- o art. 23º, indicando o Direito Internacional como parâmetro positivador e hermenêutico dos direitos fundamentais;
- o art. 85º, al. a), conferindo ao Presidente da República competência para mandar publicar os atos de aprovação e ratificação das convenções internacionais;
- o art. 87º, al. d), conferindo ao Presidente da República, em concertação com o Governo, competência para conduzir o processo negocial de acordos internacionais nos domínios da defesa e segurança;
- o art. 95º, nº 3, al. f), conferindo ao Parlamento Nacional competência para aprovar acordos e ratificar tratados e convenções internacionais;
- o art. 115º, nº 1, al. f), conferindo ao Governo competência não apenas para negociar tratados e acordos internacionais como também para celebrar e aprovar, além de aderir e denunciar acordos internacionais que não sejam da competência de outros órgãos, sendo esta competência, nos termos do art. 116º, al. d), exercida pelo Conselho de Ministros;
- o art. 158º, estabelecendo uma condicionamento geral quanto à validade e eficácia das convenções internacionais anteriores à vigência da CTL, com essa disposição se pretendendo salvaguardar os legítimos interesses do Estado perante o passado de anexação indonésia ilícita.

II. É ao Governo, na sua qualidade de órgão executivo e de condução da política geral do país, que compete sempre a preparação da celebração das

[516] Cfr. o desenvolvido estudo, com o qual globalmente se concorda, de JAIME VALLE, *A conclusão dos tratados internacionais na Constituição Timorense de 2002*, Lisboa, 2007 (www.fd.ul.pt).

convenções internacionais, quer antes da negociação propriamente dita começar, quer durante o percurso das negociações, quer mesmo a adoção do correspondente texto: "Compete ao Governo: (...) Preparar e negociar tratados e acordos..." [art. 115º, nº 1, al. f), primeira parte, da CTL].

Contudo, o Presidente da República dispõe igualmente de um direito de intervenção nessa fase das negociações, juntamente com o Governo, sendo o Chefe de Estado a entidade que dirige essa mesma negociação nas convenções internacionais relacionadas com as áreas sensíveis da defesa e segurança: "Compete ao Presidente da República, no domínio das relações internacionais: (...) Conduzir, em concertação com o Governo, todo o processo negocial para a conclusão de acordos internacionais na área da defesa e segurança" [art. 87º, al. d), da CTL].

Não são muito claras, neste caso, as linhas que delimitam a responsabilidade destes dois órgãos, num procedimento negocial em que os dois participam: mas a fraseologia constitucional, ao referir-se a "conduzir", confere a prevalência na tática e na estratégia negocial ao Presidente da República, a quem deve competir sempre a palavra final[517].

III. No tocante à intervenção decisória de natureza vinculativa, a leitura da CTL faz crer na existência de três possíveis instâncias com competência para produzir atos em relação a um articulado de convenção internacional já previamente acertado:

- o Parlamento Nacional: "Aprovar e denunciar acordos e ratificar tratados e convenções internacionais" [art. 95º, nº 3, al. f), da CTL];
- o Presidente da República: "...mandar publicar as resoluções do Parlamento Nacional que aprovem acordos e ratifiquem tratados e convenções internacionais" [art. 85º, al. a), *in fine*, da CTL];
- o Governo: "...celebrar, aprovar, aderir e denunciar acordos internacionais que não sejam da competência do Parlamento Nacional ou do Governo" [art. 115º, nº 1, al. f), *in fine*, da CTL].

A verdade, porém, é que se regista um assinalável enfraquecimento da intervenção do Presidente da República, no procedimento interno de conclusão de convenções internacionais, em comparação com a intervenção que é constitucionalmente reservada ao Parlamento Nacional e ao

[517] Cfr. Jorge Bacelar Gouveia, *Direito Constitucional de Timor-Leste*, p. 490.

Governo: é que a intervenção destes é constitutiva, ao aprovarem e ratificarem as referidas convenções, ao passo que a intervenção presidencial é meramente declarativa, apenas competindo ao Chefe de Estado uma simples ordem de publicação, jogando-se o seu poder no mero plano da eficácia jurídica, e não no da existência e da validade jurídica, como manifestamente sucede com aquelas outras intervenções[518].

IV. Se a resposta jurídico-constitucional tem a sua singularidade no plano da conjugação da intervenção destes órgãos de soberania, pior se dirá da distinção que se venha a estabelecer, dentro das convenções internacionais, entre as diversas categorias que são utilizadas: "acordos", "tratados" e "convenções" internacionais.

A questão é sobretudo espinhosa porque, de um lado, se admite que o Governo pode aprovar acordos internacionais na condição de não serem da competência do Parlamento Nacional e do Presidente da República, mas, por outro lado, nem o Chefe de Estado tem qualquer poder constitutivo para aprovar ou ratificar convenções internacionais, nem sequer o poder para aprovação e ratificação de acordos e tratados internacionais, por parte do Parlamento Nacional, se apresenta restrito às matérias reservadas à sua intervenção legislativa.

Não sendo difícil realizar a interpretação abrogante da parte final do art. 115º, nº 1, al. f), da CTL, porque manifestamente o Presidente da República não aprova ou ratifica convenções internacionais, o mesmo não se poderá dizer da compatibilização entre si das normas de competência do Governo e do Parlamento Nacional em matéria de intervenção constitutiva decisória no procedimento de conclusão das convenções internacionais.

Não se crê que possa haver conciliação alguma e a solução encontrada deve dar prevalência à competência plena parlamentar na aprovação dos acordos e na ratificação dos tratados, deste modo não sendo reconhecida ao Governo, ao contrário do que textualmente se afirma, qualquer competência para decidir a vinculação a acordos internacionais. A solução inversa violaria teleologicamente a CTL, ao inferiorizar o Parlamento Nacional perante o Governo, sendo certo que é este que responde politicamente perante aquele e não o contrário.

518 Cfr. Jorge Bacelar Gouveia, *Direito Constitucional de Timor-Leste*, pp. 492 e 493.

Perante esta uniformização regimental na conclusão das convenções internacionais, com a negociação do Governo, a aprovação e a ratificação dos acordos e tratados pelo Parlamento Nacional e a ordem de publicação dada pelo Presidente da República, a única diferença a assinalar nessas categorias de convenções internacionais é meramente formal, e não já orgânica, procedimental ou material: o ato de consentimento do Estado de Timor-Leste em ficar vinculado é o ato de aprovação no caso dos acordos internacionais ou o ato de ratificação no caso dos tratados internacionais. Só isto e nada mais do que isto.

70. Síntese comparatística

I. O exercício que tivemos ocasião de fazer em cada um dos Estados de Língua Portuguesa, depois de o ter realizado, com autonomia e mais desenvolvimento para Portugal, se bem que tenha validade individual, ganha muito mais se depois da apresentação de cada uma dessas experiências puder ser feita um *síntese comparatística*, partindo da grelha que houve oportunidade de formular, na parte que por ora nos ocupa em matéria de conclusão interna de convenções internacionais[519].

Esse é um resultado que pode ser obtido a partir das duas questões que foram formuladas, e que aqui se relembram:

- Qual a relevância das fases de conclusão das convenções internacionais quanto à participação dos órgãos estaduais, do ponto de vista tanto orgânico como procedimental?
- Qual a relevância da distinção de categorias de convenções internacionais, a partir de um género comum, pelo qual depois se identificando espécies?

II. Uma das respostas possíveis à primeira questão assinala diferentes soluções ao nível dos textos constitucionais, a começar logo pela regulação normativo-constitucional de cada uma delas, pois nem todos os textos constitucionais autonomizam essas fases, pensando-se principalmente na omissão a respeito da publicação e da vigência das convenções internacionais.

[519] Cfr. Jorge Bacelar Gouveia, *O Direito Internacional Público no Direito de Portugal e dos Estados de Língua Portuguesa*, in *Direito Constitucional de Língua Portuguesa – caminhos de um Constitucionalismo Singular*, Coimbra, 2012, pp. 81 e ss.

Mas porventura a mais importante das respostas a dar diz respeito aos órgãos que devem intervir em cada fase de conclusão das convenções internacionais, sendo de mencionar, a este propósito, uma orientação comum e uma orientação variável:

- a *orientação comum* tem que ver com a negociação e a adoção das convenções internacionais, sempre da responsabilidade do Governo, ainda que possa haver tonalidades, como sucede no caso da CSTP, da CTL e da CM;
- a *orientação variável* é pertinente aos órgãos que intervêm na fase de vinculação às convenções internacionais, tal poder se distribuindo por três órgãos de soberania, o Presidente da República, o Parlamento e o Governo.

III. Dentro desta orientação variável, envolvendo aqueles três órgãos de soberania, é ainda possível encontrar três matizes:

- o *modelo monista fixo*: com uma única intervenção final, sempre do mesmo órgão, avultando o papel conferido ao Parlamento, como sucede na CB e na CTL, ainda que no primeiro caso com dúvidas doutrinárias profundas;
- o *modelo monista variável*: também com uma única intervenção constitutiva de um órgão de soberania, embora ocorrendo a variação do órgão de soberania em razão da espécie de convenção internacional em causa, como sucede com a CM na repartição de responsabilidades entre a Assembleia da República e o Governo;
- o *modelo dualista*: com duas separadas intervenções constitutivas de órgãos de soberania, podendo variar o papel de cada um deles, dentro dos órgãos políticos de soberania, como sucede com a CSTP, a CCV, a CA e a CGB.

IV. A outra questão formulada tem, nos sistemas constitucionais analisados, uma resposta que vai maioritariamente no sentido da diferenciação de sub-categorias dentro das convenções internacionais, ainda que com algumas importantes tonalidades:

- uma *distinção não constitucionalmente assumida*: a CB;
- uma *distinção meramente terminológica*, sem qualquer apoio regimental, fazendo dessa distinção uma distinção totalmente vazia: a CSTP e a CCV;

- uma *distinção predominantemente competencial*, em que a distinção se faz na diferenciação da autoria dos atos interlocutórios a cargo dos órgãos de soberania intervenientes: a CA;
- uma *distinção unicamente formal*, na medida em que a diferença radica na distinta forma dos atos de aprovação de cada um deles: a CTL;
- uma distinção simultaneamente procedimental e material: a CGB e a CM.

DISPOSIÇÕES DE DIREITO CONSTITUCIONAL INTERNACIONAL DE LÍNGUA PORTUGUESA

	CRP	CB	CST	CCV	CA	CGB	CTL	CM
Território	5º	20º	4º	6º	3º 5º	9º 10º	4º	6º 98º
Relações Internacionais	7º	4º	12º	11º	12	18º	8º	17º, 19º, 20, 21º, 22º
Incorporação do Direito Internacional	8º	5º, §3º	13º	12º 13º 14º	13º	------	9º	18º
Direitos Humanos	16º	5º, §2º	18º	17º	26º	29º	23º	43º
TPI	7º, nº 7	5º, §4º	------	11º, nº 8	-----	-----	-----	------
Conclusão das Convenções Internacionais	119º, 1, al. b) 135º, al. b) 161º, al i) 197º, 1, als. b) e c)	49, I 84º,VII e VIII	82º 97º 111º, al. e)	136º, a) 175º, h) 179º, 203º 269º	121º 160º	68º 85º 100º	85º 87º 95º 115º, 116º	162º 179º 204º
Fiscalização da Constitucionalidade das Convenções Internacionais	277º,2 279º, nº 4	-----	144º 145º	135º 277º e ss.	226º e ss.	------	150º 158º	245º

Capítulo VI

A Relevância do Direito Internacional no Direito Interno

§ 20º As conceções doutrinárias na relação do Direito Internacional com o Direito Interno

§ 21º Os modelos de incorporação em geral do Direito Internacional no Direito Interno

§ 22º A inserção do Direito Internacional no Direito Português

§ 23º A posição do Direito Internacional no Direito Português

§ 24º A inserção do Direito Internacional no Direito dos Estados de Língua Portuguesa: a opção por uma maioritária receção expressa e global

§ 25º A posição do Direito Internacional no Direito dos Estados de Língua Portuguesa: da supralegalidade geral ao valor constitucional pontual

§ 20º AS CONCEÇÕES DOUTRINÁRIAS NA RELAÇÃO DO DIREITO INTERNACIONAL COM O DIREITO INTERNO

71. As conceções doutrinárias dualistas e monistas

I. O estabelecimento de princípios e normas de Direito Internacional, no plano da sociedade internacional, não se afigura, por si só, suficiente para garantir a respetiva efetividade.

Sendo participado por uma multiplicidade de sujeitos que dispõem de ordenamentos jurídicos próprios, somente através da sua inserção na Ordem Interna de cada um deles o Direito Internacional se afigura viável do ponto de vista do seu dirigismo normativo[520].

Depois de conhecidas as principais dimensões estruturadoras do Direito Internacional, chega-se ao tema, apaixonante mas também complexo, da relevância do Direito Internacional sob a perspetiva do Direito Interno.

II. Este tema da articulação entre o Direito Internacional e o Direito Interno tem sido equacionado de acordo com vários importantes tópicos, sendo o primeiro deles o que consiste na avaliação da compatibilidade ou da incompatibilidade estrutural entre os ordenamentos em causa, levando em mente as suas características intrínsecas.

A alusão que este assunto merece deve genericamente enquadrar-se em qualquer Direito Interno, que não são apenas de cunho estadual, havendo outros sujeitos internacionais que têm de receber o Direito Internacional no seu próprio seio.

[520] Cfr. ANTONIO CASSESE, *International Law...*, p. 15.

É apenas devido ao maior desenvolvimento que este problema tem tido nos Direitos Estaduais, sendo também isso que diretamente interessa sob a perspetiva do Estado Português, que vamos concentrar a nossa atenção nas relações entre o Direito Internacional e o Direito Interno de tipo estadual.

III. Numa feição *político-doutrinária*, que se destina a avaliar o tipo de relações que são suscetíveis de ser praticadas entre estes dois conjuntos normativos, duas são as grandes teorias que se têm degladiado entre si, segundo pressupostos diversos que desembocam também em resultados distintos[521]:

- a *teoria dualista*; e
- a *teoria monista.*

IV. O *dualismo* – derivação do voluntarismo e defendido por autores como Heinrich Triepel[522], na Alemanha, e Dionisio Anzilotti[523], na Itália, sendo a corrente mais antiga de todas – afirma que o Direito Internacional e o Direito Estadual são duas ordens jurídicas radicalmente distintas, que não se podem misturar, numa tese que se apoia em vários argumentos:

[521] Quanto à disputa entre correntes dualistas e correntes monistas, v. António Truyol y Serra, *Noções fundamentais...*, pp. 145 e ss.; Gaetano Morelli, *Nozioni...*, pp. 68 e ss.; Hans Kelsen, *Teoria Pura...*, pp. 437 e ss., e *Teoria Geral...*, pp. 352 e ss.; Antonio Cassese, *International Law...*, pp. 14 e ss.; Albino de Azevedo Soares, *Lições...*, pp. 66 e ss.; J. G. Starke, *Introduction...*, pp. 71 e ss.; Armando M. Marques Guedes, *Direito...*, pp. 93 e ss.; André Gonçalves Pereira e Fausto de Quadros, *Manual...*, pp. 82 e ss.; Louis Henkin, *International...*, pp. 63 e ss.; Gerson Mello Boson, *Direito Internacional...*, pp. 134 e ss.; Francisco Ferreira de Almeida, *Direito...*, pp. 58 e ss.; Wladimir Brito, *Direito...*, pp. 79 e ss.; Joaquim da Silva Cunha e Maria da Assunção do Vale Pereira, *Manual...*, pp. 89 e ss.; Jorge Miranda, *Curso...*, pp. 140 e ss.; Valério De Oliveira Mazzuoli, *Curso de Direito Internacional...*, pp. 47 e ss.; Jónatas E. M. Machado, *Direito Internacional...*, pp. 136 e ss.; Luís Ivani de Amorim Araújo, *Relações do Direito Internacional com o Direito Interno*, in AAVV, *O Direito Constitucional Internacional após a Emenda 45/04 e os Direitos Fundamentais* (coord. de Eduardo Biacchi Gomes e Tarcísio Hardman Reis), São Paulo, 2007, pp. 21 e ss.; Maria Luísa Duarte, *Direito Internacional Público...*, pp. 287 e ss.

[522] Cfr. Heinrich Triepel, *Völkerrecht und Landsrecht*, Leipzig, 1889, e *Les rapports entre le Droit Interne et le Droit International*, in RCADI, 1923, I.

[523] Cfr. Dionisio Anzilotti, *Cours de Droit International*, I, Paris, 1929, pp. 49 e ss.

- na *diferença das fontes*: enquanto no plano interno sobressai a lei, como ato jurídico-público de feição unilateral, no plano internacional, vai prevalecendo mais e mais o tratado, que tem uma raiz contratual e não unilateral;
- na *diferença dos sujeitos*: enquanto no plano interno as fontes normativas se aplicam a uma multidão de entidades jurídicas, públicas e privadas, singulares e coletivas, no plano internacional o conjunto dos sujeitos é restrito a uma dimensão ainda demasiadamente institucional, composta por entidades de Direito Público;
- na *diferença dos mecanismos garantísticos*: enquanto no plano interno os mecanismos de coerção funcionam com eficácia, a partir dos tribunais, apoiados depois nas forças policiais e nas forças armadas, no plano internacional, a estrutura jurisdicional, ainda que existente, é bastante frágil, sendo poucos os mecanismos de aplicação das respetivas sanções.

O próprio Heinrich Triepel não deixa de ser impressivo na metáfora que utiliza para simbolizar a necessidade da colaboração do Direito Interno no sentido de dotar o Direito Internacional de efetividade, comparando este a um marechal de guerra que, no terreno da batalha, só pode dar ordens aos outros generais, dependendo da sua colaboração (os Direitos internos), ao transmitirem tais ordens aos respetivos soldados, só assim se tornando viável ganhar a contenda[524].

V. O *monismo*, que conta hoje com um maior número de adeptos, frisa, pelo contrário, os diversos aspetos que têm feito aproximar as naturezas do Direito Internacional e do Direito Estadual, exatamente naqueles mesmos argumentos[525]:

- na *proximidade nas fontes*: se é verdade que os tratados internacionais, enquanto tal, não têm paralelo no Direito Estadual, não é menos verdade que, ao nível interno, há já sinais de intensa "contratualização legislativa", para além do facto de no Direito Internacional serem

[524] Cfr. Heinrich Triepel, *Les rapports...*, p. 106.

[525] Assim, defendendo o monismo, Francisco Ferreira de Almeida, *Direito...*, pp. 62 e ss.; Joaquim da Silva Cunha e Maria da Assunção do Vale Pereira, *Manual...*, pp. 98 e ss.

relevantes outras fontes, como o costume, que é estruturalmente idêntico ao costume interno, que também se considera aplicável;
- na *coincidência de sujeitos*: não pondo em causa o maior pendor institucional do Direito Internacional, não se pode também dizer que outros sujeitos, como a pessoa humana, não sejam diretos destinatários das suas normas, sendo ainda de considerar que o Estado, ao nível interno, é também destinatário dos atos jurídico-públicos que ele próprio dimana;
- na *diversificação dos mecanismos de garantia*: o ponto de partida quanto à perfeição do aparelho estadual de coerção nem sempre é verdadeiro, com o recurso cada vez mais frequente às soluções arbitrais, ao mesmo tempo que, no plano internacional, se tem privilegiado a consolidação das estruturas jurisdicionais, de que o recente TPI vem a ser um exemplo.

Não deixa de ser exemplar a defesa que Hans Kelsen faz do monismo entre o Direito Internacional e o Direito Interno, simultaneamente criticando o dualismo: "Esse dualismo (...) contradiz (...) o conteúdo do Direito Internacional, já que o próprio Direito Internacional estabelece uma relação entre as suas normas e as normas das diferentes ordens jurídicas nacionais. Se o Direito Internacional for considerado uma ordem jurídica válida, a teoria pluralista está em contradição com o Direito Positivo. No entanto, os representantes dessa teoria aceitam o Direito Internacional como Direito Positivo"[526].

72. As correntes doutrinárias monistas em especial

I. Sendo hoje as correntes monistas sem dúvida as correntes dominantes na conceção científica acerca da relevância do Direito Internacional no Direito Interno, não deixa de ser importante falar no entendimento que

[526] Hans Kelsen, *Teoria Geral...*, p. 353. E logo a seguir ainda acrescenta (p. 353): "Mas a visão pluralista também é insustentável por fundamentos lógicos. O Direito Internacional e o Direito Nacional não podem ser sistemas de normas diferentes e mutuamente independentes se as normas de ambos os sistemas forem consideradas válidas para o mesmo espaço e ao mesmo tempo. É impossível logicamente supor que normas simultaneamente válidas pertencem a sistemas diferentes, mutuamente independentes".

oferecem quanto à posição recíproca de ambos os ordenamentos, uma vez ligados entre si.

Duas têm sido as orientações sugeridas:

- *o monismo com primado do Direito Interno*: é uma doutrina que tem a sua raiz num voluntarismo estadual, que na teoria como na prática conduz à negação do próprio Direito Internacional, não podendo ter hoje aceitação;
- *o monismo com primado do Direito Internacional*: é uma orientação que reflete a posição de que, em crítica àquele voluntarismo, se aceita a prevalência do Direito Internacional sobre o Direito Interno, tendência que hoje vai conquistando uma esmagadora maioria de adeptos.

II. O *monismo com primado de Direito Interno* implica que, no confronto entre os dois sistemas, não obstante a sua interconexão, o Direito Internacional perca a sua singularidade.

O certo é que esta posição, na prática, corresponde à conceção de que o Direito Internacional é uma emanação do Direito Estadual, na base de uma filosofia voluntarista, transformando-o num mero Direito Estadual Externo.

Esta doutrina começou por ser desenvolvida no século XVIII, por autores como Johann Jacob Moser e Georg Friedrich von Martens, mas só no século XIX assumiria uma forma mais jurídica, com os trabalhos de Friedrich Hegel[527].

Não resolvendo os problemas do dualismo, esta conceção acaba por cair no mesmo erro epistemológico de base, que é o da exaltação da vontade estadual.

Como refere Albino de Azevedo Soares, "Fundando-se num voluntarismo radical, acaba por negar todo o Direito Internacional Público, ficando completamente cega ao facto de o Direito Internacional geral fazer parte da ordem jurídica de cada Estado, mesmo sem que a vontade deste se manifeste em tal sentido"[528].

[527] Cfr. Antonio Cassese, *International Law...*, pp. 18 e 19.

[528] Albino de Azevedo Soares, *Lições...*, p. 69.

III. O *monismo com primado do Direito Internacional*, pelo contrário, afirma a prevalência do Direito Internacional, que assim limita o poder dos Estados, impondo a inoperacionalidade das normas estaduais que venham a contrariar as normas internacionais.

Esta outra categoria de monismo, bem mais consentâneo com a realidade dos nossos dias, pode ainda apresentar-se sob duas formas:

- uma *radical*, que implica a prevalência absoluta da norma internacional sobre qualquer norma estadual; e
- outra *moderada*, que apenas o admite em certa medida, reconhecendo que o Direito Interno pode nalguns casos prevalecer ou que nele não deve o Direito Internacional interferir, o que se ajusta melhor ao problema das relações entre o Direito Internacional e o Direito Constitucional.

O esforço desta doutrina ficou a dever-se, em grande medida, a HANS KELSEN, que amplamente a desenvolveu, fundando-a no postulado *consuetudo est servanda*, ao escrever: "Do facto de o Direito Internacional se situar acima dos Estados, crê-se que é possível concluir que a soberania do Estado é essencialmente limitada e, por essa via, se torna possível uma organização mundial eficaz. O primado do Direito Internacional desempenha um papel decisivo na ideologia política do pacifismo"[529].

IV. A tomada de posição nesta matéria está hoje muito facilitada pela evolução que entretanto o Direito Internacional foi sofrendo, em grande medida por via do movimento da globalização e da internacionalização contínua das relações internacionais.

Verdadeiramente, não parece que possa haver uma diferença qualitativa entre o Direito Internacional e o Direito Interno, até porque se vão acentuado os espaços de absorção recíproca.

E os problemas de debilidade estrutural do Direito Internacional não só também existem em certos setores do Direito Interno como não são suficientes para justificar a resposta dualista[530]. O facto de existirem duas

[529] HANS KELSEN, *Teoria Pura...*, p. 456. Cfr. também HANS KELSEN e UMBERTO CAMPAGNOLO, *Direito Internacional...*, pp. 113 e ss.

[530] Com muitas dúvidas, ALBINO DE AZEVEDO SOARES, *Lições...*, p. 72.

ordens jurídicas não impede que se estabeleçam mecanismos de intercomunicação.

Não se pode querer assimilar tanto um sistema ao outro ao ponto de determinar a perda das suas singularidades, tal como elas existem entre os diversos ramos do Direito Estadual.

V. Dentro de uma posição monista, cumpre aderir à *conceção moderada* e não já radical, pois que esta poderia fazer cair no extremo do próprio desaparecimento dos Estados como relevantes sujeitos de Direito Internacional, havendo matérias que nunca interessarão ao Direito Internacional.

Em contrapartida, também é de aceitar que o primado do Direito Internacional sobre o Direito Interno possa ser visto como uma condição de existência deste mesmo Direito, sob pena de o mesmo rapidamente se dissolver, pondo em causa os propósitos de harmonização internacional que sempre o têm animado.

Trata-se de uma conceção que tem necessárias consequências no plano do reconhecimento do Direito Internacional no Direito Interno, limitando o campo das opções deste, uma vez que não pode, legitimamente, levar a efeito a sua contradição, ainda que possa reservar espaços para si e o possa fazer através de mecanismos próprios.

§ 21º OS MODELOS DE INCORPORAÇÃO EM GERAL DO DIREITO INTERNACIONAL NO DIREITO INTERNO

73. Os diversos modelos de incorporação técnica

I. Paralelamente à qualificação das relações entre o Direito Internacional e o Direito Interno, mormente o Estadual, é também de identificar quais os esquemas possíveis a fazer funcionar no momento em que se pretenda que as fontes jurídico-internacionais passem a ser relevantes no âmbito do Direito Interno: eis o *tema dos modelos de incorporação do Direito Internacional no Direito Interno.*

Note-se que esta é uma dimensão mais técnico-positiva, e não tanto filosófico-doutrinal, como sucedeu com a querela entre monistas e dualistas, estando sobremaneira dependente das opções jurídico-positivas estaduais.

Do que agora se cuida é de averiguar os termos da relevância concreta do Direito Internacional no Direito Interno, a partir daí se verificando a bondade de algumas das soluções que são doutrinalmente sugeridas, mas que necessariamente não podem surgir desligadas da realidade dos sistemas constitucionais positivos.

II. Dois são os modelos que neste aspeto se colocam em confronto, cada um deles com a possibilidade de se apresentar sob diversos matizes[531]:

[531] Quanto aos modelos de integração do Direito Internacional no Direito Interno, v. GAETANO MORELLI, *Nozioni...*, pp. 76 e ss.; SANTI ROMANO, *L'Ordre Juridique*, Paris, 1975, pp. 106 e ss.; ALBINO DE AZEVEDO SOARES, *Lições...*, p. 76; J. G. STARKE, *Introduction...*, pp. 71 e ss.; IAN BROWNLIE, *Principles...*, pp. 32 e ss.; NUNO E SOUSA, *Curso...*, pp. 79 e ss.; PIERRE-

- o *modelo da transformação*; e
- o *modelo da receção*.

O critério lógico que permite efetuar a respetiva separação relaciona-se com o título de vigência que as normas do Direito Interno vão ostentar dentro da Ordem Jurídica Estadual, mantendo a natureza de fontes internacionais ou passando a ser fontes internas.

III. O modelo da *transformação* implica que o Direito Internacional, ao chegar ao Direito Estadual, mude de natureza, ficando as respetivas orientações do mesmo modo a valer no Direito Interno, mas a título de fonte interna, e não já a título de fonte internacional.

Segundo este modelo, importa operar uma transmutação radical, dada a incomunicabilidade direta existente entre ambos os sistemas jurídico-normativos, o internacional e o interno. Trata-se de um modelo que assenta nos postulados dualistas porque não concebe a comunicabilidade direta do Direito Internacional com o Direito Interno.

Para que isso suceda, aquele deve "transformar-se" neste, assim se cumprindo as obrigações que dali emergem, podendo tal acontecer de um modo explícito ou implícito, de acordo com a relevância expressa ou indireta que se atribua ao procedimento interno que seja encarregado dessa transformação[532].

IV. O modelo da *receção*, inversamente do anterior, assenta na ideia de que o Direito Internacional pode fazer parte do Direito Interno conservando a sua natureza original, não sendo necessário fazer qualquer ope-

-Marie Dupuy, *Droit...*, pp. 297 e ss.; Armando M. Marques Guedes, *Direito...*, pp. 97 e ss.; André Gonçalves Pereira e Fausto de Quadros, *Manual...*, pp. 94 e ss.; Eduardo Correia Batista, *Direito Internacional...*, I, pp. 409 e ss.; Wladimir Brito, *A Convenção-Quadro Europeia...*, pp. 213 e ss., e *Direito...*, pp. 83 e 84; Nguyen Quoc Dinh, Patrick Daillier e Alain Pellet, *Droit...*, pp. 229 e ss.; Malcolm N. Shaw, *International...*, pp. 120 e ss.; Francisco Ferreira de Almeida, *Direito...*, pp. 64 e ss.; Jorge Miranda, *Curso...*, pp. 142 e 143.

Numa ótica específica das relações entre o Direito Estadual e o Direito Canónico, mas com aplicações gerais que aqui igualmente interessam, v. José João Gonçalves Proença, *Relevância do Direito Matrimonial Canónico no Ordenamento Estadual*, I, Coimbra, 1955, pp. 1 e ss.

[532] Fazendo esta distinção, Albino de Azevedo Soares, *Lições...*, p. 76.

ração no seu título de validade, com tudo quanto isso implica do ponto de vista da sua hermenêutica e da aferição do seu âmbito de aplicação. Este modelo repousa numa conceção de monismo estrutural entre estes dois sistemas jurídicos, que não se apresentariam incompatíveis entre si.

O modelo da receção, pela sua divulgação largamente maioritária, pôde ainda ser enriquecido nalgumas modalidades em que se desdobra:

- a *receção automática*: ocorre quando a integração do Direito Internacional no Direito Interno não fica dependente de qualquer ato intercalar interno para a sua vigência se efetivar; e
- a *receção condicionada*: acontece quando a incorporação do Direito Internacional no Direito Interno carece de um ato de interposição, que não transforma a sua natureza, mas que condiciona a respetiva vigência.

Outra distinção que igualmente se pode fazer alude à intensidade das matérias que são objeto de receção, podendo falar-se de *receção material* – se for de um conteúdo específico – ou de *receção formal* – se for da fonte abstratamente considerada[533].

V. Estes dois modelos, que podem ser concebidos na sua pureza teórica, o segundo dos quais sendo ainda suscetível das subdivisões assinaladas, são depois precipitados no Direito Interno Positivo[534].

A ilação que se retira é a de que ao Direito Interno, essencialmente o Direito Constitucional, compete a tarefa de definir os termos da incorporação do Direito Internacional, passando-se de um *modelo* – que é conceptual – a um *sistema* – que implica a sua inserção numa opção jurídico-positiva concreta[535].

[533] Quanto a estas distinções, v., por todos, SANTI ROMANO, *Il Diritto Pubblico Italiano*, Milano, 1988, pp. 263 e ss., e ARMANDO M. MARQUES GUEDES, *Direito...*, pp. 98 e ss.

[534] Para uma apreciação da aplicação destes dois modelos em Direito Constitucional Comparado, v. ALBINO DE AZEVEDO SOARES, *Lições...*, p. 77; ANDRÉ GONÇALVES PEREIRA e FAUSTO DE QUADROS, *Manual...*, pp. 97 e ss.; FRANCISCO FERREIRA DE ALMEIDA, *Direito...*, pp. 67 e 68; JOAQUIM DA SILVA CUNHA e MARIA DA ASSUNÇÃO DO VALE PEREIRA, *Manual...*, pp. 99 e ss.; JORGE MIRANDA, *Curso...*, pp. 143 e ss.

[535] Sobre a distinção conceptual entre modelos, sistemas e regimes, aplicáveis ao Direito Constitucional, ainda que noutros domínios também válidos, como o Direito Constitucional Económico, v. MARCELO REBELO DE SOUSA, *Direito Constitucional I – Introdução à Teoria da*

Não se afigura impossível ter, do mesmo modo, sistemas de transformação e de receção, o que se traduz no aditamento da possibilidade da existência de um *sistema misto*: podendo assumir diferentes variedades, ele aparece sempre que haja a transformação para uma parte do Direito Internacional e a receção para uma outra parte do Direito Internacional.

74. Relance de Direito Constitucional Comparado quanto à inserção e posição internas do Direito Internacional

I. Se estas técnicas só adquirem direta relevância quando são precipitadas nos textos constitucionais dos diferentes Estados, cumpre perguntar às suas Constituições quais as orientações que adotam[536].

Não sendo possível – nem provavelmente útil – investigar este tema em todas as Constituições do Mundo, façamos essa sua análise breve nalguns textos constitucionais liderantes[537]:

- os Textos Constitucionais Britânicos;
- a Constituição Norte-Americana;
- a Constituição Italiana;
- a Lei Fundamental Alemã;
- a Constituição Francesa; e
- a Constituição Espanhola.

Sem qualquer preocupação de rigor na escolha dos textos, apenas se pretende uma mera ilustração de como estes sistemas constitucionais encaram dois aspetos fundamentais:

- a inserção do Direito Internacional no Direito Interno; e

Constituição, Braga, 1979, pp. 314 e ss.; António de Sousa Franco, *Noções de Direito da Economia*, I, Lisboa, 1982-1983, pp. 94 e ss.

[536] Para uma consulta global, v., por todos, a proveitosa resenha de André Gonçalves Pereira e Fausto de Quadros, *Manual*..., pp. 94 e ss., de Nguyen Quoc Dinh, Patrick Daillier e Alain Pellet, *Droit*..., pp. 229 e ss., de José Francisco Rezek, *Direito*..., pp. 96 e ss., e de Jónatas E. M. Machado, *Direito Internacional*..., pp. 146 e ss.

[537] Estes textos constitucionais, à exceção do norte-americano, podem ser consultados em Jorge Bacelar Gouveia, *As Constituições dos Estados da União Europeia*, Lisboa, 2000.

- a posição hierárquica que o Direito Internacional ocupa no Direito Interno.

II. O *Direito Constitucional Britânico* tem logo a dificuldade adicional de não se consubstanciar num texto formalmente constitucional, sendo as soluções esparsamente formuladas, mas em que parece ser de distinguir entre o Direito Internacional Costumeiro e o Direito Internacional Convencional:

- no Direito Internacional Costumeiro, adota-se o modelo da receção automática, uma vez que se aplica o brocardo "International Law is part of the Law of the Land";
- no Direito Internacional Convencional, segue-se o modelo da transformação, dada a necessária participação do Parlamento, que produz um ato legislativo, em nome do sacrossanto princípio da soberania parlamentar.

Isto também quer dizer que, no plano da posição hierárquica, o Direito Internacional, no Direito britânico, ocupa uma posição idêntica à da lei, quanto mais não seja por via novamente do princípio da soberania parlamentar, amplamente densificado em normas constitucionais e costumeiras, bem como no próprio *Parliament Act* de 1911.

III. O Direito Constitucional Norte-Americano, com o texto constitucional formal mais antigo do Mundo, não deixa de prever a conexão entre o Direito Interno e o Direito Internacional.

Quanto ao Direito Internacional Costumeiro, adota-se a mesma orientação britânica, fundada no brocado "The International Law is Law of the Land".

Já no tocante ao Direito Internacional Convencional, a CNA expressamente diz que os tratados são efetivados sob a autoridade dos Estados Unidos e assim ganhando força de lei (cfr. o art. 2º, secção II, nº 2, da CNA).

IV. O *Direito Constitucional Italiano* contém disposições acentuadamente divergentes em relação à incorporação do Direito Internacional na Ordem Interna, na esteira das correntes dualistas que durante muito tempo frutificariam na correspondente dogmática publicística.

Quanto ao Direito Internacional Geral, na sua parte introdutória, dedicada aos "Princípios fundamentais", a CI afirma que "A ordem jurídica italiana conforma-se com as regras de Direito Internacional geralmente reconhecidas" (art. 10º, 1º §, da CI). Nesse lugar, também a CI apela ao internacionalismo, dizendo que "A Itália repudia a guerra como meio de ofensa à liberdade dos outros povos e como meio de resolver as controvérsias internacionais; consente, em condições de paridade com os outros Estados, nas limitações de soberania necessárias para um ordenamento que assegure a paz e a justiça entre as nações; promove e apoia as organizações internacionais que visem esse objetivo" (art. 11º da CI).

Em matéria de Direito Internacional Convencional, são várias as disposições que esclarecem a intervenção dos diversos órgãos competentes em matéria de relações internacionais:

- "O Presidente da República (...) Acredita e recebe os representantes diplomáticos, ratifica os tratados internacionais, após autorização prévia das Câmaras, se esta estiver prevista" (art. 87º, 8º §, da CI);
- "O procedimento normal de exame e aprovação direta pela Câmara é sempre adotado para os projetos e propostas de lei em matéria constitucional e eleitoral, para os projetos e propostas de lei de delegação legislativa, de autorização para ratificar tratados internacionais, de aprovação de orçamentos e contas" (art. 72º, 4º §, da CI).

No tocante à hierarquia, não havendo disposição especial por parte da CI, tem o problema sido enquadrado numa ótica de legalidade.

V. O *Direito Constitucional Alemão* tem uma posição bem mais esclarecedora acerca dos dois problemas em causa, dedicando-lhe disposições diretas.

Em relação à inserção do Direito Internacional, a LF separa o Direito Internacional Costumeiro do Direito Internacional Convencional, dizendo o seguinte:

- para o primeiro, que "As normas gerais do Direito Internacional Público fazem parte integrante do Direito Federal" (art. 25º, primeira parte, da LF);
- para o segundo, que se adota um procedimento interno equivalente, no formalismo e nos órgãos, ao procedimento legislativo:

> "Os tratados que regulem as relações políticas da Federação ou se refiram a matérias da legislação federal requerem a aprovação ou a intervenção dos respetivos órgãos competentes da legislação federal, sob a forma de uma lei federal." (art. 59º, nº 2, primeira parte, da LF).

Quanto à posição assumida pelo Direito Internacional no Direito Interno, a mesma disposição que integra o Direito Internacional Geral, com raiz costumeira portanto, localiza-o na ordem interna, preceituando que aquelas regras "...prevalecem sobre as leis e fazem nascer diretamente direitos e obrigações para os habitantes do território federal" (art. 25º, *in fine*, da LF).

VI. O *Direito Constitucional Francês* versa o tema das relações entre o Direito Internacional e o Direito Interno sob os dois prismas da incorporação e da posição, embora seja necessário dissociar o Direito Internacional Convencional, que beneficia de normas específicas, do restante Direito Internacional Geral, que apenas é episodicamente aludido em algumas das suas parcelas, sendo válido a diversos títulos:

- no preâmb. da Constituição Francesa de 1946, que é absorvido pela CF, adota-se a Declaração dos Direitos do Homem e do Cidadão, de 26 de agosto de 1789, primeiro documento de enorme relevância na proclamação interna dos direitos fundamentais no dealbar do Constitucionalismo Europeu, mas com inegáveis repercussões internacionais, que o tempo se encarregaria de confirmar (cfr. 1º § do preâmb. da CF);
- naquele mesmo texto preambular, também se acolhe a alusão direta ao empenhamento internacionalista francês, prescrevendo-se que "A República Francesa, fiel às suas tradições, agirá de acordo com as regras do Direito Internacional Público (12º § do preâmb. da Constituição francesa de 1946, atualmente vigente *ex vi* 1º § do preâmb. da CF).

Pensando no Direito Internacional Convencional, a importância que lhe é constitucionalmente atribuída atesta-se no facto de merecer um título próprio – o Título VI da CF, que tem como epígrafe "Dos tratados e acordos internacionais" – na economia global do articulado constitucional, em que se salientam as seguintes disposições, tanto referentes à técnica de incorporação como ao aspeto da posição hierárquica interna:

- "Incumbe ao Presidente da República negociar e ratificar os tratados" e "É informado a respeito das negociações destinadas à celebração de qualquer acordo internacional não sujeito a ratificação" (art. 52º da CF);
- "Os tratados de paz, os tratados de comércio, os tratados ou acordos relativos à organização internacional, os que impliquem obrigações para as finanças do Estado, os que modifiquem disposições de natureza legislativa, os que tenham por objeto o estado das pessoas e os que importem cessão, troca ou anexação de território devem ser ratificados ou aprovados por meio de lei" (art. 53º, 1º §, da CF);
- "Se o Conselho Constitucional, para esse fim chamado a pronunciar-se pelo Presidente da República, pelo Primeiro-Ministro ou pelo Presidente de qualquer das Câmaras, declarar que determinado compromisso contém cláusulas contrárias à Constituição, a autorização para ratificação ou aprovação não pode verificar-se antes da revisão da Constituição" (art. 54º da CF);
- "Os tratados ou acordos regularmente ratificados ou aprovados possuem, desde a sua publicação, uma autoridade superior à das leis, sob reserva, em cada caso, de aplicação pela outra parte" (art. 55º da CF).

VII. O *Direito Constitucional Espanhol* é omisso quanto ao Direito Internacional Geral, mas a doutrina tem entendido que este setor jurídico-internacional integra o Direito Interno[538], para além de se lhe fazer uma alusão em matéria de Direito Internacional dos Direitos do Homem: "As normas relativas aos direitos fundamentais e às liberdades que a Constituição reconhece serão interpretadas de acordo com a Declaração Universal dos Direitos do Homem e os tratados e acordos internacionais sobre as mesmas matérias ratificados por Espanha" (art. 10º, nº 2, da CE).

No tocante ao Direito Internacional Convencional, são diversas as disposições que se ocupam da intervenção dos órgãos constitucionais internos na conclusão dos tratados internacionais:

[538] Assim, André Gonçalves Pereira e Fausto de Quadros, *Manual*..., p. 101.

- "Cabe ao Rei exprimir o consentimento do Estado em subscrever compromissos internacionais através de tratados, de acordo com a Constituição e as leis" (art. 63º, nº 2, da CE);
- "O Estado, antes de se obrigar através de tratados ou de convénios, deverá pedir a autorização prévia das Cortes Gerais..." (art. 94º, nº 1, da CE), nos casos mais relevantes do ponto de vista político;
- "Os tratados internacionais validamente celebrados, uma vez publicados oficialmente em Espanha, fazem parte do ordenamento interno" (art. 96º, nº 1, primeira parte, da CE).

Relativamente à matéria da posição do Direito Internacional no Direito Interno, a CE é extremamente cautelosa, não só cuidando de esclarecer o assunto como fixando o procedimento que considera mais adequado, enfrentando sem dramatismos a hipótese de o Direito Internacional poder contrariá-la:

- "A celebração de um tratado internacional que contenha disposições contrárias à Constituição exigirá a revisão constitucional prévia" (art. 95º, nº 1, da CE);
- "O Governo, ou qualquer das Câmaras, poderá pedir ao Tribunal Constitucional que declare se existe ou não essa contradição" (art. 95º, nº 2, da CE).

VIII. Este rápido excurso de Direito Comparado permite extrair como genérica conclusão, no modelo que se adotou, que ainda estamos longe de uma solução tida por uniforme ou, pelo menos, esmagadoramente maioritária, sendo assim de referir que ambos os modelos são aplicados na relevância interna do Direito Internacional, teoricamente assinalados:

- o *sistema de transformação*: no Reino Unido, nos Estados Unidos da América e em Itália, no tocante ao Direito Convencional;
- o *sistema de receção*, tanto automática como condicionada: na Alemanha, na França e em Espanha.

No tocante à posição que o Direito Internacional assume dentro dos ordenamentos jurídicos estaduais, do mesmo modo é possível deparar com soluções que são díspares, de alguma sorte sendo de distinguir entre as normas internacionais costumeiras e convencionais:

- a *posição supralegal*: as soluções alemã, francesa ou espanhola[539];
- a *posição legal*: a solução britânica e a italiana, num certo sentido, bem como a solução norte-americana.

[539] É por vezes referida a originalidade da solução neerlandesa, no sentido de o respetivo texto constitucional consentir na prevalência do Direito Internacional Convencional sobre o próprio Direito Constitucional, de acordo com o que se preceitua no art. 91º, nº 2, do respetivo texto constitucional: "Quando um tratado inclui disposições contrárias à Constituição, as Câmaras não podem dar a sua aprovação sem, pelo menos, dois terços dos votos expressos".

Só que, em rigor, do que se versa é mais uma revisão *ad hoc* do texto constitucional do que propriamente uma indicação de hierarquia, nesta matéria parecendo mais ajustado o preceito do art. 94º da Constituição Neerlandesa, no qual se afirma que "As disposições legais em vigor no Reino não são aplicáveis se a sua aplicação não for compatível com as normas dos tratados ou as resoluções das organizações de Direito Internacional Público com efeito vinculativo geral".

§ 22º A INSERÇÃO DO DIREITO INTERNACIONAL NO DIREITO PORTUGUÊS

75. A opção constitucional geral pela receção do Direito Internacional

I. Num Globo cada vez mais pequeno e próximo, o papel do Direito Internacional, no estabelecimento de relações jurídicas entre os Estados e outros sujeitos internacionais admitidos à convivência internacional, vai-se intensificando progressivamente, o que se pode, aliás, comprovar pelo número e abrangência de domínios que se submetem às suas normas e princípios.

Nenhuma Constituição poderia ignorar, por isso mesmo, a necessidade de prever mecanismos que transportem para dentro do seu Ordenamento Jurídico as normas e os princípios internacionais aos quais o respetivo Estado se encontra vinculado.

Dando-se conta dessa necessidade, a CRP não fugiu ao problema e contemplou a questão da inserção das fontes e das normas do Direito Internacional no seu ordenamento jurídico[540], o que não quer dizer que

[540] Quanto à relevância do Direito Internacional no Direito Português, v. ANDRÉ GONÇALVES PEREIRA, *O Direito Internacional na Constituição*, in AAVV, ESC, I, Lisboa, 1977, pp. 37 e ss.; JORGE MIRANDA, *A Constituição de 1976 – formação, estrutura, princípios fundamentais*, Lisboa, 1978, pp. 298 e ss., *As atuais normas internacionais e o Direito Internacional*, in ND, nº 36, Outubro-Dezembro de 1985, pp. 3 e ss., *As relações entre ordem internacional e ordem interna na atual Constituição Portuguesa*, in AAVV, *Ab Uno ad Omnes – 75 Anos da Coimbra Editora*, Coimbra, 1998, pp. 275 e ss., *Curso...*, pp. 148 e ss., e *Artigo 8º*, in AAVV, *Constituição Portuguesa Anotada* (org. de JORGE MIRANDA e RUI MEDEIROS), I, Coimbra, 2005, pp. 88 e ss.; NUNO A. BESSA LOPES, *A Constituição e o Direito...*, pp. 95 e ss.; MARIA ISABEL JALLES, *Implicações...*, pp. 79 e ss.; RUI M. MOURA RAMOS, *A Convenção Europeia dos Direitos do Homem – sua posição*

o tivesse sempre feito bem, até nalguns casos merecendo pesada censura científica.

II. O preceito constitucional que se apresenta da maior relevância para este esforço vem a ser o do art. 8º da CRP, que importa transcrever, tendo como epígrafe "Direito Internacional":

> "1. As normas e os princípios de Direito Internacional geral ou comum fazem parte integrante do Direito português.
>
> 2. As normas constantes de convenções internacionais regularmente ratificadas ou aprovadas vigoram na ordem interna após a sua publicação oficial e enquanto vincularem internacionalmente o Estado Português.

face ao ordenamento jurídico português, in DDC, nº 5, 1981, pp. 26 e ss., e *Relações entre a ordem interna e o Direito Internacional e Comunitário*, in *Da Comunidade Internacional e do seu Direito*, Coimbra, 1996, pp. 265 e ss.; João Mota de Campos, *A Ordem Constitucional Portuguesa e o Direito Comunitário*, Braga, 1981, pp. 147 e ss., e *As relações...*, pp. 55 e ss.; António Barbosa de Melo, *A preferência de lei posterior em conflito com normas convencionais recebidas na ordem interna ao abrigo do nº 2 do art. 8º da Constituição da República (a propósito do art. 4º do Decreto-Lei nº 262/83, de 16 de junho)*, in CJ, IX, 1984, t. 4, pp. 11 e ss.; Afonso Rodrigues Queiró, *A hierarquia das normas de Direito Administrativo Português*, in BFDUC, 1985, pp. 6 e ss.; Paulo Otero, *A autoridade internacional dos fundos marinhos*, Lisboa, 1988, pp. 176 e ss.; Albino de Azevedo Soares, *Lições...*, pp. 80 e ss.; Pedro Romano Martínez, *Relações entre o Direito Internacional e o Direito Interno*, in DJ, IV, 1989/1990, pp. 169 e ss.; Rui Medeiros, *Relações entre normas constantes de convenções internacionais e normas legislativas na Constituição de 1976*, in OD, ano 122º, II, Abril-Junho de 1990, pp. 355 e ss.; Nuno Piçarra, *O Tribunal de Justiça das Comunidades Europeias como juiz legal e o processo do artigo 177º do Tratado CEE – as relações entre a ordem jurídica comunitária e as ordens jurídicas dos Estados membros na perspetiva dos tribunais constitucionais*, Lisboa, 1991, pp. 77 e ss.; Nuno e Sousa, *Curso...*, pp. 86 e ss.; Armando M. Marques Guedes, *Direito...*, pp. 125 e ss.; André Gonçalves Pereira e Fausto de Quadros, *Manual...*, pp. 107 e ss.; António Vitorino, *Proteção constitucional e proteção internacional dos direitos do homem: concorrência ou complementaridade?*, in RFDUL, XXXIV, 1993, pp. 136 e 137; Jorge Bacelar Gouveia, *Os direitos fundamentais atípicos*, pp. 338 e ss.; Eduardo Correia Batista, *Direito Internacional...*, I, pp. 427 e ss.; Wladimir Brito, *Direito...*, pp. 84 e ss.; Joaquim da Silva Cunha e Maria da Assunção do Vale Pereira, *Manual...*, pp. 111 e ss.; Jónatas E. M. Machado, *Direito Internacional...*, pp. 157 e ss.; J. J. Gomes Canotilho e Vital Moreira, *Constituição da República Portuguesa anotada*, I, 4ª ed., Coimbra, 2007, pp. 253 e ss.; João Francisco Diogo e Jorge Bacelar Gouveia, *A incorporação e aplicação do Direito Internacional Público na Ordem Jurídica Portuguesa: uma perspetiva panorâmica*, in ReDiLP, nº 8, julho-dezembro de 2016, pp. 47 e ss.; Maria Luísa Duarte, *Direito Internacional Público...*, pp. 314 e ss.

3. As normas emanadas dos órgãos competentes das organizações internacionais de que Portugal seja parte vigoram diretamente na ordem interna, desde que tal se encontre estabelecido nos respetivos tratados constitutivos.

4. As disposições dos tratados que regem a União Europeia e as normas emanadas das suas instituições, no exercício das respetivas competências, são aplicáveis na ordem interna, nos termos definidos pelo Direito da União, com respeito pelos princípios fundamentais do Estado de Direito Democrático."[541]

III. Este não vem a ser o único preceito que na CRP especificamente se cuida da problemática da incorporação do Direito Internacional.

Outras disposições concitam atenção, sob pena de partirmos sem um retrato completo dos elementos que podemos colher do Direito Constitucional Positivo, assim ficando melhor habilitados para tomar uma posição mais segura:

- a alusão que a CRP faz aos princípios fundamentais que devem reger as relações internacionais, em preceito exatamente com esta epígrafe[542];
- a receção da DUDH para efeitos de interpretação e integração do sistema constitucional de direitos fundamentais: "Os preceitos constitucionais e legais relativos aos direitos fundamentais devem ser interpretados e integrados de harmonia com a Declaração Universal dos Direitos do Homem" (art. 16º, nº 2, da CRP);
- a receção dos direitos fundamentais atípicos, para além dos direitos fundamentais já constitucionalmente consagrados, incluindo os provenientes do Direito Internacional: "Os direitos fundamentais consagrados na Constituição não excluem quaisquer outros constantes de leis e das regras aplicáveis de Direito Internacional" (art. 16º, nº 1, da CRP);
- a relevância constitucional dos crimes internacionais comuns para efeitos de derrogação do princípio da retroatividade da lei penal: "O disposto no número anterior não impede a punição, nos limites da lei interna, por ação ou omissão que no momento da sua prática

[541] Este último número acrescentado pela VI Revisão Constitucional, aprovada pela LC nº 1/2004, de 24 de julho.

[542] Cfr. o extenso art. 7º da CRP, nos seus sete números.

seja considerada criminosa segundo os princípios gerais de Direito Internacional comummente reconhecidos" (art. 29º, nº 2, da CRP).

IV. Perante esse panorama, algo caótico, de múltiplas alusões a normas, princípios e fontes do Direito Internacional, que conclusão é possível obter quanto aos termos da sua incorporação no Direito Português?

Certamente que essa incorporação não é feita sempre do mesmo modo, pelo que se justifica que, em relação a certos setores, se faça o respetivo estudo, no momento próprio.

Nesta sede geral e prévia, *impõe-se desde já que se conclua pela genérica adoção do modelo da receção* porque as normas e as fontes internacionais não se adulteram, na sua natureza, quando saem da órbita internacional e ingressam na esfera interna.

O Direito Internacional que é objeto de incorporação vale internamente como Direito Internacional, mantendo esse mesmo título, com tudo quanto isso significa ao nível das operações de interpretação, integração e aplicação, não se desfigurando em Direito Interno, sendo possível avançar com dois grupos de argumentos que apontam iniludivelmente nesse sentido:

- em muitos lugares da CRP, fala-se sempre de Direito Internacional, cuja terminologia diretamente comunica com os outros atos jurídico-públicos, pelo que aquele ordenamento é assumido na sua natureza originária;
- nos mecanismos de incorporação que estão previstos, não se deteta a presença de atos internos capazes de transfigurarem o Direito Internacional, ora porque eles nem existem, ora porque, existindo, não têm essa capacidade.

V. O estudo das outras cláusulas que limitadamente se referem a certos setores do Direito Internacional corrobora tudo quanto se acaba de dizer a respeito da escolha do modelo da receção para incorporar o Direito Internacional.

Em qualquer das situações referidas, essa integração nunca é feita à custa da adulteração das fontes e das normas que nele se estabelecem, assim passando a valer no Direito Português, subsistindo na sua feição original.

Obviamente que esta constatação é também relevante para afirmar, neste aspeto, a unidade lógico-sistemática do texto constitucional, que não poderia dizer algo num preceito e dizer o seu contrário noutro lugar.

76. A receção automática do Direito Internacional Comum

I. Se a observação do citado art. 8º da CRP nos permite dizer que se escolheu o esquema da receção – e não o da transformação – para se efetuar a inserção do Direito Internacional no Direito Português[543], não é menos verdade que se experimenta um sistema específico de receção, que é o da *receção automática*, quando se pensa numa das categorias de Direito Internacional que vem a ser aí referida, exatamente no seu nº 1: o *Direito Internacional Geral ou Comum.*

A receção é automática porque a parcela do Direito Internacional ali abrangida vale no Direito Português com independência de qualquer outra formalidade, bastando que obtenha relevância na esfera jurídico-internacional.

Mesmo que nada se faça, ainda que no Direito Português até se desconheça a sua existência, hipótese que está longe do absurdo, aquela é uma parte do Direito Internacional que passa a integrá-lo necessariamente.

II. Mais espinhosa vem a ser a demarcação do setor do Direito Internacional que beneficia desta cláusula de receção automática, que tem a já mencionada designação de Direito Internacional Geral ou Comum, com a qual já se contactou a propósito do estudo das várias divisões internas do Direito Internacional.

Este preceito esteia-se no critério do âmbito subjetivo de aplicação das respetivas normas, com uma eficácia universal ou para-universal. São assim recebidas as normas e os princípios de Direito Internacional que

[543] Assim, defendendo o modelo da receção automática, André Gonçalves Pereira, *O Direito Internacional na...*, p. 39; Marcelo Rebelo de Sousa, *A integração de Portugal na CEE e o Direito Constitucional vigente*, in DemL, nº 9, fevereiro de 1979, pp. 25 e ss.; Adriano Moreira, *Direito...*, p. 192; Albino de Azevedo Soares, *Lições...*, p. 80; Armando M. Marques Guedes, *Direito...*, pp. 125 e 126; André Gonçalves Pereira e Fausto de Quadros, *Manual...*, pp. 108 e ss.; Francisco Ferreira de Almeida, *Direito...*, pp. 69 e ss.; Jorge Miranda, *Curso...*, pp. 149 e ss.

tenham esse largo campo de aplicação e independentemente da qualidade das fontes de onde brotem.

Só que a delimitação normativa da receção desse setor do Direito Internacional que se localiza neste art. 8º, nº 1, da CRP está longe de se afigurar inequívoca, havendo algumas dificuldades que levanta ao intérprete.

III. Uma dessas dificuldades reside no facto de a base de delimitação não ser exatamente a mesma da que preside ao recorte constante do art. 8º, nº 2, da CRP, uma vez que ali se refere o ordenamento e aqui uma das suas fontes, os tratados internacionais:

- no preceito sobre o Direito Internacional Geral ou Comum, fala-se de normas e de princípios;
- no preceito sobre o Direito Internacional Convencional, fala-se de convenções internacionais.

Na medida em que os critérios não são uniformes, acontece que pode haver zonas de sobreposição: as convenções internacionais que sejam universais ou para-universais na sua aplicação subjetiva.

Levantando-se um conflito positivo de títulos para o reconhecimento do Direito Internacional Geral Convencional no Direito Português, títulos que estabelecem regimes diversos, qual deles deve considerar-se aplicável?

Estamos em crer que é o tipo de receção especificamente concebido para o Direito Convencional, dado o seu particularismo e dado que a sua natureza é apropriada mais à receção condicionada e menos à receção automática, que se preferiu para o Direito Internacional Comum não Convencional.

IV. Outra dificuldade reside no facto de a receção automática que se opera não ser das fontes do Direito Internacional, mas ser antes uma receção das normas e dos princípios de certa parte do Direito Internacional.

É interessante verificar a amplitude com que o texto constitucional refere este Direito Internacional Comum, incluindo as normas e também os princípios. Eis aqui outro argumento para confirmar o nosso entendimento de não considerar os princípios verdadeira fonte, sendo eles próprios componentes do Direito Internacional.

Só que essa larga abrangência acaba por se revelar mais aparente do que real porque os princípios e as normas se devem restringir aos que não derivem das convenções internacionais, já que para estes se estabelece um regime diverso no art. 8º, nº 2, da CRP.

V. Por causa das características deste Direito Internacional Geral ou Comum, bem como levando em consideração o automatismo da respetiva receção, julga-se que esta receção assume os seguintes contornos:

- é do *ordenamento*, não das respetivas fontes;
- é *formal*, e não material.

Sendo uma *receção do ordenamento*, e não das suas fontes, isso quer dizer que é o próprio conteúdo normativo que conta, não cuidando o Direito Português de eventuais problemas que pudessem surgir na elaboração dessas mesmas fontes.

Sendo uma *receção formal*, isso implica que as normas e os princípios têm a sua dinâmica própria, não se cristalizando no acolhimento à solução estabelecida quando da entrada em vigor da CRP, antes essa receção estando sempre aberta e alterando-se continuamente, à medida que as normas e os princípios vão sendo modificados ao sabor das circunstâncias e das mudanças ocorridas nas respetivas fontes internacionais.

77. A receção condicionada do Direito Internacional Convencional

I. A receção do Direito Internacional já é, diferentemente, não automática, mas antes *condicionada*[544], na situação prevista no nº 2 do art. 8º da CRP, que se aplica às convenções internacionais.

Assim é porque a relevância das convenções internacionais no Direito Português fica dependente de algumas condições que são indispensáveis para se conferir eficácia interna às respetivas normas.

[544] Assim, ADRIANO MOREIRA, *Direito...*, pp. 192 e 193; ALBINO DE AZEVEDO SOARES, *Lições...*, pp. 86 e 87; ANDRÉ GONÇALVES PEREIRA e FAUSTO DE QUADROS, *Manual...*, p. 110; J. J. GOMES CANOTILHO e VITAL MOREIRA, *Constituição...*, 3ª ed., p. 84; FRANCISCO FERREIRA DE ALMEIDA, *Direito...*, pp. 74 e ss.; JORGE MIRANDA, *Curso...*, pp. 150 e 151.

Não obstante o cumprimento deste procedimento interno, a incorporação desta parcela do Direito Internacional não é nunca uma incorporação por transformação, não havendo atos legislativos e, pelo contrário, aparecendo somente atos políticos[545], estes não adulterando a respetiva natureza jurídico-internacional.

II. Os requisitos que se colocam à receção na ordem interna destas convenções internacionais são três[546]:

- em primeiro lugar, impõe-se que sejam regularmente ratificadas ou aprovadas, sendo aqui o padrão aferidor dessa regularidade simultaneamente internacional, *maxime* pela CVDTE, e interno, à luz das disposições constitucionais aplicáveis;
- em segundo lugar, é necessário que se dê a sua antecipada publicação no jornal oficial de Portugal, que é o *Diário da República;*
- em terceiro lugar, exige-se que as normas constantes dessas convenções já vinculem internacionalmente o Estado Português, sendo certo que os momentos de vigência internacional e interna não têm de coincidir sempre.

Como se vê, a incorporação desta fonte está dependente da verificação destas três condições, que pressupõem sempre, pelo menos, em duas delas, a manifestação de vontade do Estado Português no momento da ratificação ou aprovação, que se faz por ato político e não por ato legislativo.

III. Atendendo ao caráter geral da expressão "convenções internacionais" que aí se emprega, é de presumir que se utilizou o vocábulo com o seu sentido mais amplo:

- amplo quanto às espécies por que se distribui, incluindo tanto os tratados solenes como os acordos simplificados; e

[545] Cfr. as explicações, para antes e para depois da revisão constitucional de 1982, de Albino de Azevedo Soares, *Lições...*, pp. 83 e ss.

[546] Cfr. Albino de Azevedo Soares, *Lições...*, pp. 87 e ss.; Wladimir Brito, *Direito...*, pp. 85 e 86.

- amplo quanto à natureza das normas que pode originar, Direito Internacional Geral e Direito Internacional Particular, Direito Internacional Objetivo e Direito Internacional Subjetivo.

Igual entendimento amplo deve adotar-se quanto ao produto das convenções internacionais em causa, não sendo apenas as normas, mas podendo abranger os princípios que delas se possam retirar.

78. A receção automática do Direito Internacional da União Europeia

I. Para o Direito Internacional da União Europeia referido no nº 3 do mesmo art. 8º da CRP[547], este preceito de novo adota o esquema da *receção automática*[548], desta feita não se coibindo o próprio texto constitucional de o afirmar com toda a veemência.

Trata-se de uma disposição, aditada na revisão constitucional de 1982, que visou enfrentar a previsível adesão de Portugal às Comunidades Europeias, o que efetivamente veio a acontecer em 1 de janeiro de 1986.

[547] Acerca das fontes comunitárias aplicáveis no ordenamento jurídico português *ex vi* art. 8º, nº 3, da CRP, v. João Mota de Campos, *As relações...*, pp. 269 e ss.; Paulo de Pitta e Cunha, *O Tratado de Adesão e o Direito Comunitário Derivado – Sumários*, in AAVV, *A Feitura das Leis – como fazer leis*, II, Oeiras, 1986, pp. 397 e ss.; João Caupers, *Introdução ao Direito Comunitário*, Lisboa, 1988, pp. 170 e 171; Albino de Azevedo Soares, *Lições...*, pp. 89 e ss.; Fausto de Quadros, *Direito Comunitário*, pp. 22 e 25; Nuno Piçarra, *O Tribunal de Justiça...*, pp. 84 e ss.; Maria Luísa Duarte, *A liberdade de circulação de pessoas no Direito Comunitário*, Coimbra, 1992, pp. 86 e ss.; Nuno e Sousa, *Curso...*, pp. 101 e ss.; Carlos Botelho Moniz e Paulo Moura Pinheiro, *As relações da ordem jurídica portuguesa com a ordem jurídica comunitária – algumas reflexões*, in L-CCL, nºs 4/5, Abril-Dezembro de 1992, pp. 135 e ss.; André Gonçalves Pereira e Fausto de Quadros, *Manual...*, pp. 112 e ss.; Rui Moura Ramos, *Relações entre...*, pp. 274 e ss.; Maria Helena Brito, *Relações entre a Ordem Jurídica Comunitária e a Ordem Jurídica Nacional: desenvolvimentos recentes em Direito Português*, in AAVV, *Estudos em Homenagem ao Conselheiro José Manuel Cardoso da Costa*, Coimbra, 2003, pp. 301 e ss.; Wladimir Brito, *Direito...*, pp. 87 e 88; Jorge Miranda, *Curso...*, pp. 160 e ss.; J. J. Gomes Canotilho e Vital Moreira, *Constituição...*, I, 4ª ed., pp. 263 e ss.

[548] Assim, João Caupers, *Introdução...*, p. 170; Albino de Azevedo Soares, *Lições...*, pp. 89 e ss.; Carlos Botelho Moniz, *A Constituição da República Portuguesa e a participação de Portugal na União Europeia*, in AAVV, *Juris et de Jure – Nos vinte anos da Faculdade de Direito da Universidade Católica Portuguesa – Porto*, Porto, 1998, pp. 1241 e ss.; Francisco Ferreira de Almeida, *Direito...*, pp. 76 e ss.

Com este preceito, pretendeu-se acolher o Direito da União Europeia derivado, ou seja, o Direito Objetivo segregado pelos órgãos da UE a que Portugal pertence, vigorando um regime de aplicabilidade direta do mesmo.

II. A fraseologia do preceito em questão não é globalmente esclarecedora quanto ao âmbito desse Direito da União Europeia derivado que vem a ser abrangido.

No caso da UE, é isso o que inequivocamente sucede com os regulamentos comunitários[549], sendo bastante discutível que possa suceder com as diretivas, até porque, com a revisão constitucional de 1997[550], ficaram expressamente dependentes de ato interno de transposição.

O efeito da receção automática que afirmamos existir liga-se ao facto de se dizer que essas normas "...vigoram diretamente na ordem interna...", nada sendo preciso fazer – nomeadamente, uma qualquer *interpositio legislatoris* – por parte do Estado Português para que tal consequência ocorra.

III. A preocupação com a imperfeição do art. 8º, nº 3, da CRP tem sido bem posta em evidência, não primando muito essa disposição pela boa técnica jurídica, bastando atentar nas críticas que lhe são dirigidas pela doutrina, encimadas por André Gonçalves Pereira e Fausto de Quadros[551].

Uma delas respeita mesmo ao facto de nesse preceito apenas se referir as normas, sendo certo que haveria outros atos que, à luz do Direito da União Europeia, também teriam efeito direto, como as decisões.

Simplesmente, o preceito constitucional coloca-se no plano das fontes normativas, não no plano dos efeitos individuais e concretos, onde aquelas decisões parecem situar-se.

[549] Sobre a caracterização dos regulamentos no contexto das fontes de Direito Comunitário, v. Fausto de Quadros, *Direito das Comunidades..., sumários*, pp. 79 e ss.; João Caupers, *Introdução...*, pp. 73 e ss.; António Braz Teixeira, *Direito Comunitário...*, Lisboa, 1989, pp. 74 e 75.

[550] Contra, a título exemplificativo, dizendo que também as diretivas são invocáveis, Carlos Botelho Moniz, *A Constituição...*, p. 1243.

[551] Cfr. André Gonçalves Pereira e Fausto de Quadros, *Manual...*, pp. 113 e ss.

Este porventura é um caso em que o texto constitucional não tem de prever a aplicabilidade direta, tal decorrendo do Direito da União Europeia originário, como sucede com outros ordenamentos.

IV. Ainda que a *occasio legis* esteja indelevelmente associada à integração de Portugal na atual UE, nada impede que tal preceito venha a ser utilizado para a incorporação automática de ordenamentos internos de outras organizações internacionais.

A perspetiva abstrata e geral do comando não vai determinar coisa diversa, embora não se consiga visualizar neste momento em relação a que outra organização internacional essa possibilidade seja de discutir.

Até parece difícil que isso venha a suceder porque são raras as instituições que, estatutariamente, preveem a emissão de normas destinadas a vigorar diretamente no ordenamento jurídico dos Estados membros.

79. A receção plena do Direito Internacional

I. Pergunta que ainda se deve fazer é a de saber se esta receção do Direito Internacional, visto este na sua globalidade e não levando em consideração as cláusulas específicas do art. 8º da CRP, se afigura plena – no sentido de ser recebido todo o Direito Internacional existente – ou limitada – não contemplando todos os seus recantos.

A cabal resposta a esta pergunta, só possível após a avaliação de cada uma das parcelas que nos mereceram um tratamento específico, pressupõe a delimitação prévia dos respetivos setores.

Três são os aspetos que não foram diretamente contemplados naquelas diversas cláusulas que tivemos ocasião de analisar:

- os *costumes internacionais regionais e locais*, que não são literalmente abrangidos pelo Direito Internacional Comum previsto no art. 8º, nº 1, da CRP;
- os *atos unilaterais dos Estados que sejam normativos*, os quais não estão incluídos em nenhum dos preceitos do art. 8º da CRP; e
- os *atos unilaterais das organizações internacionais*, que não se incluem no Direito da União Europeia derivado, previsto no art. 8º, nº 3, da CRP.

II. O problema da consideração dos *costumes regionais e locais* prende-se com o facto de tais fontes, nas modalidades por que as mesmas nos aparecem, serem inaptas à revelação de normas internacionais universais, pelo que nunca poderiam integrar o conceito de Direito Internacional Comum: aqueles só vinculam um grupo restrito de sujeitos, nos quais naturalmente se incluindo Portugal, não fazendo sentido discutir a questão para costumes regionais e locais não vinculativos de Portugal, em qualquer caso não se tratando de normas gerais ou comuns[552].

Noutra perspetiva, também não é possível que os costumes regionais e locais possam ser relevantes em sede de outras cláusulas de incorporação porque não configuram o Direito Internacional Convencional, nem representam o Direito da União Europeia Derivado.

Em face da conveniência de o texto constitucional integrar este setor do Direito Internacional, que igualmente vincula Portugal na esfera externa, a doutrina tem ensaiado alguns caminhos, quase todos convergindo no sentido da sua receção automática[553], como:

- a via da interpretação extensiva[554]; e
- a via da identidade de razão[555].

Outra corrente considera, pelo contrário, que o texto constitucional não autoriza, perante aquela omissão, acrescentar novas normas de receção de fontes internacionais não previstas, não tendo havido qualquer

[552] Assim, Francisco Ferreira de Almeida, *Direito...*, pp. 73 e 74; Joaquim da Silva Cunha e Maria da Assunção do Vale Pereira, *Manual...*, p. 114.

[553] Aceitando a inclusão do costume regional e local, embora sem tomar posição quanto ao esquema a adotar para o justificar, Armando M. Marques Guedes, *Direito...*, pp. 130 e 135; Jorge Miranda, *Curso...*, p. 150.

[554] Assim, Rui Moura Ramos, *A Convenção...*, p. 126; Albino de Azevedo Soares, *Lições...*, pp. 82 e 83; Nuno e Sousa, *Curso...*, p. 90; Francisco Ferreira de Almeida, *Direito...*, p. 73.

André Gonçalves Pereira e Fausto de Quadros (*Manual...*, p. 110), versando o assunto mais desenvolvidamente, adotam a interpretação extensiva: "Somos da opinião de que o artigo 8º, nº 1, ao afirmar a prevalência do Direito consuetudinário sobre o Direito Interno, não quis excluir, se não na sua letra pelo menos no seu espírito, o Direito consuetudinário particular".

[555] Cfr. Eduardo Correia Batista, *Direito Internacional...*, I, p. 428.

revisão constitucional nesse sentido e pertencendo à CRP a opção de acolher ou não o Direito Internacional, em nome da soberania nacional[556].

Haveria que optar por um destes dois resultados, com consequências bem distintas no acolhimento dos costumes regionais e locais:

- ou não serem, simplesmente, recebidos;
- ou serem recebidos através de um esquema de transformação, convertendo aquelas fontes em atos legislativos internos.

Quer parecer-nos que a melhor solução é aceitar os costumes regionais e locais no âmbito de uma receção automática. Quanto ao esquema, é de trilhar o caminho da *integração analógica*, de acordo com o mesmo método da receção automática, obviamente apenas para os costumes que vinculam Portugal. Mas nunca encarando este Direito Internacional como Comum porque isso seria sempre adulterar a sua natureza[557], que é a de Direito Internacional Particular.

III. A incorporação dos *atos jurídicos unilaterais dos Estados* suscita maiores dificuldades porque não se aproximam minimamente de nenhuma das cláusulas contempladas no art. 8º da CRP, seja de receção automática, seja de receção condicionada.

[556] É o caso de Joaquim da Silva Cunha e Maria da Assunção do Vale Pereira (*Manual...*, p. 113), que escrevem: "É que as suas normas, cuja vigência se admite em Portugal, constituem um elemento estranho no contexto do sistema jurídico nacional e, por isso, o seu elenco é constituído apenas pelas normas que expressamente o legislador constitucional menciona".

[557] Não podendo nós, assim, concordar com Albino de Azevedo Soares, *Lições...*, pp. 82 e 83. E como tivemos ocasião de escrever noutro lugar (Jorge Bacelar Gouveia, *Os direitos fundamentais atípicos*, p. 362): "O nosso ponto de vista parte da necessidade de se prever a incorporação das normas costumeiras e, na ausência de uma norma constitucional com essa função, de se realizar o preenchimento dessa lacuna. Se por diversas vezes a CRP se refere ao Direito Internacional no seu conjunto e se os costumes regionais ou locais são, na verdade, espécies importantes da fonte costumeira dentro dessa ordem jurídica, então é porque para a CRP essa parcela do Direito Internacional também se afigura relevante. O art. 8º, nº 1, é lacunoso quanto a este ponto e a respetiva integração faz-se através da sua incorporação nos mesmos moldes em que se dá a incorporação do costume geral".

Só que não se vê como desconsiderar tais fontes, uma vez que a sua rejeição implicaria a impossibilidade da convivência internacional do Estado Português.

Julgamos como melhor a sua incorporação automática, utilizando o caminho do art. 8º, nº 1, da CRP, na medida em que para Portugal esses atos funcionam como Direito Internacional genericamente relevante, em cuja formação não participámos porque atos unilaterais de outros Estados, mas que nos interessam diretamente, mesmo a título regional ou local.

A via a percorrer é semelhante à da integração analógica que se fez com os costumes regionais e locais, porquanto aqueles atos unilaterais se fundam num princípio geral de vinculação aos respetivos efeitos, relevante para o Direito Internacional Geral ou Comum.

IV. A integração dos *atos unilaterais das organizações internacionais* de que Portugal faça parte, com eficácia normativa externa, ou mesmo sem essa eficácia normativa, desde que não sejam provenientes de organizações supranacionais, não está diretamente prevista[558].

Como não aceitar a sua incorporação quando ela pressuponha, direta ou indiretamente, a sua integração automática no Direito Português, utilizando-se um argumento de maioria de razão para com as organizações internacionais supranacionais?

Mesmo que aqui não se encontrasse um arrimo seguro, sempre restaria a integração da própria convenção internacional instituidora da organização para justificar tal entendimento, que a não ser aceite poria em causa, em última instância, a vinculação de Portugal à organização em questão.

V. Depois de tudo quanto acabámos de dizer, estamos agora em posição de concluir que o Direito Português operou uma receção plena do Direito Internacional, ainda que multifacetada nas diversas modalidades previstas:

- *plena* porque nenhuma fonte do Direito Internacional fica excluída da inserção no Direito Português;
- *multifacetada* porque se adota tanto o modelo da receção automática quanto o modelo da receção condicionada.

[558] Cfr. a justa crítica de José de Matos Correia, *Direito das Relações...*, p. 122.

§ 23º A POSIÇÃO DO DIREITO INTERNACIONAL NO DIREITO PORTUGUÊS

80. Os escassos dados constitucionais e as posições assumidas

I. Tema mais complexo – até pela escassez de normas diretas existentes sobre o assunto – é o da determinação do posicionamento hierárquico do Direito Internacional no Direito Português em que se insere[559].

Não basta dizer que se integra, através de cláusulas de receção, no Direito Interno; é preciso saber, em função dos diferentes níveis que nele encontramos, qual desses níveis vai ocupar.

Simplesmente, nesta matéria, ao contrário do que sucedeu com a incorporação do Direito Internacional no Direito Interno, o legislador constituinte praticamente nada disse, escusando-se de se pronunciar[560].

[559] Sobre a questão da posição do Direito Internacional no Direito Português em geral, v. ALBINO DE AZEVEDO SOARES, *Lições...*, pp. 94 e ss.; ARMANDO M. MARQUES GUEDES, *Direito...*, pp. 126 e ss.; ANDRÉ GONÇALVES PEREIRA e FAUSTO DE QUADROS, *Manual...*, pp. 115 e ss.; JORGE MIRANDA, *As relações entre ordem internacional e ordem interna na atual Constituição Portuguesa*, in AAVV, *Ab Uno ad Omnes – 75 Anos da Coimbra Editora*, Coimbra, 1998, pp. 278 e ss., e *Curso...*, pp. 154 e ss.; FRANCISCO FERREIRA DE ALMEIDA, *Direito...*, pp. 80 e ss.; JOAQUIM DA SILVA CUNHA e MARIA DA ASSUNÇÃO DO VALE PEREIRA, *Manual...*, pp. 115 e ss.; PAULO OTERO, *O valor hierárquico-normativo do Direito Internacional Público na Ordem Jurídica Portuguesa*, in AAVV, *Estudos em Homenagem ao Prof. Doutor Joaquim Moreira da Silva Cunha*, Coimbra, 2005, pp. 697 e ss.; JÓNATAS E. M. MACHADO, *Direito Internacional...*, pp. 170 e ss.; JOÃO FRANCISCO DIOGO e JORGE BACELAR GOUVEIA, *A incorporação...*, pp. 51 e ss.

[560] O que, não deixando de ser lamentável, deve suscitar na próxima revisão constitucional a devida atenção. Como tivemos ocasião de escrever (JORGE BACELAR GOUVEIA, *Reflexões sobre a 5ª Revisão...*, pp. 645 e 646): "O mais importante de todos consiste na ausência de qualquer disposição constitucional que permita saber ao certo qual a posição hierárquica

Jorge Miranda, a este propósito, afirma que "O legislador constituinte mostra-se aqui muito prudente"[561]. Será porventura mais do que isso: será negligência deixar nas mãos da doutrina a importantíssima questão da posição do Direito Internacional no Direito Interno, à revelia mesmo da tendência dos textos constitucionais mais avançados por essa Europa fora[562].

O único aspeto a merecer alusão é o que resulta da VI revisão constitucional de 2004, que passou a fazer uma referência expressa à articulação do Direito Português com o Direito Comunitário em termos tais que podem incluir um sentido de posição recíproca no plano de uma prevalência hierárquica, como se pode observar da leitura do novo nº 4 do art. 8º da CRP.

II. A mencionada escassez de elementos normativo-constitucionais não equivale a dizer que haja propriamente a sua total ausência, pelo que importa, além de tudo o que se possa discutir, recenseá-los com o maior dos cuidados.

Por outra parte, é seguro que das cláusulas, oportunamente analisadas, de receção das diversas parcelas do Direito Internacional não se retira qualquer conclusão direta sobre esta matéria.

É assim necessário referir essas outras proposições, indiretamente fornecendo luz sobre esta matéria:

- os preceitos que subordinam o Estado Português, nas suas relações internacionais, aos mais significativos princípios, como o da paz e o da proteção dos direitos do homem;
- os preceitos que, no plano dos direitos fundamentais, ligam o catálogo tipificado no texto constitucional à DUDH e aos direitos fundamentais atípicos;

do Direito Internacional Público no Direito Português. Nenhuma norma existe sobre esse assunto que o possa dilucidar, o que não deixa de ser profundamente lamentável, embora a doutrina e a jurisprudência constitucionais já se tivessem pronunciado".

561 Jorge Miranda, *Curso...*, p. 155.

562 Isto para já não falar nas profundas divergências que a questão já suscitou no Tribunal Constitucional. Como censura José de Matos Correia (*Direito das Relações...*, p. 122), "...a total ausência de referências, nomeadamente no artigo 8º, à questão da hierarquia entre o Direito interno e o Direito internacional (e, já agora, o Direito comunitário) que esteve, aliás, na origem de profundas divergências no seio do Tribunal Constitucional".

- os preceitos que organizam a fiscalização da constitucionalidade do Direito Internacional, nas suas diversas valências.

Devido à elevada complexidade do que está em causa, interessa não olhar em bruto para todo o Direito Internacional no tocante à posição que vai ocupar no Direito Português, mas sim segmentá-lo nas categorias que se mostrem mais adequadas ao facto de ser caleidoscópica a sua relação com os diferentes estalões do ordenamento jurídico português, que é essencialmente piramidal.

III. A doutrina portuguesa, quando aprecia a questão, toma as mais variadas opiniões, normalmente dividindo as questões entre o Direito Internacional Comum e o Direito Internacional Convencional.

Não é possível responder unificadamente para todo o Direito Internacional, sendo certo que a CRP não pretendeu tudo igualizar dentro de um mesmo plano hierárquico[563].

Metodologicamente, da nossa parte, desanexa-se o tratamento desta questão dos esquemas de incorporação, pois que a solução de um problema não se comunica forçosamente ao outro problema: se assim fosse, deitar-se-ia por terra todo o esforço que se fez para destrinçar a questão dos sistemas de incorporação da questão da posição hierárquica.

Não nos podemos esquecer que o Direito Português é um Direito hierarquizado, perguntando-se que patamar vai ocupar, hierarquia que conhece três níveis:

- o nível constitucional;
- o nível legal; e
- o nível regulamentar.

[563] Francisco Ferreira de Almeida (*Direito*..., p. 82) salienta, porém, o caráter pouco relevante desta questão: "Não obstante tudo aquilo que ficou dito, entendemos que a discussão em torno desta problemática, embora porventura interessante de um ponto de vista meramente teórico, é, em larga medida, desprovida de sentido útil ou de alcance prático. E porquê? Pela razão simples de não ser crível que um Estado promulgue leis ou consagre normas na sua Constituição que contrariem os princípios de Direito Internacional geral ou comum".

A solução a dar relaciona-se com a inserção do Direito Internacional em cada um destes patamares, devendo a resposta ser aferida, não pelas categorias de receção, mas pelas categorias dessa hierarquização.

É assim que propomos discutir a posição recíproca do Direito Internacional e do Direito Português nos seguintes termos[564]:

- Direito Constitucional e Direito Internacional; e
- Direito Legal e Direito Internacional[565].

81. Direito Constitucional e Direito Internacional

I. O primeiro tipo de relação a considerar conecta o Direito Internacional ao Direito Constitucional[566], este entendido como o cume do ordenamento jurídico-positivo, no qual se concentra a ossatura do sistema jurídico português, de acordo com as suas características de:

- *supremacia hierárquico-formal*: porque no mesmo se consagram orientações normativas prevalecentes sobre as restantes que integram o ordenamento jurídico; e
- *fundamentalidade material*: porque no mesmo se descrevem os principais vetores dos sistemas social, económico e político que vigoram em Portugal.

À luz do interesse do Direito Internacional, não parece útil destrinçar entre o que seja geral ou comum e o que seja convencional porque essa é uma distinção que, valendo da perspetiva do esquema de receção, espelha uma dimensão formal, quando o que agora essencialmente se pretende é uma dimensão material, que possa ter uma capacidade de relacionamento com o Direito Constitucional.

[564] Idêntico caminho é trilhado por Maria Helena Brito, *Relações...*, pp. 305 e ss.

[565] Quanto à posição dos tribunais nacionais sobre as relações do Direito Internacional Público com o Direito Português, v., por todos, João Francisco Diogo e Jorge Bacelar Gouveia, *A incorporação...*, pp. 59 e ss.

[566] Para uma definição do Direito Constitucional, v. Jorge Bacelar Gouveia, *O estado de exceção...*, I, pp. 42 e ss.; Jorge Miranda, *Manual de Direito Constitucional*, I, 7ª ed., Coimbra, 2003, pp. 11 e ss.

É natural que o nível de aproximação do Direito Internacional com o Direito Constitucional seja mais pertinente com o geral ou comum, mas nunca poderíamos desconsiderar a concomitante relevância de certas normas e princípios que são relevantes em Portugal entrando pela porta do Direito Internacional Convencional.

II. A doutrina portuguesa, no estudo desta matéria, tem sido oscilante, não só na perspetiva de considerar este problema como nas soluções concretas que lhe confere.

Não deixa de ser interessante assinalar o amadurecimento dogmático que este aspeto científico tem vindo a suscitar: se até há alguns anos, ele era resolvido muito simplesmente, em obras mais recentes tem havido novas tomadas de posição, propondo entendimentos diversos a respeito da posição do Direito Internacional no confronto com o Direito Constitucional e com o Direito Legal.

Duas são as grandes correntes que se têm degladiado a este propósito:

- a *defesa da superioridade genérica do Direito Constitucional sobre o Direito Internacional*, ainda que essa posição possa ser matizada nalguns aspetos e nalguns temas;
- a *defesa da superioridade genérica do Direito Internacional Comum sobre o Direito Constitucional*, por maioria de razão sobre o restante ordenamento jurídico estadual.

A primeira opinião é a que tem tido mais adeptos e fundamenta-se na relevância que não pode deixar de ser atribuída ao texto constitucional, em nome do qual se estabelece todo o regime de fiscalização da constitucionalidade dos atos do poder público, incluindo o das fontes jurídico-internacionais[567].

Essa também tem sido a posição constante do Tribunal Constitucional em matéria de Direito Internacional Convencional, que nos acórdãos em que discutiu a questão sempre considerou a superioridade da Constituição sobre as convenções internacionais em apreço: o Ac. nº 32/88, de 27

[567] Genericamente defendendo a posição infraconstitucional do Direito Internacional geral, NUNO A. BESSA LOPES, *A Constituição e o Direito...*, pp. 102 e ss.; ADRIANO MOREIRA, *Direito...*, pp. 193 e 194; JOAQUIM DA SILVA CUNHA e MARIA DA ASSUNÇÃO DO VALE PEREIRA, *Manual...*, pp. 115 e 116; JÓNATAS E. M. MACHADO, *Direito Internacional...*, pp. 172 e ss.

de janeiro, o Ac. nº 168/88, de 13 de julho, o Ac. nº 494/99, de 5 de agosto, e o Ac. nº 522/2000, de 29 de novembro.

A outra posição, sendo mais recente, tem menos adeptos e propende a considerar que a superioridade do Direito Internacional Comum se impõe como condição de existência do próprio Direito Internacional, para além de a própria CRP para o mesmo remeter subordinadamente em diversos preceitos[568].

III. No nosso entendimento, *consideramos que genericamente o Direito Internacional, seja ele qualquer for, se submete ao império da Constituição.* Não o dizemos por uma razão de fé, mas afirmamo-lo por uma opção jurídico-positiva.

Esse é um entendimento que não pode estar diretamente relacionado com a receção automática porque se trata apenas, nessa hipótese, de escolher um modo de incorporação, não propriamente estabelecer uma posição hierárquica dentro do ordenamento jurídico-positivo.

E há argumentos que, afirmativamente, apontam nesse sentido, em tudo aquilo que se prenda com o regime de fiscalização da constitucionalidade do Direito Internacional, que é globalmente visto sem exceções, pelo que não é legítimo que ele se possa escapulir à força subordinante máxima da CRP.

Por isso mesmo, este argumento acaba por se aplicar à generalidade do Direito Internacional, mesmo o convencional, sendo certo que em relação a este já se tem dito que nunca poderia ser supraconstitucional por causa do princípio da constitucionalidade, sendo as convenções internacionais suscetíveis de fiscalização preventiva[569].

Também não se pode esquecer toda a lógica de poder que subjaz ao poder constituinte e ao poder revisão constitucional, este carecendo mesmo de uma maioria agravada para se realizar, sendo a CRP um texto constitucional hiper-rígido. Compreender-se-ia que fosse mais fácil fazer participar Portugal em fontes internacionais, voluntárias e não voluntárias, assim vinculando o Estado Português, através de comportamentos,

[568] Assim, André Gonçalves Pereira e Fausto de Quadros, *Manual...*, pp. 117 e ss. Cfr. também Albino de Azevedo Soares, *Lições...*, pp. 95 e ss.; Armando M. Marques Guedes, *Direito...*, p. 127.

[569] Argumento usado por Albino de Azevedo Soares, *Lições...*, p. 101.

diretos ou indiretos, seguindo uma via mais suave do que a da própria revisão constitucional, com isso aquelas se superiorizando sobre a própria Ordem Constitucional Portuguesa?

Vamos ainda mais longe: e no caso de as normas e dos princípios de Direito Internacional colidirem com o texto constitucional, fora das situações em que se deve admitir limites heterónomos ao poder constitucional estadual, deve a resposta também ser afirmativa? Claro que não porque, na prática, isso redundaria, por intermédio de um meio ínvio, numa total fraude à Constituição, que veria violados os seus mais elementares limites materiais.

IV. Lateralmente, esta nossa posição não impede que, nalguns aspetos, se possa reconhecer a equi-ordenação ou até mesmo a superioridade do Direito Internacional, em nome das opções que ali se tomam, e com o devido reconhecimento do Direito Constitucional[570].

Essa é uma verificação, primeiro, que decorre logo do facto de o Direito Constitucional sofrer limites heterónomos que provêm do Direito Internacional, não havendo no caso português limites heterónomos de Direito Interno porque não existe uma estrutura federal que se imponha a um texto constitucional federado[571].

Essa é uma verificação, também, que se impõe por o texto constitucional apelar a certas normas de Direito Internacional, admitindo que a sua força seja equiparada à força do Direito Constitucional, nos domínios dos direitos fundamentais[572].

[570] Dubitativamente, Jorge Miranda, *Curso...*, pp. 157 e 158. Desvalorizando estes dois preceitos, enquadrando-os no *soft law*, Joaquim da Silva Cunha e Maria da Assunção do Vale Pereira, *Manual...*, pp. 120 e 121.

[571] Sobre este tópico da perspetiva dos tribunais nacionais, v. João Francisco Diogo e Jorge Bacelar Gouveia, *A incorporação...*, pp. 66 e ss.

[572] Ressaltando a posição jurídico-constitucional dos direitos do homem recebidos por estas vias, ainda que com flutuações no entendimento, Jorge Bacelar Gouveia, *Os direitos fundamentais atípicos*, pp. 147 e 148, e *A Declaração Universal dos Direitos do Homem e a Constituição Portuguesa*, in AAVV, *Ab Uno ad Omnes – 75 Anos da Coimbra Editora*, Coimbra, 1998, p. 956; Fausto de Quadros, *A proteção da propriedade privada pelo Direito Internacional Público*, Coimbra, 1998, pp. 544 e ss.; Fausto de Quadros e Jorge Bacelar Gouveia, *As relações...*, p. 70; Jónatas E. M. Machado, *Direito Internacional...*, pp. 170 e ss.

É o que acontece com a DUDH, não enquanto resolução aprovada pela Assembleia Geral da ONU, mas como conjunto de costumes internacionais universais, que é objeto de expresso ato de constitucionalização (cfr. o art. 16º, nº 1, da CRP), embora de feição limitada[573].

É o que sucede com os direitos fundamentais atípicos que tenham fonte normativa prévia no plano do Direito Internacional, na medida em que se aceita os direitos consagrados em "...regras aplicáveis de Direito Internacional" (art. 16º, nº 1, *in fine*, da CRP). Adota-se uma cláusula de constitucionalização de direitos fundamentais, não tipificados no texto constitucional, tendo por isso a designação de atípicos, ficando assim alcandorados à posição de direitos constitucionais[574], sem o que, de resto, para nada serviria essa mesma cláusula, sendo determinante atribuir-se

[573] Quanto à relevância desta alusão constitucional à DUDH em geral, v. Afonso Rodrigues Queiró, *Lições de Direito Administrativo*, I, Coimbra, 1976, pp. 325 e 326; Jorge Miranda, *A Declaração Universal dos Direitos do Homem e a Constituição*, in ESC, I, Lisboa, 1977, pp. 49 e ss., *A Constituição de 1976...*, pp. 186 e ss., *La Constitution Portugaise et la Protection Internationale des Droits de l'Homme*, in ADV, 34-1, março de 1996, pp. 76 e ss., e *Manual...*, IV, pp. 156 e ss.; João de Castro Mendes, *Direitos, liberdades e garantias – alguns aspetos gerais*, in ESC, I, Lisboa, 1977, p. 115; António da Silva Leal, *O direito à segurança social*, in ESC, II, Lisboa, 1978, pp. 345 e 346; António de Oliveira Braga, *Os direitos do homem e a Constituição*, in ROA, ano 37, II, Maio-Agosto de 1977, pp. 443 e ss.; Maria Isabel Jalles, *Implicações...*, pp. 295 e ss.; José Carlos Vieira de Andrade, *Declaração Universal dos Direitos do Homem*, in Pol, II, Lisboa, 1984, pp. 12 e 13, *Declaração Universal dos Direitos do Homem*, in DJAP, 1º sup., Lisboa, 1998, pp. 87 e ss., e *Os direitos fundamentais na Constituição...*, pp. 69 e ss.; Isaltino Morais, José Mário F. de Almeida e Ricardo L. Leite Pinto, *Constituição...*, pp. 42 e 43; Paulo Otero, *Declaração Universal dos Direitos do Homem e Constituição: a inconstitucionalidade de normas inconstitucionais?*, in OD, 122º, III-IV, Julho-Dezembro de 1990, pp. 603 e ss., e *Direitos históricos e não tipicidade pretérita dos direitos fundamentais*, in AAVV, *Ab Uno ad Omnes – 75 anos da Coimbra Editora*, Coimbra, 1998, pp. 1080 e ss.; António Vitorino, *Proteção constitucional...*, pp. 147 e ss.; Paulo Pulido Adragão, *A liberdade de aprender e a liberdade das escolas particulares*, Lisboa, 1995, pp. 31, 201 e 202; Jorge Bacelar Gouveia, *Os direitos fundamentais atípicos*, pp. 145 e ss., *A Declaração Universal...*, pp. 927 e ss., *O estado de exceção...*, I, pp. 671 e ss., e *Manual de Direito Constitucional*, I, pp. 607 e ss.; Jónatas Eduardo Mendes Machado, *Liberdade religiosa numa comunidade inclusiva – dos direitos da verdade aos direitos dos cidadãos*, Coimbra, 1996, pp. 207 e 208; José Alberto de Melo Alexandrino, *Estatuto constitucional da atividade de televisão*, Coimbra, 1998, pp. 99 e 100; Fausto de Quadros, *A proteção...*, pp. 544 e ss.; J. J. Gomes Canotilho e Vital Moreira, *Constituição...*, I, 4ª ed., pp. 367 e ss.

[574] Contra, dizendo que se trata apenas de uma cláusula de aplicabilidade direta, Albino de Azevedo Soares, *Lições...*, p. 101; ou que apenas alarga o conceito material dos direitos fundamentais, Jorge Miranda, *Manual...*, IV, p. 162.

aos preceitos constitucionais o máximo efeito útil que seja possível descobrir[575].

Daí que Fausto de Quadros, bem aprofundando este tema a propósito da proteção da propriedade privada pelo Direito Internacional, tenha proposto o princípio da harmonia da Constituição com o Direito Internacional: "Esta construção não visa apenas os direitos fundamentais, mas está pensada também e sobretudo para eles. Deste modo, ela *impõe* que a Constituição e, por via dela, todo o demais Direito interno acolham os direitos fundamentais reconhecidos por todo, ou por parte, do Direito Internacional, ou que, ao menos, uma e outro sejam interpretados e aplicados em matéria de direitos fundamentais *em conformidade com o Direito Internacional*, subentendendo-se sempre que o Direito Internacional seja mais favorável aos direitos fundamentais dos cidadãos do respetivo Estado"[576].

82. Direito Legal e Direito Internacional

I. Diferentes respostas têm sido dadas no confronto do Direito Internacional com o Direito Legal, que seja todo ele infraconstitucional, não

[575] Quanto a estes e outros complexos aspetos da cláusula de abertura a direitos fundamentais atípicos, embora com entendimentos dissonantes, v. João de Castro Mendes, *Direitos...*, pp. 103 e ss.; Jorge Miranda, *A Constituição de 1976...*, pp. 324 e ss., *O quadro dos direitos políticos na Constituição*, in ESC, I, Lisboa, 1977, pp. 93 e ss., e *Manual...*, IV, pp. 162 e ss.; João Caupers, *Os direitos fundamentais dos trabalhadores e a Constituição*, Coimbra, 1985, pp. 135 e ss.; Henrique Mota, *Biomedicina e novos direitos do homem*, Lisboa, 1986, pp. 150 e ss.; Albino de Azevedo Soares, *Lições...*, p. 101; José Casalta Nabais, *Os direitos na Constituição Portuguesa*, in BMJ, nº 400, novembro de 1990, pp. 25 e 26, e *Os direitos fundamentais na jurisprudência do Tribunal Constitucional*, Coimbra, 1990, pp. 10 e ss. e nt. nº 22; Jorge Bacelar Gouveia, *Os direitos fundamentais à proteção dos dados pessoais informatizados*, in ROA, 1991, III, pp. 728 e 729, *Os direitos fundamentais atípicos*, pp. 293 e ss., *O estado de exceção...*, I, pp. 676 e ss., e *Manual de Direito Constitucional*, II, pp. 952 e ss.; António Vitorino, *Proteção constitucional...*, pp. 130 e 131; Paulo Otero, *Direitos históricos...*, pp. 1061 e ss.; Fausto de Quadros, *A proteção...*, pp. 531 e ss.; José Carlos Vieira de Andrade, *Os direitos fundamentais na Constituição...*, pp. 71 e ss.; J. J. Gomes Canotilho e Vital Moreira, *Constituição...*, I, 4ª ed., pp. 365 e ss.

[576] Fausto de Quadros, *A proteção...*, p. 535.

parecendo ser bom ali distinguir entre o Direito Convencional e o Direito não Convencional.

Por outro lado, parece que se justifica que o caso do Direito da União Europeia seja visto com uma certa autonomia, até porque no seu contexto a questão tem merecido um maior desenvolvimento em face de algumas singularidades que aquele setor jurídico tem produzido, como é o princípio do primado do Direito da União Europeia.

Esta é uma questão que merece, em todo o caso, ser separada em dois planos:

- o plano da relação do Direito Internacional com o Direito Legal, na sua posição hierárquica recíproca;
- o plano das relações de conflito que entre eles eventualmente possam emergir.

II. A observação da doutrina portuguesa que tem curado deste tema tem-se alinhado maioritariamente no entendimento de que o Direito Internacional, depois de analisado o que pode ser especialmente pertinente ao Direito Constitucional, tem a seguinte inserção:

- *o seu caráter infraconstitucional*: dado que, ao considerar a CRP como o padrão aferidor da sua validade, é porque se quer colocá-la acima do Direito Internacional;
- *o seu caráter supralegal*: porque não só é referido como precedendo os atos legislativos internos na sequência do art. 119º, nº 1, da CRP como de outro modo se colocaria em perigo a posição internacional do Estado Português na necessidade de cumprir as suas obrigações livremente assumidas.

A primeira asserção justifica-se pela amplitude com que a CRP consagra a fiscalização da constitucionalidade, embora exclua o Direito Internacional, pelo menos expressamente, do raio de ação da formulação que faz do princípio da constitucionalidade, não se lhe referindo expressamente, o que não tem, no entanto, consequências práticas[577].

[577] De acordo com a formulação do art. 3º, nº 3, da CRP.

A outra asserção, que não tem pressupostos tão claros quanto os da asserção anterior, assenta numa lógica de inserção do Estado Português na vida internacional, largamente acompanhado de diversos índices[578].

III. Outra corrente doutrinária, mas que é minoritária, afirma que o Direito Internacional, no tocante às suas relações com o Direito Interno Legal, lhe está equi-ordenado, não sendo supralegal.

No tocante às eventuais situações de conflito, elas deveriam ser resolvidas através do critério cronológico[579], prevalecendo as fontes que são posteriormente emitidas.

Joaquim da Silva Cunha é concludente nessa posição, dizendo que "A ausência na Constituição de qualquer disposição expressa que privilegie o Direito Internacional, face ao Direito Português, parece obrigar a considerar as normas internacionais recebidas e as normas originariamente nacionais no mesmo grau de hierarquia, podendo, portanto, revogar-se reciprocamente"[580].

IV. É na primeira destas posições expressas, que por sinal é esmagadoramente maioritária, que reside a nossa escolha, tendo em conta vários argumentos[581]:

[578] Defendendo o caráter supralegal do Direito Internacional Convencional, João de Castro Mendes, *Introdução ao Estudo do Direito*, Lisboa, 1984, pp. 106 e 107; Afonso Rodrigues Queiró, *Lições...*, I, p. 330, e *Fontes não voluntárias do Direito Administrativo*, in RDES, 1976, p. 21; Rui Moura Ramos, *A Convenção Europeia...*, pp. 144 e ss.; Jorge Campinos, *Direito Internacional...*, pp. 19 e 20; João Mota de Campos, *As relações...*, pp. 75 e ss.; Albino de Azevedo Soares, *Lições...*, pp. 99 e 100; Pedro Romano Martinez, *Relações...*, p. 172; José Manuel Cardoso da Costa, *A hierarquia das normas constitucionais e a sua função na proteção dos direitos fundamentais*, Lisboa, 1990, p. 27; Nuno e Sousa, *Curso...*, pp. 121 e ss.; Armando M. Marques Guedes, *Direito...*, p. 127; J. J. Gomes Canotilho e Vital Moreira, *Constituição...*, 3ª ed., pp. 86 e 87; Maria Helena Brito, *Relações...*, p. 305; Francisco Ferreira de Almeida, *Direito...*, p. 85; Jónatas E. M. Machado, *Direito Internacional...*, pp. 175 e ss.

[579] Defendendo uma posição paritária do Direito Internacional com o Direito legal interno, André Gonçalves Pereira, *O Direito Internacional na...*, p. 40; António Barbosa de Melo, *A preferência...*, pp. 13 e ss.; Paulo Otero, *A autoridade internacional...*, pp. 178 e ss.

[580] Joaquim da Silva Cunha e Maria da Assunção do Vale Pereira, *Manual...*, p. 116.

[581] Cfr. Jorge Miranda e Jorge Bacelar Gouveia, *A duração...*, pp. 280 e 281.

- a *operacionalidade da cláusula de receção automática*: embora esta não determine, por si mesmo, a colocação hierárquica, inevitavelmente que contribui para tal entendimento;
- a *lógica contratual que subjaz a todo o Direito Convencional*: não se pode esquizofrenicamente conceber que, no plano externo, haja o *pacta sunt servanda* e, no plano interno, o princípio da livre desvinculação das disposições ali concertadas;
- a *intervenção político-democrática*: se esta intervenção é uma realidade nas fontes internas, também se mostra bem firme no regime da conclusão dos tratados internacionais, que tem a intervenção dos mesmos órgãos;
- a *alusão formal às convenções internacionais como objeto de necessária publicação*: no elenco dos atos jurídico-públicos a publicar no *Diário da República*, as convenções internacionais não são esquecidas e beneficiam mesmo de precedência em relação aos atos internos.

V. Aspeto que também merece alusão é o da posição do Direito da União Europeia derivado que seja produzido no âmbito de organizações internacionais, o qual beneficia de um regime de receção automática no Direito Português.

Uma vez que se trata de uma parcela do Direito Internacional que assenta no Direito Internacional Convencional, os argumentos que se lhe aplicam podem ter total operatividade.

Mas também se frisa que no Direito da União Europeia a questão se reveste de uma maior complexidade porque nele vigora o princípio do primado do Direito da União Europeia, que deste ponto de vista implica a sua prevalência mesmo sobre a ordem constitucional dos Estados.

Como não é menos certo que é cada ordem constitucional que autoriza a integração europeia e que estabelece os termos da sua relevância interna, deve sempre afastar-se a sua supremacia, até porque no caso português, não só o Direito Internacional Convencional é infraconstitucional como o Direito da União Europeia não se exclui da fiscalização da constitucionalidade[582].

[582] Concordamos com a posição de CARLOS BOTELHO MONIZ (*A Constituição...*, p. 1245) expressa neste ponto: "Com efeito, a circunstância de a Constituição prever de forma expressa, no artigo 278º, nº 1, a possibilidade da fiscalização preventiva da constitucionali-

É por isso que a doutrina maioritariamente considera que este ocupa uma posição infraconstitucional e supralegal[583]. Por outro lado, tanto na jurisprudência constitucional como nas outras jurisprudências, ainda nenhum pedido de fiscalização foi suscitado a este propósito[584].

O princípio do primado do Direito da União Europeia vale, isso sim, apenas para o Direito Legal, não para o Direito Constitucional, sob pena de se subverter por completo a lógica estadual em que assenta. Como escreve ALBINO DE AZEVEDO SOARES, "...a *matriz da constitucionalidade* das normas que fazem parte da ordem jurídica interna portuguesa é a Constituição de 1976 e não o Tratado de Roma, de 25 de março de 1957"[585].

VI. Alguns poderão agora contra-argumentar com o novo sentido que se deduz do art. 8º, nº 4, da CRP, supostamente elaborado com o intuito

dade de qualquer norma constante de tratado internacional cuja ratificação esteja pendente, exclui liminarmente que possa ser reconhecido valor supraconstitucional ao Direito da União Europeia, o qual tem na sua base, como se sabe, os tratados constitutivos das Comunidades e da União. A isto acresce que o sistema de fiscalização abstrata da constitucionalidade, consagrado no artigo 281º da Constituição, abrange também as normas dos tratados, o que reforça a conclusão que acabámos de enunciar".

583 Com contributos acerca da posição do Direito da União Europeia no Direito Português: JOÃO CAUPERS, *Introdução ao Direito Comunitário*, pp. 171 e ss.; ALBINO DE AZEVEDO SOARES, *Lições...*, pp. 101 e ss.; NUNO E SOUSA, *Curso...*, pp. 101 e ss.; ANDRÉ GONÇALVES PEREIRA e FAUSTO DE QUADROS, *Manual...*, pp. 124 e ss.; EDUARDO CORREIA BATISTA, *Direito Internacional...*, I, pp. 442 e ss.; CARLOS BOTELHO MONIZ, *A Constituição...*, pp. 1245 e 1246; MANUEL PROENÇA DE CARVALHO, *A Constituição Portuguesa e as normas comunitárias: polémica e «mentiras piedosas»*, in AAVV, *Estudos em Homenagem ao Banco de Portugal – 150º Aniversário (1846-1996)*, Lisboa, 1998, pp. 253 e ss.; MIGUEL POIARES MADURO, *The Heteronyms of European Law*, in ELJ, vol. 5, nº 2, June 1999, pp. 160 e ss.; FRANCISCO FERREIRA DE ALMEIDA, *Direito...*, pp. 87 e ss.; MARIA HELENA BRITO, *Relações...*, pp. 315 e ss.; JORGE MIRANDA, e *A "Constituição Europeia" e a Ordem Jurídica Portuguesa*, in OD, anos 134º e 135º, 2002/2003, pp. 9 e ss., e *Curso...*, p. 162; JÓNATAS E. M. MACHADO, *Direito Internacional...*, pp. 166 e ss.

584 Como relembra MARIA HELENA BRITO, *Relações...*, p. 315, que ainda assim não deixa de concluir que "...as regras de Direito Comunitário derivado são normas aplicáveis na Ordem Jurídica Portuguesa; daí que devam sujeitar-se ao controlo de constitucionalidade atribuído ao Tribunal Constitucional" (p. 316).

Cfr. a importante resenha jurisprudencial sobre este tema no âmbito de vários Estados-Membros da UE em MARIA LUÍSA DUARTE E PEDRO DELGADO ALVES, *União Europeia e Jurisprudência Constitucional dos Estados-Membros*, Lisboa, 2006, pp. 17 e ss.

585 ALBINO DE AZEVEDO SOARES, *Lições...*, p. 103.

de conferir supremacia ao Direito da União Europeia, originário e derivado, sobre o Direito Português, mesmo sobre o Direito Constitucional.

Só que não é esse o melhor alcance que dali se retira, sendo certo que tal intenção, se existia, se frustrou dados os termos em que a nova disposição apareceu formulada: ao dizer que a aplicabilidade, teoricamente total e acima das Constituições, deve ceder perante os princípios fundamentais do Estado de Direito Democrático, não pode na prática funcionar o valor supraconstitucional do Direito da União Europeia porque um dos princípios cruciais do superprincípio do Estado de Direito é o princípio da constitucionalidade.

É exatamente isso o que observamos tanto na ideia de soberania como na ideia de legalidade democrática, não tendo sido formulada qualquer exceção ao art. 3º da CRP, nem a outros preceitos que corporizam aquele princípio da constitucionalidade.

83. Inconstitucionalidade, ilegalidade e fiscalização do Direito Internacional

I. De acordo com as conceções que acabámos de expor, afigura-se finalmente necessário perceber os mecanismos de fiscalização do Direito Internacional que seja incorporado no Direito Português, sendo seguro que não tem de estar necessariamente conforme às exigências que, aqui, o parametrizam.

Na lógica subjacente ao nosso sistema constitucional[586], equaciona-se a fiscalização desse Direito Internacional sob duas vertentes distintas,

[586] Sobre o sistema português de fiscalização da constitucionalidade em geral, v. Jorge Miranda, *Sobre a previsível criação de um tribunal constitucional*, in DemL, nº 15 (A revisão constitucional), junho de 1980, pp. 72 e ss., *Inconstitucionalidade*, in Pol., III, Lisboa, 1985, pp. 481 e ss., *A fiscalização da constitucionalidade – uma visão panorâmica*, in SI, XLII, Julho-Dezembro de 1993, nºs 244/246, pp. 170 e ss., e *Manual...*, VI, pp. 152 e ss.; José Mário Ferreira de Almeida, *A justiça constitucional em Portugal – notas para um estudo*, Lisboa, 1985, pp. 52 e ss.; Pierre Bon, *La justice constitutionnelle au Portugal – présentation générale*, in AAVV, JCP, Paris, 1989, pp. 31 e ss.; Luís Nunes de Almeida, *O Tribunal Constitucional e o conteúdo, a vinculatividade e os efeitos das suas decisões*, in AAVV, PSPC, Lisboa, 1989, pp. 942 e ss.; Armando M. Marques Guedes, *La Justice Constitutionnelle au Portugal – préface*, in AAVV, JCP, Paris, 1989, pp. 3 e ss.; J. J. Gomes Canotilho e Vital Moreira, *Fundamentos da Constituição*, Coimbra,

havendo a reunião dos respetivos pressupostos e na esteira da sua posição hierárquica no Direito Português:

- a *fiscalização da constitucionalidade do Direito Internacional*; e
- a *fiscalização da conformidade do Direito Legal com o Direito Internacional.*

II. A *fiscalização da constitucionalidade do Direito Internacional*, por alusão ao Direito Constitucional, não oferece, em termos gerais, qualquer dificuldade, sendo a confirmação adjetiva do princípio substantivo da constitucionalidade, com a única particularidade de a fiscalização preventiva atingir apenas uma parcela, e não a totalidade, do Direito Internacional.

A fiscalização da constitucionalidade do Direito Internacional torna-se viável nos quatro tipos de mecanismos por que se organiza o sistema português de fiscalização da constitucionalidade:

- a *fiscalização preventiva*: como observámos, para o Direito Internacional Convencional, nos momentos procedimentais que foram assinalados;
- a *fiscalização sucessiva concreta*: sendo certo que o Direito Internacional tem a virtualidade de se aplicar aos casos concretos, é dada a oportunidade de esta fiscalização ser operativa;
- a *fiscalização sucessiva abstrata*: uma vez configurada a existência de normas, essa apreciação pode ser pedida nos termos constitucionalmente traçados, com independência da sua aplicação concreta;
- a *fiscalização da inconstitucionalidade por omissão*: sendo o Direito Internacional concebido como necessário para tornar exequíveis certas disposições constitucionais, pode abrir-se esta faculdade processual de fiscalização no âmbito daquela peculiar modalidade de inconstitucionalidade.

III. A *fiscalização da conformidade do Direito Legal com o Direito Internacional* pode ser ponderada em sede daquilo que constitucionalmente se designa por *fiscalização da legalidade*, ou seja, a observação do respeito que

1991, pp. 237 e ss., e *Constituição...*, 3ª ed., pp. 973 e ss.; DOMINIQUE ROUSSEAU, *La justice constitutionnelle en Europe*, Paris, 1992, pp. 81 e ss.; MIGUEL LOBO ANTUNES, *Tribunal Constitucional*, in DJAP, VII, Lisboa, 1996, pp. 442 e ss.; J. J. GOMES CANOTILHO, *Direito Constitucional...*, pp. 973 e ss.; FAUSTO DE QUADROS e JORGE BACELAR GOUVEIA, *As relações...*, pp. 143 e ss.

normas inferiores deve ter em relação a normas que as parametrizam, mas estas não se incluindo no bloco da constitucionalidade.

A fiscalização da legalidade que a CRP prevê não é genérica e aparece apenas para atos que possam violar as leis de valor reforçado, havendo vários exemplos disso, pelo que também interessa saber se o Direito Internacional que é violado pelo Direito Legal que se lhe subordina se sujeita a este mecanismo de fiscalização.

Caso que deve ser excluído desta qualificação é o da violação das normas da DUDH e dos direitos fundamentais atípicos, uma vez que, tendo sido essas normas recebidas pela CRP, valem internamente como normas constitucionais, devendo a respetiva violação qualificar-se como verdadeira e própria inconstitucionalidade[587].

A doutrina e a jurisprudência têm apresentado acentuadas divergências na sua qualificação, propondo-se duas alternativas possíveis[588]:

- como inconstitucionalidade; ou
- como ilegalidade *sui generis*[589].

[587] Assim, JORGE MIRANDA e JORGE BACELAR GOUVEIA, *A duração...*, p. 282. O Tribunal Constitucional também já se pronunciou neste sentido: cfr. Ac. nº 222/90 do Tribunal Constitucional, de 20 de junho de 1990.

[588] Quanto a este problema no tocante à fiscalização da contradição do Direito Comunitário por parte do Direito Interno Legal, MARIA HELENA BRITO (*Relações...*, pp. 310 e ss.) considera tratar-se de uma ilegalidade, não de uma inconstitucionalidade, apenas admitindo a intervenção do Tribunal Constitucional, no caso de violação do Direito Comunitário originário, no âmbito da fiscalização concreta, porque também é Direito Internacional Convencional, o mesmo já não devendo suceder com a violação do Direito Comunitário derivado porque "O Direito Comunitário derivado não é um "Direito Internacional convencional...", acrescentando que "Só uma interpretação extensiva desta regra poderia conduzir à admissibilidade deste recurso e julgo que o seu caráter especial não permite tal extensão" (p. 313).

Discordamos deste entendimento e defendemos essa interpretação extensiva, que não é vedada pelo facto de se tratar de uma norma especial, já que só com norma excecional é que se proíbe a integração analógica, podendo mesmo assim ocorrer a interpretação extensiva: evidentemente que a razão de ser do preceito do art. 70º, nº 1, al. i), da LOFPTC se relaciona com a necessidade de dotar o Tribunal Constitucional de competência de ficalização nos casos em que ocorre uma desconformidade entre diversos níveis da Ordem Jurídica que não podem ser fiscalizados por outra via porque não subsumíveis num mais apertado conceito de inconstitucionalidade. Eis bem um exemplo de como tal preceito ganha todo o seu significado prático.

[589] Sobre esta opção no plano doutrinário, v. SIMÕES PATRÍCIO, *Conflito de lei interna com fontes internacionais: o artigo 4º do Decreto-Lei nº 262/83*, Lisboa, 1984; JOÃO MOTA DE CAMPOS, *Direito Comunitário*, II, 4ª ed., Lisboa, 1994, p. 385.

Esta é tudo menos uma discussão ociosa, porquanto são distintas as consequências de regime, conforme se adote uma e outra: se for inconstitucionalidade, aplicar-se-á o regime geral da fiscalização da constitucionalidade; se for ilegalidade, o regime geral não contempla direta e genericamente esta fiscalização, sendo necessário procurar solução adequada[590].

Estamos em crer que essa desconformidade deve ser qualificada como ilegalidade, não como inconstitucionalidade: está em causa um confronto direto entre normas não constitucionais, não com a CRP[591].

A dificuldade no tocante ao âmbito da fiscalização resolve-se pela interpretação extensiva da norma que delimita a legalidade reforçada que lhe serve de parâmetro, nela também incluindo a "legalidade internacional" que deve subordinar o Direito Legal, tal como já expressamente sucede em sede de fiscalização concreta da legalidade[592].

IV. Tópico que ainda merece atenção é o da qualificação da sanção que resulta da verificação de uma desconformidade, que se apresenta fiscalizável nos termos que acabámos de expor.

A dúvida que se tem colocado faz oscilar as respostas entre duas possíveis qualificações:

- o *desvalor*, no âmbito dos desvalores dos atos inconstitucionais e ilegais;
- a *ineficácia*, na convicção de que o Direito Interno tem uma relação particular com o Direito Internacional.

No Tribunal Constitucional, durante anos, uma das secções optou pela inconstitucionalidade, ao passo que a outra secção recusou-a. V. os seguintes acs.: defendendo a inconstitucionalidade, Ac. nº 27/84, de 21 de março de 1984, e Ac. nº 409/87, de 21 de outubro de 1987; defendendo a ilegalidade *sui generis*, Ac. nº 107/84, de 14 de novembro de 1984.

Para a indicação destes diversos arestos, v. João Martins Claro, Ana Fernanda Neves e André Folque Ferreira, *Direito Internacional Público – elementos de estudo*, I, Lisboa, 2002, pp. 169 e ss.

[590] Cfr. Jorge Miranda e Jorge Bacelar Gouveia, *A duração...*, p. 283.

[591] Cfr., mais desenvolvidamente, Jorge Miranda e Jorge Bacelar Gouveia, *A duração...*, p. 283.

[592] O art. 70º, nº 1, al. i), primeira parte, da LOFPTC, expressamente o admite neste tipo de fiscalização: "Cabe recurso para o Tribunal Constitucional, em secção, das decisões dos tribunais (...) Que recusem a aplicação de norma constante de ato legislativo, com fundamento na sua contrariedade com uma convenção internacional...".

O resultado geral e normal da desconformidade com parâmetros superiores do sistema jurídico é representado pelos desvalores jurídicos, que exprimem uma anomalia que, intrinsecamente viciando o ato, o afasta do ordenamento jurídico, sobre o mesmo se abatendo consequências negativas que determinam a respetiva depreciação.

Não vem a ser isso o que sucede nas relações entre o Direito Internacional e o Direito Interno porque vigora antes a consequência da ineficácia. A CRP não é critério de validade dos tratados, nem os tratados são critério de validade das leis internas, unicamente se posicionando como condições da sua vigência[593].

84. O valor positivo de tratados inconstitucionais

I. Esta não tem de ser uma resposta inelutável, ainda que se compreenda muito bem na lógica do princípio da constitucionalidade e de tudo aquilo que dissemos sobre as relações entre o Direito Constitucional e o Direito Internacional.

O resultado da desconformidade do Direito Internacional com o Direito Constitucional também se desenvolve por outros caminhos, na medida em que, perante a reunião de certos factos, pode dar-se o caso de a consequência não ser a eliminação dos atos internacionais inconstitucionais, antes a respetiva subsistência, não se deparando com aquelas habituais consequências negativas.

Eis situações em que à inconstitucionalidade se atribui um *valor positivo* e não o geral valor negativo, figura que, seja como for, só pode ter uma aceitação marginal e excecional, sob pena de se subverter toda a lógica do Direito Constitucional.

Ora, é precisamente para as convenções internacionais inconstitucionais que a CRP prevê uma hipótese de valor positivo, que se apresenta

[593] Cfr. MIGUEL GALVÃO TELES, *Eficácia dos tratados na ordem interna portuguesa (condições, termos e limites)*, Lisboa, 1967, pp. 99 e ss., e *Inconstitucionalidade pretérita*, in AAVV, NDAC, Lisboa, 1986, p. 328, nota; JORGE MIRANDA, *Decreto*, in DJAP, III, Lisboa, 1990, pp. 88 e 106 e ss.; ANDRÉ GONÇALVES PEREIRA e FAUSTO DE QUADROS, *Manual...*, p. 123; JORGE MIRANDA e JORGE BACELAR GOUVEIA, *A duração...*, p. 284.

descrita no respetivo art. 277º, nº 2, de bem complexa interpretação[594]: "A inconstitucionalidade orgânica ou formal de tratados internacionais regularmente ratificados não impede a aplicação das suas normas na ordem jurídica portuguesa, desde que tais normas sejam aplicadas na ordem jurídica da outra parte, salvo se tal inconstitucionalidade resultar de violação de uma disposição fundamental" (art. 277º, nº 2, da CRP).

São vários os problemas que se suscitam no estudo da configuração desta inconstitucionalidade dos tratados internacionais:

- o *objeto*;
- o *âmbito*;
- o *regime*; e
- a *natureza*.

II. Num plano literal, o *objeto* do preceito constitucional em análise define como ato que se recorta para o especial efeito pretendido os tratados internacionais, sabendo-se que na terminologia constitucional esta é uma das modalidades por que se reparte o conceito geral de convenção internacional. É por isso que se tem colocado a dúvida sobre se tal preceito é também aplicável aos acordos em forma simplificada.

A esmagadora maioria da doutrina vai no sentido negativo, só concebendo a sua aplicação aos tratados solenes, excluindo-se, portanto, os acordos simplificados[595]. Também vem a ser esta a nossa posição com base nos diversos elementos de interpretação que se encontram disponíveis: desde o elemento literal – que apenas alude a tratados internacionais – aos elementos extraliterais, estes remetendo para uma ideia de excecionali-

[594] Quanto aos contornos da difícil hermenêutica deste preceito constitucional, embora com contributos desiguais no desenvolvimento e nas posições assumidas, v. Pedro Soares Martínez, *Comentários à Constituição Portuguesa de 1976*, Lisboa, 1978, pp. 287 e 288; André Gonçalves Pereira, *O Direito Internacional na...*, p. 43; Nuno Bessa Lopes, *A Constituição e o Direito...*, p. 100; Maria Isabel Jalles, *Implicações...*, pp. 97 e ss.; João Mota de Campos, *As relações...*, pp. 131 e ss.; Albino de Azevedo Soares, *Lições...*, pp. 159 e 160; Marcelo Rebelo de Sousa, *O valor jurídico...*, I, pp. 273 e ss.; Rui Medeiros, *Valores jurídicos negativos da lei inconstitucional*, in OD, 1989, III, p. 542; Jorge Bacelar Gouveia, *O valor positivo...*, pp. 35 e ss.; J. J. Gomes Canotilho e Vital Moreira, *Constituição...*, 3ª ed., pp. 998 e ss.; Eduardo Correia Batista, *Direito Internacional...*, I, pp. 459 e ss.; Jorge Miranda, *Curso...*, pp. 169 e ss.

[595] Cfr. o respetivo elenco em Jorge Bacelar Gouveia, *O valor positivo...*, pp. 46 e 47.

dade que está nitidamente subjacente a este regime de inconstitucionalidade[596].

Sob outra perspetiva, o texto constitucional é muito exigente em matéria de efetiva aplicação do tratado em causa na esfera jurídica da outra parte: não só se requer uma relação de reciprocidade como parece que não se limita aos tratados bilaterais, antes até fazendo mais sentido nos tratados multilaterais[597].

III. Outro ponto que igualmente merece atenção é o do *âmbito* de aplicação deste preceito tomando em consideração os diversos critérios possíveis para categorizar a relação de inconstitucionalidade.

A única classificação diretamente referida é a que atende ao elemento do ato jurídico-público que não se mostra conforme à CRP, apenas se considerando a dimensão organizatória, não sendo relevante, neste diferenciado regime, a inconstitucionalidade material, decerto pelas suas mais melindrosas implicações à luz dos valores constitucionalmente protegidos.

Mas o texto constitucional, simetricamente, opera duas outras restrições, que não estão isentas de dificuldades interpretativas:

- a necessidade da regularidade da ratificação; e
- a inconstitucionalidade não ser fundamental.

Neste segundo caso, o critério que permite a avaliação tem que ver com o grau de desvio do tratado inconstitucional relativamente ao texto da CRP, numa fenomenologia assaz complexa de recensear[598].

Embora não seja diretamente mencionado no art. 277º, nº 2, da CRP, a operatividade do singular regime que aí se concebe carece ainda de se acolher, adicionalmente, a publicação da convenção no jornal oficial interno,

[596] Como escrevemos noutro lugar (Jorge Bacelar Gouveia, *O valor positivo...*, p. 48), "A apreciação dos elementos teleológico e sistemático conduz ao mesmo resultado. A opção constitucional pelo valor positivo do tratado internacional, e não pelo acordo, corresponde a uma preocupação de admitir exceções à desvalorização dos atos inconstitucionais apenas nos casos em que tal se considera menos intolerável...".

[597] Cfr. Jorge Bacelar Gouveia, *O valor positivo...*, p. 52.

[598] Cfr. a nossa tentativa de exemplificação. Cfr. Jorge Bacelar Gouveia, *O valor positivo...*, pp. 65 e ss.

tal como se exige no art. 8º, nº 2, da CRP, para além da própria perfeição do ato de ratificação[599].

IV. A verificação desta singular relação de inconstitucionalidade dos tratados internacionais ainda suscita uma hesitação quanto a saber se pode ser verificada em qualquer das modalidades de fiscalização da constitucionalidade que o Direito Português conhece.

Não se julga que no âmbito da fiscalização sucessiva – que é o núcleo central desse sistema – se possam levantar óbices a respeito do modo como esta figura vem a ser relevante, a não aplicação dos efeitos invalidatórios que estão normalmente associados à verificação das situações de inconstitucionalidade.

Por causa dos termos em que esta situação é constitucionalmente definida, também se tem pacificamente considerado ser impossível a sua verificação em sede de fiscalização preventiva, pois que aí, procedimentalmente, sempre faltaria um dos elementos exigidos: não haveria a regularidade da ratificação porque, em tal ocasião, nunca teria chegado o momento de optar pela ratificação dos tratados internacionais.

Não consideramos ser este o melhor entendimento porque a "...não aplicação do valor positivo da convenção internacional inconstitucional pela fiscalização preventiva conduziria a resultados absurdos: uma mesma convenção internacional inconstitucional poderia ser alvo de juízos diametralmente opostos, de desvalor e de valor positivo. Bastaria simplesmente o uso da fiscalização preventiva ou da fiscalização sucessiva. Se fosse através daquela, não havendo ratificação, a decisão seria no sentido da sua desvalorização; mas se fosse por intermédio desta, porque já haveria ratificação, a consequência, diferentemente, seria o seu valor positivo. Não é, pois, concebível que uma mesmíssima inconstitucionalidade possa ser avaliada com tanta discrepância, ficando a sua sorte unicamente dependente da iniciativa presidencial na solicitação da fiscalização preventiva"[600].

V. Em atenção a tudo quanto ficou dito, somos do entendimento de que, na hipótese estudada, dado não haver quaisquer consequências jurí-

[599] Cfr. Jorge Bacelar Gouveia, *O valor positivo...*, p. 59.

[600] Jorge Bacelar Gouveia, *O valor positivo...*, pp. 75 e 76.

dicas negativas para o ato e para o autor do ato, enfrentamos um caso, raro, de *valor positivo* de um ato jurídico inconstitucional.

A doutrina portuguesa, ao analisar este tema, costuma enquadrá-lo na irregularidade: a desconformidade com a CRP não teria consequências na depreciação do ato em causa, assim se inserindo no conceito, oriundo do Direito Privado, de irregularidade.

Essa posição tem um problema fundamental: não é o de importar um conceito de Direito Privado, mas o de importar tal conceito adulterando no caminho o seu sentido existencial. É que a irregularidade no Direito Privado, como sucede com o casamento irregular, *v. g.*, é sempre ilustrativa de uma consequência negativa, decerto menor, mas nem por isso inexistente, que recai, não sobre o ato, que se mantém válido, mas sobre o autor do ato que feriu um padrão de conformidade jurídica[601].

No caso em apreço, não existindo qualquer reação negativa do ordenamento contra o tratado inconstitucional descrito naqueles pressupostos, não se justifica deparar com uma irregularidade, antes com um valor positivo do mesmo, dado que tudo se passará como se estivéssemos perante um tratado constitucional: não é possível detetar quaisquer efeitos laterais decorrentes da inconstitucionalidade da convenção internacional em questão[602].

[601] Sobre a irregularidade no Direito Civil, v. José Dias Marques, *Teoria Geral do Direito Civil*, II, Coimbra, 1959, pp. 219 e 414; Manuel de Andrade, *Teoria Geral da Relação Jurídica*, II, Coimbra, 1960, pp. 413 e 414; João de Castro Mendes, *Teoria Geral do Direito Civil*, II, Lisboa, 1979, p. 315; Carlos Alberto da Mota Pinto, *Teoria Geral do Direito Civil*, 3ª ed., Coimbra, 1985, p. 618.

[602] Cfr. Jorge Bacelar Gouveia, *O valor positivo...*, pp. 37 e 38.

§ 24º A INSERÇÃO DO DIREITO INTERNACIONAL NO DIREITO DOS ESTADOS DE LÍNGUA PORTUGUESA: A OPÇÃO PELA RECEÇÃO EXPRESSA E GLOBAL

85. A inserção do Direito Internacional no Direito dos Estados de Língua Portuguesa

I. Passando à apreciação da relevância do Direito Internacional no Direito dos Estados de Língua Portuguesa, depois deste mais desenvolvido estudo no tocante ao Direito Português, e após já terem sido indicados, textual e graficamente, as normas de Direito Constitucional Internacional de todos os Estados de Língua Portuguesa, é altura de selecionar as questões relativamente às quais se impõe o pertinente esforço comparativo sob o ponto de vista dos mecanismos de incorporação do Direito Internacional no Direito Interno, de entre elas se salientando estas três:

- primeiro, saber se há cláusulas internacionais nos textos constitucionais;
- depois, saber se, havendo cláusulas constitucionais atribuindo relevância interna ao Direito Internacional, é sempre o mesmo método de incorporação utilizado ou se, inversamente, há algumas fontes internacionais objeto de tratamento diferenciado quanto ao método de inserção utilizado;
- por fim, saber se essas cláusulas expressas abrangem a totalidade das fontes possíveis do Direito Internacional ou se, pelo contrário, fazem uma cobertura apenas parcial de tais fontes.

II. A título complementar, tem interesse determinar o especial papel que o Direito Internacional dos Direitos do Homem vai desempenhando nos Direitos dos Estados, assim se comprovando a cada vez maior interpenetração existente entre estes dois ordenamentos jurídicos.

Esta vem a ser, de resto, uma curiosa particularidade do Direito Constitucional Internacional de Língua Portuguesa, sob o impulso decisivo da CRP, que não tem paralelo noutras famílias constitucionais, assim mostrando também mais um dos traços da singularidade que é possível construir no âmbito dos sistemas constitucionais de matriz portuguesa.

86. A consagração de cláusulas internacionais na maioria dos textos constitucionais

I. Em relação à primeira pergunta, *a resposta não pode ser positiva para todos os textos constitucionais analisados, ainda que sejam minoritários os Estados que não contemplam cláusulas internacionais expressas nos respetivos articulados constitucionais.*

É apenas de assinalar o caso da Guiné-Bissau: a CGB foi o fruto de uma transição segura, mas muito atribulada, não tendo ainda havido condições políticas para a aprovação de um texto constitucional significativamente melhorado.

Todos os outros Estados, com intensidades variadas, são sensíveis ao problema da necessidade de os respetivos textos constitucionais se pronunciarem sobre esta matéria, até porque numa sociedade internacional global as respostas têm de ser dadas de um modo claro e explícito.

II. A dúvida que de seguida se coloca, em relação aos textos que nada dizem a este propósito, é quanto aos termos da incorporação do Direito Internacional no Direito Interno dos Estados em causa, pois que nenhuma luz se apresenta para dar uma solução a esse problema.

É de crer que o Direito Internacional não deixará, só por isso, de ser internamente relevante nesses Estados, sendo certo que aqueles dois sistemas constitucionais até contemplam normas constitucionais a respeito do procedimento de conclusão interna das convenções internacionais.

No que respeita a outras fontes internacionais não convencionais, de duas, uma:

- ou essas fontes, por serem voluntárias, podem ser equiparadas aos mecanismos aplicáveis às convenções internacionais, sendo o caso dos atos unilaterais;
- ou, então, tais fontes são incorporadas por força da sua natureza, como sucederá com o costume internacional, que não precisa de pedir licença à lei para ser aplicável, neste caso estando dispensado de pedir licença à lei constitucional.

87. A unanimidade da preferência pelo modelo da receção

I. Em relação à segunda questão, que é decerto a central, suscita-se a existência de *uma evidente unanimidade no tocante ao modelo de incorporação adotado, que foi o modelo da receção e não o da transformação*, isto pensando naturalmente nos textos constitucionais que contêm uma alusão expressa neste ponto.

Quer isto dizer que a incorporação interna do Direito Internacional se opera mantendo os seus traços originários, não sendo as respetivas fontes objeto de qualquer processo de transmutação, tendendo a torná-lo relevante a partir de uma fonte estadual, e não a partir de uma fonte que fosse verdadeiramente internacional.

II. Mas o próprio modelo da receção do Direito Internacional no Direito Interno é suscetível de algumas sub-classificações, as quais permitem esclarecer vários aspetos do respetivo regime, estando essencialmente em causa a distinção entre:

- a *receção automática*, que não depende de qualquer formalidade interna para se operacionalizar; e
- a *receção condicionada*, a qual fica dependente do cumprimento de formalidades de índole organizatória, e não substantiva, para se efetivar.

III. A *receção automática* do Direito Internacional é escolhida no âmbito do Direito Internacional que não tem fonte convencional, o qual fica a fazer parte da Ordem Jurídica dos Estados de Língua Portuguesa, ainda que sejam utilizadas diversas fórmulas para o expressar:

- CSTP: "As normas e os princípios de Direito Internacional geral ou comum fazem parte integrante do Direito são-tomense" (art. 13º, nº 1, da CSTP);
- CCV: "O Direito Internacional geral ou comum faz parte integrante da ordem jurídica cabo-verdiana" (art. 12º, nº 1, da CCV); "Os atos jurídicos emanados dos órgãos competentes das organizações supranacionais de que Cabo Verde seja parte vigoram diretamente na ordem jurídica interna, desde que tal esteja estabelecido nas respetivas convenções constitutivas" (art. 12º, nº 3, da CCV);
- CTL: "A ordem jurídica timorense adota os princípios de Direito Internacional geral ou comum" (art. 9º, nº 1, da CTL);
- CA: "O Direito Internacional geral ou comum, recebido nos termos da presente Constituição, faz parte integrante da ordem jurídica angolana" (art. 13º, nº 1, da CA).

IV. A *receção condicionada* do Direito Internacional é efetivada para o Direito Internacional Convencional, naturalmente se percebendo que está em causa uma fonte que carece da colaboração do Estado que a vai incorporar na respetiva ordem jurídica, embora se registem diversos cambiantes:

- só o Direito Internacional Convencional: a CSTP (cfr. o art. 13º, nº 2, da CSTP), a CTL (cfr. o art. 9º, nº 2, da CTL), a CM (cfr. o art. 18º, nº 1, da CM) e a CA (cfr. o art. 13º, nº 2, da CA);
- o Direito Internacional Convencional e também o Direito derivado das organizações internacionais: a CCV (cfr. o art. 12º, nºs 2 e 3, da CCV).

O caso da CB é particular na medida em que se mantém a natureza internacional dos tratados, ainda que verbalmente essa afirmação só seja feita no tocante aos direitos humanos, embora ela possa ser generalizável aos diversos instrumentos internacionais, para os quais se pede o consentimento do Estado Brasileiro[603].

[603] Modelo de receção – e não de transformação – que, em geral, se infere do facto de a vinculação aos tratados internacionais, no Brasil, se fazer através de decreto legislativo, e não por lei, além de no diploma sobre a publicação de atos jurídico-públicos, que é o Decreto nº 96 671/88, os tratados aparecerem autonomizados relativamente às leis. Cfr. VALÉRIO DE OLIVEIRA MAZZUOLI, *O poder legislativo...*, pp. 43 e ss.

88. A diversidade das fontes internacionais acolhidas pelos textos constitucionais

I. Em relação à terceira pergunta, que só faz sentido para os Estados que consagram cláusulas internacionais expressas no tocante à relevância interna do Direito Internacional, *as posições assumidas são também de variada índole, encarando-se as respostas jurídico-positivas em função de três modelos teoricamente concebíveis quanto à amplitude da cobertura das fontes internacionais incluídas*:

- o *modelo da cobertura mínima*, referindo-se apenas às convenções internacionais;
- o *modelo da cobertura intermédia*, referindo-se às convenções internacionais, mas também a outras fontes do Direito Internacional, não esgotando, porém, o elenco destas; e
- o *modelo da cobertura máxima*, pelo qual se opera a relevância interna de todas as fontes possíveis do Direito Internacional.

II. O *modelo da cobertura mínima*, que fica assim caracterizado pela sua redução ao Direito Internacional Convencional, tem lugar nos textos constitucionais de língua portuguesa que nesta matéria apenas aludem às convenções internacionais: a CB (cfr. o art. 5º, § 3º, da CB) e a CM (cfr. o art. 18º, nº 1, da CM).

Mas assim se fica sem saber em que termos adquirem relevância interna as outras fontes do Direito Internacional, que não se reduzem às convenções internacionais[604].

III. O *modelo da cobertura intermédia*, não esgotando todas as fontes possíveis do Direito Internacional, acolhe não somente as convenções internacionais, mas também outras fontes internacionais, conquanto não todas elas de um modo expresso, o que vem a traduzir-se em duas alternativas, a primeira menos densa do que a segunda:

[604] Tal omissão sendo bem verberada por Celso D. de Albuquerque Mello (*Direito Constitucional Internacional...*, p. 365): "O que pretendemos estudar é um tema, infelizmente, não versado na Constituição Federal: o das relações entre o DI e o Direito Interno. O único dispositivo existente é de alcance restrito e que estudamos no capítulo próprio. Aplica-se apenas aos direitos humanos".

- ou no conjunto do Direito Internacional Comum e do Direito Internacional Convencional: a CSTP (cfr. o art. 13º da CSTP), a CTL (cfr. o art. 9º, nºs 1 e 2, da CTL) e a CA (cfr. o art. 13º da CA);
- ou no conjunto do Direito Internacional Comum, do Direito Internacional Convencional e do Direito derivado das organizações internacionais: a CCV (cfr. o art. 12º, nºs 1, 2 e 3, da CCV).

Como se observa, embora com a ligeira variação que ficou assinalada, vem a ser este o modelo largamente perfilhado pelos textos constitucionais de língua portuguesa, em grande medida recebendo a herança da CRP, que adota este modelo, faltando-lhe fazer alusão a algumas fontes internacionais que escaparam do alcance – pelo menos, expresso e direto – do art. 8º.

IV. O *modelo da cobertura máxima* não vem a ser seguido por nenhum dos Estados de Língua Portuguesa analisados, ainda que a resposta de um deles se apresente bem mais satisfatória do que a de qualquer um dos restantes.

É o caso de Cabo Verde, que oferece uma panorâmica muito vasta de respostas a algumas questões que a experiência da aplicação prática da CRP tem legitimamente suscitado:

- é o caso da pretendida separação entre os tratados e acordos internacionais (cfr. o art. 14º da CCV);
- é o caso dos procedimentos a adotar em matéria de adesão e de desvinculação das convenções internacionais (cfr. o art. 13º da CCV); e
- é o caso da explicitação da publicação das convenções intenacionais e de todos os atos que lhe estão conexos [cfr. o art. 269º, nº, al. c), da CCV].

Não obstante, não se pode dizer que o sistema cabo-verdiano, neste ponto, tenha chegado à almejada perfeição de uma cobertura total das fontes possíveis do Direito Internacional.

89. A especial relevância constitucional do Direito Internacional dos Direitos do Homem

I. A observação do regime de incorporação do Direito Internacional no Direito dos Estados de Língua Portuguesa permite ainda identificar *situações especiais em relação a algumas das fontes internacionais.*

É que alguns textos constitucionais são particularmente sensíveis ao tema geral da proteção dos direitos fundamentais, para o efeito consagrando extensos elencos de direitos nos respetivos articulados constitucionais.

Contudo, é frequente que esses mesmos documentos constitucionais consagrem cláusulas específicas de receção do Direito Internacional dos Direitos do Homem, tal sucedendo em todas as Constituições analisadas, no que se entrevê uma clara inspiração colhida da CRP.

A discussão sobre a relevância específica da receção dessas fontes deve ser focalizada em dois níveis diferenciados da relação da proteção constitucional dos direitos fundamentais com o Direito Internacional dos Direitos do Homem:

- ao nível da positivação constitucional; e
- ao nível da interpretação e integração constitucional.

II. Ao nível da *positivação constitucional dos direitos do homem*, a pergunta coloca-se no sentido de saber se os textos constitucionais conferem um especial cuidado às fontes internacionais quando operam a constitucionalização dos direitos fundamentais.

Este vem a ser o mecanismo da *cláusula aberta dos direitos fundamentais*[605] constitucionais, pelo qual o legislador constitucional tem a ideia dos seus limites e pretende abrir o elenco dos tipos de direitos que consagra a outros tipos de direitos – *direitos fundamentais atípicos* – que não tenha querido ou não tenha podido consagrar.

A grande vantagem deste mecanismo, apelando à aplicação direta interna dos direitos do homem que sejam pertinentes, reside no facto de a origem destes ser insuspeita, logrando o efeito desejado sem ter que passar pelo caminho, muitas vezes tortuoso, da revisão constitucional.

[605] Tal como ela vem a ser consagrada no art. 16º, nº 1, da CRP.

A leitura dos textos constitucionais permite chegar à conclusão de que em todos eles, direta ou indiretamente, os direitos do homem, consagrados pelas "...regras aplicáveis do Direito Interncional...", são assumidos como fonte interna dos direitos fundamentais, frase que bem assinala a herança da CRP, os dois últimos textos apenas se referindo às leis, mas podendo globalmente considerar os direitos humanos oriundos de fonte internacional, porquanto esta também passa a fazer parte integrante da ordem jurídica de cada Estado:

- CB: "Os direitos e a garantias expressos nesta Constituição não excluem outros decorrentes do regime e dos princípios por ela adotados, ou dos tratados internacionais em que a República Federativa do Brasil seja parte"[606];
- CSTP: "Os direitos consagrados nesta Constituição não excluem quaisquer outros que sejam previstos nas leis ou em regras de Direito Internacional" (art. 18º, nº 1, da CSTP);
- CCV: "As leis ou convenções internacionais poderão consagrar direitos, liberdades e garantias não previstos na Constituição" (art. 17º, nº 1, da CCV);
- CA: "Os direitos fundamentais estabelecidos na presente Constituição não excluem outros constantes das leis e regras aplicáveis de Direito Internacional" (art. 26º, nº 1, da CA);
- CGB: "Os direitos fundamentais consagrados na Constituição não excluem quaisquer outros constantes das demais leis da República e das regras aplicáveis de Direito Internacional" (art. 29º, nº 1, da CGB);
- CTL: "Os direitos fundamentais consagrados na Constituição não excluem quaisquer outros constantes da lei e devem ser interpretados em consonância com a Declaração Universal dos Direitos Humanos" (art. 23º da CTL);
- CM: "Os direitos fundamentais consagrados na Constituição não excluem quaisquer outros constantes das leis" (art. 42º da CM).

[606] Art. 5º, § 2º, da CB. Cfr. Valério de Oliveira Mazzuoli, *A incorporação dos tratados internacionais de proteção dos direitos humanos no ordenamento brasileiro*, in RIL, ano 37, nº 147, julho/setembro de 2000, pp. 179 e ss.

III. Ao nível da *interpretação e integração dos direitos fundamentais*, a pergunta tem que ver com a necessidade de saber se o intérprete-aplicador dispõe de regras especiais que o orientem nessas tarefas, tratando-se de direitos fundamentais, pensando-se aqui numa resposta normativo-formal presente ao nível dos textos constitucionais, não se excluindo que a prática, juntamente com os desenvolvimentos jurisprudenciais e doutrinários, contribua, a seu modo, para aperfeiçoar o panorama a apresentar.

É essa a indicação que se colhe em quase todos os textos constitucionais, porquanto se assinala a importância constitucional da proteção internacional dos direitos humanos, embora se possa gizar alusões de intensidade diferenciada:

- *intensidade máxima*: alusão genérica aos instrumentos de proteção internacional dos direitos do homem, ao mesmo tempo se individualizando a DUDH e a CADHP, tal sucedendo com a CA: "Os preceitos constitucionais e legais relativos aos direitos fundamentais devem ser interpretados e integrados de harmonia com a Declaração Universal dos Direitos do Homem, da Carta Africana dos Direitos do Homem e dos Povos e os tratados internacionais sobre a matéria ratificados pela República de Angola" (art. 26º, nº 2, da CA);
- *intensidade elevada*: alusão específica à DUDH e à CADHP, como sucede com a CM: "Os preceitos constitucionais relativos aos direitos fundamentais são interpretados e integrados de harmonia com a Declaração Universal dos Direitos do Homem e a Carta Africana dos Direitos do Homem e dos Povos" (art. 43º da CM);
- *intensidade média*: alusão específica apenas à DUDH, como sucede com os restantes textos constitucionais, que são a CSTP (cfr. o art. 18º, nº 2, da CSTP), a CCV (cfr. o art. 17º, nº 3, da CCV), a CGB (cfr. o art. 29º, nº 2, da CGB) e a CTL[607], na esteira do preceito do art. 16º, nº 2, da CRP.

[607] Cfr. o art. 23º da CTL, embora neste caso apenas se refira a "interpretação" e não já a "integração" dos direitos fundamentais por recurso à DUDH.

§ 25º A POSIÇÃO DO DIREITO INTERNACIONAL NO DIREITO DOS ESTADOS DE LÍNGUA PORTUGUESA: DA SUPRALEGALIDADE GERAL AO VALOR CONSTITUCIONAL PONTUAL

90. A posição do Direito Internacional no Direito dos Estados de Língua Portuguesa

I. O outro tema que se coloca na relevância do Direito Internacional no Direito dos Estados de Língua Portuguesa é o de saber, após a incorporação ocorrer nos termos em que observámos, a posição hierárquica que o mesmo vai ocupar, sendo nítido que a estrutura da ordem jurídica interna é piramidal e comporta diversos patamares, em conformidade com o relevo das matérias, bem como com o tipo de autoridade de onde tais normas são emanadas, pelo que se justifica equacionar dois tópicos autónomos de discussão:

- a relação entre o Direito Internacional e o Direito Constitucional; e
- a relação entre o Direito Internacional e o Direito Infra-Constitucional (Direito Legal).

II. No que respeita ao primeiro tópico, o problema consiste em inquirir se os textos constitucionais assumem um entendimento a respeito da posição do Direito Internacional em relação à vocação suprema dentro da ordem jurídica de que o Direito Constitucional normalmente não abdica, num tema que recentemente tem sido reequacionado em nome dos valores de que o Direito Internacional é portador.

Claro que esta problemática, nos seus diferentes prismas, toca com domínios diversos e que não merecerão agora estudo, *maxime* a problemática geral dos limites transcendentes ao poder constituinte, ou até com o princípio geral internacional da prevalência das convenções internacionais no âmbito dos Direitos internos.

Do que se trata, verdadeiramente, é apenas de saber se os textos constitucionais aceitam que o Direito Internacional – ou, pelo menos, parte das suas normas, princípios ou fontes – possa com eles competir na suprema regulação interna da ordem jurídica estadual que lhes compete realizar.

III. Quanto ao outro tópico da discussão, a respetiva intensidade argumentativa é mais baixa porque está em causa fazer relacionar as fontes não constitucionais, internacionais e legais, não se podendo perder de vista a multiplicação, quase infrene, do recurso às fontes internacionais em detrimento das fontes legais na regulação de muitas atividades da comunidade política atual.

Habitualmente, a discussão tem sido colocada na escolha, para o Direito Internacional, de um patamar de supralegalidade, em que está acima da legislação ordinária interna, ou de um patamar de igual nivelamento legislativo, posicionando-se o Direito Internacional no mesmo plano da legislação ordinária.

91. Direito Internacional e Direito Constitucional

I. É bem menor o número de casos em que os textos constitucionais tomam posição a respeito da sua relação com o Direito Internacional comparativamente à situação do entendimento constitucional assumido acerca da posição hierárquica do Direito Internacional com o Direito Infra-Constitucional.

Mesmo nos casos de omissão de regulação consitucional, eis uma questão que faz sempre sentido pôr porque é forçoso saber qual o relacionamento que se estabelece, o que não tem de ser dado diretamente, antes podendo indiretamente resultar dos próprios mecanismos de fiscalização da constitucionalidade que venham a ser estabelecidos.

II. Nos sistemas constitucionais em análise, *a esmagadora maioria deles nem sequer se pronuncia especificamente sobre este assunto*, à semelhança do que sucede no sistema constitucional português, onde colheram boa parte da sua inspiração regulativo-constitucional.

Sendo a maioria das Constituições dos Estados de Língua Portuguesa providas de cláusulas a respeito da relevância interna do Direito Internacional, o certo é que são poucos os textos constitucionais que sobre este ponto tomam uma posição, não esclarecendo a superioridade, a igualdade ou a inferioridade do texto consitucional relativamente ao Direito Internacional.

III. O único caso em que constitucionalmente se assume uma opção quanto à posição recíproca do Direito Internacional relativamente ao Direito Constitucional é o da CB, com um entendimento expresso favorável à equivalência das respetivas localizações, ainda que no contexto particular da relação da Constituição com a proteção dos direitos fundamentais[608].

É do seguinte teor o importante preceito que a CB tem a este propósito: "Os tratados e convenções internacionais sobre direitos humanos que forem aprovados, em cada Casa do Congresso Nacional, em dois turnos, por três quintos dos votos dos respetivos membros, serão equivalentes às emendas constitucionais" (art. 5º, § 3º, da CB).

IV. Contudo, isto não quer dizer que entendimentos expressos não sejam defendidos pelas outras Constituições, mas tal acontecendo sem se considerar peculiarmente esta problemática, antes considerando-a em globo no problema da superioridade do Direito Constitucional no ordenamento jurídico.

Desta feita, quase sempre a tomada de posição é contrária à defendida na CB, em que as relações entre o Direito Constitucional e o Direito Internacional – através, sobretudo, dos mecanismos de fiscalização da constitucionalidade deste – se pautam pela superioridade daquele relativamente a este, conforme estes preceitos devidamente o ilustram:

- CSTP: a formulação de um princípio geral de superioridade da Constituição – "São inconstitucionais as normas que infrinjam o

[608] Desenvolvidamente sobre esta questão na CB, v. CELSO D. DE ALBUQUERQUE MELLO, *Direito Constitucional Internacional...*, pp. 337 e ss.; VALÉRIO DE OLIVEIRA MAZZUOLI, *O novo § 3º do Artigo 5º da Constituição e sua eficácia*, in AAVV, *O Direito Constitucional Internacional após a Emenda 45/04 e os Direitos Fundamentais* (coord. de EDUARDO BIACCHI GOMES e TARCÍSIO HARDMAN REIS), São Paulo, 2007, pp. 159 e ss.

disposto na Constituição ou os princípios nela consignados" (art. 144º, nº 1, da CSTP) – é acompanhada da admissão de uma exceção – "A inconstitucionalidade orgânica ou formal de tratados internacionais regularmente ratificados não impede a aplicação das suas normas na ordem jurídica são-tomense, desde que tais normas sejam aplicadas na ordem jurídica de outra parte, salvo se tal inconstitucionalidade resultar de violação de uma disposição fundamental" (art. 144º, nº 2, da CSTP);

- CCV: a formulação de um princípio geral de superioridade da Constituição – "São inconstitucionais as normas e resoluções de conteúdo normativo ou individual e concreto que infrinjam o disposto na Constituição ou os princípios nela consignados" (art. 277º, nº 1, da CCV) – é acompanhada da admissão de uma exceção – "A inconstitucionalidade orgânica ou formal dos tratados ou acordos internacionais que versem matérias da competência reservada da Assembleia Nacional ou da competência legislativa do Governo não impede a aplicação das suas normas na ordem jurídica cabo-verdiana, desde que sejam confirmados pelo Governo e aprovados pela Assembleia Nacional por maioria de dois terços dos Deputados presentes, na primeira reunião plenária seguinte à data da publicação da decisão do Tribunal" (art. 277º, nº 2, da CCV);
- CA: a formulação de um princípio geral de superioridade da Constituição, não se distinguindo entre normas internas ou internacionais – "São inconstitucionais as leis e os atos que violem os princípios e normas consagrados na presente Constituição" (art. 226º, nº 2, da CA);
- CGB: a formulação de um princípio geral de superioridade da Constituição, não se distinguindo entre normas internas ou internacionais – "Nos feitos submetidos a julgamento não podem os tribunais aplicar normas que infrinjam o disposto na Constituição ou os princípios nela consagrados" (art. 126º, nº 1, da CGB);
- CM: a formulação de um princípio geral de superioridade da Constituição, não se distinguindo entre normas internas ou internacionais – "As normas constitucionais prevalecem sobre todas as restantes normas do ordenamento jurídico" (art. 2º, nº 4, da CM).

92. Direito Internacional e Direito Infra-Constitucional

I. O panorama é já bastante diverso quanto ao outro mencionado tópico, uma vez que são mais numerosos os casos em que os textos constitucionais de língua portuguesa tomam posição sobre a relação entre o Direito Internacional e o Direito Infra-Constitucional, sendo de distinguir três tipos de entendimento:

- um *entendimento explícito global, relativo a todas as fontes internacionais*;
- um *entendimento explícito parcial, só aplicável a algumas dessas fontes*; e
- um *entendimento implícito, que não se assume como geral ou especial.*

II. O *entendimento explícito global* é protagonizado por um único Estado, funcionando para a globalidade das fontes internacionais, numa meritória preocupação de esclarecimento acerca das responsabilidades internacionais que o Estado em causa assume na cena internacional.

É o caso, muito discutível na opção feita, da CM, que confere igual nivelamento legislativo ao Direito Internacional[609]: "As normas de Direito Internacional têm na ordem jurídica interna o mesmo valor que assumem os atos normativos infraconstitucionais emanados da Assembleia da República e do Governo, consoante a sua respetiva forma de receção" (art. 18º, nº 2, da CM).

III. O *entendimento explícito parcial* está normalmente associado às fontes convencionais, sendo de sublinhar a existência de dois outros textos constitucionais que definem a relação hierárquica do Direito Internacional Convencional com a Ordem Jurídica do Estado, em ambos os casos de supralegalidade daquele, embora no caso da CCV esse entendimento se alargue ao Direito Internacional Comum:

- a CSTP confere supralegalidade ao Direito Internacional Convencional: "As normas constantes de convenções, tratados e acordos internacionais validamente aprovadas e ratificadas pelos respetivos

[609] Solução que não estava prevista em diversos anteprojetos, mas que viria a constar da versão final: cfr. uma opinião favorável a uma versão anterior, em que se propugnava a indicação expressa da superioridade do Direito Internacional relativamente ao Direito Legal, JORGE BACELAR GOUVEIA, *Reflexões sobre a próxima revisão da Constituição Moçambicana de 1990*, Maputo, 1999, p. 19.

órgãos competentes têm prevalência, após a sua entrada em vigor na ordem internacional e interna, sobre todos os atos legislativos e normativos internos de valor infraconstitucional" (art. 13º, nº 3, da CSTP);

- a CCV confere supralegalidade ao Direito Internacional Comum e ao Direito Internacional Convencional: "As normas e os princípios do Direito Internacional geral ou comum e do Direito Internacional convencional validamente aprovados ou ratificados têm prevalência, após a sua entrada em vigor na ordem jurídica internacional e interna, sobre todos os atos legislativos e normativos internos de valor infraconstitucional" (art. 12º, nº 4, da CCV);
- a CTL confere inferioridade à lei por referência às convenções internacionais, qualificando a desconformidade como invalidade: "São inválidas todas as normas das leis contrárias às disposições das convenções, tratados e acordos internacionais recebidos na ordem jurídica interna timorense" (art. 9º, nº 3, da CTL).

IV. O *entendimento implícito* é assumido por todos os outros textos constitucionais, que não tomam posição sobre a matéria: a CB, a CA e a CGB.

Não obstante tal ausência, podem prevalecer os argumentos utilizados na CRP na defesa da ideia da supralegalidade do Direito Internacional, sobretudo o que advém da lógica contratual subjacente às convenções internacionais.

Por outra perspetiva, essa argumentação pode igualmente servir para que a supralegalidade, se inicialmente mais adequada no contexto das fontes convencionais, seja do mesmo modo convincente nas outras fontes do Direito Internacional, tornando-se uma regra geral nas relações deste com cada ordem jurídica interna[610].

[610] É o que sucede com o Direito Brasileiro, no qual boa parte da doutrina – em divergência com o Supremo Tribunal Federal – defende a supralegalidade do Direito Internacional: Valério de Oliveira Mazzuoli, *O Supremo Tribunal Federal e os conflitos entre tratados internacionais e leis internas*, in RIL, ano 39, nº 154, abril/junho de 2002, pp. 15 e ss., *Curso de Direito Internacional...*, p. 57, e *O controle jurisdicional da convencionalidade das leis*, 3ª ed., São Paulo, 2013; Eduardo Biacchi Gomes, *A celebração dos tratados...*, pp. 80 e ss. Em sentido diverso, José Francisco Rezek, *Direito Internacional Público...*, pp. 96 e ss.

III

Os Sujeitos do Direito Internacional

Capítulo VII
Os Sujeitos Internacionais em Geral

§ 26º A construção da subjetividade internacional

§ 27º A diversidade dos sujeitos internacionais

§ 26º A CONSTRUÇÃO DA SUBJETIVIDADE INTERNACIONAL

93. O sentido existencial da subjetividade de Direito Internacional

I. O Direito Internacional não vive apenas das orientações em que consiste e também carece de entidades que protagonizem as relações internacionais que disciplina.

A esse conjunto de entidades é habitualmente dado o nome de *sujeitos de Direito Internacional*[611], os quais representam a sua dimensão subjetiva.

[611] Sobre os sujeitos de Direito Internacional em geral, v. Costantin Eustathiades, *Les sujets de Droit International et la responsabilité internationale*, in RCADI, 1953, III, pp. 401 e ss.; Gaetano Morelli, *Nozioni...*, pp. 106 e ss.; Paul Reuter, *Direito Internacional...*, pp. 101 e ss.; Antonio Cassese, *International Law...*, pp. 74 e ss. Albino de Azevedo Soares, *Lições...*, pp. 199 e ss.; J. G. Starke, *Introduction...*, pp. 58 e ss.; Ian Brownlie, *Principles...*, pp. 58 e ss.; Nuno e Sousa, *Curso...*, pp. 127 e ss.; Pierre-Marie Dupuy, *Droit...*, pp. 19 e ss.; Armando M. Marques Guedes, *Direito...*, pp. 149 e ss.; Jean Touscoz, *Direito Internacional*, pp. 59 e ss.; André Gonçalves Pereira e Fausto de Quadros, *Manual...*, pp. 299 e ss.; António Cabral de Moncada, *Curso...*, I, pp. 148 e ss.; Gerson Mello Boson, *Direito Internacional...*, pp. 205 e ss.; John Currie, *Public International...*, pp. 18 e ss.; Adherbal Meira Mattos, *Direito...*, pp. 4 e ss.; José Adelino Maltez, *Curso...*, pp. 159 e ss.; Nguyen Quoc Dinh, Patrick Daillier e Alain Pellet, *Droit...*, pp. 401 e ss.; Fausto de Quadros e Jorge Bacelar Gouveia, *As relações...*, pp. 9 e ss.; Wladimir Brito, *Direito...*, pp. 231 e ss.; Francisco Ferreira de Almeida, *Direito...*, pp. 199 e ss.; Malcolm N. Shaw, *International...*, pp. 175 e ss.; Joaquim da Silva Cunha e Maria da Assunção do Vale Pereira, *Manual...*, pp. 365 e ss.; Jorge Miranda, *Curso...*, pp. 181 e ss.; Eduardo Correia Batista, *Direito Internacional Público – sujeitos e responsabilidade*, II, Coimbra, 2004, pp. 17 e ss.; José Francisco Rezek, *Direito...*, pp. 151 e ss.; Jónatas E. M. Machado, *Direito Internacional...*,

Se até há algumas décadas, este era um tema pouco complexo, hoje podemos dizer que o mesmo se alterou profundamente, na exata medida em que a sociedade internacional hodierna se diversificou, em quantidade e em qualidade, nos seus interlocutores.

II. A edificação da subjetividade jurídico-internacional tem largamente beneficiado dos influxos oferecidos pelas várias dogmáticas do Direito Interno – primeiro, do Direito Privado e, depois, do Direito Público – em torno dos conceitos de pessoa jurídica, de personalidade jurídica e de capacidade jurídica[612].

É assim que estes conceitos têm sido aplicados no Direito Internacional, ainda que com as adaptações que o especial contexto deste aconselha, sendo de recordar os seus termos essenciais[613]:

- a *personalidade jurídica*: a suscetibilidade para se ser destinatário de normas e princípios jurídicos;
- a *capacidade jurídica*: a medida dos poderes e dos deveres de que cada pessoa é titular no seio do Direito, podendo ainda sub-distinguir-se entre a *capacidade de gozo* – para a titularidade – e a *capacidade de exercício* – para a utilização prática dos direitos;
- a *pessoa jurídica*: o ente em quem se combina a possibilidade para se ser sujeito de Direito, possuindo sempre personalidade e tendo, no todo ou numa parte, capacidade jurídica.

pp. 181 e ss.; Benedetto Conforti, *Diritto Internazionale,* pp. 10 e ss.; Torsten Stein e Christian Von Buttlar, *Völkerrecht,* pp. 9 e ss.

[612] Sobre a personalidade jurídica de Direito Internacional, de acordo com diversos contributos, v. Nuno e Sousa, *Curso...*, pp. 127 e ss.; Armando M. Marques Guedes, *Direito...*, pp. 154 e ss.; Fausto de Quadros e Jorge Bacelar Gouveia, *As relações...*, pp. 16 e ss.; Wladimir Brito, *Direito...*, pp. 209 e ss.; José Francisco Rezek, *Direito...*, pp. 151 e 152; Jorge Miranda, *Curso...*, pp. 181 e ss.; Valério de Oliveira Mazzuoli, *Curso de Direito Internacional...*, pp. 157 e ss.

[613] Quanto ao conceito de personalidade jurídica e capacidade jurídica oriundos do Direito Interno, *maxime* do Direito Civil, v. José Dias Marques, *Teoria Geral do Direito Civil,* I, Coimbra, 1958, pp. 31 e ss.; João de Castro Mendes, *Teoria Geral do Direito Civil,* I, Lisboa, 1978, pp. 79 e ss.; Carlos Alberto da Mota Pinto, *Teoria Geral...*, pp. 191 e ss.; José de Oliveira Ascensão, *Direito Civil – Teoria Geral,* I, Coimbra, 1997, pp. 116 e ss.; Pedro Pais de Vasconcelos, *Teoria Geral do Direito Civil,* I, Lisboa, 1999, pp. 31 e ss.; António Menezes Cordeiro, *Tratado de Direito Civil Português,* vol. I, t. I, 2ª ed., Coimbra, 2000, pp. 201 e ss.; Luís A. Carvalho Fernandes, *Teoria Geral do Direito Civil,* I, 3ª ed., Lisboa, 2001, pp. 117 e ss.

III. A construção da subjetividade internacional vai fazer-se tendo por base aqueles dois primeiros conceitos, um qualitativo e outro quantitativo[614], sendo o terceiro uma sua aplicação estrutural.

A *personalidade jurídico-internacional* é a suscetibilidade para se ser destinatário de normas e princípios de Direito Internacional, dos quais diretamente decorre a oportunidade para a titularidade de direitos (situações jurídicas ativas) ou para se ficar adstrito a deveres (situações jurídicas passivas).

A *capacidade jurídico-internacional* afere-se pelo conjunto dos direitos e dos deveres que podem estar inscritos na esfera jurídico-internacional da entidade em causa, também se diferenciando entre uma dimensão de titularidade e uma dimensão de exercício dos mesmos.

A *pessoa jurídico-internacional* significa que, numa entidade singular ou coletiva, se junta a suscetibilidade para ser titular de direitos e destinatário de deveres com o facto de tal poder acontecer muito ou pouco, conforme as circunstâncias de cada um dos sujeitos de Direito Internacional que estão em causa, capacidade que pode ser total ou limitada.

É de acordo com esta composição de conceitos que se forma a subjetividade jurídico-internacional, a qual se plasma em pessoas jurídicas, sempre dotadas de personalidade jurídico-internacional, mas mais ou menos amplamente beneficiadas por este ramo jurídico em razão das suas características.

IV. Não quer isto dizer que a subjetividade de Direito Internacional, se bem que arrancando de um património comum que provém da Teoria Geral do Direito, não tenha um especial enquadramento, podendo dizer-se que o mesmo se densifica nos seguintes importantes tópicos[615]:

- a *fonte da respetiva determinação é o Direito Internacional*, na sua autonomia como setor jurídico-científico próprio: a subjetividade é, deste modo, conferida nos termos da singularidade que este setor jurídico ostenta, sendo por isso especial;

[614] Contra, acentuando o lado adjetivo, Armando M. Marques Guedes, *Direito...*, p. 153.

[615] Cfr. André Gonçalves Pereira e Fausto de Quadros, *Manual...*, pp. 300 e 301; Fausto de Quadros e Jorge Bacelar Gouveia, *As relações...*, pp. 16 e ss.

- *essa determinação deve ser direta e imediata*, e não mediada por outras realidades ou estruturas: se assim fosse, a subjetividade não seria do Direito Internacional, mas de outro Direito, pelo que tem de ser aquele a definir-lhe os contornos;
- *não se requer uma total capacidade de gozo ou de exercício de Direito Internacional*: dada a heterogeneidade da sociedade internacional, respeita-se as suas diferenças e os diversos aprofundamentos que se têm reconhecido nas relações internacionais, não tendo os sujeitos de mostrar uma idêntica configuração para efeitos de exercício de poderes internacionais;
- *nem sequer se exige uma dimensão necessariamente processual*, podendo haver sujeitos sem capacidade processual: isso é um aspeto da sua incapacidade, o que não veda o reconhecimento da respetiva subjetividade internacional, embora a sua posição surja muito mais enfraquecida.

V. Aconselha-se finalmente a dissociação entre a subjetividade jurídico-internacional e outras realidades, porventura conexas, mas conceptualmente distintas, com as quais, portanto, aquela não se confunde.

Uma delas é a da titularidade dos órgãos que imputam uma vontade psicológica aos sujeitos internacionais, vontade essa que se transforma em vontade funcional, fenómeno de imputação que bem se diferencia do fenómeno da subjetividade ao redor do qual opera.

Também é de pensar nas soluções de representação internacional, apenas se estabelecendo laços de substituição de pessoas, que não se prendem propriamente com o aparecimento de um novo sujeito.

Cumpre ainda mencionar o instituto das relações diplomáticas, em cujos termos ocorre a mera transmissão da posição dos Estados, não sendo as pessoas, nessas circunstâncias, propriamente as detentores de uma vontade própria, mas somente inscritas numa posição de agentes do Estado, constituindo o seu elemento humano.

94. Os conteúdos da subjetividade internacional

I. O sentido da subjetividade internacional, mesmo que se reconheça o seu desenvolvimento um pouco para além do paradigma estadual, ainda se ressente do mesmo no tocante ao conjunto das faculdades que encerra, surgindo associado às três facetas fundamentais que desde sempre marcaram a intervenção dos Estados na vida internacional[616]:

- o *ius tractuum*;
- o *ius legationis*;
- o *ius belli*.

O *ius tractuum* representa a faculdade concedida para celebrar tratados internacionais, nela se incluindo todos os restantes atos que acessoriamente se podem inscrever na dinâmica que é própria da contratação internacional.

O *ius legationis* corresponde ao estabelecimento de relações diplomáticas e consulares – ativas no mandar e passivas no receber – e está hoje codificado em duas importantes convenções: a CVRD, de 18 de abril de 1961, e a CVRC, de 24 de abril de 1963[617].

O *ius belli* consiste na possibilidade de se usar a força ao abrigo do Direito Internacional, que agora unicamente se concebe numa aceção defensiva, dentro do quadro do direito de legítima defesa, ou sob a determinação dos órgãos que detêm o exclusivo do respetivo uso no seio da comunidade internacional.

II. O *ius tractuum* foi devidamente enquadrado no contexto da fonte do Direito Internacional que traduz o seu resultado, pois que corresponde ao poder que permite a segregação dos tratados internacionais.

De todos os poderes que estão em causa na subjetividade internacional, pode dizer-se que é este o que se afigura fundamental porque consegue refletir o exercício quotidiano de um desejo de disciplina da sociedade internacional.

No entanto, este não é um poder que seja identicamente atribuído à generalidade dos sujeitos internacionais, verificando-se uma atribuição

[616] Sobre estes poderes na esfera internacional, v. Adriano Moreira, *Direito...*, pp. 84 e ss.; Armando M. Marques Guedes, *Direito...*, pp. 156 e 157; André Gonçalves Pereira e Fausto de Quadros, *Manual...*, pp. 301 e ss.; Fausto de Quadros e Jorge Bacelar Gouveia, *As relações...*, pp. 19 e ss.; Joaquim da Silva Cunha e Maria da Assunção do Vale Pereira, *Manual...*, pp. 375 e 376.

[617] Cfr. os correspondentes textos em Jorge Bacelar Gouveia, *Textos Fundamentais...*, respetivamente, pp. 291 e ss., e pp. 309 e ss.

confinada aos sujeitos internacionais institucionais, de tipo clássico, que acompanharam a evolução do Direito Internacional: os Estados e a Santa Sé, desde a sua fundação, e as organizações internacionais, desde o século XX.

Mas este poder, mesmo que limitadamente concedido a tais entidades, mostra-se muito relevante no sublinhar da sua pertinência na cena internacional, permitindo que os mesmos apareçam numa dupla veste: *como autores e como destinatários dessas normas internacionais.*

Já tivemos ocasião de o analisar, podendo desdobrar-se num regime geral – genericamente aplicável – e num regime especial – aplicável a certas categorias de tratados.

O seu procedimento compreende diversos momentos, que cumpre recordar: a negociação; a adoção do texto; a vinculação internacional; a entrada em vigor; o registo e a publicação.

III. O *ius legationis* espelha a preocupação com o relacionamento político entre os sujeitos internacionais[618], assumindo-se como um excelente canal na aproximação de interesses e na troca de pontos de vista, base prévia para um posterior relacionamento formal, que pode ser dado pelo *ius tractuum*, traduzindo-se aquele no estabelecimento de relações diplomáticas e consulares.

Embora não tão relevante quanto o *ius tractuum*, sem dúvida que a sua atribuição é mais ampla, até se desdobrando em múltiplas modalidades, desde o clássico estabelecimento de relações diplomáticas e consulares até à simples participação como observador em organizações internacionais[619].

[618] Cfr. Albino de Azevedo Soares, *Lições...*, pp. 359 e ss.; André Gonçalves Pereira e Fausto de Quadros, *Manual...*, p. 331; Fausto de Quadros e Jorge Bacelar Gouveia, *As relações...*, pp. 30 e ss.

[619] Sobre as relações diplomáticas e consulares em geral, v. Albino de Azevedo Soares, *Lições...*, pp. 361 e ss.; Ian Brownlie, *Principles...*, pp. 346 e ss.; Joaquim da Silva Cunha, *Direito Internacional...*, III, pp. 32 e ss., e pp. 78 e ss., e *As relações diplomáticas entre Estados – aspetos gerais do seu regime jurídico*, in RPIIC, nº 4, 2º semestre de 2002, Lisboa, 2002, pp. 11 e ss.; José Calvet de Magalhães, *Manual Diplomático*, pp. 13 e ss., e *A diplomacia pura*, pp. 15 e ss.; Gerson Mello Boson, *Direito Internacional...*, pp. 289 e ss.; Adherbal Meira Mattos, *Direito...*, pp. 263 e ss.; Nguyen Quoc Dinh, Patrick Daillier e Alain Pellet, *Droit...*, pp. 740 e ss.; Wladimir Brito, *Direito Consular*, pp. 13 e ss., e *Diplomacia e Direito Diplomático*,

As *relações diplomáticas* integram diversas incumbências, como a representação do Estado acreditante junto do Estado acreditador, a proteção no Estado acreditador dos interesses do Estado acreditante, bem como as tarefas de negociação internacional, sem excluir, globalmente, as relações que entre eles se firmem nos planos económicos, sociais e culturais (cfr. o art. 3º da CVRD), podendo as relações diplomáticas ser permanentes ou especiais.

As *relações consulares*, em parte se sobrepondo às relações diplomáticas, ocupam-se da proteção dos interesses do Estado que envia os seus representantes, bem como dos respetivos nacionais ali residentes, assim como do fomento das relações económicas e sociais, para além da atividade burocrática relativa à emissão de documentos no estrangeiro e à fiscalização na aplicação da sua ordem jurídica[620].

O estabelecimento das relações diplomáticas e consulares, como é apanágio de todas as relações contratuais, pressupõe a vontade bilateral dos sujeitos intervenientes, vontade essa que é fundamental para o respetivo início, mas que pode manifestar-se em qualquer outro momento posterior, tanto para a sua suspensão e extinção, como para a substituição de pessoas que integrem os corpos diplomático e consular[621].

As relações diplomáticas e consulares ainda beneficiam de um importante conjunto de privilégios e imunidades, que se justificam em nome de necessidades funcionais, bem como no caráter representativo, mas não já no seu caráter de extraterritorialidade[622]. Tais privilégios e imunidades

pp. 57 e ss.; José Francisco Rezek, *Direito...*, pp. 167 e ss.; Maria Regina Mongiardim, *Diplomacia*, Coimbra, 2007, pp. 131 e ss.

620 Cfr. o art. 5º da CVRC. Como refere Wladimir Brito (*Direito Consular*, p. 63), "...existem sensíveis diferenças entre a instituição consular e a diplomática ou, melhor, entre o agente consular e o agente diplomático como, por exemplo, no modo de nomeação e de entrada em funções, na natureza e extensão dos privilégios, nas imunidades e nos poderes representativos, na forma como deve exercer as funções, no âmbito da circunscrição territorial sob sua jurisdição...".

621 Cfr. Joaquim da Silva Cunha, *Direito Internacional...*, III, pp. 60 e ss.; Nguyen Quoc Dinh, Patrick Daillier e Alain Pellet, *Droit...*, pp. 742 e 743; Wladimir Brito, *Direito Consular*, pp. 79 e ss.

622 Discutindo estas três teorias e explicando que hoje prevalecem as teorias do caráter representativo e da necessidade funcional como fundamento e medida do estatuto das relações diplomáticas e consulares, Joaquim da Silva Cunha, *Direito Internacional...*, III, pp. 49 e 50.

dizem respeito às missões diplomáticas, pela inviolabilidade que lhes é conferida, mas igualmente existem para os membros dos respetivos corpos através do reconhecimento da sua inviolabilidade pessoal, assim como de imunidade jurisdicional e, bem assim, outros aspetos de natureza administrativa e fiscal[623].

IV. O *ius belli*, que antigamente simbolizava a dimensão militar das relações internacionais, permitindo que a guerra fosse um instrumento de relacionamento entre os sujeitos internacionais como qualquer outro, tem hoje uma configuração bem restrita porque não pode já incluir um poder ilimitado de recorrer à força, apenas a sua utilização segundo a CNU ou em legítima defesa.

Eis uma mudança relevantíssima no âmbito das relações internacionais que, paralelamente, foi um sinal de crescimento e de civilização, na passagem de uma justiça privada a um sistema de justiça pública, algo que já tinha acontecido nas sociedades estaduais há muitos séculos.

Por causa do respetivo e óbvio melindre, o *ius belli*, nos casos limitados em que está consagrado, só é atribuído a certos sujeitos internacionais de tipo institucional, que podem desenvolver atribuições no campo militar, num contexto estritamente estadual, não tendo viabilidade noutros sujeitos internacionais.

V. Estas não são as únicas manifestações possíveis da subjetividade internacional, ainda que possam ser as suas manifestações mais emblemáticas.

As mudanças que têm ocorrido na sociedade internacional, com tudo quanto isso significa de novos domínios e relações, têm feito emergir outros tipos de poderes, que gradualmente vão fugindo desta configuração clássica.

Um deles é o poder de participar no funcionamento de instituições internacionais, num estatuto de mera observação, estando em causa entidades que não têm formalmente o *ius tractuum* apropriado, mas sendo essa participação algo mais do que a concretização de um *ius legationis*.

[623] Cfr. Joaquim da Silva Cunha, *Direito Internacional...*, III, pp. 48 e ss.; Nguyen Quoc Dinh, Patrick Daillier e Alain Pellet, *Droit...*, pp. 748 e ss.; Wladimir Brito, *Direito Consular*, pp. 129 e ss.

Outro vem a ser o poder para intervir junto de instâncias internacionais de cariz jurisdicional, assim conseguindo a proteção de posições jurídicas substantivas, faceta que não tem sido compreendida em nenhum dos poderes que se inserem naquela afamada trilogia, com isso se realçando a dimensão adjetivo-processual[624].

Consequentemente, o quadro a apresentar com os conteúdos da subjetividade internacional é mais heterogéneo, tomando por referência o exemplo estadual, mas melhorando-o:

- *funções políticas*: *ius legationis*;
- *funções normativas*: *ius tractuum*;
- *funções administrativas*: direitos procedimentais de audição e de participação em procedimentos internacionais, bem como a defesa de posições pela via coerciva;
- *funções jurisdicionais*: intervenção processual e composição dos tribunais arbitrais.

95. O reconhecimento da subjetividade internacional

I. A atribuição da subjetividade internacional não pode ser encarada com facilitismos porque não só se apresenta tecnicamente espinhosa como sobretudo através dela se jogam os mais delicados interesses da atividade da sociedade internacional.

É natural que o estudo dos sujeitos de Direito Internacional jamais possa ser desligado da apreciação dos mecanismos existentes que conduzam ao respetivo *reconhecimento*, que configura um dos típicos atos jurídicos unilaterais de índole autónoma[625].

[624] Como escrevem FAUSTO DE QUADROS e JORGE BACELAR GOUVEIA (*As relações...*, p. 40), "...sem a possibilidade de fazer aplicar o Direito substantivo pelas vias adjetivas, seriam platónicas ou mesmo inexistentes as vitórias alcançadas com a consagração das posições subjetivas dos Estados no plano do estabelecimento de um Direito Internacional fundado em altos padrões de justiça". Cfr. também ANDRÉ GONÇALVES PEREIRA e FAUSTO DE QUADROS, *Manual...*, p. 331.

[625] Sobre a matéria do reconhecimento dos sujeitos internacionais, v. ALBINO DE AZEVEDO SOARES, *Lições...*, pp. 203 e ss.; J. G. STARKE, *Introduction...*, pp. 129 e ss.; IAN BROWNLIE, *Principles...*, pp. 87 e ss.; ARMANDO M. MARQUES GUEDES, *Direito...*, pp. 211 e ss.; ANDRÉ GONÇALVES PEREIRA e FAUSTO DE QUADROS, *Manual...*, pp. 305 e ss.; GERSON

O *ato de reconhecimento,* nestas circunstâncias, significa que outro ou outros sujeitos de Direito Internacional dão o seu acordo ao surgimento, na cena internacional, de um novo sujeito, embora se concebam atos de reconhecimento supervenientes, de feição modificatória ou extintiva.

II. É variada a fenomenologia do ato de reconhecimento, pois que o mesmo se mostra suscetível de várias contraposições, que ilustram bem as diferentes hipóteses a levar em consideração no estudo desta problemática:

- o *critério do objeto*: o reconhecimento pode ser de uma situação ou de um evento internacional, interessando-nos aqui o reconhecimento de sujeitos internacionais, nos seus tipos e naturezas;
- o *critério do modo*: o reconhecimento pode ser expresso, através de um ato solene, ou implícito, quando se deduz de outros atos ou certos comportamentos;
- o *critério da autoria*: o reconhecimento pode ser individual, se da autoria de uma entidade, ou coletivo, quando protagonizado por vários sujeitos internacionais;
- o *critério da existência ou não de cláusulas acessórias*: separa-se o reconhecimento simples do reconhecimento condicional;
- o *critério da natureza definitiva ou provisória*: pode ser um reconhecimento de *iure*, quando se projeta irrevogavelmente sobre a situação em questão, ou um reconhecimento de facto, quando adquire um sentido precário, havendo o desconhecimento de todos os contornos da situação em apreço;
- o *critério dos efeitos*: o reconhecimento pode ser declarativo ou constitutivo, conforme se revele de cunho essencial à consumação dos respetivos efeitos.

Mello Boson, *Direito Internacional...*, pp. 233 e ss.; Nguyen Quoc Dinh, Patrick Daillier e Alain Pellet, *Droit...*, pp. 556; Francisco Ferreira de Almeida, *Direito...*, pp. 257 e ss.; Wladimir Brito, *Direito...*, pp. 215 e ss.; Malcolm N. Shaw, *International...*, pp. 367 e ss.; Joaquim da Silva Cunha e Maria da Assunção do Vale Pereira, *Manual...*, pp. 503 e ss.; Jorge Miranda, *Curso...*, pp. 185 e ss.; Eduardo Correia Batista, *Direito Internacional...*, II, pp. 22 e ss.; José Francisco Rezek, *Direito...*, pp. 225 e ss.; Jónatas E. M. Machado, *Direito Internacional...*, pp. 231 e ss.

III. A mais difícil de todas essas contraposições, mas decerto a mais prenhe de consequências práticas, é a que tem subjacente a pergunta acerca dos efeitos que decorrem do ato de reconhecimento, abrindo-se esta alternativa:

- *constitutivo*; ou
- *declarativo*.

O *reconhecimento constitutivo*, mais empenhativo, implicita que a emergência de um novo sujeito internacional está sempre dependente da formulação de uma vontade positiva por parte dos sujeitos que já alcançaram essa mesma sociedade internacional, sem o qual tal subjetividade jamais pode desenvolver-se, fundando-se numa clara visão subjetivista das relações internacionais.

O *reconhecimento declarativo*, menos exigente, é um ato de mera certificação formal quanto ao prévio aparecimento de um novo ente de Direito Internacional, cuja emissão nada lhe acrescenta, ainda que possa ser pragmaticamente útil.

Tudo se complica mais porque são raríssimas as disposições de Direito Internacional que se pronunciam sobre este dilema, não sendo possível colher suficientes subsídios de Direito Positivo aplicáveis.

IV. A chave da solução para esta contraposição deve simplesmente repousar nos efeitos que se pretenda atribuir ao ato de reconhecimento internacional, numa ótica de relações internacionais.

O reconhecimento do Estado como sujeito internacional é tido por meramente declarativo, mesmo que se possa apresentar em termos condicionais, uma vez que a importância do aparecimento de um Estado é de tal ordem que se impõe por si mesmo, não sendo frequente haver dúvidas quanto à reunião dos seus requisitos constitutivos[626].

O mesmo se pode dizer do reconhecimento do Governo, que representa o seu elemento funcional, o qual deve seguir o regime do reconhecimento do Estado, em aceitação de que os sujeitos internacionais não

[626] Cfr. Albino de Azevedo Soares, *Lições...*, p. 205; Fausto de Quadros e Jorge Bacelar Gouveia, *As relações...*, p. 13; Nguyen Quoc Dinh, Patrick Daillier e Alain Pellet, *Droit...*, pp. 557 e 558; Wladimir Brito, *Direito...*, p. 220.

devem interferir nos assuntos internos dos Estados, nem na mudança dos respetivos sistemas constitucionais[627].

Já o reconhecimento de outros sujeitos internacionais – como os beligerantes, os insurretos ou os movimentos de libertação nacional – se afigura ser de feição constitutiva[628].

[627] Considerando mesmo alguma doutrina que o reconhecimento de governo é inútil, como é o caso de Nguyen Quoc Dinh, Patrick Daillier e Alain Pellet, *Droit...*, pp. 417 e ss.

[628] Cfr. Nguyen Quoc Dinh, Patrick Daillier e Alain Pellet, *Droit...*, pp. 568 e 569.

§ 27º A DIVERSIDADE DOS SUJEITOS INTERNACIONAIS

96. As principais modalidades de sujeitos internacionais

I. A apresentação dos sujeitos de Direito Internacional não é unívoca e não têm sido poucas, por isso mesmo, as variáveis de que os jusinternacionalistas têm lançado mão para efetuar a respetiva arrumação sistemática.

Embora talvez não o pareça, essa é uma tarefa que, para ser considerada científica, exige a consideração simultânea de fatores que são diversos, em relação aos quais faz sentido evidenciar as opções que se propõem.

Dois têm sido os caminhos seguidos porque a melhor perceção dos sujeitos internacionais pode acontecer tanto através das classificações como por intermédio das tipologias dos mesmos:

- as *classificações* representam separações estanques na realidade em que cada sujeito se insere, com recurso a noções conceptuais-abstratas;
- as *tipologias* descrevem parcelas dessas realidades, sem recorrer a métodos abstrato-conceptuais, antes essencialmente substantivo--materiais.

II. No que toca ao primeiro assunto, várias classificações de sujeitos internacionais se apresentam, no confesso e comum propósito de melhor se conhecer as respetivas singularidades, sendo de seguir o extenso leque que das mesmas apresenta JOAQUIM DA SILVA CUNHA[629]:

[629] JOAQUIM DA SILVA CUNHA e MARIA DA ASSUNÇÃO DO VALE PEREIRA, *Manual...*, pp. 365 e ss.

- sujeitos estaduais e sujeitos não estaduais;
- sujeitos comuns e sujeitos particulares;
- sujeitos de base territorial e sujeitos sem base territorial;
- sujeitos originários e sujeitos supervenientes;
- sujeitos permanentes e sujeitos transitórios;
- sujeitos totais e sujeitos parciais;
- sujeitos de direitos e sujeitos de deveres;
- sujeitos ativos e sujeitos passivos;
- sujeitos de suporte costumeiro e sujeitos de suporte convencional.

III. Outra diferente perspetiva vem a ser aquela que é dada em sede das tipologias de sujeitos internacionais, já não se perguntando se são ou se não são, inquirindo-se substantivamente se eles se inserem, dado o seu número, nalguns possíveis agrupamentos de sujeitos internacionais intencionalmente organizados.

É verdade que as tipologias dos sujeitos internacionais valem mais pela possibilidade que dão de melhor conhecer a configuração de cada um deles do que propriamente pelo rigor científico que possam exprimir, numa louvável preocupação de não conceder um tempo excessivo a aspetos com um mero interesse formal.

Daí que também se perceba que a arrumação tipológica surgida não seja toda ela unânime, permitindo da sua observação retirar diversas conclusões:

- a predominância do fator estadual, diretamente nos Estados, ou em estruturas que sejam por eles protagonizadas ou consentidas;
- a fragilidade dos entes individuais na sociedade internacional, ainda numa fase de afirmação muito embrionária;
- o crescimento de estruturas coletivas diversas do Estado, com ou sem o respetivo apoio institucional.

97. O quadro tipológico proposto

I. Sem nunca pôr em causa a validade das classificações jurídico-científicas de sujeitos internacionais, só a partir das respetivas tipologias podemos deparar com maiores utilidades práticas e regulativas.

E que assim é, aí está a doutrina internacional a demonstrá-lo, porquanto tem considerado mais as tipologias do que as classificações, àquelas tendo dedicado muito mais tempo e espaço nos diversos momentos em que é versada a temática dos sujeitos de Direito Internacional.

Não se pode também olvidar que o estudo na especialidade só pode ser cabalmente realizado com base numa afinada tipologia de sujeitos, mais do que a aplicação de algumas das respetivas classificações, que ficam assim a ter um papel secundário.

II. Perante a pluralidade de soluções, são vários os parâmetros que devemos levar em conta:

- o *caráter didático dessa tipologia*, com o objetivo de apresentar os vários sujeitos de um modo claro e acessível, não cedendo a demasiados rigores formais, porventura até despropositados;
- a *natureza atual deste quadro*, dado que se pretende, ao contrário das classificações, descrever a realidade dos dias de hoje em matéria de sujeitos internacionais;
- a *necessidade de combinar diversos critérios*, na tentativa de se alcançar uma sua apresentação coerente, mas também completa.

III. No nosso entendimento, são dois os critérios essenciais que nos devem guiar na apresentação dos sujeitos internacionais, assim se construindo essa almejada tipologia.

Um desses critérios é de feição marcadamente *estrutural*, porquanto nos vai permitir diferenciar as entidades de acordo com a sua consistência organizatória, sendo o resultado de muitas evoluções que o Direito Internacional foi experimentando.

O outro desses critérios é de cunho mais *funcional* e vai levar em consideração os poderes que cada sujeito internacional exerce no plano da sociedade internacional, não sendo, sob essa perspetiva, todos iguais.

Portanto, as opções concretas quanto ao quadro classificatório a propor devem ser sensíveis a estes dois critérios:

- os *critérios estruturais*; e
- os *critérios funcionais*.

IV. A grande divisão a fazer no estabelecimento da tipologia é entre os sujeitos internacionais que têm substrato estadual daqueles que não oferecem esse substrato estadual.

Os primeiros são marcados pelos Estados, que foram os que apareceram num primeiro momento na vida internacional. Mas a multiplicação dos interesses determinou que outros atores estadualmente dependentes se criassem, assim também ampliando a sua repercussão na esfera internacional.

Os outros sujeitos são motivados por representações não estaduais, sendo-lhes indiferentes ou paralelas as influências estaduais, até nalguns casos se lhes mostrando mesmo ser antagónicas porque precisamente pretendem disputar o seu campo de intervenção na cena internacional.

O resultado concreto da aplicação desses critérios vem a ser o seguinte, de acordo com o nosso propósito de apresentar todos os sujeitos internacionais, ainda que nalguns casos apenas segundo uma visão meramente panorâmica[630]:

- o *Estado*, nas suas múltiplas variantes;
- as *entidades para-estaduais*, pelas suas fortes semelhanças em relação à estrutura estadual;
- as *estruturas interestaduais*, agrupando realidades estaduais mais simples;
- as *coletividades não estaduais*, sujeitos de natureza institucional, que correspondem a entidades coletivas que não têm base estadual;
- a *pessoa humana*, na sua recente relevância como sujeito singular do Direito Internacional.

[630] Outros têm sido os quadros tipológicos propostos, pensando só na doutrina portuguesa:

- André Gonçalves Pereira e Fausto de Quadros (*Manual...*, p. 302) propõem o critério da capacidade plena ou da capacidade limitada, daí resultando o seguinte quadro: no primeiro grupo, (i) o Estado soberano, e no outro grupo, (ii) os sujeitos com base territorial e (iii) os sujeitos sem base territorial;
- Joaquim da Silva Cunha e Maria da Assunção do Vale Pereira (*Manual...*, pp. 373 e ss.) separam entre (i) os Estados, (ii) as coletividades interestaduais, (iii) as coletividades não estaduais e (iv) o indivíduo;
- Jorge Miranda (*Curso...*, p. 187) distingue entre (i) os Estados e entidades afins, (ii) as organizações internacionais, (iii) as instituições não estaduais e (iv) os indivíduos e, em determinadas hipóteses, as pessoas coletivas privadas.

98. A comunidade internacional como sujeito internacional *a se*?

I. Antes de avançarmos na dilucidação dos diversos sujeitos internacionais, tem-se recentemente encarado a posição da comunidade internacional, em si mesmo considerada, como sujeito de Direito Internacional.

Este é bem o exemplo de como o Direito Internacional, que tem assentado numa colaboração interinstitucional, vai gradualmente admitindo o facto de o próprio conjunto desses sujeitos, não individualmente considerados mas de um modo coletivo, poder também representar-se num sujeito internacional *a se*, em sobreposição com aqueles e podendo ter com eles relações conflituantes.

Sem dúvida que do ponto de vista dos interesses, essa dimensão autónoma da Humanidade é hoje uma realidade – ponto é saber se tal já sucede ao nível da construção da subjetividade internacional, na sua qualidade de sujeito de Direito Internacional, numa aceção técnico-jurídica.

Esta é uma resposta que depende do preenchimento do respetivo conceito: ser a comunidade internacional destinatária de normas de Direito Internacional.

II. A análise de diversos textos internacionais leva-nos a supor que essa construção está em marcha e que ela se concretiza nalguns aspetos da maior importância.

São vários os indícios a referir[631]:

- o *ius cogens*, na CVDTE, define-se em função de normas que se referem à "comunidade internacional" no seu todo: "Para efeitos da presente Convenção, uma norma imperativa de Direito Internacional geral é uma norma aceite e reconhecida pela comunidade internacional dos Estados no seu todo como norma cuja derrogação não é permitida..." (art. 53º, segunda parte, da CVDTE);
- a exploração do espaço exterior é realizada tendo em conta a Humanidade em geral: "A exploração e utilização do espaço exterior, incluindo a Lua e os corpos celestes, será conduzida para benefício e interesse de todos os países, independentemente do seu grau de

[631] Cfr. os casos indicados por Nguyen Quoc Dinh, Patrick Daillier e Alain Pellet, *Droit...*, p. 402.

desenvolvimento económico ou científico, constituindo apanágio de toda a Humanidade" (art. 1º, primeira parte, do TEUEE);

- o regime da área, como novo espaço de Direito Internacional, é atribuído em favor da Humanidade em geral: "A Área e os seus recursos são património comum da Humanidade" (art. 136º da CNUDM), ou "Todos os direitos sobre os recursos da Área pertencem à Humanidade em geral, em cujo nome atuará a Autoridade" (art. 137º, nº 2, primeira parte, da CNUDM);
- a responsabilidade internacional pode também atingir valores da própria comunidade internacional: a respetiva invocação pode ser feita por qualquer Estado no caso de a obrigação violada dizer respeito à "...comunidade internacional como um todo" (cfr. o art. 48º do PTRIEFI).

III. Por tudo isto, estamos em crer que a Humanidade é já um sujeito de Direito Internacional, em sobreposição a todos os outros sujeitos internacionais particulares, desfrutando de alguns poderes e direitos na esfera internacional, sem sequer podendo ser um sujeito para efeitos de Direito Interno.

Será certamente um sujeito menor ou bastante limitado, mas isso não quer dizer que o não seja de verdade, porquanto vem a ser titular de direitos e de obrigações, a despeito do seu escasso alcance, quer na sua amplitude, quer no respetivo exercício[632].

No caso em que o exercício desses direitos é deferido aos Estados ou às organizações internacionais, nada obsta àquele reconhecimento, assistindo-se a um mecanismo de representação, a cargo desses Estados e dessas organizações, que podem agir a título duplo: ora em nome próprio, ora como se fosse a Humanidade a atuar.

[632] Cfr. NGUYEN QUOC DINH, PATRICK DAILLIER e ALAIN PELLET, *Droit...*, pp. 402 e 403.

Capítulo VIII
Os Sujeitos Internacionais em Especial

§ 28º Os Estados

§ 29º As entidades para-estaduais

§ 30º As estruturas interestaduais

§ 31º As coletividades não estaduais

§ 32º A pessoa humana

§ 28º OS ESTADOS

99. A soberania internacional dos Estados

I. Os *Estados* são os sujeitos mais antigos do Direito Internacional, mas também por isso mesmo adquirindo um estatuto mais estudado, sendo considerados, em certo sentido, como os sujeitos internacionais por antonomásia[633].

Paralelamente, essa circunstância não pode fazer esquecer que se está já muito longe de se considerar a sociedade internacional como sendo apenas constituída por Estados, em face da qualidade de outras entidades que agora dela fazem parte.

Tal posição foi desde sempre aceite pelo Direito Internacional, tendo sido expressamente consagrada no parecer do TIJ sobre a questão da reparação dos prejuízos sofridos ao serviço da ONU, a esta se atribuindo uma personalidade jurídico-internacional própria.

Para o efeito que nos interessa, que é a sua posição internacional, os Estados não assumem sempre a mesma configuração e importa recortá-los em três modalidades, sob a ótica da Ordem Jurídico-Internacional:

[633] Isso também explica a razão por que, concretamente em relação ao *ius tractuum*, a respetiva importância vem a ser dupla, pois como escrevem Fausto de Quadros e Jorge Bacelar Gouveia (*As relações...*, p. 22) "...os Estados são, ao mesmo tempo, produtores e destinatários das normas convencionais: produtores porque, como sujeitos de Direito Internacional, participam na conclusão de tratados, assim contribuindo para se vincularem aos mesmos; destinatários porque, uma vez terminada aquela posição, têm de se submeter às respetivas estipulações, como se nem sequer tivessem participado da respetiva elaboração".

- os *Estados soberanos*;
- os *Estados semissoberanos*; e
- os *Estados não soberanos*.

II. A situação mais comum é a primeira, na qual os Estados se apresentam na plenitude da sua soberania internacional[634], podendo desenvolver todos os atributos que lhes são tradicionalmente reconhecidos, os quais se fundam na estadualidade, definindo-se em função da verificação destes três elementos fundamentais:

- o *elemento humano*: que é o povo, como conjunto de pessoas que se lhe ligam por um vínculo de cidadania;
- o *elemento territorial*: que é o território, que representa o âmbito espacial de projeção da sua Ordem Jurídica; e
- o *elemento funcional*: que é a soberania, que se traduz, na esfera interna, no poder máximo de auto-organização – a *Kompetenz-Kompetenz* – e na esfera internacional, na independência e igualdade frente a outros poderes.

Neste caso, a soberania interna de que usufruem tem o seu lado simétrico no plano do Direito Internacional, surgindo aos olhos da sociedade internacional como entidades livres e iguais.

[634] Quanto à estrutura do Estado, bem como a sua relevância internacional, v. James Leslie Brierly, *Direito...*, pp. 123 e ss.; Paul Reuter, *Instituições internacionais*, pp. 139 e ss., e *Direito Internacional...*, pp. 101 e ss.; Michael Akehurst, *Introdução...*, pp. 67 e ss.; Antonio Cassese, *International Law...*, pp. 77 e ss., e *International Law*, pp. 46 e ss.; Albino de Azevedo Soares, *Lições...*, pp. 217 e ss.; J. G. Starke, *Introduction...*, pp. 95 e ss.; Marcello Caetano, *Manual de Ciência...*, I, pp. 121 e ss.; Pierre-Marie Dupuy, *Droit...*, pp. 21 e ss.; Armando M. Marques Guedes, *Direito...*, pp. 155 e ss.; Jean Touscoz, *Direito Internacional*, pp. 62 e ss.; André Gonçalves Pereira e Fausto de Quadros, *Manual...*, pp. 328 e ss.; Reinhold Zippelius, *Teoria Geral do Estado*, 3ª ed., Lisboa, 1997, pp. 61 e ss.; Gerson Mello Boson, *Direito Internacional...*, pp. 217 e ss.; Adherbal Meira Mattos, *Direito...*, pp. 63 e ss.; Fausto de Quadros e Jorge Bacelar Gouveia, *As relações...*, pp. 10 e ss.; Georg Jellinek, *Teoría...*, pp. 385 e ss.; Nguyen Quoc Dinh, Patrick Daillier e Alain Pellet, *Droit...*, pp. 407 e ss.; Francisco Ferreira de Almeida, *Direito...*, pp. 202 e ss.; Wladimir Brito, *Direito...*, pp. 241 e ss.; José Francisco Rezek, *Direito...*, pp. 161 e ss.; Jónatas E. M. Machado, *Direito Internacional...*, pp. 185 e ss.

De resto, esta é a situação da esmagadora maioria dos Estados do Mundo, verificando-se que da sua natureza estadual se pode simultaneamente presumir a plenitude da respetiva posição jurídico-internacional.

Este entendimento chegou a ter um reconhecimento normativo-internacional através da Convenção de Montevideo, de 1933, na qual se estabeleceram quatro requisitos para a caraterização jurídico-internacional do Estado: i. população permanente; ii. território determinado; iii. governo; iv. capacidade de entrar em relações com os demais Estados[635].

A soberania internacional dos Estados acarreta consigo um feixe de situações jurídicas que importa enumerar[636]:

- *direitos*: a não sujeição orgânica dos Estados a outros sujeitos; a presunção de regularidade dos respetivos atos; a sua autonomia constitucional na respetiva organização política;
- *deveres*: o respeito pelo Direito Internacional; a proibição de ingerência em assuntos internos; a proibição do uso da força, salvo em legítima defesa; o dever de cooperação internacional[637].

III. Diversa é já a situação dos Estados *semissoberanos*, relativamente aos quais se verifica, da ótica do Direito Internacional, uma limitação na sua capacidade, limitação que pode ter diversas causas, assim como atingir diversos aspetos daquela soberania internacional, devendo distinguir-se os seguintes exemplos[638]:

[635] Cfr. o art. 1º da Convenção de Montevideo, de 26 de dezembro de 1933, sobre os direitos e os deveres dos Estados no Direito Internacional.

[636] Cfr. Nguyen Quoc Dinh, Patrick Daillier e Alain Pellet, *Droit...*, pp. 430 e ss.; Jorge Miranda, *Curso...*, pp. 211 e ss.

[637] Cfr. os arts. 3º e ss. da Convenção de Montevideo, de 1933, sobre os direitos e os deveres dos Estados.

[638] Quanto a estas categorias, v. Adriano Moreira, *Direito...*, pp. 99 e ss.; Albino de Azevedo Soares, *Lições...*, pp. 337 e 338; Marcello Caetano, *Manual de Ciência...*, I, pp. 133 e ss.; Joaquim da Silva Cunha, *Direito Internacional...*, III, pp. 69 e ss.; Armando M. Marques Guedes, *Direito...*, pp. 172 e ss.; André Gonçalves Pereira e Fausto de Quadros, *Manual...*, pp. 348 e ss.; Marcus Cláudio Acquaviva, *Teoria Geral do Estado*, São Paulo, 1994, pp. 7 e ss.; Gerson Mello Boson, *Direito Internacional...*, pp. 229 e ss., e pp. 305 e ss.; Reinhold Zippelius, *Teoria...*, pp. 503 e ss.; Fausto de Quadros e Jorge Bacelar Gouveia, *As relações...*, pp. 11 e ss.; Joaquim da Silva Cunha e Maria da Assunção do Vale Pereira, *Manual...*, pp. 374 e ss.; Jorge Miranda, *Curso...*, pp. 191 e ss.; Eduardo Correia Batista, *Direito Internacional...*, II, pp. 161 e ss.

- os *Estados confederados*;
- os *Estados vassalos*;
- os *Estados protegidos*;
- os *Estados exíguos*;
- os *Estados neutralizados*;
- os *Estados federados*; e
- os *Estados membros de organizações supranacionais*.

Os *Estados confederados*, do prisma de cada uma das unidades que integra a confederação, veem a sua soberania internacional limitada nos assuntos que ficaram delegados na estrutura confederativa, tal como os mesmos foram definidos no tratado que a fundou. Não se trata de uma limitação total porque mantêm a capacidade internacional nos domínios não abrangidos pela atividade da confederação, que por natureza nunca absorve todos os assuntos que integram a política internacional de um Estado[639].

Os *Estados vassalos* refletem a existência de um vínculo feudal, através do qual o Estado suserano, em troca do exercício de poderes internacionais, confere proteção e segurança ao Estado vassalo. Não existindo hoje exemplos deste tipo de vínculo, foi ele utilizado algumas vezes nos séculos passados[640].

Os *Estados protegidos*, numa situação próxima da anterior, colocam-se numa posição de menoridade relativamente ao Estado protetor, a quem conferem um mandato para o exercício de certos poderes internacionais, em troca de proteção e de ajuda. Tal como os anteriores, são situações históricas[641].

Os *Estados exíguos* – ou, noutra nomeclatura, os micro-Estados ou os Estados-Liliputе[642] – são Estados que, por causa da sua pequenez terri-

[639] Exemplos: os Estados membros da Confederação americana que antecedeu a atual Federação; ou a União Europeia, no seu estádio atual, já muito para além de uma mera organização internacional, no entendimento de alguns.

[640] Exemplos: várias situações no Império Otomano em relação ao Egito, de 1841 até 1914, ou em relação aos principados balcânicos da Valáquia, Moldávia, Sérvia e Montenegro, de 1856 a 1878, ou ainda em relação à Bulgária, de 1878 a 1908.

[641] Exemplo: Marrocos em relação à França entre 1912 e 1956.

[642] Em recordação da Ilha de Lilipute, descoberta por Lemuel Gulliver, nas suas aventuras marítimas, habitada por minúsculas criaturas humanas, tal como nos conta JONATHAN SWIFT (*As viagens de Gulliver*, Porto, 2004, p. 20): "Daí a pouco, senti qualquer coisa viva a

torial, não são aceites à plenitude da capacidade jurídico-internacional, embora possam exercer alguns dos poderes que se lhes reconhecem, naturalmente sendo impossível esquecer o óbice de essa exiguidade ser, na verdade, impeditiva da assunção de maiores responsabilidades na cena internacional[643].

Os *Estados neutralizados* são os Estados que, por ato unilateral interno ou por tratado internacional, ficaram decepados do seu poder de intervir em assuntos de natureza militar no plano internacional[644], separando-se dos Estados neutros, estes correspondendo a uma opção momentânea de não intervir num determinado conflito armado, beneficiando do estatuto da neutralidade.

Os *Estados federados* são verdadeiramente Estados, mas por força da sua inclusão numa federação perdem parte da respetiva capacidade internacional, nos termos previstos no texto institutivo da respetiva estrutura federativa, tendo sido disso um bom exemplo algumas das repúblicas da ex-URSS[645], embora noutras situações possa essa perda ser total, devendo neste caso integrar o grupo dos Estados não soberanos.

mexer sobre a minha perna esquerda, a qual, avançando suavemente sobre o meu peito, me chegou quase até ao queixo, quando, ao virar os olhos para baixo o mais que podia, percebi tratar-se de uma criatura humana que não chegava a ter seis polegadas de altura, de arco e flechas na mão e uma alijava às costas".

643 São exemplos de Estados exíguos na Europa, embora com poderes diversos na esfera jurídico-internacional: Andorra, com 467 km2; o Mónaco, com 22 km2 e 20 000 habitantes; o Liechtenstein, com 159 km2 e 14 000 habitantes; São Marino, com 64 km2 e 5 000 habitantes.

644 Os exemplos mais relevantes destes Estados são, por um lado, a Suíça, que se neutralizou no âmbito do Tratado de Paris, de 20 de março de 1815, e a Áustria, situação prevista no Tratado de 15 de maio de 1955, com a URSS, depois confirmada pela Constituição Austríaca de 1955, levada à neutralização na sequência da restauração da sua independência política. Sobre o Principado do Mónaco em especial, v. GEORGES GRINDA, *La Principauté de Monaco*, Paris, 2005.

645 Assim, ADRIANO MOREIRA, *Direito...*, pp. 102 e 103; ANDRÉ GONÇALVES PEREIRA e FAUSTO DE QUADROS, *Manual...*, pp. 352 e ss.

Admitindo as duas possibilidades, JOAQUIM DA SILVA CUNHA e MARIA DA ASSUNÇÃO DO VALE PEREIRA, *Manual...*, p. 388, dizendo que "Se, porém, a Constituição federal consentir a intervenção dos Estados federados na vida internacional, e se qualquer, ou quaisquer, normas de Direito Internacional positivo considerarem esses Estados como seus destinatários diretos, estar-se-á em presença do que Verdross chama *um sujeito parcial de Direito Internacional*".

Os *Estados membros de organizações supranacionais* são Estados que, ao fazerem parte destas entidades internacionais, deixam de exercer a plenitude da sua soberania internacional, delegada ou transferida para a órbita daquelas, as quais podem impor as suas decisões mesmo contra a vontade dos Estados que as incorporam[646].

IV. A Teoria Geral do Estado assinala ainda a existência dos *Estados não soberanos*, que não dispõem de soberania do ponto de vista do Direito Internacional, mas nem por isso deixam de ser considerados Estados, verdadeiros Estados para o Direito Constitucional, fundados nos respetivos textos constitucionais[647].

A procura destas modalidades de Estados não soberanos depara com duas hipóteses estruturalmente distintas:

- os *Estados federados*; e
- os *Estados membros de uniões reais*.

Os *Estados federados*, pertencentes a federações mais amplas, na sequência do exemplo precursor dos Estados Unidos da América, mantêm a sua soberania interna, com os poderes que a identificam, incluindo o poder constituinte, e estabelecem uma estrutura de separação entre o nível estadual e o nível federal. Os Estados federados, nesta sua versão, não são sequer sujeitos de Direito Internacional, por terem transferido a totalidade dos respetivos poderes para o nível federal[648].

Os *Estados membros de uniões reais*, que se inserem nestas estruturas estaduais compósitas, também mantêm a sua soberania interna, ainda que limitada, mas diferentemente do que sucede com os Estados federados, alguns dos órgãos daqueles podem ser comuns à união real, numa lógica de fusão do poder estadual superior com os poderes estaduais subjacentes.

[646] O caso da UE não deixa, hoje em dia, qualquer margem para dúvidas de que os Estados que a integram já não são plenamente soberanos, mas apenas semissoberanos. Neste sentido, JOAQUIM DA SILVA CUNHA e MARIA DA ASSUNÇÃO DO VALE PEREIRA, *Manual...*, p. 386.

[647] Cfr. FAUSTO DE QUADROS e JORGE BACELAR GOUVEIA, *As relações...*, pp. 10 e 11; JORGE MIRANDA, *Curso...*, pp. 192 e 193.

[648] Assim, mesmo analisando casos atípicos, como foi o do federalismo soviético, NGUYEN QUOC DINH, PATRICK DAILLIER e ALAIN PELLET, *Droit...*, pp. 426 e 427.

100. As vicissitudes do Estado

I. Não obstante a sua enorme relevância, qualitativa e quantitativa, jamais as estruturas estaduais se mantêm perpétuas e não é certamente despiciendo fazer o roteiro das alterações que podem sofrer e que se repercutem na respetiva vida internacional[649].

Não se pode convenientemente estudar o fenómeno estadual sem levar em consideração as suas *vicissitudes mais típicas*, isto é, os acontecimentos que interferem na sua estrutura, modificando os parâmetros da sua relevância internacional.

Essas vicissitudes podem ser de duas dimensões, conforme o tipo de elemento estadual que seja tido por predominante[650]:

- as *vicissitudes políticas*; e
- as *vicissitudes territoriais*.

II. As *vicissitudes políticas* corporizam mutações no sistema político dos Estados, com óbvias implicações em cada sistema constitucional, como sucede com o reconhecimento dos governos provisórios, bem como nos casos em que a capacidade internacional dos Estados se altera.

Estas vicissitudes políticas têm, na maior parte dos casos, apenas uma projeção sobre o sistema constitucional dos Estados, operando-se modificações nos seus regimes político, social ou económico, não sendo, por isso, imediatamente concernentes ao plano internacional.

Mas também pode suceder que essas alterações políticas se projetem na fisionomia internacional dos Estados, determinando alterações importantes na sua aparência, podendo diminuir ou aumentar a sua capacidade internacional.

[649] Sobre as vicissitudes do Estado em geral, v. André Gonçalves Pereira, *Da sucessão de Estados quanto aos tratados*, Lisboa, 1968, pp. 28 e ss.; Michael Akehurst, *Introdução...*, pp. 177 e ss.; André Gonçalves Pereira e Fausto de Quadros, *Manual...*, pp. 332 e ss.; Jean-Paul Pancracio, *Droit International des Espaces*, Paris, 1997, pp. 5 e ss.; Gerson Mello Boson, *Direito Internacional...*, pp. 317 e ss.; Georg Jellinek, *Teoría...*, pp. 259 e ss.; Nguyen Quoc Dinh, Patrick Daillier e Alain Pellet, *Droit...*, pp. 517 e ss.

[650] Cfr. Gerson Mello Boson, *Direito Internacional...*, p. 317.

III. As *vicissitudes territoriais* designam alterações no elemento territorial, que se modifica total ou parcialmente, determinando uma mutação na respetiva configuração, sendo estas, de longe, as mais usuais na vida internacional, já que diretamente interferem no respetivo posicionamento.

Uma melhor dilucidação das vicissitudes territoriais depara com três categorias, acompanhando o Estado nas suas alterações vitais, assim sendo:

- *vicissitudes aquisitivas*;
- *vicissitudes modificativas*; e
- *vicissitudes extintivas*.

IV. As *vicissitudes aquisitivas* apontam para o momento do nascimento do Estado, o que do ponto de vista fenomenológico pode acontecer por diversas vias[651]:

- o *nascimento a partir de um processo de secessão*, com manutenção do Estado anterior, assim reduzido, surgindo um novo Estado através de um ato de separação territorial;
- o *nascimento a partir de um processo de descolonização política*, com fundamento no movimento da descolonização internacional[652];
- o *nascimento por fusão num novo Estado de territórios que pertenciam a outros Estados*, que ao mesmo tempo se dissolvem.

A independência do Kosovo, declarada unilateralmente em 17 de fevereiro de 2008 em relação à Sérvia, suscitou dúvidas de conformidade jurídico-internacional, as quais foram esclarecidas pela opinião do TIJ, proferida em 22 de julho de 2010, no sentido de considerar essa independência conforme ao Direito Internacional[653].

A questão fundamental que se colocou foi a da validade de uma secessão, além de decretada unilateralmente, supostamente fora do âmbito do princípio da autodeterminação dos povos, situação em que se aplicaria

[651] Cfr. Nguyen Quoc Dinh, Patrick Daillier e Alain Pellet, *Droit...*, pp. 518 e ss.; Eduardo Correia Batista, *Direito Internacional...*, II, pp. 216 e ss. Numa perspetiva mais histórica, José Francisco Rezek, *Direito...*, pp. 163 e ss.

[652] Exemplos: os novos Estados africanos de língua portuguesa, até 1975 territórios colónias portuguesas: Angola, Cabo Verde, Guiné-Bissau, Moçambique e São Tomé e Príncipe.

[653] Cfr. http://www.icj-cij.org/docket/files/141/15987.pdf

o princípio da integridade territorial, que incorpora como uma das suas consequências principais a proibição de separações territoriais.

V. As *vicissitudes modificativas*, não implicando o desaparecimento do Estado, apenas o modificando territorialmente, concretizam-se segundo diversas hipóteses:

- a *aquisição de parcelas territoriais*, seja por fenómenos naturais, como o aluvião e o avulsão, em conjunto a acessão, seja por atos jurídicos, como a ocupação de terras *res nullius*, a ocupação autorizada ou a adjudicação onerosa[654];
- a *perda de parte do seu território*, por cataclismos naturais, como terramotos ou inundações permanentes;
- a *cessão parcial voluntária*, havendo a decepação de parcela do seu território, a integrar noutro Estado ou a erigir-se, autonomamente, em novo Estado, através de um processo convencional.

VI. Nas *vicissitudes extintivas*, dá-se o desaparecimento do Estado, o que pode suceder de acordo com variados fenómenos[655]:

- o *desaparecimento do seu território*, como terá sido o caso da lendária Atlântida, que se afundou no Oceano Atlântico;
- a *secessão extintiva*, quando o Estado se desagrega, as suas partes se integrando noutros Estados já existentes[656] ou dando origem a novos Estados;
- a *usucapião*, quando a posse sobre território alheio, sem que seja contestada, se convola em direito de soberania territorial;

[654] Exemplos de compra de território: a compra da Louisiana à França pelos Estados Unidos da América em 1803 por 60 milhões de francos ou do Alaska à Rússia em 1867 por 7,2 milhões de dólares; a compra do Acre à Bolívia pelo Brasil em 1903 por 2 milhões de libras esterlinas e a prestação de determinados serviços. Cfr. José Francisco Rezek, *Direito...*, p. 164.

[655] Ainda que a extinção do Estado possa ser determinada por outras lógicas, além da territorial. Gerson Mello Boson (*Direito Internacional...*, pp. 335 e 336) distingue quatro tipos de causas: (i) as causas físicas; (ii) as causas biológicas; (iii) as causas psicológicas; e (iv) as causas jurídicas.

[656] Exemplo: a antiga República Democrática Alemã, que se extinguiu por incorporação na República Federal da Alemanha, com a reunificação.

– a *decisão unilateral* de um governo de facto ou de uma organização internacional.

Outros acontecimentos, se outrora considerados lícitos, deixaram de o ser no novo Direito Internacional, como o caso dos territórios conquistados pela força.

VII. A extraordinária importância que se atribui ao papel dos Estados na vida internacional, bem como a frequência e a gravidade das vicissitudes que houve ocasião de descrever, potenciam o estudo da *sucessão de Estados*, ou seja, do momento em que novos Estados se colocam na posição de Estados anteriores, por desaparecimento daqueles, total ou parcialmente quanto aos respetivos territórios, sendo assim de distinguir entre a *sucessão total* e a *sucessão parcial.*

Se o conceito de sucessão, aplicado às pessoas físicas, não é fácil de entender, imagine-se o seu estudo no tocante aos Estados, ainda que a CVSET (1978) tivesse tido a preocupação de fixar, no domínio dos tratados internacionais, algumas importantes regras[657].

Não se fique com a ideia restritiva de que a sucessão de Estados respeita apenas às questões da transmissão da posição nos tratados internacionais celebrados: é muito mais do que isso, implicando outras situações, como

[657] Sobre a sucessão de Estados em geral, v. André Gonçalves Pereira, *Da sucessão...*, pp. 12 e ss.; Paul Reuter, *Direito Internacional...*, pp. 120 e ss.; Adriano Moreira, *Direito...*, pp. 107 e ss.; Michael Akehurst, *Introdução...*, pp. 197 e ss.; Joaquim da Silva Cunha, *Problemas da vigência dos tratados*, in *Estudos de Direito*, I, Porto, 1986, pp. 335 e ss.; Albino de Azevedo Soares, *Lições...*, pp. 352 e ss.; J. G. Starke, *Introduction...*, pp. 321 e ss.; Ian Brownlie, *Principles...*, pp. 654 e ss.; Pierre-Marie Dupuy, *Droit...*, pp. 33 e ss.; André Gonçalves Pereira e Fausto de Quadros, *Manual...*, pp. 335 e ss.; Jean Touscoz, *Direito Internacional*, pp. 153 e ss.; Gerson Mello Boson, *Direito Internacional...*, pp. 327 e ss.; Nguyen Quoc Dinh, Patrick Daillier e Alain Pellet, *Droit...*, pp. 538 e ss.; Francisco Ferreira de Almeida, *Direito...*, pp. 244 e ss.; Malcolm N. Shaw, *International...*, pp. 861 e ss.; Joaquim da Silva Cunha e Maria da Assunção do Vale Pereira, *Manual...*, pp. 393 e ss.; Jorge Miranda, *Curso...*, pp. 224 e ss.; Eduardo Correia Batista, *Direito Internacional...*, II, pp. 81 e ss.; José Francisco Rezek, *Direito...*, pp. 289 e ss.; Jónatas E. M. Machado, *Direito Internacional...*, pp. 237 e ss.

as competências e os bens. Contudo, ressalta como princípio comum o princípio da continuidade dos Estados[658].

Tem concitado uma cada vez maior relevância o tema da sucessão de Estados, representando a translação para as entidades herdeiras de posições que pertenciam ao Estado defunto, sucessão que pode dizer respeito a quatro tópicos fundamentais[659]:

- a sucessão quanto aos tratados;
- a sucessão quanto à nacionalidade das pessoas privadas;
- a sucessão quanto às dívidas contraídas; e
- a sucessão quanto à propriedade pública (neste caso, tendo sido elaborado a Convenção de Viena sobre a sucessão de Estados em matéria de propriedade, arquivos e dívidas de Estado, de 1983).

101. As relações externas de Portugal: aspetos materiais

I. Definida a importância dos Estados para o Direito Internacional, resta observar qual a inserção do Estado Português na vida internacional, sendo certo que Portugal é um dos Estados mais antigos da Europa e, por isso, também do Mundo.

Esta é a matéria das nossas relações externas, as quais espelham o regime a que se sujeitam os atos de intervenção internacional, um deles já oportunamente observado aquando da feitura dos tratados internacionais.

II. É obviamente na CRP – na parte da "Constituição das Relações Externas" – que devemos encontrar as opções básicas que devem orientar a busca dessa relevância internacional do Estado Português, num importante aspeto do seu Direito Constitucional.

[658] Como refere José Francisco Rezek (*Direito...*, p. 289), "O Estado, como já vimos, não é produto de mera elaboração jurídica convencional: ele é antes de tudo uma realidade física, um contingente humano estabelecido em determinada área territorial, sob a regência de uma ordem jurídica cujo eventual colapso não faria com que desaparecessem os elementos materiais preexistentes à composição do sistema de poder. Fala-se por isso num princípio da *continuidade do Estado*, que evoca de certo modo a lei física da inércia". Cfr. também Francisco Ferreira de Almeida, *Direito...*, p. 245.

[659] Sobre este regime da sucessão nestas matérias, v. Francisco Ferreira de Almeida, *Direito...*, pp. 246 e ss.; José Francisco Rezek, *Direito...*, pp. 291 e ss.

São de diferente índole as disposições que aí encontramos, que se explicam bem dentro da diversidade de funções normativas que a Constituição dos dias de hoje entende por bem levar a cabo:

- *orientações de índole material*, relacionadas com a tomada de posições na esfera internacional;
- *orientações de índole organizatória*, destinadas a esclarecer procedimentos de participação dos diversos órgãos que internamente dela são encarregados.

III. Do ponto de vista material, a CRP tem uma expressa posição acerca do rumo que deve tomar Portugal no seu relacionamento internacional, não sendo algo de indiferente ou neutro no plano das opções constitucionais[660].

É assim que assume máxima relevância o art. 7º da CRP[661], que fixa o quadro fundamental dessa matéria, tendo precisamente por epígrafe "Relações Internacionais", em cujo contexto podemos referir os seguintes princípios:

- o princípio da proteção dos direitos do homem;
- o princípio da formação de uma comunidade lusíada;
- o princípio da integração europeia;
- o princípio da independência nacional;
- o princípio do respeito pelos direitos dos povos;
- o princípio da igualdade dos Estados;
- o princípio da solução pacífica dos conflitos internacionais;

[660] Cfr. J. J. Gomes Canotilho e Vital Moreira, *Fundamentos...*, p. 91. Como escrevem Fausto de Quadros e Jorge Bacelar Gouveia (*As relações...*, p. 59), "Numa assinalável novidade a respeito da inserção de Portugal no mundo, a Constituição Portuguesa não adota qualquer posição de neutralidade e pretende traçar, normativamente, um conjunto de coordenadas fundamentais quanto ao relacionamento externo do Estado Português."

[661] Sobre este art. 7º da CRP, v. André Gonçalves Pereira, *O Direito Internacional na...*, pp. 38 e 39; Jorge Miranda, *A Constituição de 1976...*, pp. 292 e 293, *Manual de Direito Constitucional*, III, 4ª ed., Coimbra, 1998, pp. 194 e ss., e *Artigo 7º*, in AAVV, *Constituição Portuguesa Anotada* (org. de Jorge Miranda e Rui Medeiros), I, Coimbra, 2005, pp. 82 e ss.; António Costa, *A Constituição e as relações...*, pp. 675 e 676; J. J. Gomes Canotilho e Vital Moreira, *Fundamentos...*, pp. 91 e 92, e *Constituição...*, 3ª ed., p. 78; Jorge Bacelar Gouveia, *Os direitos fundamentais atípicos*, pp. 359 e 360; José de Matos Correia, *Direito das Relações...*, pp. 121 e ss.; Fausto de Quadros e Jorge Bacelar Gouveia, *As relações...*, pp. 59 e ss.

- o princípio da não ingerência nos assuntos internos dos outros Estados;
- o princípio da cooperação com todos os outros Estados para a emancipação e progresso da Humanidade;
- o princípio da abolição do imperialismo, do colonialismo e de quaisquer formas de agressão, domínio e exploração nas relações entre os povos;
- o princípio do desarmamento geral, simultâneo e controlado, a dissolução dos blocos político-militares e o estabelecimento de um sistema de segurança coletiva.

De todos eles, indubitavelmente que os princípios da proteção dos direitos do homem, da formação de uma comunidade lusíada e da integração europeia são os mais relevantes[662].

IV. Não tem sido pacífica a determinação do valor jurídico a atribuir a este preceito, não só por causa da sua inserção sistemática no articulado constitucional como pelo seu genérico conteúdo, com uma estrita necessidade de articulação com muitos outros preceitos constitucionais, sem contar ainda com o seu tom excessivamente proclamatório[663].

Duas são as principais posições que têm sido seguidas na afinação do valor jurídico desta disposição constitucional, que materialmente se prende com vários domínios do maior melindre para o relacionamento externo de Portugal:

- a *posição do caráter programático da disposição*, sem força jurídica suficiente para impor a invalidação de atos que lhe sejam contrários;
- a *posição do caráter precetivo da disposição*, dela decorrendo os fortes efeitos da constitucionalidade plena.

[662] Para mais desenvolvimentos acerca destes três princípios, v., por todos, Fausto de Quadros e Jorge Bacelar Gouveia, *As relações...*, pp. 64 e ss.

[663] Como frisam Fausto de Quadros e Jorge Bacelar Gouveia (*As relações...*, p. 60), essas dúvidas advêm "...do tom proclamatório utilizado, bem como do facto de haver a sobreposição regulativa com outros domínios, assim se suscitando sérias dúvidas a respeito da plenitude do seu vigor jurídico".

A primeira posição – de juridicidade fraca do art. 7º da CRP – foi logo tomada aquando da formação do texto constitucional, sendo de referir o importante nome de André Gonçalves Pereira, que cedo teve ocasião de dizer que tal preceito constitucional conteria "...regras programáticas pelas quais o Estado se regerá nas relações internacionais"[664].

A outra posição – de juridicidade forte – tem sido desenvolvida mais recentemente e sublinha que, não obstante se tratar de preceito dotado de grande vaguidade e sendo esmagadoramente composto por princípios, do mesmo decorreria o drástico efeito da invalidação dos atos que lhe fossem contrários[665].

V. Estamos em crer que ambos os entendimentos têm uma parte da verdade, sendo certo que se impõe fazer algumas prevenções, no objetivo de melhor recolocar o problema, até porque se trata de uma disposição bastante diversificada, quanto mais não seja por via do acrescento de que foi alvo na V revisão constitucional de 2001.

A intensidade jurídico-constitucional deste art. 7º da CRP não pode ser vista unitariamente e vai depender de vários fatores:

- das conexões que tem com outras disposições constitucionais que concretizam os respetivos sentidos normativos, surgindo assim como uma regulação sobreposta;
- do tipo de opções que são ali tomadas, que é muito diferenciado, oscilando entre sentidos políticos e sentidos jurídico-normativos;
- dos destinatários dessas disposições, que não têm a ver apenas com o Estado, mas com os cidadãos e outras instâncias de relacionamento internacional;

[664] André Gonçalves Pereira, *O Direito Internacional na...*, p. 38.

[665] A favor desse forte sentido constitucional, António Costa (*A Constituição...*, p. 676), mencionando que "...a sua inclusão no texto constitucional não é despicienda", uma vez que "...lhes confere dignidade constitucional, revestindo-os assim de todas as qualidades inerentes às disposições da Constituição em sentido formal, designadamente como parâmetro de apreciação da constitucionalidade, nos termos do art. 277º, nº 1, e pela relevância intersistemática que podem assumir na interpretação de outras disposições constitucionais".

Jorge Miranda (*Curso...*, pp. 155 e ss.) igualmente vai neste sentido, até porque defende o caráter supraconstitucional daqueles princípios como manifestações de um *ius cogens* internacional que se imporia à própria CRP.

- da diferente densidade regulativa de matérias abrangidas, realçando diferentes níveis quanto à sua operatividade[666].

Quer isto dizer a "...dissecação desses vários preceitos desvenda-nos a existência de uma acentuada diversidade de alinhamentos que se tomam por presentes na esfera jurídica das relações internacionais do Estado. E essa diversidade é tanto mais profunda quanto é certo conviverem aspetos tradicionais do relacionamento internacional do Estado, lado a lado com aspetos inovadores e até pouco frequentes, que normalmente não ganham qualquer referência constitucional"[667].

102. As relações externas de Portugal: aspetos organizatórios

I. O nosso texto constitucional também se ocupa de aspetos de índole organizatória, em cujos termos importa observar como o Estado Português se relaciona internacionalmente, de acordo com os órgãos do seu sistema político, sendo relevantes os seguintes poderes:

- o *ius tractuum*;
- o *ius legationis*;
- o *ius belli*.

Como o poder de celebrar tratados já foi analisado, resta agora averiguar os outros dois poderes de Portugal na esfera internacional, perguntando-se quais os órgãos intervenientes.

II. O *ius legationis* corresponde ao estabelecimento de relações diplomáticas e consulares, elas resultando de uma decisão do Governo, na sua qualidade de órgão fundamental na condução da política geral do país, em que obviamente se inclui a política internacional.

666 A este propósito, tivemos ocasião de averiguar até que ponto do art. 7º da CRP se poderia retirar uma cláusula de receção de direitos fundamentais atípicos consagrados no plano do Direito Internacional. A nossa conclusão, perante a sua escassa densidade normativa, foi a de que ela não seria operativa para esse propósito. Cfr. Jorge Bacelar Gouveia, *Os direitos fundamentais atípicos*, p. 316.

667 Fausto de Quadros e Jorge Bacelar Gouveia, *As relações...*, pp. 62 e 63.

A iniciativa interna para o estabelecimento das relações internacionais também se comete ao Governo, através do Ministério dos Negócios Estrangeiros.

O papel do Chefe de Estado é ainda fundamental porque lhe compete a nomeação e a receção das cartas credenciais dos embaixadores, tal como o texto constitucional o refere, ainda que erroneamente[668]: "Compete ao Presidente da República, nas relações internacionais (...) Nomear os embaixadores e os enviados extraordinários, sob proposta do Governo, e acreditar os representantes diplomáticos estrangeiros" [art. 135º, al. a), da CRP].

III. O *ius belli* tem o significado interno de o Estado Português só poder usar a força dentro dos limites internacionais aplicáveis, que são a legítima defesa, estando o respetivo monopólio cometido ao Conselho de Segurança da ONU, com o objetivo de manter a paz e a segurança internacionais.

No Direito Português, essa situação de uso da força é representada pelo *estado de guerra*[669], que corresponde à aplicação do Direito Militar, com tudo quanto isso representa.

A respetiva decisão é tomada, a título final, pelo Chefe de Estado, sob a iniciativa do Governo e dependendo de autorização da Assembleia da República, bem como de audição prévia consultiva do Conselho de Estado.

A CRP é bem clara neste ponto, dizendo que "Compete ao Presidente da República, nas relações internacionais (...) Declarar a guerra em caso de agressão efetiva ou iminente e fazer a paz, sob proposta do Governo, ouvido o Conselho de Estado e mediante autorização da Assembleia da República, ou, quando esta não estiver reunida nem for possível a sua reunião imediata, da sua Comissão Permanente" [art. 135º, al. c), da CRP].

IV. É muito útil fazer a síntese da participação dos vários órgãos constitucionais no seio dos diversos poderes de relacionamento internacional

[668] Como judiciosamente bem assinala José de Matos Correia, *Direito das Relações...*, pp. 126 e ss.

[669] Sobre o estado de guerra, v., por todos, Jorge Bacelar Gouveia, *Estado de guerra*, in DJAP, 2º sup., Lisboa, 2001, pp. 301 e ss.

do Estado Português, pensando-se em cada um dos três principais órgãos do sistema político nacional[670].

Da parte do Chefe de Estado, compete-lhe quatro essenciais intervenções:

- a representação da República, ao nível protocolar;
- a nomeação e a acreditação dos embaixadores;
- a declaração da guerra e a feitura da paz; e
- a ratificação dos tratados solenes e a assinatura dos atos de aprovação dos acordos simplificados.

Do lado da Assembleia da República, cumpre dizer que lhe está endereçada uma participação diversificada:

- na aprovação dos tratados solenes e dos acordos simplificados mais relevantes;
- na autorização da declaração de guerra e da feitura da paz;
- no acompanhamento da integração europeia.

O Governo tem diversos poderes de iniciativa e decisão internacional, sendo de sublinhar:

- a negociação e o ajuste de convenções internacionais;
- a iniciativa da declaração da guerra e da feitura da paz;
- o estabelecimento das relações diplomáticas e consulares, bem como a proposta para a nomeação dos nossos embaixadores;
- a nomeação de pessoas para cargos da UE, para além da presença nos órgãos comunitários de tipo intergovernamental;
- a aprovação dos acordos internacionais em que a Assembleia da República não seja competente.

No tocante ao Governo, é-lhe ainda conferida a incumbência de ser o órgão de direção política do país, no que se inclui tanto a dimensão interna como a dimensão externa[671]. Assim se retira a conclusão de que, no plano

[670] Para uma sua apresentação geral, v. FAUSTO DE QUADROS e JORGE BACELAR GOUVEIA, *As relações...*, pp. 79 e ss., pp. 107 e ss., e pp. 124 e ss.

[671] O art. 182º da CRP afirma que "O Governo é o órgão de condução da política geral do país e o órgão superior da administração pública".

das competências externas, a competência geral – e, por isso mesmo, também a competência residual – incumbe ao Governo.

V. Numa perspetiva mais geral, essa é uma apreciação que assume relevância na sua articulação com o sistema de governo que constitucionalmente se fixou, levando em consideração o conjunto das funções do poder público que estão cometidas aos órgãos nacionais.

E esta é uma análise que se mostra pertinente a dois títulos:

- por um lado, averiguar a distribuição do poder pelos diversos órgãos intervenientes;
- por outro lado, perceber até que ponto a conclusão que ali se obtém se conjuga com a resposta geral no plano do sistema de governo.

VI. No plano da organização do sistema de governo nacional, Portugal adotou, numa opinião praticamente unânime, o *semipresidencialismo*[672], que tem a singularidade de convocar, para papéis ativos, os órgãos políticos de soberania: o Presidente da República, a Assembleia da República e o Governo.

O modelo do sistema de governo semipresidencial radica numa combinação árdua – e também por vezes instável – de elementos oriundos dos sistemas de governo já anteriormente consagrados, o presidencialismo e o parlamentarismo, embora fazendo inserir elementos novos, que o individualizam:

- do *presidencialismo*, retira a designação democrática direta do Chefe de Estado, de acordo com o que se passa na prática com a eleição do Presidente dos Estados Unidos da América;
- do *parlamentarismo*, acolhe a diarquia entre Chefe de Estado e Chefe de Governo, sem olvidar o facto de haver a responsabilidade política do Governo perante o Parlamento;
- como *traços próprios*, refira-se a dupla responsabilidade política do Governo, que deve merecer a confiança tanto do Chefe de Estado como do Parlamento, assim como a atribuição ao Chefe de Estado de alguns poderes efetivos, não o colocando numa posição de mera representação simbólica.

[672] Sobre a adoção do semipresidencialismo em Portugal, bem como a bibliografia na matéria, v., por todos, Jorge Bacelar Gouveia, *O estado de exceção...*, II, p. 1128, nt. nº 2954.

VII. Não é fácil fazer um exercício comparativo dos poderes nas relações externas para se aquilatar da sua exata correspondência com o sistema de governo que está em vigor, exercício que pode ter algo de ocioso.

O que significa que não deixa de ser interessante registar que as relações externas, bem como a contratação internacional em particular, podem ser bem os exemplos de que se cumpre, neste aspeto específico da função política pública, na sua vertente externa, a orientação geral que se extrai do semipresidencialismo, que é *a da partilha de poderes entre os diversos órgãos intervenientes*.

Essa verificação tem outra vantagem: a de possuir uma configuração muito próxima do sistema de governo, avultando como órgãos dominantes o Presidente da República – de quem depende, livremente, a contratação internacional – e a Assembleia da República – cuja deliberação é decisiva para as convenções internacionais mais relevantes.

Posição mais lateral tem o Governo, uma vez que só desfruta de um poder de iniciativa, embora seja exclusivo, e também lhe está atribuído um poder na aprovação de acordos simplificados sobre matérias menos relevantes[673].

Diz-se que o Governo tem uma competência geral e residual em matéria de relações externas, mas daí não se lhe pode atribuir qualquer papel preponderante: a utilização possível dessa cláusula geral extensiva é muito escassa, dado que os momentos fundamentais dessa competência são tipologicamente atribuídos a outros órgãos, a quem se reservaram competências específicas em aspetos de muito maior importância no plano da distribuição do poder público que lhes está subjacente.

[673] Essa verificação, porém, não deixa de suscitar a questão da necessidade de em próxima revisão constitucional se reforçar a posição política do Parlamento. Como tivemos ocasião de escrever (Jorge Bacelar Gouveia, *Reflexões sobre a 5ª Revisão...*, p. 646), "Igualmente se registam anomalias ao nível do peso dos órgãos constitucionais no procedimento de conclusão das convenções internacionais, sendo certo que, nos dias de hoje, essa é uma das mais importantes fontes de produção normativa no ordenamento jurídico português. Temos muitas dúvidas de que a posição dos órgãos constitucionais no procedimento legislativo interno – em que se nota o primado da função legislativa da Assembleia da República – possa ser equivalente às respetivas posições no procedimento de conclusão das convenções internacionais, podendo mesmo colocar-se a hipótese de uma situação de distorção, atribuindo-se pela via internacional mais importância a certos órgãos que manifestamente não a têm no plano interno".

§ 29º AS ENTIDADES PARA-ESTADUAIS

103. Os beligerantes e os insurretos

I. Os *beligerantes* correspondem a grupos de rebeldes armados, que desenvolvem uma atividade bélica em prol da mudança do sistema político do Estado em que se integram[674].

Uma das suas características fundamentais é, deste modo, a prossecução da luta armada, naturalmente contrariando as exigências da ordem constitucional e da ordem pública do Estado onde exercem essa atividade.

Noutra perspetiva, a luta armada é feita em nome de um objetivo da mutação do sistema político, dentro do contexto estadual em que se encontram, não extravasando, portanto, para outros Estados e normalmente não tendo uma implicação internacional.

Os beligerantes ainda se definem por levarem a cabo uma atividade parcialmente bem sucedida, já que devem necessariamente ocupar uma parte do território estadual, ainda que com diversos graus de implantação.

A relevância dos beligerantes ou dos movimentos revolucionários tem-se jogado entre duas doutrinas: a doutrina da legitimidade (Carlos

[674] Sobre os beligerantes e os insurretos, v. ANTONIO CASSESE, *International Law...*, pp. 81 e ss.; ALBINO DE AZEVEDO SOARES, *Lições...*, pp. 208 e ss.; JOAQUIM DA SILVA CUNHA, *Direito Internacional...*, III, pp. 74 e ss.; ARMANDO M. MARQUES GUEDES, *Direito...*, pp. 179 e ss.; NGUYEN QUOC DINH, PATRICK DAILLIER e ALAIN PELLET, *Droit...*, pp. 568 e 569; WLADIMIR BRITO, *Direito...*, pp. 313 e 314; JOAQUIM DA SILVA CUNHA e MARIA DA ASSUNÇÃO DO VALE PEREIRA, *Manual...*, pp. 453 e ss.; JORGE MIRANDA, *Curso...*, pp. 193 e ss.; EDUARDO CORREIA BATISTA, *Direito Internacional...*, II, pp. 334 e ss.; JÓNATAS E. M. MACHADO, *Direito Internacional...*, pp. 278 e ss.

Tobar) e a doutrina da efetividade (Genaro Estrada)[675], embora a prática internacional tenha vindo a dar prevalência à efetividade no tocante ao conteúdo – através da qual se atende mais ao domínio do território do que ao respeito pelo princípio democrático – e à não intervenção nos assuntos internos – em que ressalta a adoção de comportamentos indiretos de aceitação dos beligerantes[676].

II. Os *insurretos* representam, tal como os beligerantes, grupos de rebeldes que levam por diante uma luta armada com o objetivo de derrubar o sistema político vigente, mudando depois a ordem constitucional estabelecida.

Porém, ao contrário do que sucede com os beligerantes, os insurretos não ocupam nenhuma parcela do território estadual, executando as suas atividades de guerrilha em diversas zonas desse território, sem que se possa dizer que nalguma delas assumam o respetivo controlo político-administrativo.

III. Perante a descrição dos beligerantes e dos insurretos, pergunta-se: por que razão eles têm lugar no quadro dos sujeitos de Direito Internacional, se aquilo que pretendem é uma mera e interna transformação do sistema político do Estado onde executam as suas atividades armadas?

Não obstante esse seu caráter interno, as implicações internacionais das suas atividades podem existir, de acordo com várias perspetivas, para além de tudo o que se possa dizer a respeito da preservação dos direitos humanos dentro do território do Estado em crise:

- a importação do armamento que utilizam;
- a desestabilização económica que provocam na região;
- a desproteção e a emigração das respetivas populações.

Perante este estado de coisas, o Direito Internacional não pode fechar os olhos e, pura e simplesmente, desinteressar-se do respetivo regime jurídico-internacional.

[675] Cfr. Armando M. Marques Guedes, *Direito*..., p. 183.
[676] Cfr. José Francisco Rezek, *Direito*..., pp. 229 e ss.

Sendo essa uma relevância limitada, nem por isso é despicienda, como sucede em matéria de Direito Internacional Humanitário, em aplicação das regras que ali se encontram quanto à proteção dos prisioneiros de guerra ou ao socorro dos seus feridos.

104. As minorias nacionais e os governos no exílio

I. As *minorias nacionais* – ou, noutra terminologia, os movimentos de libertação nacional[677] – são também coletividades para-estaduais, desta feita se colocando numa posição de futuro: querem transformar o território onde habitam, bem como o conjunto das pessoas que agregam, numa realidade estadual, dando origem ao nascimento de uma unidade jurídico-política onde já existe uma unidade histórico-geográfica.

As minorias nacionais concretizam os seus objetivos de construção de um novo Estado tanto pela simples proclamação de independência, quanto a uma colónia, como pela secessão, separando-se do Estado a que pertenciam.

Distintamente dos beligerantes e dos insurretos, a atividade que as minorias nacionais desenvolvem não é necessariamente bélica, assumindo diversos cambiantes: para lá de uma atividade militar, combatendo no terreno do Estado onde se pretende edificar a nova entidade política, pode haver uma atividade puramente diplomática, chamando a atenção para a justeza da criação daquela nova realidade.

O exemplo mais emblemático de movimento de libertação nacional foi durante muito tempo a Organização da Libertação da Palestina, com o objetivo da criação do Estado da Palestina, embora agora com a Autoridade Palestiniana, de base territorial e gozando de uma certa autonomia político-administrativa, a sua posição internacional seja diversa. Mas pode ainda referir-se os diversos movimentos que justa-

[677] Sobre os movimentos de libertação nacional, v. Antonio Cassese, *International Law...*, pp. 90 e ss.; Armando M. Marques Guedes, *Direito...*, pp. 177 e 178; Nguyen Quoc Dinh, Patrick Daillier e Alain Pellet, *Droit...*, pp. 569 e 570; Francisco Ferreira de Almeida, *Direito...*, pp. 324 e ss.; Joaquim da Silva Cunha e Maria da Assunção do Vale Pereira, *Manual...*, pp. 450; Jorge Miranda, *Curso...*, pp. 195 e 196; Eduardo Correia Batista, *Direito Internacional...*, II, pp. 346 e ss.

mente lutavam pela independência das antigas colónias portuguesas em África[678].

II. Outra entidade que também se mostra relevante neste grupo das entidades para-estaduais é a dos *governos no exílio*[679], os quais resultam da continuidade da ação governativa de certo Estado, não havendo condições fácticas de isso suceder dentro do território estadual, por ter entretanto deflagrado uma situação de crise.

A consequência que se impõe é a da deslocalização do aparelho governativo do Estado – incluindo os seus diversos órgãos de soberania – para o estrangeiro, aí se organizando os atos de restituição da soberania e, eventualmente, se emitindo outros atos jurídico-públicos que seja possível praticar, ainda que o grau de efetividade seja muito baixo.

Os governos no exílio assumem relevância internacional porque podem ser eles a protagonizar as relações internacionais do Estado de onde estão deslocalizados, como se fossem verdadeiramente esse mesmo Estado a agir[680].

A razão de ser para a sua autonomização apoia-se no facto de não se encontrarem no território estadual, o mesmo sofrendo um processo de ocupação, que não permite que seja a realidade estadual a atuar diretamente.

Claro que na prática o governo no exílio depende muito dos atos de reconhecimento, que são constitutivos, de que venha a beneficiar, bem como das situações de força internacional, inquirindo-se até que ponto vale a pena a sua consideração autónoma no caso de emergir uma nova realidade jurídico-política no território estadual ocupado, que assim consiga apagar a sua relevância internacional.

[678] A respeito destes movimentos e das suas relações com o Portugal metropolitano de então, numa visão que não partilhamos, Joaquim da Silva Cunha, *O Ultramar, a Nação e o "25 de Abril"*, Coimbra, 1977, pp. 13 e ss.

[679] Sobre os governos no exílio, v. Armando M. Marques Guedes, *Direito...*, pp. 184 e ss.; Nguyen Quoc Dinh, Patrick Daillier e Alain Pellet, *Droit...*, p. 421.

[680] Exemplos recentes: o Governo do Estado do Koweit, ocupado na crise de 1990-1991 ou o Governo do Cambodja até às eleições de 1993, durante a ocupação vietnamita.

105. As regiões infraestaduais

I. Ainda dentro do leque de sujeitos que, não sendo estaduais, se aproximam bastante das características que estes ostentam, é de mencionar as *regiões infraestaduais*, que corporizam espaços territoriais, dotados de autonomia jurídico-pública e com poderes, embora limitados, na vida internacional[681], num contexto geral de entidades que se situam abaixo do Estado a que diferenciadamente se vinculam[682].

Apesar de terem em comum uma mesma qualidade de sujeitos internacionais, elas são bastante heterogéneas, pelo que se mostra particularmente espinhoso definir-lhes um perfil conceptual uniforme.

Numa visão geral, estas entidades refletem desejos de autonomia jurídico-pública, com uma vertente externa, nunca deixando de estar submetidas a um poder constituinte originário que as subordina, no seio do Estado em que parcialmente se integram, surgindo muitas vezes com um estatuto temporário.

II. As *regiões autónomas* correspondem à mais comum cristalização desta possibilidade, pessoas coletivas de Direito Público que desenvolvem atribuições e competências em diversos domínios, podendo ser objeto de regulação por parte de três setores do Direito Público:

- o Direito Constitucional, na sua inserção organizacional e nas respetivas competências políticas e legislativas;
- o Direito Administrativo, na prossecução de atribuições no seio da Administração Pública;
- o Direito Internacional, nos casos em que possam desenvolver, por si próprias, uma atividade jurídico-internacional.

A relevância internacional das regiões autónomas não se integra necessariamente no seu conceito, embora possa ser assumida no caso de lhes

[681] Quanto à posição internacional das coletividades territoriais infraestaduais em geral, v., por todos, Wladimir Brito, *A Convenção-Quadro Europeia...*, pp. 294 e ss., e pp. 348 e ss.

[682] Situação que também poderia integrar-se neste conceito geral, embora se tivesse alargado a todo o território, era a de Timor-Leste, durante a administração da ONU. Sobre a respetiva situação jurídico-internacional, v., por todos, Miguel Galvão Teles, *Timor Leste*, in DJAP, 2º sup., Lisboa, 2001, pp. 643 e ss.

serem atribuídas competências na esfera internacional, que na essência se podem localizar em duas vertentes:

- a participação em organizações internacionais;
- a celebração de tratados internacionais especialmente atinentes ao seu território e interesses.

Os exemplos mais estabilizados desta realidade são as regiões autónomas consagradas na Europa, a seguir à II Guerra Mundial, como resposta intermédia aos desejos autonomistas de certos Estados:

- a Itália, com a Constituição de 1947, para a totalidade do seu território;
- Portugal, com a Constituição de 1976, no território insular dos Açores e da Madeira;
- a Espanha, com a Constituição de 1978, na totalidade do território.

III. Outra possibilidade de entidade infraestadual extremamente relevante – e até mais sofisticada do que o regionalismo europeu – é aquela que existe na China, relativamente ao regime jurídico-público de Hong Kong e de Macau, territórios que têm um estatuto praticamente idêntico, tendo as respetivas regiões sido criadas na sequência da cessação das administrações britânica e portuguesa, respetivamente em 1977 e em 1999.

Estas regiões – que tomam a designação de "regiões administrativas especiais", de Hong Kong[683] e de Macau – fazem parte integrante da República Popular da China, cuja Constituição permite a existência de um regime administrativo especial, desviante em relação ao regime unitarista que é praticado no restante território chinês.

[683] Quanto ao enquadramento jurídico-público das regiões especiais de Hong Kong e de Região de Macau, com muitas parecenças entre si e sublinhando-se em ambas naturalmente os aspetos de Direito Internacional, v. Yash Ghai, *Hong Kong's New Constitutional Order*, 2ª ed., Hong Kong, 1999, pp. 457 e ss.; Jorge Bacelar Gouveia, *A Lei Básica da Região Administrativa Especial de Macau – contributo para uma compreensão de Direito Constitucional*, BFDUM, ano VI, nº 13, 2002, pp. 173 e ss., e *Direito Constitucional de Macau*, Lisboa, 2012, pp. 33 e ss.; Manuel de Almeida Ribeiro, *A região administrativa especial de Macau e o Direito Internacional*, in BFDUM, ano VI, nº 13, 2002, pp. 199 e ss.; Manuel Trigo, *Por um lugar para Macau*, in AAVV, *Colóquio de Direito Internacional – Comunidade dos Países de Língua Portuguesa* (org. de J. J. Gomes Canotilho), Coimbra, 2003, pp. 127 e ss.

A despeito da nomenclatura utilizada, o certo é que são muito mais do que uma região administrativa especial, indo para além do modelo europeu de regionalismo político-administrativo, assim bem se justificando a sua autonomização conceptual:

- no *plano interno*, as suas atribuições são também do foro legislativo e jurisdicional, podendo fazer leis e podendo ter tribunais próprios, que decidem algumas questões em última instância;
- no *plano internacional*, estas regiões são relevantes em certos domínios, ao ser-lhes reconhecida competência para a celebração de alguns tratados internacionais e para a pertença a algumas organizações internacionais[684].

IV. As *cidades internacionalizadas* não são fáceis de qualificar, mas apresentam-se diretamente relevantes para o Direito Internacional[685], podendo também aparentar-se com o estatuto de uma entidade infraestadual, diversa do Estado, embora quase sempre sejam temporárias.

Elas correspondem a porções territoriais que, por força de circunstâncias histórico-geográficas especiais, não dão origem à criação de um Estado – só que igualmente se lhes atribui uma capacidade para agir no seio da comunidade internacional, ao mesmo tempo que se lhes reconhece uma autonomia interna administrativa.

São vários os casos a referir, de natureza histórica: Cracóvia, Tanger, Dantzig, Trieste, Mostar e Jerusalém. A situação da Palestina igualmente oferece contornos internacionais, indefinidos mas aproximados de uma região internacionalizada, não sendo (ainda) um Estado.

Com parecenças a esta entidade jurídico-internacional, estão as administrações transitórias em territórios que, no futuro, serão Estados, em

[684] Como tivemos ocasião de escrever (Jorge Bacelar Gouveia, *A Lei Básica...*, p. 198), "Tudo isto aponta para a qualificação da Região de Macau, sendo uma nova pessoa coletiva de Direito Público de caráter geral, como uma entidade *sui generis*: os seus traços não se encaixam em nenhuma outra realidade, mas aproximam-se bastante da realidade estadual, em vista da amplitude e diversidade de poderes, podendo assim ser considerada como uma entidade pró-estadual".

[685] Sobre as cidades internacionalizadas, v., por todos, Nguyen Quoc Dinh, Patrick Daillier e Alain Pellet, *Droit...*, pp. 457 e ss.

transição no âmbito de um processo de descolonização, embora a fenomenologia seja variada[686], sob a influência da ONU.

V. Em Portugal, havendo também regiões autónomas, num regionalismo político-legislativo parcial e periférico[687], é justo que se coloque a pergunta de saber se elas são sujeitos de Direito Internacional.

Para a lógica internacional, as Regiões Autónomas portuguesas não são propriamente irrelevantes, pois que lhes estão constitucionalmente cometidas algumas competências nesse domínio[688]:

- a participação na negociação de tratados internacionais que lhes digam respeito: "Participar nas negociações de tratados e acordos

[686] Quanto às administrações transitórias de territórios a cargo da ONU, v. MÓNICA FERRO, *As Administrações Transitórias das Nações Unidas e a construção do Estado de Timor Leste*, in RPIIC, nº 4, 2º semestre de 2002, Lisboa, 2002, pp. 201 e ss.

[687] Sobre o regionalismo político-legislativo português em geral, v. MARCELO REBELO DE SOUSA, *Direito Constitucional...*, pp. 147 e ss., e *Estado*, in DJAP, IV, Lisboa, 1991, pp. 215 e 216; FERNANDO AMÂNCIO FERREIRA, *As regiões autónomas na Constituição Portuguesa*, Coimbra, 1980, pp. 49 e ss.; ISALTINO MORAIS, JOSÉ MÁRIO F. DE ALMEIDA e RICARDO L. LEITE PINTO, *Constituição...*, p. 26; EDUARDO PAZ FERREIRA, *As finanças regionais*, Lisboa, 1985, pp. 157 e ss.; PEDRO MACHETE, *Elementos para o estudo das relações entre os atos legislativos do Estado e das Regiões Autónomas no quadro da Constituição vigente*, in RDES, ano XXXIII, nºs 1-2, Janeiro-Junho de 1991, pp. 223 e ss.; VASCO PEREIRA DA SILVA, *Régions autonomes – rapport portugais*, in AAVV, *Études de Droit Constitutionnel Franco-Portugais*, Paris, 1992, pp. 192 e ss.; J. J. GOMES CANOTILHO e VITAL MOREIRA, *Constituição...*, 3ª ed., pp. 75 e 76; JORGE BACELAR GOUVEIA, *Portugal – Des collectivités locales en attente de région*, in AAVV, *Les collectivités décentralisées de l'Union Européenne* (org. de ALAIN DELCAMP), Paris, 1994, pp. 309 e ss., *Autonomia regional, procedimento legislativo e confirmação parlamentar*, in *Novos Estudos de Direito Público*, Lisboa, 2002, pp. 31 e ss., e *Manual de Direito Constitucional*, II, pp. 965 e ss.; JORGE PEREIRA DA SILVA, *Região autónoma*, in DJAP, VII, Lisboa, 1996, pp. 138 e ss.; RUI MEDEIROS e JORGE PEREIRA DA SILVA, *Estatuto Político-Administrativo da Região Autónoma dos Açores Anotado*, Lisboa, 1997, pp. 29 e ss.; JORGE MIRANDA, *Manual...*, I, pp. 372 e ss., e *Manual...*, III, pp. 300 e ss.

[688] Quanto aos poderes das regiões autónomas na esfera internacional, v. FAUSTO DE QUADROS e JORGE BACELAR GOUVEIA, *As relações...*, pp. 157 e ss.; JORGE MIRANDA, *O Direito Constitucional Português da Integração Europeia – alguns aspetos*, in AAVV, *Nos 25 Anos da Constituição da República Portuguesa de 1976 – Evolução constitucional e perspetivas futuras*, Lisboa, 2001, pp. 60 e ss., e *Curso...*, pp. 198 e ss.; MARIA LUÍSA DUARTE, *União Europeia e entidades regionais: as regiões autónomas e o processo comunitário de decisão (relatório português)*, in RFDUL, vol. XLIII, nº 1 de 2002, pp. 58 e ss.

internacionais que diretamente lhes digam respeito, bem como nos benefícios deles decorrentes" [art. 227º, nº 1, al. t), da CRP];
- a participação em organizações internacionais de cooperação regional: "Estabelecer cooperação com outras entidades regionais estrangeiras e participar em organizações que tenham por objeto fomentar o diálogo e a cooperação inter-regional, de acordo com as orientações definidas pelos órgãos de soberania com competência em matéria de política externa" [art. 227º, nº 1, al. u), da CRP].

A doutrina portuguesa tem hesitado no reconhecimento às Regiões Autónomas da qualidade de sujeitos de Direito Internacional[689], registando-se ainda o peso de uma conceção excessivamente estatista.

Como a noção de sujeito internacional é qualitativa, e não quantitativa, é de crer que as Regiões Autónomas portuguesas são seguros sujeitos internacionais, limitados é certo, mas nem por isso pouco relevantes na vida internacional: a atribuição daqueles poderes torna-as parceiras independentes para certos efeitos internacionais, surgindo sem o Estado na prossecução dessas atribuições[690].

[689] Contra a qualificação das Regiões Autónomas Portuguesas como sujeitos de Direito Internacional, v. JORGE MIRANDA, *Curso...*, p. 199, afirmando que "Estes poderes, embora originais e significativos, não envolvem a transformação das regiões em sujeitos de Direito Internacional", mas depois logo admite que essas Regiões Autónomas possam ser titulares de poderes internacionais, diretamente regulados pelo Direito Internacional. Justifica-se a pergunta: se as Regiões Autónomas são titulares de poderes internacionais, como é possível negar-se-lhes as respetivas personalidade e capacidade jurídico-internacionais para o efeito. Estar-se-á a pensar no paradoxo de existirem direitos sem sujeito?

Em sentido contrário, aceitando essa representação externa, ainda que frisando o seu alcance limitado, MARIA LUÍSA DUARTE (*União Europeia e entidades...*, p. 62): "O artigo 227º, nº 1, alínea *x)*, 1ª parte, associa de modo expresso o direito de participação das regiões autónomas à sua "*representação nas respetivas instituições regionais*" do processo de construção europeia, ou seja, à sua representação nos órgãos da União Europeia de composição ou representatividade regional – como é, justamente, o caso do Comité das Regiões, no qual as regiões autónomas dos Açores e da Madeira estão representadas pelos respetivos presidentes dos governos regionais".

[690] A participação direta no Comité das Regiões, previsto no art. 263º do TCE, é elemento eloquente para essa conclusão, a despeito de a competência ser consultiva e de os respetivos representantes serem nomeados pelo Estado: o que interessa é que se trata de um órgão de uma instância internacional, não interna, que é a UE.

§ 30º AS ESTRUTURAS INTERESTADUAIS

106. As associações de Estados

I. Sendo ainda o Estado a entidade que mais tradição tem no plano internacional, é natural que não se apresente apenas na sua singeleza, numa aceção individual, e ao mesmo tempo se mostre articuladamente, numa junção de vontades de vários Estados, unidos no plano internacional.

De resto, nos tempos de globalização que estamos vivendo, essa é uma tendência cada vez mais forte, corrente centrípeta que vai convencendo os Estados a aparecerem em harmonia orgânica nos diversos cenários que a vida internacional vai tecendo.

Uma dessas possibilidades é representada pelas *associações de Estados*, as quais se fundam em pactos constitutivos que refletem aspetos da estrutura estadual dos que delas passam a fazer parte.

Ainda que não sejam exatamente aferidas à realidade estadual, o certo é que comungam de algumas das suas características, como seja o elemento territorial, que se afigura sempre relevante nas associações de Estados.

II. As *associações de Estados*[691], marcadas por aquela dimensão territorial, podem apresentar-se sob duas principais modalidades, embora se deva

[691] Sobre estas diversas associações de Estados, v. ALBINO DE AZEVEDO SOARES, *Lições...*, pp. 335 e ss.; ARMANDO M. MARQUES GUEDES, *Direito...*, pp. 163 e ss.; ANDRÉ GONÇALVES PEREIRA e FAUSTO DE QUADROS, *Manual...*, pp. 361 e ss.; JOAQUIM DA SILVA CUNHA e MARIA DA ASSUNÇÃO DO VALE PEREIRA, *Manual...*, pp. 428 e ss.; JORGE MIRANDA, *Curso...*, p. 200.

referir a existência de associações de Estado *sui generis*, que fogem do figurino mais estudado pelo Direito Internacional:

- as *confederações*; e
- as *uniões reais*.

Há ainda quem considere as *uniões pessoais*: só que estas não são propriamente associações de Estados, pois que não ostentam qualquer dimensão orgânica e unicamente conceptualizam a coincidência de certa pessoa ser titular de órgãos de chefia em dois ou mais Estados, por aplicação de um critério de sucessão hereditária[692].

Naturalmente que não se pode esconder as severas implicações políticas da união pessoal, caso em que um dos Estados é sempre favorecido, do ponto de vista das medidas tomadas, em relação aos outros[693], numa ótica que faz sobretudo prevalecer o ponto de vista da Ciência das Relações Internacionais.

III. As *confederações* são associações de Estados que se fundam num tratado internacional – o *pactum confoederationis* – em cujos termos são vertidas as atribuições que lhes são transmitidas, bem como os órgãos que ficam incumbidos da respetiva prossecução[694].

As *uniões reais* são verdadeiros Estados compostos, criados a partir de um tratado internacional, que integram vários Estados e que, do mesmo

[692] Como afirmam Joaquim da Silva Cunha e Maria da Assunção do Vale Pereira (*Manual...*, p. 429), "Os Estados integrados numa união pessoal conservam a sua plena capacidade internacional (continuam a ser Estados soberanos) e a união não goza de personalidade jurídica internacional". Cfr. também Armando M. Marques Guedes, *Direito...*, p. 168.

[693] V. o caso da união pessoal entre Espanha e Portugal, entre 1580 e 1640, que muito prejudicou os interesses de Portugal como Estado independente, não obstante a coincidência de terem os mesmos reis: Filipe I, Filipe II e Filipe III. Mas há outros exemplos: a união da Prússia e de Neuchatel, entre 1707 e 1857; a união da Grã-Bretanha e do Hanover, entre 1714 e 1837; a união dos Países Baixos e do Luxemburgo, entre 1815 e 1890.

[694] O principal exemplo histórico é o da Confederação Norte-Americana, criada em 15 de novembro de 1777 e posta em vigor a 1 de março de 1781. Cfr. Ana Maria Guerra Martins, *As origens da Constituição Norte-Americana – uma lição para a Europa*, Lisboa, 1994, pp. 37 e ss., descrevendo o seu funcionamento e refletindo sobre as razões do seu rápido fracasso.

passo, absorvem, numa lógica de fusão, alguns dos órgãos dos Estados simples participantes[695].

São de diversa índole as atribuições internacionalmente reconhecidas a estes esquemas de associação de Estados: ao passo que as confederações são entidades parciais, só desenvolvendo uma capacidade jurídico-internacional limitada, os Estados reservando importantes áreas das respetivas soberanias, no caso das uniões reais essa capacidade é plena, ficando os Estados que as integram por completo desvitalizados da respetiva soberania internacional.

IV. Mais difíceis de entender são as associações de Estados *sui generis*, que não correspondem ao figurino que ficou delineado. Esse caráter *sui generis* pode resultar de diversos aspetos que se deve ponderar[696]:

- o facto de ostentarem esse nome, embora depois a realidade seja diversa;
- o facto de as atribuições concedidas não serem suficientes para justificar a existência formal autónoma da estrutura compósita em relação aos Estados que dela fazem parte;
- o facto de o substrato em causa não se revestir de um elemento territorial.

A mais emblemática das associações de Estados que fogem deste figurino clássico é a Comunidade Britânica, também designada por *British Commonwealth of Nations*. A sua atipicidade está na circunstância de para alguns dos Estados que a integram o monarca britânico continuar sendo aí, formalmente, o Chefe de Estado. Numa lógica conceptual, esta partilha de um dos órgãos de soberania poderia aproximar a associação da união real, cuja estrutura fica dependente da fusão de certos órgãos. Acontece,

[695] Vários exemplos só históricos: a União da Suécia e da Noruega, entre 1815-1905; a União da Áustria e da Hungria, entre 1867 e 1919; a União da Dinamarca e da Islândia, entre 1918 e 1944.

[696] Sobre estas associações de Estados atípicas, v. ARMANDO M. MARQUES GUEDES, *Direito...*, pp. 168 e ss.; PAULO CANELAS DE CASTRO, *A Comunidade dos Países de Língua Portuguesa – para um discurso jurídico sobre a sua identidade e um seu programa de ação*, in AAVV, *Colóquio de Direito Internacional – Comunidade dos Países de Língua Portuguesa*, Coimbra, 2003, pp. 51 e ss.; JOAQUIM DA SILVA CUNHA e MARIA DA ASSUNÇÃO DO VALE PEREIRA, *Manual...*, pp. 431 e ss.

porém, que essa é uma fusão meramente formal, tudo se passando como se ela efetivamente não tivesse acontecido, não se considerando esses Estados limitados na sua soberania.

Outra associação de Estados bastante *sui generis* é a *Comunidade dos Estados Independentes*, consequência direta do desejo de conservar algo daquilo que foi a ex-URSS. Criada pelo Tratado de Alma-Ata, a Comunidade dos Estados Independentes considera a existência de atribuições comuns na respetiva atividade, para além de ter estabelecido diversos órgãos. Todavia, ao contrário do que o seu nome inculca, não é sequer uma associação de Estados porque não vigora qualquer dimensão territorial, para além de os Estados que dela fazem parte não sofrerem limitação na sua soberania internacional.

107. As organizações internacionais

I. O outro eixo a considerar nas coletividades interestaduais é constituído pelas *organizações internacionais*[697], uma das grandes novidades trazidas pelo Direito Internacional contemporâneo.

[697] Sobre as organizações internacionais em geral, v. GAETANO MORELLI, *Nozioni...*, pp. 229 e ss.; PAUL REUTER, *Instituições internacionais*, pp. 217 e ss.; ADRIANO MOREIRA, *Direito...*, pp. 135 e ss.; ANTONIO CASSESE, *International Law...*, pp. 85 e ss.; MÁRIO BETTATI, *Le Droit...*, pp. 11 e ss.; JOÃO CAUPERS, *Direito Internacional...*, pp. 11 e ss.; ALBINO DE AZEVEDO SOARES, *Lições...*, pp. 373 e ss.; J. G. STARKE, *Introduction...*, pp. 601 e ss.; IAN BROWNLIE, *Principles...*, pp. 679 e ss.; NUNO E SOUSA, *Curso...*, pp. 149 e ss.; ARMANDO M. MARQUES GUEDES, *Direito...*, pp. 195 e ss.; PIERRE-MARIE DUPUY, *Droit...*, pp. 97 e ss.; ANDRÉ GONÇALVES PEREIRA e FAUSTO DE QUADROS, *Manual...*, pp. 411 e ss.; JEAN TOUSCOZ, *Direito Internacional*, pp. 159 e ss.; MARIA LUÍSA DUARTE, *A teoria dos poderes implícitos e a delimitação de competências entre a União Europeia e os Estados-membros*, Lisboa, 1997, pp. 155 e ss.; MANUEL DE ALMEIDA RIBEIRO, *A Organização...*, pp. 7 e ss.; MARGARIDA SALEMA D'OLIVEIRA MARTINS e AFONSO D'OLIVEIRA MARTINS, *Direito das Organizações...*, I, pp. 9 e ss.; CRISTINA M. M. QUEIROZ, *Direito Internacional Público II – organizações internacionais*, Lisboa, 2002, pp. 5 e ss.; NGUYEN QUOC DINH, PATRICK DAILLIER e ALAIN PELLET, *Droit...*, pp. 573 e ss.; FRANCISCO FERREIRA DE ALMEIDA, *Direito...*, pp. 267 e ss.; WLADIMIR BRITO, *Direito...*, pp. 269 e ss.; MALCOLM N. SHAW, *International...*, pp. 1164 e ss.; JOAQUIM DA SILVA CUNHA e MARIA DA ASSUNÇÃO DO VALE PEREIRA, *Manual...*, pp. 511 e ss.; JORGE MIRANDA, *Curso...*, pp. 200 e ss., e pp. 227 e ss.; EDUARDO CORREIA BATISTA, *Direito Internacional...*, II, pp. 233 e ss.; JOSÉ FRANCISCO REZEK, *Direito...*, pp. 247 e ss.; JÓNATAS E. M. MACHADO, *Direito Internacional...*, pp. 243 e ss.; JOÃO MOTA DE CAMPOS e JOÃO LUÍS MOTA DE CAMPOS, *Teoria geral das organizações internacionais*,

As organizações internacionais estribam-se numa vontade comum que pretende estugar a cooperação internacional entre os Estados, mas em que não está presente uma dimensão territorial que seja determinante na definição do exercício do poder que lhe foi atribuído, ao mesmo tempo que se difereciam das organizações internacionais não governamentais, que não ostentam qualquer elemento político.

Aquela evolução tem sido tão rápida que hoje mesmo deixou de ser exato afirmar que as organizações internacionais resultam da conjunção da vontade dos Estados: podem já resultar do contributo de outras vontades, como sejam as das próprias organizações internacionais, numa meta-representação internacional destas[698].

As organizações internacionais, quando fundadas pelos Estados, são novas entidades jurídico-internacionais, que desenvolvem atribuições que aqueles lhes transmitiram, por órgãos próprios, com base num substrato próprio, cada um deles interpretando um interesse distinto dos interesses estaduais presentes.

II. Tendo em conta a sua importância no contexto das diversas modalidades possíveis de combinação dos esforços dos Estados, tem sido verdadeiramente exponencial as elucubrações científicas que a seu propósito têm sido produzidas, num claro declínio das restantes associações de Estados, acompanhando o deslindar de três principais fases, numa contínua e crescente evolução do seu número e variedade[699]:

- *da instauração do constitucionalismo até à I Guerra Mundial*: período em que não houve senão arremedos de organizações internacionais, como foi a Santa Aliança ou o Concerto Europeu, tendência ape-

in AAVV, *Organizações internacionais* (coord. de João Mota de Campos), 2ª ed., Lisboa, 2006, pp. 11 e ss.; Valério de Oliveira Mazzuoli, *Curso de Direito Internacional...*, pp. 316 e ss.

[698] Cfr. Nguyen Quoc Dinh, Patrick Daillier e Alain Pellet, *Droit...*, pp. 585 e 586.

[699] Assim, Nguyen Quoc Dinh, Patrick Daillier e Alain Pellet, *Droit...*, pp. 574 e ss. Cfr. também Paul Reuter, *Instituições internacionais*, pp. 219 e ss.; João Caupers, *Direito Internacional...*, pp. 9 e 10; Margarida Salema d'Oliveira Martins e Afonso d'Oliveira Martins, *Direito das Organizações...*, I, pp. 29 e ss.; Manuel de Almeida Ribeiro, *A Organização...*, pp. 13 e ss.; Francisco Ferreira de Almeida, *Direito...*, pp. 267 e ss.; Wladimir Brito, *Direito...*, pp. 269 e 270; João Mota de Campos e João Luís Mota de Campos, *Teoria geral das organizações...*, pp. 27 e ss.

nas contrariada pela criação de algumas comissões fluvias e uniões administrativas;
- *o período compreendido entre as duas guerras*: durante o qual se deram os primeiros passos no âmbito de uma experiência para-universal, como foi a SDN, apesar dos múltiplos fracassos em que se afundaria; e
- *depois da II Guerra Mundial*: este período se caracterizando por um reforço da ONU, em relação à sua predecessora, bem como por um crescimento do multilateralismo e, mais recentemente, do regionalismo, com novas organizações regionais, blocos político-regionais.

III. Entrando no estudo dogmático das organizações internacionais, começa-se por apreciar o respetivo conceito, que como frisam André Gonçalves Pereira e Fausto de Quadros incorpora dois elementos fundamentais[700]:

- um *elemento organizacional*; e
- um *elemento internacional*.

O primeiro destes dois elementos atende à formação de uma nova pessoa coletiva, de substrato associativo e com caráter de permanência, dotada de órgãos próprios, que lhe imputam uma vontade funcional em nome de interesses privativos, diversos dos sujeitos que a promoveram.

O outro elemento chama a atenção para o facto de esta nova entidade ser regulada pelo Direito Internacional, não sendo primeiro criada por qualquer Direito Interno, assim se distinguindo, de entre outros motivos, das organizações não governamentais, que aqui têm a sua sede jurídica inicial.

Não suscita hoje qualquer dúvida, a não ser havendo indicações em sentido contrário, a atribuição às organizações internacionais de persona-

[700] Cfr. Paul Reuter, *Instituições Internacionais*, pp. 223 e ss.; João Caupers, *Direito Internacional...*, pp. 11 e ss.; André Gonçalves Pereira e Fausto de Quadros, *Manual...*, p. 413; Margarida Salema d'Oliveira Martins e Afonso d'Oliveira Martins, *Direito das Organizações...*, I, pp. 49 e ss.

Diferentemente, reconduzindo as organizações internacionais a uma espécie de associação de Estados, Nguyen Quoc Dinh, Patrick Daillier e Alain Pellet, *Droit...*, p. 578.

lidade jurídica internacional, que é diferente da dos Estados, ou de outros sujeitos, que as tenham criado e que delas fazem parte[701].

É importante referir, a este propósito, o modelar parecer do TIJ sobre a Reparação de Prejuízos sofridos ao serviço da ONU, que veio reconhecer àquela organização a personalidade jurídica internacional, não obstante o silêncio da CNU sobre a matéria, assim podendo ser indemnizada pelos prejuízos causados pela morte do seu mediador sueco, o Conde Folke Bernadotte, enviado à Palestina numa missão, assassinado em 17 de setembro de 1948, juntamente com o francês Coronel André Serot, na parte oriental de Jerusalém, sob o domínio de Israel[702].

IV. A crescente importância das organizações internacionais fez com que rapidamente elas se agrupassem em diferentes *classificações*[703], cada uma delas dando conta de sensíveis particularidades, sendo hoje cinco as mais relevantes, em razão de outros tantos critérios[704]:

- o *critério das atribuições*;
- o *critério dos membros*;
- o *critério do acesso*;
- o *critério dos poderes*; e
- o *critério da duração*.

[701] Cfr. João Mota de Campos e João Luís Mota de Campos, *Teoria geral das organizações...*, pp. 151 e ss.

[702] Cfr. a descrição do caso em Antonio Cassese, *International Law...*, p. 87; Francisco Ferreira de Almeida, *Direito...*, p. 281.

[703] Para a consulta de textos institutivos de algumas das agências especializadas da ONU, por vezes designados, ainda que erroneamente, por "constituições", v. Jorge Bacelar Gouveia, *Organizações internacionais – textos...*, pp. 91 e ss., pp. 115 e ss., pp. 133 e ss., e pp. 149 e ss.

[704] Propondo diversas classificações de organizações internacionais, Paul Reuter, *Instituições internacionais*, pp. 228 e ss.; João Caupers, *Direito Internacional...*, pp. 14 e 15; Albino de Azevedo Soares, *Lições...*, pp. 380 e ss.; André Gonçalves Pereira e Fausto de Quadros, *Manual...*, pp. 418 e ss.; Margarida Salema d'Oliveira Martins e Afonso d'Oliveira Martins, *Direito das Organizações...*, I, pp. 67 e ss.; Manuel de Almeida Ribeiro, *A Organização...*, pp. 25 e ss.; Nguyen Quoc Dinh, Patrick Daillier e Alain Pellet, *Droit...*, pp. 616 e ss.; Francisco Ferreira de Almeida, *Direito...*, pp. 270 e ss.; Wladimir Brito, *Direito...*, pp. 272 e 273; Jorge Miranda, *Curso...*, pp. 202 e 203; Eduardo Correia Batista, *Direito Internacional...*, II, pp. 238 e ss.; José Francisco Rezek, *Direito...*, pp. 263 e ss.; João Mota de Campos e João Luís Mota de Campos, *Teoria geral das organizações...*, pp. 43 e ss.

A primeira classificação separa as *organizações de fins gerais* – as organizações que desenvolvem múltiplas atribuições, nos diversos campos da atividade que se coloca ao poder público interno – das *organizações de fins especiais* – as organizações que se alinham na prossecução de algumas finalidades apenas.

A segunda classificação distingue as *organizações universais ou para-universais* – aquelas que agregam a totalidade ou a quase totalidade da sociedade internacional, dada a sua vocação universalista – das *organizações regionais e locais* – aquelas que, diferentemente, se desenvolvem num âmbito restrito de sujeitos, ao confinarem-se a regiões ou zonas do Globo.

A terceira classificação diferencia entre as *organizações que não admitem mais nenhum membro* para além daqueles que delas fazem parte a título constitutivo – não tendo, por isso, qualquer vocação proselitista – e as *organizações que, inversamente, estão disponíveis para a entrada de novos membros* – assim partilhando os seus fins com outros novos membros.

A quarta classificação dissocia as *organizações intergovernamentais* – as organizações que, agindo com base na regra da unanimidade, não podem impor as respetivas deliberações aos respetivos membros – e as *organizações supranacionais* – as organizações que, podendo deliberar com base na regra da maioria, têm a faculdade de subordinar a vontade dos respetivos Estados.

A quinta classificação leva em consideração a distinção que se deve produzir entre as *organizações permanentes* – aquelas que têm uma duração indeterminada – e as *organizações temporárias* – que têm uma vigência limitada porque se destinam a servir interesses que não são duradouros.

V. As organizações internacionais são instituídas por um tratado internacional[705] – que, por vezes, se chama "estatuto", "carta" e até "constituição" – e em que são vertidas as opções fundamentais do novo sujeito internacional.

[705] Sobre os tratados que criam organizações internacionais, v. Albino de Azevedo Soares, *Lições...*, pp. 373 e 374; João Caupers, *Direito Internacional...*, pp. 15 e ss.; André Gonçalves Pereira e Fausto de Quadros, *Manual...*, pp. 427 e ss.; Margarida Salema d'Oliveira Martins e Afonso d'Oliveira Martins, *Direito das Organizações...*, I, pp. 87 e ss.; Nguyen Quoc Dinh, Patrick Daillier e Alain Pellet, *Droit...*, pp. 579 e ss.; Wladimir Brito, *Direito...*, pp. 273 e ss.; Jorge Miranda, *Curso...*, pp. 227 e ss.; Eduardo Correia Batista, *Direito Internacional...*, II, pp. 244 e ss.

Concomitantemente, é de observar que as organizações, sob aquele tratado-mãe, que cumpre uma função constitucional, se articulam por todo um conjunto de atos unilaterais internos, uns normativos, outros não[706].

E podem as organizações internacionais, por sua vez, ser dotadas de poderes de intervenção internacional, sendo de discernir entre as competências normativas e as competências operacionais[707].

Em particular, os aspetos constitucionais dos tratados que instituem as organizações internacionais traduzem-se nos seguintes aspetos:

- o primado da Carta em relação aos atos internos e aos tratados posteriormente concluídos pelos Estados membros;
- a necessidade da aceitação integral do tratado, com a decisão do órgão competente no caso da formulação de reservas;
- o particularismo da interpretação em função das atribuições, como a teoria dos poderes implícitos;
- a oponibilidade da revisão do tratado aos Estados que não aceitem essas emendas; e
- o caráter indeterminado da sua vigência[708].

VI. As organizações internacionais, na sua veste de pessoa jurídica distinta dos respetivos membros fundadores, emitem uma vontade funcional através dos respetivos órgãos, podendo para aqui transpor-se muitos dos tópicos da Teoria Geral do Direito Público.

A pessoa coletiva atua por intermédio dos órgãos que possui, que se organizam com base nas respetivas e diferenciadas competências, numa lógica de divisão funcional, em ordem a conferir uma maior eficácia à sua atuação, na prossecução das atribuições que lhe estão assinaladas.

[706] Função constitucional que se lhe deve atribuir, mas que não pode ser simplesmente assimilada ao Direito Constitucional, atendendo ao facto de as organizações internacionais não disporem de qualquer poder originário, isso diferentemente sucedendo com os Estados. Assim, Nguyen Quoc Dinh, Patrick Daillier e Alain Pellet, *Droit...*, p. 581; Francisco Ferreira de Almeida, *Direito...*, pp. 275 e ss.

[707] Distinção proposta por Nguyen Quoc Dinh, Patrick Daillier e Alain Pellet, *Droit...*, pp. 607 e ss.

[708] Referindo estes aspetos, Nguyen Quoc Dinh, Patrick Daillier e Alain Pellet, *Droit...*, pp. 582 e ss.

Esses órgãos são suscetíveis de muitas classificações, tantas quantas as classificações que também se produzem no Direito Interno.

VII. As organizações internacionais não podem viver sem recursos humanos, sendo estes formados pelo conjunto dos respetivos funcionários internacionais, pessoas físicas que nela trabalham e que se diferenciam daqueles que preenchem os respetivos órgãos, em representação dos respetivos Estados participantes[709].

A relevância dos funcionários internacionais, num certo símile com o que se passa ao nível estadual, é tal que inclusivamente se lhes reserva um estatuto especial, muito aproximado do estatuto diplomático, nomeadamente em matéria fiscal, civil e penal.

108. A Carta de São Francisco

I. No seio das múltiplas organizações internacionais que o Direito Internacional foi conhecendo, um lugar de evidência deve ser atribuído à ONU[710], surgida no termo da II Guerra Mundial, no pressuposto da fundação de uma nova e bem necessária Ordem Internacional.

[709] Sobre os funcionários internacionais, v. PAULO DE PITTA E CUNHA, *Dos funcionários internacionais*, Lisboa, 1964, pp. 7 e ss.; PAUL REUTER, *Instituições internacionais*, pp. 255 e ss.; MARGARIDA SALEMA D'OLIVEIRA MARTINS e AFONSO D'OLIVEIRA MARTINS, *Direito das Organizações...*, I, pp. 285 e ss.; JORGE BACELAR GOUVEIA, *Benefícios fiscais das organizações e funcionários internacionais no Direito Fiscal português – alguns breves apontamentos*, in *Fiscália*, nº 20, Lisboa, 1998, pp. 9 e ss.; NGUYEN QUOC DINH, PATRICK DAILLIER e ALAIN PELLET, *Droit...*, pp. 631 e ss.; JOÃO MOTA DE CAMPOS e JOÃO LUÍS MOTA DE CAMPOS, *Teoria geral das organizações...*, pp. 117 e ss.

[710] Sobre a ONU, v., de entre outros, v. LELAND GOODRICH e EDVARD HAMBRO, *Commentaire de la Charte des Nations Unies*, Neuchâtel, 1948; TOMASO PERASSI, *L'ordinamento delle Nazioni Unite*, Padova, 1962; GIORGIO DEL VECCHIO, *Direito e Paz*, pp. 160 e ss.; FAUSTO DE QUADROS, *A Carta das Nações Unidas e o Estatuto do Tribunal Internacional de Justiça – tradução e nota introdutória*, Lisboa, 1978, pp. 3 e ss.; ANTÓNIO AUGUSTO CANÇADO TRINDADE, *Princípios...*, pp. 187 e ss.; PAUL REUTER, *Instituições internacionais*, pp. 267 e ss.; ADRIANO MOREIRA, *Direito...*, pp. 168 e ss.; MICHAEL AKEHURST, *Introdução...*, pp. 207 e ss.; JOÃO CAUPERS, *Direito Internacional...*, pp. 27 e ss.; ALBINO DE AZEVEDO SOARES, *Lições...*, pp. 382 e ss.; AAVV, *La Charte des Nations Unies* (dir. de JEAN-PIERRE COT e ALAIN PELLET), 2ª ed., Paris, 1991, *passim*; CHARLES CHAUMONT, *Organização das Nações Unidas*, Oeiras, 1992, *passim*;

A ONU foi criada pela Carta de São Francisco, assinada naquela cidade em 26 de junho de 1945, juntamente com o ETIJ, que com ela integra a dupla de tratados internacionais fundadores desta nova organização internacional, tendo iniciado a sua vigência em 24 de outubro daquele mesmo ano.

Ela não foi uma organização propriamente pioneira porque sucedeu, ainda que em moldes bastantes diversos, à SDN, que se desincumbiu de semelhante papel entre as duas guerras mundiais que o século XX viveu, não obstante duas ordens de razões tenham provocado o seu rotundo fracasso[711]:

- *politicamente*, por causa da não entrada dos Estados Unidos da América, não obstante estes terem ativamente contribuído para a respetiva arquitetura jurídico-internacional;
- *juridicamente*, por causa da regra da unanimidade nas decisões[712], bem como por causa da ausência de mecanismos efetivos de prevenção

André Gonçalves Pereira e Fausto de Quadros, *Manual...*, pp. 461 e ss.; Margarida Salema d'Oliveira Martins e Afonso d'Oliveira Martins, *Direito das Organizações...*, II, pp. 11 e ss.; Maria Luísa Duarte, *A teoria dos poderes...*, pp. 165 e ss.; Manuel de Almeida Ribeiro, *A Organização...*, pp. 43 e ss., e *A Organização das Nações Unidas*, in DJAP, 1º sup., Lisboa, 1998, pp. 298 e ss.; Adriano Moreira, *Teoria...*, pp. 513 e ss.; Cristina M. M. Queiroz, *Direito Internacional...*, pp. 99 e ss.; Adherbal Meira Mattos, *Direito...*, pp. 301 e ss.; Paula Escarameia, *O Direito...*, pp. 73 e ss.; Francisco Ferreira de Almeida, *Direito...*, pp. 289 e ss.; Joaquim da Silva Cunha e Maria da Assunção do Vale Pereira, *Manual...*, pp. 518 e ss.; Maurice Bertrand, *O essencial sobre a ONU*, Lisboa, 2004, pp. 19 e ss.; Benedetto Conforti, *Le Nazioni Unite*, 7ª ed., Padova, 2005, pp. 1 e ss.; Jorge Miranda, *Curso...*, pp. 241 e ss.; Jónatas E. M. Machado, *Direito Internacional...*, pp. 256 e ss.; Valério de Oliveira Mazzuoli, *Curso de Direito Internacional...*, pp. 333 e ss.; Paul Kennedy, *O Parlamento do Homem...*, pp. 69 e ss.; Maria do Céu Pinto, *O papel da ONU na criação de uma nova ordem mundial*, Lisboa, 2010, pp. 25 e ss.; António José Fernandes, *Conflitos e Paz Mundial – a importância da ONU*, Lisboa, 2011, pp. 97 e ss.

Numa ótica específica quanto às relações da ONU com Portugal, v. Carlos Gaspar, *Organização das Nações Unidas*, in DHP, VIII, Porto, 1999, pp. 672 e ss.

[711] Para além de muitas outras razões menores: José Calvet de Magalhães, *Sociedade das Nações*, in DHP, IX, Porto, 2000, pp. 460 e ss.

[712] Cfr. o art. 5º, nº 1, do PSDN, que dizia que "Salvo expressa disposição em contrário do presente Pacto ou das cláusulas do presente Tratado, as decisões da Assembleia ou do Conselho são tomadas por unanimidade dos Membros da Sociedade representados na reunião".

da guerra, como a História Universal, algum tempo depois, infelizmente o confirmaria.

II. A CNU[713] é o texto fundamental da vida institucional da ONU, o qual concentra a maior parte dos seus domínios, e compreende o seguinte conjunto de matérias, num total de 111 artigos, distribuídos por estes 19 capítulos:

- Capítulo I – *Objetivos e princípios*
- Capítulo II – *Membros*
- Capítulo III – *Órgãos*
- Capítulo IV – *Assembleia Geral*
- Capítulo V – *Conselho de Segurança*
- Capítulo VI – *Solução pacífica de controvérsias*
- Capítulo VII – *Ação em caso de ameaça à paz, rutura da paz e ato de agressão*
- Capítulo VIII – *Acordos regionais*
- Capítulo IX – *Cooperação económica e social internacional*
- Capítulo X – *Conselho Económico e Social*
- Capítulo XI – *Declaração relativa a territórios não autónomos*
- Capítulo XII – *Regime internacional de tutela*
- Capítulo XIII – *O Conselho de Tutela*
- Capítulo XIV – *O Tribunal Internacional de Justiça*
- Capítulo XV – *O Secretariado*
- Capítulo XVI – *Disposições diversas*
- Capítulo XVII – *Disposições transitórias sobre segurança*
- Capítulo XVIII – *Emendas*
- Capítulo XIX – *Ratificação e assinatura*

No entanto, este texto não está hoje na sua versão original e já sofreu algumas alterações, meramente pontuais, em parte consequência de alguns impasses deliberativos que assaltariam a instituição:

- alterações aos arts. 23º, 27º e 61º, aprovadas em 17 de dezembro de 1963 e que entraram em vigor a 31 de agosto de 1965: no art. 23º, elevou-se de 11 para 15 os membros do Conselho de Segurança; no art. 27º, estabeleceu-se que as decisões do Conselho de Segurança

[713] Cfr. o respetivo texto em Jorge Bacelar Gouveia, *Textos Fundamentais...*, pp. 229 e ss.

passariam a ser tomadas pelo voto afirmativo de 9 membros, procedimentais e não procedimentais, embora nestas com a inclusão dos votos dos membros permanentes; no art. 61º, o número de membros do Conselho Económico e Social elevou-se de 18 para 27;

- uma alteração ao art. 109º, aprovada em 20 de dezembro de 1965 e que entrou em vigor em 12 de junho de 1968: elevou de 7 para 9 os votos necessários dos membros do Conselho de Segurança para a convocação de uma conferência geral de revisão da CNU, para além da maioria de dois terços[714];
- uma nova alteração ao art. 61º, aprovada em 20 de dezembro de 1971 e que entrou em vigor em 24 de setembro de 1973: aumentou para o dobro o número de membros do Conselho Económico e Social, ou seja, de 27 para 54.

Como refere Jorge Miranda, é necessário levar em linha de consideração outras alterações ocorridas, fora deste quadro formal, como o papel substitutivo da Assembleia Geral, no caso de paralisação do Conselho de Segurança, o sentido do voto dos membros permanentes poder incluir a abstenção e a alteração, decidida em 24 de dezembro de 1991, na sucessão da URSS pela Rússia como membro do Conselho de Segurança[715].

III. Na revisão do seu articulado, são dois os esquemas aplicáveis:

- uma alteração pontual, que se designa por *emenda*; e
- uma alteração global, que toma o nome de *revisão*.

Quanto à primeira, a CNU estabelece um regime que se baseia na sua aprovação, na Assembleia Geral, por dois terços dos membros, incluindo todos os membros que têm assento no Conselho de Segurança (cfr. o art. 108º da CNU).

De acordo com a outra via, a revisão, após a 10ª sessão anual, será inscrita na agenda da Assembleia Geral, que formulará recomendações nesse sentido, identicamente se submetendo a uma votação de dois terços dos

[714] Embora o nº 3 desse art. 109º da CNU, curiosamente, não tivesse sido objeto de qualquer emenda, falando ainda em sete – e não nove – dos Estados membros do Conselho de Segurança, mantendo-se assim esta discrepância.

[715] Cfr. Jorge Miranda, *Curso...*, p. 245.

Estados, primeiro na Assembleia Geral e depois nos atos de ratificação, neles necessariamente se incluindo os membros do Conselho de Segurança (cfr. o art. 109º da CNU).

IV. Mas a questão da revisão da CNU continua atual, agora mais do que nunca depois do 11 de setembro de 2001 e de tudo quanto isso significou de mudança profunda nas relações internacionais mundiais.

Já muito se disse e escreveu sobre este tema, mas é possível equacionar como tópicos mais candentes dessa reforma[716]:

- a adoção de uma verdadeira representatividade dos Estados ao nível do Conselho de Segurança, um órgão demasiado restrito e aristocrático para dar cumprimento a esse tão almejado e justo desejo, não havendo membros permanentes da América Latina e da África;
- a eliminação de órgãos que entretanto o tempo fez obsoletos, como o Conselho de Tutela, cuja existência perdeu sentido depois da descolonização;
- o financiamento sustentado da ONU, não a tornando presa fácil dos principais Estados que a financiam, como é o caso dos Estados Unidos da América;
- o aperfeiçoamento dos mecanismos de garantia judicial, tornando-a mais efetiva, com a jurisdição obrigatória do TIJ, bem como a possibilidade de poder aplicar diretamente sanções ou proceder ao controlo da legalidade interna dos atos de diversos órgãos, incluindo os do Conselho de Segurança;

[716] Quanto aos tópicos fundamentais da reforma da CNU e da própria ONU, v. Joaquim da Silva Cunha, *Nações Unidas – possibilidades atuais e perspetivas de futuro*, in RFDUL, XI, 1958, sep., pp. 5 e ss.; André Gonçalves Pereira e Fausto de Quadros, *Manual...*, pp. 548 e ss.; Adriano Moreira, *Teoria...*, pp. 524 e ss.; Paula Escarameia, *O Direito...*, pp. 34 e ss.; Joaquim da Silva Cunha e Maria da Assunção do Vale Pereira, *Manual...*, pp. 547 e ss.; Benedetto Conforti, *Le Nazioni Unite*, pp. 17 e ss.; Margarida Salema D'Oliveira Martins, *As reformas nas Nações Unidas e a Reforma das Nações Unidas*, in AAVV, *Homenagem ao Prof. Doutor André Gonçalves Pereira*, Coimbra, 2006, pp. 803 e ss.; AAVV, *A reforma da ONU* (org. da Comissão dos Negócios Estrangeiros e Comunidades Portuguesas da Assembleia da República), Lisboa, 2007; Cristina Queiroz, *A reforma das Nações Unidas e a construção de uma "Nova Ordem Mundial"*, in *Revista da Faculdade de Direito da Universidade do Porto*, ano V, Coimbra, 2008, pp. 11 e ss.; Sofia Santos, *Die Reform des Sicherheitsrates des Vereinten Nationen und ihre Auswirkungen auf die internationale Ordnung*, Baden-Baden, 2011, pp. 30 e ss.

- a intensificação da proteção dos direitos do homem, essencialmente pela criação de um tribunal universal de direitos humanos[717], assim como uma maior modelação das intervenções coercivas não militares, no tocante às operações de paz[718].

109. Os fins e os membros da Organização das Nações Unidas

I. A ONU apresenta-se como uma organização de fins gerais, tal a vastidão das atribuições que lhe foram confiadas[719]. A leitura da CNU não deixa qualquer dúvida a esse propósito porque ela se apresenta como uma nova entidade não apenas para evitar quebras à paz e à segurança internacionais. Também está preocupada com outras dimensões extremamente relevantes da sociedade internacional, *v. g.*, a proteção dos direitos do homem ou o desenvolvimento económico e social.

Os objetivos da ONU podem ser assim desenhados (cfr. o art. 1º da CNU):

- a paz e a segurança internacionais, evitando e reprimindo as violações do Direito Internacional;
- o desenvolvimento económico e social entre os Estados e os novos sujeitos de Direito Internacional;
- a cooperação internacional nos mais variados domínios, incluindo a proteção dos direitos do homem e a proteção humanitária;
- a codificação do Direito Internacional, bem como a realização de todas as ações comuns que sirvam àqueles objetivos.

[717] A reforma conseguida foi mínima, a qual se ocupou da proteção dos direitos humanos, não com a criação de um tribunal internacional, mas com a criação de um Conselho de Direitos Humanos, na dependência da Assembleia Geral, em substituição da Comissão de Direitos Humanos, que estava na dependência do Conselho Económico e Social. Cfr. a resolução da Assembleia Geral nº 60/251, de 15 de março de 2006.

[718] Cfr. as observações de Vítor Rodrigues Viana, *Segurança coletiva – a ONU e as operações de apoio à paz*, Lisboa, 2002, pp. 80 e ss., e pp. 201 e ss.

[719] Cfr. Tomaso Perassi, *L'ordinamento...*, pp. 59 e ss.; André Gonçalves Pereira e Fausto de Quadros, *Manual...*, pp. 466 e ss.; Francisco Ferreira de Almeida, *Direito...*, pp. 290 e 291; Joaquim da Silva Cunha e Maria da Assunção do Vale Pereira, *Manual...*, pp. 519 e ss.; Eduardo Paz Ferreira, *Valores e interesses...*, pp. 205, aqui se frisando a dimensão da cooperação económica.

Seguindo a proposta de Tomaso Perassi[720], aquelas atribuições desdobram-se, mais analiticamente, nas seguintes funções: (i) funções normativas; (ii) funções preventivas de conflitos e promotoras de soluções pacíficas; (iii) funções de manutenção da paz internacional; (iv) funções de controlo da administração dos territórios sob tutela; (v) funções administrativas; e (vi) funções jurisdicionais[721].

Para a prossecução de alguns destes fins, a ONU acolhe ainda no seu seio agências especializadas, chamadas a desenvolver especificadamente, com um certo grau de autonomia funcional, algumas daquelas atribuições[722]. Isso mesmo está previsto na CNU: "As várias organizações especializadas, criadas por acordos intergovernamentais e com amplas responsabilidades internacionais, definidas nos seus estatutos, nos campos económico, social, cultural, educacional, de saúde e conexos, serão vinculadas às Nações Unidas..." (art. 57º da CNU).

II. Para esse efeito, a CNU define alguns pontos de apoio, o que designa por princípios, que são os seguintes[723]:

- o princípio da igualdade soberana dos Estados membros;
- o princípio do dever de boa fé no cumprimento das obrigações assumidas;
- o princípio da resolução pacífica dos conflitos internacionais;
- o princípio da proibição do uso da força nas relações internacionais;
- o princípio da colaboração na consecução de medidas para evitar ou garantir a paz e a segurança internacionais;

[720] Tomaso Perassi, *L'ordinamento...*, pp. 60 e ss. Cfr. também Maria Luísa Duarte, *A teoria dos poderes...*, p. 187.

[721] Benedetto Conforti (*Le Nazioni Unite*, pp. 223 e ss.) sugere outra arrumação: (i) função de manutenção da paz; (ii) função de cooperação económica e de ação para o desenvolvimento; (iii) função de proteção dos direitos humanos; (iv) função de descolonização e de autodeterminação dos povos; (v) função do registo dos tratados internacionais; (vi) e função jurisdicional.

[722] Cfr. alguns desses textos em Jorge Bacelar Gouveia, *Organizações Internacionais...*, pp. 91 e ss.

[723] Cfr. o art. 2º da CNU. Cfr. Francisco Ferreira de Almeida, *Direito...*, pp. 291 e ss.; Joaquim da Silva Cunha e Maria da Assunção do Vale Pereira, *Manual...*, pp. 524 e ss.

- o princípio da extensão das obrigações da CNU aos Estados que dela não façam parte;
- o princípio do domínio reservado dos Estados.

III. Os membros da ONU são apenas os Estados, tal significando que esta organização é dotada de um substrato puramente estadual. Os Estados membros da ONU podem ser suscetíveis, contudo, de duas categorias, em função destas duas circunstâncias[724]:

- os *Estados membros originários ou fundadores*: aqueles que, tendo estado presentes na Conferência de São Francisco ou tendo previamente assinado a Declaração das Nações Unidas, de 1 de janeiro de 1942, assinaram a CNU e a ratificaram (cfr. o art. 3º da CNU); e
- os *Estados membros supervenientes ou admitidos*: aqueles que, não podendo acolher-se ao abrigo daquela primeira possibilidade, posteriormente se integrem na ONU, desde que sejam (i) "...amantes da paz..." e (ii) "aceitarem as obrigações contidas na presente Carta e que, a juízo da Organização, estiverem aptos e dispostos a cumprir tais obrigações" (art. 4º, nº 1, *in fine*, da CNU).

Ao contrário do que se possa pensar, este universalismo no acolhimento de quaisquer Estados do Mundo não é totalmente real, na medida em que certas limitações se impuseram, seja por força de circunstancialismos históricos – os que eram considerados inimigos das Nações Unidas, restrição que, em todo o caso, alguns anos depois viria a desaparecer – seja por via de outras limitações que ainda são hoje válidas – é o caso de alguns Estados exíguos, que não integram a organização.

Tudo isto apesar do entendimento do TIJ sobre a matéria, produzido no parecer de 28 de maio de 1948, em que analisou as condições de admissão de um Estado como membro da ONU (1947-1948)[725], frisando cinco aspetos: ser um Estado; ser pacífico; aceitar as obrigações da CNU; ser capaz de as cumprir; estar disposto a fazê-lo.

[724] Cfr. Tomaso Perassi, *L'ordinamento...*, pp. 19 e ss.; André Gonçalves Pereira e Fausto de Quadros, *Manual...*, pp. 487 e ss., e pp. 508 e ss.; Benedetto Conforti, *Le Nazioni Unite*, pp. 23 e ss.

[725] Cfr. o resumo do seu texto em Pierre Michel Eisemann, Vincent Coussirat-Coustere e Paul Hur, *Petit Manuel...*, pp. 211 e ss.

A admissão dos Estados opera-se por deliberação da Assembleia Geral, que é vinculativa, sob recomendação do Conselho de Segurança, que propulsiona o respetivo procedimento (cfr. o art. 4º, nº 2, da CNU).

IV. O vínculo de pertença à ONU pode conhecer momentos de enfraquecimento ou mesmo de rutura, que se resumem nestes três casos:

- a *suspensão*: um Estado membro pode ser suspenso da Assembleia Geral por deliberação desta, sob recomendação do Conselho de Segurança, no caso de ações preventivas ou coercitivas decretadas por aquele órgão, cabendo-lhe também restabelecer a intensidade do vínculo (cfr. o art. 5º da CNU);
- a *expulsão*: um Estado membro pode ser expulso da ONU se "...houver violado persistentemente os princípios contidos na presente Carta pela Assembleia Geral, mediante recomendação do Conselho de Segurança" (art. 6º, *in fine*, da CNU); e
- a *retirada*[726]: embora não diretamente prevista, sendo uma situação menos drástica do que a da expulsão, é de crer que há o direito de os Estados saírem da ONU, desde que para o efeito formulem um pré-aviso num tempo razoável e tenham saldado todas as suas responsabilidades financeiras, lacuna regulativa que só pode ser preenchida deste modo.

No caso da retirada, a analogia funciona duplamente: a partir dos casos em que a própria ONU prevê o enfraquecimento do vínculo, nessa sua possibilidade, como também observando preceitos de outras organizações internacionais, em que também se prevê a retirada, de que é exemplo o CEu[727], atendendo ao lado procedimental.

[726] Cfr. as explicações de Albino de Azevedo Soares, *Lições...*, p. 376, e de André Gonçalves Pereira e Fausto de Quadros, *Manual...*, pp. 490 e 491.

[727] Cfr. o art. 7º do Estatuto do CEu, assinado em 5 de maio de 1949: "Qualquer Membro do Conselho da Europa pode retirar-se, notificando a sua decisão ao Secretário-Geral. A notificação terá efeito no fim do ano financeiro em curso, se houver sido feita nos nove primeiros meses desse ano, e no fim do ano financeiro seguinte, se houver sido feita nos últimos três meses".

V. O estatuto dos Estados membros da ONU pode ser substancialmente analisado em função das obrigações e dos direitos em que ficam investidos:

- como *obrigações*, cumpre referir os deveres de limitação da atividade dos Estados e os deveres diretos de associados, bem como os deveres de prestação de cooperação a outros Estados;
- como *direitos*, é de separar entre os direitos a prestações da ONU aos Estados membros e os direitos à intervenção na atividade levada a cabo pela ONU[728].

110. A estrutura da Organização das Nações Unidas

I. Quanto à respetiva *estrutura governativa*, a ONU tem os órgãos descritos na respetiva Carta, que inclusivamente lhes reserva um único capítulo descritivo, o Capítulo III[729].

A categoria de órgãos da ONU não é, em todo o caso, unitária, uma vez que se opera a distinção entre:

- os *órgãos principais*; e
- os *órgãos subsidiários*.

Os *órgãos principais* são seis e aos mesmos se confia a atividade principal e normal da ONU. Tal como se adivinha pelas competências que lhes são deferidas, por eles passa o pulsar essencial da instituição (cfr. o art. 7º da CNU):

- a Assembleia Geral;

[728] Cfr. Tomaso Perassi, *L'ordinamento...*, pp. 47 e ss.

[729] Sobre os órgãos da ONU, v. Tomaso Perassi, *L'ordinamento...*, pp. 34 e ss.; Paul Reuter, *Instituições internacionais*, pp. 276 e ss.; Michael Akehurst, *Introdução...*, pp. 217 e ss.; Albino de Azevedo Soares, *Lições...*, pp. 383 e ss.; André Gonçalves Pereira e Fausto de Quadros, *Manual...*, pp. 492 e ss.; Margarida Salema d'Oliveira Martins e Afonso d'Oliveira Martins, *Direito das Organizações...*, II, pp. 53 e ss.; Manuel de Almeida Ribeiro, *A Organização...*, pp. 63 e ss.; Adherbal Meira Mattos, *Direito...*, pp. 315 e ss.; Francisco Ferreira de Almeida, *Direito...*, pp. 298 e ss.; Joaquim da Silva Cunha e Maria da Assunção do Vale Pereira, *Manual...*, pp. 532 e ss.; Benedetto Conforti, *Le Nazioni Unite*, pp. 63 e ss.; Jónatas E. M. Machado, *Direito Internacional...*, pp. 258 e ss.

- o Conselho de Segurança;
- o Conselho Económico e Social;
- o Conselho de Tutela;
- o Tribunal Internacional de Justiça; e
- o Secretariado.

Os *órgãos subsidiários* não são diretamente definidos e apenas implicam o exercício de uma vontade subordinada àquilo que estiver na génese da respetiva criação. São órgãos subsidiários: a CDI[730], o Alto Comissariado para os Refugiados e o Conselho de Direitos do Homem, junto da Assembleia Geral.

De todos estes órgãos, o Conselho de Tutela, em face da conclusão do processo de descolonização, já não se apresenta atual e tendo cessado as suas funções (cfr. os arts. 86º e ss. da CNU), enquanto o TIJ merece tratamento autonomizado.

II. A Assembleia Geral é o órgão representativo de todos os Estados membros, que dela fazem parte num plano de estrita igualdade: não só todos têm nela assento, sem qualquer exclusão, como também nela cada Estado, independentemente das suas características, possui o mesmo voto, embora possa ter vários representantes, que por junto apenas exercem um voto (cfr., respetivamente, os arts. 9º, nº 1, e 18º, nº 1, da CNU).

A Assembleia Geral funciona em plenário, que tem lugar uma vez por ano no outono, desdobrando-se em diversas comissões especializadas:

[730] De acordo com o Estatuto da CDI, sendo composta por 34 membros designados pelos Estados (art. 2º, nº 1), este órgão tem por atribuição fundamental "...a promoção do progressivo desenvolvimento do Direito Internacional e da respetiva codificação" (art. 1º, nº 1), para o que se lhe assinalam as seguintes funções: "...a preparação de projetos de convenções ou matérias que ainda não foram reguladas pelo Direito Internacional ou em que tal regulamentação, se bem que existente, ainda não foi suficientemente desenvolvida pela prática dos Estados." (art. 15º, primeira parte), bem como a codificação do Direito Internacional, sendo estes os dois braços da sua atuação, de acordo, respetivamente, com os arts. 16º e ss. e 18º e ss. do seu Estatuto.

Sobre o contributo da CDI para o desenvolvimento do Direito Internacional, v. Patrícia Galvão Teles, *O contributo das Nações Unidas e da Comissão do Direito Internacional para a formação do Direito Internacional: breve balanço por ocasião do 70º aniversário da Organização das Nações Unidas*, in RFDUNL, ano XVII, nºs 30/31, 2016, pp. 125 e ss.

comissão política; comissão de assuntos económicos; comissão de assuntos sociais, humanitários e culturais; comissão de assuntos de tutela; comissão de assuntos administrativos e financeiros; comissão jurídica; e comissão de política especial.

As competências da Assembleia Geral são de diversa índole, em confirmação da sua primazia funcional dentro da ONU, quanto mais não seja por ser o órgão onde têm assento, em igualdade formal, todos os Estados membros, importando referir duas categorias[731]:

- uma, quanto ao tipo de vinculação das respetivas deliberações, se meramente recomendatórias, ou se vinculativas;
- outra, quanto à natureza das matérias sobre que pode incidir.

Do cruzamento destes dois critérios chega-se à seguinte trilogia de competências (cfr. os arts. 10º e ss. da CNU):

- *uma competência recomendatória genérica*: de raiz, à Assembleia Geral compete discutir todas as matérias que se inscrevam nas finalidades da ONU, a não ser quaisquer reservas definidas para outros órgãos;
- *uma competência decisória específica e reservada nas matérias consideradas importantes*: a admissão de novos membros, bem como a respetiva expulsão e suspensão, a alteração da CNU, a aprovação do orçamento ou a eleição de membros de outros órgãos;
- *uma competência decisória substitutiva*: no caso em que, não exercendo o Conselho de Segurança a respetiva competência na manutenção de paz, a Assembleia Geral tenha de fazê-lo e enquanto se mantiver a inoperância daquele órgão, nos termos da *Resolução União para a Paz* ou *Resolução Acheson*.

As deliberações da Assembleia Geral, quando não seja adotado o consenso, aí não havendo votos (*adopted without a vote*), são obtidas por maioria de dois terços dos membros presentes e votantes – no caso de serem consideradas importantes – ou por maioria relativa dos membros presentes e votantes – no caso de não o serem, bem como na questão que consista

[731] Sobre as diversas competências dos órgãos das organizações internacionais em geral, v. ALBINO DE AZEVEDO SOARES, *Lições*..., pp. 378 e ss.; MANUEL DE ALMEIDA RIBEIRO, *A Organização*..., pp. 30 e ss., e pp. 109 e ss.; FRANCISCO FERREIRA DE ALMEIDA, *Direito*..., pp. 300 e ss.; WLADIMIR BRITO, *Direito*..., pp. 285 e ss.

em determinar essa qualidade de ser ou não importante (cfr. o art. 18º da CNU).

O texto da CNU tem a preocupação de elencar as questões que considera importantes:

- as recomendações sobre a manutenção da paz e segurança internacionais;
- a eleição dos membros não permanentes do Conselho de Segurança;
- a eleição dos membros do Conselho Económico e Social;
- a eleição dos membros do Conselho de Tutela;
- a admissão de novos membros da Organização;
- a suspensão de direitos e privilégios de membros;
- a expulsão de membros;
- as questões atinentes ao funcionamento do regime de tutela;
- as questões orçamentais.

III. O Conselho de Segurança é também um órgão colegial, mas restrito e de tipo governativo, funcionando em permanência de funções, sendo composto por 15 Estados membros.

Dentro destes Estados membros, há cinco que têm lugar permanente – a China, a França, a Rússia (no lugar da ex-URSS), o Reino Unido da Grã-Bretanha e Irlanda do Norte e os Estados Unidos da América, dentro de uma lógica de terem sido escolhidos os vencedores da II Guerra Mundial – e os restantes 10 Estados membros ocupam essas funções por um mandato com a duração de dois anos, em função da "...contribuição dos membros das Nações Unidas para a manutenção da paz e da segurança internacionais e para os outros objetivos da Organização e também uma distribuição geográfica equitativa" (art. 23º, nº 1, *in fine*, da CNU).

As competências do Conselho de Segurança – tal como a sua nomenclatura bem sugere – centram-se essencialmente, conquanto não exclusivamente, nas questões ligadas às atribuições da ONU na manutenção da paz e seguranças internacionais, domínio em que atua a título decisório e exclusivo. Mas o Conselho de Segurança também tem competências de propulsão procedimental, como sucede em relação à admissão de novos membros, à escolha de membros dos diversos órgãos e à revisão da CNU, nalguns casos havendo mesmo situações de codecisão.

O procedimento decisório no âmbito do Conselho de Segurança encontra-se distribuído por dois possíveis esquemas (cfr. o art. 27º, respetivamente nos seus nºs 2 e 3, da CNU):

- *questões de natureza procedimental*: nestas, vigora a regra da maioria agravada de 9 votos afirmativos (sendo a maioria absoluta de apenas 8);
- *questões de natureza não procedimental*: nestas, que inclui também a determinação da natureza procedimental ou não da questão, aplica-se a regra da maioria agravada de 9 votos a favor, neles necessariamente se incluindo os votos dos membros permanentes.

Os Estados membros da ONU que sejam membros permanentes do Conselho de Segurança têm, assim, uma posição privilegiada não só por sempre integrarem este relevantíssimo órgão como por disporem de um "duplo" poder de veto: um primeiro veto na qualificação de certa questão como não sendo procedimental, havendo essa dúvida; depois, na decisão de fundo, opondo-se à respetiva aprovação (cfr. o art. 27º, nº 3, da CNU).

IV. O Conselho Económico e Social é um órgão consultivo nos "...assuntos internacionais de caráter económico, social, cultural, educacional, de saúde e conexos, e poderá fazer recomendações a respeito de tais assuntos à Assembleia Geral, aos membros das Nações Unidas e às organizações especializadas" (art. 62º, nº 1, *in fine*, da CNU).

Este é um órgão colegial de tipo assembleia, sendo composto por 54 membros, eleitos pela Assembleia Geral para um mandato de 3 anos, todos os anos renovado num terço (cfr. art. 61º da CNU).

No âmbito do seu caráter consultivo, o Conselho Económico e Social pode agir de várias formas (cfr. os arts. 62º e ss. da CNU):

- fazer recomendações aos órgãos competentes para deliberar;
- preparar projetos de tratados internacionais, bem como organizar conferências internacionais;
- elaborar estudos e relatórios sobre matérias que o requeiram;
- solicitar as informações que considerar pertinentes a outras instâncias, dentro e fora da ONU.

O Conselho Económico e Social pode funcionar tanto em plenário como através de comissões especializadas, duas delas sendo tipificadas na própria CNU: assuntos económicos e sociais e proteção dos direitos do homem (cfr. o art. 68º da CNU). As suas deliberações são genericamente tomadas por maioria relativa dos membros presentes e votantes, dispondo cada Estado de um voto (cfr. o art. 67º da CNU).

V. O Secretariado da ONU é o aparelho burocrático da Organização e é composto pelo Secretário-Geral e por outro pessoal, de entre ele se destacando os secretários-gerais adjuntos, sendo aquele considerado "...o principal funcionário administrativo da Organização" (art. 97º, *in fine*, da CNU).

O Secretário-Geral é eleito pela Assembleia Geral para um mandato de cinco anos, sob recomendação do Conselho de Segurança. Numa tradição que só foi parcialmente quebrada na sucessão de Boutros-Ghali, este cargo é ocupado, por dois mandatos sucessivos, rotativamente por representantes das diversas regiões do Globo.

As competências do Secretariado, para além da importância que tem obtido por força do seu estatuto internacional (cfr. o art. 100º da CNU), não representando os Estados, são de natureza administrativa, executando as deliberações tomadas pelos outros órgãos, podendo ainda exercer competências de influência e de sugestão.

Até ao momento foram nove as pessoas que ocuparam este cargo, respeitando aquela lógica rotativa do ponto de vista geográfico, quase sempre com uma reeleição: o norueguês Trygve Lie, o sueco Dag Hammarskjöld, o birmanês U Thant, o austríaco Kurt Waldheim, o peruano Javier Perez de Cuellar, o egípcio Boutros Boutros-Ghali, o ganês Kofi Annan, o sul-coreano, Ban Ki-Moon, e o português António Guterres, em funções.

VI. Mas a ONU igualmente atua por intermédio de múltiplas outras organizações internacionais com diferentes graus de autonomia – as "agências especializadas", que integram o sistema das Nações Unidas – com quem estabelece acordos especiais, nas quais delega a prossecução de diversas atribuições internacionais da maior relevância, de que são exemplo[732]:

[732] Cfr. João Mota de Campos e João Luís Mota de Campos, *Teoria geral...*, p. 31.

- a Organização para a Alimentação e Agricultura;
- a Agência Internacional da Energia Atómica;
- a Organização da Aviação Civil Internacional;
- o Fundo Internacional para o Desenvolvimento da Agricultura;
- a Organização Internacional do Trabalho;
- o Fundo Monetário Internacional;
- a Organização Marítima Internacional;
- a União Internacional de Telecomunicações;
- a Organização das Nações Unidas para a Educação, a Ciência e a Cultura;
- a Organização para o Desenvolvimento Industrial;
- a União Postal Universal;
- a Organização Mundial de Saúde;
- a Organização Mundial da Propriedade Intelectual;
- o Grupo do Banco Mundial;
- a Organização Meteorológica Mundial;
- a Organização Mundial do Turismo.

111. A Comunidade dos Países de Língua Portuguesa

I. Outro exemplo de organização internacional que particularmente interessa ao mundo de língua portuguesa é a Comunidade dos Países de Língua Portuguesa (CPLP)[733], que foi criada em 1996, congregando os Estados de Língua Portuguesa: Portugal, Brasil, Angola, Cabo Verde, Guiné Bissau, Moçambique e São Tomé e Príncipe; Timor Leste, que se

[733] Sobre a CPLP, v. PAULO CANELAS DE CASTRO, *A comunidade...*, pp. 23 e ss.; AAVV, *Comunidade dos Países de Língua Portuguesa – cooperação* (coord. de ADRIANO MOREIRA), Coimbra, 2001; FERNANDO ALBUQUERQUE MOURÃO, *A CPLP e os seus modelos: que comunidade?*, in AAVV, *Colóquio de Direito Internacional – Comunidade dos Países de Língua Portuguesa*, Coimbra, 2003, pp. 107 e ss.; FRANCISCO PEREIRA COUTINHO, *Comunidade dos Países de Língua Portuguesa*, in AAVV, *Enciclopédia das Relações Internacionais* (org. de NUNO CANAS MENDES e FRANCISCO PEREIRA COUTINHO), Lisboa, 2014, pp. 84 e ss.

Os discursos dos Chefes de Estado e de Governo, no momento da assinatura do tratado constitutivo da CPLP, assim como o respetivo articulado, foram conjuntamente publicados na RLAD, I, 1997, pp. 279 e ss. Os Estatutos da CPLP foram ratificados por Portugal pelo Dec. do Presidente da República nº 15/97, de 20 de março.

tornou independente em 20 de maio de 2002[734], logo de seguida também se integraria nesta organização internacional; mais recentemente, a Guiné-Equatorial.

A CPLP foi criada em Lisboa, através de um tratado internacional, assinado em 17 de julho de 1996, com a presença dos respetivos Chefes de Estados e de Governo, tendo na ocasião o Presidente da República de Portugal, Dr. Jorge Sampaio, afirmado o seguinte: "Uma língua não é apenas um meio de comunicação ou um instrumento de política externa. Uma língua forma-nos a visão do Mundo e é nela que expressamos a dor, o protesto, a esperança, a amizade, o amor. A língua une e identifica"[735].

II. Os objetivos da CPLP são de três ordens [art. 3º, als. a), b) e c), dos Estatutos da CPLP]:

- a concertação político-diplomática: "A concertação político-diplomática entre os seus membros em matéria de relações internacionais, nomeadamente para o reforço da sua presença nos *fora* internacionais";
- a cooperação nos mais variados domínios: "A cooperação, particularmente nos domínios económico, social, cultural, jurídico e técnico-científico";
- a promoção e a difusão da língua portuguesa: "A materialização de projetos de promoção e difusão da língua portuguesa".

A CPLP assenta nos seguintes princípios orientadores (cfr. o art. 5º dos Estatutos da CPLP):

- a igualdade soberana dos Estados-membros;
- a não ingerência nos assuntos internos de cada Estado;
- o respeito pela identidade nacional;
- a reciprocidade de tratamento;
- o primado da paz, da democracia, do Estado de Direito, dos direitos humanos e da justiça social;

[734] Dia da aprovação da respetiva Constituição, elaborada por uma assembleia constituinte, ainda que historicamente a independência tivesse sido proclamada, mas sem efetividade, em 28 de novembro de 1975. Cfr. preâmbulo da CTL, bem como o seu art. 1º.

[735] Jorge Sampaio, *Discurso na Cimeira de Fundação da CPLP*, in RLAD, I, Lisboa, 1997, p. 307.

- o respeito pela integridade territorial;
- a promoção do desenvolvimento;
- a promoção da cooperação mutuamente vantajosa.

III. A estrutura da CPLP compreende a existência de quatro órgãos, com competências diferenciadas entre si, podendo esta organização internacional criar outras instâncias de concertação político-diplomática (cfr. o art. 7º dos Estatutos da CPLP):

- Conferência dos Chefes de Estado e do Governo;
- o Conselho de Ministros;
- o Comité de Concertação Permanente;
- o Secretariado Executivo.

A Conferência dos Chefes de Estado e do Governo é o órgão mais relevante, reunindo-se ordinariamente de dois em dois anos e cabendo-lhe as decisões mais importantes, como a definição da orientação da política geral e as estratégias da CPLP, além de também lhe caber criar as instituições necessárias para a efetivação dos Estatutos (cfr. o art. 8º da CPLP).

O Conselho de Ministros, também com uma feição decisória, assume uma relevância intermédia pela presença dos Ministros dos Negócios Estrangeiros e Relações Exteriores de cada Estado membro e tem competência para coordenar as atividades da CPLP, além de intervir na respetiva gestão administrativa e financeira (cfr. o art. 9º dos Estatutos da CPLP).

O Comité de Concertação Permanente é um órgão de fiscalização administrativa da atividade da CPLP, cabendo-lhe "...acompanhar o cumprimento pelo Secretariado Executivo das decisões e recomendações emanadas da Cimeira e do Conselho de Ministros" (art. 10º, nº 2, dos Estatutos da CPLP).

O Secretariado Executivo, sendo o principal órgão executivo da CPLP, tem por competências a administração geral da organização, bem como a execução das decisões dos outros órgãos (cfr. o art. 11º dos Estatutos da CPLP).

§ 31º AS COLETIVIDADES NÃO ESTADUAIS

112. A Santa Sé e a Cidade do Vaticano

I. Ao lado dos Estados, existem outros sujeitos internacionais, que o tempo tem vindo a consolidar, que não se filiam em qualquer pertença estadual, do mesmo modo plenamente relevantes para o Direito Internacional.

É possível designá-los conjuntamente por coletividades não estaduais, as quais se formaram à luz de outros paradigmas, em todo o caso também frutificando no Direito Internacional, embora numa posição menos intensa.

A *Santa Sé* – designada formalmente por "Sé Apostólica"[736] – é porventura o mais antigo dos sujeitos internacionais não estaduais, tendo justamente sobrevivido ao aparecimento do Direito Internacional[737], que

[736] Sendo, contudo, expressões sinónimas: cfr. o cân nº 360 do CDC.

[737] Sobre a Santa Sé como sujeito de Direito Internacional, v. JOSEPH KUNZ, *The Status of the Holy See in International Law*, in AJIL, vol. 46, nº 2, 1952, pp. 308 e ss.; PAUL REUTER, *Instituições internacionais*, pp. 200 e ss.; ADRIANO MOREIRA, *Direito...*, pp. 103 e ss.; LORENZO SPINELLI, *Diritto Ecclesiastico*, 2ª ed., Torino, 1987, pp. 342 e ss.; ALBINO DE AZEVEDO SOARES, *Lições...*, pp. 399 e ss.; NUNO E SOUSA, *Curso...*, pp. 148 e 149; ARMANDO M. MARQUES GUEDES, *Direito...*, pp. 188 e ss.; ANDRÉ GONÇALVES PEREIRA e FAUSTO DE QUADROS, *Manual...*, pp. 369 e ss.; NGUYEN QUOC DINH, PATRICK DAILLIER e ALAIN PELLET, *Droit...*, pp. 455 e ss.; WLADIMIR BRITO, *Direito...*, pp. 265 e 266; FRANCISCO FERREIRA DE ALMEIDA, *Direito...*, p. 355; JOAQUIM DA SILVA CUNHA e MARIA DA ASSUNÇÃO DO VALE PEREIRA, *Manual...*, pp. 440 e ss.; JOSÉ FRANCISCO REZEK, *Direito...*, pp. 241 e ss.; JORGE MIRANDA, *Curso...*, pp. 205 e 206; JÓNATAS E. M. MACHADO, *Direito Internacional...*, pp. 281 e ss.

surgiu no contexto da eliminação da supremacia papal no plano do poder temporal na Europa.

II. Não obstante a afirmação da soberania internacional dos Estados, a Santa Sé manteve-se intacta nos seus poderes e na participação das relações jurídicas internacionais.

É um sujeito internacional peculiar, pela limitação dos seus meios materiais e em homenagem à grandeza dos seus fins espirituais, ao mesmo tempo sendo um exemplo de vivência intergeracional, atravessando todas as fases que têm vindo a caracterizar o Direito Internacional.

Nem sequer deixa de ser interessante verificar ter sido a Santa Sé, numa época de globalização, uma das primeiras instituições a antecipar esta tendência recente, há muitos séculos, na senda da sua preocupação universalista e evangelizadora de todos os povos nos mais recônditos lugares do Mundo.

III. Esta permanente evolução esconde as profundas alterações que a sua posição jurídico-internacional sofreria, fundamentalmente em momentos mais agudos da sua existência, como bem testemunha a Questão Romana[738].

Até ao século XIX, a Santa Sé estava sediada nos Estados Pontifícios, que ocupavam mais de um terço do território italiano, sendo aí necessário também exercer poderes de nível temporal. Esses territórios legitimavam-se na Doação de Constantino, que posteriormente fora confirmada pelo Imperador Carlos Magno.

Contudo, com os liberalismos, os Estados Pontifícios foram objeto de inúmeras turbulências, desde a revolução republicana de 1798 até à invasão napoleónica de 1809. Alcançada a consolidação da unificação italiana, ocorrida em 9 de outubro de 1870 com a proclamação de Roma como

[738] Para um conspecto histórico acerca da Igreja Católica, v. Adriano Moreira, *Direito...*, pp. 104 e ss.; José Orlandis, *História Breve do Cristianismo*, Lisboa, 1985, *passim*; Lorenzo Spinelli, *Diritto...*, pp. 131 e ss.; Albino de Azevedo Soares, *Lições...*, p. 399; Jean-Baptiste Duroselle e Jean-Marie Mayeur, *História do Catolicismo*, Lisboa, 1988, *passim*; Armando M. Marques Guedes, *Direito...*, pp. 189 e 190; Roberto de Mattei, *Pio IX*, Porto, 2000, pp. 85 e ss.; Nguyen Quoc Dinh, Patrick Daillier e Alain Pellet, *Droit...*, pp. 455 e 456; Joaquim da Silva Cunha e Maria da Assunção do Vale Pereira, *Manual...*, pp. 440 e ss.

capital de Itália e a anexação do seu território[739], os territórios pontifícios desapareceriam definitivamente, tendo sido integrados no Reino da Itália, pela Lei de 31 de dezembro de 1870, após um referendo.

Punha-se justamente a questão de saber que estatuto conceder ao Papa, bem como a todo o seu aparelho de apoio, na preocupação pela preservação da sua independência e da sua proeminência como vigário de Jesus Cristo e cabeça visível da Igreja, no plano universal[740].

IV. Logo então o novo Estado Italiano se comprometeu a respeitar esse estatuto da Santa Sé e do Romano Pontífice, editando a célebre Lei das Garantias, de 13 de maio de 1871, negando-lhe soberania territorial, mas concedendo-lhe o uso dos palácios do Vaticano, uma dotação anual de 3 225 000 liras e um conjunto de garantias associadas à posição de um soberano[741].

Com a Encíclica *Ubi nos*, de 15 de maio 1871, o Papa e Beato Pio IX rejeitou tal estatuto, considerando-se prisioneiro e coacto pelo Estado italiano, agudizando-se, assim, o conflito, tendo aquele Sumo Pontífice veementemente protestado[742], nascendo assim a Questão Romana.

[739] Não sem que antes houvesse, pelo menos, dois dramáticos episódios, durante o Pontificado do Beato Pio IX: o exílio em Gaeta, no Reino das Duas Sicílias, em 1848, e a proclamação da República de Roma, em 1849. Cfr. ROBERTO DE MATTEI, *Pio IX*, pp. 85 e ss., e pp. 90 e ss.

[740] Logo que o Reino de Itália foi proclamado, em 25 de março de 1861, nasceria a "Questão Romana", que verdadeiramente se agudizaria mais tarde, com a perda de Roma e da sua capital para o Reino Italiano. Como escreve ROBERTO DE MATTEI (*Pio IX*, p. 139), "A queda do poder temporal do Papa já não é, a partir deste momento, o plano oculto das sociedades secretas, mas o programa público e oficial do Reino de Itália, recém constituído. Nasce, assim, como problema internacional, a «questão romana»".

[741] Cfr. LORENZO SPINELLI, *Diritto...*, pp. 138 e ss.; ROBERTO DE MATTEI, *Pio IX*, p. 166.

[742] Assim escreveu o Papa Pio IX na Encíclica *Ubi nos*: "Nós declaramos que nunca poderemos de qualquer modo admitir ou aceitar aquelas garantias, ou seja, garantias constitucionais, excogitadas pelo Governo Piemontês, sejam quais forem as suas disposições, o seu conteúdo e o seu modo de ratificação. (...) De facto, deve ficar claro para todos que, necessariamente, no momento em que o Romano Pontífice estivesse sujeito ao poder de um outro Príncipe, mesmo que estivesse dotado dos mais amplos e supremos poderes de ordem política, não poderia, no que se refere à sua pessoa e aos atos do ministério apostólico, subtrair-se do arbítrio do Príncipe dominante, o qual se poderia mesmo tornar herege ou perseguidor da Igreja, ou encontrar-se em guerra, ou em estado de guerra, com outros Príncipes". Cfr. ROBERTO DE MATTEI, *Pio IX*, pp. 166 e 167.

Esta situação de reconhecimento de um mínimo de proteção territorial só ficaria resolvida pela assinatura, em 11 de fevereiro de 1929, dos Acordos de Latrão[743], outorgados por Pedro Gasparri, Cardeal Secretário, e por Benito Mussolini, Primeiro-Ministro de Itália[744]. Assim se poria fim à Questão Romana e se reconheceria jurisdição exclusiva na Cidade do Vaticano, tendo posteriormente a atual CI[745] confirmado esse entendimento (cfr. o art. 7º da CI), no que foi secundada pela concordata posteriormente celebrada entre o Estado Italiano e a Santa Sé.

V. A Santa Sé tem o seu regime jurídico próprio, interno e internacional, estabelecido no CDC, promulgado em 1983, em substituição do anterior, que datava de 1917, instrumento que se afigura fundamental no conhecimento desta entidade, código que se reparte pelos seguintes livros[746]:

- Livro I – *Das normas gerais*;
- Livro II – *Do Povo de Deus*;
- Livro III – *Do múnus de ensinar da Igreja*;
- Livro IV – *Do múnus santificador da Igreja*;
- Livro V – *Dos bens temporais da Igreja*;
- Livro VI – *Das sanções na Igreja*;
- Livro VII – *Dos processos.*

A Santa Sé designa um complexo organizatório de que faz parte a Cúria Romana, a instância central de governo da Igreja Católica: "Com o nome de Sé Apostólica ou Santa Sé designam-se neste Código não só o Romano Pontífice, mas ainda, a não ser que por natureza das coisas ou do contexto outra coisa se deduza, a Secretaria de Estado, o Conselho para os negócios públicos da Igreja, e os demais organismos da Cúria Romana"[747].

[743] Cfr. Lorenzo Spinelli, *Diritto...*, pp. 146 e ss.

[744] Cfr. o respetivo texto em Joaquim da Silva Cunha e André Gonçalves Pereira, *Textos de Direito Internacional*, I, 2ª ed., Porto, 1990, pp. 209 e ss.

[745] Cfr. Lorenzo Spinelli, *Diritto...*, pp. 156 e ss., e pp. 191 e ss.

[746] Cfr. o respetivo texto em Pedro Lombardia e Juan Ignazio Arrieta, *Código de Direito Canónico – edição anotada*, Braga, 1984, *passim*.

[747] Cân. 361 do CDC. Sendo a designação "Sé Apostólica" mais antiga: cfr. Lorenzo Spinelli, *Diritto...*, p. 341.

A Cúria Romana é também rigorosamente definida: "A Cúria Romana por meio da qual o Sumo Pontífice costuma dar execução aos assuntos da Igreja Universal, e que desempenha o seu múnus em nome e por autoridade do mesmo para o bem e serviço das Igrejas, consta da Secretaria de Estado ou Papal, do Conselho para os negócios públicos da Igreja, das Congregações, dos Tribunais, e de outros Organismos, cuja constituição e competência são determinados por lei peculiar" (cân. 360 do CDC).

Deste modo, a Santa Sé compreende, ao nível central ou universal da Igreja Católica, diversos organismos e estruturas de poder geral diretamente dependentes do Sumo Pontífice, mas em que funcionam outras estruturas, de poder legislativo, administrativo e judicial.

Juntamente com as instâncias regionais e locais, todas essas estruturas estão ao serviço das três principais atribuições da Igreja Católica[748]:

- o *múnus de ensinar* (*munus docendi*), que se desdobra na pregação da palavra, na atividade missionária e na educação religiosa;
- o *múnus de santificar* (*munus santificandi*), que se traduz na administração dos sacramentos, bem como noutros atos de culto divino; e
- o *múnus de governar* (*munus regendi*), que se reflete na emissão de leis e providências para melhor governar a sociedade eclesial.

VI. No seu âmbito de ação ao abrigo do Direito Internacional, a Santa Sé apresenta-se como um sujeito de capacidade restrita, dada a sua pretensão de não reivindicar todas as faculdades que estão potencialmente incluídas naquele conceito, apenas se limitando, nos termos dos Acordos de Latrão:

- ao *ius legationis*, que exercita através do estabelecimento de relações diplomáticas com a esmagadora maioria dos Estados do Mundo, bem como com várias organizações internacionais;
- ao *ius tractuum*, que executa através da celebração de tratados internacionais com os Estados, que tomam o nome tradicional de "concordatas", firmando compromissos de parte a parte nas matérias da educação e casamento religioso, bem como da liberdade de culto.

[748] Cfr. Lorenzo Spinelli, *Diritto...*, p. 341.

O *ius legationis*, do lado da Santa Sé, é protagonizado pelos Legados do Romano Pontífice, sendo por ele nomeados, quer junto das igrejas particulares quer junto dos Estados e autoridades públicas, assim como nos organismos e conferências internacionais (cfr. o cân 363 do CDC).

No lado da representação internacional, compete especialmente ao Legado pontifício, de acordo com as normas de Direito Internacional, "promover e fomentar as relações entre a Sé Apostólica e as Autoridades públicas", e "tratar dos problemas concernentes às relações entre a Igreja e o Estado; e, de modo especial, ocupar-se da celebração de concordatas e outras convenções semelhantes e da sua execução" (cân 365, nºs 1º e 2º, do § 1º do CDC). A aceitação desta posição internacional está mesmo expressamente referida na CVRD[749].

VII. Em alguns autores de Direito Internacional, tem sido discutida a questão de saber quem é, verdadeiramente, o sujeito internacional[750]: se a Santa Sé ou se a Igreja Católica, por aquela estrutura representada?

Decerto que a comunidade de fiéis se alarga a todo o Globo, não se limitando à realidade organizatória corporizada pela Santa Sé, aqueles constituindo mesmo a sua razão de ser e o respetivo substrato, num evi-

[749] Que indiretamente se infere do facto de poder ter precedência diplomática, de acordo com o disposto no art. 16º, nº 3, da CVRD: "O presente artigo não afeta a prática que exista ou venha a existir no Estado acreditador com respeito à precedência do representante da Santa Sé".

[750] Defendendo ser a Santa Sé: ALBINO DE AZEVEDO SOARES, *Lições...*, p. 399; NUNO E SOUSA, *Curso...*, p. 149; ANDRÉ GONÇALVES PEREIRA e FAUSTO DE QUADROS, *Manual...*, p. 370; ADHERBAL MEIRA MATTOS, *Direito...*, p. 5 e pp. 107 e ss.; NGUYEN QUOC DINH, PATRICK DAILLIER e ALAIN PELLET, *Droit...*, pp. 456 e 457, embora aqui se oscilando, incluindo na sua apreciação a Cidade do Vaticano, entre o serviço público internacional e o micro-Estado; JOSÉ FRANCISCO REZEK, *Direito...*, pp. 241 e 242; JORGE MIRANDA, *Curso...*, p. 205, referindo mesmo a Santa Sé como a "...expressão jurídico-internacional da Igreja Católica"; RITA ALMEIDA DE CARVALHO, *A Concordata de Salazar*, Lisboa, 2013, pp. 275 e ss.

Defendendo ser a Igreja Católica: PAUL REUTER, *Instituições internacionais*, p. 203, dizendo este autor que a "Igreja Católica é uma organização internacional não governamental"; ARMANDO M. MARQUES GUEDES, *Direito...*, p. 191, dizendo que "Simples conjunto de órgãos e não, ela própria (a Cúria Romana), a Igreja. É a esta (e não à Santa Sé) que o Direito das Gentes reconhece personalidade e capacidade internacionais"; WLADIMIR BRITO, *Direito...*, p. 266, que qualifica a Igreja Católica como "...uma organização internacional transnacional de natureza confessional"; JOAQUIM DA SILVA CUNHA e MARIA DA ASSUNÇÃO DO VALE PEREIRA, *Manual...*, pp. 440 e 441, nt. nº 82.

dente laço de índole associativa, baseado numa pertença que se funda no batismo e na fé católica, que é o Povo de Deus: como se refere no CDC, "Fiéis são aqueles que, por terem sido incorporados em Cristo pelo batismo, foram constituídos em povo de Deus e por este motivo se tornaram a seu modo participantes do múnus sacerdotal, profético e real de Cristo e, segundo a própria condição, são chamados a exercer a missão que Deus confiou à Igreja para esta realizar no mundo" (cân. 204 do CDC).

Não deixa também de ser verdade que a manifestação de uma vontade funcional dessa comunidade, que é a Igreja Católica, compete à estrutura cimeira da mesma, protagonizada pelo Sumo Pontífice, a quem se confere o poder de se exprimir como sendo essa comunidade a agir.

Para efeitos jurídico-internacionais, embora considerando a importância da Igreja Católica no seu conjunto, como reunião dos fiéis vinculados pelo batismo, apenas se considera relevante a estrutura da Santa Sé, não surgindo pertinente essa comunidade noutros patamares mais restritos, como é o caso das dioceses ou das paróquias. Assim também tem acontecido no Direito Internacional Convencional dos Acordos de Latrão, e não apenas no Direito Internacional Comum[751]. Cumpre ainda dizer que a personalidade da Igreja Católica é de Direito Canónico, não lhe sendo reconhecida essa personalidade no âmbito do Direito Internacional[752].

Finalmente, não se pode julgar relevante a disposição da CI[753] de fixar, num plano paritário, o Estado Italiano e a Igreja Católica, ao nela se prescrever que "O Estado e a Igreja Católica são, cada um no seu domínio específico, independentes e soberanos" (art. 7º, 1º §, da CI). Duas são as razões que consideramos pertinentes: não só se trata de um preceito interno, com o mero intuito de garantir uma autonomia mais ampla, indo além do raio de ação do Direito Internacional, como igualmente tal preceito acaba por se autoesvaziar, considerando o que se diz logo no §

[751] O que se comprova não apenas pelo seu preâmb., no qual se diz que "...a Santa Sé e a Itália reconheceram que convinha afastar qualquer causa de diferendo existente entre eles (...), assegurando à Santa Sé, de um modo estável, uma situação de facto e de direito que lhe garanta a independência absoluta para o cumprimento da sua alta missão no mundo", como também pelo respetivo art. 2º, em cujos termos se preceitua que "A Itália reconhece a soberania da Santa Sé no domínio internacional como atributo inerente à sua natureza, em conformidade com a sua tradição e com as exigências da sua missão no mundo".

[752] Invocando estes argumentos, Lorenzo Spinelli, *Diritto...*, pp. 342 e ss.

[753] Argumento invocado por Armando M. Marques Guedes, *Direito...*, p. 191.

seguinte, em que se considera que essa relação se define nos termos dos Acordos de Latrão[754], situação em que precisamente a personalidade jurídico-internacional é deferida à Santa Sé e não à Igreja Católica.

VIII. Quando se fala da Santa Sé no plano do Direito Internacional, é obrigatório também aludir ao Estado da Cidade do Vaticano, que é uma estrutura física existente em Roma e que serve de suporte jurídico à Santa Sé e com ela não se confundindo[755].

A sua natureza jurídica tem sido controvertida, discutindo-se a questão de saber se é ou não um verdadeiro Estado[756], referindo-se ao mesmo os Acordos de Latrão num sentido estadual, natureza jurídica que deve ser apreciada também à luz da Nova Lei Fundamental do Estado da Cidade do Vaticano, de 26 de novembro de 2000.

Tudo reside em verificar o preenchimento dos elementos constitutivos do conceito de Estado, o que vem a acontecer[757]:

[754] Dizendo-se no § 2º do art. 7º da CI o seguinte: "As suas relações são reguladas pelos Pactos Lateranenses. As modificações dos Pactos, aceites pelas duas Partes, não exigem qualquer procedimento de revisão constitucional".

[755] Pelo contrário, assimilando a Cidade do Vaticano à Santa Sé, NGUYEN QUOC DINH, PATRICK DAILLIER e ALAIN PELLET, *Droit...*, p. 457.

[756] Negando a natureza estadual, ANDRÉ GONÇALVES PEREIRA e FAUSTO DE QUADROS, *Manual...*, p. 374; FRANCISCO FERREIRA DE ALMEIDA, *Direito...*, p. 356, este autor considerando a "Cidade do Vaticano uma entidade *sui generis* desprovida de personalidade jurídica internacional, cuja função se resume, tão-somente, a servir de suporte territorial à Santa Sé"; JORGE MIRANDA, *Curso...*, p. 206.

Implicitamente aceitando essa natureza estadual, ARMANDO M. MARQUES GUEDES, *Direito...*, pp. 191 e 192.

Aceitando expressamente essa natureza estadual, LORENZO SPINELLI, *Diritto...*, pp. 367 e ss.; PAUL REUTER, *Instituições internacionais*, p. 203; NUNO E SOUSA, *Curso...*, p. 149; JOSÉ FRANCISCO REZEK, *Direito...*, p. 241, ainda que assinalando uma anómala "nacionalidade funcional"; WLADIMIR BRITO, *Direito...*, p. 267.

[757] Assim sendo, de resto, plenamente assumido pelo próprio Estado da Cidade do Vaticano, que no seu sítio oficial (www.vaticanstate.va) afirma a curiosidade de o "...Estado da Cidade do Vaticano ser o mais pequeno Estado independente do Mundo, seja em termos do número de habitantes, seja na extensão territorial".

- o *elemento territorial* está rigorosamente definido nos Acordos de Latrão (44 hectares) em termos de um poder soberano que se exerce sobre um espaço geográfico bem delimitado[758];
- o *elemento funcional* consiste no poder temporal que nesse território o Sumo Pontífice exerce, ainda que esse poder não seja total, sofrendo algumas limitações, como em matéria penal[759], correspondendo a uma monarquia absoluta e em que o Sumo Pontífice é o titular da plenitude dos poderes legislativo, executivo e e judicial (cfr. o art. 1º da Lei Fundamental do Estado da Cidade do Vaticano), embora o exerça por intermédio de delegação de poderes em diversas entidades[760];
- o *elemento pessoal* reside na cidadania vaticana, atribuída a cerca de 450 pessoas que nele residem, população geral, incluindo os residentes não cidadãos, que ronda os 800 habitantes[761].

É verdade que alguns destes elementos oferecem uma morfologia incompleta, o que não quer forçosamente dizer que não se verifique a estadualidade: deve, pois, aceitar-se que existe um Estado, embora seja um Estado semissoberano, dada as faixas de poder que o Estado da Cidade do

[758] Conforme o art. 4º dos Acordos de Latrão, "A soberania e a jurisdição exclusiva que a Itália reconhece à Santa Sé sobre a Cidade do Vaticano implica como consequência que não se poderá manifestar qualquer ingerência da parte do Governo italiano e que não haverá lá outra autoridade senão a da Santa Sé".

[759] Pois que o art. 22º dos Acordos de Latrão estabelece que "A pedido da Santa Sé, e por delegação que poderá fazer, quer para cada caso, quer de forma permanente, a Itália vigiará para que sejam punidos no seu território os delitos que sejam cometidos na Cidade do Vaticano; mas quando o autor do delito se tenha refugiado no território italiano, nesse caso proceder-se-á contra ele, sem mais formalidades, de acordo com os regulamentos e leis italianas".

[760] Nos seguintes termos: o poder legislativo é atribuído a uma Comissão composta por um Cardeal Presidente e por outros cardeais, nomeados pelo Sumo Pontífice (art. 3º, nº 1); o poder executivo é atribuído ao Presidente da Comissão (art. 5º, nº 1); o poder judiciário é atribuído aos órgãos judiciais previstos (art. 15º, nº 1).

[761] Segundo o art. 9º dos Acordos de Latrão, "Em conformidade com o Direito Internacional, todas as pessoas com residência estável na Cidade do Vaticano estão sujeitas à soberania da Santa Sé".

Vaticano não reivindica exercer, como em matéria penal ou em natureza militar[762].

Pode até dizer-se que este vem a ser um "Estado acessório" de uma realidade espiritual, que é o governo central da Igreja Católica[763], não se esquecendo que o Estado da Cidade do Vaticano assume prerrogativas soberanas face ao Estado Italiano, embora não todas e a este conferindo alguns direitos, o que normalmente os Estados totalmente soberanos não fazem[764].

É irrecusável uma relação umbilical entre a Cidade do Vaticano e a Santa Sé: a de união real[765], na medida em que na pessoa do Sumo Pontífice se cumula o exercício de poderes das duas estruturas, não parecendo de aceitar a qualificação de mera união pessoal[766].

IX. As relações entre Portugal e a Santa Sé são fecundas, podendo facilmente estabelecer-se um contínuo paralelo de intensa e recíproca atividade, com vários momentos altos[767]:

[762] Cfr. ARMANDO M. MARQUES GUEDES, *Direito...*, p. 191. LORENZO SPINELLI (*Diritto...*, p. 373) refere, a este propósito, o «Stato-mezzo». Até certo ponto, na lógica dos micro-Estados, NGUYEN QUOC DINH, PATRICK DAILLIER e ALAIN PELLET, *Droit...*, p. 457.

[763] Cfr. JOÃO PAULO II, *Sobre a comunidade dos que trabalham ao serviço da Santa Sé*, in *Osservatore Romano*, 24 de novembro de 1982, dizendo o Sumo Pontífice que "Trata-se de um Estado atípico: ele existe para conveniente garantia do exercício da liberdade espiritual da Sé Apostólica e como meio para assegurar a independência real e visível da mesma na atividade de governo a favor da Igreja Universal, e também na sua obra pastoral dirigida a todo o género humano...".

Quanto à importância do Direito Internacional na atividade da Santa Sé e no magistério de João Paulo II, v. BRUNO ESPOSITO, *A contribuição do Papa João Paulo II para a evolução de um Direito Internacional ao serviço da família das nações*, in *L'Osservatore Romano*, nº 28, de 10 de julho de 2004, pp. 6 e 7.

[764] Assim, LORENZO SPINELLI, *Diritto...*, pp. 375 e ss.

[765] Também EDUARDO CORREIA BATISTA, *Direito Internacional...*, II, p. 164, nota nº 333.

[766] Falando de união pessoal, PAUL REUTER, *Instituições internacionais*, p. 203; referindo a união, mas sem a qualificar, NUNO E SOUSA, *Curso...*, p. 149, ou WLADIMIR BRITO, *Direito...*, p. 268; referindo que o Estado da Cidade do Vaticano é um vassalo em relação à Santa Sé, JOSEPH KUNZ, *The Status of the Holy See...*, pp. 313.

[767] Para uma alusão geral às relações entre Portugal e a Santa Sé, v., de entre outros, ANTÓNIO DOMINGUES DE SOUSA COSTA, *Portugal e a Santa Sé*, in DHP, V, Porto, 1992, pp. 455 e ss.; RICHARD ROBINSON, *Igreja Católica*, in DHP, VIII, Porto, 1999, pp. 220 e ss., e *Vaticano*, in DHP, IX, Porto, 2000, pp. 586 e 587.

- o reconhecimento da independência de Portugal, em 23 de maio de 1179[768], na Bula *Manifestis Probatum*, ato em que o Papa Alexandre III, pela primeira vez, designa D. Afonso Henriques por *rex* de Portugal[769];
- a eleição de um Papa português, o Papa João XXI;
- a atribuição a Portugal de um papel nuclear na evangelização dos povos no âmbito das Descobertas.

Atualmente, o Estado Português tem relações diplomáticas com a Santa Sé, sendo o respetivo Núncio Apostólico o decano do corpo diplomático, tendo sido celebrada, em 1940, uma concordata, pontualmente emendada em 1975[770], a qual já foi revogada pela nova Concordata entre a República Portuguesa e a Santa Sé, assinada em 18 de maio de 2004[771].

[768] Dizendo-se nesse documento, a certo passo, que "...Nós, atendendo às qualidades de prudência, justiça e idoneidade de governo que ilustram a tua pessoa, tomamo-la sob a proteção de S. Pedro e nossa, e concedemos e confirmamos por autoridade apostólica ao teu excelso domínio o reino de Portugal, com inteiras honras de reino e a dignidade que aos reis pertence, bem como todos os lugares que com o auxílio da graça celeste arrancares às mãos dos sarracenos e nos quais não podem reivindicar direitos os vizinhos príncipes cristãos".

[769] Discutindo os vários momentos em que se tornou Portugal um país independente, Pedro Saores Martínez, *História Diplomática...*, pp. 23 e ss.; Diogo Freitas do Amaral, *Em que momento se tornou Portugal um país independente*, Coimbra, 2001, pp. 29 e ss.

[770] Sobre a Concordata de 1940, entre Portugal e a Santa Sé, v. Eurico Nogueira, *Concordata*, in DJAP, II, Lisboa, 1990, pp. 547 e ss.; AAVV, *A Concordata de 1940 – Portugal – Santa Sé*, Lisboa, 1993; Rita Carvalho, *Concordata*, in DHP, VII, Porto, 1999, pp. 388 e ss.; Richard Robinson, *Igreja...*, pp. 224 e ss.; Paulo Pulido Adragão, *A liberdade religiosa e o Estado*, Coimbra, 2002, pp. 376 e ss.

[771] Acerca da importância e da natureza das concordatas enquanto tratados internacionais especiais, v. Eurico Nogueira, *Concordata*, pp. 544 e ss.; Antonio Martínez Blanco, *Derecho Eclesiástico del Estado*, II, Madrid, 1993, pp. 25 e ss.

Aprovada pela Resolução da Assembleia da República nº 74/2004 e ratificada pelo Decreto do Presidente da República nº 80/2004, de 16 de novembro de 2004. Cfr. o respetivo texto em Jorge Bacelar Gouveia, M. Saturino da Costa Gomes e Fernando Soares Loja, *Legislação de Direito da Religião*, Coimbra, 2006, pp. 41 e ss. V. também Jorge Bacelar Gouveia, *Direito, Religião e Sociedade no Estado Constitucional*, Lisboa, 2012, pp. 17 e ss., e pp. 261 e ss.

113. A Ordem Soberana e Militar de Malta

I. A *Ordem Soberana e Militar de Malta*[772] – ou, simplesmente, Ordem de Malta – é hoje a herdeira da antiga Ordem do Hospital de Jerusalém, fundada em 1070, logo depois, em 1130, mudando de designação para Ordem dos Cavaleiros de São João de Jerusalém (*Ordo militiae S. Joannis Baptistae Hospitalis Hierosolymitani*)[773].

Esta é uma instituição que mergulha as suas raízes históricas no tempo das Cruzadas, que foram um movimento religioso, militar e político[774], tendo por objetivo resgatar a Terra Santa do jugo muçulmano[775]. O seu primeiro propósito foi, assim, o hospitalar, na assistência a prestar aos peregrinos do Santo Sepulcro. Contudo, as vicissitudes de luta religiosa rapidamente a fariam extravasar para objetivos militares e religiosos, na defesa e expansão da Cristandade[776].

Não seria por muito tempo que a Ordem de Malta se localizaria na sua sede original, em Jesusalém: dali se transferiu para São João de Acre em 1221; posteriormente, transitou para Chipre em 1291; mais tarde, para Rodes, em 1310; e finalmente para Malta, em 1530, beneficiando de uma concessão do Imperador Carlos V.

Na verdade, seria Malta o território em que durante mais tempo se conservaria a sede desta Instituição, localização que aconteceria entre 1550 e

[772] Sobre a Ordem de Malta como sujeito internacional, v. BÉAT DE FISCHER, *L'Ordre Souverain de Malte*, in RCADI, 1979, II, pp. 9 e ss.; NUNO E SOUSA, *Curso...*, p. 153; RUY d'ABREU TORRES, *Hospitalários*, in DHP, III, Porto, 1992, pp. 225 e 226; ARMANDO M. MARQUES GUEDES, *Direito...*, pp. 193 e ss.; MARTIM DE ALBUQUERQUE, *A Ordem de Malta e o Mundo*, Lisboa, 1998, pp. 21 e 22; NGUYEN QUOC DINH, PATRICK DAILLIER e ALAIN PELLET, *Droit...*, p. 457; WLADIMIR BRITO, *Direito...*, pp. 311 e 312; JOAQUIM DA SILVA CUNHA e MARIA DA ASSUNÇÃO DO VALE PEREIRA, *Manual...*, p. 455; JORGE MIRANDA, *Curso...*, p. 206.

[773] Sobre as mudanças de designação da Ordem de Malta, v., por todos, MARTIM DE ALBUQUERQUE, *A Ordem de Malta...*, p. 15.

[774] A respeito do movimento das Cruzadas, JEAN-BAPTISTE DUROSELLE e JEAN-MARIE MAYEUR, *História...*, pp. 83 e ss.; ALBERTO MARTINS DE CARVALHO, *Cruzada*, in DHP, II, Porto, 1992, pp. 243 e ss.

[775] Como escrevem JEAN-BAPTISTE DUROSELLE e JEAN-MARIE MAYEUR (*História...*, p. 84), "As causas das Cruzadas foram ao mesmo tempo a expansão demográfica da Europa Ocidental, que procurava territórios onde colocar o excedente da sua população, e um grande impulso de fervor religioso".

[776] Cfr. MARTIM DE ALBUQUERQUE, *A Ordem de Malta...*, p. 15.

1798. Nesta data, foi expulsa por Napoleão Bonaparte e definitivamente radicou-se em Roma em 1834, onde se encontra até hoje[777].

Além do nome, Malta também ficou indelevelmente associada a esta instituição pela Cruz de Malta, que nesse tempo seria adotada, com oito pontas que simbolizam as oito bem-aventuranças: 1) manter a alegria espiritual; 2) viver honestamente; 3) chorar os nossos pecados; 4) sofrer com humildade as injúrias; 5) amar a justiça; 6) praticar a misericórdia; 7) ser sinceros e limpos de coração; 8) suportar com paciência as perseguições[778].

II. O estatuto da Ordem de Malta é o de uma instituição com capacidade jurídica internacional limitada, em íntima associação à Santa Sé, com um substrato territorial, ainda que ínfimo[779].

Em 1953, a Santa Sé entendeu que a Ordem de Malta teria o valor de sujeito internacional autónomo e, em 1960, foi celebrado um tratado entre o Estado Italiano e a Ordem de Malta[780], embora genericamente não se lhe reconheça o *ius tractuum*, não tendo outorgado, *v. g.*, no Tratado de Paris, de 30 de maio de 1814, que a fez sair de Malta[781].

A Ordem de Malta mantém relações diplomáticas com mais de 75 Estados, na Europa, África, Ásia e América, e tem representações em várias organizações internacionais, sendo desde 1994 observadora permanente da ONU.

A doutrina internacional não tem estado de acordo relativamente à natureza de sujeito de Direito Internacional da Ordem de Malta[782]. Do nosso ponto de vista, não se julga que esse estatuto, se bem que bastante limitado, possa ser negado em face dos poderes que lhe foram gradual-

[777] Para um conspecto histórico acerca da Ordem de Malta, v. ARMANDO M. MARQUES GUEDES, *Direito...*, p. 194; JOAQUIM DA SILVA CUNHA e MARIA DA ASSUNÇÃO DO VALE PEREIRA, *Manual...*, p. 455.

[778] Cfr. MARTIM DE ALBUQUERQUE, *A Ordem de Malta...*, p. 15.

[779] Sendo mesmo qualificada por MARTIM DE ALBUQUERQUE (*A Ordem de Malta...*, p. 22) como "...o mais pequeno Estado territorial do mundo".

[780] Cfr. NUNO E SOUSA, *Curso...*, p. 153.

[781] Cfr. ARMANDO M. MARQUES GUEDES, *Direito...*, pp. 194 e 195.

[782] Achando o ponto duvidoso, mas sem tomarem uma posição, ANDRÉ GONÇALVES PEREIRA e FAUSTO DE QUADROS, *Manual...*, p. 377; JOAQUIM DA SILVA CUNHA e MARIA DA ASSUNÇÃO DO VALE PEREIRA, *Manual...*, p. 455.

mente conferidos na esfera das relações internacionais, não esquecendo que a subjetividade internacional é puramente qualitativa.

III. A atividade desta instituição tem sido sobretudo desenvolvida no plano assistencial, realizando nos diversos Estados em que está implantada louváveis iniciativas, tanto no domínio do transporte dos doentes como no tocante à ajuda à terceira idade, ainda participando em ações humanitárias internacionais[783].

Como escreve MARTIM DE ALBUQUERQUE, "...a bandeira da Ordem flutua por todo o mundo sobre hospitais especializados, clínicas, centros de primeiros socorros e de cirurgia geral, onde crianças, mulheres, velhos, mutilados e inválidos são tratados. Distribui medicamentos e fornece assistência médica e farmacêutica em zonas epidémicas. Criou a Associação para o Estudo do Problema Mundial dos Refugiados, o Comité Executivo Internacional para a Assistência aos Leprosos e a Fundação para a Vacinoterapia. Preocupa-se especialmente com os mais fracos, os que sofrem e as vítimas da discriminação e intolerância"[784].

Essa mesma preocupação aflora em Portugal, em cujo território a Ordem de Malta está implantada há vários séculos, nele desenvolvendo a sua ação assistencial, e através dele também o fazendo com alguns dos Estados de Língua Portuguesa[785].

114. A Cruz Vermelha Internacional

I. A *Cruz Vermelha Internacional*[786] foi criada no século XIX, sob o impulso de um suíço, Henri Dunant: profundamente impressionado pelos

[783] Cfr. ARMANDO M. MARQUES GUEDES, *Direito...*, p. 194; JOAQUIM DA SILVA CUNHA e MARIA DA ASSUNÇÃO DO VALE PEREIRA, *Manual...*, p. 455.

[784] MARTIM DE ALBUQUERQUE, *A Ordem de Malta...*, p. 23.

[785] Sobre a presença da Ordem de Malta em Portugal, v. RUY ABREU TORRES, *Hospitalários*, pp. 225 e 226; MARTIM DE ALBUQUERQUE, *A Ordem de Malta...*, p. 22.

[786] Sobre a Cruz Vermelha Internacional, v. HANS G. KNITEL, *La role de la Croix-Rouge dans la protection internationale des droits de l'homme*, in AAVV, *La protection internationale des Droits de l'Homme* (org. Centro Henri Rolin), Bruxelles, 1977, pp. 137 e ss.; ANDRÉ GONÇALVES PEREIRA e FAUSTO DE QUADROS, *Manual...*, p. 403; JORGE MIRANDA, *Curso...*, p. 207; MARIA BARROSO SOARES, *Cruz Vermelha*, Lisboa, 2002, pp. 9 e ss.; WLADIMIR BRITO, *Direito...*,

despojos de uma sangrenta batalha ocorrida na região da Lombardia – a batalha de Solferino, que opôs em 24 de junho de 1859 os exércitos franco-sardo e austríaco – depressa lhe subiria o impulso de criar uma estrutura internacional que pudesse evitar a repetição daqueles acontecimentos, tendo escrito o livro *Recordação de Solferino.*

Assim frutificariam as sociedades permanentes de socorro aos feridos de guerra, tendo numa reunião ocorrida em Genebra, em 9 de fevereiro de 1863, sido formado o Comité dos Cinco, que se encarregaria de convencer o Governo suíço da importância de se convocar uma conferência internacional para discutir a questão. Esta viria a ter lugar em 23 de outubro de 1863, na mesma tendo também ficado estabelecido o princípio da neutralidade, bem como o símbolo da futura organização, uma cruz vermelha sobre o fundo branco, o simétrico da bandeira helvética.

O Direito Internacional Humanitário nasceria no ano seguinte, com uma nova conferência internacional, em 22 de agosto de 1864, desta feita assinando-se a Convenção de Genebra para melhorar a sorte dos militares feridos nos exércitos em campanha, naquele que seria o primeiro tratado deste novo capítulo do Direito Internacional.

Os anos posteriores seriam marcantes deste ponto de vista fundacional: a designação do Comité de Genebra em Comité Internacional da Cruz Vermelha em 1875, bem como o aditamento da representação do crescente, por iniciativa da Sociedade Otomana de Socorro aos Feridos, em 1876, para outrossim abranger o mundo islâmico.

Ulteriormente, operou-se a internacionalização institucional da Cruz Vermelha, com a criação, em 1919, da Liga das Sociedades da Cruz Vermelha e do Crescente Vermelho, na sua perspetiva das Federações das Sociedades Nacionais, tendo hoje a designação mais abrangente de Movimento Internacional da Cruz Vermelha e do Crescente Vermelho.

II. Do ponto de vista da respetiva atuação, a Cruz Vermelha apoia-se em três tipos de estruturas bem distintas, ainda que todas imbuídas do ideal humanitário[787]:

pp. 312 e 313; Joaquim da Silva Cunha e Maria da Assunção do Vale Pereira, *Manual...*, pp. 457 e 458; Jorge Bacelar Gouveia, *Direito Internacional Humanitário...*, pp. 8 e ss.; Maria da Assunção do Vale Pereira, *Noções fundamentais...*, pp. 119 e ss.

[787] Cfr. Maria Barroso Soares, *Cruz Vermelha*, pp. 17 e 18.

- o Comité Internacional da Cruz Vermelha;
- a Federação Internacional das Sociedades da Cruz Vermelha e do Crescente Vermelho; e
- as Sociedades Nacionais da Cruz Vermelha e do Crescente Vermelho.

A entidade fundadora é o Comité Internacional da Cruz Vermelha, cabendo-lhe a prossecução dos objetivos do Direito Internacional Humanitário e submetendo-se aos sete princípios que a regem: humanidade, imparcialidade, neutralidade, independência, voluntariado, unidade e universalidade. Este Comité, como órgão supremo da organização, dirige e coordena toda a ação internacional humanitária que lhe seja atribuída, apelando à colaboração da Federação e das sociedades nacionais.

A Federação Internacional coordena a atividade das sociedades nacionais de uma perspetiva internacional, em ligação ao próprio Comité Internacional, numa espécie de segunda linha de apoio ao trabalho humanitário internacional.

As sociedades nacionais são organizações que atuam estritamente no âmbito dos Estados[788], aí agindo em articulação com os Governos, não só em tempo de guerra como também em tempo de paz, numa acentuada e crescente diversificação de aspetos, indo para além dos estritamente humanitários: ação social a presos, crianças, idosos, deficientes, *etc.*

III. A relevância internacional do Movimento da Cruz Vermelha não se verifica em todas estas estruturas, mas apenas e na estrita medida da sua relevância para o Direito Internacional Humanitário.

É precisamente o que vem a suceder nalgumas convenções internacionais, como as Convenções de Genebra e os seus Protocolos Adicionais, que atribuíram um pertinente estatuto ao Comité Internacional da Cruz Vermelha, que beneficia de poderes de intervenção na esfera internacional.

[788] Com uma natureza de associação pública, ainda que dubitativamente, como afirma Jorge Miranda, *Curso...*, p. 207, embora no caso português seja uma "...pessoa coletiva de Direito Privado e de utilidade pública administrativa, sem fins lucrativos..." (art. 3º, nº 2, do DL nº 281/2007, de 7 de agosto, que aprovou o novo regime jurídico da Cruz Vermelha Portuguesa, incluindo os seus novos Estatutos, publicados em anexo e como sua parte integrante).

O mesmo não se pode dizer das associações de Direito Interno da Cruz Vermelha e do Crescente Vermelho, que são apenas entidades de Direito Interno. A sua ação internacional é sempre referida enquanto atuem em nome do Comité e da Federação Internacional da Cruz Vermelha.

IV. A ligação de Portugal ao Movimento Internacional da Cruz Vermelha é umbilical[789], uma vez que esteve presente um delegado português na Conferência de Genebra de agosto de 1864: o Dr. José António Marques.

Data de 26 de maio de 1868 o reconhecimento da Comissão Portuguesa da Cruz Vermelha, nessa mesma ocasião tendo sido aprovados os respetivos Estatutos, cujo art. 1º rezava que "É fundada em Lisboa uma associação que se denomina Comissão Portuguesa de Socorros a feridos e Doentes Militares em Tempo de Guerra".

Depois de um interregno de 10 anos, um grupo de benfeitores entendeu ressuscitar o ideal do movimento, desta feita criando uma associação com o nome de Sociedade Portuguesa da Cruz Vermelha, que se conservaria até hoje, sob a tutela do Ministério da Defesa[790].

V. Atualmente, a Cruz Vermelha Portuguesa funda-se em estatutos muito recentemente aprovados, em 2007, sendo uma "...pessoa coletiva de Direito Privado e de utilidade pública administrativa"[791] e estruturando-se como "...uma instituição humanitária não governamental, de caráter voluntário e de interesse público, que desenvolve a sua atividade devidamente apoiada pelo Estado, no respeito pelo Direito Internacional Humanitário, pelos Estatutos do Movimento Internacional e pela Constituição da Federação da Cruz Vermelha e do Crescente Vermelho"[792].

De acordo com a tradição do Movimento da Cruz Vermelha, a Cruz Vermelha Portuguesa filia-se nos seus sete princípios[793]. A sua estrutura organizatória, desenvolvendo-se no quadro do território português e também fora dele, é diversificada, repartindo-se por quatro tipos de órgãos,

[789] Cfr. Maria Barroso Soares, *Cruz Vermelha*, pp. 25 e ss. Cfr. o respetivo sítio eletrónico: www.cruzvermelha.pt.

[790] Cfr. os arts. 57º e ss. dos Estatutos da Cruz Vermelha Portuguesa, parte integrante do DL nº 281/2007.

[791] Art. 3º, nº 2, do DL nº 281/2007.

[792] Art. 3º, nº 1, do DL nº 281/2007.

[793] Cfr. o art. 4º, nº 2, als. a) a g), do DL nº 281/2007.

nacionais e regionais e locais, alguns deles sendo vistos em função do nível da representação[794]:

- *órgãos deliberativos*: a assembleia geral, as assembleias de delegações locais;
- *órgãos diretivos*: o presidente nacional, a direção nacional, o delegado regional e as direções de delegações locais;
- *órgãos consultivos*: o conselho supremo e os conselhos de curadores das delegações locais;
- *órgão fiscalizador*: o conselho fiscal.

A Cruz Vermelha Portuguesa tem ainda a particularidade de o Presidente da República ser o seu Presidente de honra, a quem fica reservado o alto patrocínio da instituição[795].

O Presidente nacional, escolhido para um mandato de quatro anos, é o máximo responsável da Cruz Vermelha Portuguesa, sendo nomeado e exonerado "...por despacho conjunto do Primeiro-Ministro e do Ministro da Defesa Nacional, sob proposta do conselho supremo ou, não sendo obtido consenso neste órgão, por proposta de uma comissão constituída pelo Ministro da Defesa Nacional ou seu representante e pelos presidentes da assembleia geral e do conselho fiscal"[796].

115. As organizações não governamentais e as sociedades transnacionais

I. Os últimos tempos têm sido muito renovadores para a sociedade internacional, sobretudo com a queda do dogma de que a vida internacional apenas se aceitaria deferida aos Estados ou a outras entidades que lhe fossem equiparáveis.

[794] Cfr. os arts. 11º e ss. dos Estatutos da Cruz Vermelha Portuguesa, parte integrante do DL nº 281/2007.

[795] Cfr. o art. 10º, nº 1, dos Estatutos da Cruz Vermelha Portuguesa, parte integrante do DL nº 281/2007.

[796] Art. 14º dos Estatutos da Cruz Vermelha Portuguesa, parte integrante do DL nº 281/2007.

Tem paralelamente sido dada uma crescente relevância a sujeitos internacionais não estaduais, como é o que sucede com as *organizações não governamentais*[797], numa clara e irreversível senda de privatização das relações internacionais, assim também contribuindo para a construção de uma verdadeira opinião pública internacional.

Se, numa fase inicial, esse era um movimento visto com elevada desconfiança, ainda que alguns deles se bem inserissem no conflito da guerra fria, o tempo veio demonstrar que muitas dessas instituições se fundavam numa genuína preocupação de defesa de interesses e valores claramente desconsiderados ao nível das relações interestaduais[798].

Inúmeros são os exemplos destas organizações não governamentais, que têm vindo a multiplicar-se e que têm contribuído para a globalização da opinião pública, que de interna pode alçar-se, assim, a internacional:

- organizações religiosas: o Conselho Ecuménico das Igrejas, a Aliança Evangélica Mundial, a Concílio Mundial das Igrejas;
- organizações desportivas: o Comité Olímpico Internacional, a Federation International de Football (FIFA), a Union des Associations Européennes de Football (UEFA);
- organizações ambientalistas: o Green Peace, o World Wild Fund;
- organizações humanitárias: a Amnistia Internacional, a Transparency International;
- organizações de juristas: a International Law Association, o Instituto de Direito Internacional, a Comission Internationale des Juristes[799].

[797] Sobre as organizações não governamentais, v. André Gonçalves Pereira e Fausto de Quadros, *Manual...*, pp. 402 e ss.; Nguyen Quoc Dinh, Patrick Daillier e Alain Pellet, *Droit...*, pp. 643 e ss.; Francisco Ferreira de Almeida, *Direito...*, pp. 353 e 354; Joaquim da Silva Cunha e Maria da Assunção do Vale Pereira, *Manual...*, pp. 455 e ss.; Jónatas E. M. Machado, *Direito Internacional...*, pp. 271 e ss.

[798] Em Portugal, a L nº 19/94, de 24 de maio, que estabelece o estatuto das organizações não governamentais de cooperação para o desenvolvimento, admite que estas organizações assumam uma relevância internacional, ao conferir-lhes um direito de participação e representação, nos termos do respetivo art. 9º, nº 1: "O direito de participação das ONGD na definição das políticas nacionais e internacionais de cooperação exerce-se através da sua representação nas instâncias consultivas com competência na área da cooperação".

[799] Sobre o papel destas organizações na construção, especificamente, do Direito do Comércio Internacional, v. Maria Helena Brito, *Direito do Comércio...*, pp. 44 e ss.

II. Outra possibilidade que permite frisar a importância de uma sociedade civil internacional emergente é constituída pelas *sociedades transnacionais*, que tal como as organizações não governamentais se fundam numa vontade comum, com a particularidade de se projetarem no plano internacional[800].

Só que, ao contrário das organizações não governamentais, as sociedades transnacionais têm uma finalidade lucrativa específica e assumida, fundando-se num substrato patrimonial, internacionalmente defendendo os seus interesses e pontos de vista.

A subjetividade internacional destas entidades não tem sido pacífica e está sobretudo dependente da qualificação dos respetivos contratos para efeitos de inclusão no Direito Internacional, essencialmente os contratos de investimento bilateral, embora as suas características – o enorme poder económico e político, superior a muitos Estados, a atividade comum em vários Estados numa escala planetária e a atividade contratual feita diretamente com os Estados – inequivocamente apontem nesse sentido[801], não se esquecendo a utilidade do recurso às instâncias judiciais internacionais para a resolução de litígios emergentes[802].

III. As organizações não governamentais e as sociedades transnacionais, no seio da diversidade que ostentam, são primariamente organizações

[800] Sobre as sociedades transnacionais, v. ANTONIO CASSESE, *International Law...*, p. 103; ADHERBAL MEIRA MATTOS, *Direito...*, pp. 439 e ss.; NGUYEN QUOC DINH, PATRICK DAILLIER e ALAIN PELLET, *Droit...*, pp. 646 e ss.; JOSÉ ADELINO MALTEZ, *Curso...*, pp. 180 e ss.; PAULA ESCARAMEIA, *O Direito...*, pp. 200 e ss.; FRANCISCO FERREIRA DE ALMEIDA, *Direito...*, pp. 351 e ss.; JÓNATAS E. M. MACHADO, *Direito Internacional...*, pp. 283 e ss.

[801] Fazendo tal indicação, mas depois negando essa subjetividade internacional, ANTONIO CASSESE, *International Law...*, p. 103.

[802] Como refere JÓNATAS E. M. MACHADO (*Direito Internacional...*, p. 290), "A frequência com que estes contratos eram unilateralmente rescindidos pelo Estado ao arrepio do princípio *pacta sunt servanda* conduziu à necessidade de reforçar a sua vinculação internacional através da introdução de "cláusulas de estabilização", do reforço das garantias no caso de rescisão estadual e de nacionalização de bens e da internacionalização destes tratados, de natureza contratual, através do recurso sistemático, por via convencional, à arbitragem internacional para a resolução de conflitos com eles relacionados, nomeadamente no quadro da Convenção Internacional para a Resolução de Disputas de Investimento entre Estados e Nacionais de outros Estados, de 1965".

de Direito Interno, de substrato associativo ou patrimonial, encontrando--se diretamente ligadas aos respetivos Direitos Internos.

Deste modo, o Direito Internacional supervenientemente atribui-lhes relevância internacional, ao outorgar-lhes direitos e obrigações, no contexto de uma personalidade jurídica que apenas desabrocha numa capacidade internacional reduzida.

Os direitos de que estas entidades usufruem na esfera internacional são de vários tipos[803]:

- direitos de participação em reuniões como observadores;
- direitos de audição, devendo ser consultadas na elaboração de alguma regulamentação internacional;
- direitos de queixa internacional, no caso da violação dos direitos humanos.

Cabe aqui salientar a Convenção Europeia sobre o reconhecimento da personalidade jurídica das organizações não governamentais, de 24 de abril de 1986[804].

[803] Cfr. Nguyen Quoc Dinh, Patrick Daillier e Alain Pellet, *Droit...*, pp. 651 e ss.

[804] A que Portugal se vinculou: cfr. o Decreto do Presidente da República nº 44/91, de 6 de setembro de 1991.

§ 32º A PESSOA HUMANA

116. A proteção diversificada da pessoa humana

I. No seio das preocupações quanto à relativização da posição hegemónica dos Estados na cena internacional, insere-se ainda o reconhecimento da *pessoa humana como sujeito internacional*, se bem que limitadamente a alguns âmbitos[805].

[805] Sobre a pessoa humana como sujeito de Direito Internacional, v. GIUSEPPE SPERDUTTI, *L'individu et le Droit International*, in RCADI, 1956, II, pp. 733 e ss.; ANTONIO CASSESE, *Individuo (Diritto Internazionale)*, in ED, XXI, 1971, pp. 184 e ss., *International Law...*, pp. 99 e ss., *Los derechos humanos en...*, pp. 17 e ss., e *International Law*, pp. 349 e ss.; ANTÓNIO AUGUSTO CANÇADO TRINDADE, *Princípios...*, pp. 222 e ss.; AAVV, *As dimensões internacionais dos direitos do homem* (redator-geral KAREL VASAK), Lisboa, 1983, *passim*; IMRE SZABO, *Fundamentos históricos e desenvolvimento dos direitos do homem*, in AAVV, *As dimensões internacionais dos direitos do homem* (org. de KAREL VASAK), Lisboa, 1983, pp. 36 e ss.; JOSÉ CARLOS VIEIRA DE ANDRADE, *Direitos Humanos*, in Pol., II, Lisboa, 1984, pp. 615 e ss.; NUNO FILIPE BRITO, *Notas para o estudo da posição do indivíduo perante o Direito Internacional Público*, Lisboa, 1984, *passim*; MICHAEL AKEHURST, *Introdução...*, pp. 94 e ss.; SHIGERU ODA, *El individuo en el Derecho Internacional*, in AAVV, *Manual de Derecho Internacional Público* (org. de MAX SORENSEN), Cidade do México, 1985, pp. 474 e ss.; PEDRO NIKKEN, *La protección internacional de los derechos humanos: su desarrollo progresivo*, Madrid, 1987, *passim*; ALBINO DE AZEVEDO SOARES, *Lições...*, pp. 400 e ss.; AAVV, *Les dimensions universelles des Droits de l'Homme* (dir. de A. LAPEYRE, F. DE TINGUY e KAREL VASAK), I, Bruxelles, 1990, *passim*; ARMANDO M. MARQUES GUEDES, *Direito...*, pp. 200 e ss.; PIERRE-MARIE DUPUY, *Droit...*, pp. 141 e ss.; ANDRÉ GONÇALVES PEREIRA e FAUSTO DE QUADROS, *Manual...*, pp. 378 e ss.; MARIA JOSÉ MORAIS PIRES, *As reservas à Convenção Europeia dos Direitos do Homem*, Coimbra, 1997, pp. 86 e ss.; NGUYEN QUOC DINH, PATRICK DAILLIER e ALAIN PELLET, *Droit...*, pp. 658 e ss.; WLADIMIR BRITO, *Direito...*, pp. 295 e ss.; FRANCISCO FERREIRA DE ALMEIDA, *Direito...*, pp. 328 e ss.; AAVV, *Direitos*

Esse não foi um percurso sempre clarividente, embora vários sinais prévios fossem dando conta do problema fundamental subjacente, que era o de defender os seus direitos e interesses mais elementares, frente à desproporção do poder dos Estados.

Deste jeito, foi a seguir à II Guerra Mundial que apareceu a proteção internacional dos direitos do homem, alçando-se ao plano do Direito Internacional a defesa das posições jurídicas subjetivas de cada pessoa humana, contra o Estado e contra todas as outras manifestações de poder, a pouco e pouco perdendo o seu caráter inicialmente excecional.

Não se pense que a reflexão em torno dos direitos humanos se cristalizou no tempo: bem pelo contrário, continua viva e atuante[806], incidindo sobre novos aspetos, de entre eles se frisando os direitos das minorias étnicas e religiosas[807].

II. Este seria o culminar de progressivas aproximações ao conceito de *proteção internacional dos direitos do homem*, que integram a sua pré-história, e em que se assinalam os seguintes mecanismos mais expressivos[808]:

- a *proteção diplomática*;
- a *proteção humanitária*; e
- a *proteção dos refugiados e asilados.*

do Homem (org. de ANGELA HEGARTHY e SIOBHAN LEONARD), Lisboa, 2003; JOAQUIM DA SILVA CUNHA e MARIA DA ASSUNÇÃO DO VALE PEREIRA, *Manual...*, pp. 463 e ss.; EDUARDO CORREIA BATISTA, *Direito Internacional...*, II, pp. 349 e ss.; JORGE MIRANDA, *Curso...*, pp. 208 e ss.; JOSÉ FRANCISCO REZEK, *Direito...*, pp. 218 e ss.; VALÉRIO DE OLIVEIRA MAZZUOLI, *Curso de Direito Internacional...*, pp. 372 e ss.; JÓNATAS E. M. MACHADO, *Direito Internacional...*, pp. 359 e ss.; TORSTEN STEIN e CHRISTIAN VON BUTTLAR, *Völkerrecht*, pp. 363 e ss.

806 Com algumas interessantes e lúcidas reflexões, v., por todos, ANTÔNIO AUGUSTO CANÇADO TRINDADE, *Dilemas e desafios da proteção internacional dos direitos humanos*, in AAVV, *Educando para os Direitos Humanos*, Brasília, 2004, pp. 27 e ss.

807 Cfr. as referências de PATRICK THORNBERRY, *International Law and the Rights of Minorities*, Oxford, 1994, pp. 57 e ss.; AAVV, *Droit des minorités et des peuples autochtones* (dir. de NORBERT ROULAND), Paris, 1996, pp. 157 e ss.

808 Para a respetiva dilucidação, ANDRÉ GONÇALVES PEREIRA e FAUSTO DE QUADROS, *Manual...*, pp. 392 e ss.; FAUSTO DE QUADROS e JORGE BACELAR GOUVEIA, *As relações...*, pp. 65 e 66; JOAQUIM DA SILVA CUNHA e MARIA DA ASSUNÇÃO DO VALE PEREIRA, *Manual...*, pp. 463 e ss.; JORGE MIRANDA, *Curso...*, pp. 275 e ss.; ANDREIA SOFIA PINTO OLIVEIRA, *O direito de asilo na Constituição Portuguesa – âmbito de proteção de um direito fundamental*, Coimbra, 2009, pp. 41 e ss.

A *proteção diplomática* pressupõe a intermediação do Estado relativamente ao qual a pessoa carecida de proteção é cidadã[809]. Mas quem efetivamente concede a proteção é o Estado interlocutor, por vontade própria, não podendo o Estado agressor ser diretamente demandado pela pessoa, nem sequer entre ele e a vítima se estabelecendo qualquer relação jurídico-internacional, sendo necessário o concurso de duas condições para que esta proteção diplomática se torne operativa: em primeiro lugar, um vínculo de nacionalidade da pessoa em relação ao Estado de proteção; por outra parte, o esgotamento dos meios internos que se oferecem à pessoa atingida pelo ato ilícito[810].

A *proteção humanitária* desenvolve-se em tempos de conflito militar, de acordo com os parâmetros do Direito Internacional Humanitário. Não tem lugar no tempo da normalidade, o que representa a maioria das vezes a sua necessidade, nem mesmo oferecendo proteção de todos os bens jurídicos da pessoa, unicamente daqueles que se inscrevam numa lógica de proteção humanitária, extremamente restrita à vida, à integridade pessoal e à liberdade individual.

A *proteção dos refugiados e asilados*, que é mais próxima da proteção humanitária, implica uma maior latitude, acolhendo os Estados refugiados para cujo território se deslocam em busca de um ambiente de paz e liberdade. A proteção dos asilados tem um sentido político-ideológico e respeita ao desejo de garantir as liberdades das pessoas que reclamem mudanças políticas no sentido da proteção da liberdade e da democracia nos Estados que oprimam esses valores; vigora, porém, uma ótica limitada aos valores político-institucionais, não chegando a uma esfera pessoal e social que inelutavelmente deve estar presente nos direitos humanos[811].

[809] No âmbito da proteção diplomática, o TIJ igualmente se pronunciou operando a distinção entre esse tipo de proteção e a proteção dos direitos do homem, em *obiter dictum*, dizendo-se no *Caso Barcelona Traction* que dessa separação decorrem efeitos distintos: deveres *erga omnes* no âmbito dos direitos do homem, à escala da comunidade internacional; e deveres específicos bilaterais, no seio da proteção diplomática concedida a estrangeiros. Cfr. RAYMOND GOY, *La Cour...*, p. 14.

[810] Cfr. JOSÉ FRANCISCO REZEK, *Direito...*, pp. 276 e ss.

[811] Cfr. JORGE BACELAR GOUVEIA, *Ensinar Direito Internacional...*, pp. 302 e 304.

III. Desde que a proteção dos direitos do homem se tornou uma realidade, após a aprovação da DUDH, tem-se assistido a um movimento – jurídico e político – que não tem parado de crescer.

Por isso, é hoje mesmo aconselhável estudar a proteção internacional dos direitos do homem com base nos diversos sistemas que se foram instalando no Mundo, os mesmos se organizando em cinco[812]:

- o sistema universal;
- o sistema europeu;
- o sistema comunitário;
- o sistema americano; e
- o sistema africano.

Infelizmente, a Ásia e a Oceânia ainda não despertaram para uma proteção mais efetiva dos direitos do homem: a proteção conferida ao nível do sistema universal, e que se lhes aplica, é, a muitos títulos, deficiente, limitação que é tanto mais gritante quanto é certo terem sido recentemente dados passos muito significativos nalguns dos sistemas regionais existentes.

Assim se tem afirmado como novo capítulo do Direito Internacional o *Direito Internacional dos Direitos do Homem*, com o propósito de consagrar direitos subjetivos, em favor das pessoas, ao nível do Direito Internacional[813], suscitando problemas cada vez mais específicos: ao nível das

[812] Para uma consulta dos respetivos textos, v. JORGE MIRANDA, *Direitos do Homem – principais textos internacionais*, 2ª ed., Lisboa, 1989, pp. 11 e ss.; JORGE BACELAR GOUVEIA, *Textos Fundamentais...*, pp. 15 e ss., e *Direito da Igualdade Social – fontes normativas*, Lisboa, 2000, pp. 14 e ss.; CLEYSON DE MORAES MELLO e THELMA ARAÚJO ESTEVES FRAGA, *Direitos Humanos – Coletânea de Legislação*, Rio de Janeiro, 2003, pp. 65 e ss.

[813] À luz de uma outra perspetiva, de teor jurídico-cristão, pode ainda consultar a interessante compilação de GIORGIO FILIBECK, *Direitos do Homem – de João XXIII a João Paulo II*, Cascais, 2000, pp. 41 e ss.

Sobre o Direito Internacional dos Direitos do Homem no seu enquadramento sistemático específico, v. AAVV, *La protection internationale des Droits de l'Homme* (org. Centro Henri Rolin), Bruxelles, 1977; JORGE CAMPINOS, *Direito Internacional...*, pp. 7 e ss.; JACQUES BALLALOUD, *Droits de l'Homme et Organisations Internationales*, Paris, 1984, *passim*; ANDRÉ GONÇALVES PEREIRA e FAUSTO DE QUADROS, *Manual...*, pp. 392 e ss.; LOUIS HENKIN, *International...*, pp. 168 e ss.; MARIA JOSÉ MORAIS PIRES, *As reservas...*, pp. 85 e ss; ADHERBAL MEIRA MATTOS, *Direito...*, pp. 227 e ss.; JOHN CURRIE, *Public International...*, pp. 353 e ss.; JOAQUIM DA SILVA CUNHA e MARIA DA ASSUNÇÃO DO VALE PEREIRA, *Manual...*, pp. 463 e ss.; FRÉDÉRIC

fontes normativas aplicáveis, ao nível dos direitos fundamentais substantivamente reconhecidos e ao nível dos mecanismos adjetivos de defesa processual desses direitos.

Particularmente do ponto de vista das respetivas fontes, a proteção internacional de direitos do homem tem um cunho bastante convencional, quase todas as suas normas com proveniência em tratados e sendo, de um modo geral, tratados multilaterais, gerais ou regionais, em função da amplitude do sistema em que estão inseridos.

Em face da relevância dos valores que o Direito Internacional dos Direitos do Homem transporta, são de assinalar algumas das suas características fundamentais: universalidade, absolutidade, policiticidade, abertura, mobilidade e superioridade[814].

Em matéria de princípios jurídicos, não tem sido sido difícil a respetiva decantação, assim se confirmando a autonomia dogmática que esta divisão do Direito Internacional tem vindo paulatinamente a conquistar[815]:

- o princípio da resolução pacífica dos conflitos;
- o princípio da aplicação mais favorável à pessoa;
- o princípio da absolutidade;
- o princípio da objetividade;
- o princípio da aplicabilidade direta.

117. O sistema da Organização das Nações Unidas

I. O *sistema universal* funciona junto da ONU, que assim também se ocupa, no seio das diversas atribuições que lhe estão cometidas, da proteção internacional dos direitos do homem.

SUDRE, *Droit Européen et International des Droits de l'Homme*, 7ª ed., Paris, 2005, pp. 21 e ss.; ANTÓNIO MENEZES CORDEIRO, *Tratado de Direito Civil Português*, vol. I, tomo III, Coimbra, 2004, p. 85; MARK FREEMAN e GIBRAN VAN ERT, *International Human Rights Law*, Toronto, 2004, pp. 3 e ss.; ANA MARIA GUERRA MARTINS, *Direito Internacional dos Direitos Humanos – Relatório*, Coimbra, 2006; FLÁVIA PIOVESAN, *Direitos humanos...*, pp. 7 e ss.; FABIANA DE OLIVEIRA GODINHO, *A proteção internacional...*, pp. 1 e ss.; JORGE BACELAR GOUVEIA, *Ensinar Direito Internacional...*, pp. 233 e s ss., e a abundante bibliografia recolhida a este propósito.

[814] Cfr. JORGE BACELAR GOUVEIA, *Ensinar Direito Internacional...*, p. 304.

[815] Cfr. JORGE BACELAR GOUVEIA, *Ensinar Direito Internacional...*, p. 305.

Este é um sistema extremamente importante porque está vocacionado para cobrir a generalidade da sociedade internacional, mercê do caráter para-universal da organização internacional em que está integrado, tendo sido esta, sem dúvida, uma das grandes novidades que a ONU veio trazer no plano das relações internacionais.

Até então, com a experiência falhada da SDN, as organizações internacionais de âmbito universal pugnavam somente por uma coordenação entre os Estados, dentro de uma ótica meramente institucional.

Com a proteção dos direitos do homem, deu-se um passo decisivo rumo a um Direito Internacional material, neste caso com a proteção da pessoa humana, que naturalmente a ONU se gloria de inscrever entre as suas primeiras prioridades de sempre[816].

[816] Sobre o sistema universal de direitos do homem, ao nível geral, através da DUDH, do PIDCP e do PIDESC, bem como de outros textos mais específicos, v., de entre outros, JOAQUIM DA SILVA CUNHA, *Administração e Direito Colonial*, III, Lisboa, 1957, pp. 192 e ss.; JORGE MIRANDA, *A Declaração Universal e os Pactos Internacionais de Direitos do Homem – introdução*, Lisboa, 1977, pp. VIII e ss., e *Direito Internacional...*, pp. 311 e ss.; IMRE SZABO, *Fundamentos...*, pp. 44 e ss., e pp. 50 e ss.; MARCELO REBELO DE SOUSA, *Direito Constitucional...*, pp. 162 e ss.; UGO VILLANI, *Diritti dell'Uomo*, in NssDI, ap. II, Torino, 1980, pp. 1137 e ss.; JEAN RIVERO, *Les libertés publiques*, I, 3ª ed., Paris, 1981, pp. 279 e ss.; ANTÓNIO AUGUSTO CANÇADO TRINDADE, *Princípios...*, pp. 222 e ss.; LAURENT RICHER, *Les droits de l'homme et du citoyen*, Paris, 1982, pp. 67 e ss.; NUNO FILIPE BRITO, *Notas...*, pp. 51 e ss.; EGON SCHWELB, *Instituições das Nações Unidas – instituições principais e derivadas baseadas na Carta*, in AAVV, *As dimensões internacionais dos direitos do homem* (org. de KAREL VASAK), Lisboa, 1983, pp. 249 e ss.; KAMLESHWAR DAS, *Instituições das Nações Unidas – instituições e processos decorrentes das convenções relativas aos direitos do homem e às liberdades fundamentais*, in AAVV, *As dimensões internacionais dos direitos do homem* (org. de KAREL VASAK), Lisboa, 1983, pp. 353 e ss.; PEDRO NIKKEN, *La protección...*, pp. 44 e ss.; ANTONIO TRUYOL Y SERRA, *Los derechos humanos*, Madrid, 1984, pp. 26 e ss.; LUÍS CRUCHO DE ALMEIDA, *Organização das Nações Unidas*, in Pol., IV, Lisboa, 1986, pp. 883 e 884; ALEJANDRO ETIENNE LLANO, *La protectión de la persona humana en el Derecho Internacional – los derechos humanos*, Cidade do México, 1987, pp. 39 e ss., e pp. 123 e ss.; JOSÉ A. PASTOR RIDRUEJO, *Curso...*, pp. 202 e ss.; ALISON DUNDES RENTELN, *International Human Rights – universalism versus relativism*, Newbury Park/London/New Delhi, 1990, pp. 23 e ss.; KNUT IPSEN, *Individualschutz...*, pp. 641 e ss.; ANTONIO CASSESE, *Los derechos humanos en...*, pp. 31 e ss.; ANDRÉ GONÇALVES PEREIRA e FAUSTO DE QUADROS, *Manual...*, pp. 535 e ss.; MARTA SANTOS PAIS, *A ação das Nações Unidas no domínio dos direitos do homem*, in DDC, nºs 53 e 54, 1993, pp. 41 e ss.; JOSÉ MANUEL PUREZA, *O Património...*, pp. 67 e ss.; JEAN TOUSCOZ, *Direito Internacional*, pp. 194 e ss.; JUAN ANTONIO CARRILLO SALCEDO, *Soberanía de los Estados y derechos humanos en Derecho Internacional contemporáneo*, 2ª ed., Madrid, 2001, pp. 29 e ss.; RAYMOND GOY, *La Cour...*, pp. 21 e ss.; NGUYEN QUOC DINH, PATRICK DAILLIER e ALAIN PELLET, *Droit...*, pp. 658 e ss.; MAL-

Para essa mesma direção apontou logo a CNU, com iniludível clareza, tal como se dispõe no respetivo articulado, isso mesmo se erigindo a um dos seus objetivos fundamentais: "Realizar a cooperação internacional, resolvendo os problemas internacionais de caráter económico, social, cultural ou humanitário, promovendo e estimulando o respeito pelos direitos do homem e pelas liberdades fundamentais para todos, sem distinção de raça, sexo, língua ou religião" (art. 1º, nº 3, da CNU).

A materialização deste escopo que se cometeu à ONU não frutificaria imediatamente, antes se desenrolaria por momentos diferenciados, num caminho do simbólico ao real.

II. O *momento simbólico* foi protagonizado pela DUDH, aprovada em 10 de dezembro de 1948, por resolução da Assembleia Geral das Nações Unidas, não tendo tido sequer votos contra e apenas oito abstenções[817].

A DUDH, a despeito de estar desprovida de força jurídica como ato deliberativo, marcaria uma viragem na concretização do desiderato da proteção dos direitos do homem, em nome de duas razões fundamentais:

- a *internacionalização dos direitos do homem*: a sua aprovação significou, por um lado, que a sociedade internacional, ainda que por intermédio desta organização, interiorizou a relevância dos direitos do homem no âmbito do Direito Internacional, não mais considerando tal matéria apenas respeitante ao domínio reservado dos Estados;
- a *universalização dos direitos do homem*: a sua aprovação significou, por outro lado, que os direitos humanos, além de internacionalizáveis, podiam e deviam ser vistos sob uma ótica comum a qualquer região

COLM N. SHAW, *International...*, pp. 257 e ss.; FRANCISCO FERREIRA DE ALMEIDA, *Direito...*, pp. 337 e ss.; FRÉDÉRIC SUDRE, *Droit Européen et International...*, pp. 128 e ss.; JORGE MIRANDA, *Curso...*, pp. 290 e ss.; EDUARDO CORREIA BATISTA, *Direito Internacional...*, II, pp. 401 e ss.; JÓNATAS E. M. MACHADO, *Direito Internacional...*, pp. 366 e ss.; FABIANA DE OLIVEIRA GODINHO, *A proteção internacional...*, pp. 8 e ss.; JORGE BACELAR GOUVEIA, *Ensinar Direito Internacional...*, pp. 307 e ss.

[817] Sobre a DUDH, na sua posição jurídico-internacional, v. MASSIMO CURCIO, *La Dichiarazione dei Diritti delle Nazioni Unite*, Milano, 1950, pp. 27 e ss.; AAVV, *Alocuciones sobre derechos humanos – 40º aniversário de la Declaración Universal de los Derechos Humanos*, Madrid, 1989, pp. 9 e ss.; ANTONIO CASSESE, *Los derechos humanos en...*, pp. 46 e ss.; JOSÉ CARLOS VIEIRA DE ANDRADE, *Declaração Universal dos Direitos do Homem*, pp. 85 e ss.; JUAN ANTONIO CARRILLO SALCEDO, *Soberanía de los Estados...*, pp. 49 e ss.

do Globo, do mesmo modo para qualquer dos seus sujeitos, não mais podendo ficar acantonados, ideológica ou culturalmente, numa qualquer visão ocidental do Mundo[818].

É possível que a DUDH possa ser objeto de crítica nas suas formulações, mas é igualmente inegável que ela hoje representa, como frisa ANTONIO CASSESE, "um decálogo para 5 biliões de pessoas", uma vez que permitiu ultrapassar várias ideologias e por "...ter favorecido o surgimento – ainda que débil, ténue e não muito nítido – do indivíduo num espaço antes exclusivamente reservado aos Estados soberanos"[819].

Tudo isto não quer dizer que sejam sempre efetivas, no momento atual, as proteções dadas por estes direitos humanos, em face das violações, por vezes ignominiosas e bárbaras, que todos vamos conhecendo.

Sempre se torna necessário evitar cair nos extremos do pessimismo antropológico hobbesiano – segundo qual os direitos humanos de nada servem e, por isso, são inúteis – ou no otimismo fundamentalista – arvorando os direitos humanos a uma nova religião, laica e de toda a Humanidade, em nome da qual tudo é permitido, com as óbvias consequências da intolerância[820].

Importa antes continuar na senda do aperfeiçoamento dos instrumentos existentes e não esquecendo que o Direito Internacional se mostra bem singular do ponto de vista da sua efetividade, não sendo os direitos humanos exceção desse ponto de vista.

III. A DUDH é um texto pequeno e não muito pormenorizado – elaborado pelo punho de RENÉ CASSIN, que mais tarde seria galardoado com o Prémio Nobel da Paz – e tem 30 artigos que se distribuem da seguinte forma, além de um importante preâmbulo[821]:

818 Sendo prova inequívoca disso o facto de os Estados que não votaram a favor – e que apenas se abstiveram – terem sido poucos, e terem-no feito por razões políticas e religiosas imediatas, sem que isso tivesse correspondido a uma qualquer objeção de fundo à afirmação universalista dos direitos do homem.

819 ANTONIO CASSESE, *Los derechos humanos en...*, p. 57.

820 Chamando a atenção para estes dois perigos, ANTONIO CASSESE, *Los derechos humanos en...*, pp. 225 e ss.

821 Em que se evidencia uma destas mais importantes razões: "Considerando que o desconhecimento e o desprezo dos direitos do homem conduziram a atos de barbárie que revol-

- a liberdade e a igualdade em dignidade e direitos (cfr. os arts. 1º e ss. da DUDH);
- o princípio do tratamento não discriminatório;
- o direito à vida, à liberdade e à segurança;
- a proibição da escravatura ou servidão;
- a proibição da tortura e das penas e tratamentos cruéis, desumanos e degradantes;
- o direito à personalidade jurídica;
- o direito à igualdade;
- o direito à proteção legal;
- o direito à proibição da prisão, da detenção ou do exílio arbitrários;
- o direito de acesso à justiça nacional, independente, equitativa e pública;
- a presunção de inocência do arguido e a não aplicação retroativa da lei penal incriminadora;
- a direito à inviolabilidade da vida privada, bem como à proteção do domicílio, da correspondência e da honra;
- a liberdade de circulação e de emigração;
- o direito a asilo;
- o direito à cidadania;
- o direito ao casamento em igualdade e liberdade;
- o direito à propriedade privada;
- a liberdade de pensamento, de consciência e de religião;
- a liberdade de opinião e de expressão;
- a liberdade de reunião e de associação;
- o direito de acesso aos cargos públicos;
- o direito à segurança social;
- o direito ao trabalho, na sua escolha e no justo salário, bem como nos aspetos de organização coletiva;
- o direito ao repouso e lazeres;
- o direito a um mínimo de subsistência nas condições materiais de alimentação, habitação e assistência médica;
- o direito à educação;

tam a consciência da Humanidade e que o advento de um mundo em que os seres humanos sejam livres de falar e de crer, libertos do terror e da miséria, foi proclamado como a mais alta aspiração do homem".

- a liberdade de criação artística e cultural;
- o direito à paz e a garantia do Estado de Direito;
- o reconhecimento da existência deveres para com a comunidade;
- a proibição de uma interpretação limitadora dos direitos humanos consagrados.

IV. Este conjunto de direitos é suscetível de sistematização científica através da sua inclusão nos seguintes quatro grupos de direitos, de acordo com a tetralogia proposta por Antonio Cassese[822]:

- *os direitos pessoais*, concebidos para cada ser humano, na sua singularidade: o direito à vida, o direito à liberdade, o direito à segurança, o direito à personalidade jurídica e o direito à integridade pessoal;
- *os direitos comunitários*, atinentes à inserção do indivíduo num círculo de relações comunitárias: o direito à intimidade, o direito a contrair casamento, a liberdade de circulação e de deslocação, o direito à cidadania, o direito de propriedade e a liberdade religiosa;
- *os direitos políticos*, os quais se idealizam na relação da comunidade com o poder público: a liberdade de pensamento e de reunião, o direito de sufrágio, ativo e passivo, o direito de acesso aos cargos públicos e à administração;
- *os direitos económicos e sociais*, concernentes às questões do trabalho, da educação e da saúde: o direito ao trabalho e à justa retribuição, o direito ao repouso, o direito à assistência na saúde.

V. Num prisma filosófico, as raízes da DUDH não são propriamente unívocas, ao contrário do que por vezes se julga, sendo viável descobrir múltiplas influências, essencialmente três, tanto por aquilo que ficou a pertencer ao seu texto como por algumas das suas omissões mais relevantes[823]:

- a matriz *jusnaturalista*, a qual afirma a anterioridade e a superioridade da pessoa humana ao fenómeno político, que a deve respeitar, manifesta-se viva no preâmbulo da DUDH, ao referir-se a "dignidade inata" de todos os seres humanos, bem como nalguns dos seus

[822] Antonio Cassese, *Los derechos humanos en...*, p. 47.

[823] Como bem frisa Antonio Cassese, *Los derechos humanos en...*, pp. 49 e ss.

mais relevantes preceitos, como os relacionados com o direito à vida, ainda que a DUDH o tivesse feito também com outras fórmulas mais mitigadas, como a referência ao indivíduo inserido em grupos sociais, a família e a comunidade nacional, superando-se assim um ponto de vista mais estritamente individualista;

- a matriz *socialista*, que sublinha a importância do poder coletivo, afirma-se na ideia de que a pessoa vive contextualizada em cada momento histórico, daí se extraindo algumas consequências, como na adoção de vários direitos económicos e sociais, contando ainda com a alusão aos deveres do indivíduo para com a sociedade; e
- a matriz *nacionalista*, que acentua a salvaguarda da soberania nacional na internacionalização que a DUDH implicita, orientação que se manifesta na eliminação do direito de petição na passagem à versão final deste documento, bem como numa simples alusão ao direito de rebelião apenas no preâmbulo, não esquecendo ainda a global omissão dos direitos das minorias nacionais.

VI. Somente com estes dois tratados, tardiamente celebrados em 1966, se passaria do simbólico ao real, através da implantação efetiva de um sistema universal de proteção de direitos humanos[824], com a pormenorização dos direitos humanos antes previstos na DUDH, bem como o aditamento de algumas novas faculdades.

O PIDCP consagrou os direitos civis e políticos, ou os direitos de 1ª geração, relacionados com a preservação das liberdades públicas e os direitos políticos.

O PIDESC – que recentemente obteve um protocolo adicional permitindo a apresentação de queixas – positivou os direitos económicos, sociais e culturais, ou os direitos de 2ª geração[825], atinentes à projeção de um objetivo de igualdade real, na lógica do Estado Social.

O primeiro destes tratados seria objeto, por seu turno, de dois protocolos adicionais:

[824] Cfr. estes textos em Jorge Bacelar Gouveia, *Textos Fundamentais...*, pp. 33 e ss.

[825] Quanto à evolução dos direitos fundamentais no plano do Direito Constitucional, que é inteiramente acolhida pelo Direito Internacional dos Direitos do Homem, v. José Carlos Vieira de Andrade, *Os direitos fundamentais...*, pp. 49 e ss.; Jorge Bacelar Gouveia, *Ensinar Direito Constitucional*, pp. 417 e ss.

- o PA nº 1, com a mesma data do tratado inicial, admitindo a possibilidade de o Comité de Direitos Humanos receber petições individuais, possibilidade não aceite no PIDCP, na sua versão principal: "Os Estados Partes no Pacto que se tornem partes no presente Protocolo reconhecem que o Comité tem competência para receber e examinar comunicações provenientes de particulares sujeitos à sua jurisdição que aleguem ser vítimas de uma violação, por esses Estados Partes, de qualquer dos direitos enunciados no Pacto. O Comité não recebe nenhuma comunicação respeitante a um Estado Parte no Pacto que não seja parte no presente Protocolo" (art. 1º do PA nº 1 ao PIDCP);
- O PA nº 2, posteriormente celebrado, exclusivamente destinado à abolição da pena de morte: "Nenhum indivíduo sujeito à jurisdição de um Estado Parte no presente Protocolo será executado", acrescentando-se que "Os Estados Partes devem tomar as medidas adequadas para abolir a pena de morte no âmbito da sua jurisdição" (respetivamente, os nºs 1 e 2 do art. 1º do PA nº 2 ao PIDCP, apenas se excecionando o tempo de guerra).

VII. No entanto, eis um momento meramente geral porque os tempos seguintes entretanto trariam uma verdadeira "avalancha" de convenções e declarações para a proteção dos mais variados direitos, numa ótica de especialização, como em relação às mulheres, aos deficientes, às crianças, aos migrantes, *etc.*

No seio da família das Nações Unidas, essa seria sempre uma preocupação constante, que se propagaria a outras instâncias internacionais, sendo de evidenciar instrumentos de caráter especial, para certas pessoas ou situações, de que são exemplos[826]:

a) *Textos para situações específicas*: a Convenção contra a escravatura, de 25 de setembro de 1926, com uma Convenção suplementar relativa à abolição da escravatura, do tráfico de escravos e de práticas análogas à da escravatura, de 7 de setembro de 1956; a Convenção para a prevenção e repressão do crime de genocídio, de 9 de dezembro de 1948; a Convenção para a repressão do tráfico de seres huma-

[826] Cfr. alguns desses textos em Jorge Miranda, *Direitos do Homem – principais...*, pp. 103 e ss.

nos e da exploração da prostituição, de 12 de dezembro de 1949; a Convenção contra a tortura e outras penas ou tratamentos cruéis, desumanos ou degradantes, de 17 de dezembro de 1984;

b) *Textos para grupos de pessoas*: a Convenção sobre o estatuto dos refugiados, de 28 de julho de 1951, com um PA de 16 de dezembro de 1966; a Convenção sobre os direitos da mulher, de 1952; a Convenção sobre o estatuto dos apátridas, de 28 de setembro de 1954; a Declaração dos direitos da criança, de 20 de novembro de 1959; a Convenção sobre a redução dos casos de apatridia, de 30 de agosto de 1961; a Declaração dos direitos do deficiente mental, de 20 de dezembro de 1971; a Convenção dos Direitos da Criança, de 20 de novembro de 1989;

c) *Textos contra tratamentos discriminatórios*: a Convenção sobre a eliminação de todas as formas de discriminação racial, de 21 de dezembro de 1965; a Convenção sobre a eliminação de todas as formas de discriminação contra as mulheres, de 17 de dezembro de 1979; a Declaração sobre a eliminação de todas as formas de intolerância e de discriminação baseadas na religião ou na convicção, de 25 de novembro de 1981.

Outro dos aspetos a considerar dentro do sistema universal é o esforço que tem sido protagonizado pela OIT, que é uma agência especializada, criada muito antes da ONU, e que nesta se conservaria, dedicando-se aos aspetos jurídico-internacionais do trabalho[827].

VIII. Do ponto de vista processual, o sistema de proteção dos direitos humanos, no contexto de outros sistemas, é bastante imperfeito e não conta com qualquer tribunal, sendo certo que o TIJ não tem atribuições

[827] Sobre a OIT, v. ANDRÉ GONÇALVES PEREIRA e FAUSTO DE QUADROS, *Manual...*, pp. 554 e ss.; JOSÉ LUÍS JACINTO, *O trabalho e as relações internacionais*, Lisboa, 2002, pp. 195 e ss.; AAVV, *Organização Internacional do Trabalho*, in *Organizações internacionais* (coord. de JOÃO MOTA DE CAMPOS), 2ª ed., Lisboa, 2006, pp. 397 e ss.; VALÉRIO DE OLIVEIRA MAZZUOLI, *Integração das convenções e recomendações da OIT no Brasil e sua aplicação sob a perspectiva do princípio pro homine*, in RDT, nº 152, 2013, pp. 11 e ss.

A respeito dos inúmeros textos produzidos no âmbito da OIT, para proteção dos direitos dos trabalhadores, v. CLEYSON DE MORAES MELLO e THELMA ARAÚJO ESTEVES FRAGA, *Direitos Humanos...*, pp. 597 e ss.

diretas na defesa das pessoas por violação dos direitos humanos, sendo de referir os vários organismos existentes.

A principal feição deste sistema assenta numa ideia de persuasão internacional, em que se acredita que é da evidência das violações que deriva a sua prevenção, através de órgãos específicos no seio da ONU, embora se conte com a participação tanto do Conselho Económico e Social como do Secretário-Geral e até, em certos casos, da própria Assembleia Geral:

- O Conselho de Direitos Humanos (sucedendo à antiga Comissão de Direitos Humanos[828]): é um órgão subsidiário da Assembleia Geral, composto por representantes de 47 Estados, dispondo de uma competência consultiva, ao dirigir recomendações aos Estados e ao fazer estudos em matéria de proteção dos direitos humanos, e atua com base nos princípios (i) da universalidade, (ii) da impacialidade, (iii) da objetividade, (iv) da não seletividade, (v) do diálogo internacional construtivo e de cooperação, (vi) da eliminação dos duplos comportamentos e (vii) da não policiticização;
- o Comité de Direitos Humanos: é um órgão específico previsto no PIDCP, composto por 18 peritos em direitos humanos, e tem por missão não apenas apreciar os relatórios anuais que os Estados vinculados enviam como também analisar as queixas que lhe sejam endereçadas por Estados e por cidadãos em relação ao desrespeito pelos direitos humanos, neste caso nos termos do PA nº 1;
- os Comités especiais: são organismos especializados na proteção de certas categorias de direitos humanos, dispondo de uma competência também consultiva, como é o caso do Comité contra a Tortura, o Comité dos Direitos da Criança ou o Comité para a Eliminação da Discriminação contra as Mulheres;
- o Alto Comissariado para os Direitos Humanos: trata-se de uma instância que tem por função a promoção e a defesa dos direitos humanos, sendo uma estrutura burocrática e permanente da ONU, dependente do Secretário-Geral.

[828] Sobre a Comissão de Direitos Humanos da ONU, v., por todos, JEAN-BERNARD MARIE, *La Comission des Droits de l'Homme de l'O.N.U.*, Paris, 1975, pp. 5 e ss., autor que, quanto ao trabalho desenvolvido por este organismo em prol dos direitos humanos, salienta três fases (pp. 133 e ss.): de redação dos textos, entre 1947 e 1954; de promoção da sua vinculação, entre 1955 e 1966; e de proteção da sua efetividade, a partir de 1967.

118. O sistema do Conselho da Europa

I. O *sistema europeu*[829], não esquecendo o pioneirismo filosófico-jurídico da DUDH, foi o primeiro a ser verdadeiramente instalado, a partir

[829] Sobre o sistema da CEDH, v. MARCELO REBELO DE SOUSA, *Direito Constitucional...*, pp. 164 e 165; JEAN RIVERO, *Les libertés...*, I, pp. 276 e ss.; JOÃO DE DEUS PINHEIRO FARINHA, *Convenção Europeia dos Direitos do Homem*, Lisboa 1980, pp. 3 e ss., *A proteção dos direitos humanos no âmbito do Conselho da Europa*, in DDC, 1980, nº 3, pp. 197 e ss., e *O processo equitativo garantido na Convenção Europeia dos Direitos do Homem*, in OD, ano 122º, II, Abril-Junho de 1990, pp. 242 e ss.; KAREL VASAK, *O Conselho da Europa*, in AAVV, *As dimensões internacionais dos direitos do homem* (org. de KAREL VASAK), Lisboa, 1983, pp. 511 e ss.; ANTONIO TRUYOL Y SERRA, *Los derechos...*, pp. 42 e ss.; MARIA DA ASSUNÇÃO ANDRADE ESTEVES, *O indivíduo como sujeito de Direito Internacional Público*, in RJ, nº 6, abril/junho de 1986, pp. 198 e ss.; PEDRO NIKKEN, *La protección...*, pp. 40 e 41; JOÃO CAUPERS, *Direito Internacional...*, pp. 52 e ss.; CARLOS FERNÁNDEZ DE CASADEVANTE ROMANÍ, *El Convenio Europeo de Derechos Humanos: demandas contra España (1979-1988)*, Bilbao, 1988, pp. 55 e ss.; KNUT IPSEN, *Individualschutz...*, pp. 651 e ss.; JOSÉ A. PASTOR RIDRUEJO, *Curso de Derecho...*, pp. 209 e ss.; MARIA LUÍSA DUARTE, *O Conselho da Europa e a proteção europeia dos direitos do homem*, in DDC, nºs 39/40, 1989, pp. 211 e ss., *A liberdade de circulação...*, pp. 45 e ss., e *A Convenção Europeia dos Direitos do Homem*, in AAVV, *Organizações internacionais* (coord. de JOÃO MOTA DE CAMPOS), 2ª ed., Lisboa, 2006, pp. 628 e ss.; MANUEL LOPEZ-MEDEL Y BASCONES, *Derechos y libertades en la Europa Comunitaria*, Madrid, 1992, pp. 23 e ss.; AAVV, *The European Convention for the Protection of Human Rights* (ed. MIREILLE DELMAS-MARTY), Dordrecht, Boston, London, 1992, *passim*; ANDRÉ GONÇALVES PEREIRA e FAUSTO DE QUADROS, *Manual...*, pp. 393 e ss., e pp. 603 e ss.; JEAN TOUSCOZ, *Direito...*, pp. 197 e ss.; AAVV, *La Convention Européenne des Droits de l'Homme* (dir. de LOUIS-EDMOND PETTITI, EMMANUEL DECAUX e PIERRE-HENRI IMBERT), Paris, 1995, *passim*; MARIA JOSÉ MORAIS PIRES, *As reservas...*, p. 19 e pp. 113 e ss.; MARGARIDA SALEMA D'OLIVEIRA MARTINS e AFONSO D'OLIVEIRA MARTINS, *Direito das Organizações...*, II, pp. 298 e ss.; NGUYEN QUOC DINH, PATRICK DAILLIER e ALAIN PELLET, *Droit...*, pp. 662 e ss.; MALCOLM N. SHAW, *International...*, pp. 319 e ss.; FRANCISCO FERREIRA DE ALMEIDA, *Direito...*, pp. 341 e ss.; JOAQUIM DA SILVA CUNHA e MARIA DA ASSUNÇÃO DO VALE PEREIRA, *Manual...*, pp. 469 e ss.; FRÉDÉRIC SUDRE, *Droit Européen et International...*, pp. 132 e ss.; JUAN ANTONIO CARRILLO SALCEDO, *El Convenio Europeo de Derechos Humanos*, Madrid, 2003, pp. 11 e ss.; FRÉDÉRIC SUDRE, JEAN-PIERRE MARGUÉNAUD, JOËL ANDRIANTSIMBAZOVINA, ADELINE GOUTTENOIRE e MICHEL LEVINET, *Les grandes arrêts de la Cour européenne des Droits de l'Homme*, 3ª ed., Paris, 2003; JORGE MIRANDA, *Curso...*, pp. 301 e ss.; EDUARDO CORREIA BATISTA, *Direito Internacional...*, II, pp. 410 e ss.; JÓNATAS E. M. MACHADO, *Direito Internacional...*, pp. 382 e ss.; FLÁVIA PIOVESAN, *Direitos humanos...*, pp. 65 e ss.; IRENEU CABRAL BARRETO, *A Convenção Europeia dos Direitos do Homem anotada*, 3ª ed., Coimbra, 2005, pp. 17 e ss.; FABIANA DE OLIVEIRA GODINHO, *A proteção internacional...*, pp. 46 e ss.; JORGE BACELAR GOUVEIA, *Ensinar Direito Internacional...*, pp. 313 e ss.

da aprovação, em 4 de novembro de 1950, da CEDH, sob os auspícios do CEu[830].

Esse não foi senão um momento inicial de um percurso que não mais pararia, até atingir hoje um acentuado grau de aperfeiçoamento, tanto ao nível substantivo como ao nível adjetivo, com várias relevantes alterações, num conjunto já de 14 protocolos adicionais que foram aprovados[831], o penúltimo reforçando o direito à vida através da inderrogabilidade da proibição da aplicação de pena de morte mesmo em situações de exceção constitucional[832] e o último agilizando a tramitação processual no sentido de tornar a justiça do TEDU mais célere.

Mais tarde, o sistema de proteção ao nível do CEu ficaria ainda beneficiado por outros textos normativos internacionais específicos:

- a Convenção Europeia de extradição, de 13 de dezembro de 1957, com dois protocolos adicionais de março de 1978;
- a Carta Social Europeia, de 18 de outubro de 1961, com três protocolos adicionais de 1988, de 1991 e de 1995;
- a Convenção Europeia para a repressão do terrorismo, de 27 de janeiro de 1977;
- a Convenção Europeia sobre o estatuto jurídico do trabalhador estudante migrante, de 24 de novembro de 1977;
- a Convenção sobre a proteção das pessoas contra o tratamento automatizado de dados de caráter pessoal, de 28 de janeiro de 1981;
- a Convenção Europeia para a prevenção da tortura e das penas ou tratamentos inumanos ou degradantes, de 26 de novembro de 1987;
- a Convenção-Quadro para a proteção das minorias nacionais, de 1 de fevereiro de 1995;

[830] Finalidade que bem se assinala como uma das suas mais relevantes, conforme se pode ler no art. 3º do Estatuto do CEu: "Todos os membros do Conselho da Europa reconhecem o princípio do primado do Direito e o princípio em virtude do qual qualquer pessoa colocada sob a sua jurisdição deve gozar dos direitos do homem e das liberdades fundamentais, comprometendo-se a colaborar sincera e ativamente na prossecução do objetivo definido no capítulo I".

[831] Cfr. o respetivo texto atualizado em Jorge Bacelar Gouveia, *Textos Fundamentais...*, pp. 79 e ss.

[832] A respeito do problema da derrogação da não aplicação da pena de morte em estado de exceção constitucional ao abrigo da CEDH, v., por todos, Jorge Bacelar Gouveia, *O estado de exceção...*, I, pp. 263 e ss.

- a Convenção sobre os Direitos do Homem e a Biomedicina, de 30 de abril de 1997, com o protocolo adicional proibindo a clonagem, de 12 de janeiro de 1998.

Pode neste momento dizer-se, num esforço comparativo entre os diversos sistemas, que pertence ao sistema europeu o mérito de ter inovado nos instrumentos de proteção dos direitos das pessoas, marcadamente pelo papel do TEDH e da sua relevante jurisprudência.

II. Ao nível das *opções substantivas* da CEDH, como se pode ler no respetivo Título I, atinente aos Direitos e Liberdades, verifica-se um predomínio claro dos direitos civis e políticos, em detrimento dos direitos económicos e sociais.

Apesar dessa marcada conceção liberal do catálogo dos direitos fundamentais que vieram a ser admitidos, é preciso não esquecer alguns interessantes direitos que foram consagrados neste âmbito, como é o caso do direito a uma justiça célere e a proibição da prisão por dívidas.

Dada a sua relevância, bem como a sua aplicação em Portugal, o catálogo de direitos que nele se reconhecem são os seguintes, de acordo com a versão inicial da CEDH[833]:

- o direito à vida;
- a proibição da tortura;
- a proibição da escravatura e do trabalho forçado;
- o direito à liberdade e à segurança;
- o direito a um processo equitativo;
- o princípio da legalidade criminal;
- o direito ao respeito da vida privada e familiar;
- a liberdade de pensamento, de consciência e de religião;
- a liberdade de expressão;
- a liberdade de reunião e de associação;
- o direito ao casamento;
- o direito a um recurso efetivo;
- a proibição da discriminação.

[833] Cfr. André Gonçalves Pereira e Fausto de Quadros, *Manual...*, pp. 612 e ss.; Juan Antonio Carrillo Salcedo, *El Convenio Europeo...*, pp. 17 e ss.

III. A sucessiva produção de protocolos adicionais, neste momento já em 14, trouxe o aditamento de novos direitos do homem, sem contar com outras importantes disposições em matéria do regime aplicável a esses mesmos direitos:

- no PA nº 1, o direito de propriedade, o direito à instrução e o direito de sufrágio;
- no PA nº 4, a proibição da prisão por dívidas, a liberdade de circulação, a proibição da expulsão de nacionais e a proibição da expulsão coletiva de estrangeiros;
- no PA nº 6, a abolição da pena de morte;
- no PA nº 7, a adoção de garantias processuais na expulsão de estrangeiros, a garantia do duplo grau de jurisdição em matéria penal, a direito a indemnização em caso de erro judiciário, o princípio do *non bis in idem* e o princípio da igualdade conjugal;
- no PA nº 12, a interdição geral da discriminação;
- no PA nº 13, a abolição completa da pena de morte, mesmo nas situações de exceção constitucional[834].

Sintetizando os diversos tipos de direitos consagrados, os mesmos alinham-se, segundo Vincent Berger[835], nos seguintes grupos:

- direitos relativos à liberdade física;
- direitos processuais;
- direitos pessoais;
- liberdades de espírito;
- liberdades de ação social e política; e
- a proteção da propriedade.

IV. Ao nível das *opções adjetivas*, depara-se com o avanço da instituição de um tribunal – o TEDH – ao qual se comete, a título permanente, a verificação das situações de violação dos direitos humanos declarados nesta carta de direitos (cfr. o art. 19º da CEDH).

[834] Neste momento, já existe um PA nº 14, de 13 de maio de 2004, que altera pontualmente o texto consolidado da CEDH, em que se evidencia o reforço do estatuto dos juízes do TEDH.

[835] Cfr. Vicent Berger, *Jurisprudence de la Cour Européenne des Droits de l'Homme*, 7ª ed., Paris, 2000, pp. 7 e ss.

Isto acontece depois de uma fase anterior, desde a criação do sistema e até à aprovação do PA nº 11, em que a intervenção deste órgão apenas acontecia num momento processual muito tardio, sendo feita uma primeira triagem por um órgão administrativo, embora próximo de um estatuto jurisdicional, que era a ComEDH. Com a extinção desta, executada por aquele PA nº 11, ficou sendo o TEDH a instância única no controlo processual do respeito pela CEDH[836].

A competência do TEDH é dupla, sendo *contenciosa* – emitindo sentenças que têm de ser acatadas por todas as partes contratantes – e *consultiva* – podendo as partes contratantes, através do Comité de Ministros, pedir-lhe a emissão de pareceres quanto à interpretação da CEDH e dos seus Protocolos Adicionais (cfr., respetivamente, os arts. 46º e 47º da CEDH).

O processo de averiguação da violação dos direitos do homem inscritos na CEDH tem como particularidade – podendo os Estados queixar-se uns dos outros – o facto de a iniciativa poder ter origem na interposição de petições individuais: "O Tribunal pode receber petições de qualquer pessoa singular, organização não governamental ou grupo de particulares que se considere vítima de violação por qualquer Alta Parte Contratante dos direitos reconhecidos na Convenção ou nos seus protocolos" (art. 34º da CEDH).

Os diversos pressupostos processuais são bastante rigorosos, deles se evidenciando o da subsidiariedade, uma vez que o TEDH só é competente esgotados os meios internos[837]: "O Tribunal só pode ser solicitado a conhecer de um assunto depois de esgotadas todas as vias de recurso internas, em conformidade com os princípios de Direito Internacional

[836] Cfr. Maria da Assunção do Vale Pereira, *O Protocolo Adicional nº 11 à Convenção Europeia dos Direitos do Homem*, in *Revista Jurídica da Universidade Portucalense Infante D. Henrique*, nº 2, março de 1999, pp. 77 e ss.; Nguyen Quoc dinh, Patrick Daillier e Alain Pellet, *Droit...*, pp. 694 e 695; Juan Antonio Carrillo Salcedo, *El Convenio Europeo...*, pp. 46 e ss.; Jorge Miranda, *Curso...*, p. 307; Jónatas E. M. Machado, *Direito Internacional...*, pp. 388 e ss.

[837] Sobre este princípio da exaustão dos meios internos, desenvolvidamente, António Augusto Cançado Trindade, *O esgotamento de recursos internos no Direito Internacional*, Brasília, 1984, pp. 223 e ss.; Fausto de Quadros, *Exaustão dos meios internos (princípio da)*, in DJAP, IV, Lisboa, 1991, pp. 271 e ss.; André Gonçalves Pereira e Fausto de Quadros, *Manual...*, pp. 617 e ss.

geralmente reconhecidos e num prazo de seis meses a contar da data de prolação da decisão definitiva interna" (art. 35º, nº 1, da CEDH).

No caso de o TEDH detetar a violação de direitos, a sentença que seja verificativa da infração pode cominar uma sanção pecuniária, a título compensatório pelo dano causado pela violação, não podendo o Direito Interno ser utilizado para satisfazer a pretensão formulada, embora esse acórdão não anule ou revogue decisões dos Estados: "Se o Tribunal declarar que houve violação da Convenção ou dos seus protocolos e se o Direito Interno da Alta Parte Contratante não permitir senão imperfeitamente obviar às consequências de tal violação, o Tribunal atribuirá à parte lesada uma reparação razoável, se necessário" (art. 41º da CEDH).

V. Portugal faz parte da CEDH, embora se possa dizer que tem com este sistema de proteção de direitos humanos uma relação turbulenta.

Durante o período constitucional do Estado autoritário, na vigência da Constituição de 1933, como se pode facilmente deduzir em razão da natureza do regime então prevalecente, o Estado Português não pôde nem certamente quis ser parte no texto da CEDH.

Só com o tempo da III República, é que Portugal viria a vincular-se à CEDH, embora na altura tivesse formulado algumas reservas, em parte não fazendo então sentido e provavelmente outras não o fazendo agora[838].

O Estado Português, nestas décadas de vigência da CEDH e da sua aplicação na nossa ordem jurídica, já tem sido condenado, e por diversas vezes, curiosamente pela aplicação do preceito atinente à celeridade da justiça.

119. O sistema da União Europeia

I. No âmbito europeu, merece ainda referência a *proteção dos direitos do homem no seio da UE*, tema que tem feito correr muita tinta, mas que se vai paulatinamente afirmando como algo de indesmentível[839].

[838] Sobre as reservas de Portugal à CEDH, v. André Gonçalves Pereira e Fausto de Quadros, *Manual...*, pp. 624 e ss.; Maria José Morais Pires, *As reservas...*, pp. 173 e ss.; Jorge Miranda, *Curso...*, pp. 304 e ss.

[839] Sobre a proteção direitos do homem na UE, v., de entre outros, Maria Isabel Jalles, *Implicações...*, pp. 305 e ss.; Pierre Pescatore, *The context and significance of fundamental rights in the law of the European Communities*, in HRLJ, 1981, vol. 2, nºs 3-4, pp. 295 e ss.; Margarida

Da elaboração das fontes comunitárias iniciais até ao TUE, a tónica dominante foi a da escassez regulativa atinente aos direitos fundamentais, havendo a assinalar, na senda da bipartição protagonizada por PIERRE PESCATORE[840], dois tipos de fontes especialmente relacionadas com a proteção desses direitos:

- as *provisions prohibiting discrimination*; e
- as *rules concerning freedom of movement*.

SILVA PEREIRA, *A proteção dos direitos, liberdades e garantias dos cidadãos pela ordem jurídica das comunidades europeias*, in RJ, Outubro-Dezembro de 1983, nº 2, pp. 105 e ss.; ALBERTO RUANO BASTOS RAPOSO, *Os direitos fundamentais nas Comunidades Europeias*, in ND, XIII, nº 47, Julho-Setembro de 1988, pp. 55 e ss.; ANGEL G. CHUECA SANCHO, *Los derechos fundamentales en la Comunidad Europea*, Barcelona, 1989, pp. 5 e ss.; JOSÉ A. PASTOR RIDRUEJO, *Curso de Derecho...*, pp. 215 e ss.; M. DAUSES, *La protection des droits fondamentaux dans l'ordre juridique des Communautés Européennes*, in DDC, nºs 41/42, 1990, pp. 9 e ss.; MIGUEL ALMEIDA ANDRADE, *O papel da Convenção Europeia dos Direitos do Homem na proteção dos direitos fundamentais no âmbito comunitário*, in DDC, nºs 45 e 46, 1991, pp. 35 e ss.; MARIA LUÍSA DUARTE, *A liberdade de circulação...*, pp. 241 e ss., *A teoria dos poderes...*, pp. 590 e ss., *A União Europeia e os Direitos Fundamentais – métodos de proteção*, in *Estudos de Direito da União e das Comunidades Europeias*, Coimbra, 2000, pp. 11 e ss., e *União Europeia e Direitos Fundamentais – no espaço da internormatividade*, Lisboa, 2006, pp. 19 e ss.; ANA MARIA GUERRA MARTINS, *O Tratado da União Europeia – contributo para a sua compreensão*, Lisboa, 1993, pp. 29 e 30; ANTÓNIO VITORINO, *Proteção constitucional...*, pp. 134 e 135; MARIA JOSÉ MORAIS PIRES, *As reservas...*, pp. 364 e 365; FRANCISCO LUCAS PIRES, *Introdução...*, pp. 37 e ss.; MIGUEL MENDES PEREIRA, *O direito de informação na televisão face ao Direito Comunitário*, in ROA, ano 56, III, dezembro de 1996, pp. 1058 e ss.; CARLA AMADO GOMES, *A natureza constitucional do Tratado da União Europeia*, Lisboa, 1997, pp. 41 e ss.; FAUSTO DE QUADROS, *A proteção...*, pp. 172 e ss.; AAVV, *L'Union Européenne et les Droits Fondamentaux* (ed. de STÉPHANE LECLERC, JEAN FEANÇOIS AKANDJI-KOMBÉ e MARIE-JOËLLE REDOR), Bruxelles, 1999, pp. 13 e ss.; MIGUEL POIARES MADURO, *Striking the Elusive Balance Between Economic and Social Rights in the EU*, in AAVV, *The EU and Human Rights*, Oxford, 1999, pp. 449 e ss.; JOSÉ LUÍS DA CRUZ VILAÇA, *A proteção dos direitos fundamentais na Ordem Jurídica Comunitária*, in AAVV, *Estudos em Homenagem ao Prof. Doutor Rogério Soares*, Coimbra, 2001, pp. 415 e ss.; JUAN ANTONIO CARRILLO SALCEDO, *El Convenio Europeo...*, pp. 111 e ss.; AAVV, *La protección de los derechos fundamentales en la Unión Europea* (coord. de JAVIER CORCUERA ATIENZA), Madrid, 2002; FRANCISCO FERREIRA DE ALMEIDA, *Direito...*, pp. 346 e ss.; JORGE MIRANDA, *Curso...*, pp. 310 e ss.; JORGE BACELAR GOUVEIA, *Ensinar Direito Internacional...*, pp. 317 e ss.

[840] PIERRE PESCATORE, *The context...*, pp. 295 e ss. Cfr. também a exemplificação de ANGEL G. CHUECA SANCHO, *Los derechos...*, pp. 11 e ss.

II. Não obstante esse facto, competiu ao TJUE um papel decisivo na construção, de cariz pretoriano, do sistema de direitos fundamentais do espaço jurídico comunitário.

Os marcos assinaláveis desse esforço residiram em vários acs. com importantes orientações no reconhecimento de certos direitos[841], depois de um período inicial de escusa dessa análise, por respeito pelas regras internas, mesmo de valor constitucional[842]:

1) o ac. Stauder, de 12 de novembro de 1969 (proc. nº 29/69)[843] – que reconheceu a existência de direitos fundamentais por apelo aos *princípios gerais de Direito Comunitário*;
2) o ac. Internationale Handelsgesellschaft, de 17 de dezembro de 1970 (proc. nº 11/70)[844] – que aceitou como adquirido comunitário, nesta matéria, as *tradições constitucionais comuns dos Estados membros*, não apenas os princípios de cariz essencialmente comunitário;
3) o ac. Nold II, de 14 de maio de 1974 (proc. nº 4/73)[845] – que, confirmando as orientações anteriores, apelou pela primeira vez, no contexto dos princípios decorrentes dos textos internacionais vinculativos da Comunidade ou dos Estados membros, ao *texto da CEDH, no contexto mais geral do Direito Internacional dos Direitos do*

[841] Se bem que não podendo gozar de uma qualificação direta de direitos fundamentais, a jurisprudência comunitária assinala, noutras ocasiões, importantes contributos em matéria de princípios fundamentais de limitação do poder, conforme refere Manuel Lopez-Medel y Bascones (*Derechos y libertades...*, pp. 47 e ss.): o princípio da proporcionalidade, o princípio do *ne bis in idem*, o direito de defesa, o princípio da não discriminação e igualdade, o princípio da proteção da confiança legítima, o princípio do respeito dos direitos adquiridos, o princípio da segurança jurídica, o princípio da proibição do excesso de poderes, o princípio da força maior, a extensão da responsabilidade extracontratual da comunidade ou o princípio da irretroatividade.

[842] Foi o que aconteceu, primeiro, com o ac. Stork, de 4 de fevereiro de 1959, e depois, com o ac. Comptoires de Vente, de 15 de julho de 1960. O TJUE entendeu que, na análise da alegada violação de Direito Interno, somente lhe competia "...assegurar o respeito do direito na interpretação e aplicação do Tratado e dos regulamentos de execução". Cfr. Manuel Lopéz-Medel y Bascones, *Derechos y libertades...*, p. 39.

[843] Cfr. a Coletânea da Jurisprudência do TJUE, 1969-1970, pp. 157 e ss.

[844] Cfr. a Coletânea da Jurisprudência do TJUE, 1969-1970, pp. 625 e ss.

[845] Cfr. a Coletânea da Jurisprudência do TJUE, 1974, pp. 283 e ss.

Homem, para além das tradições constitucionais comuns e dos textos constitucionais[846].

III. Apenas com o TUE é que, do ponto de vista das fontes do Direito da União Europeia originário, a matéria da proteção dos direitos fundamentais passaria a ter uma referência normativa expressa, conquanto em termos não inovatórios e, na prática, sintetizando o labor jurisprudencial mencionado.

Num dos seus preceitos ficou mesmo escrito que "A União respeitará os direitos fundamentais tal como os garante a Convenção Europeia de Salvaguarda dos Direitos do Homem e das Liberdades Fundamentais, assinada em Roma em 4 de novembro de 1950, e tal como resultam das tradições constitucionais comuns aos Estados membros, enquanto princípios gerais do Direito Comunitário"[847].

Deste modo, se consagraria uma defesa habilmente reforçada dos direitos fundamentais no quadro comunitário, quer pela necessária correspondência que se obtém com os Direitos Estaduais, quer pelo não aprisionamento a um concreto sistema de proteção dos direitos do homem, como aconteceria se se tivesse escolhido a adesão à CEDH[848].

Seja como for, não parece possível afirmar que exista vigente, com autonomia, um completo sistema comunitário de defesa dos direitos fundamentais. É verdade que chegou a abrir-se a opção entre a adesão ao sistema da CEDH ou, simplesmente, criar um sistema novo, a partir de um

[846] Assinalando três fases neste esforço jurisprudencial, ÁNGEL G. CHUECA SANCHO, *Los derechos...*, pp. 92 e ss.; JOSÉ A. PASTOR RIDRUEJO, *Curso de Derecho...*, pp. 220 e 221; MANUEL LOPEZ-MEDEL Y BASCONES, *Derechos y libertades...*, pp. 40 e ss.; MARIA LUÍSA DUARTE, *A liberdade de circulação...*, pp. 242 e ss.

Esforço que, no entanto, se prolongaria para além destes três arestos-modelo: ac. Van Duyn, de 4 de dezembro de 1974; ac. Rutili, de 28 de outubro de 1975; ac. Prais, de 27 de outubro de 1976; ac. Hauer, de 13 de dezembro de 1979; ac. Pescastaing, de 5 de março de 1979; ac. Johnston, de 15 de maio de 1986.

[847] Art. F, nº 2, do TUE. Cfr. ANA MARIA GUERRA MARTINS, *O Tratado...*, pp. 29 e 30; FERNANDO LOUREIRO BASTOS, *A União...*, pp. 50 e ss.; MIGUEL MENDES PEREIRA, *O direito...*, pp. 1065 e ss.

[848] Pois nunca chegaria a UE, enquanto tal, a aderir à CEDH, apesar dos múltiplos apelos – doutrinários e políticos – que foram feitos nesse sentido. A propósito das diversas questões postas por esta adesão, v. ÁNGEL G. CHUECA SANCHO, *Los derechos...*, pp. 327 e ss.; MANUEL LOPEZ-MEDEL Y BASCONES, *Derechos y libertades...*, pp. 83 e ss.

texto próprio. Mas ficar-se-ia pela primeira solução, com o TUE a escolher a via da adesão indireta à CEDH[849].

IV. A ereção de um sistema autónomo de proteção de direitos do homem obteve a luz do dia com a ratificação de vigência do Tratado de Lisboa, assinado nesta cidade em 13 de dezembro de 2007, e cujo articulado, embora não o incorporando, remete vinculativamente para a CDFUE.

Pena foi que se tivesse perdido a oportunidade que o tratado conhecido por "Constituição Europeia" podia ter aproveitado, dado o fracasso do respetivo procedimento de ratificação, no qual se registaram dois referendos negativos em França e na Neerlândia: a sua segunda parte era precisamente dedicada aos direitos fundamentais, incorporando muito da previamente aprovada, embora só possuindo valor político-doutrinal até 2009, CDFUE[850].

V. O conteúdo deste texto, relativamente ao texto da CEDH, terá seguramente a vantagem da sua juventude, na medida em que assim se propiciará uma proteção mais atual e até global dos direitos do homem que são requeridos, os quais se distribuem por sete partes, com 50 tipos de direitos fundamentais:

- Parte I – *Dignidade*
- Parte II – *Liberdades*

[849] Frisando estes aspetos, FERNANDO LOUREIRO BASTOS, *A União...*, pp. 51 e 52. Contra, dizendo que tal disposição "...é relativamente inócua...", MARIA LUÍSA DUARTE, *A cidadania da União e a responsabilidade dos Estados por violação do Direito Comunitário*, Lisboa, 1994, p. 29.

[850] Sobre a CDFUE, v. RUI MOURA RAMOS, *A Carta dos Direitos Fundamentais da União Europeia e a proteção dos direitos fundamentais*, in AAVV, *Estudos de Homenagem ao Prof. Doutor Rogério Soares*, Coimbra, 2001, pp. 963 e ss., e in RBDC, nº 23, 2º semestre de 2002, Rio de Janeiro, 2003, pp. 41 e ss.; RUI MEDEIROS, *A Carta dos Direitos Fundamentais da União Europeia, a Convenção Europeia dos Direitos do Homem e o Estado Português*, in AAVV, *Nos 25 Anos da Constituição da República Portuguesa de 1976 – evolução constitucional e perspetivas futuras*, Lisboa, 2001, pp. 227 e ss.; AAVV, *Carta de Direitos Fundamentais da União Europeia* (coord. de VITAL MOREIRA), Coimbra, 2001, *passim*; ANTÓNIO GOUCHA SOARES, *A Carta dos Direitos Fundamentais da União Europeia – a proteção dos direitos fundamentais no ordenamento comunitário*, Coimbra, 2002, pp. 7 e ss.; ANTÓNIO VITORINO, *Carta dos Direitos Fundamentais da União Europeia*, Cascais, 2002, pp. 7 e ss.; JORGE MIRANDA, *Curso...*, pp. 312 e ss.; MARIA LUÍSA DUARTE, *União Europeia e Direitos...*, pp. 127 e ss.

- Parte III – *Igualdade*
- Parte IV – *Solidariedade*
- Parte V – *Cidadania*
- Parte VI – *Justiça*
- Parte VII – *Disposições gerais que regem a interpretação e a aplicação da Carta*

120. O sistema da Organização dos Estados Americanos

I. O *sistema americano* nasceria algum tempo depois da CEDH no âmbito da OEA[851], havendo a oportunidade para a aprovação da CIDH[852], de 22 de novembro de 1969, que igualmente criaria o TIDH, oferecendo a seguinte sistematização:

- Parte I – Deveres dos Estados e direitos protegidos
- Parte II – Meios de proteção
- Parte III – Disposições gerais e transitórias

Embora sendo este o mais relevante, tal tratado internacional não consome a totalidade dos textos internacionais americanos de proteção dos direitos do homem, sendo ainda de referir alguns outros, de relevância

[851] Sobre o sistema americano plasmado na CIDH, v. HECTOR GROSS ESPIELL, *Le système interaméricain comme régime régional de protection internationale des droits de l'homme*, in RCADI, 1975, II, pp. 1 e ss., e *A Organização dos Estados Americanos*, in AAVV, *As dimensões internacionais dos direitos do homem* (org. de KAREL VASAK), Lisboa, 1983, pp. 574 e ss.; A. H. ROBERTSON, *The American Convention on Human Rights and the European Convention: a comparative study*, in AE, 1983, pp. 50 e ss.; PEDRO NIKKEN, *La protección...*, pp. 41 e ss., e *Le système interaméricain des droits de l'homme*, in RUDH, 1990, pp. 97 e ss.; JOSÉ A. PASTOR RIDRUEJO, *Curso de Derecho Internacional y Organizaciones Internacionales*, 3ª ed., Madrid, 1989, pp. 224 e ss.; FRÉDÉRIC SUDRE, *Droit Européen et International...*, pp. 161 e ss.; THOMAS BUERGENTHAL, ROBERT E. NORRIS e DINAH SHELTON, *La protección de los derechos humanos en las Americas*, Madrid, 1990, pp. 31 e ss.; KNUT IPSEN, *Individualschutz im Völkerrecht*, in AAVV, *Völkerrecht* (org. de KNUT IPSEN), 3ª ed., München, 1990, pp. 657 e ss.; NGUYEN QUOC DINH, PATRICK DAILLIER e ALAIN PELLET, *Droit...*, p. 665; MALCOLM N. SHAW, *International...*, pp. 354 e ss.; JORGE MIRANDA, *Curso...*, p. 315; JÓNATAS E. M. MACHADO, *Direito Internacional...*, pp. 399 e ss.; FLÁVIA PIOVESAN, *Direitos humanos...*, pp. 85 e ss.; FABIANA DE OLIVEIRA GODINHO, *A proteção internacional...*, pp. 89 e ss.; VALÉRIO DE OLIVEIRA MAZZUOLI, *Curso de Direito Internacional...*, pp. 530 e ss.

[852] Tarefa que já constava, originalmente, da COEA, no seu art. 111º, nº 2.

desigual, para além dos dois PA, o PA em matéria de Direitos Económicos, Sociais e Culturais de 1988 e o PA de Abolição da Pena de Morte de 1990:

- a Declaração Americana dos Direitos e dos Deveres do Homem de 1948;
- a Carta Americana das Garantias Sociais de 1948;
- a Convenção Interamericana para a prevenção e Punição da Tortura de 1985;
- a Convenção Interamericana de Prevenção, Punição e Erradicação da Violência contra as Mulheres de 1994;
- a Convenção Interamericana contra o Desaparecimento Forçado de Pessoas de 1994;
- a Convenção Interamericana para a Eliminação de todas as Formas de Discriminação entre as Pessoas Portadoras de Deficiência de 1999.

II. A análise do articulado da CIDH evidencia uma presença abundante de direitos do homem de diversas gerações e categorias

Ao nível dos mecanismos processuais, assume grande importância, de alguma sorte similar ao TEDH, o TIDH, sendo genericamente visível a influência que o sistema do CEu exerceu sobre este sistema da OEA de proteção dos direitos do homem, avultando dois órgãos de controlo das infrações aos direitos do homem e permitindo a formulação de queixas individuais:

- a Comissão Interamericana de Direitos do Homem, órgão de natureza administrativa e de funções preparatórias, como era a Comissão Europeia dos Direitos do Homem; e
- o Tribunal Interamericano de Direitos do Homem, órgão já verdadeiramente judicial e decidindo definitivamente as violações apresentadas.

121. O sistema da União Africana

I. O *sistema africano* é o mais tardio de todos, cristalizando-se na aprovação, em 27 de julho de 1981, da CADHP, no âmbito da então OUA e hoje UA, sediada em Addis-Abeba, capital da Etiópia[853], já com dois PA, um para a criação de um tribunal, de 1998, e o outro sobre a proteção dos direitos da mulher, de 2003, numa sistematização próxima da CIDH.

Mas a CADHP não vem a ser o único texto relevante, sendo de frisar a existência de outras proteções específicas: em relação às crianças, materializada na Carta Africana dos Direitos do Homem e do Bem Estar da Criança de 1990; e em relação aos refugiados e pessoas deslocadas e aos estrangeiros.

II. A apreciação do respetivo articulado desvenda a existência de uma ampla variedade de categorias de direitos do homem, mas em que sobressai uma preocupação por um fenómeno emergente e novo nas relações internacionais, que é a identidade coletiva e cultural das nações e dos povos, para além de toda a proteção que é mister conceder às pessoas individualmente consideradas, de acordo com o seguinte elenco singularidades, agrupados em torno das categorias dos (i) deveres fundamentais

[853] Sobre o sistema africano arquitetado pela CADHP, v. Kéba M'Baye, *A Organização de Unidade Africana*, in AAVV, *As dimensões internacionais dos direitos do homem* (org. de Karel Vasak), Lisboa, 1983, pp. 615 e ss.; Fanny Castro-Rial Garrone, *La Carta Africana de Derechos Humanos y de los Pueblos*, in REDI, 1984, pp. 491 e ss.; Emmanuel G. Bello, *The African Charter on Human and Peoples' Rights – a legal analysis*, in RCADI, 1985, V, pp. 21 e ss.; Theo van Boven, *The relation between people's rights and human rights in the African Charter*, in HRLJ, 1985, pp. 183 e ss.; Edlm Kodo, *La Charte Africaine des Droits de l'Homme et des Peuples*, in RUDH, 1989, pp. 29 e ss.; Frédéric Sudre, *Droit Européen et International...*, pp. 163 e ss.; Knut Ipsen, *Individualschutz...*, pp. 659 e ss.; Jacques Fierens, *La Charte Africaine des Droits de l'Homme et des Peuples*, in RTDH, 1990, pp. 235 e ss.; Tunguru Huaraka, *Les fondements des droits de l'homme en Afrique*, in AAVV, *Les dimensions universelles des droits de l'homme* (org. de André Lapeyre, François de Tinguy e Karel Vasak), I, Bruxelles, 1990, pp. 244 e ss.; Chris Maina Peter, *A Carta Africana sobre os Direitos Humanos*, Maputo, 1994, pp. 3 e ss.; Maria José Morais Pires, *Carta Africana dos Direitos do Homem e dos Povos*, in DDC, nºs 79/80, 1999, pp. 333 e ss.; Mbuyi Kabunda Badi, *Derechos humanos en África – teorías e prácticas*, Bilbao, 2000, pp. 283 e ss.; Nguyen Quoc Dinh, Patrick Daillier e Alain Pellet, *Droit...*, pp. 665 e 666; Malcolm N. Shaw, *International...*, pp. 363 e 364; Mutoy Mubiala, *Le système régional africain de protection des Droits de l'Homme*, Bruxelles, 2005, pp. 29 e ss.; Jorge Miranda, *Curso...*, p. 316; Flávia Piovesan, *Direitos humanos...*, pp. 119 e ss.; Fabiana de Oliveira Godinho, *A proteção internacional...*, pp. 127 e ss.; Jorge Bacelar Gouveia, *Ensinar Direito Internacional...*, pp. 323 e ss.; AAVV, *Os direitos humanos em África – Estudos sobre o Sistema Africano de Proteção dos Direitos Humanos*, Coimbra, 2011.

dos Estados e da sociedade internacional, (ii) dos deveres fundamentais do indivíduo e (iii) e dos direitos dos povos e de que são exemplos:

- o dever de proteção à família como guardião dos valores morais e tradicionais;
- o dever de garantir o direito ao desenvolvimento;
- o dever de promover e assegurar, pela informação e pela educação, o respeito pelos direitos consagrados;
- o dever de garantir a independência dos tribunais;
- os deveres relacionados com a família, a sociedade, o Estado e outras coletividades;
- o dever de respeitar os semelhantes, sem discriminação e com tolerância;
- o dever de contribuir para o desenvolvimento do país;
- o direito à autodeterminação;
- os direitos culturais;
- os direitos económicos e sociais.

III. Também se deve assinalar a ausência, numa primeira fase, de peculiares mecanismos de controlo judicial, embora depois, em 1998, se tivesse adotado um protocolo adicional para a instalação de um tribunal, até então vigorando apenas uma comissão de direitos humanos[854].

Do ponto de vista dos mecanismos de defesa dos direitos do homem por parte das cidadãos que sejam vítimas dos Estados, a criação de um órgão judicial veio reforçar uma tutela processual até então bastante débil, e que atualmente ainda apresenta um dualismo organizatório:

- a Comissão Africana dos Direitos do Homem; e
- o Tribunal Africano dos Direitos do Homem.

[854] Acrescente-se ainda o sistema ligado à Comissão Regional Árabe para os Direitos do Homem e aos projetos de Declaração Árabe e de Declaração Islâmica de Direitos do Homem. V. o texto desta em DDC, nº 16, 1983, pp. 199 e ss. Cfr. B. Boutros-Ghali, *A Liga dos Estados Árabes*, in AAVV, *As dimensões internacionais dos direitos do homem* (org. de Karel Vasak), Lisboa, 1983, pp. 605 e ss.; Jorge Miranda, *Direito Internacional Publico – I*, Lisboa, 1995, p. 303.

IV

O Domínio do Direito Internacional

Capítulo IX
O Domínio Internacional em Geral

§ 33º As manifestações do domínio internacional

§ 34º A delimitação do domínio internacional

§ 33º AS MANIFESTAÇÕES DO DOMÍNIO INTERNACIONAL

122. O âmbito espacial de aplicação do Direito Internacional

I. Analisados os sujeitos na sua elevada heterogeneidade estrutural e funcional, importa observar de que forma o Direito Internacional – que visa esses sujeitos e, em certos casos, é por eles criado – se projeta nos múltiplos espaços da sociedade internacional.

Quer isto dizer que não basta analisar os modos de produção desse Direito ou os respetivos destinatários – dimensão igualmente relevante é a da aplicação espacial da atuação dos sujeitos internacionais.

Tal implica que a realidade do Direito Internacional, na sua articulação com os Direitos Internos, pressuponha uma dimensão geográfica, a genericamente representar-se pelo conceito de *domínio do Direito Internacional*, isto é, o espaço da sua projeção física.

II. Erroneamente, esta tem sido uma problemática reconduzida à ótica dos Estados. Deste ponto de vista, até é usual estabelecer-se a *summa divisio* entre os "espaços estaduais" e os "espaços internacionais".

Esse não deixará de ser um sentido redutor, porquanto há mais do que espaços sujeitos à soberania dos Estados, outros sujeitos e outros poderes que cumpre referir:

- por um lado, *há sujeitos que não têm feição estadual*, podendo identicamente segregar um poder sobre um espaço territorial, que ao mesmo se pode assemelhar;

- por outro lado, *há poderes de aplicação espacial que não têm uma configuração ligada à soberania*, não se arrumando bem dentro daquela mencionada contraposição.

Os espaços marítimos registam mesmo um exemplo bem paradigmático do que acaba de se dizer: a zona económica exclusiva não pertence bem ao espaço estadual, mas também não se integra plenamente num espaço internacional.

É conveniente um alargamento de horizontes e cuidar de saber que muitas das distinções não são dicotómicas: hoje outras realidades jurídico-públicas surgem com crescente importância, em competição com o poder estadual.

III. O âmbito de aplicação espacial do Direito Internacional – na sua relação com a globalidade da sociedade internacional, estando muito longe da sua uniformidade e tomando a devida nota da deficiência daquela principal dicotomia, que nem sequer é esclarecedora – deve ser antes visto em função de duas outras principais contraposições, permitidas por outros dois relevantes critérios:

- o *critério da natureza física do espaço de aplicação*; e
- o *critério da intensidade da aplicação do Direito Internacional.*

Como nenhum destes dois grupos de espaços internacionais pode funcionar por si, é de fazer o respetivo cruzamento, tendo em atenção, por um lado, a respetiva delimitação geográfica e, por outro lado, o regime jurídico que aos mesmos se dedica.

123. Os domínios terrestre, aquático e aéreo

I. Quanto ao primeiro critério, os diversos espaços físicos diferenciam-se em razão da respetiva *consistência naturalística*, segundo esta classificação:

- o *espaço terrestre*;
- o *espaço fluvial*;
- o *espaço lacustre*;

- o *espaço marítimo*;
- o *espaço aéreo*; e
- o *espaço exterior*.

Estes espaços distinguem-se, respetivamente, pelo elemento da natureza que neles avulta: a terra firme, a água doce circulante, a água doce estagnada, a água salgada, o ar ou o vácuo e outros elementos, cada um deles sendo a base de um regime que aos mesmos está privativamente destinado[855].

II. Simplesmente, não se pode pensar que o Direito Internacional ou de Direito Interno que os regula sempre atende com rigor a estes elementos, havendo motivos para que a pureza dessa delimitação naturalística dos espaços seja afastada, ainda que pontualmente.

Um desses casos é o da inclusão, no espaço territorial, dos espaços lacustre ou fluvial, que não são constituídos por terra seca, mas antes por água, dotada ou não de corrente circulatória. Estes espaços não ganham autonomia, integralmente se submetendo ao regime estabelecido para o espaço terrestre, a não ser que alcancem um estatuto de internacionalidade.

Outro caso em que se verifica uma junção de regimes, todos incluídos numa mesma fonte, é o dos espaços aéreos que se encontram sobrejacentes aos espaços marítimos de natureza internacional: a CNUDM, que primariamente estes visa, não se coíbe de sobre aqueles estipular as suas fundamentais regras.

Isso ainda se passa com alguns espaços territoriais que se encontram subjacentes aos correspondentes espaços marítimos regulativamente abrangidos pela CNUDM: a plataforma continental ou a área, sendo compostos por terra, não por água, submetem-se ao regime fixado no Direito Internacional do Mar, que ali codificadamente se contém.

III. Indo além destas distinções, é finalmente de aludir a uma situação especial, que ao longo do tempo se tem mostrado crescentemente interessante para o Direito Internacional Dominial, mas sem receber muitos

[855] Cfr. JORGE BACELAR GOUVEIA, *Ensinar Direito Internacional...*, pp. 326 e ss.

favores da doutrina: o *estatuto dos Estados interiores*, ou seja, os Estados que não possuem espaços marítimos[856].

A seu propósito, pergunta-se se tais Estados têm o direito de acesso ao mar, o que num Mundo cada vez mais globalizado se afigura crucial, tanto do ponto de vista estratégico como do ponto de vista económico.

A CNUDM versa o problema no sentido claramente afirmativo, pela primeira vez se inscrevendo os respetivos direitos no âmbito do Direito Internacional Convencional Universal, ao dedicar-lhe a sua Parte X, onde se consagra um regime de livre acesso e trânsito: "Os Estados sem litoral têm o direito de acesso ao mar e a partir do mar para exercerem os direitos conferidos na presente Convenção, incluindo os relativos à liberdade do alto mar ao património comum da Humanidade. Para tal fim, os Estados sem litoral gozam da liberdade de trânsito através do território dos Estados de trânsito por todos os meios de transporte" (art. 125º, nº 1, da CNUDM).

IV. Um lugar à parte deve ser conferido ao Direito Internacional do Mar, além de que representa, nos dias de hoje, um dos mais modernizados capítulos do Direito Internacional.

Os diversos espaços marítimos estão neste momento unitariamente concebidos pela CNUDM, sendo o resultado da III Conferência das Nações Unidas sobre o Direito do Mar, que durou 9 anos e que terminou em 10 de dezembro de 1982, quando foi assinado, em Montego Bay, na Jamaica, aquele tratado internacional.

A sua vigência, porém, ficaria congelada durante bastante tempo, devido à oposição dos países mais ricos, numa reação de discordância a respeito do novo regime jurídico da área.

Daí que tivesse sido necessário esperar pelo Acordo de Nova Iorque, relativo à aplicação da Parte XI, assinado naquela cidade em 28 de julho de 1994, que atipicamente reviu a CNUDM, fazendo com que esta pudesse, finalmente, entrar em vigor.

[856] Sobre o acesso ao mar pelos Estados interiores, v. FREDERICO ISASCA, *Estados interiores e Direito do Mar*, Lisboa, 1988, pp. 59 e ss.; JORGE BACELAR GOUVEIA, *O direito de passagem inofensiva...*, pp. 96 e ss.

A relevância da CNUDM está bem patente na quantidade de assuntos sobre que lançou o seu esforço codificador, distribuindo-se os seus 320 artigos por 17 partes, sem ainda esquecer os seus 9 anexos.

V. Do estudo da CNUDM, que se fará especificadamente quanto aos principais espaços marítimos que regula, sobressai a importância da confluência de duas contraditórias tendências do Direito Internacional do Mar, o mesmo fenómeno se conhecendo noutros setores do Direito Internacional:

- uma *conceção territorialista*, mais antiga, preocupada com a delimitação e defesa dos espaços submetidos à autoridade estadual mais intensa, sempre que possível se expandindo em relação às conquistas já alcançadas, o que também aconteceria na própria CNUDM;
- uma *conceção solidarista*, mais recente, em que se visa, nalguns dos novos regimes que emergiram, a defesa das posições económico-internacionais dos Estados geograficamente mais desfavorecidos ou economicamente em desenvolvimento, bem como as soluções de tipo equitativo na delimitação de espaços.

VI. Ao nível regulativo, a apresentação de normas e dos princípios faz-se combinando diversas metodologias, num acentuado aprimoramento técnico-científico que o Direito Internacional do Mar testemunha.

A conceção tradicional deste setor jurídico-internacional sempre foi altamente tributária do *espacialismo geografista*, corrente que opera a determinação dos efeitos jurídicos recortando os diversos espaços geográficos com independência do teor dos respetivos aproveitamentos.

Por causa disso e durante séculos, o estudo do Direito do Mar conformou-se com uma visão dicotómico-abstrata destes espaços submetidos à soberania estadual e aos espaços sob um direto regime internacional.

Nas últimas décadas, tem sobressaído uma *visão funcionalista*, em que o Direito Internacional do Mar se torna mais sensível às suas múltiplas utilidades, numa tendência regulativa que será tanto mais justa quanto mais próxima e adequada for para cada aproveitamento que se quer versar.

124. Os domínios direto e indireto

I. Em relação ao outro referido critério, justifica-se que se faça a distinção entre duas categorias de domínio do Direito Internacional[857]:

- o *domínio indireto*;
- o *domínio direto*.

O *domínio indireto* significa que existe um espaço geográfico que primariamente se sujeita à competência das entidades que sobre o mesmo exercem os seus poderes a título individual, apenas o Direito Internacional podendo ser aplicado mediatamente, por intermédio das técnicas de incorporação do Direito Internacional no Direito Interno, *grosso modo* representados pelo conceito de soberania territorial, numa competência *in re sua*.

Neste caso, estamos perante o exercício de um poder estadual – ou outro que lhe seja equivalente – que se contém dentro das extremas do território estadual, dali não extravasando, de acordo com os esquemas constitucionalmente estabelecidos.

O *domínio direto* significa, diferentemente, que o Direito Internacional se aplica, em si mesmo, aos espaços que nele se compreendem, sem qualquer mediação de quaisquer entidades internas, aparecendo os sujeitos internacionais em plena posição de igualdade, sem a reivindicação de posições de soberania territorial e, quando muito, com competências *in re aliena*.

Neste caso, os sujeitos, como o Estado, exercem uma competência internacional correspondente a um conjunto de poderes que se vão projetar nos espaços não estaduais, ainda que podendo estar diretamente conexos com a esfera interna.

II. No domínio indireto do Direito Internacional, perspetiva-se o exercício das competências internas do Estado, elas se distinguindo em função do objeto do poder estadual que aí se manifesta:

[857] Quanto à destrinça entre competências internas e competências internacionais, v. Gerson Mello Boson, *Direito Internacional...*, pp. 263 e ss.; Joaquim da Silva Cunha e Maria da Assunção do Vale Pereira, *Manual...*, p. 587.

- as *competências territoriais*; e
- as *competências pessoais*[858].

As *competências pessoais* representam um dos aspetos mais nobres do exercício do poder público na esfera interna, incidindo sobre o conjunto das pessoas que são os seus nacionais, em relação às quais o Estado define o seu estatuto jurídico-público, a começar por quem pode ser e por quem não pode ser seu cidadão.

As *competências territoriais*, do mesmo modo vistas da ótica do Estado, implicam que o Direito Internacional reconheça aos Estados a soberania territorial no seu território, nele os entes estaduais determinando o regime da sua utilização e aproveitamento.

É apenas o Estado a entidade com *senhorio territorial*, aí projetando as suas leis, o mesmo é dizer, a respetiva Ordem Jurídica.

III. No seu território soberano, o Estado organiza a sua competência territorial segundo três características fundamentais[859], que se adequam bem àquele conceito de senhorio territorial:

- a *permanência*: o poder do Estado é tido por duradouro e não consubstancia qualquer situação de vigência limitada, pois que, se assim fosse, não configuraria um verdadeiro poder estadual;
- a *plenitude*: o poder do Estado é exercido na máxima potencialidade que se conhece, não se concebendo outra modalidade mais ampla, podendo imaginar-se vários outros direitos de natureza menor, mas que não podem almejar a qualificação de direitos de soberania territorial;
- a *exclusividade*: o poder do Estado não é partilhável com mais ninguém, sendo exercido somente pelo Estado nesse domínio territo-

[858] Sobre as competências pessoais e territoriais do Estado, v. Albino de Azevedo Soares, *Lições...*, pp. 219 e ss., e pp. 275 e ss.; Marcello Caetano, *Manual de Ciência...*, I, pp. 125 e ss.; André Gonçalves Pereira e Fausto de Quadros, *Manual...*, pp. 330 e 331; Gerson Mello Boson, *Direito Internacional...*, pp. 282 e ss.; Fausto de Quadros e Jorge Bacelar Gouveia, *As relações...*, p. 19; Nguyen Quoc Dinh, Patrick Daillier e Alain Pellet, *Droit...*, pp. 463 e ss.; Wladimir Brito, *Direito...*, pp. 256 e ss.; Joaquim da Silva Cunha e Maria da Assunção do Vale Pereira, *Manual...*, pp. 388 e ss.

[859] Sobre estas características do espaço estadual, v., por todos, Nguyen Quoc Dinh, Patrick Daillier e Alain Pellet, *Droit...*, pp. 474 e ss.

rial, porquanto a sua partilha sempre implicaria o desaparecimento da plenitude do mesmo.

IV. O *domínio direto* do Direito Internacional leva em consideração os espaços onde este Direito é imediatamente aplicável, sem qualquer interposição do Direito Interno, a realizar pelos sujeitos internacionais, *maxime* dos Estados[860].

Desta perspetiva, já não é possível observar a aplicação de um poder, o que não faz excluir a pertinência de avulsas competências, internacionais por interessarem à vida internacional.

Porém, a sua heterogeneidade é maior, não tendo em comum a submissão a uma idêntica autoridade política, com a agravante de ainda por vezes se ficcionar situações de soberania territorial, embora não seja isso o que efetivamente suceda.

V. Fazendo a conjugação do primeiro critério do elemento natural do domínio do Direito Internacional com o outro critério do tipo de intensidade da sua aplicação, é possível operar a respetiva arrumação sistemática, permitindo que se transite ao seu estudo individualizado.

No domínio internacional indireto, integram-se os seguintes espaços:

- o espaço terrestre;
- os espaços fluvial e lacustre;
- o espaço marítimo, sob soberania territorial; e
- o espaço aéreo nacional.

No domínio internacional direto, incluem-se os seguintes espaços:

- o espaço marítimo, não submetido à soberania territorial;
- o espaço dos pólos terrestres, da Antártida em especial, marítimo e terrestre;
- o espaço aéreo internacional; e
- o espaço exterior.

[860] Sobre a condição jurídica destes espaços internacionais, v. ADRIANO MOREIRA, *Direito...*, pp. 119 e 120.

VI. A localização dos espaços marítimos, por causa da maior quantidade de materiais regulativos que se lhes aplicam, carece de uma explicação suplementar, ao bem evidenciar a dificuldade da aplicação da contraposição clássica entre espaços estaduais e espaços internacionais.

O problema é que com a evolução recente do Direito Internacional do Mar[861], tal como foi construído no âmbito da III Conferência das Nações Unidas sobre o Direito do Mar, surgiram novas figuras – como são inequivocamente os exemplos das águas arquipelágicas e da zona económica exclusiva – que colocam em crise aquela simples dicotomia, não se acomodando em nenhum dos termos que elas produzem.

Mais do que discussões teoréticas, interessa atender à verdade dos regimes que nelas se plasmam, não sendo menos útil que se esclareça a nossa opção:

- as águas arquipelágicas, como se aproximam mais do espaço soberano, aparecem incluídas no domínio marítimo indireto;
- a zona económica exclusiva, porque tem uma raiz de alto mar, deve ser apreciada no seio dos espaços marítimos diretos.

[861] Sobre a evolução do Direito Internacional do Mar, naturalmente se realçando a importância da CNUDM, v. Franco Florio, *Spazi marini e principi di Diritto Internazionale*, Milano, 1977, pp. 1 e ss.; Tullio Treves, *La Convenzione delle Nazione Unite sul Diritto del Mare del 10 Dicembre 1982*, Milano, 1983, pp. 1 e ss.; Jean-Pierre Lévy, *La Conférence des Nations Unies sur le Droit de la Mer – histoire d'une négociation singulière*, Paris, 1983, *passim*; AAVV, *Perspetives du Droit de la Mer à l'issue de la 3e Conférence des Nations Unies*, Paris, 1984, *passim*; Bernard H. Oxman, *La troisième Conférence des Nations Unies sur le Droit de la Mer*, in AAVV, *Traité du Nouveau Droit de la Mer* (org. por René-Jean Dupuy e Daniel Vignes), Paris/Bruxelles, 1985, pp. 143 e ss.; Tullio Scovazzi, *Elementi di Diritto Internazionale del Mare*, Milano, 1990, pp. 22 e ss.; Jorge Bacelar Gouveia, *O direito de passagem inofensiva...*, pp. 15 e ss., e *Ensinar Direito Internacional...*, pp. 329 e 330; Michel Mollat du Jourdin, *A Europa e o Mar*, Lisboa, 1995, pp. 38 e ss.; Armando M. Marques Guedes, *Direito do Mar*, pp. 15 e ss.; Manuel de Almeida Ribeiro, *Revisitando a Convenção de Montego Bay*, in AAVV, *Estudos em Homenagem a Joaquim M. da Silva Cunha*, Porto, 1999, pp. 573 e ss.; José Manuel Pureza, *O Património...*, pp. 127 e ss.; Luís da Costa Diogo e Rui Januário, *Direito Internacional do Mar e temas de Direito Marítimo*, Lisboa, 2000, pp. 37 e ss.; Adherbal Meira Mattos, *Direito...*, pp. 143 e ss.; Victor Marques dos Santos, *A Humanidade...*, pp. 506 e ss.; José Luís Moreira da Silva, *Direito do Mar*, pp. 15 e ss.

§ 34º A DELIMITAÇÃO DO DOMÍNIO INTERNACIONAL

125. O problema da divisão dos espaços geográficos

I. O estudo do domínio do Direito Internacional, nele se concebendo a sua projeção espacial, deve ainda considerar a delimitação do mesmo.

Se o espaço geográfico que corresponde ao domínio internacional fosse único, como se de uma esfera se tratasse, a significar o Globo, nenhum problema de delimitação se assinalaria.

Mas como os espaços do domínio internacional – por força da diversidade de regimes, e não tanto pela diversidade de naturezas – são plúrimos, acresce a tarefa árdua da sua demarcação, muito longe nós estando, também por esta via, de um Direito Planetário.

II. Tradicionalmente, esta é uma matéria que tem sido referida sob ótica dos Estados, na medida em que lhes pertence o espaço geográfico mais antigo, em relação ao qual o domínio direto internacional surge numa lógica de exclusão de partes, os espaços que se excluem dos âmbitos estaduais.

Só que nem sequer se pode dizer que sejam raros os problemas de delimitação das fronteiras entre os próprios Estados, tendo sido muitas vezes essas as questões que estiveram na génese de conflitos armados da maior gravidade.

Dessa relevância se faz eco tanto o Direito Internacional como a CRP, *v. g.*, ao colocar os tratados de retificação de fronteiras sob um regime especial:

- no plano internacional, os tratados de delimitação de fronteiras são casos típicos de criação de situações objetivas[862], sendo imunes à alteração das circunstâncias e à deflagração de uma situação de guerra, estes acontecimentos não se projetando sobre a sua vigência;
- no plano interno, a CRP expressamente defere à Assembleia da República a competência para a aprovação de tratados nesta matéria, subtraindo tal regime da aplicação draconiana dos limites materiais de revisão constitucional[863].

III. Ao mesmo tempo, a relevância internacional da definição de fronteiras assumiu um acentuado relevo histórico, bastando lembrar que o nascimento de novos Estados por via da descolonização, dos séculos XIX e XX, se impôs segundo especiais exigências[864].

Uma dessas preocupações, nos processos de descolonização, foi sempre de cunho territorial, ao sentir-se a necessidade de, na consagração das novas independências, não desbaratar a estabilidade político-territorial dos novos Estados em disputas territoriais. Assim se afirmou o princípio da intangibilidade das fronteiras coloniais[865], o *uti possidetis iuris*.

Isso mesmo ficou consagrado na importante Res. da Assembleia Geral da ONU nº 1541 (XV), aprovada em 14 de dezembro de 1960, com o título "Declaração sobre a Outorga da Independência aos Países e Povos Coloniais", a qual afirmou num dos seus preceitos que "Qualquer tentativa que

[862] O art. 62º, nº 2, al. a), da CVDTE preceitua que "Uma alteração fundamental das circunstâncias não pode ser invocada como motivo para fazer cessar a vigência de um tratado ou para dele se retirar: a) Se se tratar de um tratado que estabeleça uma fronteira".

[863] O art. 5º, nº 3, *in fine*, da CRP dispõe que "O Estado não aliena qualquer parte do território português ou dos direitos de soberania que sobre ele exerce, sem prejuízo da retificação de fronteiras".

[864] Referindo-se às diversas vicissitudes da partilha territorial de África nestes dois séculos, Joaquim Dias Marques de Oliveira, *Aspetos da delimitação das fronteiras de Angola*, Coimbra, 1999, pp. 46 e ss., atribuindo ao retalho de África o motivo da dificuldade da construção dos Estados: "Por isso mesmo, nesse complicado caleidoscópio não tem sido fácil a consolidação do Estado nacional moderno, sobretudo porque definido nos quadros territoriais arbitrariamente delimitados e com base no conceito europeu de «nação», que pouco diz à maior parte dos componentes dos grupos, ainda profundamente ligados a tipos de lealdade mais dirigidos aos valores e princípios dos agrupamentos tradicionais".

[865] Quanto a este princípio, v. Carlos Blanco de Morais, *O direito à autodeterminação dos povos – o estatuto jurídico do Enclave de Cabinda*, Lisboa, 1998, pp. 273 e ss.

vise destruir, parcial ou totalmente, a unidade nacional e a integridade territorial de um país, é incompatível com os objetivos e os princípios da Carta das Nações Unidas"[866], orientação que também seria consagrada na COUA[867], hoje substituída pela UA.

Em conexão com esta matéria, há quem se refira ao princípio da contiguidade geográfica: é certo que tem sido fundamento para muitos conflitos, na sequência de reivindicações nacionalistas, mas duvidamos que possa ser considerado um princípio de Direito Internacional.

126. A demarcação das linhas de fronteira

I. Com uma coloração mais técnica do que política, outra questão que faz sentido analisar é a da definição concreta das fronteiras dos diversos espaços que se submetem à tal tarefa de divisão.

Uma genérica afirmação de qual é o território do Estado ou que certo território se submete a um regime internacional apresenta-se insuficiente: é preciso que se opere a sua individualização concreta, atividade que toma o nome de *demarcação espacial*.

Não obstante ter sido esta matéria sobretudo encarada do ponto de vista do território estadual, nem por isso pode deixar de ser aplicada a outras realidades jurídico-geográficas[868].

[866] Nº 6 da Res nº 1541 (XV). Cfr. o respetivo texto em PEDRO ROMANO MARTINEZ e J. A. AZEREDO LOPES, *Textos...*, pp. 203 e ss.

[867] Tanto no seu preâmb., ao dizer-se que "...resolvidos a salvaguardar e a consolidar a independência e a soberania duramente conquistadas, bem como a integridade territorial dos nossos Estados, e a combater o neocolonialismo sob todas as suas formas", como nos seus arts. 2º, nº 1, al. c), e 3º, nº 3, se referindo sempre a ideia de integridade territorial e da inalienabilidade do território dos Estados. Cfr. o respetivo texto em JORGE BACELAR GOUVEIA, *Organizações internacionais – textos fundamentais*, 2ª ed., Coimbra, 1995, pp. 221 e ss.

[868] Sobre a problemática das fronteiras em geral, v. LUCIUS CAFLISCH, *La delimitation des espaces marins entre États don't les cotes se font face ou sont adjacents*, in AAVV, *Traité du Nouveau Droit de la Mer* (org. de RENÉ-JEAN DUPUY e DANIEL VIGNES), Paris/Bruxelles, 1985, pp. 375 e ss., e *Maritime boundaries, delimitation*, in EPIL, North-Holland, 1989, pp. 212 e ss.; ALBINO DE AZEVEDO SOARES, *Lições...*, pp. 217 e ss.; PIERRE-MARIE DUPUY, *Droit...*, pp. 29 e ss.; JORGE BACELAR GOUVEIA, *Zona...*, pp. 624 e ss., e *Ensinar Direito Internacional...*, pp. 326 e 327; ARMANDO M. MARQUES GUEDES, *Direito do Mar*, pp. 102 e 103; WLADIMIR BRITO, *A Convenção-Quadro Europeia...*, pp. 71 e ss.; JOAQUIM DIAS MARQUES DE OLIVEIRA, *Aspetos...*,

É de tentar, a este propósito, uma possível generalização de critérios e conceitos de delimitação territorial, que sejam assim potencialmente aplicáveis a todos esses espaços.

II. A demarcação das fronteiras pode estribar-se em dois possíveis esquemas, que são simultaneamente alternativos e cumulativos:

- a *delimitação natural*; e
- a *delimitação artificial*.

A *delimitação natural* assenta na divisão dos espaços dominiais de harmonia com particulares acidentes naturais, os quais se apresentam pertinentes para fazer as apropriadas separações de território, tendo as apreciáveis vantagens não apenas da sua facilidade como da sua imediata cognoscibilidade por parte daqueles que os utilizam.

A *delimitação artificial* conta com a intervenção humana, não sendo obra da Natureza, e traduz uma divisão que especificamente se organiza, na falta de acidentes naturais que possam desempenhar tal tarefa, em razão de critérios racionalmente estabelecidos[869].

Num caso ou noutro, sendo a delimitação mais ou menos próxima da Natureza, pode ser de diversa índole o fator inspirador da delimitação que

pp. 65 e ss.; Nguyen Quoc Dinh, Patrick Daillier e Alain Pellet, *Droit...*, pp. 464 e ss.; Wladimir Brito, *Direito...*, pp. 248 e ss.; Fausto de Quadros, Paulo Otero e Jorge Bacelar Gouveia, *Portugal e o Direito do Mar*, Lisboa, 2004, pp. 19 e ss., e pp. 113 e ss.; José Francisco Rezek, *Direito...*, pp. 165 e ss.

No que especificamente toca à delimitação das fronteiras marítimas, v. Nuno Marques Antunes, *The Eritrea-Yemen arbitration: first stage – the Law of tittle to territory reaverred*, in ICLQ, vol. 48, 1999, pp. 362 e ss., *The pending maritime delimitation in the Cameroon v Nigeria Case: a piece in the Jigsaw Puzzle of the Gulf of Guinea*, in IJMCL, vol. 15, nº 2 de 2000, pp. 163 e ss., e *The 1999 Eritrea-Yemen maritime delimitation award and the development of International Law*, in ICLQ, vol. 50, II, abril de 2001, pp. 299 e ss.

[869] Ainda que se possa duvidar da total bondade desta dicotomia, que como refere Joaquim Dias Marques de Oliveira (*Aspetos...*, p. 72) tende a ser abandonada e substituída pela que diferencia entre os "limites artificiais propriamente ditos" e os "limites artificiais derivados": "Em certo sentido, todos os limites são artificiais, já que são sempre linhas definidas por séries de pontos determinados por processos intelectuais, ainda que para esse efeito se possam tomar por referência acidentes do terreno. Nessas circunstâncias, os traços físicos e característicos do terreno não são considerados propriamente como um limite, mas como uma ocasião, um substrato do limite facilmente referenciável".

se leva a cabo: desde uma definição por processos astronómicos ou geométricos até à consideração dos limites orográficos, dos limites hidrográficos e dos limites marítimos[870].

III. São muitas as categorias de limites dos espaços geográficos, devendo obviamente variar em função das características físicas que sejam oferecidas por cada um desses espaços, levando em consideração dois tipos de delimitação, válidos tanto na divisão natural quanto na divisão artificial:

- a *delimitação vertical*; e
- a *delimitação horizontal*.

A *delimitação vertical* visa separar o espaço geográfico em processo de delimitação de outros espaços, congéneres ou não, numa perspetiva vertical, estando estes *supra* ou *infra* localizados.

A *delimitação horizontal* tem o objetivo de distinguir o espaço geográfico em questão de outros espaços, congéneres ou não, que se situam no seu prolongamento, nas diversas direções viáveis, segundo os pontos cardeais.

IV. Os *limites horizontais*, por seu turno, ainda podem desdobrar-se, de acordo com a natureza dos espaços em causa, em limites:

- *interiores*;
- *exteriores*; e
- *laterais*.

Os *limites interiores* designam a separação que se estabelece com os espaços que se encontrem situados do lado mais próximo do espaço territorial.

Os *limites exteriores* representam a divisão do espaço em causa de outros espaços que se situam para lá dele próprio, no lado contrário ao do espaço terrestre.

Os *limites laterais* denominam a divisão entre espaços contíguos adjacentes ou situados uns à frente dos outros, no caso de uma pluralidade de espaços pertença de diversos Estados ou não podendo cada espaço ter a sua extensão normal.

[870] Cfr. Joaquim Dias Marques de Oliveira, *Aspetos...*, pp. 72 e ss.

V. A concretização da delimitação do território é suscetível de se formalizar por diversos meios, no quadro do Direito Internacional, salientando-se estes três[871]:

- a *delimitação unilateral*; a
- a *delimitação convencional*; e
- a *delimitação jurisdicional*.

A *delimitação unilateral* é feita através da produção de um ato jurídico-público interno, mas com óbvias repercussões internacionais, exprimindo o ponto de vista da entidade que procede à delimitação de certo território.

A *delimitação convencional* advém do acordo a que se chegue por parte dos Estados que tenham dúvidas de delimitação, seja a partir de um procedimento que se iniciou amigavelmente, seja como consequência de um litígio, que assim termina da melhor maneira.

A *delimitação jurisdicional* é realizada por decisão de um tribunal – arbitral ou judicial – e finaliza normalmente um litígio, que não pôde terminar voluntariamente por acordo entre as partes envolvidas.

[871] Cfr. Joaquim Dias Marques de Oliveira, *Aspetos*..., pp. 68 e ss.

Capítulo X

O Domínio Internacional Indireto

§ 35º Os espaços estaduais em geral

§ 36º Os espaços marítimos em especial

§ 35º OS ESPAÇOS ESTADUAIS EM GERAL

127. O domínio terrestre

I. A categoria mais óbvia de domínio indireto do Direito Internacional é a do *domínio terrestre*, que é onde se sedia a normalidade da vida humana, bem como das respetivas instituições[872].

Este domínio terrestre é composto pela terra firme sobre a qual está construída a autoridade dos Estados, sendo também o lugar por excelência do exercício da atividade político-estadual.

O seu caráter indireto resulta da evidente interposição deste poder público, unilateralmente definido ao nível da autoridade estadual, nela mediatamente intervindo o Direito Internacional se e na medida em que o Direito Interno o tenha de respeitar.

II. No caso dos Estados, é irrecusável que a soberania assume uma nítida dimensão territorial, relativamente à qual permite um regime de uso desse mesmo território, nos termos da teoria do domínio eminente ou senhorial do mesmo, frente a pessoas – as competências internas pessoais – e frente a coisas – as competências internas territoriais.

Na maior parte das situações, esse regime é logicamente definido pelos respetivos textos constitucionais, que na caracterização do Estado também se incumbe do elemento territorial, sob a dupla perspetiva da sua delimitação e do regime que lhes reserva.

[872] Sobre o domínio estadual terrestre, v. ALBINO DE AZEVEDO SOARES, *Lições...*, p. 219; JOAQUIM DA SILVA CUNHA e MARIA DA ASSUNÇÃO DO VALE PEREIRA, *Manual...*, pp. 588 e ss.

Essa definição pode ser igualmente assumida pelo Direito Internacional porque a aceitação da relevância internacional dos Estados, com os elementos que o constituem, faz supor a sua soberania territorial, para além das hipóteses específicas em que o próprio Direito Internacional acolha a extensão da soberania sobre o território terrestre.

Com este objetivo, é possível indicar dois exemplos que o podem ilustrar, assim se frisando que a soberania territorial é internacionalmente reconhecida:

- na CCACI, na definição do território estadual a que se aplica esta convenção: "Para efeitos da presente Convenção, constituem território de um Estado as regiões terrestres e as águas territoriais adjacentes que estejam sob a soberania, jurisdição, proteção ou mandato desse Estado" (art. 2º da CCACI);
- na CNUDM, na definição do mar territorial, que está adjacente ao território terrestre: "A soberania do Estado costeiro estende-se, além do seu território..." (art. 2º, nº 1, primeira parte, da CCACI).

III. A delimitação que o espaço terrestre pressupõe é a linha que diferencia o espaço composto pela terra firme – seja continental, seja insular – de outros espaços que não oferecem essa mesma consistência ou possuam outro regime.

Relativamente aos limites verticais, ao nível superior, o espaço terrestre distingue-se do espaço aéreo que lhe está sobrejacente, que em todo o caso goza de um mesmo regime de soberania.

Quanto ao limite vertical inferior, não havendo uma delimitação estabelecida, teoricamente o mesmo só se encontra num qualquer ponto equidistante próximo do centro do Globo, a partir do desenho de um cone cujo vértice naquele toque. Na prática, a questão não assume relevância pela inviabilidade da respetiva utilização, económica ou qualquer outra.

Atendendo à sua peculiar posição jurídico-pública, o espaço terrestre apenas concebe, ao nível dos limites horizontais, o limite exterior, através do qual o mesmo se separa de outros espaços, os marítimos próprios ou os espaços terrestres estrangeiros.

IV. O regime aplicável ao território terrestre, assim definido e delimitado, espelha um espaço geográfico em que o Estado exerce o seu poder senhorial, sobre pessoas e bens, de um modo máximo, quer do ponto de vista subjetivo, quer do ponto de vista objetivo:

- subjetivamente, porque não tem poder rival que com ele possa competir na regulação que pretende levar a cabo;
- objetivamente, porque é um poder que não conhece limitações intrínsecas, a não ser aquelas que decorram do cumprimento de parâmetros extrínsecos ao poder estadual.

Tem sido discutida a natureza jurídica do poder estadual sobre o seu território, colocando-se inclusivamente a opção de esse poder ser de natureza real. Mais do que a sua natureza jurídica, é essencial perceber que esse poder consiste na projeção da ordem jurídica interna, de organização e utilização do território, mas que não se confunde com outras manifestações de poder público, em que o Estado e as restantes pessoas jurídicas podem agir em relação[873]:

- o *domínio público do Estado e das demais pessoas coletivas públicas*: o conjunto dos direitos de utilização de bens coletivos que, por causa da sua função, não podem ser objeto de comércio privado;
- o *domínio privado do Estado e das demais pessoas coletivas públicas*: o conjunto dos direitos de utilização de bens coletivos que, ao contrário daqueles, permitem a sua entrada no comércio privado;
- o *domínio privado das pessoas coletivas privadas*: o conjunto dos direitos reais que se exercem sobre bens, ao abrigo da ordem jurídica estadual.

128. O domínio fluvial e lacustre

I. O domínio indireto do Direito Internacional é também abrangido pelo *domínio aquático*, que normalmente se encontra inserido no domínio terrestre, domínio este que se distingue do domínio marítimo.

[873] Sobre estas noções, v., por todos, Jorge Bacelar Gouveia, *A utilização ilegal do domínio público hídrico pelos particulares: o caso das construções clandestinas na Lagoa de Santo André*, in *Novos Estudos de Direito Público*, II, Lisboa, 2002, pp. 356 e ss.

Aquele vem a ser composto por água doce, não salgada, e pode apresentar-se sob duas distintas modalidades geográficas:

- o *domínio fluvial*; e
- o *domínio lacustre*.

O *domínio fluvial* é o espaço aquático dotado de corrente circulatória, no conjunto dos seus rios e respetivos afluentes, desde que limitados ao território terrestre estadual.

O *domínio lacustre* é o espaço aquático desprovido de corrente circulatória, que forma os lagos e as lagoas, identicamente englobados pelo território terrestre.

II. Do ponto de vista de uma qualificação jurídico-internacional, salvo raríssimas exceções, estão em causa espaços somente relevantes para a aplicação do Direito Interno, uma vez que essas mesmas porções de água doce se contêm dentro das fronteiras da entidade estadual em causa.

A relevância direta internacional de tais espaços aquáticos surge quando os mesmos relacionam dois ou mais Estados: há, nessa circunstância, um espaço aquático de índole internacional.

No caso dos cursos fluviais, essa relevância internacional pode mesmo apresentar-se numa dupla faceta[874]:

[874] Sobre o domínio fluvial, no que se incluem os rios internacionais, v. Pierre Labrousse, *Des servitudes en Droit International Public*, Bordeaux, 1911, pp. 249 e ss.; Ernest Nys, *Le Droit International*, I, Paris, s. d., pp. 446 e ss., e II, Paris, s. d., pp. 129 e ss.; A. Pearce Higgins e John Colombos, *The International Law of the Sea*, 2ª ed., London/New York/Toronto, 1952, pp. 148 e ss.; Milan Sahovic e William W. Bishop Júnior, *Autoridad del Estado: su alcance en relación con las personas y lugares*, in AAVV, *Manual de Derecho Internacional Público* (ed. de Max Sorensen), Cidade do México, 1973, pp. 325 e ss.; Paul Reuter, *Direito Internacional...*, pp. 208 e ss.; Adriano Moreira, *Direito...*, pp. 131 e 132; Charles Rousseau, *Droit...*, pp. 203 e ss.; Albino de Azevedo Soares, *Lições...*, pp. 219 e ss.; Lucius Caflisch, *Règles générales du Droit des cours d'eau internationaux*, in RCADI, t. 219, 1989, VII, pp. 21 e ss.; José A. Pastor Ridruejo, *Curso de Derecho...*, pp. 440 e ss.; Ian Brownlie, *Principles...*, pp. 271 e ss.; Pierre-Marie Dupuy, *Droit...*, pp. 467 e ss.; Jorge Bacelar Gouveia, *O direito de passagem inofensiva...*, pp. 94 e ss.; Teresa Amador, *The River Douro in International Watercourses Law*, London, 1997, inédito, pp. 8 e ss.; Adherbal Meira Mattos, *Direito...*, pp. 133 e ss.; Nguyen Quoc Dinh, Patrick Daillier e Alain Pellet, *Droit...*, pp. 1229 e ss.; Joaquim da Silva Cunha e Maria da Assunção do Vale Pereira, *Manual...*, pp. 590 e ss.; Fausto de Quadros, Paulo Otero e Jorge Bacelar Gouveia, *Portugal...*, pp. 203 e ss.;

- ora como *rios internacionais sucessivos*, se o respetivo trajeto atravessa vários Estados;
- ora como *rios internacionais contíguos*, se as respetivas margens dizem respeito, simultaneamente, a Estados diferentes[875].

No caso dos lagos e lagoas, são normalmente situações cujo bordo atravessa a fronteira de dois ou mais Estados, não sendo poucos os exemplos elucidativos desta relevância, como o caso do lago Niassa, delimitando vários Estados em África.

III. A despeito da inegável importância dos rios internacionais à escala planetária, são escassos os sinais de uma genérica regulação jurídico-internacional dos mesmos[876], embora se possa referir dois instrumentos:

- a Convenção de Barcelona, de 1921, no tocante à utilização para a navegação;
- a Convenção de Nova Iorque, de 1997[877], para outras utilizações e para a luta contra a poluição fluvial[878].

José Francisco Rezek, *Direito...*, pp. 322 e ss.; Valério De Oliveira Mazzuoli, *Curso de Direito Internacional...*, pp. 459 e ss.

[875] Fazendo esta distinção, José Francisco Rezek, *Direito...*, p. 322.

[876] Referindo mesmo José Francisco Rezek (*Direito...*, p. 323) que "O aparato normativo, nesse terreno, é dominado pela casuística".

[877] De seu nome completo, Convenção sobre o Direito relativo à Utilização dos Cursos de Água Internacionais para fins diversos dos de Navegação, de 21 de maio de 1997.

Em Portugal, esta convenção internacional foi aprovada pela Resolução da Assembleia da República nº 9/2005, de 3 de março, e ratificada pelo Decreto do Presidente da República nº 16/2005, de 3 de março.

O regime jurídico dos rios internacionais foi também objeto de uma convenção internacional entre Portugal e Espanha: a Convenção sobre Cooperação para a Proteção e o Aproveitamento Sustentável das Águas das Bacias Hidrográficas Luso-Espanholas, de 30 de novembro de 1998, aprovada pela Resolução da Assembleia da República nº 66/99, de 18 de agosto, e ratificada pelo Decreto do Presidente da República nº 182/99, de 17 de agosto.

[878] Cfr. Afonso d'Oliveira Martins, *O desenvolvimento sustentável e o regime dos cursos de água internacionais*, in AAVV, *Estudos em Homenagem ao Prof. Doutor Joaquim Moreira da Silva Cunha*, Coimbra, 2005, pp. 39 e ss.

Daí que o estatuto dos rios internacionais ainda fundamentalmente se estabeleça a partir de tratados restritos que fixam o regime dos principais rios internacionais, de que cumpre dar alguns exemplos[879]:

- na Europa, os rios Reno, Mosela e Danúbio;
- na América, os rios São Lourenço, Columbia, Grande, Colorado, Amazonas e Prata;
- na Ásia, os rios Mekong e Ganges;
- na África, os rios Senegal, Níger, Congo, Nilo e Zambeze.

Seja como for, não parece arriscado extrair como orientação dominante a proclamação de dois princípios: o princípio da liberdade de navegação e o princípio da igualdade de tratamento de terceiros Estados.

129. O domínio aéreo nacional

I. O domínio indireto é também composto pelo *espaço aéreo* que se posiciona acima do território terrestre e da parcela do espaço marítimo submetido à soberania estadual, massa de ar que se mostra relevante tanto para o Direito Interno como para o Direito Internacional[880].

De certa sorte, este é um espaço complementar da soberania estadual, ainda que se saiba, por causa da sua consistência, que não pode ter a mesma utilidade daquela que é oferecida nos espaços terrestres e nos espaços aquáticos.

II. O principal título jurídico deste tipo de espaço vem a ser o Direito Interno de cada Estado a que respeita, mas também é possível que essas indicações sejam complementadas por outros títulos jurídicos, internos e internacionais.

[879] Cfr. José Francisco Rezek, *Direito...*, pp. 323 e ss.

[880] Sobre o espaço aéreo estadual, v. Adriano Moreira, *Direito...*, p. 133; Albino de Azevedo Soares, *Lições...*, pp. 259 e ss.; José Francisco Rezek, *Direito...*, pp. 326 e ss.; Nguyen Quoc Dinh, Patrick Daillier e Alain Pellet, *Droit...*, pp. 1247 e ss.; Gualdino Rodrigues, *As fontes internacionais do Direito Aéreo*, Lisboa, 2003, pp. 17 e ss.; Joaquim da Silva Cunha e Maria da Assunção do Vale Pereira, *Manual...*, pp. 680 e ss.; Jónatas E. M. Machado, *Direito Internacional...*, pp. 205 e ss.

Algumas dessas normas consideradas aplicáveis encontram-se em disposições da CNUDM que versam os espaços marítimos que genericamente se submetem à soberania estadual, assim este acessoriamente avançando para espaços que não têm a consistência daqueles.

O mais relevante instrumento internacional, porque especificamente concebido para regular os espaços aéreos nacionais, é indiscutivelmente a CCACI[881], a qual estabeleceu, desde 7 de dezembro de 1944, as normas e os princípios fundamentais aplicáveis em matéria de Direito Aéreo, na base da partilha das diversas soberanias nacionais.

Posteriormente, outras convenções internacionais, para assuntos específicos, igualmente viriam a ser celebradas:

- a Convenção de Tóquio sobre infrações cometidas a bordo de aeronaves, de 14 de setembro de 1963;
- a Convenção da Haia para a repressão da apropriação ilícita de aeronaves, de 16 de dezembro de 1970;
- a Convenção de Montreal sobre a repressão de atos ilícitos contra a segurança da aviação civil, de 23 de setembro de 1971;
- o Protocolo de Montreal sobre a repressão de atos ilícitos de violência contra aeroportos internacionais, de 24 de fevereiro de 1988; e
- a Convenção de Helsínquia de afirmação do princípio do céu único, de 1992.

III. A delimitação do espaço aéreo nacional, num plano vertical, recorta-se inferiormente pela linha que procede à sua divisão com os espaços terrestres ou marítimos subjacentes, com os quais não se mistura.

Mais problemática é a definição do seu limite superior, porquanto ela não se afigura indiferente, já que a partir de certo ponto se aplica o regime do espaço exterior, radicalmente diverso do regime do espaço aéreo nacional.

Os limites horizontais representam-se na diferença que interessa estabelecer com os outros espaços aéreos adjacentes, na lógica do prolongamento dos critérios que presidem a tal delimitação no tocante aos espaços terrestres e marítimos subjacentes.

[881] Cfr. o respetivo texto em Jorge Bacelar Gouveia, *Organizações Internacionais – Textos Fundamentais*, 1ª ed., Lisboa, pp. 145 e ss.

IV. Em matéria do respetivo regime, como já se deixou entrever pela nomenclatura adotada, o espaço aéreo que se ergue acima dos espaços terrestres e marítimos sob soberania interna está do mesmo modo submetido à soberania estadual.

No caso do espaço aéreo nacional sobrejacente aos territórios terrestres, cabe aos textos constitucionais respetivos efetuar o seu devido enquadramento.

No caso dos espaços marítimos, a CNUDM, embora essencialmente virada para o mar, nalgumas das suas disposições ocupa-se do regime de soberania que se aplica ao espaço aéreo nacional, servindo ela de título jurídico para o regime deste:

- águas interiores: por maioria de razão com o regime definido para o mar territorial;
- mar territorial: "Esta soberania estende-se ao espaço aéreo sobrejacente ao mar territorial, bem como ao leito e subsolo deste mar." (art. 2º, nº 2, primeira parte, da CNUDM);
- estreitos internacionais: "O regime de passagem pelos estreitos utilizados para a navegação internacional (...) não afetará (...) o regime jurídico das águas que formam esses estreitos, nem o exercício, pelos Estados ribeirinhos do estreito, da sua soberania ou da sua jurisdição sobre essas águas, seu espaço aéreo sobrejacente, leito e subsolo" (art. 34º, nº 1, da CNUDM);
- águas arquipelágicas: "Esta soberania estende-se ao espaço aéreo situado sobre as águas arquipelágicas e ao seu leito e subsolo, bem como aos recursos neles existentes" (art. 49º, nº 2, da CNUDM).

V. O regime internacional contido na CCACI tem por pressuposto fundamental o reconhecimento da soberania do Estado sobre o respetivo espaço aéreo: "Os Estados contratantes reconhecem que cada Estado tem a soberania completa e exclusiva sobre o espaço aéreo que cobre o seu território" (art. 1º da CCACI).

Isso não significa que, entre os Estados partes nesse tratado internacional, não se estabeleça a preocupação de partilhar um conjunto de liberdades do ar que, assim, limitam aquelas soberanias individuais.

É por isso que se costuma referir que com a CCACI se mudou de paradigma: do paradigma da soberania aérea para o paradigma da liberdade "controlada" do ar[882], de acordo com as cinco liberdades ali previstas, as duas primeiras técnicas e as outras três comerciais[883]:

- o direito de sobrevoo (passagem inofensiva);
- o direito de escala técnica para reabastecimentos e reparações;
- o direito de desembarcar pessoas e mercadorias;
- o direito de embarcar pessoas e mercadorias;
- o direito de tráfego em Estados terceiros[884].

VI. Devido à complexidade deste regime, e também aos aspetos técnicos do respetivo controlo, a CCACI criou uma organização internacional – a Organização da Aviação Civil Internacional – com o objetivo de vigiar pela sua aplicação, ao mesmo tempo lhe sendo concedidos poderes para a produção das necessárias normas técnicas: "A Organização terá como objetivo aperfeiçoar os princípios e a técnica da navegação aérea internacional e estimular o estabelecimento e desenvolvimento dos transportes aéreos internacionais..." (art. 44º, proémio, da CCACI).

A OACI é uma organização internacional e inclui os seguintes órgãos[885]:

- a Assembleia;
- o Conselho;
- a Comissão de Navegação Aérea;
- o Comité de Transportes Aéreos; e
- o Comité Jurídico.

VII. Os aspetos definidos pela CNUDM merecem uma referência específica porque se inserem na ideia geral de que o espaço aéreo nacional, como sucede com os correspondentes espaços marítimos sob a soberania territorial, proporciona usos restritos da liberdade internacional de sobrevoo, nos termos de um direito de passagem aérea inofensiva:

- estreitos internacionais: "«Passagem em trânsito» significa o exercício (...) da liberdade de navegação e sobrevoo exclusivamente para

[882] Para usar a expressão de ADRIANO MOREIRA, *Direito...*, p. 133.

[883] Cfr. DINIZ FERREIRA, *Elementos de Aeronáutica...*, p. 22; GUALDINO RODRIGUES, *As fontes internacionais...*, pp. 45 e ss.; JOSÉ FRANCISCO REZEK, *Direito...*, p. 329.

[884] Cfr. os arts. 5º e ss. da CCACI.

[885] Sobre a OACI, v. GUALDINO RODRIGUES, *As fontes internacionais...*, pp. 63 e ss.

fins de trânsito contínuo e rápido pelo estreito entre uma parte do alto mar ou de uma zona económica exclusiva e uma outra parte do alto mar e uma zona económica exclusiva." (art. 38º, nº 1, primeira parte, da CNUDM);
- águas arquipelágicas: "O Estado arquipélago pode designar rotas marítimas e rotas aéreas a elas sobrejacentes adequadas à passagem contínua e rápida de navios e aeronaves estrangeiros por ou sobre as suas águas arquipelágicas e o mar territorial adjacente" (art. 53º, nº 1, da CNUDM).

130. Algumas situações de aplicação extraterritorial do Direito Estadual

I. A descrição das situações em que o Estado desenvolve poderes soberanos, aí apenas o Direito Internacional podendo beneficiar de uma aplicação mediata, não ficou completa com o que dissemos a propósito dos vários espaços estaduais.

A teoria e a experiência internacionais têm mostrado a pertinência de certos exercícios de soberania fora do território estadual, de certa sorte se assistindo ao prolongamento da soberania estadual para além daqueles limites, no seguinte grupo de casos:

- os edifícios diplomáticos e consulares, bem como o respetivo pessoal;
- os navios; e
- as aeronaves.

Eles têm em comum aparentemente não suscitarem a aplicação da soberania estadual porque se localizam em espaço internacional ou se sediam em espaço submetido a outra autoridade estadual.

II. A situação jurídica dos edifícios diplomáticos integra-se na construção geral, que é a construção da extraterritorialidade, de se ficcionar a soberania do Estado, em certos termos, fora do território estadual, atingindo lugares que, embora localizados no estrangeiro, representam a continuação daquele território, como se tudo ali ainda se passasse.

Nitidamente que se trata de uma ficção porque não se está perante, com efeito, qualquer território nacional, mas de um território estrangeiro que aceita, em condições de reciprocidade, a aplicação exclusiva ou principal de um Direito estrangeiro, como sucede no âmbito do Direito Internacional Diplomático e Consular.

É o que se pode ler nos seus dois principais instrumentos convencionais:

- na CVRD: "Os locais da missão são invioláveis" e "A residência particular do agente diplomático goza da mesma inviolabilidade que os locais da missão"[886], para além do restante estatuto de aplicação do Direito do Estado a que pertence a missão diplomática;
- na CVRC: "As instalações consulares são invioláveis nas condições previstas no presente artigo" (art. 31º, nº 1, da CVRC), para além do restante Direito aplicável do Estado que tem a missão consular.

Idêntico símile, limitado à natureza das coisas, pode ser feito para o pessoal diplomático e consular, que ficará submetido ao Direito do Estado de que são funcionários, sob certas condições, e não ao Direito do Estado onde exercem as respetivas funções.

III. Os *navios* são veículos de navegação marítima, à superfície ou em profundidade (os submarinos), e submetem-se a um regime de registo, com a atribuição mesmo de uma nacionalidade, que determina uma relação específica com um Estado, de que ficam dependentes[887].

Por este mecanismo da nacionalidade, os navios ficam adstritos à primazia de uma dada ordem jurídica, normalmente estadual, e são um espaço reservado para a aplicação essencial, de cariz extraterritorial quando fora dos limites desse território, desse Direito Estadual, em detrimento de outros ordenamentos jurídicos.

Essa é uma verificação que fica clara se se atentar nos índices diretamente fornecidos pela CNUDM, ao genericamente afirmar, no regime do alto mar que é extensível a outros regimes análogos deste ponto de vista,

[886] Respetivamente, os arts. 22º, nº 1, e 30º, nº 1, da CVRD.

[887] Sobre a condição jurídica dos navios, numa perspetiva de Direito do Mar e de Direito Marítimo, v. Mário Raposo, *Estudos sobre o novo Direito Marítimo – realidades internacionais e situação portuguesa*, Coimbra, 1999, pp. 109 e ss.

que "Todos os Estados, quer costeiros quer sem litoral, têm o direito de fazer navegar no alto mar navios que arvorem a sua bandeira" (art. 90º da CNUDM).

E o mesmo regime já se vai admitindo quanto a outros sujeitos internacionais, numa disposição bastante inovadora: "Os artigos precedentes não prejudicam a questão dos navios que estejam ao serviço das Nações Unidas, das agências especializadas das Nações Unidas e da Agência Internacional de Energia Atómica, arvorando a bandeira da Organização" (art. 93º da CNUDM).

As consequências da relação de um navio com o Estado de bandeira ficam associadas ao gozo, por parte desse navio, da jurisdição do Estado, o qual "...deve exercer, de modo efetivo, a sua jurisdição e controlo em questões administrativas, técnicas e sociais sobre navios que arvorem a sua bandeira" (art. 94º, nº 1, da CNUDM).

IV. As *aeronaves* são equipamentos de sobrevoo, no espaço aéreo, e submetem-se, tal como os navios, a um esquema de registo de nacionalidade, que os torna diretamente dependentes da aplicação de uma ordem jurídica.

Essa especial ligação, para além de tudo quanto tenha de protetor, do mesmo modo simboliza a aplicação preferente do Direito Estadual fora dos limites do respetivo território.

Do mesmo modo a CCACI contém regras nesta matéria, dizendo que "as aeronaves têm a nacionalidade do Estado em que se encontram matriculadas", sem esquecer que "Toda a aeronave afeta à navegação aérea internacional ostentará os distintivos próprios da sua nacionalidade e matrícula"[888].

131. O domínio espacial de Portugal

I. Feito o enquadramento dos diversos espaços físicos que podem ser relevantes, direta ou indiretamente, para o Direito Internacional, cumpre ver a posição de Portugal, tomando em consideração as suas características e a respetiva inserção jurídico-constitucional.

[888] Respetivamente, os arts. 17º e 20º da CCACI.

É com esta preocupação que se pode vislumbrar, no art. 5º texto constitucional português, normas que versam a delimitação do seu território[889] e a sua relação com outros espaços, que pela sua importância – e também deficiência – vale a pena transcrever[890], preceito que tem por epígrafe "Território":

> "1. Portugal abrange o território historicamente definido no continente europeu e os arquipélagos dos Açores e da Madeira.
> 2. A lei define a extensão e o limite das águas territoriais, a zona económica exclusiva e os direitos de Portugal aos fundos marinhos contíguos.
> 3. O Estado não aliena qualquer parte do território português ou dos direitos de soberania que sobre ele exerce, sem prejuízo da retificação de fronteiras".

II. No tocante ao *espaço terrestre*, a CRP, ao contrário de exemplos colhidos de anteriores textos constitucionais, adota apenas uma cláusula geral, esquivando-se de uma alusão tipológica, na enunciação das suas parcelas.

Por outro lado, com a descolonização terminada e com a saída de Macau e de Timor-Leste, caducaram as disposições constitucionais que disciplinavam, quanto a estes territórios, o exercício de alguns poderes, embora já não fossem considerados como fazendo formalmente parte de Portugal.

Note-se, porém, que a fraseologia constitucional, para o território terrestre, é bastante equívoca porque fala de território definido no continente europeu e nas ilhas, dando a entender que é o território composto pela terra seca, sendo certo que o conceito de território, nesta aceção, inclui outros espaços, como os marítimos.

Resta ainda referir que, mesmo não tendo sido individualizados, os espaços lacustres e fluviais, integrados na terra seca, ficam automaticamente pertença do território terrestre. Para isso também contribui, ainda

[889] Sobre o território português em geral, v. MARCELO REBELO DE SOUSA, *Direito Constitucional...*, pp. 127 e ss.; JOSÉ CALVET DE MAGALHÃES, *Fronteira*, in DJAP, IV, Lisboa, 1991, pp. 406 e ss.; JOSÉ PEDRO FERNANDES, *Território nacional*, in DJAP, VII, Lisboa, 1996, pp. 412 e ss.; JORGE BACELAR GOUVEIA, *O estado de exceção...*, II, pp. 982 e ss.; J. J. GOMES CANOTILHO e VITAL MOREIRA, *Constituição...*, I, 4ª ed., pp. 227 e ss.

[890] Em relação às especiais questões da delimitação dos espaços marítimos portugueses, v. DUARTE LYNCE DE FARIA, *A jurisdição e a delimitação dos espaços marítimos em Portugal*, Lisboa, 2002, pp. 317 e ss.

que indiretamente, a consideração desses espaços no âmbito do domínio público, numa lógica de maioria de razão.

III. Em relação ao *espaço marítimo*, depara-se com algumas anomalias, cometendo o preceito existente vários erros técnicos, que só têm desculpa porque o legislador não é cientista[891]:

- inventa um conceito – o conceito de "águas territoriais" – que não tem qualquer correspondência com o Direito Internacional do Mar, o qual só pode ser deslindado através da sua decomposição em três realidades distintas: as águas interiores, os estreitos internacionais e o mar territorial, conceitos que não são propriamente coincidentes;
- confunde diversos espaços terrestres que subjazem aos espaços marítimos, sendo certo que a plataforma continental tem uma natureza de soberania estadual, ao passo que a área é um espaço fortemente internacionalizado, mas o texto constitucional à mesma coisa equivocadamente se referindo por intermédio da expressão "fundos marinhos";
- erra na consideração como espaço soberano de um espaço que é apenas limitado – a zona económica exclusiva – porque lhe faz referência em preceito que se destina, como se deduz da sua epígrafe, à definição da soberania territorial do Estado Português[892], numa inserção sistemática totalmente deslocada.

Eis alguns tópicos para refletir numa próxima revisão constitucional, assim terminando com dúvidas regulativas sobre esta matéria, que não devem continuar.

IV. Em matéria de *território aéreo*, com espanto, enfrenta-se um total silêncio constitucional, nada abonatório para a qualidade da redação deste preceito da CRP[893].

Atrever-se-iam alguns a insinuar que Portugal teria renunciado ao exercício de poderes de soberania sobre o espaço aéreo que sobrejacentemente correspondesse aos espaços terrestres e marítimos da sua sobera-

[891] Cfr. JORGE BACELAR GOUVEIA, *O estado de exceção...*, II, pp. 984 e ss.

[892] Cfr. JORGE BACELAR GOUVEIA, *O estado de exceção...*, II, p. 987.

[893] Assim, JORGE BACELAR GOUVEIA, *O estado de exceção...*, II, p. 984.

nia. Essa seria uma conclusão absurda, bem desmentida pela prática como pelo Direito Internacional a que Portugal se vinculou.

O que há é uma flagrante lacuna constitucional, que convém integrar pela criação de uma norma idêntica àquela que existe para os espaços soberanos análogos, esperando-se que em próxima revisão constitucional a lacuna desapareça de vez pelo seu preenchimento normativo[894].

V. A posição de Portugal em relação ao mar, em particular, justifica uma alusão, até porque recentemente – e muito bem – se procedeu à ratificação da CNUDM[895].

Só que essa vinculação levantou durante algum tempo problemas, nomeadamente em relação a alguns aspetos de grande preocupação:

- a consagração da zona contígua;
- a definição de algumas linhas de base retas do mar territorial;
- o estatuto das Ilhas Selvagens como ilhas e não como ilhas-rochedo[896].

É assim se que torna necessário, quanto antes, uma profunda alteração legislativa no sentido de não colocar o Estado Português numa situação de infringir o Direito Internacional do Mar, além de também, por essa via, e na medida em que tal seja facultado pela CNUDM, melhor defender os seus interesses estratégicos.

Esse contributo já foi dada pela L nº 34/2006, de 28 de julho, que resolveu algumas daquelas questões, não apenas a da delimitação de linhas de base em conformidade com as exigências do Direito Internacional do Mar como a definição, de um modo inequívoco, da zona contígua[897].

[894] Cfr. Jorge Bacelar Gouveia, *O estado de exceção...*, II, p. 984.

[895] Quanto à posição de Portugal em relação ao Direito Internacional do Mar, v. José Luís Moreira da Silva, *Dois textos de Direito do Mar*, Lisboa, 1999, pp. 7 e ss., e *Direito do Mar*, pp. 55 e ss.; Fausto de Quadros, Paulo Otero e Jorge Bacelar Gouveia, *Portugal...*, pp. 11 e ss.

Numa perspetiva mais político-estratégica, v. Virgílio de Carvalho, *A importância...*, pp. 21 e ss., e Nuno Vieira Matias, *O Mar – um oceano de oportunidades para Portugal*, in *Cadernos Navais*, nº 13, Abril-Junho de 2005, pp. 3 e ss.

[896] Quanto ao estatuto das Ilhas Selvagens do arquipélago da Madeira, v. Fausto de Quadros, Paulo Otero e Jorge Bacelar Gouveia, *Portugal...*, pp. 163 e ss.

[897] Cfr. o art. 2º e 7º da L nº 34/2006, de 28 de julho.

Mais recentemente, Portugal apresentou à Comissão de Limites da Plataforma Continental, prevista no Anexo II da CNUDM, uma proposta de alargamento da sua plataforma continental, nos seguintes termos:

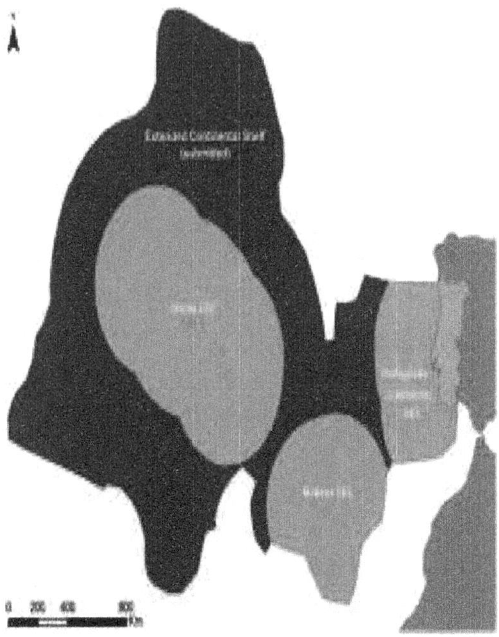

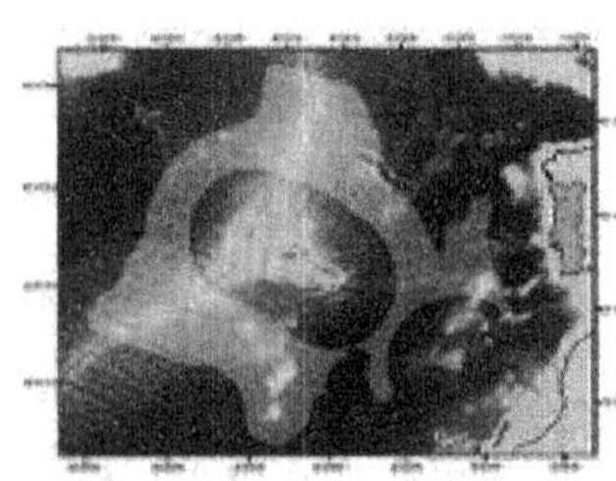

§ 36º OS ESPAÇOS MARÍTIMOS EM ESPECIAL

132. As águas interiores

I. As *águas interiores*[898] correspondem à porção de mar que se situa entre a terra seca e o limite interior do mar territorial, que é o espaço marítimo

[898] Sobre as águas interiores, v. GILBERT GIDEL, *Le Droit International Public de la Mer – le temps de paix*, II, Chateauroux, 1932, pp. 9 e ss.; MILAN SAHOVIC e WILLIAM W. BISHOP JÚNIOR, *Autoridad del Estado...*, pp. 332 e ss.; CELSO D. DE ALBUQUERQUE MELLO, *Curso de Direito Internacional Público*, II, 2ª ed., Rio de Janeiro/São Paulo, 1974, p. 565; JAMES LESLIE BRIERLY, *Direito...*, pp. 192 e ss.; PAUL REUTER, *Direito...*, pp. 203 e 204; DANIEL PATRICK O'CONNELL, *The International Law of the Sea*, I, New York, 1982, pp. 338 e ss.; ADRIANO MOREIRA, *Direito...*, p. 132; CHARLES ROUSSEAU, *Droit...*, pp. 252 e ss.; MICHAEL AKEHURST, *Introdução...*, pp. 323 e 324; RENÉ-JEAN DUPUY, *La mer sous compétence nationale*, in AAVV, *Traité du Nouveau Droit de la Mer* (org. RENÉ-JEAN DUPUY e DANIEL VIGNES), Paris/Bruxelles, 1985, pp. 221 e ss.; ALBINO DE AZEVEDO SOARES, *Lições...*, pp. 224 e ss.; CARLOS JIMÉNEZ PIERNAS, *Régimen jurídico de los espacios marítimos (I): aguas interiores, mar territorial y zona contigua*, in MANUEL DÍEZ DE VELASCO, *Instituciones de Derecho Internacional Público*, I, 8ª ed., Madrid, 1988, pp. 333 e ss.; JOSÉ A. PASTOR RIDRUEJO, *Curso de Derecho...*, pp. 331 e ss.; RAINER LAGONI, *Internal waters*, in EPIL, vol. 11, North-Holland, 1989, pp. 153 e ss.; LAURENT LUCCHINI e MICHEL VOELCKEL, *Droit de la Mer*, I, Paris, 1990, pp. 141 e ss.; CHRISTIAN GLORIA, *Internationales öffentliches Seerecht*, in AAVV, *Völkerrecht* (org. de KNUT IPSEN), 3ª ed., München, 1990, pp. 674 e ss.; PIERRE-MARIE DUPUY, *Droit...*, pp. 472 e ss.; JORGE BACELAR GOUVEIA, *O direito de passagem...*, pp. 59 e ss.; ALEJANDRO J. RODRÍGUEZ CARRIÓN, *Leciones de Derecho Internacional Público*, 3ª ed., Madrid, 1994, pp. 417 e 418; ARMANDO M. MARQUES GUEDES, *Direito do Mar*, pp. 95 e ss.; ROBIN ROLF CHURCHILL e ALAN VAUGHAN LOWE, *The Law of the Sea*, 3ª ed., Manchester, 1999, pp. 60 e ss.; NGUYEN QUOC DINH, PATRICK DAILLIER e ALAIN PELLET, *Droit...*, pp. 1155 e ss.; JOSÉ LUÍS MOREIRA DA SILVA, *Direito do Mar*, pp. 69 e ss.; MALCOLM N. SHAW, *Interna-*

que se segue, no sentido da terra para o mar, numa posição de imediata adjacência ao território terrestre.

A sua escassa importância prática está de acordo com a timidez da respetiva consagração regulativa: nem sequer a CNUDM opera uma qualquer individualização sistemática das águas interiores, apenas lhes concedendo um único preceito, em que se estabelece o seguinte: "Excetuando o disposto na Parte IV, as águas situadas no interior da linha de base do mar territorial fazem parte das águas interiores do Estado" (art. 8º, nº 1, da CNUDM).

Uma eventual autonomização dogmática apoia-se em duas razões fundamentais:

- numa razão de morfologia, pela transição do espaço terrestre ao espaço marítimo; e
- numa razão de regime aplicável, por ser diverso do regime do território terrestre, ao aproximar-se do mar territorial.

II. No tocante aos limites horizontais das águas interiores, abre-se a faculdade de a respetiva demarcação ser feita tanto naturalmente como artificialmente, nos termos das normas aplicáveis da CNUDM.

A delimitação natural adequa-se aos casos em que as águas interiores se formam no espaço compreendido entre a terra firme e a linha de baixa-mar, respetivamente os seus limites interior e exterior, numa extensão marítima que é variável, sendo tanto maior quanto mais extensa forem as marés.

A delimitação artificial funda-se nos casos em que a delimitação da linha interior do mar territorial seja feita por linhas de base retas: "Nos locais em que a costa apresente recortes profundos e reentrâncias ou em que exista uma franja de ilhas ao longo da costa na sua proximidade imediata, pode ser adotado o método das linhas de base retas que unam os pontos apropriados para traçar a linha de base a partir da qual se mede a largura do mar territorial" (art. 7º, nº 1, da CNUDM).

A delimitação vertical segue a delimitação aplicável no mar territorial, tendo subjacente o espaço terrestre, a partir da superfície que opera

tional..., pp. 493 e 494; JOAQUIM DA SILVA CUNHA e MARIA DA ASSUNÇÃO DO VALE PEREIRA, *Manual...*, pp. 595 e 596.

a separação das águas interiores, e sobrejacente o espaço aéreo, de raiz nacional.

III. O regime que lhes está atribuído não é uniforme, embora tenha como ponto comum o facto de nas águas interiores vigorar um regime de soberania territorial, podendo até dizer-se que são as águas interiores, em todos os espaços marítimos, aquelas que mais se aparentam com a soberania que se vive na terra firme estadual.

Quando as águas interiores surgem de acordo com a delimitação natural imposta pela linha de baixa-mar, que é o limite interior do mar territorial, aquele regime de soberania, tal como se prevê na CNUDM, não sofre sequer qualquer limitação, por isso se podendo questionar a sua autonomia jurídico-regulativa, apenas a tendo do ponto de vista geográfico[899].

Quando, diferentemente, as águas interiores resultam da aplicação de linhas de bases retas que sejam utilizadas na definição interior do mar territorial, admite-se que a soberania que nelas se exerce padeça de uma restrição vigorando o regime do direito de passagem inofensiva.

A CNUDM diretamente contempla este caso: "Quando o traçado de uma linha de base reta (...) encerrar, como águas interiores, águas que anteriormente não eram consideradas como tais, aplicar-se-á a essas águas o direito de passagem inofensiva, de acordo com o estabelecido na presente Convenção" (art. 8º, nº 2, da CNUDM).

133. O mar territorial

I. O *mar territorial*[900] é, de longe, o mais estudado dos espaços marítimos e abrange a porção de mar que contiguamente se situa à sua costa

[899] Embora também se fale, a este propósito, da liberdade de acesso aos portos.

[900] Sobre o mar territorial em geral, com especial ênfase na CNUDM, de entre outros, v. Claudio Baldoni, *Il mare territoriale nel Diritto Internazionale Comune*, Padova, 1931, pp. 1 e ss.; Gilbert Gidel, *Le Droit International Public de la Mer*, III, Chateauroux/Paris, 1934, pp. 153 e ss.; A. Pearce Higgins e C. John Colombos, *The International Law...*, pp. 61 e ss.; Celso D. de Albuquerque Mello, *Curso...*, pp. 565 e ss.; James Leslie Brierly, *Direito...*, pp. 199 e ss.; Daniel Patrick O'Connell, *The International...*, I, pp. 59 e ss.; Adriano Moreira, *Direito...*, pp. 130 e 131; Tullio Treves, *La Convenzione...*, pp. 19 e 20; Milan Sahovic e William W. Bishop Júnior, *Autoridad...*, pp. 335 e ss.; René-Jean Dupuy,

marítima: "A soberania do Estado costeiro estende-se (...) a uma zona de mar adjacente designada pelo nome de mar territorial" (art. 2º, nº 1, da CNUDM).

Por causa desse maior estudo e por causa da sua centralidade, regulativa e dogmática, o mar territorial tem atraído os favores de ser a figura que se utiliza para as delimitações de outros espaços marítimos.

II. O limite horizontal interior do mar territorial[901], nos casos gerais, é a linha de baixa-mar, que é considerada como a linha de base normal, assim se fazendo a sua delimitação natural: "Salvo disposição em contrário da presente Convenção, a linha de base normal para medir a largura do mar territorial é a linha de baixa-mar ao longo da costa, tal como indicada nas cartas marítimas de grande escala, reconhecidas oficialmente pelo Estado costeiro" (art. 5º da CNUDM).

Essa delimitação pode também ser artificialmente efetuada, atendendo a acidentes ou fatores geográficos, os quais justificam, em certas circuns-

La mer..., pp. 224 e ss.; PAUL REUTER, *Direito Internacional...*, pp. 187 e ss.; CHARLES ROUSSEAU, *Droit...*, pp. 256 e ss.; MICHAEL AKEHURST, *Introdução...*, pp. 324 e ss.; CARLOS JIMÉNEZ PIERNAS, *Régimen jurídico...*, pp. 341 e ss.; ALBINO DE AZEVEDO SOARES, *Lições...*, pp. 226 e ss.; SURYA P. SHARMA, *Territorial Sea*, in EPIL, vol. 11, North-Holland, 1989, pp. 328 e ss.; JOSÉ A. PASTOR RIDRUEJO, *Curso de Derecho...*, pp. 335 e ss.; IAN BROWNLIE, *Principles...*, pp. 180 e ss.; TULLIO SCOVAZZI, *Elementi...*, pp. 27 e ss.; CHRISTIAN GLORIA, *Internationales...*, pp. 679 e ss.; LAURENT LUCCHINI e MICHEL VOELCKEL, *Droit...*, I, pp. 162 e ss.; PIERRE-MARIE DUPUY, *Droit...*, pp. 474 e ss.; MANUEL DE ALMEIDA RIBEIRO, *A zona económica exclusiva*, Lisboa, 2002, pp. 96 e ss.; JORGE BACELAR GOUVEIA, *O direito de passagem inofensiva...*, pp. 67 e ss.; ALEJANDRO J. RODRÍGUEZ CARRIÓN, *Leciones...*, pp. 418 e ss.; ROSA MARIA SOUSA MARTINS ROCHA, *O mar territorial: largura e natureza Jurídica*, Porto, 1996, pp. 217 e ss.; ARMANDO M. MARQUES GUEDES, *Direito do Mar*, pp. 101 e ss.; ROBIN ROLF CHURCHILL e ALAN VAUGHAN LOWE, *The Law...*, pp. 71 e ss.; ADHERBAL MEIRA MATTOS, *Direito...*, pp. 144 e ss.; NGUYEN QUOC DINH, PATRICK DAILLIER e ALAIN PELLET, *Droit...*, pp. 1160 e ss.; ANTÓNIA FLORBELA ARAÚJO, *O mar territorial e a gestão dos recursos de pesca em Angola e Portugal*, Luanda, 2003, pp. 52 e ss.; JOSÉ LUÍS MOREIRA DA SILVA, *Direito do Mar*, pp. 74 e ss.; MALCOLM N. SHAW, *International...*, pp. 493 e ss.; JOAQUIM DA SILVA CUNHA e MARIA DA ASSUNÇÃO DO VALE PEREIRA, *Manual...*, pp. 598 e ss.; FAUSTO DE QUADROS, PAULO OTERO e JORGE BACELAR GOUVEIA, *Portugal...*, pp. 19 e ss.; JOSÉ FRANCISCO REZEK, *Direito...*, pp. 307 e ss.; JÓNATAS E. M. MACHADO, *Direito Internacional...*, pp. 194 e ss.; BENEDETTO CONFORTI, *Diritto Internazionale*, pp. 241 e ss.

[901] Para um aprofundamento deste tema, numa ótica simultaneamente internacional e portuguesa, v., por todos, FAUSTO DE QUADROS, PAULO OTERO e JORGE BACELAR GOUVEIA, *Portugal...*, pp. 29 e ss.

tâncias, a aplicação de linhas de base retas, para a determinação desse mesmo limite interior do mar territorial[902]:

- os recifes;
- as fozes dos rios;
- as baías;
- os portos;
- os ancoradouros;
- os baixios a descoberto.

O limite horizontal exterior do mar territorial, que permite definir a sua largura, depois de muitos séculos ter sido o pomo da discórdia no Direito Internacional, foi finalmente fixado nas 12 milhas náuticas[903].

O limite horizontal lateral, para distinguir o mar territorial de outros espaços marítimos, demarca-se pela "...linha mediana cujos pontos são equidistantes dos pontos mais próximos das linhas de bases, a partir dos quais se mede a largura do mar territorial" (art. 15º, primeira parte, da CNUDM).

Numa perspetiva de limites verticais, a delimitação espacial do mar territorial, o mesmo sucedendo também com as águas interiores, reveste a particularidade de nele se incluir o solo e o subsolo subjacentes ao espaço aquático em que consiste. O mesmo também se pode dizer, juridicamente, do espaço aéreo sobrejacente, cuja soberania pertence ao Estado costeiro do respetivo mar territorial.

Juridicamente, embora não geograficamente, o leito e o subsolo subjacentes ao mar territorial são considerados como se dele fizessem parte, assim como o espaço aéreo sobrejacente. A CNUDM, a este propósito, é bastante incisiva: "Esta soberania estende-se ao espaço aéreo sobrejacente ao mar territorial, bem como ao leito e ao subsolo deste mar" (art. 2º, nº 2, da CNUDM).

[902] Cfr. Joaquim da Silva Cunha e Maria da Assunção do Vale Pereira, *Manual...*, pp. 605 e ss.

[903] A largura do mar territorial foi durante muitos séculos um dos temas que mais apaixonaram os cultores do Direito Internacional do Mar.

Para uma resenha acerca dessa interessante evolução, v. Rosa Maria Martins Rocha, *O mar territorial...*, pp. 31 e ss.; Joaquim da Silva Cunha e Maria da Assunção do Vale Pereira, *Manual...*, pp. 598 e ss.

III. O mar territorial submete-se a um regime de soberania estadual, nela se compreendendo um conjunto de atos de ordenação jurídica interna, em que se tipificam os seguintes poderes[904]:

- o poder de cabotagem;
- o poder de pesca[905];
- o poder de utilização do espaço aéreo;
- o poder de exploração do solo e subsolo;
- o poder de regulamentação da passagem de navios estrangeiros;
- o poder de instalação de cabos e oleodutos;
- o poder de exercer a jurisdição, penal ou civil, sobre os navios.

Este regime de soberania estadual conhece, no entanto, alguns limites, o principal deles tem o nome de *direito de passagem inofensiva*[906], figura que posteriormente se expanderia para outros espaços.

[904] Cfr. Jorge Bacelar Gouveia, *O direito de passagem inofensiva...*, pp. 68 e 69; Rosa Maria Martins Rocha, *O mar territorial...*, pp. 251 e ss.; Joaquim da Silva Cunha e Maria da Assunção do Vale Pereira, *Manual...*, pp. 603 e ss.

[905] Cfr. Antónia Florbela Araújo, *O mar territorial...*, pp. 115 e ss.

[906] Sobre o direito de passagem inofensiva, cuja aplicação não se limita ao mar territorial, v. Claudio Baldoni, *Il mare territoriale...*, pp. 85 e ss.; Celso D. de Albuquerque Mello, *Curso...*, pp. 568 e ss.; Paul Reuter, *Direito...*, pp. 188 e 189; Tullio Treves, *La Convenzione...*, pp. 63 e ss., e *La navigation*, in AAVV, *Traité du Nouveau Droit de la Mer* (org. de René-Jean Dupuy e Daniel Vignes), Paris/Bruxelles, 1985, pp. 687 e ss.; René-Jean Dupuy, *La mer...*, pp. 228 e ss.; Willem Riphagen, *Le droit de passage inoffensif après la 3eme Convention*, in AAVV, *Perspetives du Droit de la Mer a l'issue de la 3eme Conférence des Nations Unies*, Paris, 1984, pp. 190 e ss.; Daniel Patrick O'Connell, *The International...*, I, pp. 260 e ss.; Michael Akehurst, *Introdução...*, pp. 324 e 325; D. H. N. Johnson, *Innocent passage, transit passage*, in EPIL, vol. 11, North-Holland, 1989, pp. 150 e ss.; Tullio Scovazzi, *Elementi...*, pp. 69 e ss.; Ian Brownlie, *Principles...*, pp. 194 e ss.; Christian Gloria, *Internationales...*, pp. 684 e ss.; Manuel de Almeida Ribeiro, *A zona...*, pp. 98 e ss.; Jorge Bacelar Gouveia, *O direito de passagem inofensiva...*, pp. 23 e ss., e *A passagem do navio "Borndiep" pelo mar territorial português e o Direito Internacional do Mar*, in *Novíssimos Estudos de Direito Público*, III, Coimbra, 2006, pp. 101 e ss.; Rosa Maria Sousa Martins Rocha, *O mar...*, pp. 297 e ss.; Laurent Lucchini e Michel Voelckel, *Droit de la Mer*, II, Paris, 1996, pp. 206 e ss.; Armando M. Marques Guedes, *Direito do Mar*, pp. 115 e ss.; Robin Rolf Churchill e Alan Vaughan Lowe, *The Law...*, pp. 81 e ss.; Nuno Sérgio Marques Antunes, *Porque não existe direito de passagem inofensiva para dentro das linhas de fecho nas embocaduras do Tejo e do Sado*, in *Anais do Clube Militar Naval*, vol. CXXIX, Outubro-Dezembro de 1999, pp. 695 e ss.; José Luís Moreira da Silva, *Direito do Mar*, pp. 128 e ss.; Malcolm N. Shaw, *International...*, pp. 507 e ss.

O direito de passagem inofensiva, tendo a sua sede regulativa na parte dedicada ao mar territorial, assenta nos seguintes tópicos fundamentais[907]:

- a passagem deve ser contínua e rápida;
- os navios submersíveis devem fazer a passagem à superfície e não em submersão, arvorando a sua bandeira;
- a passagem deve ser inofensiva para os valores fundamentais do Estado costeiro, que são, na cláusula geral utilizada, "a paz, a boa ordem e a segurança";
- entendeu-se ainda tipificar um conjunto de situações em que aquela passagem não se considera inofensiva.

134. Os estreitos e os canais internacionais

I. Os *estreitos internacionais*[908] designam um especial espaço marítimo, de feição natural e que, por isso, se submete a regras específicas, assim se diferenciando do mar territorial, ainda que com ele ofereça relevantes similitudes, numa autonomia que se motiva pela sua peculiar aptidão como via de navegação internacional.

Já possuindo autonomia regulativa no plano do Direito Internacional costumeiro, e depois do fracasso normativo da Conferência da Haia de 1930, só com a CNUDM os estreitos ganhariam uma regulação convencional específica, incorporando-se num regime descrito na respetiva Parte III, sob a epígrafe "Estreitos utilizados para a Navegação Internacional".

Note-se que os estreitos internacionais definem-se não apenas por um acidente geográfico, mas também num pressuposto jurídico de fundo: é que a sua largura não pode exceder a largura do mar territorial, pois de outra forma aplicar-se-ia, quanto à navegação, o regime do alto mar e não já um regime especial que suavizasse o regime do mar territorial[909].

[907] Cfr. os arts. 17º e ss. da CNUDM.

[908] Sobre os estreitos internacionais, v. Ruth Lapidoth, *Les détroits en Droit International*, Paris, 1972, *passim*; Jorge Bacelar Gouveia, *O direito de passagem inofensiva...*, pp. 69 e ss.; Adherbal Meira Mattos, *Direito...*, pp. 154 e ss.; Nguyen Quoc Dinh, Patrick Daillier e Alain Pellet, *Droit...*, pp. 1168 e ss.; José Francisco Rezek, *Direito...*, pp. 317 e 318.

[909] Daí que o Canal de Moçambique ou o Estreito de Bering, por terem mais de 24 milhas de largura, não sejam verdadeiros estreitos internacionais para efeitos do Direito Internacio-

II. O regime jurídico dos estreitos internacionais, em reconhecimento das reivindicações das potências marítimas, a partir da CNUDM, passou a comportar um desdobramento, aplicando-se, no seu regime de soberania, dois diferenciados esquemas de passagem:

- o *tradicional regime de passagem inofensiva*, que se manteve, confirmado e retificado; e
- o *novo regime da passagem em trânsito*, fenomenologicamente atinente aos estreitos mais utilizados pela navegação internacional.

III. O *direito de passagem inofensiva*, acolhendo o regime definido em sede do mar territorial, aplica-se aos estreitos que são menos relevantes, do ponto de vista prático, para a navegação internacional, ligando "...uma parte de alto mar ou uma zona económica exclusiva e o mar territorial de um Estado estrangeiro" [art. 45º, nº 1, al. b), da CNUDM].

O seu regime é remissivamente definido por relação com o regime que tem no mar territorial, aqui encontrando a sua sede regulativa fundamental.

A única particularidade refere-se ao facto de este direito de passagem inofensiva não permitir qualquer suspensão (cfr. o art. 45º, nº 2, da CNUDM), que se justifica por os estreitos, ao contrário do mar territorial, serem muito mais sensíveis para a navegação internacional.

IV. O *direito de passagem em trânsito*, sendo uma novidade, aplica-se aos estreitos mais usados para a navegação internacional, ligando "...uma parte do alto mar ou uma zona económica exclusiva e uma outra parte do alto mar ou uma zona económica exclusiva" (art. 37º da CNUDM), tal se aceitando por nestes estreitos se traçarem as principais rotas do tráfego internacional.

O conteúdo do direito de passagem em trânsito, dobrando em grande parte o paralelo regime do direito de passagem inofensiva, tem, porém, uma certa autonomia, exatamente em decorrência da sua maior importância para a navegação internacional:

nal, ao passo que essa qualificação não suscita qualquer dúvida – para além da óbvia dimensão geográfica em causa – no caso dos estreitos do Bósforo e de Dardanelos, ligando o Mar Mediterrâneo ao Mar Negro, ou no caso do Estreito de Gibralta, na sua largura de 14 km.

- a navegação não é apenas marítima, mas pode igualmente acontecer em aeronaves, regime que não está previsto no direito de passagem inofensiva (cfr. o art. 38º, nº 2, da CNUDM);
- a navegação não sofre as apertadas constrições que se impõem à passagem inofensiva, embora se sujeitem à necessidade da sua estrita pertinência com a passagem e de não colocar em causa a soberania do Estado litorâneo (cfr. o art. 39º, nº 1, da CNUDM).

V. Os *canais internacionais*[910] são outra realidade jurídico-geográfica que igualmente tem suscitado a aplicação de especiais regras de Direito Internacional, tendo em comum com os estreitos o facto de serem, do mesmo modo, vias de comunicação marítima, aproximando zonas do Globo, mas diferentemente do que se passa nos estreitos, possuindo uma natureza artificial, sendo produto da atividade humana.

É por isso que o seu regime não é de Direito Internacional Geral e antes se concebe para cada canal, em atenção ao esforço económico na respetiva construção.

Essa verificação não impede, em casos mais emblemáticos, a construção de um regime internacionalizado, por causa da sua importância para a circulação marítima internacional, de que são bons exemplos[911]:

- o canal do Suez;
- o canal do Panamá; e
- o canal de Kiel.

O Canal de Suez foi construído em 1869 pela companhia Ferdinand de Lesseps, no território egípcio, e tem uma extensão de 160 km, ligando o Mar Mediterrâneo ao Mar Vermelho. O seu regime jurídico-internacional foi estabelecido pela Convenção de Constantinopla, de 1888, celebrada entre a Turquia, então a soberania que se exercia no território egípcio, e oito potências europeias. Com a independência do Egito, o canal chegou a

[910] Sobre os canais internacionais, v. Pierre Labrousse, *Des servitudes...*, pp. 145 e ss.; Jorge Bacelar Gouveia, *O direito de passagem inofensiva...*, pp. 91 e ss.; Nguyen Quoc Dinh, Patrick Daillier e Alain Pellet, *Droit...*, pp. 1220 e ss.; José Francisco Rezek, *Direito...*, pp. 318 e ss.

[911] Quanto aos pormenores destes três canais internacionais, v. José Francisco Rezek, *Direito...*, pp. 319 e ss.

estar encerrado por alguns meses, o mesmo acontecendo posteriormente na sequência da guerra com Israel, mas hoje regula-se pela Declaração unilateral do Egito, de 24 de abril de 1957, que remete para aquela Convenção.

O Canal do Panamá, com 81 km, escalonados por níveis, separados por comportas, estabelece a comunicação, nas suas zonas centrais, entre o Oceano Atlântico e o Oceano Pacífico e ficou concluído em 1914. O seu regime jurídico foi anteriormente fixado no Tratado Hay-Bunau Varilla, celebrado em 18 de novembro de 1903 entre o governo local, depois da separação da Colômbia, e os Estados Unidos da América, país que procedera à sua construção. Mas as pretensões a respeito da soberania sobre o canal por parte do Panamá haveriam de consumar-se na realização de um novo tratado – o Tratado sobre o Canal do Panamá, celebrado em 7 de setembro de 1977, ao tempo do General Omar Torrijos e James Carter, então presidentes, respetivamente, da República do Panamá e dos Estados Unidos da América – que restituiu a soberania panamiana sobre o canal, mas conservando-o como um espaço de livre circulação, bem como sujeito a uma cláusula de neutralidade permanente.

O Canal de Kiel, construído em 1895, situa-se na Alemanha, ao norte da cidade de Hamburgo, e liga o Mar do Norte ao Mar Báltico, sem ser necessário contornar a Dinamarca. A internacionalização deste canal foi inicialmente estabelecida pelo Tratado de Versalhes e, posteriormente, restabelecida após a II Guerra Mundial, depois de um interregno na vigência por causa regime nacional-socialista alemão.

135. A plataforma continental

I. A *plataforma continental* é constituída pelo solo e subsolo que se encontram subjacentes a diversos espaços marítimos, embora o seu tratamento tenha sido atraído às regras que tradicionalmente pertencem ao Direito Internacional do Mar[912].

[912] Sobre a plataforma continental, v. GEORGES SCELLE, *Plateau continental en Droit International*, Paris, 1955, *passim*; JORGE A. AJA ESPIL, *A plataforma continental no novo Direito do Mar*, in AAVV, *Curso de Direito Internacional*, Rio de Janeiro, 1977, pp. 37 e ss.; TULLIO TREVES, *La Convenzione...*, pp. 27 e ss.; VICENTE MAROTTA RANGEL, *Le plateau continental dans*

Trata-se de um espaço geográfico-marítimo recente na história do Direito Internacional do Mar, sendo a tradução normativa de um conjunto de reivindicações, surgidas depois da II Guerra Mundial, na sequência da proclamação do Presidente norte-americano Truman, que depois se consolidariam numa das Convenções de Genebra de 1958.

Este foi mais um episódio da conquista territorial dos Estados sobre os espaços marítimos e terrestres subjacentes, em decorrência da descoberta de novas utilizações aí permitidas pelas avançadas tecnologias, como a captação de petróleo e a obtenção de outros recursos naturais[913].

Assim, segundo a CNUDM, "A plataforma continental de um Estado costeiro compreende o leito e o subsolo das áreas submarinas que se estendem além do seu mar territorial, em toda a extensão do prolongamento natural do seu território terrestre..." (art. 76º, nº 1, primeira parte, da CNUDM).

II. A delimitação horizontal da plataforma continental, no seu limite interior, coincide com o limite exterior do mar territorial, até aqui também o solo e subsolo englobado por esta figura.

O limite exterior da plataforma continental, curiosamente, pode ser encontrado por dois diferentes esquemas, preceituando-se que esse limite vai "...até ao bordo exterior da margem continental, ou até uma distância de 200 milhas marítimas das linhas de base a partir das quais se mede a largura do mar territorial, nos casos em que o bordo exterior da margem continental não atinja essa distância" (art. 76º, nº 1, *in fine*, da CNUDM).

la Convention de 1982 sur le Droit de la Mer, in RCADI, 1985, V, pp. 269 e ss.; Albino de Azevedo Soares, *Lições...*, pp. 234 e ss.; António Soares, *Plataforma continental – seus limites à luz da Convenção de Montego Bay*, in RMP, ano 10º, nº 38, sep., pp. 6 e ss.; Daniel Patrick O'Connell, *The International...*, I, pp. 467 e ss.; Ian Brownlie, *Principles...*, pp. 214 e ss.; Laurent Lucchini e Michel Voelckel, *Droit...*, I, pp. 230 e ss.; Armando M. Marques Guedes, *Direito do Mar*, pp. 179 e ss.; Adherbal Meira Mattos, *Direito...*, pp. 162 e ss.; Nguyen Quoc Dinh, Patrick Daillier e Alain Pellet, *Droit...*, pp. 1183 e ss.; José Luís Moreira da Silva, *Direito do Mar*, pp. 78 e ss.; Joaquim da Silva Cunha e Maria da Assunção do Vale Pereira, *Manual...*, pp. 610 e ss.; José Francisco Rezek, *Direito...*, pp. 313 e ss.; Benedetto Conforti, *Diritto Internazionale*, pp. 246 e ss.

[913] Quanto a esta evolução, v. António Soares, *Plataforma...*, pp. 10 e ss.

Eis a dupla relevância de um conceito – relevância geográfica e jurídica – na construção da plataforma continental[914]:

- numa *perspetiva geográfica*, até ao bordo exterior da margem continental; e
- numa *perspetiva jurídica*, até à largura máxima de 200 milhas náuticas.

O mais complexo é o primeiro critério, que é naturalístico, recortado em função da formação geológica submarina que tem o nome de margem continental, sendo constituída pelo "...leito e subsolo da plataforma continental, pelo talude e pela elevação continental" (art. 76º, nº 3, primeira parte, da CNUDM). Mas há dois limites que nunca podem ser ultrapassados, no caso de geologicamente essa margem ir além disso: "...o limite exterior da plataforma continental não deve exceder 350 milhas marítimas das linhas de base a partir das quais se mede a largura do mar territorial" (art. 76º, nº 6, primeira parte, da CNUDM) ou "...uma distância que não exceda 100 milhas marítimas da isóbata de 2500, que é uma linha que une profundidades de 2500 metros" (art. 76º, nº 5, da CNUDM).

O outro critério é mais simples, só sendo jurídico, e define-se pela largura das 200 milhas, no caso de geologicamente o bordo exterior da margem continental não atingir essa distância no prolongamento do mar territorial.

O limite lateral, diferentemente do critério que determina a mesma separação no mar territorial, opera-se no contexto de uma solução equitativa, que já não é estritamente espacialista: "A delimitação da plataforma continental entre Estados com costas adjacentes ou situadas frente a frente deve ser feita por acordo (...), a fim de se chegar a uma solução equitativa" (art. 83º, nº 1, da CNUDM).

[914] Cfr. a fundamentada referência de António Soares, *Plataforma...*, pp. 20 e ss., para quem estas duas dimensões não coincidem forçosamente, por razões distintas (pp. 21 e 22): "O conceito ora adotado foi determinado pela necessidade de conciliar os interesses dos Estados dotados de pequenas plataformas – e daí a consagração de um direito de soberania sobre uma área que se estende do limite externo do mar territorial até a uma distância de 200 milhas das linhas de base costeiras, independentemente da existência ou não de plataforma – com os interesses dos Estados dotados de extensas plataformas – e daí ser lícito estender a soberania até ao bordo exterior da sua margem continental, não podendo, porém, fazê-lo inteiramente quando esta se situe 350 milhas para lá das linhas de base costeiras ou 100 milhas para além da isobata dos 2500 metros".

A delimitação vertical superior da plataforma continental surge na passagem aos espaços marítimos que lhe estão sobrejacentes, podendo ser, conforme os casos, a zona contígua, a zona económica exclusiva e o alto mar, dada a não coincidência destes espaços por alusão ao espaço terrestre subjacente. De resto, a própria CNUDM esclarece que não há comunicação de regimes: "Os direitos do Estado costeiro sobre a plataforma continental não afetam o regime jurídico das águas sobrejacentes ou do espaço aéreo acima dessas águas" (art. 78º, nº 1, da CNUDM).

A delimitação vertical inferior, não sendo especificada, submete-se à idêntica delimitação que vigora no mar territorial, prolongando-se o espaço da plataforma continental até às entranhas do Globo.

III. O regime do aproveitamento da plataforma continental integra-o na soberania do Estado costeiro, assim se estendendo a mais esta porção de solo e de subsolo.

Isso mesmo é afirmado, com toda a evidência, em diversos passos da CNUDM, que especificamente se ocupa desta matéria sob diversos ângulos:

- "O Estado costeiro exerce direitos de soberania sobre a plataforma continental para efeitos de exploração e aproveitamento dos seus recursos naturais." (art. 77º, nº 1, da CNUDM);
- "Os direitos a que se refere o nº 1 são exclusivos no sentido de que, se o Estado não explora a plataforma continental ou não aproveita os recursos naturais da mesma, ninguém pode empreender estas atividades sem o expresso consentimento desse Estado." (art. 77º, nº 2, da CNUDM);
- "Os direitos do Estado costeiro sobre a plataforma continental são independentes da sua ocupação, real ou fictícia, ou de qualquer declaração expressa." (art. 77º, nº 3, da CNUDM).

Durante muito tempo, particular dificuldade suscitou o regime dos recursos vivos, sedentariamente pousados na superfície da plataforma continental. Uma disposição expressa da CNUDM resolveu a questão, integrando esses recursos no regime de soberania dessa plataforma (cfr. o art. 77º, nº 4, da CNUDM).

136. As águas arquipelágicas

I. As *águas arquipelágicas*[915] foram uma das principais novidades da III Conferência das Nações Unidas sobre o Direito do Mar, a esse instituto tendo ela dedicado a Parte IV da CNUDM, ainda que com a estranha epígrafe de "Estados Arquipélagos", que as designam erroneamente, porque está em causa um espaço marítimo e não propriamente uma qualidade do Estado no seu conjunto.

A criação das águas arquipelágicas foi uma batalha, que ao fim de grande insistência acabou por ser ganha, protagonizada pelos Estados constituídos por aquipélagos, sobretudo da Indonésia e das Filipinas, em consideração às suas necessidades acrescidas de segurança territorial, altamente fragilizada pelo fragmentarismo inerente aos territórios insulares.

O grande pressuposto em que assenta é o de o território terrestre do Estado ser todo arquipelágico, tal como se afirma na CNUDM: "«Estado arquipélago» significa um Estado constituído totalmente por um ou vários arquipélagos, podendo incluir outras ilhas" [art. 46º, al. a), da CNUDM].

II. A configuração geográfica das águas arquipelágicas está de harmonia com a sua especial posição no contexto de um território totalmente insular.

A delimitação horizontal interior coincide com a delimitação que diferencia o espaço marítimo do espaço terrestre ou com o aparecimento de

[915] Sobre as águas arquipelágicas em geral, v. TULLIO TREVES, *La Convenzione...*, pp. 22 e 23; CARLOS JIMENEZ PIERNAS, *El processo de formación del Derecho Internacional de los Archipelagos*, Madrid, 1982, *passim*; RENÉ-JEAN DUPUY, *La mer...*, pp. 237 e ss.; DANIEL PATRICK O'CONNELL, *The International...*, I, pp. 237 e ss.; L. F. E. GOLDIE, *Archipelagos*, in EPIL, North-Holland, 1989, pp. 33 e ss.; LAURENT LUCCHINI e MICHEL VOELCKEL, *Droit de...*, I, pp. 356 e ss.; IAN BROWNLIE, *Principles...*, pp. 193 e 194; CHRISTIAN GLORIA, *Internationales...*, pp. 692 e 693; PIERRE-MARIE DUPUY, *Droit...*, p. 474; MANUEL DE ALMEIDA RIBEIRO, *A zona...*, pp. 100 e ss.; JORGE BACELAR GOUVEIA, *O direito de passagem inofensiva...*, pp. 63 e ss.; ALEJANDRO J. RODRÍGUEZ CARRIÓN, *Leciones...*, pp. 430 e ss.; ROSA MARIA SOUSA MARTINS ROCHA, *O mar...*, pp. 224 e ss.; ARMANDO M. MARQUES GUEDES, *Direito do Mar*, pp. 131 e ss.; ROBIN ROLF CHURCHILL e ALAN VAUGHAN LOWE, *The Law...*, pp. 118 e ss.; ADHERBAL MEIRA MATTOS, *Direito...*, pp. 157 e 158; NGUYEN QUOC DINH, PATRICK DAILLIER e ALAIN PELLET, *Droit...*, pp. 1158 e ss.; JOSÉ LUÍS MOREIRA DA SILVA, *Direito do Mar*, pp. 72 e ss.; MALCOLM N. SHAW, *International...*, pp. 502 e ss.; JOAQUIM DA SILVA CUNHA e MARIA DA ASSUNÇÃO DO VALE PEREIRA, *Manual...*, pp. 596 e ss.

águas interiores, nos mesmos termos em que tal se afigura possível na delimitação interior do mar territorial (cfr. o art. 50º da CNUDM), de acordo com alguns não pouco complexos parâmetros[916].

A delimitação horizontal exterior traduz-se, segundo a nomenclatura própria da CNUDM, no "perímetro arquipelágico", sendo a partir desse conjunto de linhas que se formam os outros espaços exteriores, começando pelo mar territorial (cfr. o art. 48º da CNUDM).

Deste modo, a articulação geográfica das águas arquipelágicas com os restantes espaços marítimos estriba-se no facto de representarem o fecho das ilhas e dos arquipélagos, com esses espaços a serem centrifugamente definidos a partir do perímetro arquipelágico.

A delimitação vertical superior não suscita problemas de monta porque vigora o regime do espaço aéreo nacional, para o mesmo se aplicando a soberania arquipelágica (cfr. o art. 49º, nº 2, primeira parte, da CNUDM).

A delimitação vertical inferior é apenas física, na medida em que o regime de soberania também se estende ao seu "...leito e subsolo, bem como aos recursos neles existentes" (crt. 49º, nº 2, *in fine*, da CNUDM).

III. O regime que está preparado para as águas arquipelágicas é equiparável ao regime da soberania estadual, para aquelas a CNUDM igualmente falando em soberania.

Todavia, é necessário não descurar a existência de algumas exceções a essa soberania, que são mais intensas do que aquelas que se verificam no mar territorial, o que pode suscitar tortuosos problemas de compatibilidade lógica entre esses espaços.

Essas exceções são as seguintes (cfr. os arts. 51º e ss. da CNUDM):

- o direito de passagem pela rotas marítimas arquipelágicas;
- o direito de passagem inofensiva;
- os direitos históricos previamente existentes exercidos pelos Estados vizinhos em atividades legítimas, designadamente os direitos de pesca;
- os direitos à propriedade e conservação dos cabos submarinos previamente instalados.

[916] Cfr. o extenso art. 47º da CNUDM, sobre o traçado das linhas de base arquipelágicas.

Capítulo XI

O Domínio Internacional Direto

§ 37º Os espaços internacionais em geral

§ 38º Os espaços marítimos em especial

§ 37º OS ESPAÇOS INTERNACIONAIS EM GERAL

137. O espaço aéreo internacional

I. O *espaço aéreo internacional*[917] incorpora a massa de ar que não se submete à soberania estadual, não se localizando, portanto, acima dos espaços terrestres, aquáticos ou marítimos que se lhe encontrem sujeitos.

Isso só pode na prática acontecer no espaço aéreo que se situa acima dos espaços marítimos internacionais, não sendo por acaso que o regime destes agrega igualmente o regime aplicável aos diferentes espaços aéreos internacionais.

II. Quanto à respetiva regulação pelo Direito Internacional, numa certa contradição com o que sucede com os espaços aéreos nacionais, para o espaço aéreo internacional apenas se detetam disposições esparsas, na maior parte dos casos pertencentes a instrumentos que são produtores de normas de Direito Internacional do Mar.

[917] Sobre o espaço aéreo internacional, v. I. H. Ph Diederiks-Verschoor, *An Introduction to Air Law*, pp. 9 e ss.; Adherbal Meira Mattos, *Direito...*, pp. 211 e ss.; Nguyen Quoc Dinh, Patrick Daillier e Alain Pellet, *Droit...*, pp. 1249 e ss.

Algumas das mais interessantes questões jurídico-internacionais suscitadas pelo espaço aéreo, internacional e estadual, foram versadas em vários dos estudos doutrinários publicados na obra coletiva AAVV, *Estudos de Direito Aéreo – I Pós-Graduação em Direito Aéreo e Direito Espacial* (coordenação de Jorge Bacelar Gouveia), Coimbra, 2007.

Para uma perspetiva especificamente europeia, v. Paul Stephen Dempsey, *European Aviation Law*, The Hague, 2004, pp. 1 e ss.

Olhando para os seus diversos institutos, podemos recordar dois em que faz sentido considerar o estatuto do espaço aéreo internacional:

- zona económica exclusiva: "Na zona económica exclusiva, todos os Estados, quer costeiros quer sem litoral, gozam, nos termos das disposições da presente Convenção, das liberdades de navegação e sobrevoo..." (art. 58º, nº 1, da CNUDM);
- alto mar: "A liberdade do alto mar (...) Compreende, *inter alia*, para os Estados quer costeiros quer sem litoral (...) a liberdade de sobrevoo" [art. 87º, nº 1, al. b), da CNUDM].

III. A delimitação do espaço aéreo internacional aparece um pouco mais facilitada em relação à congénere delimitação do espaço aéreo nacional porque, quanto aos limites horizontais, os mesmos se obtêm por exclusão de partes dos espaços aéreos nacionais existentes.

Em relação ao limite vertical inferior, tal como dissemos para os espaços aéreos nacionais, o espaço aéreo internacional diferencia-se pela mutação da consistência física do espaço geográfico subjacente, quase sempre marítimo, pontualmente podendo ter uma consistência sólida, como nas regiões polares da Terra.

A delimitação vertical superior tem constituído tema para alguma controvérsia, sendo várias as teorias que ao longo do tempo foram sendo desenvolvidas para distinguir o espaço aéreo – tanto faz, aqui, nacional ou internacional – e o espaço exterior[918].

Atente-se que, na doutrina internacional, o debate sobre a delimitação do espaço exterior/espaço aéreo adquire por vezes a forma de "definição" desse espaço.

Para os defensores de uma primeira metodologia, os chamados "espacialistas", o espaço aéreo / espaço exterior pode ser delimitado atendendo a um critério geográfico, determinado por fatores puramente convencionais, arbitrários ou baseados em propriedades físicas.

Um primeiro conjunto de critérios fundamenta-se nas diferentes características físicas do espaço aéreo e do espaço exterior, como a teoria do espaço aéreo navegável, ou a teoria aerodinâmica, a teoria do limite atmosférico e a teoria biológica ou do limite da vida.

[918] Cfr. Joaquim da Silva Cunha e Maria da Assunção do Vale Pereira, *Manual...*, pp. 689 e 690.

Uma segunda corrente de opiniões defende como critério delimitador a atração gravitacional da Terra. A forma de determinar este valor dispersa-se em inúmeros métodos: quando o valor matemático da atração fosse zero, quando o objeto deixasse de cair sobre a Terra se deixado livremente no espaço ou quando a atração da Terra sobre o objeto fosse superada pela atração do Sol. Podem ainda ser enquadradas neste grupo as teses do mais baixo perigeu, da linha Von Karman e do limite da órbita geostacionária. A tese do mais baixo perigeu recolhe a simpatia de uma grande parte da doutrina.

Um terceiro grupo de teses aglutinam-se em torno da teoria da efetividade ou do controlo efetivo, defendendo que o espaço aéreo se estende até ao ponto em que os Estados podem controlar efetiva e eficazmente as atividades exercidas no espaço.

Dada a dificuldade na obtenção de um critério universalmente aceite, tem sido proposta a consagração de uma zona intermédia, designada meso-espaço ou espaço exterior adjacente, obedecendo a uma disciplina própria, a exemplo da zona económica exclusiva.

Para os defensores de uma outra metodologia, os chamados "funcionalistas", a definição do espaço exterior deve fazer-se segundo um critério *ratione materiae*, que atenda ao tipo de objeto, à natureza das atividades espaciais ou dos sujeitos nelas envolvidos. Uma vez que é a função que determina o regime jurídico, a atividade exercida no espaço aéreo ou no espaço exterior seria regida pelo Direito aplicável ao seu escopo.

IV. O regime aplicável no espaço aéreo internacional, por identidade de razão com o que sucede com os outros espaços internacionais que estudaremos, assenta na liberdade do uso do espaço internacional.

A ideia geral é a de que, tal como naqueles espaços, a utilização do espaço aéreo é livre, para os efeitos do respetivo aproveitamento, essencialmente o da navegação em sobrevoo, já que praticamente nenhuma outra utilização se afigura útil.

A aplicação da liberdade de navegação, prevista para o alto mar, é esclarecedora acerca do regime que se lhe aplica, valendo também para tudo o que seja analógico e que possa fazer sentido no espaço aéreo internacional.

138. Os espaços polares do Ártico e da Antártida

I. Os espaços polares do Globo, pela sua especial configuração geográfica, suscitam problemas particulares que requerem uma apreciação autónoma[919].

O espaço que é conhecido por Antártida, que corresponde ao Pólo Sul do planeta Terra, tem a singularidade de ser constituído não apenas por espaço marítimo, mas igualmente por um espaço territorial continental, formando assim uma gigantesca ilha circular, de 15 milhões de km^2[920].

Já o Pólo Norte não tem a mesma consistência material, porquanto é apenas composto por água, gelada e fria, a qual não integra qualquer região continental, sendo de resto menor em relação àquele, com uma profundidade de 4 500 metros.

Também por isso mesmo, o regime que lhes é aplicável assenta em instrumentos de natureza distinta, que cumpre diferenciar, boa parte dos quais derivados da história e das vicissitudes da sua descoberta e da sua utilização.

II. O regime aplicável ao Pólo Norte não é diverso daquele que decorre do regime do alto mar, tal como ele hoje se encontra codificado na CNUDM, assim como igualmente valem as normas que se aplicam ao espaço aéreo internacional[921].

Contudo, durante muito tempo foi frequente a invocação, por parte dos Estados vizinhos da região polar norte, da teoria dos setores, através da qual o Canadá (teoria proposta pela senador canadiano Pascal Poirier), a Dinamarca, por causa da Gronelândia, a Noruega e a Rússia reivindicariam a soberania territorial sobre os respetivos triângulos sectoriais, repre-

[919] Quanto às regiões polares em geral, nas suas dimensões geográfica e jurídico-internacional, v. Alfred van der Essen, *Les régions arctiques et antarctiques*, in AAVV, *Traité du Nouveau Droit de la Mer* (org. por René-Jean Dupuy e Daniel Vignes), Paris/Bruxelles, 1985, pp. 463 e ss.; Victor Marques dos Santos, *A Humanidade...*, pp. 655 e ss.; Benedetto Conforti, *Diritto Internazionale*, pp. 269 e ss.

[920] Quanto ao estatuto jurídico-internacional da Antártida, v. José Manuel Pureza, *O Património...*, pp. 156 e ss.; Adherbal Meira Mattos, *Direito...*, pp. 206 e ss.; Victor Marques dos Santos, *A Humanidade...*, pp. 682 e ss.; José Francisco Rezek, *Direito...*, pp. 300 e 301.

[921] Assim, José Francisco Rezek, *Direito...*, p. 299.

sentando a projeção dos seus territórios sobre o Pólo Norte, que seria o vértice comum a todos esses triângulos, sem qualquer necessidade de ocupação efetiva, em face da impossibilidade de a efetuar.

A verdade, porém, é que esta teoria nunca foi aceite e dela hoje apenas se assinalam as reivindicações unilaterais de soberanias quanto a algumas da ilhas que se compreendem nas respetivas áreas, em função de um princípio de contiguidade, mas nunca uma qualquer afirmação genérica de soberania sobre o espaço marítimo neles globalmente abrangido: as ilhas Sverdrup pelo Canadá; o arquipélago Spitzberg pela Noruega; a ilha Wrangel e o arquipélago de Francisco José, de entre outros espaços, pela Rússia[922].

III. Do ponto de vista do Direito Internacional que é aplicável, a Antártida tem a particularidade de contar com um tratado específico – o Tratado de Washington, de 1 de dezembro de 1959 – e que vincula os Estados fronteiros, mas ainda algumas grandes potências: a África do Sul, a Argentina, a Austrália, a Bélgica, o Chile, os Estados Unidos da América, a França, o Japão, a Noruega, a Nova Zelândia, o Reino Unido e a ex-URSS[923].

Não obstante a singularidade deste instrumento convencional, o restante Direito Internacional, nos seus variados aspetos, é tido por aplicável também nesta região do Globo, até porque este tratado se apresenta confinado a certos aspetos.

A orientação fundamental do Tratado de Washington é a da preservação de um espaço internacional, livremente acessível por todos os Estados e sujeitos internacionais, incluindo a pesquisa científica e biológica, ainda que a matéria das reivindicações de soberania permaneça de alguma sorte "congelada", visto que os Estados signatários daquele tratado não renunciaram às mesmas, introduzindo pesadas contradições normativas no respetivo articulado.

No entanto, há diversas restrições que se aplicam nesse espaço, pensadas com a intenção de limitar o seu uso, como a não militarização, a proibição da instalação de fortificações ou o lançamento de resíduos radioativos.

[922] Cfr. José Francisco Rezek, *Direito...*, pp. 299 e 300.

[923] Para além de outros Estados que posteriormente também viriam a aderir, como a Polónia, a Dinamarca ou a Espanha.

De resto, a preocupação com a Antártida não terminou com o Tratado de Washington, visto que é possível assinalar outros instrumentos com pertinência: a Convenção de Londres, de 11 de fevereiro de 1972, protegendo as focas desta região; a Convenção de Camberra, de 20 de maio de 1980, genericamente protegendo a fauna e a flora marinhas da Antártida; a Res. 2749 (XXV) da Assembleia Geral das Nações Unidas, declarando os fundos marinhos abaixo do paralelo 60 como património comum da Humanidade.

139. O espaço exterior

I. O *espaço exterior* como realidade que interessa ao Direito Internacional é muito recente, bastante tempo depois de outras ciências, a começar pela Astronomia, sobre o mesmo se terem debruçado[924].

Um conjunto de acontecimentos traçaria uma linha de aproximação à relevância jurídico-internacional do espaço exterior, que hoje ninguém pode contestar:

- em 4 de outubro de 1957, o lançamento do primeiro Sputnik soviético;
- em 1959, o Lunik II ter atingido a superfície lunar;
- em 12 de abril de 1961, Yuri Gagarin ter sido o primeiro homem a viajar no espaço;
- em 16 de junho de 1963, ter sido a soviética Valentina Tereshkova a primeira mulher a viajar no espaço;
- em 1969, ter Neil Armstrong pisado a Lua, pela primeira vez para um ser humano, o que foi, nas suas palavras poéticas, "um pequeno passo para o homem, mas um passo gigantesco para a Humanidade".

[924] Com importantes momentos acerca dos recentes avanços desta ciência, algures entre a investigação e a divulgação, v. Carl Sagan, *Cosmos*, 4ª ed., Lisboa, 1994, e *As ligações cósmicas – uma perspetiva extraterrestre*, Lisboa, 2001; Máximo Ferreira, *O pequeno livro da Astronomia*, Lisboa, 2003, pp. 13 e ss.; Juan Antonio Belmonte, *As Leis do Céu – Astronomia e Civilizações Antigas*, Lisboa, 2003, pp. 11 e ss.; Pedro G. Ferreira, *O estado do Universo*, Lisboa, 2007; John Gribbin, *Universo – uma biografia*, Lisboa, 2009, pp. 17 e ss.; Stephen W.Hawking, *A Teoria de Tudo – a origem e o destino do Universo*, Lisboa, 2010, pp. 25 e ss.

A partir de então, uma multiplicidade de interesses e de usos não tem parado de crescer, sendo de frisar a utilização das órbitas geo-estacionárias para a localização de satélites artificiais, de comunicações, meteorológicos ou com outras finalidades.

II. Em face destas múltiplas utilizações, para além de outras regras, insertas em costumes ou em resoluções da Assembleia Geral da ONU, não podia parecer estranha a elaboração de um tratado internacional – o TEUEE – que reunisse as principais potências, assinado em Genebra, a 27 de janeiro de 1967, tendo entrado em vigor em 10 de outubro do mesmo ano[925].

Rapidamente outros textos consolidariam o Direito Internacional do Espaço Exterior, sendo de mencionar vários contributos no plano universal, havendo ainda alguns acordos regionais[926]:

- o Acordo para o salvamento e regresso dos astronautas, bem como a restituição dos objetos lançados no espaço exterior, de 22 de abril de 1968 [resolução da Assembleia Geral nº 2345 (XXII), de 19 de dezembro de 1967];
- a Convenção sobre responsabilidade internacional por danos causados por objetos espaciais, de 29 de março de 1972 [resolução da Assembleia Geral nº 2777 (XXVI), de 29 de novembro de 1971];
- a Convenção sobre a matrícula de objetos lançados no espaço exterior, de 14 de janeiro de 1975 [resolução da Assembleia Geral da ONU nº 3235 (XXIX), de 12 de novembro de 1974];
- a Convenção sobre as atividades na Lua e noutros corpos celestiais, de 18 de dezembro de 1979 (resolução da Assembleia Geral da ONU nº 34/68).

A par deste conjunto de tratados, a ONU adotou resoluções e princípios específicos, a chamada *soft law*, aplicáveis a atividades espaciais, como o sensoriamento remoto, a radiodifusão por satélite e os benefícios espaciais.

[925] Cfr. o respetivo texto em Jorge Bacelar Gouveia, *Textos Fundamentais...*, pp. 345 e ss.

[926] Cfr. Victor Marques dos Santos, *A Humanidade...*, pp. 571 e ss.; Nguyen Quoc Dinh, Patrick Daillier e Alain Pellet, *Droit...*, pp. 1257 e 1258.

A órbita geo-estacionária e o espectro radioelétrico associado beneficiam, em complemento dos Tratados do Espaço, de um regime internacional com origem na União Internacional das Telecomunicações[927].

III. O espaço exterior é composto por toda a realidade físico-espacial que se encontra para além dos outros espaços, já definidos ou a definir, domínios diretos ou indiretos do Direito Internacional[928].

Ao contrário do que por vezes se julga, a sua constituição está longe de ser somente o vácuo sideral e nele é possível deparar com uma mais vasta gama de elementos:

- os elementos, sólidos, líquidos e gasosos, que se encontram presentes no espaço sideral, como as estrelas e os planetas; e
- tudo aquilo que não conhecemos e que necessariamente no mesmo se incorpora.

A delimitação do espaço exterior – também designado por ultraterrestre ou sideral – é assim feita por exclusão de partes de todos os outros espaços.

[927] Quanto à órbita geoestacionária, é ainda de referir a Declaração de Bogotá, de 13 de dezembro de 1976, pela qual os Estados do Equador – Brasil, República do Congo, Equador, Indonésia, Quénia, Uganda, República Democrática do Congo e Colômbia – reivindicaram a soberania sobre o segmento daquela órbita sobrejacente aos respetivos territórios, órbita que se situa a 35 786 km acima do nível do mar.

[928] Sobre o espaço exterior e o seu regime jurídico, v. ROLANDO QUADRI, *Droit International Cosmique*, in RCADI, 1959, III, 98, pp. 505 e ss.; CHARLES CHAUMONT, *Le Droit de l'Espace*, Paris, 1960, *passim*; MANFRED LACHS, *The International Law of Outer Space*, in RCADI, 1964, III, pp. 1 e ss.; JAIME MARCHÁN, *Derecho Internacional...*, pp. 116 e ss.; NICOLAS MATEESCO MATTE, *Droit Aérospatial*, pp. 23 e ss.; ADRIANO MOREIRA, *Direito...*, pp. 133 e 134; ALBINO DE AZEVEDO SOARES, *Lições...*, p. 263; LÉOPOLD PEYREFITTE, *Droit de l'Espace*, pp. 1 e ss.; I. H. PH DIEDERIKS-VERSCHOOR, *An Introduction to Space Law*, pp. 17 e ss.; BORIS BELITSKY, *International Space Law*, pp. 11 e ss.; JOSÉ MANUEL PUREZA, *O Património...*, pp. 247 e ss.; ADHERBAL MEIRA MATTOS, *Direito...*, pp. 218 e ss.; VICTOR MARQUES DOS SANTOS, *A Humanidade...*, pp. 603 e ss.; NGUYEN QUOC DINH, PATRICK DAILLIER e ALAIN PELLET, *Droit...*, pp. 1254 e ss.; JOAQUIM DA SILVA CUNHA e MARIA DA ASSUNÇÃO DO VALE PEREIRA, *Manual...*, pp. 685 e ss.; BIN CHENG, *Studies...*, pp 3 e ss.; PAULA VEIGA, *Direito do Espaço Extraterrestre...*, pp. 403 e ss.; JOSÉ FRANCISCO REZEK, *Direito...*, pp. 331 e 332; BENEDETTO CONFORTI, *Diritto Internazionale*, pp. 266 e ss.

IV. O regime jurídico a que se encontra sujeito o espaço exterior está peculiarmente vertido no TEUEE e funda-se no vetor geral da liberdade, bem como da sua consideração como apanágio da Humanidade[929].

As específicas liberdades de utilização do espaço exterior já são várias, as quais se vão multiplicando, neste momento assim se tipificando:

- a liberdade de navegação ou circulação;
- a liberdade de investigação científica;
- a liberdade de instalação de satélites em órbita;
- a liberdade de instalação, na Lua e noutros corpos celestes, de construções espaciais.

É ainda possível conceber outras liberdades – liberdades atípicas – que se deduzam da liberdade geral[930]: a liberdade de extração de recursos naturais dos corpos celestes e a liberdade de utilização do espaço exterior como meio de telecomunicações.

Esta não vem a ser uma liberdade ilimitada porque o próprio TEUEE inscreve três importantes balizas que comprimem essa utilização[931]:

- a utilização do espaço exterior ser conforme ao Direito Internacional;
- a utilização do espaço exterior ser pacífica, num regime que é menos limitativo para a colocação de objetos em órbita geo-estacionária;
- a utilização do espaço exterior ser finalisticamente adequada ao interesse dos países em geral, independentemente do seu estádio de desenvolvimento económico e científico.

V. No contexto do exercício destas liberdades, ou da liberdade geral que caracteriza a utilização, qualquer que ela seja, do espaço exterior,

[929] Cfr. Adriano Moreira, *Direito...*, p. 134; Nguyen Quoc Dinh, Patrick Daillier e Alain Pellet, *Droit...*, p. 1259; Joaquim da Silva Cunha e Maria da Assunção do Vale Pereira, *Manual...*, pp. 690 e 691.

[930] Cfr. Joaquim da Silva Cunha e Maria da Assunção do Vale Pereira, *Manual...*, p. 692.

[931] Cfr. Nguyen Quoc Dinh, Patrick Daillier e Alain Pellet, *Droit...*, pp. 1259 e 1260.

são levadas a cabo relevantes atividades por parte dos Estados que, em maior número, se têm lançado na apaixonante aventura da exploração espacial[932].

A atividade científica tem sido frequentemente concretizada através da navegação protagonizada pelos aparelhos espaciais, que se submetem a um regime idêntico ao dos navios e das aeronaves, sendo-lhes aplicável o Direito dos Estados onde tais veículos são matriculados.

Essa é uma atividade que, porém, pode gerar situações de prejuízo, pelo que se estabelece, paralelamente, o princípio da responsabilidade civil internacional por danos causados.

VI. A natureza do espaço exterior vem a ser peculiarmente determinada pelo regime que se lhe aplica, que se descreveu.

O espaço exterior é um espaço internacional de raiz, numa versão próxima do alto mar, na medida em que essa internacionalidade não é completamente regulamentada.

Esta natureza internacional infere-se de outro relevante princípio geral, que é o princípio da inapropriabilidade do espaço e dos respetivos corpos celestes, incluindo a Lua[933], sendo ilegítimas quaisquer reivindicações de soberania[934].

[932] Cfr. Nguyen Quoc Dinh, Patrick Daillier e Alain Pellet, *Droit...*, pp. 1261 e ss.

[933] Cfr. Helena Pereira de Melo, *Lua*, in AAVV, *Enciclopédia de Direito Internacional* (coord. de Manuel de Almeida Ribeiro, Francisco Pereira Coutinho e Isabel Cabrita), Coimbra, 2011, pp. 282 e ss.

[934] Cfr. Nguyen Quoc Dinh, Patrick Daillier e Alain Pellet, *Droit...*, pp. 1258 e 1259.

§ 38º OS ESPAÇOS MARÍTIMOS EM ESPECIAL

140. A zona contígua

I. A *zona contígua* é um espaço marítimo imediatamente adjacente ao mar territorial e tem uma missão essencialmente defensiva da soberania estadual[935].

A sua importância, porém, não está de harmonia com a sua longevidade, nem sequer justifica uma parte própria e sistematicamente separada na CNUDM, numa marginal regulação no âmbito da Parte II, em conjunto com o mar territorial.

II. A delimitação horizontal da zona contígua surge na sequência das opções que são tomadas relativamente ao mar territorial, nos seguintes termos:

- o limite interior coincide com o limite exterior do mar territorial;

[935] Sobre a zona contígua, v. Gilbert Gidel, *Le Droit...*, III, pp. 361 e ss., e pp. 117 e 180; Albino de Azevedo Soares, *Lições...*, pp. 232 e ss.; Carlos Jimenez Piernas, *Regimen juridico...*, pp. 350 e ss.; Frank Wooldridge, *Contiguous zone*, in EPIL, vol. 11, North-Holland, 1989, pp. 78 e ss.; Ian Brownlie, *Principles...*, pp. 200 e ss.; Laurent Lucchini e Michel Voelckel, *Droit...*, I, pp. 195 e ss.; Armando M. Marques Guedes, *Direito do Mar*, pp. 135 e ss.; Adherbal Meira Mattos, *Direito...*, pp. 153 e 154; Nguyen Quoc Dinh, Patrick Daillier e Alain Pellet, *Droit...*, pp. 1174 e 1175; José Luís Moreira da Silva, *Direito do Mar*, pp. 88 e ss.; Joaquim da Silva Cunha e Maria da Assunção do Vale Pereira, *Manual...*, pp. 607 e ss.; Fausto de Quadros, Paulo Otero e Jorge Bacelar Gouveia, *Portugal...*, pp. 71 e ss.; José Francisco Rezek, *Direito...*, p. 311.

- o limite exterior "...não pode estender-se além de 24 milhas náuticas, contadas a partir das linhas de base que servem para medir a largura do mar territorial" (art. 33º, nº 2, da CNUDM);
- o limite lateral, não havendo uma disposição específica na matéria, segue o regime delineado para o mar territorial, ou seja, o critério da equidistância.

A delimitação vertical, também não sendo aludida, permite dissociar, superiormente, o espaço aéreo internacional, e inferiormente, a plataforma continental.

III. O regime que se aceita existir na zona contígua corresponde, na sua essência, à liberdade do alto mar, que se considera diretamente aplicável.

Desta perspetiva, a zona contígua consubstancia apenas uma limitação pontual do regime de alto mar, na espessura das 12 às 24 milhas, permitindo ao Estado alguns poderes de mera jurisdição, no âmbito da fiscalização do cumprimento da sua legislação nacional, em duas matérias definidas na própria CNUDM, poderes de fiscalização que têm o objetivo de:

- "Evitar as infrações às leis e regulamentos aduaneiros, fiscais, de imigração e sanitários no seu território ou no seu mar territorial";
- "Reprimir as infrações às leis e regulamentos no seu território ou no seu mar territorial" [art. 33º, nº 1, als. a) e b), da CNUDM].

141. A zona económica exclusiva

I. A *zona económica exclusiva* é porventura, de todos os espaços marítimos, o mais complexo, afigurando-se um instituto híbrido, com poderes que não se identificam com o modelo estadual, mas que também não se ajustam ao modelo internacional[936].

[936] Sobre a zona económica exclusiva, v. JEAN-PIERRE QUENEUDEC, *La zone économique exclusive*, in RGDIP, 1975, pp. 321 e ss.; MANUEL LIMPO SERRA, *A zona económica exclusiva – história e aspetos jurídicos*, in BSGL, 1981, pp. 209 e ss.; PAUL REUTER, *Direito Internacional...*, pp. 194 e ss.; MARIO GIULIANO, TULLIO SCOVAZZI e TULLIO TREVES, *Diritto Internazionale*, II, 2ª ed, Milano, 1983, pp. 193 e ss.; TULLIO TREVES, *La Convenzione...*, pp. 23 e ss.; MICHAEL

Ela não é, seguramente, um espaço marítimo tradicional no Direito Internacional do Mar, surgindo antes como uma outra novidades da III Conferência das Nações Unidas do Direito do Mar[937], que reconheceu a sua relevância, agora a título convencional, dedicando-lhe a sua Parte V, precisamente com essa epígrafe.

Até então, a positividade da zona económica exclusiva foi bastante equívoca, começando por ser reclamada, unilateralmente, pelos Estados que não dispunham de plataforma continental, como compensação para tal infortúnio da Natureza, para depois o TIJ, em dois arestos célebres, no caso entre a Tunísia e a Líbia (1978-1982) e no caso entre a Líbia e Malta (1982-1985), ter confirmado a formação, entretanto, de um costume internacional no sentido do seu reconhecimento[938].

II. Na sua delimitação horizontal, a zona económica exclusiva abrange a porção de mar imediatamente adjacente ao mar territorial, em razão dos seguintes limites:

AKEHURST, *Introdução...*, pp. 333 e ss.; RENÉ-JEAN DUPUY, *La mer...*, pp. 242 e ss.; ALBINO DE AZEVEDO SOARES, *Lições...*, pp. 253 e ss.; JOSÉ LUÍS PEREIRA COUTINHO, *Poderes do Estado costeiro sobre os recursos vivos da zona económica exclusiva*, in OD, ano 120º, 1988, III e IV, pp. 371 e ss.; SHIGERU ODA, *Exclusive Economic Zone*, in EPIL, vol. 11, North-Holland, 1989, pp. 102 e ss.; DANIEL PATRICK O'CONNELL, *The International...*, I, pp. 552 e ss.; JOSÉ A. PASTOR RIDRUEJO, *Curso de Derecho...*, pp. 356 e ss.; PEDRO MACHETE, *A zona económica exclusiva: um conceito do novo Direito Internacional do Mar*, in DJ, IV-1989/1990, pp. 221 e ss., e V–1991, pp. 219 e ss.; FRANCISCO ORREGO VICUÑA, *The exclusive economic zone*, Cambridge, 1989, *passim*; IAN BROWNLIE, *Principles...*, pp. 209 e ss.; FERNANDO LOUREIRO BASTOS, *Algumas notas sobre a Zona Económica Exclusiva e a caracterização do Direito Internacional contemporâneo*, in PI, nº 1, I, janeiro de 1990, pp. 195 e ss.; LAURENT LUCCHINI e MICHEL VOELCKEL, *Droit...*, I, pp. 201 e ss.; MANUEL DE ALMEIDA RIBEIRO, *A zona...*, pp. 113 e ss.; PIERRE-MARIE DUPUY, *Droit...*, pp. 482 e ss.; JORGE BACELAR GOUVEIA, *Zona...*, pp. 611 e ss.; ARMANDO M. MARQUES GUEDES, *Direito do Mar*, pp. 151 e ss.; NGUYEN QUOC DINH, PATRICK DAILLIER e ALAIN PELLET, *Droit...*, pp. 1175 e ss.; ADHERBAL MEIRA MATTOS, *Direito...*, pp. 158 e ss.; JOSÉ LUÍS MOREIRA DA SILVA, *Direito do Mar*, pp. 94 e ss.; JOAQUIM DA SILVA CUNHA e MARIA DA ASSUNÇÃO DO VALE PEREIRA, *Manual...*, pp. 617 e ss.; JOSÉ FRANCISCO REZEK, *Direito...*, pp. 311 e 312.

[937] Como refere TULLIO TREVES (*La Convenzione...*, p. 23), "A zona económica exclusiva é certamente o instituto central do novo Direito do Mar".

[938] Quanto ao atribulado percurso da formação da regulação internacional da zona económica exclusiva, v. F. V. GARCÍA-AMADOR, *A contribuição da América Latina para o desenvolvimento do mar*, in AAVV, *Curso de Direito Internacional*, Rio de Janeiro, 1977, pp. 93 e ss.; MANUEL LIMPO SERRA, *A zona...*, pp. 213 e ss.; JORGE BACELAR GOUVEIA, *Zona...*, pp. 611 e ss.

- por limite interior, a linha exterior do mar territorial, ainda que a CNUDM não o defina diretamente, sendo essa a solução lógica, tendo em conta os poderes próprios que o Estado litorâneo nela exerce[939];
- por limite exterior, a linha paralela desenhada na largura das 200 milhas, uma vez que "...não se estenderá além de 200 milhas marítimas das linhas de base a partir das quais se mede a largura do mar territorial" (art. 57º da CNUDM); e
- por limite lateral, a linha definida por acordo com outros Estados com espaços contíguos ou, na sua falta, através da linha mediana equitativamente estabelecida (cfr. o art. 15º da CNUDM).

Os limites verticais são de mais fácil dilucidação: o superior corresponde à fronteira com o espaço aéreo sobrejacente, de natureza internacional; o inferior é a linha de superfície do solo marítimo subjacente, *grosso modo* se qualificando como plataforma continental.

III. O regime de aproveitamento da zona económica exclusiva é de espinhosa determinação, pois que exprime um intrincado *puzzle* de diversas categorias de poderes, importando discerni-los em função destas três grandes utilidades que dela se podem extrair:

- os recursos naturais e energéticos;
- a instalação de estruturas artificiais, de investigação científica e da proteção do meio marinho; e
- a navegação, a colocação de cabos submarinos e de outras utilizações lícitas do mar.

Em relação ao primeiro tipo de aproveitamento, vigora um regime de soberania limitada porque o Estado costeiro tem a primazia na sua exploração, pensando-se essencialmente nos recursos piscatórios; ela enfrenta,

[939] Como tivemos ocasião de escrever (Jorge Bacelar Gouveia, *Zona...*, p. 627), "É muito lógico que a zona económica exclusiva só possa ter início a seguir ao mar territorial, estando em causa, em todo o caso, uma mesma natureza de espaço marítimo. Devido aos poderes de soberania que nele desfruta o Estado costeiro, a não ser assim dar-se-ia a imediata consumpção dos poderes conferidos na zona económica exclusiva pelos poderes muito mais amplos de que goza no mar territorial".

porém, o limite de esses recursos terem de ser condicionados, quer em função de limites máximos de captura admissível, quer em função da partilha desses mesmos recursos com os Estados geograficamente desfavorecidos e os Estados sem litoral (cfr. os arts. 61º e ss. da CNUDM).

No tocante à navegação e instalação de cabos e ductos submarinos, vigora um regime de liberdade, sendo tais atividades acessíveis a qualquer Estado, como se vigorasse o regime de alto mar (cfr. o art. 58º da CNUDM).

Nas ilhas artificiais e estruturas instaladas na zona económica exclusiva, o "Estado costeiro tem jurisdição exclusiva sobre essas ilhas artificiais, instalações e estruturas, incluindo jurisdição em matéria de leis e regulamentos aduaneiros, fiscais, de imigração, sanitários e de segurança" (art. 60º, nº 2, da CNUDM).

Tudo isto aponta para que a zona económica exclusiva tenha uma *natureza mista*, com traços de espaço estadual e traços de espaço internacional:

- um regime próximo da soberania no tocante ao aproveitamento da pesca, tendo o Estado costeiro um direito preferencial, mas que é limitado nos volumes de captura e na necessidade da sua repartição com os Estados geograficamente desfavorecidos;
- um regime internacional quanto à navegação internacional, à colocação de cabos e oleodutos, um pouco menos intenso em relação à instalação de ilhas artificiais e a outros aproveitamentos.

Como quer que seja, não parece que o *nomen iuris* "zona económica exclusiva" tenha sido muito feliz: para além de ser pouco exclusiva, vai além de um aproveitamento somente apreciável à luz dos critérios económicos.

142. O alto mar

I. O *alto mar* é, do ponto de vista estadual, o último espaço marítimo e o reduto último também do interesse geral no tocante ao aproveitamento dos mares[940].

[940] Sobre o alto mar, v. ALBINO DE AZEVEDO SOARES, *Lições...*, pp. 240 e ss.; ADRIANO MOREIRA, *Direito...*, pp. 120 e ss.; ALEXANDRA MELLO, *O alto mar e o princípio da liberdade*, Lis-

A sua importância tem sido crescente porque dele se vão retirando mais utilidades, ao mesmo tempo que, em globalização, ele encurta distâncias e é mais aproveitado nos diversos recursos que oferece.

De todos os regimes marítimos internacionais, é decerto o alto mar o mais antigo, tendo também beneficiado da geral codificação levada a cabo pela CNUDM.

II. Em atenção à sua peculiar localização geográfica, a delimitação horizontal do alto mar, ao contrário do que sucede com os outros espaços marítimos, acontece por exclusão de partes, sendo a porção de água que se encontra para além dos outros espaços: "As disposições da presente Parte aplicam-se a todas as partes do mar não incluídas na zona económica exclusiva, no mar territorial ou nas águas interiores de um Estado, nem nas águas arquipelágicas de um Estado arquipélago" (art. 86º, primeira parte, da CNUDM).

A única delimitação horizontal que se aplica ao alto mar é a sua delimitação exterior, na medida em que por ela se possa fazer a distinção daqueles referidos espaços, espaço residual em que não faz sentido buscar outra delimitação.

Do ponto de vista da delimitação vertical, regista-se a importante novidade de tanto o superior como o inferior serem amplamente relevantes:

- o limite superior permite distinguir o alto mar do espaço aéreo que lhe está sobrejacente, ao qual se aplica o idêntico regime que vigora na liberdade do alto mar;
- o limite inferior separa o alto mar do espaço terrestre constituído pelo solo e subsolo que lhe está subjacente, que passou a constituir um espaço jurídico-internacional próprio, com o nome de área.

boa, 1991, pp. 15 e ss.; Armando M. Marques Guedes, *Direito do Mar*, pp. 241 e ss.; Adherbal Meira Mattos, *Direito...*, pp. 166 e ss.; Celso D. de Albuquerque Mello, *Alto-Mar*, Rio de Janeiro/São Paulo, 2001, pp. 1 e ss.; Nguyen Quoc Dinh, Patrick Daillier e Alain Pellet, *Droit...*, pp. 1194 e ss.; José Luís Moreira da Silva, *Direito do Mar*, pp. 107 e ss.; Joaquim da Silva Cunha e Maria da Assunção do Vale Pereira, *Manual...*, pp. 649 e ss.; José Francisco Rezek, *Direito...*, pp. 314 e ss.; Benedetto Conforti, *Diritto Internazionale*, pp. 253 e ss.

III. O regime que se estabelece no alto mar é tradicionalmente designado pela "liberdade do alto mar", verdadeira cláusula geral que se desfibra em diversas liberdades específicas[941]:

- a liberdade de navegação;
- a liberdade de sobrevoo;
- a liberdade de instalação de cabos e ductos submarinos;
- a liberdade de construção de instalações artificiais;
- a liberdade de pesca;
- a liberdade de investigação científica[942].

Essa liberdade não é desprovida de limites intrínsecos quanto ao seu exercício, pois que são imperiosos os limites da necessidade de uso para fins pacíficos, bem como o uso no interesse dos outros Estados[943].

A verificação deste regime de liberdade tem alimentado importantes discussões acerca da natureza jurídica do alto mar, um dos temas preferidos da doutrina do Direito Internacional do Mar, que ao longo do tempo tem sugerido duas grandes teorias explicativas[944]:

- como *res nullius*;
- como *res communis omnium*.

O facto de a liberdade do alto mar não permitir qualquer reivindicação de soberania – pois, como se preceitua na CNUDM, "Nenhum Estado pode legitimamente pretender submeter qualquer parte do alto mar à sua soberania" (art. 89º da CNUDM) – e o facto de o seu exercício não ser regulamentado em favor de uma entidade supraestadual fazem supor que é a segunda a melhor qualificação para a natureza jurídica do alto mar.

IV. Se o regime do alto mar pode ser genericamente identificado por esta liberdade geral e por várias liberdades típicas assinaladas, também acolhe regimes especiais, em que se permite o exercício de poderes poli-

941 Cfr. Alexandra Mello, *O alto mar...*, pp. 29 e ss.; Jorge Bacelar Gouveia, *O direito de passagem inofensiva...*, pp. 83 e ss.

942 Cfr. o art. 87º, nº 1, nas suas als., da CNUDM.

943 Cfr. os arts. 87º, nº 2, e 88º da CNUDM.

944 Quanto à natureza jurídica do alto mar, Alexandra Mello, *O alto mar...*, pp. 20 e ss.; Armando M. Marques Guedes, *Direito do Mar*, pp. 244 e ss.

ciais aos Estados, os quais manifestam limitações à liberdade de alto mar, podendo exemplificar-se tal conclusão com as seguintes matérias[945]:

- o transporte de escravos;
- a pirataria;
- o tráfico de estupefacientes;
- as transmissões não autorizadas.

Nestes casos, faculta-se aos Estados o poder de interferirem na liberdade dos outros Estados, podendo tomar a iniciativa da repressão dessas práticas.

143. A área

I. A *área*[946] – ou, noutra terminologia, os "fundos marinhos" ou a "zona" – integra o solo e o subsolo *grosso modo* subjacentes ao alto mar e que são o prolongamento da plataforma continental.

Novamente aqui enfrentamos um espaço de tipo terrestre, mas que fica sendo atraído à órbita do Direito Internacional do Mar por causa da respetiva localização geográfica, subjacente que está a espaços marítimos.

A autonomização da área foi outra das importantes novidades trazidas pela CNUDM e simbolizou a vitória de uma exploração mais equitativa dos fundos marinhos, que assim deixou de estar à mercê dos Estados tecnologicamente mais desenvolvidos.

Durante bastante tempo bloqueado na receção de ratificações por parte dos Estados mais industrializados, foi precisamente a celebração

[945] Cfr. os arts. 99º e ss. da CNUDM.

[946] Sobre a área, v. Reynaldo Galindo Pohl, *Zona internacional dos fundos marinhos*, in AAVV, *Curso de Direito Internacional*, Rio de Janeiro, 1977, pp. 15 e ss.; René-Jean Dupuy, *La Zone, patrimoine de l'humanité*, in AAVV, *Traité du Nouveau Droit de la Mer* (org. por René-Jean Dupuy e Daniel Vignes), Paris/Bruxelles, 1985, pp. 499 e ss.; Paulo Otero, *A Autoridade Iinternacional...*, pp. 36 e ss.; José Manuel Pureza, *O Património...*, pp. 173 e ss.; Armando M. Marques Guedes, *Direito do Mar*, pp. 215 e ss.; Adherbal Meira Mattos, *Direito...*, pp. 179 e ss.; Victor Marques dos Santos, *A Humanidade...*, pp. 526 e ss.; Nguyen Quoc Dinh, Patrick Daillier e Alain Pellet, *Droit...*, pp. 1210 e ss.; José Luís Moreira da Silva, *Direito do Mar*, pp. 117 e ss.; Joaquim da Silva Cunha e Maria da Assunção do Vale Pereira, *Manual...*, pp. 677 e ss.

do Acordo de Nova Iorque[947] que permitiu generalizar a aplicação da CNUDM a tais Estados, cuja oposição essencialmente radicava nas novas soluções contidas na respetiva Parte XI, precisamente respeitante ao estatuto da área[948].

II. Como o alto mar, a área homologamente se define por exclusão de partes, ao abarcar todo o leito e subsolo marítimos que estejam para além dos espaços terrestres anteriores, neste caso sendo a plataforma continental o seu limite.

E a preocupação com a área é levada tão a sério, em parte pela novidade que passou a representar, que adicionalmente beneficia de uma definição no primeiro dos preceitos da CNUDM: "«Área» significa o leito do mar, os fundos marinhos e o seu subsolo além dos limites da jurisdição nacional" [art. 1º, nº 1, al. 1), da CNUDM].

No plano da sua delimitação vertical inferior, não são estabelecidos limites e o seu aproveitamento pode dar-se até à efetividade que as tecnologias permitem, avançando adentro das profundezas do Globo.

III. Do ponto de vista do regime, a área, de novo como acontece com o regime do alto mar, é um espaço internacional, não se submetendo a qualquer soberania territorial.

A CNUDM é expressa ao proibir qualquer reivindicação soberana, favorecendo a sociedade internacional em geral: "Nenhum Estado pode reivindicar ou exercer soberania ou direitos de soberania sobre qualquer parte da Área ou seus recursos; nenhum Estado ou pessoa jurídica, singular ou coletiva, pode apropriar-se de qualquer parte da Área ou dos seus recursos" (art. 137º, nº 1, primeira parte, da CNUDM). É a CNUDM, numa disposição inovadora[949], a afirmar pela positiva o novo regime internacional que pretende conferir-lhe: "A Área e seus recursos são património comum da Humanidade" (art. 136º da CNUDM).

[947] Com o título de "Acordo relativo à aplicação da Parte XI da Convenção das Nações Unidas sobre o Direito do Mar". V. o respetivo texto em JORGE BACELAR GOUVEIA, *Textos fundamentais...*, pp. 593 e ss.

[948] Cfr. MANUEL DE ALMEIDA RIBEIRO, *Revisitando...*, pp. 573 e ss.

[949] Relatando os vários passos dessas positivação, JOSÉ MANUEL PUREZA, *O Património...*, pp. 173 e ss.

Quer isto dizer que aquilo que é um simples espaço internacional tornou-se um *regime internacional regulamentado*, em que o acesso ao aproveitamento dos seus recursos passou a estar entregue a uma organização internacional para o efeito criada: a Autoridade Internacional dos Fundos Marinhos[950].

O aproveitamento dos recursos económicos que se contêm na área é, desta forma, mediado por aquela instituição[951], que se desincumbe de um conjunto de tarefas, em que avulta a orientação de realizar – direta ou indiretamente – a exploração daquele espaço terrestre subaquático, sendo certo que "Todos os direitos sobre os recursos da Área pertencem à Humanidade em geral, em cujo nome atuará a Autoridade" (art. 137º, nº 2, da CNUDM).

Não tem sido fácil atribuir um significado normativo específico, dentro de um regime internacional, à área na medida em que beneficia de uma qualificação reforçada como "património comum da Humanidade", conceito que tem vindo a expandir-se para outras paragens, como o Direito Internacional do Espaço, sendo isso o que sucede hoje com o estatuto da Lua, pelo que também não se pode estranhar as várias conceções que têm sido propugnadas[952]:

- como *res nullius* – não ser de ninguém por não haver proclamação de qualquer soberania;
- como *res communis omnium* – ser acessível por parte de qualquer sujeito internacional;

[950] Para o estudo específico da Autoridade Internacional dos Fundos Marinhos, na sua estrutura e natureza jurídica, v. PAULO OTERO, *A Autoridade Internacional...*, pp. 81 e ss.; ARMANDO M. MARQUES GUEDES, *Direito do Mar*, pp. 225 e ss.; JOSÉ LUÍS MOREIRA DA SILVA, *Direito do Mar*, pp. 121 e ss.

[951] Que tem personalidade e capacidade jurídico-internacionais, com um estatuto jurídico definido no Protoloco relativo aos Privilégios e Imunidades da Autoridade Internacional dos Fundos Marinhos, aberto à assinatura em Kingston, entre 17 e 28 de agosto de 1998, a que Portugal já se vinculou: aprovado pela Resolução da Assembleia da República nº 60/2006, de 28 de novembro, e ratificado pelo Decreto do Presidente da República nº 115/2006, de 28 de novembro.

[952] Referindo e discutindo várias dessas conceções, PAULO OTERO, *A Autoridade Internacional...*, pp. 53 e ss.; JOSÉ MANUEL PUREZA, *O Património...*, pp. 121 e ss.; VICTOR MARQUES DOS SANTOS, *A Humanidade...*, pp. 327 e ss.

- como *domínio público internacional* – ser destinado ao uso por parte dos sujeitos internacionais;
- como *trust (fideicomisso) internacional* – ser atribuída a uma entidade que faria a gestão do espaço em benefício geral.

Sem prejuízo o caráter algo ocioso desta questão, na medida em que o sentido prático possa ser escasso, crê-se que se trata de um espaço na titularidade direta da Humanidade, que neste caso é um sujeito internacional *a se*, mas que se operacionaliza através de uma entidade – a Autoridade Internacional dos Fundos Marinhos – que assim a representa para efeitos jurídicos, na sua qualidade de organização internacional[953], dada a incapacidade material da Humanidade e a necessidade de esta ser dotada de meios de expressão da sua vontade jurídico-internacional, desta conceção decorrendo importantes corolários do ponto de vista do regime aplicável:

- o caráter inapropriável da área como espaço individualizável;
- o acesso condicionado, e não indiscriminado;
- o seu caráter inalienável, não podendo este estatuto ser modificado;
- a utilização limitada em função de uma cláusula de benefício geral, e não de interesses particulares.

[953] Diferentemente, com outros entendimentos: preferindo a ideia de "trust", VICTOR MARQUES DOS SANTOS, *A Humanidade...*, p. 352; perfilhando a ideia de que a área, como património comum da Humanidade, é o substrato territorial de uma outra entidade, a Autoridade Internacional, que assim "...exerce sobre a Área uma titularidade onerada, funcionando o património comum da Humanidade como substrato territorial e fideicomisso da Autoridade", PAULO OTERO, *A Autoridade Internacional...*, p. 63.

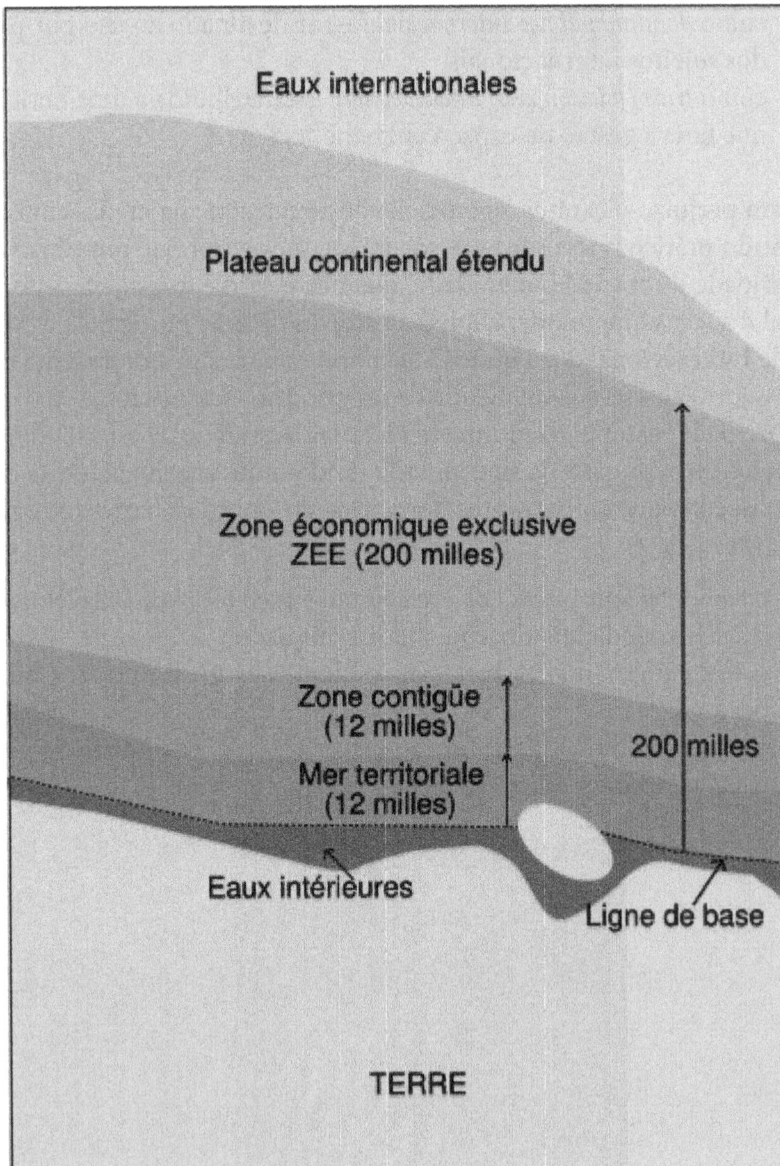
Eaux internationales
Plateau continental étendu
Zone économique exclusive
ZEE (200 milles)
Zone contigüe
(12 milles)
Mer territoriale
(12 milles)
200 milles
Eaux intérieures
Ligne de base
TERRE

V

A Garantia do Direito Internacional

Capítulo XII
O Direito Internacional Sancionatório

§ 39º ASPETOS SUBSTANTIVOS

144. A ideia de ilicitude internacional

I. O Direito Internacional, como qualquer outro setor jurídico, tem de admitir uma reflexão em sede de patologia, quando as suas orientações não sejam acatadas, registando-se, nessa ocasião, uma desconformidade da atuação dos respetivos sujeitos com os princípios e as normas internacionais aplicáveis.

Esta vem a ser uma preocupação muito ampla de identificar, globalmente, tão grande diversidade de situações, sendo necessário assinalar possíveis critérios:

- o *parâmetro internacional violado*;
- a *entidade que perpetrou a infração*;
- as *circunstâncias em que ela ocorreu*.

II. Naturalmente que é necessário afastar desta noção de desconformidade internacional todas as hipóteses em que não está em causa a violação daquele mesmo Direito Internacional, sendo contudo visíveis diferentes modos de conceber as relações internacionais.

É indiscutível que o Direito Internacional pode ser visto sob a perspetiva das relações fácticas – militares, económicas, culturais ou outras – que lhe estão subjacentes.

Só que nem sempre elas configuram relações jurídicas internacionais e daí que a violação do Direito Internacional só possa ser considerada com natureza jurídica nestes casos, não se confundindo com qualquer outra disputa de interesses, militares ou económicos.

III. O parâmetro a considerar na construção da noção de ilicitude internacional deve acolher todas as orientações normativo-jurídicas que pertençam àquele Direito, sem qualquer divisão ou exclusão, mormente no plano da fonte ou do elemento sistemático que esteja em causa[954].

Não estamos perante uma realidade, ainda que aí o seja mais trabalhada, que apenas diga respeito ao mundo mais restrito dos tratados internacionais: outras fontes existem que impõem a respetiva obediência por outras fontes e atos jurídico-normativos.

Em paralelo, não se pode esquecer que o cumprimento do Direito Internacional não é apenas levado a cabo pela aplicação de critérios de hierarquia, os quais com facilidade permitem deslindar as múltiplas relações sistemáticas que nele se posicionam: pode haver outros critérios que determinem tais posições de prevalência, a ser consideradas sob o ponto de vista da garantia do Direito Internacional.

IV. No plano dos atos que concretizam a relação de desconformidade com o Direito Internacional, aceita-se uma máxima abordagem possível, tal a profusão de situações com que se depara, já bem recenseadas no plano do Direito Sancionatório.

Pense-se em toda a gama de atos jurídicos que sejam perpetrados contra o Direito Internacional, independentemente da sua fisionomia:

- atos internacionais e atos internos, com repercussão internacional;
- atos multilaterais e atos unilaterais; ou
- atos de feição normativa e atos sem teor normativo.

Essa é uma violação que se pode suscitar no plano dos atos materiais, que não expressam a formação de atos jurídicos declarativos, sendo nesta hipótese relevante a aplicação dos vários tipos de responsabilidade jurídica.

[954] Cfr. Jorge Bacelar Gouveia, *Direito Internacional da Segurança*, Coimbra, 2013, pp. 27 e ss.

V. A violação do Direito Internacional não tem beneficiado de abundantes qualificações dogmáticas, o mesmo já não se podendo dizer no Direito Interno, em cujos diversos ambientes se avança com o conceito de ilicitude – no Direito Privado – e com os conceitos de inconstitucionalidade, ilegalidade ou antijuridicidade – no Direito Público.

É evidente que a sua importância é muito relativa se for limitada a esta vertente terminológica. O que interessa é recordar que o Direito Internacional impõe o respetivo acatamento, verificando-se uma relação de desconformidade – que é juridicamente atuante – e que como tal tem de ser encarada.

A nomenclatura não nos preocupa muito, mas parece preferível a expressão *ilicitude*, mesmo sabendo que provém do Direito Privado. As expressões ilegalidade ou inconstitucionalidade são demasiado restritas, enquanto a de antijuridicidade não tem tradição, se bem que a possamos por vezes empregar, sendo tecnicamente a mais ajustada.

145. As sanções possíveis: desvalor e responsabilidade

I. Perante uma violação do Direito Internacional, qualquer que ela seja, a sobrevivência deste setor jurídico, apesar de algumas debilidades que se lhe imputam, está dependente do tipo de resposta que se encontre com o objetivo de eliminar aquela infração internacional.

O tema do Direito Sancionatório não é desconhecido do Direito Interno, mas no Direito Internacional ainda se encontra numa fase de ténue amadurecimento, o que facilmente se compreende dadas as suas idiossincrasias.

Em qualquer caso, é viável estabelecer uma fundamental contraposição, a operar dentro do Direito Sancionatório Internacional, entre[955]:

- a *desvalorização dos atos jurídico-internacionais praticados*; e
- a *responsabilização dos autores dos referidos atos.*

Questão diferente é a dos mecanismos de que se pode lançar mão para aplicar o Direito Sancionatório, com o intuito de se obter a resolução dos

[955] Cfr. Adriano Moreira, *Direito...*, pp. 142 e 143.

litígios a emergir na sociedade internacional, numa vertente jurídico-adjetiva, do mesmo modo muito relevante.

II. A *desvalorização dos atos jurídico-internacionais* praticados traduz-se na aplicação de consequências que acarretam a respetiva eliminação, o que a CVDTE explicitou através da imposição da sanção da nulidade no âmbito do Direito dos Tratados.

Esta é uma reação que diretamente atinge os atos jurídicos que não estejam conformes com o Direito Internacional, a que este responde retirando-lhes a validade e afastando-os, por essa via, do próprio ordenamento jurídico-internacional.

Absorvendo os ensinamentos da Dogmática do Direito Público, são várias as modalidades possíveis, em função da gravidade dos vícios que inquinam as fontes internacionais, ao que não será também alheio o modo como as desvantagens se abatem sobre essas fontes[956]:

- a *inexistência jurídica*: é a situação mais grave de todas, em que nem sequer existe a aparência de um ato jurídico-internacional;
- a *invalidade*: é o desvalor geral e toma as formas de nulidade e de anulabilidade, numa diferenciação em razão do seu grau de gravidade;
- a *irregularidade*: apenas atinge o autor do ato, em nome de um vício que não se repercute no próprio ato.

III. A *responsabilidade jurídica* é eixo fundamental a considerar no Direito Sancionatório e reflete a aplicação de consequências desfavoráveis que recaem, não já sobre o ato jurídico ilícito, mas sobre o autor desse mesmo ato, com dois propósitos fundamentais:

- numa perspetiva cumulativa, a acrescer à consequência que já se abateu sobre o ato ilícito e que determinou a sua desvalorização;
- numa perspetiva alternativa, na medida em que a desvalorização do ato jurídico nem sempre é operativa, sobretudo para enfrentar atos materiais.

[956] Sobre estas figuras, em geral, no Direito Constitucional, v., por todos, JORGE BACELAR GOUVEIA, *O valor positivo...*, pp. 27 e ss.

Esta responsabilidade, por seu lado, apresenta-se sob diversas vestes, de acordo com os ramos do Direito que com ela têm mais trabalhado, podendo ser:

- *responsabilidade penal*: a aplicação de penas de prisão por ter havido comportamentos que configuram crimes;
- *responsabilidade contraordenacional*: a aplicação de penas pecuniárias, num ilícito de natureza administrativa;
- *responsabilidade civil*: o nascimento de um dever de indemnizar – em espécie ou em dinheiro – em reparação dos danos que tenham sido cometidos;
- *responsabilidade disciplinar*: a aplicação de sanções contra as pessoas que subordinadamente se inscrevam numa relação jurídico-laboral, pertencendo a infração cometida a esse âmbito;
- *responsabilidade política*: a produção dos atos de censura e de substituição dos titulares de órgãos que sejam politicamente dependentes quanto à sua subsistência.

Note-se que nos últimos tempos se tem valorizado bastante a responsabilidade, não sendo por acaso que os autores a têm referido com particular vigor:

- como escreve Adriano Moreira, "...a sanção verdadeira é aquela que atinge os autores dos atos e, por isso, se afirma que o contencioso internacional é um contencioso de responsabilidade"[957]; ou
- como bem afirmam Nguyen Quoc Dinh, Patrick Daillier e Alain Pellet, "A responsabilidade internacional dos Estados surge como o mecanismo regulador essencial e necessário nas suas relações mútuas"[958].

IV. Estes são dois mecanismos de sanção que podem funcionar em conjunto, ainda que, recordando uma célebre tetralogia do Direito Romano, várias hipóteses de conjugação se possam gizar[959]:

[957] Adriano Moreira, *Direito...*, p. 143.

[958] Nguyen Quoc Dinh, Patrick Daillier e Alain Pellet, *Droit...*, p. 762.

[959] Sobre esta classificação de leis em razão das sanções aplicáveis contra a sua violação, v. João de Castro Mendes, *História do Direito Romano*, Lisboa, 1958, pp. 342 e ss., e *Intro-*

- a *lex perfecta*: a lei que prevê a sanção de invalidade para o ato que a infrinja;
- a *lex minus quam perfecta*: a lei que prevê contra a respetiva violação apenas sanções para o seu autor, não já contra o próprio ato praticado;
- a *lex imperfecta*: a lei que não estabelece qualquer sanção que possa reprimir a respetiva violação; e
- a *lex maius quam perfecta*: a lei que prevê contra a sua violação não somente a invalidade do respetivo ato como sanções aplicáveis aos seus autores.

A situação normal é aquela em que se aplicam as duas modalidades de sanções: contra o ato e contra o autor do ato. Não se exclui, porém, que haja a preferência por um desses caminhos, em razão da gravidade da violação cometida ou do grau de aperfeiçoamento das estruturas de verificação da ilicitude internacional.

O que já não é normal é a ocorrência de uma situação de antijuridicidade internacional não provocar a decretação de consequências negativas em resposta a essa violação, seja contra o ato, seja contra o autor do ato, o que só a título excecional se concebe com a figura do valor positivo dos atos antijurídicos.

dução..., p. 81; João Batista Machado, *Introdução ao Direito...*, pp. 95 e 96; Jorge Bacelar Gouveia, *O valor positivo...*, p. 20; José de Oliveira Ascensão, *O Direito...*, p. 116.

§ 40º ASPETOS ADJETIVOS

146. A via da resolução política

I. Inevitável dimensão de qualquer setor jurídico é a que se ocupa da sua efetividade, que se vê em situações de crise, perante a violação das respetivas disposições.

Não é de espantar que a garantia do Direito Internacional venha a assumir um particular relevo numa vertente adjetiva, dela dependendo a sua capacidade de controlo da atividade internacional.

Nessa ótica garantística, o Direito Internacional tem sido muito sensível à *resolução pacífica dos conflitos internacionais*, não sendo preciso, nesse caso, recorrer à força para a imposição das soluções[960].

[960] Sobre os vários meios de resolução dos conflitos, v. Paul Reuter, *Direito Internacional...*, pp. 245 e ss.; Adriano Moreira, *Direito...*, pp. 146 e ss.; B. S. Murty, *Solución de las controversias*, in AAVV, *Manual de Derecho Internacional Público* (ed. por Max Sorensen), Cidade do México, 1985, pp. 627 e ss.; Albino de Azevedo Soares, *Lições...*, pp. 426 e 427; J. G. Starke, *Introduction...*, pp. 485 e ss.; Joaquim da Silva Cunha, *Direito Internacional...*, III, pp. 161 e ss.; Nuno e Sousa, *Curso...*, pp. 210 e ss.; Pierre-Marie Dupuy, *Droit...*, pp. 373 e ss.; René-Jean Dupuy, *O Direito...*, pp. 95 e ss.; Armando M. Marques Guedes, *Direito...*, pp. 277 e ss.; Jean Touscoz, *Direito Internacional*, pp. 334 e ss.; André Gonçalves Pereira e Fausto de Quadros, *Manual...*, pp. 511 e ss.; Adherbal Meira Mattos, *Direito...*, pp. 449 e ss.; Nguyen Quoc Dinh, Patrick Daillier e Alain Pellet, *Droit...*, pp. 821 e ss.; Francisco Ferreira de Almeida, *Direito...*, pp. 359 e ss.; Malcolm N. Shaw, *International...*, pp. 914 e ss.; José Luís Moreira da Silva, *Direito dos Conflitos...*, pp. 27 e ss., e pp. 41 e ss.; Jorge Miranda, *Curso...*, pp. 261 e ss.; Elizabeth Accioly, *Sistema...*, pp. 29 e ss.; Eduardo Correia Batista, *Direito Internacional...*, II, pp. 559 e ss.; José Francisco Rezek, *Direito...*, pp. 335 e ss.; Valério De Oliveira Mazzuoli, *Curso de Direito Internacional...*, pp. 612 e ss.;

Isso mesmo se pode ler na CNU: "As partes numa controvérsia, que possa vir a constituir uma ameaça à paz e à segurança internacionais, procurarão, antes de tudo, chegar a uma solução por negociação, inquérito, mediação, conciliação, arbitragem, via judicial, recurso a organizações ou acordos regionais, ou qualquer outro meio pacífico à sua escolha"[961].

II. A solução dos conflitos internacionais, em geral, pode percorrer dois caminhos distintos:

- uma *via pacífica*, sem o recurso à coerção; e
- uma *via bélica*, através do recurso à força.

Na primeira destas duas vias, a modalidade que se coloca com maior relevância – e que sempre tem sido preferida – é a da *solução política dos conflitos internacionais*, ela pressupondo a adoção de esquemas que passam apenas pelos respetivos sujeitos, sem que se imponha recorrer a estruturas de tipo jurisdicional.

Para esta via política de solução dos conflitos se posiciona a CNU, ao pressupor a sua atividade na lógica do princípio de que os membros da ONU regulam os seus diferendos internacionais pelos meios pacíficos em que os mesmos colaborem[962].

Como também não é de estranhar que muitas vezes estes meios políticos sejam desenvolvidos ao abrigo desta organização internacional, atra-

António Silva Ribeiro, *Teoria Geral da Estratégia – o essencial ao processo estratégico*, Coimbra, 2010, pp. 209 e ss.; Jorge Bacelar Gouveia, *Direito Internacional da Segurança*, pp. 33 e ss.

[961] Art. 33º, nº 1, da CNU. Cfr. também o art. 24º da COEA, numa formulação até mais perfeita.

[962] Embora certos autores distingam, dentro da via pacífica, entre os meios políticos e os meios diplomáticos. Contudo, não parece haver um determinante fundamento para essa separação, como é o próprio José Francisco Rezek (*Direito...*, p. 339) a admitir, jusinternacionalista que propugna tal dissociação: "É usual que se denominem *meios políticos* de solução de conflitos internacionais os mecanismos existentes no âmbito dessas organizações. Eles pouco diferem dos meios diplomáticos no que tange à plasticidade de sua operação e de seus resultados. Aqueles, a seu turno, poder-se-iam também qualificar como políticos, dado que a política é o substrato maior da diplomacia em qualquer circunstância, mas notadamente num quadro conflituoso. Uns e outros – os meios diplomáticos e os chamados meios políticos – identificam-se entre si, e distinguem-se dos meios jurisdicionais, pelo fato de faltar-lhes um compromisso elementar com o primado do Direito".

vés dos seus órgãos Conselho de Segurança e Assembleia Geral, numa via tanto recomendatória como coativa[963].

III. De resto, essa tão assinalável relevância fica patente nos vários tipos de mecanismos que são conhecidos[964]:

- a *negociação*;
- os *bons ofícios*;
- a *mediação*;
- o *inquérito*; e
- a *conciliação*.

A *negociação* é o esquema mais simples e direto, partindo do pressuposto de que a resolução do litígio deve aconselhar o entabular de conversações entre as partes desavindas, para, bem conhecendo o pomo da discórdia, se chegar a um entendimento, que pode assumir a modalidade de um sistema de consultas[965], podendo dela decorrer três resultados: a transação, a aquiescência e a desistência[966].

Os *bons ofícios* integram já a intervenção de uma entidade exterior às partes em conflito, que assume o relevante papel de as aproximar e de as colocar em discussão, ainda que nesta não participando diretamente, nem sequer lhe competindo sugerir qualquer solução para o conflito, apre-

[963] Como refere JOSÉ FRANCISCO REZEK (*Direito...*, p. 347), frisando a importância da intervenção da ONU através do seu Conselho de Segurança, "O foro político representado pelo Conselho de Segurança da ONU possui indiscutível mérito como desaguadouro de tensões internacionais, e só a publicidade assegurada por sua consagração a certo litígio tem contribuído grandemente com a causa da paz, na medida em que fomenta uma consciência crítica na opinião pública e dá ensejo à manifestação construtiva dos Estados neutros".

[964] Cfr. ADRIANO MOREIRA, *Direito...*, pp. 146 e ss.; MICHAEL AKEHURST, *Introdução...*, pp. 249 e ss.; JOAQUIM DA SILVA CUNHA, *Direito Internacional...*, III, pp. 170 e ss.; ARMANDO M. MARQUES GUEDES, *Direito...*, pp. 278 e ss.; NGUYEN QUOC DINH, PATRICK DAILLIER e ALAIN PELLET, *Droit...*, pp. 828 e ss.; FRANCISCO FERREIRA DE ALMEIDA, *Direito...*, pp. 361 e ss.; JORGE MIRANDA, *Curso...*, pp. 261 e ss.; EDUARDO CORREIA BATISTA, *Direito Internacional...*, II, pp. 564 e ss.; JOSÉ FRANCISCO REZEK, *Direito...*, pp. 339 e ss.

[965] Cfr. a especificação de JOSÉ FRANCISCO REZEK, *Direito...*, p. 342.

[966] Cfr. ALBINO DE AZEVEDO SOARES, *Lições...*, p. 426; JOSÉ FRANCISCO REZEK, *Direito...*, p. 340.

sentando-se nesta hipótese como igualmente essencial o entendimento direto das partes na contenda, como sucede na negociação[967].

A *mediação* também postula a intervenção de uma entidade estranha ao conflito, mas desta feita com um papel ativo, propondo soluções no sentido de virem a ser aceites pelas partes, com intervenção, assim, no procedimento negocial, não sendo o seu relevo meramente instrumental, embora deva contar com a anuência das partes em dissídio[968].

O *inquérito* repousa na convicção de que a discórdia entre sujeitos internacionais assenta muitas vezes no desconhecimento dos factos praticados, pelo que se impõe a respetiva averiguação por parte de alguém que lhes é exterior[969], formando uma comissão de inquérito, ainda que este seja um mecanismo que se vê limitado na sua utilidade a dissensos a respeito de dados de facto, não já de teor hermenêutico[970].

A *conciliação* traduz-se na formação de uma comissão, em número ímpar e composta por elementos indicados pelas partes em causa e por partes neutras, que possa analisar a natureza e os pormenores do conflito, incumbindo-lhe propor uma solução jurídica, apresentando-se como esquema mais formal e complexo relativamente à ideia de mediação, que lhe está na génese, estando consagrado nalguns recentes textos internacionais[971].

147. A via da resolução jurisdicional

I. A resolução dos conflitos internacionais pode também operar-se por intermédio de processos de *cunho jurisdicional*, indo assim além de esquemas de natureza política.

Neste caso, pressupõe-se já a intervenção de entidades independentes, que agirão segundo a veste própria da função jurisdicional, nas suas carac-

[967] Exemplos: o papel dos Estados Unidos da América na aproximação entre o Egito e Israel, que originou o Acordo de Camp David, em 1979, ou o papel da França na celebração dos acordos entre os Estados Unidos da América e o Vietname, em 1973.

[968] Exemplo: a mediação do Papa São João Paulo II no conflito entre a Argentina e o Chile acerca do Canal de Beagle, em 1981.

[969] Cfr. José Francisco Rezek, *Direito...*, p. 345.

[970] Exemplo: a comissão de inquérito prevista na Convenção da Haia de 1907 no caso da necessidade do esclarecimento de factos.

[971] Exemplos: a CVDTE, no art. 66º, e a CNUDM, no art. 284º.

terísticas de independência e de imparcialidade relativamente às partes em conflito, e aplicando parâmetros jurídicos, com base num processo contraditório[972].

A despeito de obviamente dela se aproximar, estamos longe de poder equiparar esta via jurisdicional de resolução dos conflitos ao exercício da função jurisdicional conhecida do Direito Interno, pois que aquela ainda assenta no dogma da vontade dos Estados de se lhe submeterem, seja diretamente na constituição dos tribunais arbitrais, seja mediatamente pela vinculação aos tratados que possam determinar a sua aplicação, *maxime* os tribunais internacionais[973].

A *solução jurisdicional dos conflitos* pode subdividir-se, tal como sucede no Direito Interno, entre[974]:

- a *via arbitral*; e
- a *via judicial*[975].

II. A *via arbitral*, historicamente antecedendo a via judicial, consiste na resolução do litígio a partir da formação de um tribunal arbitral, que tem como particularidade, não estando integrado no poder judicial público, a indicação voluntária dos árbitros, bem como o seu limitado número, para além de poder incluir a respetiva regulamentação, substantiva e adjetiva[976].

[972] Assim definindo a função jurisdicional como meio de resolução de conflitos internacionais, NGUYEN QUOC DINH, PATRICK DAILLIER e ALAIN PELLET, *Droit...*, p. 862.

[973] Cfr. NGUYEN QUOC DINH, PATRICK DAILLIER e ALAIN PELLET, *Droit...*, p. 863.

[974] Cfr. ADRIANO MOREIRA, *Direito...*, pp. 148 e ss.; MICHAEL AKEHURST, *Introdução...*, pp. 253 e ss.; ALBINO DE AZEVEDO SOARES, *Lições...*, pp. 427 e 428; JOAQUIM DA SILVA CUNHA, *Direito Internacional...*, III, pp. 163 e ss.; ARMANDO M. MARQUES GUEDES, *Direito...*, pp. 285 e ss.; FRANCISCO FERREIRA DE ALMEIDA, *Direito...*, pp. 364 e ss.; EDUARDO CORREIA BATISTA, *Direito Internacional...*, II, pp. 569 e ss.; JOSÉ FRANCISCO REZEK, *Direito...*, pp. 349 e ss.

[975] Quanto aos termos da distinção entre tribunais arbitrais e tribunais judiciais, tal como ela se foi desenvolvendo no Direito Interno, v. JOÃO DE CASTRO MENDES, *Direito Processual Civil*, I, Lisboa, 1986, pp. 328 e ss.; JOSÉ LEBRE DE FREITAS, *Introdução ao Processo Civil – conceito e princípios gerais*, Coimbra, 1996, pp. 66 e ss.; OTHMAR JAUERNIG, *Direito Processual Civil*, Coimbra, 2002, pp. 461 e ss.

[976] Como escreve JOÃO DE CASTRO MENDES (*Direito Processual...*, I, p. 328), "A nota característica do tribunal arbitral cremos ser esta: a de que *a sua competência para o caso concreto depende da aceitação e vontade de ambas as partes*, expressa num negócio jurídico que tem o nome de *compromisso arbitral*".

Os *tribunais arbitrais* podem apresentar-se sob duas modalidades, ganhando crescentemente sentido os da segunda espécie:

- como tribunais arbitrais *ad hoc*; e
- como tribunais arbitrais permanentes.

Os *tribunais arbitrais ad hoc* são apenas constituídos, assim funcionando, para a resolução de um específico litígio, em razão do qual ganharam a sua razão de ser. Encontrada a decisão arbitral, esse tribunal extingue-se.

Os *tribunais arbitrais permanentes* existem em permanência, estando já parcialmente pré-definidos, aos mesmos as partes recorrendo para lhes pedir uma específica intervenção na composição do conflito que entre elas surgiu e querem ver solucionado.

A estrutura dos tribunais arbitrais é variável, tendo evoluído de um árbitro único a uma comissão mista, embora prevalecendo hoje o tribunal colegial, num número ímpar de membros[977].

Os tribunais arbitrais decidem em instância única, deles não havendo recurso para os tribunais comuns, a não ser situações de nulidade muito grave, podendo ainda receber pedidos de aclaração das respetivas decisões[978].

As decisões arbitrais são obrigatórias e definitivas, como as decisões dos tribunais judiciais, mas não dispõem de executoriedade, não sendo os tribunais arbitrais dotados de meios coercivos para aplicar as decisões[979], embora se parta do pressuposto de que o fundamento de uma decisão arbitral inclui o acatamento do sentido da solução que for encontrada para o litígio.

A utilização do tribunal arbitral pode ainda ser titulada por três possíveis fontes, devendo assentar na vontade das partes que assim decidem resolver o seu litígio, dizendo-se a primeira *arbitragem facultativa* e as outras duas *arbitragem obrigatória*[980]:

- o *compromisso arbitral*: sempre que as partes, levantado um litígio, entendam submeter a respetiva resolução a um tribunal arbitral a constituir;

[977] Cfr. Nguyen Quoc Dinh, Patrick Daillier e Alain Pellet, *Droit...*, pp. 875 e ss.

[978] Cfr. José Francisco Rezek, *Direito...*, p. 353.

[979] Cfr. José Francisco Rezek, *Direito...*, p. 354.

[980] Cfr. Albino de Azevedo Soares, *Lições...*, p. 428; Nguyen Quoc Dinh, Patrick Daillier e Alain Pellet, *Droit...*, pp. 870 e ss.

- a *cláusula arbitral*: sempre que os litígios resultantes da interpretação ou aplicação de certo tratado devam ser antecipadamente resolvidos por tribunal arbitral, por força de uma das suas cláusulas, que assim o prevê;
- a *convenção geral de arbitragem*: sempre que as respetivas partes assumam a vontade de resolver os litígios entre si emergentes, relativos a diversos tratados celebrados, de acordo com o tribunal arbitral naquela previsto.

III. A *via judicial* representa a resolução do litígio a partir da intervenção de tribunais judiciais, estruturas permanentes e integradas no poder judicial internacional.

Diferentemente do que sucede com os tribunais arbitrais, nos tribunais judiciais as partes em conflito não interferem na escolha dos juízes, que formam um corpo próprio e estável.

Por outro lado, as suas decisões são proferidas nos termos das regras processuais aplicáveis, em razão do estatuto internacional que prevê tais tribunais.

IV. A tendência geral do Direito Internacional vai no sentido da intensificação da resolução dos conflitos pela via jurisdicional, sendo apreciáveis os múltiplos exemplos que testemunham essa tendência.

E, algo curiosamente, o recurso crescente às soluções jurisdicionais faz-se, ao mesmo tempo, com um sentido ambivalente que se retira de cada uma daquelas duas mencionadas vias:

- há mais e mais tribunais arbitrais, essencialmente para as questões de índole económica; e
- há mais e mais tribunais judiciais, essencialmente para as questões político-humanitárias.

148. A crescente judicialização da repressão da ilicitude internacional

I. Para além da perspetiva de equacionar a resolução dos conflitos internacionais tanto pela via política como pela via jurisdicional, o certo é que a afirmação do Direito Internacional tem ficado muito dependente da sua associação à criação de tribunais internacionais[981].

Felizmente que essa também foi a senda que se consolidaria no século XX, noutro aspeto a merecer lembrança no período contemporâneo do Direito Internacional, por contraste com o período clássico.

É verdade que nem todas as experiências foram bem sucedidas. Mas também não é menos verdade que permitiram lançar os caboucos de um futuro sólido na criação e na efetividade dos tribunais que se conhecem.

José Francisco Rezek recorda como primeiro tribunal judicial internacional o Tribunal de Justiça Centro-Americano, criado por tratado celebrado em 20 de dezembro de 1907 entre a Costa Rica, El Salvador, a Guatemala, as Honduras e a Nicarágua, com uma jurisdição geográfica regional, experiência que duraria dez anos[982].

II. Assim se aceita que a evolução do Direito Internacional no século XX fique assinalada pela criação de vários tribunais internacionais, de acordo com lógicas distintas, em função da aplicação de vários dos seus capítulos, de que cumpre evidenciar as seguintes categorias[983]:

- os tribunais internacionais institucionais;
- os tribunais internacionais penais;
- os tribunais internacionais económicos;
- os tribunais internacionais de direitos do homem.

Pela importância que se lhes reconhece, deve conferir-se uma maior atenção ao TIJ e ao TPI no seu lugar próprio, registando-se agora também a importância dos outros tribunais.

III. A adoção de tribunais internacionais tem sido uma importante prática, com um êxito razoável, ao nível da integração económica, sendo de referir tanto a experiência europeia do Direito da União Europeia como a

[981] Cfr. Délber Andrade Lage, *A jurisdicionalização do Direito Internacional*, Belo Horizonte, 2009, pp. 115 e ss.; Maria José Rangel de Mesquita, *Justiça Internacional – Lições*, Lisboa, 2010, pp. 89 e ss.

[982] Cfr. José Francisco Rezek, *Direito...*, pp. 354 e 355.

[983] Sobre alguns destes importantes tribunais internacionais, v., por todos, Nguyen Quoc Dinh, Patrick Daillier e Alain Pellet, *Droit...*, pp. 912 e ss.

experiência mundial no âmbito da Organização Internacional do Comércio, em que existem estruturas para-judiciais.

A aplicação do Direito Internacional Económico, da Cooperação e do Desenvolvimento, deste modo, pressupõe estruturas de proteção judicial, até para conferir maior confiança aos agentes económicos, ao mesmo tempo agilizando as operações económicas internacionais.

O TJUE foi uma criação inicial do Tratado de Roma, cabendo-lhe a missão de velar pelo respeito do Direito da União Europeia, num estatuto que se aperfeiçoaria nos tratados seguintes.

IV. A existência de tribunais internacionais igualmente aconteceria no âmbito da proteção dos direitos humanos, no estrito fito de se conferir uma efetividade adjetiva acrescida às respetivas declarações de direitos.

Qualquer sistema internacional de defesa dos direitos humanos beneficia muito de bons mecanismos de verificação da sua observância, mas nem todos são propriamente eficazes nesse seu papel, diversos os caminhos que têm sido gizados para se lograr alcançar esse objetivo.

A criação de tribunais internacionais de direitos humanos, até ao momento, correspondeu ao grau mais avançado que o Direito Internacional conhece nesse setor:

- não só determina a passagem da autoridade para identificar essas violações de um nível interno para um nível supraestadual;
- como também lhe permite aplicar as sanções que lhe caibam, que são existentes e assim também processualmente plausíveis.

O sistema europeu de direitos do homem, tendo sido o primeiro na respetiva criação substantiva, foi também o primeiro do ponto de vista adjetivo, designadamente quanto à criação do TEDH. E essa originalidade saiu muito reforçada com a reforma que se operou pelo PA nº 11 na CEDH, que unificou a defesa contra a violação dos direitos humanos numa única estrutura: aquele Tribunal Europeu, com a abolição da ComEDH.

O sistema americano de direitos do homem também conta com a criação de um tribunal – o TIDH – que desenvolve importantes funções de repressão da violação dos direitos humanos consagrados na CIDH.

V. A sofisticação jurídico-normativa do Direito Internacional do Mar, em grande medida potenciada pela codificação global que se operou com a elaboração da CNUDM, também propiciaria a criação de um tribunal próprio para estes litígios[984]: o Tribunal Internacional do Direito do Mar[985].

O TIDM é composto por 21 juízes e tem sede na cidade alemã de Hamburgo, ao mesmo acedendo não apenas os Estados, mas também a Autoridade Internacional dos Fundos Marinhos e a empresa que esta pode criar, para além de entidades privadas a ela vinculadas.

A competência do TIDM é contenciosa e consultiva, naquele caso expressamente considerando uma competência cautelar obrigatória, no que traduz um importante avanço relativamente ao TIJ[986].

[984] Arts. 279º e ss. da CNUDM e o seu Anexo VI, com o ETIDM.

[985] Sobre o TIDM, v. José Francisco Rezek, *Direito...*, p. 366.

[986] Com esta opinião, José Francisco Rezek, *Direito...*, p. 366. Cfr. o art. 290º da CNUDM.

Capítulo XIII

O Uso da Força na Sociedade Internacional

§ 41º A condenação internacional da guerra

§ 42º A preservação da paz internacional pela Organização das Nações Unidas

§ 41º A CONDENAÇÃO INTERNACIONAL DA GUERRA

149. A evolução ético-doutrinal clássica

I. A garantia do Direito Internacional não passa apenas pela afirmação de um processo de cunho jurisdicional, que dê segurança jurídica e imparcialidade decisória – a garantia do Direito Internacional alimenta-se ainda da possibilidade de responder, substantivamente, contra as violações de que seja alvo, no quadro do Direito Sancionatório material.

Neste contexto, um dos temas mais emblemáticos da singularidade do Direito Internacional tem sido o uso e a condenação da força, com múltiplas perspetivas de análise, de que se evidenciam duas:

- a *perspetiva filosófico-jurídica*; e
- a *perspetiva jurídico-internacional.*

Não pode, pois, causar admiração ter sido este um dos grandes temas do Direito Internacional ao longo da sua história, não se olvidando que foi por sua causa que muitos se aproximaram – e que se afastaram – do Direito Internacional.

II. Do ponto de vista *filosófico-jurídico*, a questão do uso da guerra foi sempre tema para múltiplas elucubrações de especialistas, permitindo mesmo elevados níveis de cientificidade, que só beneficiaram o próprio Direito Internacional e o contexto geral em que vive[987].

[987] Para uma ilustração acerca deste enquadramento ético-filosófico, v. Giorgio del Vecchio, *Direito e Paz*, pp. 183 e ss.; Gustav Radbruch, *Filosofia...*, pp. 383 e ss.; Armando

Sendo o uso da força uma necessidade de proteção dos sujeitos internacionais, sobretudo dos Estados dadas as condições favoráveis de poder fáctico que possuem, nunca deixou de se questionar em que circunstâncias o lançar mão da guerra se consideraria admissível, com vários contributos a registar, alguns deles merecendo uma sintética alusão.

A relevância jurídica da guerra situou-se, num primeiro momento, ao nível doutrinário e político, com inúmeras opiniões de autores sobre esta problemática, tendo essas opiniões de comum o estabelecimento de condições para a sua legitimidade, quando não mesmo a sua abolição como instrumento de atuação internacional dos Estados[988].

III. Ao pensamento cristão coube a tarefa do enquadramento ético-jurídico da guerra justa: SANTO AGOSTINHO defendia aquela que se exercia em defesa da paz contra a agressão ou para o seu restabelecimento[989].

SÃO TOMÁS DE AQUINO elaborou um conceito próximo, ainda que lhe introduzisse uma dimensão de subsidiariedade, esteando a guerra em três características:

- (i) conduzida pela autoridade soberana (*auctoritas principis*);
- (ii) acompanhada por uma justa causa (*causa iusta*), como a intenção de punir os prevaricadores; e
- (iii) desde que devidamente animada pelas boas intenções por parte dos beligerantes (*reta intentio*)[990].

M. MARQUES GUEDES, *Direito...*, pp. 230 e ss.; ANTÓNIO CABRAL DE MONCADA, *Curso...*, I, pp. 79 e ss.; ANTÓNIO PEDRO BARBAS HOMEM, *História...*, pp. 183 e ss.

[988] Com alguns lampejos acerca desta evolução: GIORGIO DEL VECCHIO, *Direito e Paz*, pp. 207 e ss.; HANS KELSEN, *Teoria Geral...*, pp. 323 e ss.; ARMANDO M. MARQUES GUEDES, *Direito Internacional...*, pp. 230 e ss.; ANTHONY CLARK AREND e ROBERT J. BECK, *International Law & the use of force*, London, 1993, pp. 11 e ss.; ALEJANDRO J. RODRÍGUEZ CARRIÓN, *Lecciones...*, pp. 524 e 525; ANTÓNIO CABRAL DE MONCADA, *Curso...*, I, pp. 80 e 81; JORGE BACELAR GOUVEIA, *O estado de exceção...*, II, pp. 1334 e ss., e *Direito Internacional da Segurança*, pp. 47 e ss.; MALCOLM N. SHAW, *International...*, pp. 1013 e ss.; WLADIMIR BRITO, *A Guerra e a Segurança Internacional*, in SI, t. LIX, 2010, nº 323, pp. 411 e ss.

[989] Cfr. SANTO AGOSTINHO, *Da Cidade de Deus*, III, Lisboa, 1995, pp. 1909 e ss.

[990] Cfr. SÃO TOMÁS DE AQUINO, *Summa Theologiae*, vol. III, 3ª ed., Madrid, 1963, pp. 268 e ss. (2.2., questão 40).

IV. Com a igualização das relações internacionais depois da Paz de Westefália, "nacionalizou-se" também o conceito de guerra, que surgiu intimamente ligado à defesa das soberanias então emergentes, já como um dos direitos dos Estados e não tanto conexo com considerações ético-jurídicas.

Hugo Grócio também escreveria a este propósito, defendendo o uso da força como instrumento de política estadual, para a proteção dos direitos dos Estados e para proteção dos cidadãos, numa evidente senda, de tipo racionalista, de limitação do uso da força[991].

Ainda a Immanuel Kant se ficou a dever um interessante contributo neste domínio[992]. A conceção de fundo do filósofo de Königsberg radicava na necessidade da abolição da guerra, através da adoção de um estado de paz, que – não sendo suficiente considerar como a omissão de hostilidades – implicava uma intenção específica, com a adoção de três condições reputadas fundamentais para se alcançar tal intento, numa visão harmónica de relacionamento entre os Estados, a insuflar um verdadeiro Direito das Gentes kantiano:

- a existência de uma Constituição Republicana, no sentido contratual do termo, com respeito pela liberdade dos respetivos membros, a consagração de uma legislação comum a todos e a igualdade entre todos os cidadãos[993];
- a fundação de uma federação livre dos Estados, que os integrasse na cena internacional, sem deveres, e a todo o tempo revogável[994]; e
- a imposição de regras limitadas às condições de hospitalidade universal, no sentido de que todos os cidadãos deveriam gozar de um

[991] Escreveria Hugo Grócio (*Del Derecho de presa – Del Derecho de la Guerra y de la Paz*, Madrid, 1987, p. 41): "...não deve empreender-se a guerra senão para conseguir o direito e que, uma vez iniciada esta, deve ser prosseguida segundo a forma do direito e de boa fé".

[992] Cumpre ainda não esquecer o contributo de Jean-Jacques Rousseau, *Escritos sobre la paz y la guerra*, Madrid, 1982, pp. 35 e ss.

[993] Cfr. Immanuel Kant, *Sobre la paz perpetua*, 5ª ed., Madrid, 1996, p. 15.

[994] Cfr. Immanuel Kant, *Sobre la paz...*, p. 21, só ela podendo retirar os Estados, na sua relação na cena internacional, do estado de natureza – não jurídico – em que viveriam, afirmando este autor noutro escrito (*A Metafísica...*, p. 228) que "...é necessária uma liga de nações, em conformidade com a ideia de um contrato social originário, de modo a que essas se obriguem (reciprocamente) a não imiscuir-se nos conflitos internos de cada um, mas sim a proteger-se de ataques do exterior...".

direito de visita dos territórios alheios, conquanto não o utilizassem para práticas hostis[995].

A conceção kantiana desabrocharia nalguns elementos que seriam considerados no futuro Direito Internacional da Guerra, contrariando a máxima de MARCUS TULIUS CÍCERO de que *inter arma silent leges*, sendo de recordar estes dois pontos[996]:

a) proibição da guerra punitiva (*bellum punitivum*) – porque o castigo só se impunha havendo uma relação de subordinação, por definição ausente do Direito de Gentes de cariz igualitário – e da guerra de extermínio (*bellum internecinum*) ou de subjugação (*bellum subiugatorium*) – porque isso significaria a aniquilação de um Estado ou excederia o antagonismo possível, só para defesa própria[997];
b) a limitação dos meios de fazer a guerra defensiva àqueles que não impedissem o exercício da cidadania – como sucede com espiões ou mercenários ou contrainformação, porque isso sempre minaria a confiança necessária à construção do estado de paz duradoura[998].

150. A proscrição normativo-internacional

I. No plano *jurídico-internacional*, a condenação da guerra unicamente se alcançaria no século XX[999], tendo-se vivido até então num regime de

[995] Cfr. IMMANUEL KANT, *Sobre la paz...*, p. 27.

[996] Referindo-se ainda IMMANUEL KANT (*A Metafísica...*, pp. 234 e ss.) à existência de um "Direito depois da guerra", salientando a existência de algumas limitações a impor a um irrestrito direito de conquista: "O Estado vencido ou os seus súbditos não perdem com a conquista do país a sua liberdade civil, não sendo aquele rebaixado a colónia e estes a servos; pois que, a não ser assim, a guerra teria sido uma guerra punitiva, o que é em si contraditório" (p. 235).

[997] Cfr. IMMANUEL KANT, *A Metafísica...*, p. 233.

[998] Cfr. IMMANUEL KANT, *A Metafísica...*, p. 234.

[999] A respeito da licitude internacional do uso da força, em termos normativos gerais, com flutuações no decurso do tempo, em função desses textos, v., de entre outros, SIMÓN PLANAS SUÁREZ, *Tratado de Derecho Internacional Público*, II, Madrid, 1916, pp. 10 e ss.; LOBO D'ÁVILA LIMA, *Da Sociedade das Nações*, Lisboa, 1927, pp. 100 e ss.; ALBERT DE LA PRADELLE, *La paix moderne (1899-1945)*, Paris, 1947, *passim*; CHARLES G. FENWICK, *International Law*,

aceitação do uso da força no plano das relações internacionais, diretamente filiado na distinção entre Direito da Paz e Direito da Guerra, cuja paternidade é de HUGO GRÓCIO.

Daí que até ao início do século passado, num outro aspeto que justifica a passagem do período clássico ao período contemporâneo na sua periodificação, o Direito Internacional assentasse numa dicotomia fundamental entre:

- o *ius ad bellum*;
- o *ius in bello*.

O *ius ad bellum* representava o setor do Direito Internacional que estabelecia os termos e as condições para decretar o estado de guerra, definindo o respetivo formalismo e as partes que o pudessem fazer, assim

3ª ed., New York, 1952, pp. 541 e ss.; STEPHAN GLASER, *La guerre d'agréssion à la lumière des sources du Droit International*, in RGDIP, ano 57º, nº 3, Julho-Setembro de 1953, pp. 329 e ss.; PAUL GUGGENHEIM, *Traité de Droit International Public*, II, Genève, 1954, pp. 295 e ss.; GIORGIO DEL VECCHIO, *Direito e Paz*, pp. 224 e ss.; CELSO D. ALBUQUERQUE MELLO, *Curso...*, II, pp. 755 e ss.; JAMES LESLIE BRIERLY, *Direito...*, pp. 421 e ss.; PAUL REUTER, *Direito...*, p. 286; AFONSO RODRIGUES QUEIRÓ, *Guerra – aspetos jurídicos*, in Pol., III, Lisboa, 1985, pp. 154 e ss.; MICHAEL AKEHURST, *Introdução...*, pp. 269 e ss.; KRZYSZTOF JAN SKUBISZEWSKI, *Uso de la fuerza por parte de los Estados*, in AAVV, *Manual de Derecho Internacional Público* (org. de MAX SORENSEN), Cidade do México, 1985, pp. 682 e ss.; RICCARDO MONACO, *Manuale...*, pp. 650 e ss.; JOSÉ A. PASTOR RIDRUEJO, *Curso...*, pp. 595 e 596; RENÉ-JEAN DUPUY, *O Direito Internacional*, pp. 144 e ss.; LUÍS CRUCHO DE ALMEIDA, *Segurança internacional*, in Pol., V, Lisboa, 1987, pp. 639 e ss.; JOAQUIM DA SILVA CUNHA, *Formação e evolução do Direito Internacional – os ventos de mudança*, in ND, XV, nº 53, Janeiro-Março de 1990, p. 80, e *Direito Internacional...*, III, pp. 173 e ss.; ARMANDO M. MARQUES GUEDES, *Direito...*, pp. 234 e ss., e *O Direito e a Guerra*, in AAVV, *A crise do Golfo e o Direito Internacional*, Porto, 1993, pp. 51 e ss.; LOUIS HENKIN, *International...*, pp. 110 e ss.; ALEJANDRO J. RODRÍGUEZ CARRIÓN, *Leciones...*, pp. 525 e ss.; ANTHONY CLARK AREND e ROBERT J. BECK, *International Law...*, pp. 19 e ss.; JEAN TOUSCOZ, *Direito...*, pp. 356 e ss.; ANTÓNIO CABRAL DE MONCADA, *Curso...*, I, pp. 81 e ss.; PAULO CANELAS DE CASTRO, *De quantas Cartas se faz a paz internacional?*, in AAVV, *Ab Uno ad Omnes – 75 Anos da Coimbra Editora*, Coimbra, 1998, pp. 1007 e ss.; MANUEL DE ALMEIDA RIBEIRO, *A Organização...*, pp. 36 e 37, e pp. 138 e ss.; JORGE BACELAR GOUVEIA, *O estado de exceção...*, II, pp. 1337 e ss., *Estado de guerra*, pp. 303 e ss., e *O uso da força no Direito Internacional Público*, in AAVV, *Estudos em Comemoração do X Aniversário do Instituto Superior de Ciências Jurídicas e Sociais*, I volume (org. de Mário Pereira da Silva, Leão de Pina e Paulo Monteiro Júnior), Praia, 2012, pp. 155 e ss.

consagrando um direito dos Estados de recorrer à força no âmbito das relações internacionais[1000].

O *ius in bello* atendia às normas que regulavam os conflitos armados, na convicção – até certo ponto ingénua – de que haveria uma ordem normativa no meio do caos que um conflito bélico sempre pressupõe[1001].

[1000] Sobre a condenação da guerra no Direito Internacional Positivo no recorte atual do *ius ad bellum*, v. HUMPHREY M. WALDOCK, *The regulation of the use of force by individual States in International Law*, in RCADI, nº 81, 1952, pp. 415 e ss.; GAETANO ARANGIO-RUIZ, *Legittima difesa (Diritto Internazionale)*, in NssDI, VI, Torino, 1960, pp. 60 e ss.; TOMASO PERASSI, *L'ordinamento...*, pp. 62 e ss.; GIORGIO DEL VECCHIO, *Direito e Paz*, pp. 224 e ss.; STEPHEN SCHWEBEL, *Agression, intervention and self-defense in modern International Law*, in RCADI, nº 136, 1972, pp. 411 e ss.; PIER LUIGI LAMBERTI ZANARDI, *La legittima difesa nel Diritto Internazionale*, Milano, 1972, *passim*; FAUSTO DE QUADROS, *Carta das Nações Unidas...*, pp. 7 e 8, e *Direito Internacional Público I – Programa...*, pp. 432 e 433; JAMES LESLIE BRIERLY, *Direito...*, pp. 426 e ss.; PAUL REUTER, *Direito Internacional...*, pp. 286 e ss.; CESÁREO GUTIÉRREZ ESPADA, *El estado de necesidad y el uso de la fuerza en Derecho Internacional*, Madrid, 1987, pp. 95 e ss.; MICHAEL AKEHURST, *Introdução...*, pp. 271 e ss.; JOSÉ A. PASTOR RIDRUEJO, *Curso...*, pp. 596 e ss.; NUNO E SOUSA, *Curso...*, pp. 200 e ss.; JOAQUIM DA SILVA CUNHA, *Direito Internacional...*, III, pp. 175 e ss.; CHARLES CHAUMONT, *Organização...*, pp. 66 e ss.; ANTONIO CASSESE, *Article 51*, in AAVV, *La Charte des Nations Unies* (org. de JEAN-PIERRE COT e ALAIN PELLET), 2ª ed., Paris, 1991, p. 771; MICHEL VIRALLY, *Article 2 – Paragraphe 4*, in AAVV, *La Charte des Nations Unies* (dir. de JEAN-PIERRE COT e ALAIN PELLET), 2ª ed., Paris, 1991, pp. 115 e ss.; JOHN DUGARD, *International Law*, Cape Town, 1994, pp. 317 e ss.; ANTHONY CLARK AREND e ROBERT J. BECK, *International Law...*, pp. 29 e ss.; JEAN TOUSCOZ, *Direito...*, pp. 359 e ss.; MARTÍN C. ORTEGA CARCELÉN, *La legítima defensa del territorio del Estado*, Madrid, 1991, pp. 18 e ss.; ARMANDO M. MARQUES GUEDES, *Direito...*, pp. 234 e ss., e *Direito Internacional Público*, pp. 113 e ss.; KRZYSZTOF JAN SKUBISZEWSKI, *Use of force by States, collective security, law of war and neutrality*, in AAVV, *Manual of Public Internacional Law* (org. de MAX SORENSEN), London, 1968, pp. 699 e ss.; PIERRE-MARIE DUPUY, *Droit...*, pp. 400 e ss.; JORGE BACELAR GOUVEIA, *O direito de passagem inofensiva...*, pp. 47 e ss., *O estado de exceção...*, II, pp. 1339 e ss., e *Estado de guerra...*, pp. 304 e ss.; ANDRÉ GONÇALVES PEREIRA e FAUSTO DE QUADROS, *Manual...*, pp. 483 e ss., e pp. 527 e ss.; ALEJANDRO J. RODRÍGUEZ CARRIÓN, *Leciones...*, pp. 527 e ss.; MARGARIDA SALEMA D'OLIVEIRA MARTINS e AFONSO D'OLIVEIRA MARTINS, *Direito...*, II, pp. 27 e ss.; ANTÓNIO CABRAL DE MONCADA, *Curso...*, I, pp. 81 e ss.; EDUARDO CORREIA BATISTA, *Ius cogens...*, pp. 429 e ss.; MARIA LUÍSA DUARTE, *A teoria dos poderes...*, pp. 204 e ss.; PAULO CANELAS DE CASTRO, *De quantas cartas...*, pp. 1013 e ss.; PALHARES MOREIRA REIS, *Sobre a guerra*, in RIL, ano 36, nº 144, Outubro-Dezembro de 1999, pp. 101 e ss.; FAUSTO DE QUADROS e JORGE BACELAR GOUVEIA, *As relações...*, pp. 35 e ss.; MALCOLM N. SHAW, *International...*, pp. 1017 e ss.

[1001] Sobre a situação de guerra da perspetiva do Direito Internacional Público, enquadrada como *ius in bello*, um dos seus capítulos e objeto de diversas regulamentações costu-

II. Notoriamente no século XX é que se estabeleceria a afirmação jurídico-internacional da proscrição do uso da força, paulatinamente distribuída por *quatro momentos*, todos encadeados entre si, numa caminhada normativo-internacional sempre crescente:

- a proibição do uso da força na cobrança de dívidas contratuais;
- a moratória de guerra no âmbito do Pacto da Sociedade das Nações;
- a renúncia geral ao uso da força no Pacto Briand-Kellog; e
- a proibição geral na Carta das Nações Unidas.

III. O *primeiro momento* a referir, ainda que limitado e pouco conhecido, aconteceu em 1907, na 2ª Conferência da Haia, também designada por Convenção Drago-Porter[1002].

meiras e convencionais, v. SIMÓN PLANAS SUÁREZ, *Tratado...*, II, pp. 23 e ss.; LOUIS LE FUR, *Des représailles en temps de guerre,* Paris, 1919, pp. 56 e ss.; GIORGIO BALLADORE PALLIERI, *Diritto Internazionale Pubblico,* 8ª ed., Milano, 1962, pp. 617 e ss.; AGOSTINO CURTI GIALDINO, *Guerra (Diritto Internazionale),* in ED, XIX, Milano, 1970, pp. 849 e ss.; CELSO D. DE ALBUQUERQUE MELLO, *Curso...*, II, pp. 767 e ss.; ALFONS KLAFKOWSKI, *Les formes de cessation de l'état de guerre en Droit International,* in RCADI, I, 1976, pp. 224 e ss.; AFONSO RODRIGUES QUEIRÓ, *Guerra (Direito Internacional Público),* in VELBC, 9º vol., Lisboa, 1977, pp. 1215 e ss.; PAUL GUGGENHEIM, *Traité...*, II, pp. 303 e ss.; PIERLUIGI TORIELLO, *Guerra,* in NssDI, ap. III, Torino, 1982, pp. 1162 e ss.; PAUL REUTER, *Direito...*, pp. 297 e ss.; CHARLES ROUSSEAU, *Droit...*, pp. 349 e ss.; KRZYSZTOF JAN SKUBISZEWSKI, *Uso de la fuerza...*, pp. 733 e ss.; RICCARDO MONACO, *Manuale...*, pp. 654 e ss.; JOAQUIM DA SILVA CUNHA, *Direito Internacional...*, III, pp. 194 e ss.; JEAN TOUSCOZ, *Direito...*, pp. 371 e ss.; ADHERBAL MEIRA MATTOS, *Direito...*, pp. 458 e ss.; JOSÉ LUÍS MOREIRA DA SILVA, *Direito dos Conflitos...*, pp. 13 e ss.; ELÍSIO BORGES MAIA, *Armas nucleares...*, pp. 63 e ss.; JOSÉ FRANCISCO REZEK, *Direito...*, pp. 368 e ss.; TORSTEN STEIN e CHRISTIAN VON BUTTLAR, *Völkerrecht,* pp. 439 e ss.

1002 Eis um caso claro da influência de uma posição política e doutrinária sobre uma posterior convenção internacional e que se insere numa tendência, que se acentuaria, de limitação do poder estadual na esfera internacional. Luís Drago era o Ministro dos Negócios Estrangeiros da Argentina e conseguiu extinguir os antigos direitos de os Estados poderem cobrar-se de dívidas contra os seus nacionais pela força, forçando os Estados devedores. A posição, primeiro política e depois doutrinária, surgiu em fins do século XIX, quando o Reino Unido, a Alemanha e a Itália usaram da força contra a Venezuela por dívidas não pagas e danos causados. Seguiu-se um intenso jogo diplomático que culminou, no âmbito da Conferência da Haia de 1907, com a adoção de um cláusula excluindo o uso da força na cobrança de dívidas, defendida por H. Porter, o delegado dos Estados Unidos a essa conferência. Cfr. ANTONIO CASSESE, *International Law...*, pp. 50 e 51.

Esta convenção estabeleceu a proibição do uso da força, através das represálias, no caso de entre os Estados haver dívidas não pagas, no âmbito de uma relação obrigacional.

É claro que se trata de um aspeto bastante pontual no seio das relações internacionais, mas não deixou de possuir uma relevância apreciável como primeiro tratado internacional proscrevendo o uso da força, ainda que marginalmente[1003].

Dizia-se no respetivo tratado o seguinte: "As partes contratantes estão convencidas de que não devem utilizar a força armada para a cobrança de dívidas contratuais...".

IV. O *segundo momento*, de afirmação de uma geral limitação processual ao uso da guerra, aconteceria no texto do PSDN, a Parte I do Tratado de Versalhes, que selaria o fim da I Guerra Mundial.

Segundo se podia ler num dos seus preceitos, "Acordam todos os Membros da Sociedade que, ao surgir entre eles algum diferendo suscetível de os levar a uma rutura, se submeterão, quer a um processo de arbitragem ou a uma decisão judicial, quer ao exame do Conselho", depois se concluindo nesse preceito que "Mais acordam que, em caso algum, devem recorrer à guerra antes de expirado o prazo de três meses depois da decisão arbitral ou judicial ou do relatório do Conselho" (art. 12º do PSDN).

Este esquema ficaria conhecido por "moratória de guerra" porque, não sendo uma proscrição propriamente dita, impunha o retardamento do uso da força por três meses, com a finalidade de permitir ao Conselho pronunciar-se e fazer com que as partes em conflito chegassem a acordo, além de se admitir a força como medida coerciva ou como legítima defesa[1004].

Formou-se, assim, a convicção de que a decisão de fazer a guerra, relevando à comunidade internacional no seu conjunto, deveria ser filtrada por uma instância internacional. E assim se concebeu a primeira limitação geral ao direito de fazer a guerra, apenas se admitindo três suas modalidades: (i) como medida de *ultima ratio*, (ii) como medida coercitiva assim

[1003] Cfr. António Cabral de Moncada, *Curso*..., I, p. 81; Nguyen Quoc Dinh, Patrick Daillier e Alain Pellet, *Droit*..., p. 936.

[1004] Cfr. Armando M. Marques Guedes, *Direito*..., p. 236; Nguyen Quoc Dinh, Patrick Daillier e Alain Pellet, *Droit*..., pp. 936 e ss.; José Francisco Rezek, *Direito*..., p. 373.

decretada e (iii) como legítima defesa (cfr. os arts. 12º e ss. do PSDN), traduzindo-se, em termos gerais, o PSDN num sistema de "retardamento" do uso da guerra[1005].

V. O *terceiro momento*, de condenação substantiva do uso da força[1006], seria protagonizado pelo Tratado de Renúncia Geral do Uso da Força, mais conhecido por Pacto Briand-Kellog, celebrado em 27 de agosto de 1928, tendo por negociadores o Ministro dos Negócios Estrangeiros Francês e o Secretário de Estado Norte-Americano, respetivamente Aristide Briand e Frank Kellog, embora tivesse sido assinado por quinze Estados.

Numa das suas poucas disposições, este tratado era bastante enfático quanto ao facto de os Estados partes aceitarem que o uso da força deixava de pertencer à respetiva capacidade jurídico-internacional, como desde tempos imemoriais sempre se aceitou. Verdadeiramente se fazia a diferença numa diversa evolução da questão, condenando-se explicitamente a guerra como instrumento de política internacional, ao admitir-se a guerra somente como medida de *ultima ratio*[1007].

Nos termos deste tratado, o uso da força só se considerava permitido como legítima defesa ou como medida de coerção para repelir as mais graves violações do Direito Internacional, tendo este momento ficado na sua História por ter sido o primeiro de proibição geral do uso da força nas relações internacionais, ao nível substantivo, e pondo termo à "competência discricionária da guerra"[1008].

[1005] Como frisa John Dugard, *International Law*, p. 313.

[1006] Cfr. Armando M. Marques Guedes, *Direito...*, p. 237.

[1007] Cfr. o art. 1º do Pacto Briand-Kellog, no qual se dizia que "As altas Partes Contratantes declaram solenemente, em nome dos respetivos povos, que condenam o recurso à guerra para resolução dos conflitos internacionais e a ela renunciam como instrumento de política nacional nas suas mútuas relações". O art. 2º, complementarmente, estabelecia o princípio da resolução pacífica dos conflitos internacionais: "As altas Partes Contratantes reconhecem que a superação ou a resolução de controvérsias e conflitos que entre elas surjam, seja qual for a origem ou a natureza dos mesmos, só deve encontrar-se por meios pacíficos". Cfr. o respetivo texto em Cástor M. Díaz Barrado, *El Uso de la Fuerza en las Relaciones Internacionales*, Madrid, 1989, pp. 68 e 69.

[1008] Nguyen Quoc Dinh, Patrick Daillier e Alain Pellet, *Droit...*, p. 938. Cfr. também Armando M. Marques Guedes, *Direito...*, p. 238; José Francisco Rezek, *Direito...*, p. 373.

A dificuldade residia na forte imperfeição adjetiva deste tratado: embora substantivamente proibisse o uso da força, não estabelecia qualquer mecanismo sancionatório para punir o respetivo incumprimento, o que não tardaria muito tempo que viesse a acontecer, e em larga escala, rebentando a II Guerra Mundial.

VI. O *quarto momento*, numa dupla ótica substantiva e adjetiva, é o que estamos vivendo e seria alcançado com a aprovação da CNU. Ainda que se aceite que as atribuições da ONU largamente ultrapassam o objetivo da paz e da segurança internacionais, sem dúvida que esta vem a ser uma das suas principais finalidades, ou não tivesse esta instituição sido criada sobre os escombros dramáticos da II Guerra Mundial.

Não se pode questionar que a CNU tivesse estabelecido não apenas essa finalidade como um dos seu principais objetivos, mas sobretudo tivesse afirmado o monopólio do uso da força a cargo da ONU, a deliberar por intermédio de um dos seus órgãos, o Conselho de Segurança[1009].

A CNU estabeleceria, de todos estes textos, a proibição mais abrangente do uso da força, erguendo do mesmo passo a defesa da soberania num dos seus princípios fundamentais, afirmando que "Os membros deverão abster-se nas suas relações internacionais de recorrer à ameaça ou ao uso da força, quer seja contra a integridade territorial ou a independência política de um Estado, quer seja de qualquer outro modo incompatível com os objetivos das Nações Unidas" (art. 2º, nº 4, da CNU).

As exceções formalmente previstas são, utilizando a tetralogia proposta por Michael Akehurst[1010], as seguintes:

(i) a legítima defesa (cfr. o art. 51º da CNU);
(ii) as medidas adotadas ou autorizadas pelos órgãos competentes da ONU para manter ou restabelecer a paz e a segurança internacionais (cfr. o art. 42º da CNU);

[1009] Cfr. Armando M. Marques Guedes, *Direito...*, pp. 239 e ss.; António Cabral de Moncada, *Curso...*, I, pp. 83 e ss.; Nguyen Quoc Dinh, Patrick Daillier e Alain Pellet, *Droit...*, pp. 939 e ss.; José Francisco Rezek, *Direito...*, pp. 373 e ss.

[1010] Cfr. Michael Akehurst, *Introdução...*, p. 273, às quais Castór M. Díaz Barrado (*El Uso de la Fuerza...*, pp. 122 e 123) acrescenta ainda as seguintes: (i) o uso da força no exercício do direito de autodeterminação dos povos; (ii) o uso da força consentido pelo Estado em cujo território a mesma se exerce; (iii) e o uso da força em estado de necessidade.

(iii) as medidas adotadas contra anteriores Estados inimigos (cfr. os arts. 107º e 53º, nº 1, da CNU);
(iv) as medidas adotadas por organizações regionais (cfr. o art. 52º, nº 1, da CNU).

A Assembleia Geral da ONU, por seu lado, teria oportunidade de explicitar o sentido da proibição internacional do uso da força, o que veio a fazer em duas ocasiões distintas: primeiro, na Resolução nº 2625 (XXV), de 24 de outubro de 1970, e depois, na Resolução nº 3314 (XXIX), de 14 de dezembro de 1974[1011].

No plano jurisprudencial, é de referir algumas intervenções que se fizeram na estabilização dessa proscrição geral do uso da força, avançando-se, primeiro, com considerações laterais, no caso do *Estreito de Corfu* (Reino Unido vs. Albânia) (1947-1949) e no Caso do pessoal diplomático e consular dos Estados Unidos em Teerão (Estados Unidos vs. Irão) (1979-1981), para se avaliar, depois, o problema a título principal no Caso das atividades militares e paramilitares na Nicarágua dos contras (Nicarágua vs. Estados Unidos) (1986), ligando este princípio fundamental do sistema da ONU ao Direito Internacional Costumeiro[1012].

Para além da decretação da força no seio da ONU, a única possibilidade de autotutela material efetivamente aberta foi a da legítima defesa, quando os respetivos pressupostos são pertinentes, a exercer por parte dos Estados. As outras hipóteses, também admitidas, foram-no apenas temporariamente, o tempo e as circunstâncias se encarregando de decretar a respetiva caducidade[1013]: o uso da força relativamente aos Estados vencidos da II Guerra Mundial[1014] rapidamente perderia a sua razão de

[1011] Cfr. os respetivos textos em Pedro Romano Martinez e J. A. Azeredo Lopes, *Textos de Direito Internacional Público*, 6ª ed., Coimbra, 2000, respetivamente, pp. 51 e ss., e pp. 83 e ss. Cfr., doutrinariamente, António Augusto Cançado Trindade, *Princípios...*, pp. 59 e ss.; Eduardo A. Serra Brandão, *Novos conceitos de agressão em Direito Internacional*, in *Um novo Direito do Mar*, Lisboa, 1984, pp. 39 e ss.; Charles Chaumont, *Organização...*, pp. 68 e ss.; António Cabral de Moncada, *Curso...*, I, pp. 83 e 84.

[1012] Cfr. Elísio Borges Maia, *Armas nucleares...*, pp. 235 e ss.

[1013] Assim, referindo a sua caducidade, António Cabral de Moncada, *Curso...*, I, p. 87; Nguyen Quoc Dinh, Patrick Daillier e Alain Pellet, *Droit...*, p. 947.

[1014] De acordo com o art. 107º da CNU, "Nada na presente Carta invalidará ou impedirá qualquer ação que, em relação a um Estado inimigo de qualquer dos signatários da presente

ser; as medidas regionais nunca poderiam obter qualquer autonomia em face do desenvolvimento da função constitucional da CNU relativamente a outros tratados de natureza militar, sobre eles prevalecendo.

VII. A proscrição do uso da força no Direito Internacional, arduamente conquistada, rapidamente se tornaria uma realidade universal, tal a difusão de disposições, confirmando a linha central seguida pela CNU, não se podendo encontrar setor específico do Direito Internacional que não lhe seja sensível:

- o Direito Internacional dos Tratados: "É nulo todo o tratado cuja conclusão tenha sido obtida pela ameaça ou pelo emprego da força em violação dos princípios de Direito Internacional contidos na Carta das Nações Unidas" (art. 52º da CVDTE);
- o Direito Internacional do Mar: "No exercício dos seus direitos e no cumprimento das suas obrigações nos termos da presente Convenção, os Estados Partes devem abster-se de qualquer ameaça ou uso da força contra a integridade territorial ou a independência política de qualquer Estado, ou de qualquer outra forma incompatível com os princípios de Direito Internacional incorporados na Carta das Nações Unidas" (art. 301º da CNUDM); ou
- o Direito Internacional do Espaço Exterior: "A Lua e os demais corpos celestes utilizar-se-ão exclusivamente com fins pacíficos por todos os Estados Partes no Tratado. Fica proibido estabelecer nos corpos celestes bases, instalações e fortificações militares, efetuar ensaios com qualquer tipo de armas e realizar manobras militares" (art. 4º, § 2º, do TEUEE).

VIII. Por aquilo que se vê, o que resta hoje do *ius belli* é muito pouco, com todas as inevitáveis consequências que isso acarreta:

- *regulativamente*, na modificação de muitas das normas do Direito Internacional da Guerra;
- *dogmaticamente*, no desinteresse em que caíram estas matérias, rapidamente substituídas por outras.

Carta durante a 2ª Guerra Mundial, for levada a efeito ou autorizada em consequência da dita guerra pelos governos responsáveis por tal ação".

As severas restrições que este século veio felizmente trazer à utilização da guerra antes considerada livre – acantonando-a em recônditos casos de legítima defesa e de decretação por instâncias internacionais, com a incumbência de zelar pela segurança e paz internacionais – determinou a perda da sua importância científica, já nem sequer sendo possível fazer a *summa divisio* do Direito Internacional – até há bem pouco tempo clássica e fundamental – entre o Direito da Paz e o Direito da Guerra[1015].

[1015] No plano dogmático-internacional, em consequência da restrição dos casos em que é legítima, a guerra há muito deixou de ocupar um lugar de relevo na sistemática dos manuais de Direito Internacional, que se subdividiam, dicotomicamente, entre o Direito da Paz e o Direito da Guerra. Era o caso, por exemplo, de Simón Planas Suárez (*Tratado de Direito Internacional Público*, Madrid, 1916), o I vol. para o Direito Internacional em tempo de paz e o II vol. para o Direito Internacional em tempo de guerra.

No seu lugar, e levando em consideração as normas aplicáveis dentro de uma lógica humanitária, como sucede com a Lei de Genebra, ao invés da Lei da Haia, atinente à regulação do exercício da força, há quem fale num único subsistema de Direito Internacional, que seria o Direito Humanitário Internacional. Cfr. Elísio Borges Maia, *Armas nucleares...*, p. 256.

§ 42º A PRESERVAÇÃO DA PAZ INTERNACIONAL PELA ORGANIZAÇÃO DAS NAÇÕES UNIDAS

151. A intervenção do Conselho de Segurança das Nações Unidas

I. O uso da força no Direito Internacional, tal como o mesmo ficou gizado depois da CNU, esteia-se no papel do Conselho de Segurança, que não partilha esse poder com nenhum outro órgão, num sistema de segurança coletiva e pública[1016].

Eis o órgão central da ONU, competindo-lhe essencialmente ser o guardião da paz e da segurança internacionais. E note-se que nesta matéria o Conselho de Segurança tem poder exclusivo, sob duas vertentes:

- *externamente*: porque nenhuma outra instância se pode arrogar do exercício de poderes de manutenção da paz internacional, sendo esta uma incumbência só atribuída à ONU, o que não belisca os acordos de legítima defesa coletiva, que se lhe subordinam;

[1016] Sobre o sistema de segurança coletiva da ONU, v. JOAQUIM DA SILVA CUNHA, *Direito Internacional...*, III, pp. 186 e ss.; PIERRE-MARIE DUPUY, *Droit...*, pp. 400 e ss.; ARMANDO M. MARQUES GUEDES, *Direito...*, pp. 262 e ss.; JEAN TOUSCOZ, *Direito Internacional*, pp. 365 e ss.; NGUYEN QUOC DINH, PATRICK DAILLIER e ALAIN PELLET, *Droit...*, pp. 993 e ss.; ANTONIO CASSESE, *International Law*, pp. 296 e ss.; EDUARDO CORREIA BATISTA, *O poder público bélico em Direito Internacional: o uso da força pelas Nações Unidas em especial*, Coimbra, 2003, pp. 597 e ss.; MALCOLM N. SHAW, *International...*, pp. 1017 e ss.; MARIA DO CÉU PINTO, *As Nações Unidas e a manutenção da paz e as atividades de peacekeeping doutras organizações internacionais*, Coimbra, 2007, pp. 25 e ss.; PAUL KENNEDY, *O Parlamento do Homem...*, pp. 97 e ss.; SOFIA SANTOS, *Die Reform des Sicherheitsrates...*, pp. 72 e ss.; JORGE BACELAR GOUVEIA, *Direito Internacional da Segurança*, pp. 63 e ss.

- *internamente*: porque nenhum outro órgão pode intervir, o que a acontecer é sempre por impossibilidade ou a mando do Conselho de Segurança, cabendo-lhe mesmo a execução das decisões do TIJ, apenas a Assembleia Geral podendo excecionalmente intervir no caso de paralisação do Conselho de Segurança[1017].

II. O procedimento que incumbe ao Conselho de Segurança, na aplicação de sanções, é diversificado, comportando diversos momentos, de entre eles se destacando[1018]:

- a *iniciativa*;
- a *apreciação*; e
- a *decisão*.

De toda a maneira, esta é uma intervenção intensamente sujeita a vários princípios de tipo procedimental e material, de que cumpre naturalmente evidenciar o princípio da proporcionalidade, nas suas três vertentes.

III. A *iniciativa* da intervenção é múltipla, até para evitar a obstrução de uma intervenção do Conselho de Segurança, sendo diversas as possibilidades de abertura deste procedimento:

- pelo próprio Conselho de Segurança;
- pela Assembleia Geral;
- pelo Secretário-Geral; ou
- por qualquer Estado, membro ou não da ONU.

IV. Iniciado o procedimento, é vital avaliar em que termos está ocorrendo uma situação de rutura da paz e da segurança internacionais, numa

[1017] Cfr. Nguyen Quoc Dinh, Patrick Daillier e Alain Pellet, *Droit...*, pp. 995 e 996. Essa é a orientação que se extrai da Resolução 377 (V) da Assembleia Geral, de 3 de dezembro de 1950, também designada por Resolução Unidos para a Paz (ou Acheson), na qual se transfere o poder de intervenção no caso de ameaça ou rutura da paz para a Assembleia Geral, caso o Conselho de Segurança se encontre paralisado, nos termos do seu nº 1. Cfr. o respetivo texto em Pedro Romano Martinez e J. A. Azeredo Lopes, *Textos...*, pp. 164 e 165.

[1018] Cfr. Armando M. Marques Guedes, *Direito...*, pp. 282 e ss.; Jorge Miranda, *Curso...*, pp. 264 e 265.

averiguação que nem sequer conta apenas com a intervenção do Conselho de Segurança, já que em casos excecionais pode a Assembleia Geral também participar, segundo os termos da Res. União para a Paz, de 3 de novembro de 1950[1019].

A *apreciação* consiste na reunião de todos os elementos necessários, incluindo os pareceres, com vista a melhor conhecer a situação de conflito internacional, tomando o pulso às suas características, no sentido de enquadrar a perspetiva da aplicação de medidas.

É neste caso importante que as entidades envolvidas – *maxime* dos Estados relativamente aos quais se julgue haver uma responsabilidade de rutura – possam ser ouvidas. Daí que essas partes sejam convidadas a participar na discussão sem direito de voto, o que equivale a um direito de audição prévia.

V. A *deliberação* desemboca numa ponderação que o Conselho de Segurança faz a respeito da situação cujo procedimento de intervenção se iniciou, abrindo-se várias opções possíveis:

- considerar que não existe nenhuma, efetiva ou potencial, situação de rutura da paz e da segurança internacionais;
- considerar que é necessário obter mais elementos para justificar uma decisão material;
- considerar que se justifica, preliminarmente, chamar a atenção dos Estados em conflito para o respeito pela CNU, através de uma *vis diretiva*;

[1019] Nela se estabelecendo no respetivo nº 1 o seguinte: "*Decide* que, em qualquer caso onde pareça existir uma ameaça, uma rutura da paz ou um ato de agressão e onde, pelo facto de não se ter conseguido a unanimidade dos seus membros permanentes, o Conselho de Segurança falhe na sua principal responsabilidade de manutenção da paz e segurança internacionais, a Assembleia Geral examinará imediatamente a questão com o objetivo de efetuar aos Membros as recomendações apropriadas para a tomada de medidas coletivas, incluindo no caso de uma quebra da paz ou um ato de agressão, o uso de força armada quando necessário, para a manutenção ou restabelecimento da paz e da segurança internacionais. Se a Assembleia Geral não estiver em sessão nessa altura, ela poderá ser convocada para uma sessão especial de emergência dentro das vinte e quatro horas subsequentes ao pedido". Cfr. o respetivo texto em Manuel de Almeida Ribeiro, António Vasconcelos de Saldanha e Mónica Ferro, *Textos...*, pp. 110 e 111.

- considerar que é de aplicar as sanções previstas, através de uma *vis coativa.*

152. As sanções aplicáveis

I. Do prisma das sanções a aplicar, com o fito de se evitar ou de se reprimir uma situação de rutura da paz e da segurança internacionais, a CNU prevê dois tipos de providências[1020]:

- as *sanções coativas não militares*; e
- as *sanções coativas militares.*

É óbvio que entre elas se estabelece um apurado sentido de proporcionalidade, só se justificando a aplicação ou a passagem às medidas mais drásticas no caso de outras medidas mais suaves não surtirem igual efeito.

Para além disso, ainda se admite que o Conselho de Segurança adote um procedimento provisório, podendo intercalarmente propor medidas temporárias: "A fim de evitar que a situação se agrave, o Conselho de Segurança poderá, antes de fazer as recomendações ou decidir a respeito das medidas previstas no artigo 39º, instar as partes interessadas a aceitar as medidas provisórias que lhe pareçam necessárias ou aconselháveis" (art. 40º, primeira parte, da CNU).

II. O pressuposto fundamental para a aplicação das medidas previstas no capítulo VII da CNU é o da verificação de que está ocorrendo uma "... qualquer ameaça à paz, rutura da paz ou ato de agressão..." (art. 39º da CNU).

Percebe-se que este endurecimento das medidas não acontece apenas na deflagração de um conflito armado, mas pode surgir dentro de uma ótica preventiva desse mesmo conflito.

[1020] Sobre o leque de sanções possíveis, v. ADRIANO MOREIRA, *Direito...*, pp. 151 e ss.; J. G. STARKE, *Introduction...*, pp. 519 e ss.; ARMANDO M. MARQUES GUEDES, *Direito...*, pp. 262 e ss., e pp. 308 e ss.; ANDRÉ GONÇALVES PEREIRA e FAUSTO DE QUADROS, *Manual...*, pp. 514 e ss.; ADHERBAL MEIRA MATTOS, *Direito...*, pp. 455 e ss.; NGUYEN QUOC DINH, PATRICK DAILLIER e ALAIN PELLET, *Droit...*, pp. 954 e ss.; JOSÉ LUÍS MOREIRA DA SILVA, *Direito dos Conflitos...*, pp. 49 e ss.; JORGE MIRANDA, *Curso...*, pp. 265 e ss.

A aplicação dessas medidas é, contudo, encarada sempre com gradualismo, podendo ser antecedida da formulação de recomendações com o propósito de ser evitada ou de ser feita cessar a situação de rutura, a fim de manter ou restabelecer a paz e a segurança internacionais.

III. As *sanções coativas não militares ou bélicas* – ainda que coativas no sentido de serem obrigações e não recomendações – não envolvem o uso da força e a CNU avança com o seguinte elenco[1021], numa tipologia que é exemplificativa, outras podendo ser tomadas, na condição de se encaixarem no conceito geral de medidas aptas a "tornar efetivas as suas decisões", sem envolver o recurso à força armada (cfr. o art. 41º da CNU):

- a interrupção, completa ou parcial, das relações económicas;
- a interrupção, completa ou parcial, dos meios de comunicação ferroviários, marítimos, aéreos, postais, telegráficos, radioelétricos, ou de qualquer outra natureza;
- o rompimento das relações diplomáticas.

Embora diretamente não previstas, parece que se inscrevem nesta lógica das sanções não militares também quatro outras providências, que assim devem ser adicionadas:

- a *retorsão*: implica uma ação não armada que se traduz numa desvantagem para o Estado que é vítima, como resposta a uma situação de violação do Direito Internacional;
- as *represálias*: significam o infligir de um dano como reação à infração que está sendo cometida, que em circunstâncias normais seria ilícita e que se aceita como resposta a uma atividade ilícita que é levada a cabo pelo Estado a quem são dirigidas;
- os *embargos ou sequestros*: significam a proibição de comerciar com o Estado que esteja na situação de prevaricação;
- os *boicotes* ou as *proibições*: significam a não participação do Estado infrator em atividades ou organizações internacionais.

[1021] Cfr. Armando M. Marques Guedes, *Direito...*, pp. 310 e ss.; Nguyen Quoc Dinh, Patrick Daillier e Alain Pellet, *Droit...*, pp. 997 e ss.

IV. O uso da força armada, de acordo com a fenomenologia que tal atividade pressupõe[1022], é referida pela CNU numa cláusula geral com estes termos: "...poderá levar a efeito, por meio de forças aéreas, navais ou terrestres, a ação que julgar necessária para manter ou restabelecer a paz e a segurança internacionais" (art. 42º, primeira parte, da CNU).

Essa cláusula geral é depois tipificada em duas operações militares, nos três ramos possíveis das forças armadas, que a integram e que são (cfr. o art. 42º, *in fine*, da CNU):

- as *demonstrações*; e
- os *bloqueios*.

Naturalmente que estas duas categorias não se referem à utilização mais óbvia da força armada, que é o uso da força através da ocupação física do Estado prevaricador, com tudo quanto isso implica nos atos que se impõem para restabelecer a legalidade internacional.

O uso da força militar pode ser feito diretamente pelos Estados, sendo autorizados a tanto, ou por forças da ONU, embora até ao momento este quadro próprio nunca tenha sido constituído.

Por outra parte, também se aceita que as organizações regionais sejam chamadas a colaborar na manutenção da paz e segurança internacionais[1023], dizendo que "O Conselho de Segurança utilizará, quando for caso disso, tais acordos e organizações regionais para uma ação coercitiva sob sua própria autoridade" (art. 53º, nº 1, primeira parte, da CNU).

153. As operações de paz

I. Domínio que tem assumido igualmente importância na atividade da ONU é o das *operações de paz*, que têm sido decretadas ao longa da sua atividade e praticamente desde a fundação[1024].

[1022] Cfr. Nguyen quoc dinh, patrick daillier e Alain Pellet, *Droit...*, pp. 1001 e ss.

[1023] Cfr. Nguyen Quoc Dinh, Patrick Daillier e Alain Pellet, *Droit...*, pp. 1007 e ss.

[1024] Sobre estas operações de manutenção de paz, v. Paulo Canelas de Castro, *De quantas cartas...*, pp. 1029 e ss.; João Filipe Martins, *A ONU e os conflitos internacionais: os casos de Kosovo e de Timor-Leste sob o olhar atento do Ruanda*, in DeC, ano IV, nº 10/11, julho de 2000 a fevereiro de 2001, Praia, pp. 215 e ss.; Isabel Raimundo, *Imperativo humanitário...*, pp. 93

O certo, porém, é que a CNU não refere a possibilidade de a ONU decretar tais operações[1025], que implicam a utilização de meios militares para a efetivação da paz, mas que não exercem diretamente a força.

Contudo, nem por isso esta organização internacional se tem inibido de as levar por diante, melhor interpretando a CNU através da conjugação dos capítulos VI e VII, apesar de se reconhecer que as mesmas não se encaixam em nenhum deles:

- não no capítulo VI porque são mais do que meras medidas diplomáticas para a evitação e repressão dos conflitos, envolvendo a aplicação de meios militares;
- não no capítulo VII porque ficam aquém de uma utilização da força militar, que aí se encontra prevista contra as partes que ponham em causa a paz e a segurança internacionais[1026].

A solução encontrada tem sido a da interpretação extensiva dos poderes literalmente previstos, numa fronteira entre as disposições de cada um daqueles capítulos, mas apoiando-se sempre no preâmb. da CNU e no seu objetivo primordial de manutenção da paz e da segurança internacionais[1027].

Como disse o General DAG HAMMARSKJÖLD, antigo Secretário-Geral da ONU e assassinado no exercício das suas funções, e que também pioneiramente utilizara a expressão "Peace keeping operations", as opera-

e ss.; VÍTOR RODRIGUES VIANA, *Segurança...*, pp. 71 e ss.; MÓNICA FERRO, *As Administrações...*, pp. 201 e ss.; JOSÉ LUÍS MOREIRA DA SILVA, *Direito dos Conflitos...*, pp. 59 e ss.; PEDRO RAPOSO DE MEDEIROS CARVALHO, *Nações Unidas – um ator na resolução dos conflitos*, Lisboa, 2003, pp. 36 e ss.; NGUYEN QUOC DINH, PATRICK DAILLIER e ALAIN PELLET, *Droit...*, pp. 1009 e ss.; EDUARDO CORREIA BATISTA, *O poder público...*, pp. 605 e ss., e pp. 733 e ss.; JÓNATAS E. M. MACHADO, *Direito Internacional...*, pp. 664 e ss.; MARIA DO CÉU PINTO, *As Nações Unidas e a manutenção...*, pp. 35 e ss.

[1025] Cfr. VÍTOR RODRIGUES VIANA, *Segurança...*, p. 101; MÓNICA FERRO, *As Administrações...*, p. 206.

[1026] Como escreve VÍTOR RODRIGUES VIANA (*Segurança...*, p. 86), "Na verdade, se por um lado, estas operações ficam muito aquém, em termos de medidas coercivas, das disposições do capítulo VII da Carta, por outro lado, ultrapassam largamente as medidas estritamente diplomáticas, ou as previstas no capítulo VI, que trata da solução pacífica dos conflitos".

[1027] Cfr. o art. 1º, nº 1, da CNU. Cfr. MARIA DO CÉU PINTO, *As Nações Unidas e a manutenção...*, p. 35.

ções de manutenção de paz corresponderiam a um capítulo da CNU que teria ficado por redigir – o capítulo "seis e meio"[1028].

II. Com a prática alcançada em múltiplas situações de conflito internacional, o Conselho de Segurança das Nações Unidas veio apresentar, em 3 de maio de 1994, uma nota contendo os fatores da decretação das operações de manutenção de paz, com o objetivo de reduzir a discricionariedade decisória nessa matéria[1029]:

- a existência de uma ameaça à paz e à segurança internacionais;
- a existência de um cessar-fogo;
- a verificação da disponibilidade de entidades regionais para implantarem uma força de paz;
- a existência de um objetivo político claro suscetível de ser traduzido num mandato;
- um mandato preciso; e
- a existência de razoáveis garantias de segurança para o pessoal da ONU.

É da maior importância tal documento: não só se balizam os termos da criação das operações de paz como também ele testemunha a inequívoca aceitação deste mecanismo de pacificação das relações internacionais no seio da ONU e ao mais alto nível do Conselho de Segurança.

III. Numa observação de cunho histórico, as operações de paz têm sido variadas, pelo que se pode identificar cinco fases na respetiva evolução desde a fundação da ONU, tal como propõe Vítor Rodrigues Viana[1030], às quais não foram alheias as tensões existentes no plano da política internacional em geral[1031], falando Maria do Céu Pinto, a

[1028] Cfr. Vítor Rodrigues Viana, *Segurança...*, p. 86.

[1029] Cfr. Vítor Rodrigues Viana, *Segurança...*, p. 143.

[1030] Cfr. Vítor Rodrigues Viana, *Segurança...*, pp. 97 e ss.

[1031] E que seriam cinco: um período inicial antifascista, de 1945 a 1947; um período depois antissoviético, entre 1948 e 1954; um posterior período anticolonialista, entre 1955 e 1963; um período mais recente de auxílio aos países subdesenvolvidos, de 1964 a 1988; e um período atual multifuncional, de generalização da copoperação e de evitação e repressão dos conflitos, desde 1989. Cfr. Vítor Rodrigues Viana, *Segurança...*, p. 97.

este propósito, de diversas "gerações" de operações de manutenção de paz[1032]:

- a 1ª fase de cunho experimental, de 1948 a 1956;
- a 2ª fase de afirmação internacional, de 1956 a 1967;
- a 3ª fase de estagnação, de 1967 a 1973;
- a 4ª fase de renascimento, de 1973 a 1988; e
- a 5ª fase de expansão, a partir do fim da guerra fria.

No presente momento, são mais de 40 as missões de paz que as Nações Unidas já puderam levar a cabo, em correspondência com cada uma dessas cinco fases de evolução, embora se possa dizer que o ponto de viragem foi o do fim da guerra fria, com apenas 13 operações criadas até então, e depois disso em muito maior número[1033].

IV. As operações de paz instalam-se no território outrora palco de combates e visam a consolidação de um cessar-fogo, ao mesmo tempo lançando as bases da normalização da vida do Estado, incluindo os seus serviços essenciais, sendo compostas por soldados da ONU, os "capacetes azuis", emprestados pelos Estados que nelas participam.

Mas as operações de paz, até por causa do seu apenas implícito fundamento normativo-internacional, não são de exercício livre e submetem-se a orientações internacionais muito próprias, as quais podem enquadrar-se nestes três princípios, que estruturam os respetivos efeitos[1034]:

- o *princípio do consentimento das partes envolvidas*: a intervenção da ONU com estas características depende de vontade dos contendores nesse sentido formulada;
- o *princípio da imparcialidade dos agentes da manutenção de paz*: os agentes da ONU não devem conferir tratamentos preferenciais às diversas partes envolvidas; e
- o *princípio da não utilização da força, exceto em legítima defesa*: as forças da ONU não são forças militares de ação, pelo que não podem usar da força, a não ser num condicionalismo de legítima defesa.

1032 Cfr. Maria do Céu Pinto, *As Nações Unidas e a manutenção...*, pp. 72 e ss.

1033 Cfr. a listagem de Vítor Rodrigues Viana, *Segurança...*, pp. 408 e ss.

1034 Cfr. Vítor Rodrigues Viana, *Segurança...*, p. 103.

V. Nos finais da década de 80, porém, a ONU foi sendo confrontada com a necessidade de "muscular" certas operações de paz, passando a ser, não já de estrita manutenção de paz, mas de *imposição da paz*, originando operações de paz de duas categorias distintas, oscilando entre a consensualidade e a coercitividade na respetiva instalação nos territórios em causa:

- *forças restritas*, compostas por um reduzido número de observadores, que apenas pretendem garantir o respeito pelo acordo de paz assinado, e *mantendo a paz* (*peace keeping*);
- *forças amplas*, fortemente militarizadas, que implicam a deslocação de forças militares, com uso de armamento equiparável ao de um verdadeiro exército regular, e *impondo a paz* (*peace enforcement*)[1035].

Nalguns casos, as missões das Nações Unidas, dentro de uma ótica de consolidação da paz, vão mais longe e exercem poderes de natureza transitória, com o objetivo da construção dos Estados (*State building*)[1036].

Daí que seja hoje possível atribuir um leque mais diversificado de funções às operações de paz, que cada vez mais se distanciam de um estrito e único figurino, assim se refletindo sobre o respetivo conteúdo:

- a supervisão de um cessar-fogo;

[1035] Como escreve Vítor Rodrigues Viana (*Segurança...*, p. 152): "Muito embora a natureza pacífica tradicional das forças de «*manutenção da paz*» deva ser mantida, no futuro, com o objetivo de atuar em certos cenários com o consentimento das partes envolvidas, situações haverá que poderão exigir a utilização da força militar, sem o consentimento das partes envolvidas, para pôr fim a determinados casos de violência. Contudo, tal utilização pressupõe que todos os mecanismos para a solução pacífica do conflito tenham sido esgotados, que o mesmo configure uma ameaça à paz e à segurança internacionais ou constitua uma tragédia humanitária intolerável, e que certas condições pré-estabelecidas para a utilização dessa força sejam respeitadas".

[1036] Como refere Mónica Ferro (*As Administrações...*, p. 202), "Em rigor, as operações de construção de Estados (*state building*) são operações de consolidação de paz. Operações em que a Organização das Nações Unidas (primeira, mas não exclusivamente) desempenha algumas ou todas as competências soberanas, numa base temporária, enquanto trabalha com os líderes políticos e da sociedade civil locais para desenvolver as instituições de governo, tendo a democratização como meta final, preparando-as para o exercício de uma boa governação". Cfr. também Francis Fukuyama, *State Building – Governance and World Order in the Twenty-First Century*, London, 2004, pp. 124 e ss.

- a desmobilização de forças e grupos armados, bem como o seu regresso à vida civil;
- a destruição de armamentos;
- a elaboração e aplicação de programas de desminagem;
- o controlo de refugiados e deslocados;
- a prestação de auxílio humanitário;
- a supervisão das estruturas administrativas existentes;
- o estabelecimento de novas forças armadas ou policiais;
- a verificação do respeito pelos direitos humanos;
- a elaboração de reformas constitucionais, legislativas e eleitorais;
- a observação, supervisão e organização de atos eleitorais;
- a coordenação de apoios em vista da reabilitação económica e da reconstrução nacional[1037].

VI. A correspondência mais atualizada quanto às várias operações de paz permite a seguinte síntese, havendo que diferenciar entre a esmagadora maioria, que implica o consentimento das partes, e a outra que vai para além ou contra esse consentimento[1038], tal como se propõe na Agenda para a Paz da ONU, de 1995:

- a *diplomacia preventiva* (*preventive diplomacy*): o conjunto de medidas destinadas a evitar que diferendos se agravem, aumentando de tensão ou degenerando em conflitos armados;
- o *estabelecimento da paz* (*peace making*): o conjunto de medidas destinadas a alcançar um acordo entre as partes, com o uso dos meios pacíficos;
- a *manutenção de paz* (*peace keeping*): o conjunto de medidas destinadas a garantir a presença de forças da ONU através de efetivos militares ou policiais, bem como elementos civis;
- a *consolidação da paz* (*peace building*): o conjunto de medidas destinadas a fortalecer as estruturas do Estado, com o objetivo de evitar o recomeço das hostilidades, e lançando os caboucos de um futuro Estado;
- a *imposição da paz* (*peace enforcement*): o conjunto de medidas destinadas a garantir a presença de efetivos militares e policiais da ONU

[1037] Cfr. Vítor Rodrigues Viana, *Segurança...*, p. 106.
[1038] Cfr. Vítor Rodrigues Viana, *Segurança...*, pp. 112 e 113.

para impor a pacificação das relações entre as partes em conflito, prescindindo-se do respetivo consentimento[1039].

154. A exceção da legítima defesa internacional

I. A *legítima defesa* ainda resistiu, a título residual, como mecanismo de justiça privada no mais complexo nível dos conflitos internacionais que fazem perigar a paz e a segurança internacionais[1040].

Dela expressamente se ocupa a CNU, num importante preceito em que se prescreve o seguinte: "Nada na presente Carta prejudicará o direito inerente de legítima defesa individual ou coletiva, no caso de ocorrer um ataque armado contra um membro das Nações Unidas, até que o Conselho de Segurança tenha tomado as medidas necessárias para a manutenção da paz e da segurança internacionais" (art. 51º, primeira parte, da CNU).

Mas esse é um direito que sofre fortes limitações circunstanciais: "As medidas tomadas pelos membros no exercício desse direito de legítima defesa serão comunicadas imediatamente ao Conselho de Segurança e não deverão, de modo algum, atingir a autoridade e a responsabilidade que a presente Carta atribui ao Conselho para levar a efeito, em qualquer elemento, a ação que julgar necessária à manutenção ou ao restabelecimento da paz e da segurança internacionais" (art. 51º, segunda parte, da CNU).

[1039] Sobre Portugal e as operações de paz, v., por todos, AAVV, *Portugal e as operações de paz – uma visão multidimensional* (dir. de Adriano Moreira), Lisboa, 2009, pp. 145 e ss.

[1040] Sobre a legítima defesa internacional, v. Joseph Kunz, *Individual and collective self--defence in article 51 of the Charter of the United Nations,* in AJIL, 1947, pp. 872 e ss.; Krzysztof Jan Skubiszewski, *Use...*, pp. 739 e ss.; Nuno e Sousa, *Curso...*, p. 201; Antonio Cassese, *Article 51*, pp. 771 e ss.; Armando M. Marques Guedes, *Direito...*, pp. 276 e 277 e pp. 328 e ss.; André Gonçalves Pereira e Fausto de Quadros, *Manual...*, pp. 483 e ss.; Jean Touscoz, *Direito...*, pp. 358 e ss.; António Cabral de Moncada, *Curso...*, I, pp. 87 e ss.; Paulo Canelas de Castro, *De quantas cartas...*, pp. 1031 e ss.; Fausto de Quadros e Jorge Bacelar Gouveia, *As relações...*, pp. 34 e ss.; Nguyen Quoc Dinh, Patrick Daillier e Alain Pellet, *Droit...*, pp. 941 e ss.; José Luís Moreira da Silva, *Direito dos Conflitos...*, pp. 18 e ss.; Eduardo Correia Batista, *O poder público...*, pp. 112 e ss.; Jorge Miranda, *Curso...*, pp. 259 e ss.; Sofia Santos, *Die Reform des Sicherheitsrates...*, pp. 63 e ss.; José Pina Delgado, *Legítima defesa e antecipação no Direito Internacional – desenvolvimentos recentes,* in ReDiP, nº 2, julho-dezembro de 2009, pp. 133 e ss.

Escusado será dizer que esta é uma das matérias que só pode ficar altamente beneficiada com o apoio das dogmáticas, muito mais sedimentadas, do Direito Penal e do Direito Civil.

II. Os *pressupostos da legítima defesa* relacionam-se com a existência de um "ataque armado", noção que integra a prática de um ato ilícito contra os bens dos sujeitos internacionais, fundamentalmente pensando-se nos mais relevantes valores do ponto de vista da cena internacional, como são o regime político e a integridade territorial dos Estados[1041].

No tocante à noção de ataque armado, sobretudo depois de tantas evoluções tecnológicas no domínio do armamento, ela tornou-se mais difusa, fugindo dos conceitos clássicos, assim hoje podendo corresponder, mais amplamente, a qualquer operação ou ato com o efeito de infligir um prejuízo ou dano no Estado e nos seus elementos fundamentais[1042].

Tendo essa especial preocupação, a Assembleia Geral da ONU aprovou uma resolução tipificando diversos casos em que tal conceito se consideraria verificado, numa listagem exemplificativa[1043], uso da força que não é permitido à luz do novo Direito Internacional dos Conflitos Armados:

- a invasão ou o ataque por forças armadas de um Estado sobre o território de outro Estado, incluindo a ocupação militar e a anexação;
- o bombardeamento por forças armadas de um Estado do território de outro Estado, incluindo o emprego de quaisquer armas;
- o bloqueio dos portos ou das costas de um Estado pelas forças armadas de outro Estado;
- o ataque por forças armadas de um Estado contra as forças armadas terrestres, navais ou aéreas de outro Estado, bem como contra a sua frota mercante;

[1041] Sobre este conceito numa ótica de Direito Constitucional, v., por todos, Jorge Bacelar Gouveia, *O estado de exceção...*, II, pp. 781 e ss.

[1042] Cfr. André Gonçalves Pereira e Fausto de Quadros, *Manual...*, p. 484; Jorge Bacelar Gouveia, *O estado de exceção...*, II, pp. 781 e ss.; Fausto de Quadros e Jorge Bacelar Gouveia, *As relações...*, pp. 37 e 38.

[1043] Cfr. a Resolução nº 3314 (XXIX) da Assembleia Geral da ONU, de 14 de dezembro de 1974. Cfr. o respetivo texto em Fernando Roboredo Seara, Fernando Loureiro Bastos e José de Matos Correia, *Direito Internacional...*, pp. 95 e ss.

- o uso das forças armadas localizadas no território de outro Estado sem consentimento deste ou o prolongamento da sua presença sem esse consentimento;
- a permissão dada por um Estado de utilizar o seu território para empreender uma ação armada contra um terceiro Estado;
- o envio de grupos ou bandos armados por parte de um Estado, ou em seu nome, praticando atos armados de gravidade equiparada à dos atos anteriormente referidos.

Mais complexamente, essa agressão, que tem subjacente uma ação voluntária organizada contra aqueles valores, deve apresentar-se com as características da atualidade ou da iminência: a atualidade implica que esteja a acontecer e a iminência quer dizer que está prestes a acontecer, embora nesta hipótese não seja fácil operar a delimitação da situação que lhe antecede, que já não justifica a legítima defesa.

III. Os *efeitos da legítima defesa*[1044] consistem na aplicação do uso da força com o objetivo de repelir o ataque armado que está sendo perpetrado contra a respetiva vítima:

- *subjetivamente*: a legítima defesa pode ser levada a cabo pelo próprio Estado que seja destinatário do ataque armado, o que bem se explica no conceito de defesa, legítima defesa que neste caso é própria, como também pela possibilidade de ser protagonizada por Estados terceiros, que assim realizam uma legítima defesa alheia, até podendo vir a suceder institucionalmente no seio de organizações internacionais militares que têm o objetivo de estruturar uma legítima defesa coletiva, como é o que se passa com a NATO[1045], ainda que a sua criação tivesse sido con-

[1044] Cfr. André Gonçalves Pereira e Fausto de Quadros, *Manual...*, pp. 484 e 485; Fausto de Quadros e Jorge Bacelar Gouveia, *As relações...*, pp. 38 e 39.

[1045] Organização internacional de defesa criada pelo TAN. Cfr. o respetivo texto em Jorge Bacelar Gouveia, *Organizações Internacionais – textos...*, pp. 239 e ss.

testada na comunidade internacional[1046], a começar pela então URSS[1047];

- *objetivamente*: importa referir que essa ação de resposta em legítima defesa está internamente limitada, ao não poder surgir fora do contexto que venha a ser recortado pelo princípio da proporcionalidade, assim se proibindo o excesso de legítima defesa;
- *procedimentalmente*: o exercício da legítima defesa é sempre provisório, devendo terminar logo que o Conselho de Segurança tome as medidas que considere apropriadas, com isso se restabelecendo o monopólio público do uso da força.

IV. Várias as questões que o direito de legítima defesa tem suscitado na comunidade internacional, tanto no plano da ação política como no campo da discussão jurídica. E não sendo de aceitar a falência do instituto perante os recentes desafios que se têm colocado à segurança internacional, sobretudo nos novos moldes em que o terrorismo se tem organizado depois do 11 de setembro de 2001, é inquestionável que se impõe uma atualização do mecanismo.

Como afirma Sofia Santos, "...as regras respeitantes ao uso da força não evoluiram de modo a fazer face às ameaças à segurança nas relações internacionais, encontrando-se a sua interpretação e extensão no centro de uma divisão profunda entre Estados-Membros e na doutrina jusinternacionalista"[1048].

[1046] A disposição correspondente da NATO, constante do seu tratado constitutivo, assinado em Washington a 4 de abril de 1949, é o art. 5º do TAN, em que se preceitua o seguinte: "As Partes concordam em que um ataque armado contra uma ou várias delas na Europa ou na América do Norte será considerado um ataque a todas e, consequentemente, concordam com que, se um tal ataque armado se verificar, cada uma, no exercício do direito de legítima defesa, individual ou coletiva, reconhecido pelo artigo 51º da Carta das Nações Unidas, prestará assistência à Parte ou Partes assim atacadas, praticando sem demora, individualmente e de acordo com as restantes Partes, a ação que considerar necessária, inclusive o emprego da força armada, para restaurar e garantir a segurança na região do Altântico Norte".

[1047] Cfr. Nguyen Quoc Dinh, Patrick Daillier e Alain Pellet, *Droit...*, p. 945. E assim vigorou, por algumas décadas, o Pacto de Varsóvia, assinado nesta cidade em 14 de maio de 1955, como resposta ao Pacto do Atlântico, contendo uma disposição similar no seu art. 4º

[1048] Sofia Santos, *O uso da força no Direito Internacional e os desafios do paradigma onusiano*, in RFDUFMG, nº 61, julho-dezembro de 2012, p. 542.

V. São dois os problemas fundamentais: a natureza da agressão que justifica uma legítima defesa e o momento a partir do qual esta mesma defesa é aceitável[1049].

Quanto ao primeiro problema, tem vindo a fazer caminho a interpretação que considera a legítima defesa igualmente possível contra agressões não estatais se as mesmas revelarem escala e efeito suficientes para justificar tal resposta.

Quanto ao outro problema, têm sido defendidos entendimentos de "antecipação" da legítima defesa em relação ao sentido da agressão atual, hipóteses que são conhecidas como "defesa preventiva" e "defesa preentiva":

- na "defesa preventiva", a resposta poderia ocorrer antes de o ataque se iniciar no sentido de ser uma defesa antecipada em relação ao momento em que se considera a agressão estar prestes a acontecer;
- na "defesa preentiva", seria lícito que a resposta ocorresse mesmo não havendo qualquer ataque iminente, solução propugnada pela literatura anglo-americana e politicamente utilizada pela Administração George W. Bush, fundamentalmente com o argumento da imprevisibilidade das ameaças internacionais perante o risco da utilização das armas de destruição massiva.

155. O desenvolvimento do Direito Internacional Humanitário

I. Ao lado dos casos em que o uso da força é internacionalmente lícito, vigora o *Direito Internacional Humanitário*[1050], o capítulo do Direito Inter-

[1049] Cfr. Sofia Santos, *O uso da força no Direito Internacional...*, pp. 544 e ss.

[1050] Sobre o desenvolvimento do Direito Internacional Humanitário, nas suas diversas dimensões, v. Joaquim da Silva Cunha, *Direito Internacional...*, III, pp. 197 e ss.; Isabel Raimundo, *Imperativo humanitário...*, pp. 39 e ss.; Adherbal Meira Mattos, *Direito...*, pp. 458 e ss.; Nguyen Quoc Dinh, Patrick Daillier e Alain Pellet, *Droit...*, pp. 978 e ss.; José Luís Moreira da Silva, *Direito dos Conflitos...*, pp. 23 e ss.; Maria da Assunção do Vale Pereira, *Algumas considerações acerca da proteção da mulher no Direito Internacional Humanitário*, in AAVV, *Estudos em Comemoração do Décimo Aniversário da Licenciatura em Direito da Universidade do Minho*, Coimbra, 2004, pp. 545 e ss.; Véronique Harouel-Bureloup, *Traité...*, pp. 15 e ss.; José Francisco Rezek, *Direito...*, pp. 375 e ss.; Jorge Bacelar Gouveia, *Direito Internacional Humanitário...*, pp. 7 e ss., aqui também se encontrando os seus principais tex-

nacional que, sob a ótica da proteção humanitária, estabelece o regime do tratamento de feridos, prisioneiros e populações civis em tempo de conflito armado.

Compreender-se-á que a sua importância circunstancial vá diminuindo à medida que as ocasiões para a sua aplicação também venham a decrescer, o que tem sido, de resto, uma linha contínua de evolução.

Esse decréscimo no seu relevo fáctico está longe de o tornar inútil porque as intervenções militares, muitas vezes à revelia dos preceitos internacionais de proscrição da guerra, se têm sucedido.

Ora, é aqui que pode residir a sua autonomia substancial, sem sequer falando da importância dos valores perenes que diretamente protege: se as normas que condenam o uso unilateral da força não são efetivas, ao menos que este reduto do Direito Internacional, menos problemático de cumprir, se mantenha na sua plena efetividade.

II. O Direito Internacional Humanitário, como tivemos ocasião de lembrar, nasceu intimamente associado a um sujeito internacional não estadual: a Cruz Vermelha Internacional[1051], que o marcou desde logo através do seu Comité Internacional.

É assim possível dizer que um mesmo momento assinalou a relevância internacional desta organização e do Direito Internacional Humanitário.

A evolução deste capítulo do Direito Internacional pode ser compreendida, para além daquele momento fundador, mais simbólico que regulativo, em três fases distintas[1052]:

- uma primeira fase, em 1899 e em 1907, nas Convenções da Haia;
- uma segunda fase, em 1949, nas Convenções de Genebra; e
- uma terceira fase, em 1977, nos seus dois Protocolos Adicionais.

Há ainda quem acrescente um posterior conjunto de regras – o Direito de Nova Iorque – criado no seio da atividade da ONU, que se tem multipli-

tos normativos; Leonardo Estrela Borges, *O Direito Internacional Humanitário...*, pp. 1 e ss.; Abdelwahab Biad, *Droit International humanitaire*, pp. 7 e ss.; Michel Bélanger, *Droit International humanitaire...*, pp. 15 e ss.; Maria da Assunção do Vale Pereira, *Noções fundamentais...*, pp. 153 e ss.

[1051] Cfr. Isabel Raimundo, *Imperativo humanitário...*, pp. 116 e ss.

[1052] Cfr. Maria Barroso Soares, *Cruz Vermelha*, pp. 21 e 22.

cado no campo da proteção das vítimas de conflitos armados, na sequência da Res. da Assembleia Geral nº 2444, adotada em 1968, nela se pugnando pelo respeito dos direitos humanos em período de conflito armado.

É assim de não esquecer vários outros documentos internacionais que, dispersamente, têm estabelecido outras limitações no uso da força da ótica do Direito Internacional Humanitário, mas que não se filiam em nenhuma ocasião especial, antes refletem a evolução e o fruto das circunstâncias que se sucederam depois daqueles momentos polarizadores das codificações internacionais que nesta matéria foram levadas a cabo.

III. A primeira fase, que integra o chamado Direito da Haia, tem um interesse essencialmente militar – que incluiu tanto as duas Convenções de 1899, celebradas na 1ª Conferência, como as 13 Convenções de 1907, realizadas numa 2ª Conferência e que vieram substituir aquelas – e corresponde à codificação das clássicas regras sobre o uso da força, tocando nos seguintes temas:

- Proibição do uso da força para a cobrança de dívidas (Convenção Drago-Porter);
- Abertura de hostilidades;
- Leis e costumes da guerra terrestre;
- Direitos e deveres dos Estados neutros em caso de guerra terrestre;
- Regime dos barcos mercantes ao iniciarem as hostilidades;
- Transformação de navios mercantes em navios de guerra;
- Colocação de minas submarinas;
- Bombardeamento de forças navais em tempo de guerra;
- Aplicação à guerra marítima dos princípios da Convenção de Genebra;
- Restrições ao direito de captura na guerra marítima;
- Criação de um Tribunal Internacional de Presas;
- Direitos e deveres dos Estados neutros na guerra marítima;
- Declaração sobre a proibição de lançamento de projectéis e explosivos por aeróstatos.

Mais tarde, já fora deste período codificador, outras convenções seriam celebradas com o mesmo intuito de limitação do uso da força: o Protocolo de Genebra de 17 de junho de 1925, sobre a proibição do uso na guerra de gases asfixiantes, tóxicos ou análogos, em reação à nefasta experiência da

I Guerra Mundial; a Convenção de Genebra de 27 de julho de 1929, sobre o tratamento de feridos em combate, doentes e prisioneiros de guerra; o Tratado de Londres de 22 de abril de 1930; e o Protocolo de Londres de 6 de novembro de 1936 sobre guerra submarina.

IV. A segunda fase, ocorrida em 1949, correspondendo ao Direito de Genebra, é aquela que marcou o sentido profundo do Direito Internacional Humanitário, bastando lembrar o facto de ter surgido no rescaldo de um sangrento conflito mundial, a que se impunha dar uma adequada resposta, acarretando a revogação de parte das normas do Direito da Haia[1053].

Foi então organizada uma Conferência Diplomática em Genebra, dela tendo saído as quatro Convenções de Direito Internacional Humanitário[1054], todas de 12 de agosto de 1949:

- 1ª Convenção: para melhorar a situação dos feridos e doentes das forças armadas em campanha;
- 2ª Convenção: para melhorar a situação dos feridos, doentes e náufragos das forças armadas no mar;
- 3ª Convenção: relativa ao tratamento dos prisioneiros de guerra;
- 4ª Convenção: relativa à proteção das pessoas civis em tempo de guerra[1055].

[1053] Como escreve José Francisco Rezek (*Direito*..., p. 375), "A guerra repontava agora como ilícito internacional, o que por certo fazia caducar uma série de normas – notadamente avençadas na Haia – sobre o ritual militar, mas não varria da cena internacional a perspetiva da eclosão de conflitos armados não menos sangrentos e duradouros que as guerras declaradas de outrora".

É de referir, *v. g.*, o caso da II Convenção, que pelo seu art. 58º substituiu a X Convenção da Haia, de 18 de outubro de 1907, ou o caso da I Convenção, que no seu art. 59º dispõe que "A presente Convenção substitui as Convenções de 22 de agosto de 1864, de 6 de julho de 1906 e de 27 de julho de 1929...".

[1054] O sentido geral deste Direito de Genebra abrange as seguintes orientações, tal como propõe José Francisco Rezek (*Direito*..., p. 375): a proteção dos soldados fora de combate na situação de feridos, doentes ou náufragos; a proteção dos soldados reduzidos ao estatuto de prisioneiros de guerra em caso de captura ou rendição; a proteção das pessoas dos serviços de socorro, como enfermeiros e médicos, mas também capelães, administradores e transportadores sanitários; e a proteção dos não combatentes como membros da população civil.

[1055] Em Portugal, aprovadas para ratificação pelo DL nº 42 991, de 26 de maio de 1960, publicado o respetivo texto oficial português no DG, I série, nº 123, de 26 de maio de 1960, pp. 1121 e ss.

Estas Convenções de Genebra assentam ainda em três princípios orientadores da atividade de proteção no seio do exercício da força[1056]:

- o *princípio da neutralidade*, através do qual o intuito de socorrer os feridos nunca pode ser considerado como se estando a tomar parte por uma das partes beligerantes;
- o *princípio da não discriminação*, pelo qual essa atividade não pode ser discriminatória em nome de qualquer critério que seja considerado inadmissível, como a língua, a raça ou a religião, de entre outros; e
- o *princípio da responsabilidade*, caso em que o Estado que procede à proteção responde pela sorte das pessoas protegidas.

V. A terceira fase aconteceu em 1977, altura em que, na sequência de outra conferência diplomática, foram aprovados dois Protocolos Adicionais àquelas Quatro Convenções de Genebra, com o intuito de aperfeiçoar a proteção, em face de novos desenvolvimentos na tecnologia do armamento e das próprias ciências militares[1057]:

- 1º Protocolo Adicional: extensão da proteção humanitária aos efeitos diretos das hostilidades internacionais, incluindo as guerras de libertação nacional;
- 2º Protocolo Adicional: reforço das garantias de proteção conferida aos civis no âmbito dos conflitos internos[1058].

Mesmo assim, não se deixa atualmente de considerar que estas são normas insuficientes porque a tecnologia do armamento evolui mais depressa do que as normas aplicáveis, sendo de ponderar a consideração de outras ameaças, indiretamente provocadas pela guerra, a merecer a proteção da ótica das populações civis.

VI. Depois desta fase, a evolução do Direito Internacional Humanitário não pararia, mas agora já de uma ótica específica, para se enfrentar vários

[1056] Cfr. José Francisco Rezek, *Direito...*, pp. 375 e 376.

[1057] Cfr. José Francisco Rezek, *Direito...*, p. 376.

[1058] Ambos os anexos já vinculando Portugal, conforme o Dec. do Presidente da República nº 10/92, de 1 de abril, tendo a respetiva tradução oficial sido publicada no DR, I série-A, nº 77, de 1 de abril de 1992, pp. 1515 e ss.

problemas pontuais, tendo sido elaboradas algumas convenções internacionais[1059]:

- a Convenção sobre proteção de bens culturais, de 1954;
- a Convenção sobre a proibição de armas bacteriológicas, de 1972;
- a Convenção sobre a proibição de certas armas consideradas excessivamente lesivas ou geradoras de efeitos indiscriminados; e
- a Convenção de Genebra sobre a proibição das armas químicas, de 1992.

VII. A evolução que se verificou ao longo destas diversas fases, que se inscrevem no comum propósito de limitar o uso da força e de permitir a humanização dos prejuízos da guerra, possibilitou a formação de um corpo sistemático de normas e princípios, assenta na distinção das relações jurídicas internacionais entre os beligerantes – a *situação de guerra* – e os não beligerantes – o *estatuto da neutralidade*[1060].

No tocante à *situação de guerra*, foram estabelecidas orientações quanto a diversos tópicos que interessam às relações internacionais na pendência desse estatuto:

- a declaração de guerra e o fim da guerra, com regras formais quanto ao início no caso de *ultimatum* e com limitações na celebração do tratado de paz;
- o exercício da guerra, sendo terrestre, marítima e aérea, havendo regras que limitam o uso da força nesses diversos cenários bélicos;
- os efeitos da situação de guerra entre os beligerantes, daí derivando a rutura das relações diplomáticas e consulares, bem como a suspensão de outros tratados, para além da expulsão de cidadãos inimigos e a proibição de relações económicas, de entre outros efeitos.

Em relação ao *estatuto de neutralidade*, impõem-se importantes efeitos que se desdobram entre direitos e deveres:

- direitos: os direitos de inviolabilidade do território dos Estados neutrais e de livre comércio;

[1059] Cfr. as referências de José Francisco Rezek, *Direito...*, pp. 377 e 378.

[1060] Cfr. Joaquim da Silva Cunha, *Direito Internacional...*, III, pp. 201 e ss.; Adherbal Meira Mattos, *Direito...*, pp. 463 e ss.; José Francisco Rezek, *Direito...*, pp. 371 e ss.

- deveres: o dever de abstenção, que veda qualquer tipo de auxílio que possa ser prestado aos contendores, e o dever de imparcialidade, que força a que os Estados neutrais tratem em igualdade de circunstâncias os beligerantes, ficando impedidos de favorecer uns em detrimento de outros.

VIII. Paralelamente à construção do Direito Internacional Humanitário, tem sido frequentemente discutido o interessante tema da *ingerência humanitária*, o mesmo é dizer em que termos pode um Estado – ou qualquer outro sujeito internacional – intervir no território de outro Estado, em socorro de populações vítimas, perante a oposição do Estado respetivo[1061].

Naturalmente que a intervenção humanitária, quando autorizada e até solicitada, não suscita qualquer dificuldade, uma vez que respeita escrupulosamente as regras internacionais aplicáveis, a começar pela soberania territorial onde se vai realizar a intervenção[1062].

A dificuldade existe, no entanto, nos casos em que essa intervenção não é permitida, tácita ou expressamente, colocando-se em paralelo a questão de saber se há apenas um direito de ingerência ou se há mesmo um dever de ingerência, em nome dos valores internacionais de proteção dos direitos humanos mais elementares.

Uma coisa, porém, parece certa, tal como o enfatiza Mario Bettati: "O princípio da soberania já não é, pois, a fortificação inexpugnável dos Estados com a qual as solidariedades se deparam em relação aos povos. Foram conseguidos progressos sensíveis para permeabilizar as fronteiras às entre-ajudas exteriores"[1063].

[1061] Sobre esta complexa questão da ingerência humanitária, v. Mafalda Ramos Carmona, Maria de Fátima B. Silva, Maria Inês Alves Vieira e Susana Vital Figueiredo, *Direito de intervenção humanitária*, in RJ, nº 20, novembro de 1996, pp. 259 e ss.; Mario Bettati, *O direito de ingerência – mutação da ordem internacional*, Lisboa, 1997, pp. 11 e ss.; José Manuel Avelino de Pina Delgado, *A Carta das Nações Unidas e a legalidade das intervenções humanitárias unilaterais*, in DeC, ano V, n°s 16/17, setembro de 2002 a abril de 2003, Praia, pp. 59 e ss.; Maria de Assunção do Vale Pereira, *A intervenção humanitária no Direito Internacional Contemporâneo*, Coimbra, 2009, pp. 23 e ss.

[1062] Cfr. Mario Bettati, *O direito...*, pp. 17 e ss.

[1063] Mario Bettati, *O direito...*, p. 324.

IX. Recentemente, a questão da ingerência tem suscitado a construção do instituto da "responsabilidade de proteger"[1064], em nome da necessidade de a comunidade internacional se sobrepor à soberania territorial quando está em causa a proteção dos direitos humanos, fazendo funcionar a coatividade inerente às medidas previstas no capítulo VII da CNU.

Mas como frisa Sofia Santos, "Uma implementação *de facto* não se encontra assegurada e a prática não se revela uniforme. As graves violações dos direitos humanos na região de Darfur entre 2003 e 2010 e, mais recentemente, na Síria, na sequência de medidas repressivas levadas a cabo pelo Governo contra a oposição e que tiveram início em Março de 2011, revelam uma ausência de vontade política por parte de determinados Estados-Membros, nestes casos a China e a Rússia, respetivamente, em aceitar uma responsabilidade vinculativa de proteger a população de outro Estado, mesmo quanto este não o faz"[1065].

[1064] Cfr., desenvolvidamente, Wladimir Brito, *Responsabilidade de proteger no Direito Internacional*, Coimbra, 2017, pp. 9 e ss.

[1065] Sofia Santos, *O uso da força no Direito Internacional...*, p. 553.

Capítulo XIV
A Responsabilidade Internacional

§ 43º A responsabilidade penal internacional

§ 44º A responsabilidade civil internacional

§ 43º A RESPONSABILIDADE PENAL INTERNACIONAL

156. A afirmação progressiva da responsabilidade penal internacional

I. Dentro de uma ótica de responsabilidade, a categoria mais severa para garantir o respeito pelo Direito Internacional é a da *responsabilidade penal internacional.*

Trata-se de punir aqueles que tenham infringido os mais altos valores protegidos pelo Direito Internacional, sujeitando-os, assim, a penas de prisão, por terem cometido crimes internacionais.

Esta é ainda – sempre o tem sido – uma responsabilidade individual, que recai sobre as pessoas que, em cada momento, tenham tido comportamentos criminalmente depreciados, avultando a pessoa humana como sujeito passivo – e não já ativo – do Direito Internacional.

É certo que o Direito Penal Interno vai sendo cada vez mais permeável à responsabilidade penal das pessoas coletivas. Mas também é seguro que essa responsabilidade ainda não atingiu o patamar do Direito Internacional Penal[1066].

[1066] Sobre a responsabilidade penal do indivíduo em geral, v. ANTÓNIO BLANC ALTEMIR, *La violación de los derechos humanos fundamentales como crimen internacional*, Barcelona, 1990, *passim*; JOAQUIM DA SILVA CUNHA, *Direito Internacional...*, III, pp. 153 e ss.; JEAN TOUSCOZ, *Direito Internacional*, pp. 190 e ss.; ANTONIO CASSESE, *Los derechos humanos en...*, pp. 95 e ss., e *International Criminal Law*, pp. 47 e ss.; MIGUEL GALVÃO TELES, *Timor Leste*, pp. 649 e ss.; ISABEL RAIMUNDO, *Imperativo humanitário...*, pp. 128 e ss.; ALFREDO HÉCTOR WILENSKY e RUI JANUÁRIO, *Direito Internacional...*, pp. 50 e ss.; WLADIMIR BRITO, *Direito...*, pp. 297 e ss.; FRANCISCO FERREIRA DE ALMEIDA, *Direito...*, pp. 332 e ss.; ANDREAS L. PAULUS, *Do Direito dos Estados ao Direito da Humanidade? – a instituição de um Tribunal Penal Internacional e o desenvolvimento*

II. A afirmação da responsabilidade penal internacional, assim definida, não tem sido, contudo, um movimento paulatino, nem sequer uma sequência regular no contexto das mudanças que foram ocorrendo no Direito Internacional.

Curioso é verificar que o desenvolvimento desta responsabilidade penal internacional está indelevelmente associado ao aparecimento, em diversos momentos, de estruturas judiciais de julgamento dos crimes internacionais, para além do reconhecimento que se lhes tem feito no plano do Direito Penal aplicado pelos Estados.

Eis um percurso atribulado, desde o fim da II Guerra Mundial até aos dias de hoje, suscitando-se mesmo a conveniência de se perspetivar *cinco fases* diferenciadas, assim se elaborando uma importante lista de *delicta iuris gentium*:

- *uma primeira fase de afirmação costumeira geral*: a criação consuetudinária de alguns crimes internacionais, com a possibilidade do seu julgamento pelas jurisdições nacionais;
- *uma segunda fase de afirmação circunstancial, substantiva e processual*: a criação dos primeiros tribunais penais internacionais, de Nuremberga e de Tóquio, com a concomitante definição de alguns crimes internacionais pela via convencional;
- *uma terceira fase de afirmação substantiva geral*: a celebração de alguns relevantes tratados internacionais sobre crimes internacionais;
- *uma quarta fase de afirmação processual efetiva e pontual*: a criação dos tribunais penais internacionais *ad hoc* para o Ruanda e para a ex-Jugoslávia; e
- *uma quinta fase de afirmação global, substantiva e processual*: a criação do Tribunal Penal Internacional, no Estatuto de Roma[1067].

do Direito Internacional, in AAVV, *Direito Penal Internacional para a proteção dos direitos humanos*, Lisboa, 2003, pp. 81 e ss.; José Francisco Rezek, *Direito...*, pp. 154 e ss.; Jorge Miranda, *Curso...*, pp. 323 e ss.; Jorge Bacelar Gouveia, *Direito Internacional Penal...*, pp. 59 e ss.

[1067] Quanto a esta evolução, v. José Luís Rodriguez-Villasante y Prieto, *La justicia penal internacional y el Estatuto de Roma*, in DeC, ano IV, nºs 10/11, julho de 2000 a fevereiro de 2001, Praia, pp. 239 e ss.; Miguel Galvão Teles, *Timor Leste*, pp. 650 e ss.; Wladimir Brito, *Direito...*, pp. 349 e ss.; Jónatas E. M. Machado, *Direito Internacional...*, pp. 402 e ss.; Jorge Bacelar Gouveia, *Direito Internacional Penal...*, pp. 105 e ss.

III. A primeira fase é de índole costumeira e apenas se reflete na qualificação esparsa de algumas condutas como crimes internacionais:

- a pirataria no alto mar;
- o tráfico de escravos;
- o tráfico de estupefacientes;
- a pirataria aérea;
- o terrorismo.

A sua perseguição ficaria sempre na órbita dos Estados, que podiam julgar internamente as pessoas que fossem encontradas nessas circunstâncias[1068].

Por outro lado, nestes casos, ressume a dimensão externa da cidadania do indivíduo implicado, que não pertence ao Estado que o vai julgar, nem sequer agindo nessa qualidade.

IV. A segunda fase é protagonizada pela criação, no rescaldo da II Guerra Mundial, dos Tribunais de Nuremberga e de Tóquio, que tiveram a missão de condenar penalmente os militares vencidos nesse conflito bélico, o primeiro regulado na Carta de Londres do Tribunal Internacional Militar, de 8 de agosto de 1945, e o segundo previsto na Carta do Tribunal Internacional Militar para o Extremo Oriente, de 19 de janeiro de 1946[1069].

[1068] O Tratado de Versalhes já previa a existência de um tribunal para julgar Guilherme II, mas nunca funcionaria por a Neerlândia, país de refúgio do ex-monarca, se ter recusado a extraditá-lo. Cfr. NGUYEN QUOC DINH, PATRICK DAILLIER e ALAIN PELLET, *Droit...*, p. 718; WLADIMIR BRITO, *Direito...*, pp. 357 e 358; JOSÉ DE MATOS CORREIA, *Tribunais penais internacionais – coletânea de textos*, Lisboa, 2004, pp. 12 e ss.

Um pouco antes, outro exemplo consistiu na criação, em 1907, no âmbito da II Conferência da Haia, do Tribunal Internacional das Presas, com a finalidade de penalmente julgar pessoas implicadas na captura de barcos e da respetiva mercadoria. Cfr. WLADIMIR BRITO, *Direito...*, pp. 355 e 356.

[1069] Quanto aos tribunais de Nuremberga e de Tóquio, v. NUNO FILIPE DE BRITO, *Notas...*, pp. 79 e ss.; JOAQUIM DA SILVA CUNHA, *Direito Internacional...*, III, pp. 154 e ss.; MARIO BETTATI, *O direito...*, pp. 272 e ss.; NGUYEN QUOC DINH, PATRICK DAILLIER e ALAIN PELLET, *Droit...*, pp. 719 e 720; WLADIMIR BRITO, *Direito...*, pp. 358 e 359; RICHARD OVERY, *The Nuremberg trials: international law in the making*, in AAVV, *From Nuremberg to The Hague – the future of international criminal justice* (ed. de PHILIPPE SAND), Cambridge, 2003, pp. 1 e ss.;

Os crimes que viriam a ser definidos eram de três categorias[1070]:

- os *crimes contra a paz*: a utilização da guerra fora do quadro da legítima defesa e da segurança coletiva [cfr. a al. a) do art. 6º da Carta de Londres];
- os *crimes de guerra*: as violações mais graves cometidas contra as leis e costumes da guerra [cfr. a al. b) do art. 6º da Carta de Londres]; e
- os *crimes contra a Humanidade*: os crimes, praticados durante o tempo de guerra, contra as populações civis, ou com fundamentos discriminatórios, como o assassinato, a exterminação, a escravatura e a deportação [cfr. a al. c) do art. 6º da Carta de Londres].

A novidade consistiria não apenas na ereção de uma estrutura judicial de condenação, no plano internacional, mas também na aceitação de que o exercício de funções públicas poderia levar a incriminações, não valendo aos criminosos escudar-se na obediência às leis militares internas[1071].

Simplesmente, estes dois tribunais ficariam ensombrados na sua legitimidade material por terem sido criados posteriormente ao cometimento dos crimes que viriam a julgar, pondo em causa o sacrossanto princípio do juiz legal e, no lado substantivo, o também não menos sacrossanto princípio da não aplicação retroativa da lei penal incriminadora.

Afora este problema de fundo, subsistiu ainda a "nuvem" de que se trataria apenas de uma justiça dos vencedores e que se o desfecho da guerra tivesse sido outro, tudo teria sido diferente, numa escassa homenagem à justiça internacional, embora se tivesse refutado essas críticas com base na ideia de que tais normas mais não eram do que Direito Internacional consuetudinário e obrigatório[1072].

António Menezes Cordeiro, *Tratado...*, I, III, p. 86; José de Matos Correia, *Tribunais penais...*, pp. 15 e ss.

V. excertos dos respetivos textos em José Alberto Azeredo Lopes, *Textos Históricos do Direito e das Relações Internacionais*, Porto, 1999, respetivamente, pp. 498 e ss., e pp. 506 e ss., e em José de Matos Correia, *Tribunais penais...*, pp. 55 e ss.

1070 A Carta do Tribunal Internacional Militar para o Extremo Oriente, que criou o Tribunal de Tóquio, reproduziria estes crimes no seu art. 5º

1071 Cfr. Nguyen Quoc Dinh, Patrick Daillier e Alain Pellet, *Droit...*, p. 711.

1072 Cfr. José de Matos Correia, *Tribunais penais...*, pp. 19 e 20.

V. Esta má experiência, ao contrário do que se pudesse pensar, não fez esmorecer a esperança e a validade da utilização dos tribunais internacionais na incriminação de crimes mais graves, perpetrados ao nível internacional.

É assim que se passou a uma terceira fase, em que se visou enfrentar as objeções que contra aqueles tribunais tinham sido dirigidas, por causa da ausência de um texto internacional codificador dos crimes internacionais, a serem reprimidos no âmbito das relações internacionais.

Foi com esse propósito que, logo depois da II Guerra Mundial, se tomaram um conjunto de medidas tendentes à formalização de um Direito Penal Internacional, de que cumpre referir:

- as Resoluções nº 3 (I) e nº 95 (I), respetivamente, de 13 de fevereiro e de 11 de dezembro de 1946, da Assembleia Geral da ONU, reafirmando as orientações de Nuremberga e Tóquio, e incitando a CDI à respetiva codificação e sistematização;
- a Convenção sobre a Repressão do Genocídio, de 9 de dezembro de 1948;
- a 4ª Convenção de Genebra, de 12 de agosto de 1949;
- a Convenção sobre a Imprescritibilidade dos Crimes de Guerra e dos Crimes contra a Humanidade, de 26 de novembro de 1968[1073];
- a Convenção sobre o Crime de Apartheid, de 30 de setembro de 1973.

VI. Se com esta terceira fase deixou de poder reclamar-se do ponto de visto substantivo, o certo é que esses crimes internacionais, assim enunciados, careciam de uma estrutura judicial internacional capaz de proceder ao respetivo julgamento, na certeza de que as jurisdições nacionais não davam garantias de um total êxito nessa aplicação[1074], não esquecendo

[1073] Embora já a Carta de Londres estabelecesse parecida cláusula. Cfr. o texto em Jorge Miranda, *Direitos do Homem – textos...*, pp. 83 e ss.

[1074] Sobre estes tribunais internacionais penais *ad hoc*, v. Mario Bettati, *O direito...*, pp. 286 e ss.; Wladimir Brito, *Tribunais penais...*, pp. 38 e ss., e *Direito...*, pp. 362 e ss.; Nguyen Quoc Dinh, Patrick Daillier e Alain Pellet, *Droit...*, pp. 721 e ss.; Catarina Sampaio Ventura, *O significado do Tribunal Penal Internacional para a ex-Jugoslávia na edificação de um sistema de justiça penal internacional*, in AAVV, *Direito Penal Internacional para a proteção dos direitos humanos*, Lisboa, 2003, pp. 167 e ss.; Pedro Caeiro, *Claros e escuros de um autorretrato: breve anotação à jurisprudência dos Tribunais Penais Internacionais para a antiga Jugoslávia e para o*

finalmente que os tribunais de Nuremberga e de Tóquio, pela sua natureza pontual, deixaram de se tornar efetivos.

Os dramáticos acontecimentos do Ruanda e Burundi e da ex-Jugoslávia, em que o ódio étnico deu origem à morte indiscriminada de milhares e milhares de pessoas, impeliram à passagem a uma quarta fase, com a previsão de dois tribunais penais internacionais específicos para julgar os respetivos crimes cometidos, sendo ainda de referir a situação dramática da Serra Leoa, que igualmente conduziu à criação de um tribunal penal internacional[1075]:

Estes tribunais foram criados por resolução do Conselho de Segurança da ONU, em três ocasiões:

- Resolução nº 827 (1993), de 22 de maio de 1993, para a ex-Jugoslávia, com alterações posteriores;
- Resolução nº 955 (1994), de 8 de novembro de 1994, para o Ruanda, com alterações posteriores;
- Tratado entre a ONU e a Serra Leoa, de 16 de janeiro de 2002, na sequência da Resolução nº 1315, de 14 de agosto de 2000.

O aparecimento de tribunais penais internacionais *ad hoc*, só para enfrentar situações mais graves de crimes cometidos no âmbito do Direito Internacional, representou um novo fôlego, agora de tipo processual, na efetividade da responsabilidade penal internacional.

VII. A quinta fase, sendo a atual, é já um passo rumo a um relevante amadurecimento do problema da jurisdição penal internacional e consistiu na criação do TPI, no âmbito do ERTPI, assinado em Roma a 17 de julho de 1998, contando ainda com pontuais alterações em torno do crime

Ruanda sobre a própria legitimação, in AAVV, *Direito Penal Internacional para a proteção dos direitos humanos*, Lisboa, 2003, pp. 209 e ss.; José de Matos Correia, *Tribunais penais...*, pp. 22 e ss.; José Francisco Rezek, *Direito...*, p. 155.

[1075] Como bem salienta José de Matos Correia, *Tribunais penais...*, pp. 45 e ss., ainda que este tribunal possa ter uma peculiar configuração internacional: "Fundado (...) num tratado internacional e atuando no quadro por ele delimitado, o Tribunal para a Serra Leoa não deve ser considerado como um tribunal internacionalizado, mas como um tribunal internacional *sui generis*".

de agressão aprovadas no âmbito da Conferência de Kampala, que teve lugar entre 31 de maio e 11 de junho de 2010.

Ainda que só bem recentemente tenha visto a luz do dia, a verdade é que o TPI fora há muito idealizado e logo na sequência das Convenções de Genebra de 1949. Todavia, sucessivos adiamentos e projetos da CDI apenas permitiriam o seu aparecimento por essa altura[1076].

Com a preocupação de tornar mais efetivo este tipo de justiça internacional, o TPI, diversamente do que aconteceria nas fases anteriores, reveste-se de duas novas características[1077]:

- é uma *justiça permanente*; e
- é uma *justiça independente*.

É uma *justiça permanente* porque não funciona com intermitência, antes integra uma estrutura duradoura, com a natureza de organização internacional, que existe e que está ativa, independentemente das violações que venham a ser cometidas ao Direito Internacional Penal.

É uma *justiça independente* porque a sua criação repousa no acordo de vontades da generalidade dos Estados, sob os auspícios da ONU, não sendo o fruto de uma vontade restrita. Isso bem ao invés do que sucedeu nas fases anteriormente assinaladas, ora como o resultado das potências que venceram a II Guerra Mundial, ora como o produto da vontade dos membros do Conselho de Segurança, quando criou os tribunais *ad hoc* para o Ruanda e ex-Jugoslávia. Pena é que o mesmo diapasão não tivesse sido adotado para outras regiões do Globo, como seria justo fazer em Timor Leste, depois das atrocidades cometidas nos momentos seguintes à realização do referendo que decidiu a sua independência política.

O TPI também se tornou relevante por via do aperfeiçoamento substantivo das regras aplicáveis de Direito Penal Internacional e de Direito Processual Penal Internacional, num conjunto de disposições, que constam do ERTPI, sem qualquer precedente na História do Direito Internacional.

[1076] Relatando algumas vicissitudes desse percurso, ISABEL RAIMUNDO, *Imperativo humanitário...*, pp. 140 e ss.; NGUYEN QUOC DINH, PATRICK DAILLIER e ALAIN PELLET, *Droit...*, p. 725; JOSÉ DE MATOS CORREIA, *Tribunais penais...*, pp. 33 e ss.

[1077] JORGE BACELAR GOUVEIA, *Direito Internacional Penal...*, pp. 138 e ss.

157. Traços fundamentais da responsabilidade penal internacional

I. Qualquer responsabilidade internacional tem como figura central, em cujo cimento ela se constrói, uma conduta que seja considerada criminosa, no caso necessariamente um crime internacional.

É necessário que se trate de um comportamento, humano e voluntário, que esteja proscrito, sendo considerado desvalioso ao mais alto nível da perspetiva criminalmente punitiva.

Diga-se ainda que a feição internacional lhe advém do facto de ser descrito no plano do Direito Internacional, de acordo com as fontes que podem produzir as respetivas normas e princípios.

II. A responsabilidade penal internacional – conjugando a enunciação de condutas criminosas internacionais – manifesta-se na aplicação de penas privativas de liberdade contra aqueles que venham a ser responsabilizados nessa sede.

Sendo nítido que as sanções aplicáveis correspondem fundamentalmente à pena privativa de liberdade, não pode descurar-se a eventualidade da aplicação de outras penas, de tipo acessório, que auxiliam na máxima repressão que se exige neste tipo de infração.

Nos dias de hoje, tem-se revalorizado uma dimensão económica em aditamento à dimensão psicológica da pena, sendo as penas materiais acessórias do mesmo modo efetivas na repressão dos crimes internacionais.

III. Do prisma das pessoas que são alvo das sanções penais a aplicar, a responsabilidade penal internacional assenta no paradigma de ser uma responsabilidade individual porque são essas pessoas, em si consideradas, que vão sofrer a aplicação de tais penas.

Este é um aspeto que tem suscitado alguma dificuldade porque muitas vezes a perseguição judicial esbarra no regime das imunidades constitucionais que protegem os eventuais criminosos, que, sendo úteis na proteção dos regimes internos legítimos, podem nalguns casos revelar-se pretextos ótimos para impedir o funcionamento da justiça internacional.

Por outra parte, não é de excluir que a responsabilidade penal internacional venha a evoluir no sentido da responsabilização dos Estados e de outras estruturas, aplicando-se-lhes outro tipo de sanções, onde obviamente não fazem sentido as penas privativas de liberdade.

IV. Diferentemente do que por vezes se possa entender, a aplicação da responsabilidade penal internacional não está apenas ligada às instâncias internacionais a quem possa competir, no foro judicial, o julgamento dos crimes internacionais.

Tão importantes quanto essas instâncias internacionais, que se têm consolidado, são as instâncias internas ou estaduais, as quais têm recebido a incumbência de julgar os crimes internacionais.

Note-se a particularidade de a responsabilidade penal internacional não ficar desvitalizada por vir a ser aplicada ao nível dos Direitos Internos, ainda que nesse contexto a sua efetividade seja bem menor.

Portugal foi bem o exemplo da absorção, no seu CP, da descrição de alguns crimes internacionais, que assim podem ser reprimidos no plano da ordem penal portuguesa, sendo de referir estes mais importantes, integrados no título III da parte II, exatamente com a epígrafe "Dos crimes contra a paz e a Humanidade":

a) Crimes contra a paz: incitamento à guerra, aliciamento de forças armadas e recrutamento de mercenários[1078];
b) Crimes contra a Humanidade: genocídio, discriminação racial ou religiosa, crimes de guerra contra civis, destruição de monumentos, tortura e outros tratamentos cruéis, degradantes ou desumanos[1079].

Mais recentemente, alguns destes preceitos foram revogados pela L nº 31/2004, de 22 de julho, que aprovou nova legislação penal relativa às violações do Direito Internacional Humanitário.

158. O terrorismo e o Direito Internacional

I. Os recentes acontecimentos relacionados com o 11 de setembro de 2001 vieram recolocar na agenda internacional o problema do terrorismo[1080], que introduz uma lógica transversal na intervenção do Direito Internacional, suscitando-se várias questões:

[1078] Cfr., respetivamente, os arts. 236º, 237º e 238º do CP.

[1079] Cfr., respetivamente, os arts. 239º, 240º, 241º, 242º, 243º e 244º do CP.

[1080] Sobre a problemática do terrorismo, v., de entre outros, José Adelino Maltez, *Curso...*, pp. 187 e ss.; José Alberto de Azeredo Lopes, *Entre solidão e intervencionismo...*, pp.

- a definição dos atos de terrorismo;
- a punição penal desses atos; e
- a efetivação das estruturas repressivas.

Do ponto de vista conceptual, o terrorismo insere-se numa relação de tipo triangular, em que alguém inflige um mal a outrem para exercer pressão sobre um terceiro.

A consistência da atividade terrorista é de natureza criminal, representando uma imensa variedade de tipos de crime, contra as pessoas, contra o património e contra o Estado.

II. Não é de hoje a preocupação internacional com o terrorismo, pelo que não se pode estranhar a panóplia apreciável que é possível observar de convenções internacionais que lidam com este flagelo, de que cumpre dar breve notícia:

- a Convenção da Haia para a repressão da tomada ilícita das aeronaves, de 16 de dezembro de 1970;
- a Convenção de Montreal para a repressão de atos ilícitos contra a segurança da aviação civil, de 23 de setembro de 1971;
- a Convenção de Nova Iorque sobre a prevenção e punição dos delitos contra as pessoas internacionalmente protegidas, de 14 de dezembro de 1973;
- a Convenção de Nova Iorque contra a tomada de reféns, de 17 de dezembro de 1979;
- a Convenção de Viena/Nova Iorque sobre a proteção dos materiais nucleares, de 1988;

1035 e ss.; GARCÍA SAN PEDRO, *Análisis jurídico del terrorismo*, in AAVV, *Terrorismo* (coord. de ADRIANO MOREIRA), Coimbra, 2004, pp 289 e ss.; JÓNATAS E. M. MACHADO, *Direito Internacional...*, pp. 671 e ss.; LUÍS L. TOMÉ, *Novo recorte...*, pp. 153 e ss.; AAVV, *Terrorismo e Relações Internacionais*, Lisboa, 2006; ERIC HOBSBAWM, *Globalização, Democracia e Terrorismo*, Lisboa, 2008, pp. 23 e ss.

Numa perspetiva mais interna, em Portugal, v. JOSÉ MIGUEL SARDINHA, *O terrorismo e a restrição dos direitos fundamentais em processo penal*, Coimbra, 1989, pp. 15 e ss.; MANUEL MONTEIRO GUEDES VALENTE, *Terrorismo – fundamento de restrição de direitos?*, in AAVV, *Terrorismo* (coord. de ADRIANO MOREIRA), Coimbra, 2004, pp. 377 e ss.; AAVV, *As Teias do Terror – novas ameaças globais*, Lisboa, 2006.

- a Convenção de Roma sobre a repressão dos atos ilícitos contra a segurança da navegação marítima, de 10 de março de 1988;
- a Convenção de Montreal sobre a deteção dos explosivos plásticos, de 1 de março de 1991;
- a Convenção de Nova Iorque sobre a repressão dos atentados terroristas cometidos com bombas, de 15 de dezembro de 1997;
- a Convenção de Nova Iorque para a eliminação do financiamento do terrorismo, de 9 de dezembro de 1999.

Contudo, é escassa a normatividade destas convenções, não só pelos poucos Estados vinculados como pela imperfeição das soluções – substantivas e processuais – que foram nelas plasmadas.

Daí que seja necesssário enfrentar a elaboração de uma nova convenção internacional, de natureza global, que possa enfrentar as dificuldades, várias, que se colocam hoje à evitação e repressão do terrorismo internacional, chegando mesmo à limitação do princípio da não ingerência.

Como escreve José García San Pedro, "...a futura Convenção internacional contra o terrorismo deveria rever o princípio da não intervenção nos assuntos internos dos outros Estados, não apenas com relação à violação grave dos direitos humanos, via já aberta, como em relação ao apoio dos Estados ao terrorismo e em relação à colaboração de grupos terroristas com grupos de delinquência organizada que, de forma massiva, contribuam para o aumento do já grave problema do tráfico de drogas e de armas..."[1081].

III. Da parte do Direito Português, é de assinalar o empenho no aperfeiçoamento do combate ao fenómeno do terrorismo, o que pode ser encarado sob três perspetivas:

- como restrição aos direitos fundamentais, em particular a liberdade individual;
- como conjunto de tipos criminais, segundo uma descrição típica;
- como conjunto de regras processuais, que oferecem particularidades.

[1081] José García San Pedro, *Análisis...*, p. 319.

Recentemente, é de assinalar a Lei de Combate ao Terrorismo (L nº 52/2003, de 22 de agosto), cujo art. 1º refere como seu objeto "...a previsão e a punição dos atos e organizações terroristas, em cumprimento da Decisão Quadro nº 2002/475/JAI, do Conselho, de 13 de junho, relativa à luta contra o terrorismo".

De entre os aspetos mais significativos deste novo instrumento legislativo nacional, sublinhe-se[1082]:

- a definição de organizações terroristas;
- a agravação no caso de terrorismo internacional;
- a responsabilidade penal das pessoas coletivas.

[1082] Cfr., respetivamente, os arts. 2º, 5º e 6º da L nº 52/2003.

§ 44º A RESPONSABILIDADE CIVIL INTERNACIONAL

159. A crescente relevância da responsabilidade civil internacional

I. Simultaneamente com o uso da força no Direito Internacional, tanto numa perspetiva não militar como de uma ótica militar, tem crescido o relevo acerca da necessidade da efetivação da *responsabilidade civil internacional*[1083], a qual suscita questões jurídico-dogmáticas distintas, decerto bem mais complexas porque técnicas.

[1083] Sobre a responsabilidade civil internacional em geral, v., de entre outros, ARMANDO M. MARQUES GUEDES, *Responsabilidade internacional*, Lisboa, 1950, *passim*; GAETANO MORELLI, *Nozioni...*, pp. 341 e ss.; ANTÓNIO AUGUSTO CANÇADO TRINDADE, *Princípios...*, pp. 103 e ss.; PAUL REUTER, *Direito Internacional...*, pp. 140 e ss.; ADRIANO MOREIRA, *Direito...*, pp. 143 e ss.; ALBINO DE AZEVEDO SOARES, *Lições...*, pp. 307 e ss., e pp. 323 e ss.; J. G. STARKE, *Introduction...*, pp. 293 e ss.; IAN BROWNLIE, *Principles...*, pp. 432 e ss.; JOAQUIM DA SILVA CUNHA, *Direito Internacional...*, III, pp. 93 e ss.; NUNO E SOUSA, *Curso...*, pp. 175 e ss.; PIERRE-MARIE DUPUY, *Droit...*, pp. 329 e ss.; JEAN TOUSCOZ, *Direito Internacional*, pp. 376 e ss.; JOHN CURRIE, *Public International...*, pp. 384 e ss.; NGUYEN QUOC DINH, PATRICK DAILLIER e ALAIN PELLET, *Droit...*, pp. 761 e ss.; JAMES CRAWFORD, *The International Law Commission's Articles on State Responsibility – Introduction, Text and Commentaries*, Cambridge, 2002; WLADIMIR BRITO, *Direito...*, pp. 317 e ss.; ALFREDO HÉCTOR WILENSKY e RUI JANUÁRIO, *Direito Internacional...*, pp. 23 e ss.; ANTONIO CASSESE, *International Law*, pp. 182 e ss.; FRANCISCO FERREIRA DE ALMEIDA, *Direito...*, pp. 225 e ss.; MALCOLM N. SHAW, *International...*, pp. 694 e ss.; JORGE MIRANDA, *Curso...*, pp. 317 e ss.; EDUARDO CORREIA BATISTA, *Direito Internacional...*, II, pp. 447 e ss.; VALÉRIO DE OLIVEIRA MAZZUOLI, *Curso de Direito Internacional...*, pp. 279 e ss.; JOSÉ FRANCISCO REZEK, *Direito...*, pp. 269 e ss.; BENEDETTO CONFORTI, *Diritto Internazionale*, pp. 321 e ss.

Por muito que isso custe, é necessário admitir que a violação do Direito Internacional tem tantas vezes na responsabilidade civil o seu último reduto, na impossibilidade jurídica e prática de fazer acionar outras sanções.

Nem sequer deixa de ser interessante registar que a responsabilidade civil internacional praticamente nasceu com o Direito Internacional, muito influenciado pelo legado jusnaturalista romano do *neminem laedere*, podendo mesmo considerar-se como um dos seus mais antigos institutos[1084].

Sabe-se bem que no Direito Público interno a aceitação da responsabilidade civil do Estado é uma conquista recente, embora já tendo recebido inúmeros apoios, tanto de tipo substantivo como de tipo processual.

É esse o caso paradigmático do Direito Português, em cujo texto constitucional se proclama a responsabilidade geral do Estado, nas diversas vertentes do exercício do respetivo poder público: "O Estado e as demais entidades públicas são civilmente responsáveis, em forma solidária com os titulares dos seus órgãos, funcionários ou agentes, por ações ou omissões praticadas no exercício das suas funções e por causa desse exercício, de que resulte violação dos direitos, liberdades e garantias ou prejuízo para outrem" (art. 22º da CRP).

II. A aplicação desta responsabilidade assenta na convicção de que nem todas as violações do Direito Internacional justificam a aplicação de sanções materiais coativas, podendo alguns dos problemas ser resolvidos com o recurso às sanções civis, com cunho pecuniário, nalgumas hipóteses mesmo mais ajustadas do que aquelas mais duras sanções punitivas.

A relevância que se tem atribuído à responsabilidade civil internacional está, de resto, em acordância com as múltiplas situações em que a mesma pode lograr alcançar maior efetividade, tanto do ponto de vista material como no plano subjetivo.

Do ponto de vista material, o interesse da responsabilidade civil internacional é configurável no Direito dos Tratados, para evitar o respetivo incumprimento, identicamente sendo cada vez maior a sua valia no Direito Internacional do Mar. De um modo geral, trata-se de violações ao Direito Internacional aplicável que, não sendo tão graves que impliquem

1084 Cfr. NGUYEN QUOC DINH, PATRICK DAILLIER e ALAIN PELLET, *Droit...*, p. 762.

a criminalização dessas condutas, podem ser bem reparadas sem recurso a sanções penais.

Numa lógica de aplicação subjetiva, são os Estados os grandes destinatários desta responsabilidade, embora cada vez menos os únicos. O alargamento da sociedade internacional a outros sujeitos internacionais com certeza que pressupõe que não sejam apenas os Estados os seus destinatários, sendo também de frisar as organizações internacionais e as organizações não governamentais[1085].

III. É já hoje possível organizar um quadro classificatório fundamental sobre a responsabilidade civil internacional, nele se podendo colocar diversas equações, assim se analisando a sua crescente completude, que se aproxima gradualmente da elevada sofisticação que a responsabilidade civil decerto conseguiu no plano do Direito Interno:

- quanto à *fonte jurídico-internacional*;
- quanto aos *sujeitos responsáveis*;
- quanto à *conformidade da conduta com o Direito Internacional*.

IV. No tocante à *fonte jurídico-internacional da responsabilidade civil internacional*, deve dizer-se que este é bem o caso de um percurso essencialmente costumeiro, até porque acaba por mergulhar as suas raízes no próprio Direito Romano.

Deste modo, a aceitação generalizada da necessidade de reparar prejuízos causados insere-se em normas de feição consuetudinária[1086], que o tempo não tem feito desaparecer e, pelo contrário, tem feito adensar e melhorar, com importantes aplicações jurisprudenciais.

Porventura o caso mais paradigmático é o da Fábrica de Chorzow, no qual o então TPJI reconheceu como princípio de Direito Internacional o de que "...a violação de um compromisso causa a obrigação de reparar por forma adequada..." o dano produzido[1087].

Esse caminho trilhado pelo Direito Internacional Consuetudinário não tem feito abrandar, concomitantemente, o esforço codificador, o que já

[1085] Cfr. Nguyen Quoc Dinh, Patrick Daillier e Alain Pellet, *Droit...*, p. 763.

[1086] Cfr. Nguyen Quoc Dinh, Patrick Daillier e Alain Pellet, *Droit...*, p. 762.

[1087] Cfr. a referência de Joaquim da Silva Cunha, *Direito Internacional...*, III, p. 119.

se tornou visível em alguns instrumentos atinentes a certos capítulos do Direito Internacional:

- o Direito Internacional do Mar:
- o Direito Internacional do Ar;
- o Direito Internacional do Espaço.

Também não deixa de ser vigorosa a necessidade de se alcançar um regime geral de responsabilidade civil no plano convencional, sendo justo assinalar-se o meritório esforço da CDI, que finalizou o PTRIEFI, no decurso da sua 53ª sessão anual, em novembro de 2001.

Mais recentemente, a CDI terminou os trabalhos, no âmbito da sua 63ª reunião, em 2011, que conduziram à redação do projeto de articulado de uma convenção sobre a responsabilidade civil das organizações internacionais[1088].

V. Em relação às *entidades que incorrem em responsabilidade civil internacional*, até há bem pouco tempo, essa era uma situação apenas imaginável para os Estados e que se podia inteiramente compreender à luz da correlação de forças que então se sentia no Direito Internacional: tendo sido os Estados os principais protagonistas da sociedade internacional, seria também normal pensar que as violações do mesmo pudessem ser por eles perpetradas, recaindo sobre eles, consequentemente, os resultados.

A passagem do Direito Internacional do período clássico ao período contemporâneo determinou, porém, o surgimento de novas entidades com a qualidade de sujeitos internacionais, o que automaticamente alargou a potencialidade de a violação do Direito Internacional poder ser assacada a essas outras entidades, como as organizações internacionais[1089].

Só que não se pode dizer que hoje a responsabilidade esteja uniformemente distribuída por todos esses sujeitos, já que este instituto pressupõe uma avaliação do poder fáctico com o qual está em relação: sendo o alargamento da sociedade internacional mais numérico do que real, é de

[1088] Cfr. http://untreaty.un.org/ilc/texts/instruments/english/draft%20articles/9_11_2011.pdf.

[1089] É o que bem frisa José Francisco Rezek, *Direito...*, pp. 269 e 270, inferindo essa imputabilidade através de uma analogia com o que decidiu o TIJ no Parecer de 11 de abril de 1949 acerca dos prejuízos sofridos pela ONU.

supor que ainda são os Estados as principais entidades responsáveis, no exercício de um poder fáctico internacional que não tem igual na esfera das relações internacionais.

VI. Quanto ao *grau de conformidade jurídico-internacional das condutas*, a perspetiva clássica tem sempre privilegiado a verificação de uma infração do Direito Internacional e das obrigações nele sediadas, aparecendo a responsabilidade civil como a reação negativa da ordem jurídica à sua violação.

Assim se foi desenvolvendo a *responsabilidade civil internacional por factos ilícitos*, fundada na existência da ilicitude de uma conduta com os parâmetros aplicáveis do Direito Internacional.

Mas ultimamente tem-se acentuado, ainda que dentro de uma linha excecional, a provocação de prejuízos sem que qualquer norma do Direito Internacional tenha sido violada, havendo assim uma *responsabilidade civil internacional por factos lícitos* ou, numa posição intermédia, por factos que exprimem uma atividade mais perigosa do que o normal, isto é, a responsabilidade pelo risco.

É por isso que nalguns casos também se admite esta categoria de responsabilidade, numa lógica que é mais a da distribuição de encargos gerais do que propriamente a do ressarcimento de danos que tenham sido provocados por alguém contra alguém[1090].

São diversas as situações que já têm justificado a responsabilidade objetiva ou pelo risco, sempre diretamente reconhecida por convenções internacionais, numa lógica que radica na relevância jurídica do risco[1091]:

- as Convenções de Paris e de Bruxelas, respetivamente de 1960 e de 1963, quanto ao transporte marítimo de substâncias nucleares;
- as Convenções de Bruxelas de 1969 e de 1971, sobre a poluição do mar e rios por hidrocarbonetos e outras substâncias poluentes;
- a Convenção de Londres-Moscovo-Washington, de 1972, sobre os danos causados por engenhos espaciais.

[1090] Cfr. Wladimir Brito, *Direito...*, pp. 317 e 318, e pp. 340 e ss.

[1091] Sobre estes vários casos, v., por todos, Francisco Ferreira de Almeida, *Direito...*, pp. 243 e 244.

Mas também são de referir dois casos em que a admissão da responsabilidade objetiva foi pronunciada pela jurisprudência:

- o caso da sucessão de Jean-Baptiste Caire, executado por soldados mexicanos sem qualquer mandado legítimo;
- o caso da Fundição de Trail, entre os Estados Unidos e o Canadá, resolvido por sentença arbitral, atinente à poluição transfronteiriça e exemplar no desenvolvimento do Direito Internacional do Ambiente.

VII. Na impossibilidade de se estudar todas estas modalidades de responsabilidade civil, um cuidado especial deve ser dirigido à *responsabilidade civil internacional do Estado por factos ilícitos*, cuja codificação científica foi empreendida no âmbito da CDI, com a adoção do PTRIEFI, distribuindo-se por 59 artigos, que se arrumam dentro de 4 Partes, ainda com capítulos:

- Parte I – *O ato ilícito internacional do Estado*
- Parte II – *Conteúdo da responsabilidade internacional do Estado*
- Parte III – *A efetivação da responsabilidade internacional do Estado*
- Parte IV – *Disposições gerais*

Importa então atentar nessa matéria especificamente, sendo de destrinçar dois aspetos fundamentais[1092], apreciando aquele projeto de tratado e recorrendo, sempre que for útil, ao Direito Civil:

- os *pressupostos da responsabilidade*; e
- os *efeitos da responsabilidade.*

160. A responsabilidade civil internacional do Estado por factos ilícitos – os pressupostos

I. Uma das vertentes fundamentais do regime da responsabilidade civil internacional – tal como sucede, de resto, com a responsabilidade civil

[1092] O mesmo fazendo, também, EDUARDO CORREIA BATISTA, *Direito Internacional...*, II, pp. 447 e ss., e pp. 531 e ss.

interna – é constituída pelos seus *pressupostos*, cuja reunião determina que a entidade responsável fica gravada com o dever de indemnizar.

Indubitavelmente que este vem a ser um dos casos em que o contributo do Direito Civil[1093] é precioso, de certo jeito anunciando a verdadeira unidade da Ordem Jurídica.

Os pressupostos pacificamente aceites para integrar o dever de indemnizar são os seguintes[1094]:

- uma ação voluntária estadual;
- de natureza antijurídica (ilícita);
- que produza prejuízos;
- com base num nexo de causalidade.

Devido à própria configuração da responsabilidade internacional, não surge com autonomia a imputação do dano à conduta dolosa ou negligente do agente, aparecendo esse juízo de censura diluído no contexto de outros pressupostos e sendo antes relevante a distinção entre a responsabilidade direta e indireta do Estado[1095].

II. O primeiro pressuposto enunciado chama a atenção para a necessidade – óbvia até certo ponto – de a responsabilidade civil ser provocada por uma atividade de cariz voluntário e não ser o resultado de uma realidade à qual a intervenção humana seja estranha.

É de afastar as situações que, podendo originar danos, não criem qualquer dever de indemnizar porque não provêm da vontade humana, não motivando, por isso, qualquer censura ético-jurídica, como os casos fortuitos e de força maior:

[1093] Para uma ilustração acerca das principais questões que se colocam na responsabilidade civil no Direito das Obrigações, v. Manuel Gomes da Silva, *O dever de prestar e o dever de indemnizar*, Lisboa, 1944, pp. 59 e ss.; Rui Alarcão, *Direito das Obrigações*, Coimbra, 1993, pp. 173 e ss.; António Menezes Cordeiro, *Direito das Obrigações*, II, Lisboa, 1986, pp. 257 e ss.; Inocêncio Galvão Telles, *Direito das Obrigações*, 6ª ed., Coimbra, 1989, pp. 194 e ss.; João de Matos Antunes Varela, *Das obrigações em geral*, I, 10ª ed., Coimbra, 2000, pp. 518 e ss.; Luís Menezes Leitão, *Direito das Obrigações*, I, 2ª ed., Coimbra, 2002, pp. 267 e ss.

[1094] Cfr. Adriano Moreira, *Direito...*, pp. 143 e ss.; José Francisco Rezek, *Direito...*, pp. 270 e ss.

[1095] Cfr. Joaquim da Silva Cunha, *Direito Internacional...*, III, pp. 104 e ss.

- os *casos fortuitos* são as ações que, mesmo sendo desenvolvidas pelo homem, nelas este não interveio a título voluntário;
- os *casos de força maior* são os acontecimentos determinados pela Natureza, em relação aos quais o homem nada pode fazer[1096].

O facto que é internacionalmente gerador de responsabilidade, neste caso do Estado, apresenta-se possível no seio de qualquer um dos seus poderes, sempre com a advertência de se tratar de uma projeção internacional das respetivas consequências, no âmbito de qualquer destas funções públicas (cfr. o art. 4º da PTRIEFI):

- a *função político-legislativa*: quando os atos e as omissões político-legislativas ponham em causa a execução de uma obrigação internacional;
- a *função administrativa*: quando os atos administrativos ou operações materiais violem obrigações internacionais;
- a *função jurisdicional*: quando os tribunais internos desconsiderem as obrigações internacionais a que o Estado em que se integram se vinculou.

Deve ainda dizer-se que não são estabelecidas limitações especiais do ponto de vista da estrutura ou da autoridade do facto: ações e omissões; atos singulares e atos coletivos (cfr. o art. 15º do PTRIEFI).

III. O segundo pressuposto é a natureza antijurídica da conduta porque violadora de normas e de princípios aplicáveis, nas quais se inscreve uma obrigação internacional, que é assim infringida (cfr. o art. 12º do PTRIEFI).

A atividade que pode desembocar no nascimento do dever de indemnização civil não está conforme ao Direito – dizendo-se também que é ilícita – e, por causa disso, este considera-a desvaliosa, impondo aquele dever como reação à sua prática.

1096 Erroneamente, o PTRIEFI, no seu art. 23º, inscreve a força maior como causa de exclusão da ilicitude, quando na verdade configura um caso em que nem sequer se dá o preenchimento do conceito de ato voluntário. Com a mesma opinião, EDUARDO CORREIA BATISTA, *Direito Internacional...*, II, p. 453, nt. nº 1009.

Por outra parte, é possível detetar situações particulares que permitem a exclusão deste caráter ilícito da conduta ocorrida[1097], o que afasta a verificação deste outro pressuposto da ilicitude:

- o *consentimento do lesado*: se o lesado pelo facto ilícito consentir na sua prática, a respetiva ilicitude fica excluída;
- a *legítima defesa*: se o Estado prevaricador está a agir contra uma agressão, os danos causados não são suscetíveis de integrar um ato ilícito;
- as *contramedidas* (também designadas por *represálias*): se o Estado lesante está a agir contra outro Estado, que já cometeu uma infração suscetível de gerar responsabilidade internacional, não se justifica a ilicitude.

O Direito Internacional, também por influência do Direito Civil, conhece ainda outras causas de exclusão da ilicitude, como o estado de necessidade, o exercício de um direito, o perigo extremo, o cumprimento de uma ordem e a ação direta[1098].

IV. O terceiro pressuposto é o do caráter prejudicial do facto perpetrado, devendo provocar danos, sendo impossível imaginar que nem todos os atos ilícitos são geradores de danos.

Os prejuízos a considerar no âmbito da responsabilidade civil são de duas categorias[1099]:

- os *prejuízos patrimoniais*; e
- os *prejuízos não patrimoniais*.

Os primeiros representam, numa ótica de possível avaliação pecuniária, a quantificação dos prejuízos que decorrem da prática do ato que se pretende considerar para efeitos de responsabilidade civil. Estes prejuízos podem sub-distinguirse em *danos emergentes* – maiores despesas em que a

[1097] Cfr. os arts. 20º e ss. do PTRIEFI. Cfr. Joaquim da Silva Cunha, *Direito Internacional...*, III, pp. 128 e ss.; Francisco Ferreira de Almeida, *Direito...*, pp. 235 e ss.; Eduardo Correia Batista, *Direito Internacional...*, II, pp. 487 e ss.

[1098] Cfr. Wladimir Brito, *Direito...*, pp. 330 e ss.; Eduardo Correia Batista, *Direito Internacional...*, II, pp. 493 e ss.

[1099] Cfr. o art. 31º do PTRIEFI. Cfr. Wladimir Brito, *Direito...*, pp. 328 e 329.

vítima tenha incorrido por causa do ato ilícito praticado – e em *lucros cessantes* – uma vez que também pode assumir a modalidade de ganhos que seriam alcançados não fosse o cometimento do ato danoso.

Os outros, só tendo sido reconhecidos muito mais tarde, que também se designam por prejuízos morais, são os prejuízos que não deixam de ser sentidos, não obstante o facto de não dizerem respeito a aspetos suscetíveis de avaliação em dinheiro, embora em sede de indemnização se possa arbitrar um valor pecuniário, numa mera equiparação que está sempre longe da verdade.

Embora na generalidade dos casos a verificação de um ato internacionalmente antijurídico também acarrete um dano, até por vezes se abolindo a autonomia dogmática deste pressuposto, o certo é que pode haver casos em que essa correlação não exista, pelo que importa manter tal separação, por mais secundários que os mesmos sejam[1100].

V. O quarto pressuposto ilustra a necessidade de se fixar um nexo de causalidade entre o ato praticado e o dano causado, que lhe deve ser imputado.

A responsabilidade internacional deriva da realização de um dano que é uma consequência necessária do facto praticado, em relação ao mesmo se mostrando ser um resultado adequado.

É forçoso distinguir entre os danos que verdadeiramente resultam da prática do facto ilícito de outros danos que com eles se não misturam, a tal facto não podendo ser imputados.

161. A responsabilidade civil internacional do Estado por factos ilícitos – os efeitos

I. A outra vertente indispensável à perceção do fenómeno da responsabilidade civil internacional é a dos efeitos que derivam da reunião dos pressupostos assinalados, que sinteticamente vem a traduzir-se no dever de indemnizar que impende sobre o sujeito em quem aqueles pressupostos se conjugaram.

[1100] Discutindo sobre este aspeto, EDUARDO CORREIA BATISTA, *Direito Internacional...*, II, pp. 483 e 484.

O dever de indemnizar ou de reparar é, deste modo, uma situação jurídica passiva, com uma tradução pecuniária, ainda que tenha havido lugar a danos de natureza não patrimonial.

Mas esse efeito, sendo sem dúvida o principal, não é o único, pelo que é de observar *efeitos laterais*, que podem acompanhar a emissão daquele efeito principal reparatório (cfr. o art. 30º do PTRIEFI):

- a obrigação de pôr fim ao facto danoso, se for um facto continuado;
- a concessão de garantias de que o facto no futuro não se repetirá.

II. As modalidades da reparação, *lato sensu* entendida, representam o que vem a ser oferecido com vista à eliminação do dano cometido, estabelecendo-se três possíveis esquemas:

- a *restituição*;
- a *compensação*; e
- a *satisfação*.

A primeira hipótese – que é sempre preferível – é a da *restitutio in integrum*, a qual implica que o Estado prevaricador fará a reposição da situação que existiria se não tivesse ocorrido o facto danoso e ilícito, tal não sendo exigível no caso de ser materialmente impossível – ter havido a destruição de um objeto único insubstituível – ou no caso de ser economicamente incomportável para o Estado prevaricador (cfr. o art. 35º do PTRIEFI).

A segunda hipótese aplica-se nas situações em que *reconstituição in natura* não se afigura viável, por impossibilidade física, jurídica ou política, escolhendo-se a via da compensação financeira, a qual inclui os danos emergentes, mas também os lucros cessantes, num pagamento em dinheiro (cfr. o art. 36º do PTRIEFI), montante que ainda abrange os juros devidos (cfr. o art. 38º do PTRIEFI).

A terceira hipótese prende-se com os casos em que nenhuma das duas referidas modalidades de reparação é operativa, a qual pode ainda aplicar-se às situações de prejuízo moral, podendo a *satisfação* consistir, a cargo do Estado prevaricador, na prática de pequenos gestos, mas com grande simbolismo, como o reconhecimento da violação do Direito Internacional, um pedido formal de desculpas ou outro ato equivalente (cfr. o art. 37º do PTRIEFI).

III. A responsabilidade civil internacional organiza-se sob o ponto de vista de um procedimento, que é preciso colocar em marcha a fim de se alcançar a sua efetividade[1101].

Perante a ocorrência do facto gerador de responsabilidade, o Estado lesado deve notificar o Estado autor do prejuízo acerca da sua prática, indicando a conduta que deve cessar, bem como a reparação a que considera ter direito. A alegabilidade da responsabilidade está dependente da exaustão dos meios internos (cfr. os arts. 42º e ss. do PTRIEFI).

O Direito Internacional admite que a efetivação da responsabilidade civil internacional surja num contexto de contramedidas, que assim funcionam como conteúdo dessa responsabilidade, individualmente decretadas pelo Estado lesado, com o objetivo de este ressarcir os danos que ilegitimamente provocou (cfr. os arts. 49º e ss. do PTRIEFI).

[1101] Cfr. Wladimir Brito, *Direito...*, pp. 342 e 343.

Capítulo XV
Os Tribunais Internacionais

§ 45º O TRIBUNAL INTERNACIONAL DE JUSTIÇA

162. O Estatuto do Tribunal Internacional de Justiça

I. O TIJ é a primeira das duas instituições judiciais que devemos particularmente considerar, em homenagem à sua importância na tendência, já oportunamente lembrada, da judicialização progressiva das relações internacionais, bem como da resolução dos conflitos que delas possam eventualmente emergir[1102].

Embora não tão imediatamente sentida, a criação de uma jurisdição internacional que pudesse aplicar o Direito Internacional Organizatório, no âmbito dos conflitos entre os Estados, revelar-se-ia outra relevante necessidade que o fim da II Guerra Mundial traria.

Disso se desincumbiu a ONU, com a criação do TIJ, em tratado anexo à respetiva CNU, assinado no mesmo dia de 26 de junho de 1945, na cidade de São Francisco.

II. Esta não seria, porém, a primeira vez que na História do Direito Internacional se aceitaria a existência de um tribunal internacional para universalmente julgar a ação dos Estados, dotado de permanência e com as características inerentes à função judicial.

[1102] Importância que fica bem patente na qualidade e quantidade das decisões que já proferiu – tanto acórdãos como pareceres – e fazendo avançar o Direito Internacional, algumas delas tendo nós tido a ocasião de apreciar. Para uma apresentação das decisões mais relevantes, ADHERBAL MEIRA MATTOS, *Direito...*, pp. 341 e ss.

Já no âmbito da organização predecessora da ONU – a SDN – se experimentara uma estrutura judicial, mas que nunca alcançaria a importância do TIJ: o Tribunal Permanente de Justiça Internacional[1103].

Diferentemente do que aconteceria com o TIJ, este TPJI não foi logo objeto de regulação no âmbito do PSDN, tendo ficado para tarefa posterior, nem tendo alguma vez alcançado o mesmo prestígio.

Nos termos daquele texto, cabia-lhe uma competência simultaneamente decisória e consultiva acerca da generalidade das matérias que dissessem respeito ao Direito Internacional (cfr. o art. 14º do PSDN).

O TPJI era composto por 15 juízes, sendo 14 efetivos e 4 suplentes, eleitos pelo Conselho e pela Assembleia Geral da SDN.

A atividade que o TPJI desenvolveu, até à extinção da SDN[1104], incluiu o julgamento de 31 casos em matéria de competência decisória e a produção de 27 pareceres em matéria de competência consultiva[1105].

III. O ETIJ[1106], não tendo sofrido até ao momento qualquer alteração formal, é contemporâneo da CNU, assumindo a natureza de tratado anexo (cfr. o art. 92º, *in fine*, da CNU).

A organização sistemática do ETIJ compreende 70 artigos, que se organizam em 5 capítulos, assim apresentados:

- Capítulo I – *Organização do Tribunal*
- Capítulo II – *Competência do Tribunal*
- Capítulo III – *Processo*
- Capítulo IV – *Pareceres consultivos*
- Capítulo V – *Emendas*

IV. O ETIJ não é a única parcela das fontes normativas que especificamente regulam o TIJ. Outro documento essencial é o Regulamento do Tribunal (RTIJ), que é aprovado pelos respetivos juízes, em sessão plenária, tendo a versão do RTIJ em vigor sido aprovada em 14 de abril de 1978, posteriormente modificada em 5 de dezembro de 2000.

1103 Sobre o TPJI, v. José Francisco Rezek, *Direito...*, pp. 356 e 357.

1104 O TPJI foi extinto pela Resolução da Assembleia Geral da ONU de 19 de abril de 1946.

1105 Cfr. José Francisco Rezek, *Direito...*, p. 357.

1106 Cfr. o respetivo em Jorge Bacelar Gouveia, *Textos Fundamentais...*, pp. 265 e ss.

O RTIJ, para além da sua função regulamentar acerca do exercício da respetiva atividade, deve ainda dispor sobre os seguintes temas:

- as condições de acesso à respetiva jurisdição;
- a possibilidade da contratação de assessores dos juízes;
- a possibilidade de haver reuniões fora da sede do TIJ;
- a dispensa dos juízes das sessões plenárias;
- a formação de uma ou mais câmaras específicas.

V. Também interessa não esquecer o capítulo XIV da CNU, que expressamente estabelece os fundamentos gerais do estatuto jurídico-internacional do TIJ.

Sob a ótica dos Estados membros, fixa-se o automatismo de os Estados partes da CNU também serem partes do ETIJ, abrindo-se a possibilidade de outros Estados, não membros da ONU, igualmente se vincularem àquele Estatuto (cfr. o art. 93º da CNU).

Ao Conselho de Segurança da ONU defere-se o relevantíssimo papel de dar execução coerciva às sentenças do TIJ, no caso de estas não virem a ser voluntariamente cumpridas: "Se uma das partes em determinado caso deixar de cumprir as obrigações que lhe incumbem em virtude de sentença proferida pelo Tribunal, a outra terá direito de recorrer ao Conselho de Segurança, que poderá, se o julgar necessário, fazer recomendações ou decidir sobre medidas a serem tomadas para o cumprimento da sentença" (art. 94º, nº 2, da CNU).

O TIJ não é uma jurisdição exclusivista porque a CNU admite a sujeição de litígios a outros tribunais (cfr. o art. 95º da CNU): preserva-se assim o princípio da solução jurisdicional dos litígios, mas sem que isso signifique a exclusividade do TIJ.

VI. O ETIJ prevê ainda o regime aplicável na introdução de emendas, nos termos do seu último capítulo.

O princípio geral é o do paralelismo dos procedimentos entre a revisão do ETIJ e a revisão da CNU, aqui se aplicando o regime estabelecido para esta (cfr. o art. 69º do ETIJ).

Apenas se salvaguarda qualquer procedimento especial que venha a ser adotado pela Assembleia Geral, tendo por justificação haver Estados que se vincularam ao ETIJ, mas que não o fizeram relativamente à CNU.

Por outro lado, particularmente se considera que o "...Tribunal terá a faculdade de propor por escrito ao Secretário-Geral quaisquer emendas ao presente Estatuto que julgar necessárias, a fim de que as mesmas sejam consideradas em conformidade com as disposições do artigo 69º" (art. 70º do ETIJ).

163. Aspetos de índole organizatória

I. O TIJ[1107], sendo o principal órgão judicial da ONU, é composto por 15 juízes, não havendo mais do que um por cada nacionalidade, e tem a sua sede na cidade neerlandesa da Haia. O TIJ também inclui juízes *ad hoc* quando, nos litígios entre Estados, estes não tenham um juiz da sua nacionalidade[1108].

Os juízes são eleitos pela Assembleia Geral e pelo Conselho de Segurança da ONU para um mandato de nove anos, num caso curioso de votação separada em cada um destes órgãos (cfr. os arts. 4º e 8º do ETIJ), podendo por unanimidade os juízes ser destituídos, o que, de resto, nunca aconteceu. Os presidente e vice-presidente do TIJ são escolhidos de entre os seus pares para mandatos trienais, sendo reelegíveis.

Essa escolha pela eleição deve, no entanto, estar condicionada à intenção de os juízes a eleger representarem as diversas regiões e sistemas jurí-

[1107] Sobre o Tribunal Internacional de Justiça, v. MICHAEL AKEHURST, *Introdução...*, pp. 254 e ss.; IAN BROWNLIE, *Principles...*, pp. 714 e ss.; JOAQUIM DA SILVA CUNHA, *Direito Internacional...*, III, pp. 166 e ss.; ARMANDO M. MARQUES GUEDES, *Direito...*, pp. 300 e ss.; PIERRE-MARIE DUPUY, *Droit...*, pp. 389 e ss.; MARGARIDA SALEMA D'OLIVEIRA MARTINS e AFONSO D'OLIVEIRA MARTINS, *Direito das Organizações...*, II, pp. 74 e ss.; MANUEL DE ALMEIDA RIBEIRO, *A Organização...*, pp. 98 e ss.; DIOGO FREITAS DO AMARAL, *Discurso no 50º Aniversário do Tribunal da Haia*, in AAVV, *Ab Uno ad Omnes – 75 Anos da Coimbra Editora*, Coimbra, 1998, pp. 1357 e ss.; ADHERBAL MEIRA MATTOS, *Direito...*, pp. 337 e ss.; NGUYEN QUOC DINH, PATRICK DAILLIER e ALAIN PELLET, *Droit...*, pp. 889 e ss.; FAUSTO DE QUADROS e JORGE BACELAR GOUVEIA, *As relações...*, pp. 40 e 41; FRANCISCO FERREIRA DE ALMEIDA, *Direito...*, pp. 364 e ss.; JOAQUIM DA SILVA CUNHA e MARIA DA ASSUNÇÃO DO VALE PEREIRA, *Manual...*, pp. 541 e ss.; JORGE MIRANDA, *Curso...*, pp. 249 e ss.; EDUARDO CORREIA BATISTA, *Direito Internacional...*, II, pp. 573 e ss.; JOSÉ FRANCISCO REZEK, *Direito...*, pp. 356 e ss.; MANUEL DIEZ DE VELASCO, *Instituciones...*, pp. 966 e ss.

[1108] Cfr. o art. 31º do ETIJ e os arts. 7 e ss. do RTIJ. Cfr. JOSÉ FRANCISCO REZEK, *Direito...*, p. 362.

dicos do mundo: "Em cada eleição, os eleitores devem ter presente não só que as pessoas a serem eleitas possuam individualmente as condições exigidas, mas também que, no seu conjunto, seja assegurada a representação das grandes formas de civilização e dos principais sistemas jurídicos do mundo" (art. 9º do ETIJ).

II. A jurisdição que está atribuída ao TIJ apenas se exerce sobre os Estados, apresentando-se, assim, este tribunal como um órgão judicial onde apenas aqueles sujeitos internacionais podem ser partes, na sequência, de resto, da sua inserção na ONU, também ela reservada aos Estados (cfr. o art. 34º do ETIJ).

A conexão dos Estados com o TIJ pode apresentar-se sob duas modalidades distintas:

- uma *via direta*, através da qual se reconhece que o TIJ está aberto a todos os Estados que também sejam partes na CNU;
- uma *via indireta*, através da possibilidade de outros Estados também lhe acederem.

Esta orientação não tem privado tanto as organizações internacionais como os indivíduos de poderem ver os respetivos direitos reflexamente protegidos por decisões do TIJ[1109].

III. A disponibilidade do TIJ para os Estados como sujeitos processuais não se opera sempre, pois que o ETIJ requer a aceitação da respetiva jurisdição como obrigatória, tal não se confundindo com a pertença àquele texto enquanto tratado internacional.

Para além da vinculação ao Estado, uma condição suplementar se exige, que toma o nome de "cláusula facultativa de jurisdição obrigatória", nos seguintes termos, tal como se lê nos seus preceitos:

> "Os Estados Partes do presente Estatuto poderão, em qualquer momento, declarar que reconhecem como obrigatória *ipso facto* e sem acordo especial, em relação a qualquer outro Estado que aceite a mesma obrigação, a jurisdição do Tribunal em todas as controvérsias jurídicas que tenham por objeto:

[1109] Frisando este aspeto, NGUYEN QUOC DINH, PATRICK DAILLIER e ALAIN PELLET, *Droit...*, p. 894.

a) A interpretação de um tratado;
b) Qualquer questão de Direito Internacional;
c) A existência de qualquer facto que, se verificado, constituíria violação de um compromisso internacional;
d) A natureza e a extensão da reparação devida pela rutura de um compromisso internacional" (art. 36º, nº 2, do ETIJ).

E o ETIJ, certamente numa preocupação de persuasão relativamente à maior captação possível de vontades no sentido da aceitação da sua jurisdição, admite ainda que a aceitação formulada possa ostentar várias tonalidades (cfr. o art. 36º, nº 3, do ETIJ):

- ser provisória e não ser assumida em termos definitivos, pelo que se submete a uma cláusula de revogabilidade;
- ser temporária ou ser de duração indefinida, naquele caso apenas vigorando por um certo período de tempo;
- ser plena ou ser condicionada à aceitação por parte de certos Estados ou para certa categoria de conflitos[1110].

Fora destas situações, não tendo havido aquela aceitação, a intervenção do TIJ fica sempre dependente de um consentimento específico da respetiva jurisdição, aspeto que por aquele mecanismo fica logo resolvido, acordo que pode assumir diversos contornos[1111]:

- uma vontade casuística, quanto a certas causas e a certos Estados, bastando para o efeito a interposição de uma petição no TIJ, bem como a contestação à mesma sem se questionar o foro; e
- uma vontade normativa, expressa no âmbito de uma convenção internacional que contemple a intervenção do TIJ.

Todavia, há situações em que se pode admitir que a jurisdição do TIJ é sempre obrigatória, como sucede quanto à definição da sua própria com-

[1110] Naturalmente que esta possibilidade muito fragiliza a intervenção judicial do TIJ, tendo sido a raiz da elevada inoperância que o tem caracterizado, podendo ser outro tópico para a agenda da revisão da CNU.

[1111] Cfr. José Francisco Rezek, *Direito...*, pp. 358 e ss.

petência[1112], não estando tal dependente da formulação da vontade de qualquer parte.

IV. As competências que se inserem no âmbito da jurisdição que é normativamente deferida ao TIJ são de duas naturezas[1113]:

- uma *competência decisória*; e
- uma *competência consultiva*.

A *competência decisória* é a mais importante e refrange o cerne do exercício do poder público-internacional por parte do TIJ, cabendo-lhe a resolução das controvérsias, em consonância com a sua estrutura judicial, bem como o exercício de uma função judicial reconhecida pelo Direito Internacional. Isso mesmo se infere não apenas da sua caracterização geral (cfr. o art. 1º do ETIJ) como do elenco das disposições de índole processual (cfr. os arts. 39º e ss. do ETIJ e arts. 30º e ss. do RTIJ).

Dentro da competência decisória, ainda se integra uma específica competência decisória *cautelar*, destinada à adoção das medidas urgentes e consideradas indispensáveis em ordem à preservação de valores ou bens jurídicos não protegíveis ou não tão bem protegíveis com a utilização da competência decisória normal: "O Tribunal terá a faculdade de indicar, se julgar que as circunstâncias o exigem, quaisquer medidas provisórias que devam ser tomadas para preservar os direitos de cada parte.", caso em que "Antes que a sentença seja proferida, as partes e o Conselho de Segurança deverão ser informados imediatamente das medidas indicadas"[1114].

1112 Assim, Nguyen Quoc Dinh, Patrick Daillier e Alain Pellet, *Droit...*, p. 898.

1113 Cfr. Armando M. Marques Guedes, *Direito...*, p. 302; Adherbal Meira Mattos, *Direito...*, pp. 340 e 341; Nguyen Quoc Dinh, Patrick Daillier e Alain Pellet, *Droit...*, pp. 894 e ss.; Jorge Miranda, *Curso...*, p. 249; José Francisco Rezek, *Direito...*, pp. 358 e ss.

1114 Art. 41º, nºs 1 e 2, do ETIJ e cfr. os arts. 73º e ss. do RTIJ. Cfr. na doutrina: Paul Guggenheim, *Les mesures conservatoires dans la procedure arbitrale et judiciaire*, in RCADI, 1932, II, pp. 649 e ss.; Giuseppe Barile, *Sulla competenza della Corte Internazionale di Giustizia ad indicare misure cautelari*, in RDI, 1958, pp. 120 e ss.; André Cocatre-Zilgien, *Les mesures conservatoires décidées par le juge ou par l'arbitre international*, in RGDIP, 1966, pp. 5 e ss.; José Francisco Rezek, *Direito...*, pp. 363 e 364; Maria da Assunção do Vale Pereira, *As medidas provisórias...*, pp. 37 e ss.

São várias e complexas as questões que se colocam no exercício desta dimensão da competência contenciosa, que tem as interessantes características de ser[1115]:

- provisória, uma vez que ainda se espera, a final, a decisão definitiva, sendo estas medidas tomadas enquanto esta decisão não tiver sido proferida;
- parcial, dado que não resolve todas as questões, mas unicamente se antecipa a tutela jurisdicional de que se carece para uma conveniente composição do litígio, em vista da defesa dos direitos das partes;
- limitada, porquanto a sua emissão nem sempre se justifica, apenas se e na medida em que a situação pendente o possa requerer[1116].

Contudo, interessa referir que esta dimensão cautelar da competência contenciosa se afigura discricionária – e não vinculada – e de cunho excecional do ponto de visa material – dado que só faz sentido num limitado conjunto de circunstâncias, para além do seu caráter obrigatório no seio do poder jurisdicional em que se insere[1117]. Como explicita Maria da Assunção do Vale Pereira, de entre outros argumentos apresentados para defender o caráter obrigatório destas medidas provisórias (que não se confunde com o seu caráter executório), "Em boa verdade, não parece compatível com a natureza de um Tribunal, ou com a sua dignidade, a possibilidade de proferir decisões a que os destinatários não estejam vinculados, ou seja, que esteja na liberdade dos destinatários optar pelo seu cumprimento ou não. Um Tribunal, como instância judicial que é, atua, regra geral, através de decisões obrigatórias para os seus destinatários, só assim não acontecendo se outra coisa estiver expressamente prevista, como sucede no que toca à competência consultiva do TIJ..."[1118].

[1115] A respeito das características gerais da tutela cautelar no Direito Processual Civil, v., por todos, João de Castro Mendes, *Direito Processual...*, I, pp. 251 e ss.

[1116] Com uma profunda análise destes diversos aspetos, v., por todos, Maria da Assunção Do Vale Pereira, *As medidas provisórias...*, pp. 33 e ss.

[1117] Cfr. as indicações de Maria da Assunção do Vale Pereira, *As medidas provisórias...*, pp. 53 e ss., e pp. 281 e ss.

[1118] Maria da Assunção do Vale Pereira, *As medidas provisórias...*, pp. 296 e 297.

A *competência consultiva*, que não é habitual nos organismos de índole judicial, embora seja frequente no plano internacional, permite ao TIJ a emissão de pareceres – que são apenas facultativos e consultivos – "... sobre qualquer questão jurídica a pedido do órgão que, de acordo com a Carta das Nações Unidas ou por ela autorizado, estiver em condições de fazer tal pedido"[1119].

164. Aspetos de índole processual

I. O regime processual está essencialmente previsto no ETIJ, embora outros aspetos laterais se encontrem vertidos no Regulamento do Tribunal.

Apesar do seu caráter unitário, o funcionamento do TIJ é perspetivável segundo várias instâncias decisórias (cfr. os arts. 1º e ss. do RTIJ):

- o plenário;
- a câmara (secção);
- o Presidente.

Em razão da natureza dos diversos poderes, pode qualquer uma destas instâncias agir, em nome do TIJ, ainda que as competências principais, *maxime* a de julgar, sejam cometidas ao plenário, que é o sub-órgão mais importante na respetiva estrutura.

II. Do ponto de vista do exercício da competência decisória, que é a competência tipicamente judicial, o processo que corre os seus termos perante o TIJ está dividido, segundo o respetivo Estatuto, em duas fases[1120]:

- uma fase escrita; e
- uma fase oral.

[1119] Art. 65º, nº 1, *in fine*, do ETIJ e cfr. os arts. 102º e ss. do RTIJ. Aquele preceito completa-se depois com o art. 96º, nº 1, da CNU: "A Assembleia Geral ou o Conselho de Segurança poderá solicitar parecer consultivo ao Tribunal Internacional de Justiça sobre qualquer questão jurídica".

[1120] Cfr. o art. 43º do ETIJ e os arts. 38º e ss. do RTIJ. Cfr. Adherbal Meira Mattos, *Direito...*, p. 340; Nguyen Quoc Dinh, Patrick Daillier e Alain Pellet, *Droit...*, pp. 900 e ss.; José Francisco Rezek, *Direito...*, p. 362.

Esta não é, porém, a melhor divisão do *iter* processual, pois que é necessário ser mais analítico, subdistinguindo outras fases, colhendo alguma inspiração na dogmática da marcha do processo civil interno[1121]:

- a *fase dos articulados*;
- a *fase do julgamento*; e
- a *fase da sentença*.

A *fase dos articulados* compreende a delimitação dos elementos fundamentais do processo: o objeto, as partes, o pedido e a causa de pedir. Esse é um esforço que se realiza segundo o princípio do contraditório, dada a possibilidade de cada parte contestar o entendimento da outra, evidenciando-se os documentos da memória e da contramemória (cfr. os arts. 45º e ss. do RTIJ).

A *fase do julgamento* corresponde à apreciação, feita pelo plenário do TIJ e em audiência pública, dos elementos probatórios, bem como das questões jurídico-internacionais que se considerem pertinentes.

A *fase da sentença*, escrita e fundamentada (cfr. o art. 56º, nº 1, do ETIJ), inclui a decisão do litígio, com a possibilidade da indicação de posições individuais dos juízes no caso de não ser unânime, deliberando o plenário por maioria (cfr. o art. 57º do ETIJ). O efeito da sentença é de caso julgado material, *inter alia* das partes em litígio e subordinada à questão que esteve em juízo (cfr. o art. 59º do ETIJ).

III. Não se vislumbra uma específica fase de *execução da sentença*, o que constitui um aspeto frágil da estrutura processual do TIJ: quem o poderá fazer é o Conselho de Segurança da ONU (cfr. o art. 94º, nº 2, da CNU), numa solução política que se enxerta num esquema que começou por ser judicial, hoje manifestamente obsoleta e que carece de urgente revisão[1122].

[1121] Para uma ilustração acerca da marcha do processo civil interno, em termos gerais, v. João de Castro Mendes, *Direito Processual Civil*, II, Lisboa, 1987, pp. 431 e ss.; Miguel Teixeira de Sousa, *Introdução ao Processo Civil*, Lisboa, 1993, pp. 89 e ss.; José Lebre de Freitas, *A ação declarativa comum*, Coimbra, 2000, pp. 25 e ss.; Othmar Jauernig, *Direito Processual...*, pp. 125 e ss.

[1122] Cfr. Nguyen Quoc Dinh, Patrick Daillier e Alain Pellet, *Droit...*, p. 907; José Francisco Rezek, *Direito...*, p. 364.

Igualmente não se prevê qualquer esquema de *recurso ordinário*, pois que "A sentença é definitiva e inapelável" (art. 60º, primeira parte, do ETIJ). Se houver dúvidas interpretativas, só há lugar à interpretação autêntica, a cargo do próprio TIJ, a solicitação das partes (cfr. o art. 60º, segunda parte, do ETIJ).

A intervenção do TIJ, numa lógica processual, é de tipo primário, faltando estes dois alicerces fundamentais, que de certo jeito obliteram a sua maior valia:

- a ausência de processos próprios de execução, por uma questão de independência da função, em nome do princípio da eficiência da função judicial;
- a ausência de mecanismos de recurso ordinário, por uma questão de incapacidade de correção de decisões erróneas ou injustas, em nome da legitimidade material da função judicial.

IV. O ETIJ não exclui a hipótese, materialmente excecional, de uma *revisão de sentença*: "O pedido de revisão de uma sentença só poderá ser feito em razão da descoberta de algum facto suscetível de exercer influência decisiva, o qual, na ocasião de ser proferida a sentença, era desconhecido do Tribunal e também da parte que solicita a revisão, contanto que tal desconhecimento não tenha sido devido a negligência" (art. 61º do ETIJ).

Tal possibilidade de revisão extraordinária de sentença tem o limite de não poder ser ativada se já tiverem transcorrido mais de 10 anos sobre a "... data da sentença" (art. 61º, nº 5, do ETIJ).

A abertura do processo de revisão extraordinária é decidida por sentença do próprio TIJ (cfr. o art. 61º, nº 2, do ETIJ), que reconhece o facto novo e declara essa possibilidade, impondo-se o prazo de seis meses para que tal venha a suceder (cfr. o art. 61º, nº 4, do ETIJ).

O processo judicial propriamente dito deve caber à iniciativa das partes, parecendo que, na falta de orientação especial, se deve aplicar a mesma tramitação daquela que se encontra prevista para uma intervenção inicial, com as devidas adaptações.

§ 46º O TRIBUNAL PENAL INTERNACIONAL

165. O Estatuto de Roma

I. O TPI[1123] merece uma alusão específica porque não só é pouco – e, às vezes, mal – estudado como sobretudo pela sua acrescida relevância na consolidação da justiça penal internacional.

[1123] Sobre o Tribunal Penal Internacional em geral, v. MARIA LEONOR ASSUNÇÃO, *O Tribunal Internacional Penal permanente e o mito de Sísifo*, in RPDC, 1998, pp. 27 e ss.; JEAN-FRANÇOIS DOBELLE, *La Convention de Rome Portant Statut de la Cour Pénale Internationale*, in AFDI, 1998, pp. 356 e ss.; WLADIMIR BRITO, *Tribunal Penal Internacional: uma garantia jurisdicional para a proteção dos direitos da pessoa humana*, in BFDUC, 2000, pp. 81 e ss.; MIGUEL GALVÃO TELES, *Timor Leste*, pp. 653 e ss.; PAULA ESCARAMEIA, *Quando o mundo das soberanias se transforma no mundo das pessoas: o Estatuto do Tribunal Penal Internacional e as Constituições nacionais*, in RFDUNL, Lisboa, ano II, nº 3 de 2001, pp. 143 e ss., e *Reflexões sobre temas de Direito Internacional*, Lisboa, 2001, pp. 255 e ss.; JOÃO MANUEL DA SILVA MIGUEL, *Tribunal Penal Internacional: o após Roma e as consequências da ratificação*, in RMP, ano 22, Abril-Junho de 2001, nº 86, pp. 27 e ss., e *O Tribunal Penal Internacional*, in RMP, ano 23, nº 90, abril/junho de 2002, pp. 57 e ss.; JOSÉ DE CAMPOS AMORIM, *O Tribunal Penal Internacional: um novo sistema de justiça universal*, in *Lusíada (Porto)*, nºs 1-2, 2001, pp. 103 e ss.; M. CHERIF BASSIOUNI, *Introduction au Droit Pénal...*, pp. 35 e ss.; JOSÉ LUÍS RODRIGUEZ-VILLASANTE Y PRIETO, *La justicia penal*, pp. 246 e ss.; NGUYEN QUOC DINH, PATRICK DAILLIER e ALAIN PELLET, *Droit...*, pp. 725 e ss.; FERNANDO ARAÚJO, *O Tribunal Penal Internacional e o problema da jurisdição universal*, in RFDUL, XLIII, nº 1 de 2002, Lisboa, pp. 73 e ss.; ALBERTO COSTA, *Tribunal Penal Internacional*, Lisboa, 2002; ANTÓNIO GUÉVÈL BRANCO, *O Tribunal Penal Internacional – estatuto*, Lisboa, 2002, pp. 17 e ss.; PHILIPPE SANDS, *After Pinochet: the role of national courts*, in AAVV, *From Nuremberg to The Hague – the future of international criminal justice* (ed. de PHILIPPE SANDS), Cambridge, 2003, pp. 74 e ss.; ANABELA MIRANDA RODRIGUES, *Princípio da jurisdição penal universal e Tribunal Penal Internacional – exclusão ou complementaridade?*, in AAVV, *Direito Penal Internacional*

Trata-se de uma instituição permanente, que visa a aplicação do Direito Penal Internacional mais grave, em complemento das jurisdições nacionais: "É criado, pelo presente instrumento, um Tribunal Penal Internacional (...). O Tribunal será uma instituição permanente, com jurisdição sobre as pessoas responsáveis pelos crimes de maior gravidade com alcance internacional, de acordo com o presente Estatuto, e será complementar das jurisdições penais nacionais" (art. 1º do ERTPI).

Foi criado pelo ERTPI, que é um tratado internacional, negociado sob os auspícios da ONU, e aberto à assinatura até 31 de dezembro de 2000 (cfr. o art. 125º do ERTPI), dele sendo apenas partes os Estados, podendo do mesmo retirar-se com um aviso prévio de um ano, embora mantendo-se vigentes alguns deveres de natureza financeira e de cooperação judiciária (cfr. o art. 127º do ERTPI).

Desde que foi concluído em 1998, já obteve o número mínimo de instrumentos de vinculação, que são 60 (cfr. o art. 126º do ERTPI), tendo entrado em vigor em 1 de julho de 2002 e estando sediado na cidade neerlandesa da Haia (cfr. o art. 3º do ERTPI).

II. O ERTPI[1124] tem a forma de tratado internacional solene, contando com 128 artigos, que sistematicamente se distribuem por 13 capítulos.

para a proteção dos direitos humanos, Lisboa, 2003, pp. 57 e ss.; JAMES CRAWFORD, *The drafting of the Rome Statute*, in AAVV, *From Nuremberg to The Hague – the future of international criminal justice* (ed. de PHILIPPE SANDS), Cambridge, 2003, pp. 109 e ss.; JOSÉ DE MATOS CORREIA, *Tribunais penais...*, pp. 36 e ss.; JORGE MIRANDA, *Curso...*, pp. 327 e 328; JORGE BACELAR GOUVEIA, *O Tribunal Penal Internacional: uma perspetiva de Direito Internacional e de Direito Constitucional*, in *Juris Poiesis – Revista do Curso de Direito da Universidade Estácio de Sá*, ano 7, nº 6, 2004, pp. 273 e ss., e JORGE BACELAR GOUVEIA, *Direito Internacional Penal...*, pp. 153 e ss.; ANA LUÍSA RIQUITO, *O Direito Internacional Penal entre o risco de Cila e o de Caríbdes*, in AAVV, *O Tribunal Penal Internacional e a Ordem Jurídica Portuguesa* (org. de Vital Moreira), Coimbra, 2004, pp. 162 e ss.; GERHARD WERLE, *Principles of International Criminal...*, pp. 18 e ss.; RENATA MANTOVANI DE LIMA e MARINA MARTINS DA COSTA BRINA, *O Tribunal Penal Internacional*, Belo Horizonte, 2006; VALÉRIO DE OLIVEIRA MAZZUOLI, *Curso de Direito Internacional...*, pp. 545 e ss.; KAI AMBOS, *Internationales Strafrecht*, pp. 105 e ss.; AAVV, *O Tribunal Penal Internacional e a transformação do Direito Internacional* (org. de JOÃO MANUEL DA SILVA MIGUEL E PAULO PINTO DE ALBUQUERQUE), Lisboa, 2007.

[1124] Cfr. o respetivo texto, na versão oficial portuguesa, em JORGE BACELAR GOUVEIA, *Textos Fundamentais...*, pp. 113 e ss.

No tocante ao edifício normativo-penal, o ERTPI é apenas uma sua parte porque esse documento remete para outras instâncias – como a Assembleia dos Estados Partes – a definição de dois outros importantes textos normativos, que assim não alcançam o valor de tratado internacional:

- os *elementos constitutivos dos crimes*, que são a especificação dos tipos de crimes que ficam sendo abrangidos pela jurisdição do TPI (cfr. o art. 9º do ERTPI); e
- os *elementos processuais penais*, nos mesmos termos a definir posteriormente.

Para além disso, o ERTPI mostra-se particularmente blindado, porquanto no seu percurso de vinculação não aceita a formulação de qualquer reserva (cfr. o art. 120º do ERTPI), o que tem suscitado não poucos problemas de efetividade.

A modificação posterior do ERTPI pode ter lugar segundo três esquemas paralelos, com alcances distintos (cfr. os arts. 121º, 122º e 123º do ERTPI):

- a alteração de disposições de natureza institucional, que pode acontecer em qualquer momento;
- a alteração do ERTPI, para qualquer matéria, ao fim de sete anos de vigência, por iniciativa dos Estados, no seio da reunião da Assembleia dos Estados Partes;
- a revisão do ERTPI, para qualquer assunto, sob proposta do Secretário-Geral da ONU, no âmbito de uma conferência de revisão.

III. Embora já se encontre em vigor, a colaboração dos Estados ao ERTPI tem sido polémica, dado o passo extremamente significativo que implica num domínio que tem sido pertença absoluta da soberania estadual: o *ius puniendi*.

São vários os importantes Estados que já manifestaram a vontade de não vir a estar abrangidos pelo ERTPI, o que se afigura muito negativo para o êxito desta jurisdição, de entre eles se salientando a oposição dos Estados Unidas da América[1125].

[1125] Cfr. a dura crítica formulada por António Guévèl Branco (*O Tribunal...*, p. 22), ao dizer o seguinte: "Esta posição não é minimamente aceitável porquanto o Estatuto do

Apesar da bondade de algumas das soluções contidas no ERTPI, não deixa o mesmo de neste momento representar a linha de fronteira em relação ao exercício daquela soberania, ao que também não serão alheios os diversos erros em que soçobram vários dos seus preceitos[1126].

IV. Uma das principais dificuldades com que o ERTPI se debate é o facto de poder não vir a ser uma jurisdição universal, não obstante ser um tratado multilateral geral, que se vocaciona para a vinculação voluntária de todos os Estados[1127].

Evidentemente que sempre poderá restar a via costumeira, já tendo sucedido, até mais do que uma vez, que um tratado multilateral, durante muito tempo sem vigorar a título convencional, se tenha tornado eficaz por força da formação de costumes, alguns mesmo de criação instantânea[1128].

Não se crê que essa seja uma hipótese plausível porque assentaria numa suma ironia: ser o ERTPI globalmente vinculativo por via consuetudinária quando ele próprio não se cansa de proclamar o princípio da legalidade criminal, que tem como vertente mais significativa – no contexto constitucionalista em que nasceu e depois passando para o âmbito internacional – proscrever a formação de costumes penais, não se esperando, assim, que venha a ser o próprio ERTPI um desses exemplos.

A dificuldade – que provavelmente se converterá em impossibilidade – de se atingir uma jurisdição universal, que seja vinculativa dos Estados, é sempre um risco que se deve correr, devendo ser sobretudo visto como

Tribunal Penal Internacional prevê no seu art. 7º que as organizações terroristas podem ser perseguidas por crimes contra a Humanidade, nos quais se incluem os atos terroristas que os EUA pretendem continuar a perseguir. É de facto preocupante que no momento em que a impunidade aos criminosos começa a cair, não exista uma maior unanimidade em torno da criação do Tribunal Penal Internacional".

1126 Cfr. Alexandre Teixeira Neto Guerreiro, *A resistência dos Estados Africanos à Jurisdição do Tribunal Penal Internacional*, Coimbra, 2012, pp. 32 e ss.

1127 Cfr. Anabela Miranda Rodrigues, *Princípio...*, pp. 67 e ss.

1128 Hipótese expressamente ponderada, mas depois rejeitada, por Fernando Araújo (*O Tribunal...*, p. 111): "Não parece, assim, que o Estatuto do TPI tenha dado instantaneamente origem a uma nova jurisdição assente em direito consuetudinário, ou que tenha por essa via tido a virtualidade de vincular à sua jurisdição Estados terceiros".

um caminho que levará muitos anos a atingir, exigindo porventura recuar nalgumas precipitadas soluções que foram adotadas[1129].

166. Os crimes previstos e as penas aplicáveis

I. Olhando ao Direito Internacional Penal, o TPI não se aplica à totalidade daquele setor jurídico-internacional, pois que, até de acordo com a respetiva definição, apenas se dedica aos crimes mais graves.

Se se fizer uma representação gráfica, conclui-se que o Direito substantivo que o TPI aplica é um círculo concêntrico menor dentro de um círculo maior, que representa o Direito Internacional Penal total.

Autonomamente enunciando os crimes e as penas aplicáveis, o ERTPI contém uma cláusula geral que apela para outras fontes normativas aplicáveis, com diversas gradações, a fazer lembrar o já nosso bem conhecido art. 38º do ETIJ:

- o ERTPI, os elementos do crime e o Regulamento Processual;
- o Direito Internacional Penal e o Direito Internacional dos Conflitos Armados;
- os princípios gerais do Direito Interno (cfr. o art. 21º, nº 1, do ERTPI).

II. Ao observar diretamente o ERTPI, e dentro dos "crimes mais graves que afetam a comunidade internacional no seu conjunto", há uma seleção que abrange os seguintes tipos[1130]:

- o crime de genocídio[1131];

[1129] Como escreve ANABELA MIRANDA RODRIGUES (*Princípio...*, p. 73), "Porque baseada primariamente nas jurisdições penais dos Estados, a combinação da jurisdição penal nacional universal com a jurisdição penal internacional é um sistema realizável e adequado nas presentes circunstâncias internacionais, com uma ordem jurídica de soberanias estaduais altamente descentralizadas que "querem" e "devem" garantir um mínimo de valores comuns".

[1130] Cfr. o art. 5º do ERTPI. Cfr. a definição mais pormenorizada destes crimes nos arts. 6º e ss. do ERTPI. Cfr. MARIA LEONOR ASSUNÇÃO, *Apontamento sobre o crime contra a Humanidade*, in AAVV, *Estudos em Homenagem a Cunha Rodrigues*, Coimbra, 2001, pp. 71 e ss.; JOSÉ DE MATOS CORREIA, *Tribunais penais...*, pp. 37 e ss.

[1131] Sobre o crime de genocídio em particular, numa excelente análise, simultaneamente internacional, estadual e cultural, IVO MIGUEL BARROSO, *O acordo com vista à prática de genocídio...*, pp. 215 e ss.

- os crimes contra a Humanidade;
- os crimes de guerra; e
- o crime de agressão.

Quanto às sanções punitivas a aplicar, é de realçar a primazia que deve ser dada às penas privativas de liberdade, que podem ser de duas categorias, alternativamente [cfr. o art. 77º, nº 1, als. a) e b), do ERTPI]:

- a *pena de prisão por um número determinado de anos, até ao limite máximo de 30 anos*; ou
- a *pena de prisão perpétua*, se o elevado grau de ilicitude do facto e as condições pessoais do condenado o justificarem.

O ERTPI prevê igualmente, ao lado destas duas penas principais, privativas de liberdade, a existência de penas acessórias, em duas modalidades (cfr. o art. 77º, nº 2, do ERTPI):

- a *pena de multa*; e
- a *perda de produtos, bens e haveres provenientes, direta ou indiretamente, do crime.*

III. A aplicação destas penas à prática dos crimes descritos submete-se ainda a um importante conjunto de orientações materiais que têm permitido a construção, no Direito Interno, da Teoria da Lei Penal e da Teoria da Infração Penal, do mesmo modo aqui estando presentes, que nos Direitos Penais Internos se assumem até constitucionalmente relevantes[1132].

Ao nível da Teoria da Lei Penal, é de frisar a afirmação de vários importantes princípios (cfr. os arts. 22º e ss. da ERTPI):

- o princípio da legalidade;
- o princípio da determinação;
- o princípio da tipicidade; e
- o princípio da irretroatividade.

Ao nível da Teoria da Infração Penal, são também várias as orientações a levar em consideração (cfr. os arts. 25º e ss. do ERTPI):

[1132] Cfr. Jorge Bacelar Gouveia, *Direito Internacional Penal...*, pp. 153 e ss.

- o princípio da culpa;
- o princípio da relevância das causas de exclusão da ilicitude e da culpa; e
- o princípio da imprescritibilidade dos crimes.

IV. Todo este novo e complexo Direito Internacional Penal não deixa de suscitar a maior das perplexidades na sua relação com os Direitos Penais Estaduais, quanto mais não seja porque se lhes oferece numa linha de complementaridade, processual e substantiva.

Ora, é exatamente desta complementaridade substantiva que cura um dos mais estranhos e misteriosos preceitos do ERTPI, localizando-se depois da definição das penas que considera aplicáveis: "Nada no presente capítulo prejudicará a aplicação, pelos Estados, das penas previstas nos respetivos Direitos internos, ou a aplicação da legislação de Estados que não preveja as penas referidas neste capítulo"[1133].

O motivo para essa ininteligibilidade reside no seguinte: se o ERTPI é complementar das penas aplicáveis pelo Direito Interno, cedendo perante estas, e sem que haja um mecanismo de verificação da respetiva razoabilidade, então para que serve todo o aparato do ERTPI, se ele não pode funcionar no caso em que os Estados apliquem penas simbólicas ou, pura e simplesmente, não prevejam nenhumas penas, isentando os óbvios criminosos de qualquer responsabilidade penal ao nível interno?

Percebe-se que o ERTPI pretende, cautelosamente, não contrariar o sentido interno, mas não sendo esse propósito regulativamente plasmado, bem pode o ERTPI engrossar o conjunto das "inutilidades jurídico-internacionais" porque se autocontém perante o Direito Interno que se alinhe num objetivo contrário, na defesa da impunidade interna frente aos crimes internacionais.

167. O âmbito da jurisdição penal e a articulação com as jurisdições nacionais

I. O TPI é do mesmo modo relevante no plano do Direito Processual Penal, contendo inúmeras disposições nessa matéria, e absorveu várias influências dos sistemas judiciários internos.

[1133] Art. 80º do ERTPI. Cfr. Ana Luísa Riquito, *O Direito Internacional...*, pp. 170 e ss.

Mas é incomum que o principal instrumento desse ordenamento jurídico-processual penal não conste tanto do ERTPI quanto do Regulamento Processual, que deverá ser aprovado pela Assembleia dos Estados Partes, podendo os juízes, até à sua aprovação, adotar normas provisórias, nas situações de justificada urgência (cfr. o art. 51º, nºs 1 e 2, do ERTPI).

Noutra perspetiva, também o TPI deve aprovar o Regimento do Tribunal, "...necessário ao normal funcionamento do Tribunal" (art. 52º, nº 1, *in fine*, do ERTPI).

II. Na sua organização interna, o TPI, em rigor, não é somente um tribunal: é mais um complexo de justiça penal internacional, onde se localizam diversas estruturas, formalmente consideradas como órgãos do Tribunal (cfr. os arts. 34º e ss. da ERTPI):

- a presidência;
- as secções de recurso, de julgamento e de instrução;
- o procurador;
- a secretaria.

Um outro órgão que deve ser autonomamente considerado – mas que erroneamente não consta da aludida enumeração – é o próprio plenário dos juízes do TPI, a quem cabem importantes competências regulativas, como a da aprovação de normas provisórias, enquanto não seja aprovado o Regulamento Processual, ou a elaboração do seu próprio Regimento, para além da competência de impulsão de outros procedimentos, como do próprio Regulamento Processual, em relação ao qual tem poder de iniciativa.

III. Do ponto de vista das suas competências, o TPI exerce o respetivo poder em três circunstâncias, tendo um total de 18 juízes:

- a *competência de instrução*, no âmbito da investigação dos processos;
- a *competência de julgamento*, quando decide se alguém deve ser condenado ou absolvido;
- a *competência de revisão*, quando aprecia, em recurso, uma decisão anterior.

IV. O itinerário jurídico-processual assenta na existência de uma estrutura acusatória, em que se separa a entidade que acusa da entidade que julga, sendo de enquadrar diversas fases[1134]:

- o *inquérito*;
- a *instrução*;
- o *julgamento*;
- a *execução*;
- o *recurso*.

O *inquérito*, perante a notícia da prática de um crime abrangido pela competência do tribunal (cfr. os arts. 13º e ss. e 53º e ss. do ERTPI), engloba um conjunto de atividades e iniciativas destinadas à investigação preliminar da existência de crimes, das suas circunstâncias e da respetiva autoria, podendo terminar de duas maneiras:

- com o *arquivamento*, situação em que, afinal, nada se apurou, após a conclusão da atividade investigatória;
- com a *acusação*, tendo havido a descoberta de elementos suficientes para uma convicção acerca da probabilidade da prática de certo crime, de certa autoria.

A *instrução* (cfr. os arts. 60º e 61º do ERTPI) implica que ao juiz dessa fase incumba uma apreciação preliminar relativamente aos factos de que alguém é imputado na acusação, podendo decidir declará-la procedente ou não.

O *julgamento* (cfr. os arts. 62º e ss. do ERTPI), que só faz sentido se a primeira fase tiver terminado com a acusação, implica que o acusado se submete a um juízo final, perante um grupo de juízes de outra secção, aí sendo o momento da produção de prova definitiva, no sentido de permitir ao Tribunal uma decisão relativamente ao facto de o arguido dever ser condenado ou absolvido.

A *execução* (cfr. os arts. 103º e ss. do ERTPI), só naturalmente fazendo sentido no caso de ter havido a condenação, destina-se a concretizar a apli-

[1134] Cfr. António Guévèl Branco, *O Tribunal...*, pp. 28 e ss.; José de Matos Correia, *Tribunais penais...*, pp. 43 e 44.

cação da pena de prisão, quer do ponto de vista do local, quer do ponto de vista da respetiva duração e regime de reclusão.

O *recurso* (cfr. os arts. 81º e ss. do ERTPI) tem o objetivo de permitir um reexame de uma primeira sentença definitiva, vivenciando-se o duplo grau de jurisdição em matéria penal. Importa, contudo, dele distinguir a revisão de sentença (cfr. o art. 84º do ERTPI), que tem um cariz extraordinário, sempre que, depois do trânsito em julgado, haja elementos novos que determinem a alteração da condenação, que já não é possível levar a cabo através do processo de recurso.

V. O exercício desta jurisdição por parte do TPI submete-se a alguns aspetos rectores que condicionam a segregação do correspondente poder jurisdicional, de entre elas se frisando os seguintes princípios[1135]:

- o princípio do juiz legal (cfr. o art. 12º do ERTPI);
- o princípio do *ne bis in idem* (cfr. o art. 20º do ERTPI);
- o princípio da irrelevância das imunidades constitucionais dos arguidos (cfr. o art. 27º do ERTPI);
- o princípio da presunção de inocência do arguido (cfr. o art. 66º do ERTPI);
- o princípio da cooperação com o tribunal (cfr. os arts. 86º e ss. do ERTPI);
- o princípio da jurisdição complementar relativamente às jurisdições internas.

Sem dúvida que se trata de um poder jurisdicional, uma vez que a jurisdição é independente e as suas decisões têm força de caso julgado material[1136].

VI. Este último princípio, pela sua relevância nuclear na afirmação do TPI, merece uma atenção especial, já que se posiciona no difícil equilíbrio de impor sem desconsiderar a efetividade das jurisdições nacionais.

De acordo com o preâmbulo, o TPI será "...complementar das jurisdições penais nacionais" (§ 10º do preâmb. do ERTPI), igualmente apli-

[1135] Cfr. José Eduardo Sambo, *Os princípios processuais do Tribunal Penal Internacional*, in ReDiLP, nº 1 de 2013, pp. 189 e ss.

[1136] Cfr. Nguyen Quoc Dinh, Patrick Daillier e Alain Pellet, *Droit...*, p. 726.

cando o princípio do *ne bis in idem*, tanto para crimes já julgados pelo próprio tribunal como para os mesmos crimes julgados por outro tribunal[1137].

Contudo, o próprio ERTPI é muito claro nos casos em que desvaloriza o anterior ou concomitante exercício de poder jurisdicional sobre um mesmo crime que também entenda por bem julgar: "O Tribunal não poderá julgar uma pessoa que já tenha sido julgada por outro tribunal por atos também punidos pelos artigos 6º, 7º ou 8º, a menos que o processo nesse outro tribunal: a) Tenha tido por objetivo subtrair o arguido à sua responsabilidade criminal por crimes da competência do Tribunal; ou b) Não tenha sido conduzido de forma independente ou imparcial, em conformidade com as garantias de um processo equitativo reconhecidas pelo Direito Internacional, ou tenha sido conduzido de uma maneira que, no caso concreto, se revele incompatível com a intenção de submeter a pessoa à ação da justiça" (art. 20º, nº 3, do ERTPI).

Este vem a ser um melindroso aspeto do TPI porque se tenta fazer a "quadratura do círculo": ao mesmo tempo que pretende aceitar a validade das jurisdições nacionais, determina a sua irrelevância em certos casos[1138]. E note-se o modo bastante equívoco como aquele preceito está redigido, tudo se resumindo à descoberta de uma "intenção" – do foro puramente psicológico e sem se exigir um qualquer índice do foro objetivo, que por si seja naturalmente mais seguro – de subtrair a pessoa em causa à ação da justiça, partindo-se também do pressuposto de que as jurisdições dos Estados partes neste tratado internacional podem revelar essas "maléficas intenções"[1139].

168. Apreciação crítica do Tribunal Penal Internacional

I. Sem depreciar os seus inegáveis méritos, o TPI sem dúvida que tem ainda um outro mérito, decerto imprevisto pelos seus fautores, que foi o

[1137] Cfr. o art. 20º do ERTPI. Cfr. ANTÓNIO GUÉVÈL BRANCO, *O Tribunal...*, p. 27.

[1138] Cfr. a dura crítica de FERNANDO ARAÚJO, *O Tribunal...*, pp. 79 e ss. Cfr. também NGUYEN QUOC DINH, PATRICK DAILLIER e ALAIN PELLET, *Droit...*, p. 727.

[1139] O que, além do mais, deixa muitas dúvidas acerca da aplicação do princípio da boa fé na atividade de contratação internacional, instalando a desconfiança no funcionamento das justiças internas dos Estados que se pretende que sejam partes no ERTPI.

de ter ressuscitado muitos ferverosos debates na Ciência do Direito Internacional, há muito adormecida nalgumas falsas unanimidades.

As principais críticas que lhe têm sido dirigidas respeitam aos seguintes três tópicos, sem contar ainda com a apreciação que se possa fazer do ponto de vista do Direito Português, as quais inelutavelmente conduzirão a quebras sistemáticas e valorativas dificilmente reparáveis[1140]:

- a *vontade de estabelecer uma jurisdição uniforme*;
- a *preocupação com a consagração de uma justiça imparcial*; e
- a *abrangência da moldura das penas apresentadas e a sua regulação*.

II. Em relação ao primeiro problema, percebe-se que a valia intrínseca do TPI está muito dependente de poder valer universalmente. Ninguém compreenderia que só se aplicasse a alguns e que outros pudessem escapar ao seu domínio regulador.

Facilmente se compreende que o ERTPI tenha nascido sob os auspícios da ONU, num objetivo que mergulha as suas raízes já na década de quarenta, mas cujos trabalhos só recentemente se concluíram.

Como também se compreende o desejo de ter sido elaborado um tratado internacional o mais possível defendido de intuitos "divisionistas" (havendo, recorde-se, a proibição da aposição de reservas), que facilmente pudessem esfrangalhar a unidade lógico-temática do TPI, sem a qual o mesmo nunca poderia levar a bom porto a sua missão no novo Direito Internacional Penal.

Mas é o próprio ERTPI a desferir um rude golpe nessa unidade sistemática, admitindo que os Estados possam negociar aspetos processuais atinentes à entrega de suspeitos, no âmbito de acordos celebrados e no âmbito de imunidades internacionais, de acordo com duas hipóteses[1141]:

- "O Tribunal não pode dar seguimento a um pedido de entrega ou de auxílio por força do qual o Estado requerido devesse atuar de forma incompatível com as obrigações que lhe incumbem à luz do Direito Internacional em matéria de imunidade dos Estados ou de imunidade diplomática de pessoa e de bens de um Estado terceiro...";

[1140] Cfr. Jorge Bacelar Gouveia, *Direito Internacional Penal...*, pp. 138 e ss.

[1141] Art. 98º do ERTPI, sob a epígrafe "Cooperação relativa à renúncia, à imunidade e ao consentimento na entrega".

– "O Tribunal não pode dar seguimento à execução de um pedido de entrega por força do qual o Estado requerido devesse atuar de forma incompatível com as obrigações que lhe incumbem em virtude de acordos internacionais à luz dos quais o consentimento do Estado de envio é necessário para que uma pessoa pertencente a esse Estado seja entregue ao Tribunal...".

O ERTPI dá com a mão esquerda aquilo que recusou com a mão direita: aceita que os Estados, na execução do ERTPI, possam estabelecer acordos no sentido de, na prática, desvirtuar a sua aplicação. Ora, eis uma solução no mínimo absurda e não pode ser abonatória para quantos estiveram na génese de uma solução deste jaez.

III. No tocante ao segundo tópico mencionado, é inegável que a criação do TPI, em comparação com as soluções anteriores, inexistentes ou circunstanciais, marca um assinalável passo em frente na jurisdicionalização da repressão dos crimes internacionais mais graves.

Só que essa é uma solução que também encontra as suas limitações, capciosamente assumidas na economia global de um texto que se ufana de ter alcançado um novo paradigma na evolução do Direito Internacional.

Estamos a pensar no esdrúxulo mecanismo de intervenção do Conselho de Segurança: "O inquérito ou o procedimento criminal não poderão ter início ou prosseguir os seus termos, com base no presente Estatuto, por um período de 12 meses a contar da data em que o Conselho de Segurança assim o tiver solicitado em resolução aprovada nos termos do disposto no capítulo VII da Carta das Nações Unidas; o pedido poderá ser renovado pelo Conselho de Segurança nas mesmas condições"[1142].

É muito difícil aceitar a interferência de um órgão político no coração do exercício do poder público de uma instância que se quer jurisdicional, numa intervenção que, além do mais, não só pode acontecer em qualquer momento processual como pode inclusivamente repetir-se, se bem que tenha a favor a sua temporariedade e o contexto adstringente do capítulo VII da CNU.

[1142] Art. 16º do ERTPI. Cfr. ANTÓNIO GUÉVÈL BRANCO, *O Tribunal...*, p. 24.

IV. Quanto à matéria referida em terceiro lugar, no conjunto das penas que ERTPI prevê aplicar aos crimes que descreve, foi já um passo importante ter sido afastada a pena de morte.

Neste ponto, importa saudar as soluções a que se chegou no final das respetivas negociações, sendo certo que múltiplos Estados participantes, até do Mundo ocidental, por admitirem a pena de morte no seu seio, tentaram a respetiva exportação para o ERTPI.

Se foi bom que o resultado final não tivesse adotado a pena de morte pelos crimes internacionais previstos no ERTPI[1143], não deixa de causar sérias apreensões a amplitude das penas previstas ser ainda excessiva do ponto de vista de um critério de justiça material, a que o Direito Internacional, como qualquer Direito, jamais pode ficar alheio e, pelo contrário, quer com certeza aspirar.

É que, por um lado, consagra-se a pena de prisão perpétua, o que está, nos dias de hoje, em total desarmonia com as mais recentes tendências, não se apresentando numa perspetiva preventiva, mas unicamente retributiva, e encontrando-se abandonada pelos Estados que mais avançados estão nos respetivos estudos criminológicos e jurídico-penais.

Mas, por outro lado, mesmo nos casos em que a pena é da outra categoria menor, ela pode ir até aos 30 anos, numa moldura exageradamente extensa, coibindo-se – e, a nosso ver, mal – o ERTPI de conferir índices seguros que pudessem limitar uma ampla discricionariedade jurisdicional na definição da pena aplicável a cada criminoso julgado pelo TPI, quando se sabe que o desvalor desses crimes não é todo igual[1144].

[1143] Quanto a alguns dos pormenores desta negociação, em que a delegação portuguesa foi atuante, Maria Leonor Assunção, *TPI e lei penal e processual penal portuguesa*, in AAVV, *O Tribunal Penal Internacional e a Ordem Jurídica Portuguesa*, Coimbra, 2004, p. 55, nt. 19.

[1144] Num tom menos agressivo e mais complacente para com o ERTPI, José de Matos Correia (*Tribunais penais...*, pp. 44 e 45) suaviza tal resultado em face da gravidade dos atos perpetrados, a merecerem bem essa dura pena de prisão perpétua: "Estão em causa comportamentos revelando da barbárie: destruição de grupos nacionais, étnicos, rácicos ou religiosos, ataques sistemáticos ou generalizados a populações civis envolvendo homicídios, extermínio, escravidão, deportação, tortura, gravidez ou esterilização forçadas, *apartheid*, etc. Atos que, pela sua especial gravidade, questionam de forma inaceitável os pilares fundamentais em que a comunidade internacional assenta, nomeadamente no que diz respeito aos direitos inalienáveis e à própria dignidade do ser humano".

Mas estes não são argumentos que nos impressionem em atenção ao facto de o Direito Penal estar há muito tempo desprovido de uma dimensão exclusivamente retributiva, sendo

169. A Constituição Portuguesa e o Tribunal Penal Internacional

I. Logo que o ERTPI foi concluído, o Estado Português manifestou o interesse de pôr em marcha o procedimento de vinculação ao mesmo, dando sequência às fases, em que diretamente participou, da negociação e da adoção do respetivo texto[1145].

Foi assim que este tratado internacional viria a incorporar-se no Direito Português, sendo publicado no DR de 18 de janeiro de 2002, não sem que antes tivesse motivado uma pontual revisão constitucional[1146].

É que a vinculação de Portugal ao ERTPI levantava – e, tristemente, continua a levantar – graves dificuldades por algumas das soluções nele vertidas se apresentarem problemáticas diante do património português

igualmente sensível à prevenção e à ressocialização, não se podendo ainda esquecer que estes mesmos crimes não têm sempre o dramático resultado da prisão perpétua, mas podem desembocar em penas bem mais suaves, não sendo no tipo de crime que reside o problema da valoração da pena a aplicar.

1145 Sobre a articulação do Tribunal Penal Internacional com a CRP, v. Maria Fernanda Palma, *Tribunal Penal Internacional e Constituição Penal*, in RPDC, vol. 11, 2001, pp. 7 e ss.; Jorge Bacelar Gouveia, *Reflexões sobre a 5ª revisão...*, pp. 634 e ss., *O Tribunal Penal Internacional: uma perspetiva de Direito Internacional e de Direito Constitucional*, in AAVV, *Estudos em Homenagem ao Prof. Doutor Joaquim Moreira da Silva Cunha*, Coimbra, 2005, pp. 417 e ss., e *Direito Internacional Penal...*, pp. 431 e ss.; Paula Escarameia, *Quando...*, pp. 149 e ss.; Jorge Miranda, *Curso...*, pp. 328 e 329; Fernando Araújo, *O Tribunal...*, pp. 84 e ss.; Vital Moreira, *O Tribunal Penal Internacional e a Constituição*, in AAVV, *O Tribunal Penal Internacional e a Ordem Jurídica Portuguesa*, Coimbra, 2004, pp. 19 e ss.

Para o mesmo problema no Brasil, v. João Irineu de Resende Miranda, *O Tribunal Penal Internacional e a Constituição Brasileira, AAVV, O Direito Constitucional Internacional após a Emenda 45/04 e os Direitos Fundamentais* (coord. de Eduardo Biacchi Gomes e Tarcísio Hardman Reis), São Paulo, 2007, pp. 201 e ss.

Para o mesmo problema em Angola, v. Carlos Feijó, *O Tribunal Penal Internacional e a Lei Constitucional de Angola*, in *Problemas Atuais de Direito Público Angolano – contributos para a sua compreensão*, São João do Estoril, 2001, pp. 45 e ss.

1146 "Foi essa, aliás, a única motivação literalmente apresentada no projeto de resolução que viria a transformar-se na Resolução da Assembleia da República nº 27/2001, a qual dotaria o Parlamento português de poderes extraordinários de revisão constitucional". Cfr. Jorge Bacelar Gouveia, *Reflexões sobre a 5ª Revisão...*, p. 634.

do Direito Penal e do Direito Processual Penal[1147], em grande medida constitucionalmente relevante.

II. Com o especioso objetivo de bem adequar o texto do ERTPI à CRP, o legislador de revisão sentiu então necessidade de proceder a uma revisão extraordinária daquele texto constitucional – procedimento que desabrocharia na 5ª revisão constitucional, aprovada pela LC nº 1/2001, de 12 de dezembro – que pudesse alterar-lhe o sentido e, assim, permitir que a vinculação àquele tratado não escorregasse numa qualquer dúvida de constitucionalidade, ainda que essa mesma revisão tivesse sido aproveitada para efetuar outras cirúrgicas alterações na CRP[1148].

As opções que foram abstratamente colocadas relacionaram-se com o modo de contornar as eventuais objeções de inconstitucionalidade que surgiam quanto a várias questões:

- a pena de prisão perpétua como uma das penas possíveis a aplicar por crimes abrangidos pela jurisdição do TPI;
- a extradição de pessoas do território português com vista à hipotética aplicação da pena de prisão perpétua;
- a elevada indeterminação da moldura da pena de prisão, podendo ir até 30 anos, numa valoração a fazer pelo TPI;
- o caráter indeterminado e atípico de muitas prescrições penais, colocando em crise os princípios penais sagrados da tipicidade e da determinação da respetiva lei;
- a possibilidade de outras fontes – além da convenção – serem igualmente admitidas para a punição de crimes a julgar pelo TPI;
- a irrelevância das imunidades constitucionais, ao contrário do que se afirma na CRP.

O novo preceito que foi introduzido, para afeiçoar o texto constitucional ao texto do ERTPI, passou a dizer que "Portugal pode, tendo em vista a realização de uma justiça internacional que promova o respeito pelos direitos da pessoa humana e dos povos, aceitar a jurisdição do Tribunal

[1147] Refletindo sobre homólogos problemas na ratificação do ERTPI por parte de Angola, à luz do seu texto constitucional, Carlos Feijó, *O Tribunal Penal...*, pp. 45 e ss.

[1148] Sobre o sentido geral desta 5ª revisão constitucional, v. Jorge Bacelar Gouveia, *Reflexões sobre a 5ª Revisão...*, pp. 631 e ss.

Penal Internacional, nas condições de complementaridade e demais termos estabelecidos no Estatuto de Roma" (art. 7º, nº 7, da CRP).

Lateralmente, também se fizeram pequenos ajustes no tocante ao preceito relativo ao regime da extradição, por forma a melhor acomodá-lo às orientações decorrentes do ERTPI, bem como à possibilidade de se intensificar a cooperação judiciária comunitária[1149].

III. No seio das várias opções possíveis, o legislador da revisão constitucional acabou por perfilhar a solução da *cláusula geral de aceitação da jurisdição do TPI*, nos mesmos termos em que se encontra regulado pelo ERTPI.

Pretendeu-se assim, de um modo genérico e fácil, como se de um ato de "mágica constitucional" se tratasse, colocar o ERTPI globalmente de acordo com o texto constitucional, evitando-se no futuro qualquer situação de conflito.

Pelo contrário, excluiu-se uma intervenção pontual nos diversos preceitos constitucionais que concretamente entrassem em colisão com os preceitos do ERTPI, que certamente teria a enorme vantagem de ser mais eficaz na prevenção de uma potencial relação de incompatibilidade, mas também comportaria o inconveniente de ser menos segura na abrangência com que se pretendia fazer descer o manto da constitucionalidade sobre o ERTPI[1150].

A partir do aditamento que foi realizado no art. 7º da CRP, que se transcreveu, passou a constar do texto constitucional uma cláusula de receção interna do TPI, que se pode apreciar de acordo com alguns parâmetros:

- a introdução da opção de permitir aceitar ou não aceitar o TPI, sendo certo que nesta matéria a CRP não quis obliterar a vontade de celebrar tratados internacionais, que entendeu atribuir aos órgãos da função política de poder público, exercida ao nível dos órgãos estaduais, não sendo ela própria a definitivamente constitucionalizar tal incorporação, a seguir o seu curso normal no âmbito da conclusão dos tratados internacionais por parte de Portugal;
- a indexação teleológica da hipotética vinculação à jurisdição do TPI sempre na perspetiva da realização de "...uma justiça internacio-

[1149] Cfr. Jorge Bacelar Gouveia, *Reflexões sobre a 5ª Revisão...*, pp. 634 e 635.

[1150] Quanto a estas duas opções, tal como colocadas noutros Estados., v. a descrição de Vital Moreira, *O Tribunal Penal...*, pp. 15 e ss.

nal que promova o respeito pelos direitos da pessoa humana e dos povos";
- a remissão constitucional especificamente dirigida ao ERTPI, na sua qualidade de tratado internacional formalmente fixado nas suas cláusulas, e em todo o respetivo clausulado.

IV. A observação dos termos da aceitação da jurisdição do TPI realça *uma remissão que vale a título material*, na medida em que a CRP se refere a um tratado específico – o ERTPI – e não a qualquer outro regime, texto internacional que fica definitivamente relevante na sua conexão constitucional.

Esta é uma questão, porém, que não deixará de suscitar dúvidas na hipótese de mais tarde se adotar uma revisão do ERTPI que venha a alterar substancialmente a sua identidade, uma vez que se pretendeu acolher um conteúdo material fixo, não tanto uma fonte que possa posteriormente modificar-se e continuar a ser assim relevante[1151].

Mais complexa vem a ser a possibilidade de a nova cláusula constitucional poder ter operado a constitucionalização do ERTPI, na medida em que se refere a aspetos intimamente associados a domínios constitucionais, como os direitos fundamentais.

Não é de crer que o art. 7º, nº 7, da CRP seja, por si só, um fator de constitucionalização, pois que se limita a conferir à função política pública a faculdade de vincular o Estado a esse tratado, da sua parte arredando o obstáculo de uma inconstitucionalidade material que eventualmente surgisse, por se conservarem as restantes disposições constitucionais que aquele pudesse contrariar[1152].

[1151] Vamos assim mais longe em relação à pergunta que deixáramos formulada. Cfr. Jorge Bacelar Gouveia, *Reflexões sobre a 5ª Revisão...*, p. 635. Contra, Vital Moreira, *O Tribunal Penal...*, p. 17.

[1152] Como tivemos ocasião de escrever, "Se a intenção era vincular o texto constitucional – e, por maioria de razão, o restante Ordenamento Jurídico Português – a tal tratado, essa revelou-se uma intenção estéril, pois que o texto constitucional não fica sujeito à adoção desse procedimento. Expressamente se diz no novo artigo 7º, nº 7, que "pode" – isso depende da vontade dos órgãos que intervêm na fase de conclusão interna dos tratados internacionais na Ordem Jurídica Portuguesa". Cfr. Jorge Bacelar Gouveia, *Reflexões sobre a 5ª Revisão...*, p. 636.

De tal não resulta que o ERTPI seja insuscetível de constitucionalização: isso acontecerá, no entanto, não por este preceito, mas através da cláusula aberta de direitos fundamentais atípicos, se e enquanto os respetivos pressupostos forem respeitados.

A partir de agora, foi o texto constitucional que se harmonizou ao ERTPI, ainda que o tivesse proclamado em nome do respeito pelos direitos fundamentais das pessoas.

V. Com surpresa, a análise do preceito que foi redigido pode bem conduzir a um resultado altamente perverso e que, em próxima revisão constitucional, só tem de ser corrigido: uma permissão de vinculação internacional a um tratado que, no fim de contas, vem confrontar o texto constitucional com um conjunto de contradições internas, que não ficam assim resolvidas.

O apelo à ratificação do ERTPI não deixa de ser altamente inconciliável com um importante conjunto de disposições e de princípios constitucionais, que se julga ter superado exatamente por via da criação do art. 7º, nº 7, da CRP. E este resultado é tanto mais grave quanto é certo afirmar-se que o apelo ao ERTPI é feito com vista à "...realização de uma justiça internacional que promova o respeito pelos direitos da pessoa humana e dos povos".

Quais são, então, os aspetos que determinam a inadmissibilidade constitucional do ERTPI, ao contrário do que pretendeu o novo art. 7º, nº 7, da CRP, que assim se inscreve numa nova categoria de disposições, que são as "disposições de ilusão constitucional"?

- a *pena de prisão perpétua*;
- o *princípio da legalidade criminal*;
- as *imunidades constitucionais dos políticos*; e
- a *complementaridade jurisdicional*[1153].

VI. No plano da Constituição Penal, o texto constitucional português é certamente um dos mais ricos do Mundo, consagrando importantes e modernas orientações na matéria.

[1153] Também levantando alguns pontos de dúvida, mas não detetando problemas de constitucionalidade, Vital Moreira, *O Tribunal Penal...*, pp. 20 e ss.

Uma das mais relevantes, que também se insere no nosso património civilizacional, juntamente com a da abolição da pena de morte, é a da *proscrição da prisão perpétua*, o que o texto constitucional faz em dois momentos distintos:

- "Não pode haver penas nem medidas de segurança privativas ou restritivas da liberdade com caráter perpétuo ou de duração ilimitada ou indefinida" (art. 30º, nº 1, da CRP);
- "Só é admitida a extradição por crimes a que corresponda, segundo o direito do Estado requisitante, pena ou medida de segurança privativa ou restritiva da liberdade com caráter perpétuo ou de duração indefinida, em condições de reciprocidade estabelecidas em convenção internacional e desde que o Estado requisitante ofereça garantias de que tal pena ou medida de segurança não será aplicada ou executada" (art. 33º, nº 4, da CRP).

Na tentativa de contornar essa proibição, a CRP passou a admitir, *a contrario sensu*, a possibilidade da entrega judicial fora dos casos em que se dá a proibição da extradição havendo prisão perpétua ou pena corporal que provoque lesões irreversíveis na integridade física. O certo, porém, é que o texto da CRP manteve aquelas duas relevantes disposições que condenam a prisão perpétua.

Entra pelos olhos dentro que existe aqui uma relação de incompatibilidade, que não pode ser resolvida por uma autocontenção do ERTPI, que precisamente pretende atuar na uniformização das penas aplicáveis, sendo certo que a complementaridade é limitada.

Noutra perspetiva, é também despropositado dizer que as penas do ERTPI não são abrangidas pelas normas constitucionais que impedem a prisão perpétua: com a ratificação, e agora com a permissão constitucional direta, não ficam essas normas internacionais a integrar a ordem jurídica portuguesa, até para empenhar o Estado Português na repressão dos crimes internacionais que são confiados à jurisdição do TPI? Só um exercício de "esquizofrenia constitucional" – que não é para todos e que também não será para nós – é que poderia alguma vez admitir "duas velocidades" no Direito Penal, o interno sem prisão perpétua, e o internacional admitindo-a, como se o mundo da punição do Direito Internacional se pudesse sujeitar a regras diametralmente opostas àquelas que são boas e justas no Direito Constitucional.

Do mesmo modo é improcedente o argumento – que tem tanto de ingénuo quanto de cínico, para além de só ter valia numa ótica fáctica das relações internacionais, cuja atividade científica se distingue bem da Ciência do Direito Constitucional e da Ciência do Direito Internacional – segundo o qual a pena de prisão perpétua não seria aplicável porque haveria sempre um mecanismo de reexame de pena, ao fim do período de 25 anos[1154].

Quanto a esta perspetiva, basta lembrar que não se está perante um qualquer direito material à não aplicação da pena de prisão perpétua, através da sua redução, mas apenas de um direito procedimental no sentido de a situação do recluso poder ser reapreciada, podendo manter-se a condenação no formato da prisão perpétua, pois que, nos termos do ERTPI, o "...Tribunal poderá reduzir a pena..." (art. 110º, nº 4, proémio, do ERTPI), a tanto não estando nunca obrigado.

VII. Outro domínio extremamente relevante diz respeito ao modo como o texto constitucional limita a formulação, pelo legislador ordinário ou internacional, das normas penais incriminadoras, numa relevante orientação, agora no domínio da Teoria da Lei Penal: o *princípio da legalidade criminal*.

Eis um princípio que, todavia, se pode aceitar com diversos corolários, de entre eles se assinalando os seguintes (cfr. os arts. 29º e ss. da CRP):

- a exclusividade da fonte legal;
- o princípio da não retroatividade;
- o princípio da tipicidade;
- o princípio da determinação.

A verdade, porém, é que a vinculação ao ERTPI não evita que muitas dessas garantias sejam atropeladas. Basta ler aquele documento e aí deparar com disposições que são normas penais em branco ou normas penais de incidência que contêm conceitos indeterminados e cláusulas gerais,

[1154] Cfr. o art. 110º do ERTPI. Argumento invocado, *v.g.*, por Vital Moreira (*O Tribunal Penal...*, p. 24), ao referir como "atenuante" que "...o facto de no próprio contexto do Estatuto do TPI essa pena ser uma punição de última instância, estando por outro lado sujeita a revisão obrigatória ao fim de 25 anos para efeitos de eventual redução...".

para além de admitirem tipologias exemplificativas ou fontes penais costumeias[1155].

VIII. Matéria em que ainda se regista uma difícil compatibilidade entre o texto constitucional e o ERTPI diz respeito ao *regime das imunidades constitucionais dos titulares dos cargos públicos.*

Sabe-se que o ERTPI estabelece a irrelevância geral dessas imunidades internas, enfaticamente prescrevendo que "As imunidades ou normas de procedimento especiais decorrentes da qualidade oficial de uma pessoa, nos termos do Direito interno ou do Direito Internacional, não deverão obstar a que o Tribunal exerça a sua jurisdição sobre essa pessoa"[1156].

Só que este é um resultado que pode revelar-se excessivo do ponto de vista da defesa do estatuto do poder público. Essas imunidades existem de um modo geral[1157] – tanto na veste da irresponsabilidade como na veste da inviolabilidade – e até ao momento, a despeito de os seus contornos poderem ser alvo de reponderação, ninguém ousou dizer que elas são dispensáveis ou que estão a mais no sistema democrático.

Por outra parte, no caso da prática de crimes, está previsto um procedimento que visa o seu levantamento, que é assim totalmente ignorado[1158], e que também deveria ter sido considerado naquela disciplina, que se apresenta divorciada de um instituto secular de Direito Constitucional.

IX. Cumpre finalmente referir a configuração do *princípio da complementaridade da jurisdição do TPI*, especificamente referido no art. 7º, nº 7, da CRP, que é um dos pilares da lógica inerente ao funcionamento daquela novel instituição judicial internacional.

[1155] Cfr. Jorge Bacelar Gouveia, *Reflexões sobre a 5ª Revisão...*, p. 638.

[1156] Art. 27º, nº 2, do ERTPI, sendo o nº 1 daquele mesmo artigo ainda mais explícito: "O presente Estatuto será aplicável de forma igual a todas as pessoas, sem distinção alguma baseada na qualidade oficial. Em particular, a qualidade oficial de Chefe de Estado ou de Governo, de membro de Governo ou do Parlamento, de representante eleito ou de funcionário público em caso algum eximirá a pessoa em causa de responsabilidade criminal, nos termos do presente Estatuto, nem constituirá de per si motivo de redução de pena".

[1157] Cfr. os arts. 130º, 157º e 196º da CRP, respetivamente, para o Presidente da República, para a Assembleia da República e para o Governo.

[1158] Cfr. Jorge Bacelar Gouveia, *Reflexões sobre a 5ª Revisão...*, p. 639.

A complementaridade do TPI estriba-se no facto de os crimes internacionais, em que é competente, não serem julgados no plano do Direito Interno ou, sendo-o, o resultado não ser considerado devidamente justo.

É a segunda modalidade referida, pelo menos, a que suscita a maior das reservas, tolhendo um dos princípios basilares do Estado de Direito, que é o *princípio da independência do poder judicial e, mais especificamente, o princípio do caso julgado.*

Se aceitássemos a complementaridade acima referida, deveríamos suportar o resultado de os acórdãos proferidos pelos nossos tribunais poderem ser desconsiderados pelo TPI com base na alegação de que a justiça portuguesa não tinha sido boa ou eficiente.

Este é um resultado impossível de aceitar: se o princípio do caso julgado até pode ser resistente a alguns efeitos da invalidade por inconstitucionalidade, imagine-se o que seria admitir que pudesse baquear às mãos de uma jurisdição internacional, de nível infraconstitucional.

X. Detetadas estas diversas e graves situações de incompatibilidade material entre disposições constitucionais e disposições internacionais, alguns dirão que foi precisamente para as superar que se realizou a aceitação constitucional da jurisdição do TPI.

Tal entendimento parece ser procedente no tocante às exigências de harmonização técnica que sempre decorrem de esquemas de judicialização das relações internacionais, não esquecendo, neste caso, todo o melindre que envolve o Direito Penal, numa ótica internacional, em que é preciso combinar e conciliar sistemas jurídico-internos tão diferenciados.

Só que neste caso se foi muito mais longe e *colocou-se em xeque a coerência material do Direito Constitucional Português*, que eleva à máxima proteção certos valores que considera supremos, na senda da nossa tradição, já muito antiga: e por muito que isso custe ao mais infrene dos internacionalistas, para quem certamente o próximo passo será abolir a própria realidade estadual, diluindo a Humanidade numa massa informe de pessoas sem ligações institucionais, sem história, sem pátria, sem língua, no fundo, sem aquilo que lhes dá a sua identidade e que nenhum poder pode suprimir.

Do que verdadeiramente se tratou nesta revisão constitucional, nas alterações que ela impôs nos arts. 7º e 33º da CRP, foi da ocorrência de uma *gravíssima quebra valorativa ou de uma autorrutura material da ordem constitucional*[1159].

Somos mesmo da opinião de que *algumas das alterações constitucionais efetuadas são inconstitucionais*[1160], *abalando não só normas e princípios constitucionais originários como essencialmente ofendendo valores transcendentes, em relação aos quais os textos constitucionais são unicamente declarativos e não constitutivos.*

Pelo que só resta proceder à sua eliminação da nossa ordem constitucional[1161], na esperança de que uma futura e corajosa intervenção do Tribunal Constitucional Português resolva definitivamente o problema[1162].

[1159] Cfr. Jorge Bacelar Gouveia, *Reflexões sobre a 5ª Revisão...*, p. 639.

[1160] Aceitando a inconstitucionalidade de normas constitucionais supervenientes, sendo esse o caso claro da cláusula do art. 7º, nº 7, da CRP, nalguns dos seus sentidos, Jorge Bacelar Gouveia, *O estado de exceção...*, II, pp. 1484 e ss.; Jorge Miranda, *Manual...*, VI, pp. 13 e ss.

[1161] Cfr. Jorge Bacelar Gouveia, *Reflexões sobre a 5ª Revisão...*, p. 640.

[1162] Só podemos veementemente contestar a conclusão de Vital Moreira (*O Tribunal Penal...*, p. 34), para quem não se verifica qualquer problema de violação dos limites materiais de revisão constitucionais, porque "Apesar de tudo, a prisão perpétua não é a pena de morte...", ainda invocando que a prisão perpétua não está protegida contra o estado de exceção, argumento tanto mais inoperativo quanto é certo o estado de exceção ser de feição extraordinária, além de inaplicável porque transitório, ao contrário da prisão perpétua, a mais definitiva das penas.

Mas a razão profunda para repudiarmos este entendimento "pouco amigo dos direitos fundamentais" radica na conceção transpersonalista que lhe está subjacente, acreditando que a pessoa humana deve ser protegida, não tanto no seu caráter irrepetível, mas apenas enquanto "elo" de uma coletividade mais vasta, cujos interesses gerais, em certos casos, podem sacrificar os mais básicos e importantes valores individuais.

Num plano mais geral, esta posição do ilustre professor de Coimbra nem está sequer conforme com o sentido que – isoladamente ou em conjunto com J. J. Gomes Canotilho – tem atribuído à cláusula do art. 288º da CRP que "petrificaria" os direitos, liberdades e garantias, referindo-se a cada um deles e não meramente ao sistema geral, neste caso estando a proibição da aplicação da prisão perpétua claramente defendida não só por uma garantia específica como pelo direito à liberdade.

Não podemos deixar de recordar estas fortes palavras de Vital Moreira (*Constituição e revisão constitucional*, Lisboa, 1980, p. 105) a propósito da cláusula de irrevisibilidade dos direitos, liberdades e garantias, dizendo que a mesma "...não proíbe que se toque nos artigos da Constituição que os garantem; proíbe que se eliminem ou se restrinjam os direitos atualmente reconhecidos na Constituição, mas não impede que se acrescentem outros". No mesmo sentido, J. J. Gomes Canotilho e Vital Moreira, *Constituição...*, 3ª ed., pp. 1065 e 1066.

A respeito de vários problemas que se suscitam a este propósito, v. ainda Jorge Bacelar Gouveia, *O estado de exceção...*, I, pp. 599 e ss.

ÍNDICE CRONOLÓGICO

1494 – Tratado de Tordesilhas
1648 – Paz de Vestefália
1815 – Ata do Congresso de Viena
1864 – Conferência de Genebra sobre o Direito Humanitário
1885 – Conferência de Berlim
1907 – Convenções da Haia sobre o Direito Humanitário
1914/1918 – I Guerra Mundial
1919 – Tratado de Versalhes, Pacto da Sociedade das Nações
1928 – Tratado de Renúncia ao Uso da Força = Tratado Briand-Kellog
1939/1945 – II Guerra Mundial
1941 – Carta do Atlântico
1944 – Convenção de Chicago sobre a Aviação Civil Internacional
1945 – Carta da Organização das Nações Unidas
1948 – Organização dos Estados Americanos
1948 – Declaração Universal dos Direitos do Homem
1949 – Conselho da Europa
1949 – Tratado do Atlântico Norte
1949 – Convenções de Genebra sobre o Direito Humanitário
1950 – Convenção Europeia dos Direitos do Homem
1955 – Pacto de Varsóvia
1957 – Tratado de Roma que cria a Comunidade Económica Europeia
1959 – Tratado de Washington sobre a Antártida
1963 – Organização da Unidade Africana
1966 – Pacto Internacional de Direitos Civis e Políticos
1966 – Pacto Internacional de Direitos Económicos, Sociais e Culturais
1967 – Tratado de Utilização do Espaço Ultraterrestre
1969 – Carta Interamericana de Direitos do Homem
1969 – Convenção de Viena sobre o Direito dos Tratados entre Estados

1975 – Independência política de Angola (11 de novembro), Cabo Verde (5 de julho), Guiné-Bissau (24 de setembro de 1973, depois confirmada e reconhecida), Moçambique (25 de junho) e São Tomé e Príncipe (12 de julho)
1977 – Protocolos Adicionais às Convenções de Genebra sobre o Direito Humanitário
1981 – Carta Africana de Direitos do Homem e dos Povos
1982 – Convenção das Nações Unidas sobre o Direito do Mar
1986 – Entrada de Portugal na Comunidade Económica Europeia
1986 – Convenção de Viena sobre o Direito dos Tratados entre Estados e Organizações Internacionais
1989 – Queda do Muro de Berlim
1992 – Tratado da União Europeia = Tratado de Maastricht
1996 – Criação da Comunidade dos Países de Língua Portuguesa
1998 – Estatuto de Roma do Tribunal Penal Internacional
2000 – Carta dos Direitos Fundamentais da União Europeia
2002 – União Africana
2004 – Concordata entre a República Portuguesa e a Santa Sé
2005 – Protocolo de Quioto
2007 – Tratado de Lisboa

ÍNDICE JURISPRUDENCIAL

A) TRIBUNAL PERMANENTE DE JUSTIÇA INTERNACIONAL

B) TRIBUNAL INTERNACIONAL DE JUSTIÇA

1) Competência judicial

2) Competência consultiva

- Parecer sobre a reparação de prejuízos sofridos ao serviço da ONU (1948-1949) - 44/IV; 107/III
- Parecer sobre a conformidade com o Direito Internacional da declaração unilateral de independência do Kosovo (22.7.2010) - 100/IV

C) TRIBUNAL DE JUSTIÇA DAS COMUNIDADES EUROPEIAS

- Acórdão Stork, de 4 de fevereiro de 1959 - 119/V
- Acórdão Comptoires de Vente, de 15 de julho de 1960 - 119/V
- Acórdão Stauder, de 12 de novembro de 1969 - 119/V
- Acórdão Internationale Handelgesellschaft, de 17 de dezembro de 1970 - 119/V
- Acórdão Nold II, de 14 de maio de 1974 - 119/V
- Acórdão Van Duyn, de 4 de dezembro de 1974 - 119/V
- Acórdão Rutili, de 28 de outubro de 1975 - 119/V
- Acórdão Prais, de 27 de outubro de 1976 - 119/V
- Acórdão Hauer, de 13 de dezembro de 1979 - 119/V
- Acórdão Pescasting, de 5 de março de 1980 - 119/V
- Acórdão Johnston, de 15 de maio de 1986 - 119/V

D) TRIBUNAL CONSTITUCIONAL

- Acórdão nº 27/84, de 21 de março de 1984 - 83/III
- Acórdão nº 107/84, de 14 de novembro de 1984 - 83/III
- Acórdão nº 409/87, de 21 de outubro de 1987 - 83/III
- Acórdão nº 168/88, de 13 de julho de 1988 - 54/I
- Acórdão nº 222/90, de 20 de junho de 1990 - 83/III
- Acórdão nº 494/99, de 5 de agosto de 1999 - 54/III; 60/II

E) OUTRAS INSTÂNCIAS

- Parecer nº 20/77, de 18 de agosto de 1977, da Comissão Constitucional - 54/I
- Parecer nº 8/83, de 12 de abril de 1983, da Procuradoria-Geral da República - 54/I

ÍNDICE BIBLIOGRÁFICO

AAVV – *La protection internationale des Droits de l'Homme* (org. Centro Henri Rolin), Bruxelles, 1977

– *Alocuciones sobre derechos humanos – 40º aniversário de la Declaración Universal de los Derechos Humanos*, Madrid, 1989

– *Atlas das Relações Internacionais* (dir. de Pascal Boniface), Lisboa, 2000

– *Comunidade dos Países de Língua Portuguesa – cooperação* (coord. de Adriano Moreira), Coimbra, 2001

– *La protección de los derechos fundamentales en la Unión Europea* (coord. de Javier Corcuera Atienza), Madrid, 2002

– *Globalization and Human Rights* (ed. de Alison Brysk), Los Angeles, 2002

– *Direitos do Homem* (org. de Angela Hegarthy e Siobhan Leonard), Lisboa, 2003

– *O Tribunal Penal Internacional e a Ordem Jurídica Portuguesa* (org. de Vital Moreira), Coimbra, 2004

– *Organizações Internacionais* (coord. de João Mota de Campos), 2ª ed., Lisboa, 2006

– *La Charte des Nations Unies, Constitution Mondiale?* (dir. de Regis Chemain e Alain Pellet), Paris, 2006

– *As Teias do Terror – novas ameaças globais*, Lisboa, 2006

– *Terrorismo e Relações Internacionais*, Lisboa, 2006

– *Estudos de Direiro Aéreo – I Pós-Graduação em Direito Aéreo e Direito Espacial* (coordenação de Jorge Bacelar Gouveia), Coimbra, 2007

– *A reforma da ONU* (org. da Comissão dos Negócios Estrangeiros e Comunidades Portuguesas da Assembleia da República), Lisboa, 2007

– *O Tribunal Penal Internacional e a transformação do Direito Internacional* (org. de João Manuel da Silva Miguel e Paulo Pinto de Albuquerque), Lisboa, 2007

– *Portugal e as operações de paz – uma visão multidimensional* (dir. de Adriano Moreira), Lisboa, 2009

– *O Direito Internacional da Pobreza – um discurso emergente* (coord. de Lucy Williams), Cascais, 2010

– *Enciclopédia de Direito Internacional*, Coimbra, 2011

– *Os direitos humanos em África – Estudos sobre o Sistema Africano de Proteção dos Direitos Humanos*, Coimbra, 2011

– *Direito dos Tratados – Comentários à Convenção de Viena sobre o Direito dos Tratados* (org. Aziz Tuffi Saliba), Belo Horizonte, 2011

– *Enciclopédia das Relações Internacionais* (org. de NUNO CANAS MENDES e FRANCISCO PEREIRA COUTINHO), Lisboa, 2014

ACCIOLY, ELIZABETH – *Mercosul & União Européia – estrutura jurídico-institucional*, Curitiba, 2001

– *Sistema de solução de controvérsias em blocos económicos*, Coimbra, 2004

ACCIOLY, HILDEBRANDO – v. SILVA, G. E. NASCIMENTO E

ADRAGÃO, PAULO PULIDO – *A liberdade de aprender e a liberdade das escolas particulares*, Lisboa, 1995

– *A liberdade religiosa e o Estado*, Coimbra, 2002

AGO, ROBERT – *Nouvelles refléxions sur la codification du Droit International*, in RGDIP, 1988

AGOSTINHO, SANTO – *Da Cidade de Deus*, III, Lisboa, 1995

AKEHURST, MICHAEL – *Introdução ao Direito Internacional*, Coimbra, 1985

ALARCÃO, RUI – *Direito das Obrigações*, Coimbra, 1993

ALBUQUERQUE, MARTIM DE – *A Ordem de Malta e o Mundo*, Lisboa, 1998

ALEXANDRINO, JOSÉ ALBERTO DE MELO – *Estatuto constitucional da atividade de televisão*, Coimbra, 1998

ALEXY, ROBERT – *Teoría de la argumentación jurídica*, Madrid,1989

ALMEIDA, CARLOS FERREIRA DE – *Introdução ao Direito Comparado*, 2ª ed., Coimbra, 1998

– *Direito Comparado – ensino e método*, Lisboa, 2000

ALMEIDA, FRANCISCO FERREIRA DE – *Direito Internacional Público*, 2ª ed., Coimbra, 2003

ALMEIDA, JOSÉ CARLOS MOITINHO DE – *Direito Comunitário*, Lisboa, 1985

ALMEIDA, JOSÉ MÁRIO FERREIRA DE – *A justiça constitucional em Portugal – notas para um estudo*, Lisboa, 1985

– v. ALMEIDA, JOSÉ MÁRIO F. DA

ALMEIDA, LUÍS CRUCHO DE – *Organização das Nações Unidas*, in Pol., IV, Lisboa, 1986

– *Segurança Internacional*, in Pol., V, Lisboa, 1987

ALMEIDA, LUÍS DUARTE D' – *O "concurso de normas" em Direito Penal*, Coimbra, 2004

– v. PALMA, MARIA JOÃO

ALMEIDA, LUÍS NUNES DE – *O Tribunal Constitucional e o conteúdo, a vinculatividade e os efeitos das suas decisões*, in AAVV, PSPC, Lisboa, 1989

ALTEMIR, ANTÓNIO BLANC – *La violación de los derechos humanos fundamentales como crimen internacional*, Barcelona, 1990

ALVES, PEDRO DELGADO – v. DUARTE, MARIA LUÍSA

ALVES, RAUL GUICHARD – *Alguns aspetos do regime das reservas aos tratados na Convenção de Viena de 1969*, in DJ, 1993

AMADOR, F. V. GARCÍA – *A contribuição da América Latina para o desenvolvimento do mar*, in AAVV, *Curso de Direito Internacional*, Rio de Janeiro, 1977

AMADOR, TERESA – *The River Douro in international Watercourses Law*, London, 1997

AMARAL, DIOGO FREITAS DO – *Curso de Direito Administrativo*, I, 2ª ed., Coimbra, 1994

– *Discurso no 50º Aniversário do Tribunal da Haia*, in AAVV, *Ab Uno ad Omnes – 75 anos da Coimbra Editora*, Coimbra, 1998

– *Sumários de Introdução ao Direito*, 2ª ed., Lisboa, 2000

– *Da necessidade de revisão dos artigos 1º a 13º do Código Civil*, in RFDUNL, ano I, nº 1 de 2000, Lisboa

– *Curso de Direito Administrativo*, II, Coimbra, 2001

– *Em que momento se tornou Portugal um país independente*, Coimbra, 2001

AMBOS, KAI – *Internationales Strafrecht*, München, 2006

AMORIM, JOSÉ DE CAMPOS – *O Tribunal Penal Internacional: um novo sistema de justiça universal*, in *Lusíada (Porto)*, nºs 1-2, 2001

ANDRADE, JOSÉ CARLOS VIEIRA DE – *Declaração Universal dos Direitos do Homem*, in Pol., II, Lisboa, 1984

– *Declaração Universal dos Direitos do Homem*, in DJAP, 1º sup., Lisboa, 1998

– *Os direitos fundamentais na Constituição Portuguesa de 1976*, 2ª ed., Coimbra, 2001

ANDRADE, MANUEL DOMINGOS DE – *Teoria Geral da Relação Jurídica*, II, Coimbra, 1960

ANDRADE, MIGUEL ALMEIDA – *O papel da Convenção Europeia dos Direitos do Homem na proteção dos direitos fundamentais no âmbito comunitário*, in DCC, nºs 45 e 46, 1991

ANDRIANTSIMBAZOVINA, JOËL – v. SUDRE, FRÉDÉRIC

ANTUNES, MIGUEL LOBO – *Tribunal Constitucional*, in DJAP, VII, Lisboa, 1996

ANTUNES, NUNO SÉRGIO MARQUES – *Porque não existe direito de passagem inofensiva para dentro das linhas de fecho nas embocaduras do Tejo e do Sado*, in Anais do Clube Militar Naval, vol. CXXIX, Outubro-Dezembro de 1999

– *The Eritrea-Yemen arbitration: first stage – the Law of tittle to territory reaverred*, in ICLQ, vol. 48, 1999

– *The pending maritime delimitation in the Cameroon v Nigeria Case: a piece in the Jigsaw Puzzle of the Gulf of Guinea*, in IJMCL, vol. 15, nº 2 de 2000

– *The 1999 Eritrea-Yemen maritime delimitation award and the development of International Law*, in ICLQ, vol. 50, II, abril de 2001

ANZILOTTI, DIONIZIO – *Corso di Diritto Internazionale*, 3ª ed., 1928

– *Cours de Droit International*, I, Paris, 1929

AQUINO, SÃO TOMÁS DE – *Summa Theologiae*, vol. III, 3ª ed., Madrid, 1963

ARAÚJO, ANTÓNIA FLORBELA – *O mar territorial e a gestão dos recursos de pesca em Angola e Portugal*, Luanda, 2003

ARAÚJO, FERNANDO – *Os sentidos de aequitas em Marco Túlio Cícero*, in AAVV, *Estudos em Homenagem ao Professor Doutor Inocêncio Galvão Telles*, I, Coimbra, 2002

– *O Tribunal Penal Internacional e o problema da jurisdição universal*, in RFDUL, XLIII, nº 1 de 2002

– *A hora dos direitos dos animais*, Coimbra, 2003

ARAÚJO, LUÍS IVANI DE AMORIM – *Relações do Direito Internacional com o Direito Interno*, in AAVV, *O Direito Constitucional Internacional após a Emenda 45/04 e os Direitos Fundamentais* (coord. de EDUARDO BIACCHI GOMES e TARCÍSIO HARDMAN REIS), São Paulo, 2007

ARCE, JOAQUÍN/VALDÉS, FLÓREZ – *Los principios generales del Derecho y su formulación constitucional*, Madrid, 1990

AREND, ANTHONY CLARK/BECK, ROBERT J. – *International Law & the use of force*, London, 1993

ARRIETA, JUAN IGNAZIO – v. LOMBARDIA, PEDRO

ASCENSÃO, JOSÉ DE OLIVEIRA – *O Direito – Introdução e Teoria Geral*, 11ª ed., Coimbra, 2001

– *Direito Civil – Teoria Geral*, I, Coimbra, 1997

ASSUNÇÃO, MARIA LEONOR – *O Tribunal Internacional Penal o mito de Sísifo*, in RPDC, 1998

– *Apontamento sobre o crime contra a Humanidade*, in AAVV, *Estudos em Homenagem a Cunha Rodrigues*, Coimbra, 2001

– *TPI e lei penal e processual penal portuguesa*, in AAVV, *O Tribunal Penal Internacional e a Ordem Jurídica Portuguesa*, Coimbra, 2004

BADI, MBUYI KABUNDA – *Derechos humanos en África – teorías e prácticas*, Bilbao, 2000

BALDONI, CLAUDIO – *Il mare territoriale nel Diritto Internazionale Comune*, Padova, 1931

BALLALOUD, JACQUES – *Droits de l'Homme et Organisations Internationales*, Paris, 1984

BATISTA, EDUARDO CORREIA – *Ius cogens em Direito Internacional*, Lisboa, 1997
– *Direito Internacional – conceito e fontes*, I, Lisboa, 1998
– *O poder público bélico em Direito Internacional: o uso da força pelas Nações Unidas em especial*, Coimbra, 2003
– *Direito Internacional Público – sujeitos e responsabilidade*, II, Coimbra, 2004

BATISTA, FILIPE DA BOA – *Ainda a questão da distinção entre acordos e tratados internacionais na ordem constitucional portuguesa*, in RFDUL, vol. XLIII, nº 1 de 2002

BARILE, GIUSEPPE – *Sulla competenza della Corte Internazionale di Giutizia ad indicare misure cautelari*, in RDI, 1958

BARRADO, CÁSTOR M. DÍAZ – *El Uso de la Fuerza en las Relaciones Internacionales*, Madrid, 1989

BARRETO, IRENEU CABRAL – *A Convenção Europeu dos Direitos do Homem anotada*, 3ª ed., Coimbra, 2005

BARROSO, IVO MIGUEL – *O acordo com vista à prática de genocídio – o conceito, os requisitos e o fundamento da punição do «contrato criminal»*, in AAVV, *Estudos em Homenagem ao Professor Doutor Inocêncio Galvão Telles*, V, Coimbra, 2003

BARTOLOMEI, FRANCO – *La dignità umana come concetto e valore costituzionale saggio*, Torino, 1987

BASCONES, MANUEL LOPEZ-MEDEL Y – *Derechos y libertades en la Europa Comunitaria*, Madrid, 1992

BASSIOUNI, M. CHERIF – *Introduction au Droit Pénal International*, Bruxelles, 2002

BASTID, SUZANNE – *Les traités dans la vie internationale*, Paris, 1985

BASTOS, FERNANDO LOUREIRO – *Algumas notas sobre a Zona Económica Exclusiva e a caracterização do Direito Internacional contemporâneo*, in PI, nº 1, I, janeiro de 1990
– *A União Europeia – fins, objetivos e estrutura orgânica*, Lisboa, 1993
– *O Direito Internacional na Constituição Moçambicana de 2004*, Lisboa, 2007
– v. SEARA, FERNANDO ROBOREDO

BECK, ROBERT J. – v. AREND, ANTHONY CLARK

BECK, ULRICH – *Risk Society – Towards a New Modernity*, London, 2012

BÉLANGER, MICHEL – *Droit International humanitaire général*, 2ª ed., Paris, 2007

BELLO, EMMANUEL G. – *The African Charter on Human and People's Rights – a legal analysis*, in RCADI, 1985, V

BELMONTE, JUAN ANTONIO – *As Leis do Céu – Astronomia e Civilizações Antigas*, Lisboa, 2003

BERMÚDEZ, PEDRO SERNA – *Positivismo conceptual y fundamentación de los derechos humanos*, Pamplona, 1990

BERTRAND, MAURICE – *O essencial sobre a ONU*, Lisboa, 2004

BELITSKY, BORIS – *International Space Law*, Honolulu, 2000

BETTATI, MARIO – *Le Droit des Organisations Internationales*, Paris, 1987
– *O direito de ingerência – mutação da ordem internacional*, Lisboa, 1997

BIAD, ABDELWAHAB – *Droit International humanitaire*, 2ª ed., Paris, 2006

BIRNIE, PATRÍCIA W./BOYLE, ALAN E. – *International Law & the Environment*, Oxford, 1992

BLACK, JEREMY – *Guerra – uma breve história*, Lisboa, 2013

BLAINEY, GEOFFREY – *Uma Breve História do Século XX*, 2ª ed., São Paulo, 2010

BLANQUET, MARC – v. ISAAC, GUY

BLECKMANN, ALBERT – *Staatsrecht II – Die Grundrechte*, 3ª ed., Köln, Berlin, Bonn e München, 1989
BLUMANN, CLAUDE/DUBOIS, LOUIS – *Droit institutionnel de l'Union européenne*, 2ª ed., Paris, 2005
BOBBIO, NORBERTO – *Contribución a la Teoría del Derecho*, Madrid, 1990
BODIN, JEAN – *Los seis libros de la República*, 2ª ed., Madrid, 1992
BON, PIERRE – *La justice constitutionnelle au Portugal – présentation générale*, in AAVV, JCP, Paris, 1989
BORGES, LEONARDO ESTRELA – *O Direito Internacional Humanitário: a proteção do indivíduo em tempo de guerra*, Belo Horizonte, 2006
BOSON, GERSON MELLO – *Direito Internacional Público – O Estado em Direito das Gentes*, 3ª ed., Belo Horizonte, 2000
BOVEN, THEO VAN – *The relation between people's rights and human rights in the African Charter*, in HRLJ, 1985
BOWETT, D. W. – *Islands*, in EPIL, North-Holland, 1989
BOYLE, ALAN E. – v. BIRNIE, PATRÍCIA W.
BRAGA, ANTÓNIO DE OLIVEIRA – *Os direitos do homem e a Constituição*, in ROA, ano 37, II, Maio-Agosto de 1977
BRAILLARD, PHILIPPE – *Teoria das Relações Internacionais*, Lisboa, 1990
BRANCO, ANTÓNIO GUÉVÈL – *O Tribunal Penal Internacional – Estatuto*, Lisboa, 2002
BRANCO, RICARDO – *Cessação da vigência de tratados internacionais*, in AAVV, *Enciclopédia de Direito Internacional* (coord. de MANUEL DE ALMEIDA RIBEIRO, FRANCISCO PEREIRA COUTINHO e ISABEL CABRITA), Coimbra, 2011
– *Nulidade de tratados internacionais*, in AAVV, *Enciclopédia de Direito Internacional* (coord. de MANUEL DE ALMEIDA RIBEIRO, FRANCISCO PEREIRA COUTINHO e ISABEL CABRITA), Coimbra, 2011
BRANDÃO, EDUARDO A. SERRA – *Novos conceitos de agressão em Direito Internacional*, in IDEM, *Um novo Direito do Mar*, Lisboa, 1984
BRIERLY, JAMES LESLIE – *Direito Internacional*, 4ª ed., Lisboa, 1979
BRINA, MARINA MARTINS DA COSTA – v. LIMA, RENATA MANTOVANI DE
BRITO, MARIA HELENA – *Relações entre a Ordem Jurídica Comunitária e a Ordem Jurídica Nacional: desenvolvimentos recentes em Direito Português*, in AAVV, *Estudos em Homenagem ao Conselheiro José Manuel Cardoso da Costa*, Coimbra, 2003
– *Direito do Comércio Internacional*, Coimbra, 2004
BRITO, NUNO FILIPE – *Notas para o estudo da posição do indivíduo perante o Direito Internacional Público*, Lisboa, 1984
BRITO, WLADIMIR – *A Convenção-Quadro Europeia sobre a Cooperação Transfronteiriça entre as Coletividades ou Autoridades territoriais*, Coimbra, 2000
– *Tribunais Penais Internacionais – da arbitragem aos Tribunais Internacionais ad hoc*, in RMP, nº 81, 2000
– *Tribunal Penal Internacional: uma garantia jurisdicional para a proteção dos direitos da pessoa humana*, in BFDUC, 2000
– *Direito Internacional Público*, Braga, 2014
– *Direito Consular*, Coimbra, 2004
– *Direito Internacional Público – programa, conteúdos e métodos do ensino*, Braga, 2005
– *Direito Diplomático*, Lisboa, 2007
– *A Guerra e a Segurança Internacional*, in SI, t. LIX, 2010, nº 323
– *Diplomacia e Direito Diplomático*, Lisboa, 2016
– *Responsabilidade de proteger no Direito Internacional*, Coimbra, 2017
BROWNLIE, IAN – *Principles of Public International Law*, 4ª ed., Oxford, 1990
– *Princípios de Direito Internacional Público*, Lisboa, 1997

BUERGENTHAL, THOMAS/NORRIS, ROBERT E./SHELTON, DINAH – *La protección de los derechos humanos en las Americas*, Madrid, 1990

BUJAN, ANTÓNIO FERNÁNDEZ – *Derecho Público Romano*, Madrid, 1996

BULL, HEDLEY – *The Anarchical Society: a study of Order in World Politics*, New York, 1977

BÚRCA, GRAÍNNE DE – v. CRAIG, PAUL

BUTTLAR, CHRISTIAN VON – v. STEIN, TORSTEN

CAEIRO, PEDRO – *Claros e escuros de um autorretrato: breve anotação à jurisprudência dos Tribunais Penais Internacionais para a antiga Jugoslávia e para o Ruanda sobre a própria legitimação*, in AAVV, *Direito Penal Internacional para a proteção dos direitos humanos*, Lisboa, 2003

CAETANO, MARCELLO – *Apontamentos para a História da Faculdade de Direito de Lisboa*, Lisboa, 1961
– *Portugal e a internacionalização dos problemas africanos*, 4ª ed., Lisboa, 1971
– *Manual de Ciência Política e Direito Constitucional*, I, 6ª ed., Coimbra, 1989

CAFLISCH, LUCIUS – *La delimitation des espaces marins entre États don't les cotes se font face ou sont adjacents*, in AAVV, *Traité du Nouveu Droit de la Mer* (org. de RENÉ-JEAN DUPUY e DANIEL VIGNES), Paris/Bruxelles, 1985
– *Maritime boundaires, delimitation*, in EPIL, North-Holland, 1989
– *Règles générales du Droit des cours d'eau internationaux*, in RCADI, t. 219, 1989, VII

CAHIER, PHILIP – *La violation de droit interne relatif à la compétence pour conclure des traités*, in RDI, 1971

CAMPAGNOLO, UMBERTO – v. Kelsen, Hans

CAMPINOS, JORGE – *O Direito Internacional dos Direitos do Homem – textos básicos*, Coimbra, 1984

CAMPOS, DIOGO LEITE DE/CAMPOS, MÓNICA HORTA NEVES LEITE DE – *Direito Tributário*, 2ª ed., Coimbra, 2000

CAMPOS, JOÃO MOTA DE – *A Ordem Constitucional Portuguesa e o Direito Comunitário*, Braga, 1981
– *As relações da Ordem Jurídica Portuguesa com o Direito Internacional e o Direito Comunitário à luz da Revisão Constitucional de 1982*, Lisboa, 1985
– *Direito Comunitário*, II, 4ª ed., Lisboa, 1994
– *Manual de Direito Comunitário*, Lisboa, 2000
– v. CAMPOS, JOÃO LUIZ MOTA DE

CAMPOS, JOÃO MOTA DE/CAMPOS, JOÃO LUIZ MOTA DE – *Teoria geral das organizações internacionais*, in AAVV, *Organizações internacionais* (coord. de JOÃO MOTA DE CAMPOS), 2ª ed., Lisboa, 2006
– *Manual de Direito Comunitário*, 5ª ed., Coimbra, 2007

CAMPOS, MÓNICA HORTA NEVES LEITE DE – v. CAMPOS, DIOGO LEITE DE

CANOTILHO, J. J. GOMES – *Direito Constitucional e Teoria da Constituição*, 6ª ed., Coimbra, 2002

CANOTILHO, J. J. GOMES/MOREIRA, VITAL – *Fundamentos da Constituição*, Coimbra, 1991
– *Constituição da República Portuguesa anotada*, 3ª ed., Coimbra, 1993
– *Constituição da República Portuguesa anotada*, I, 4ª ed., Coimbra, 2007

CAPOFORTI, F. – *L'extinction et la suspension des traits*, in RCADI, 1971, III

CARCELÉN, MARTÍN C. ORTEGA – *La legítima defesa del territorio del Estado*, Madrid, 1991

CARMONA, MAFALDA RAMOS/SILVA, MARIA DE FÁTIMA B./VIEIRA, MARIA INÊS ALVES/FIGUEIREDO, SUSANA VITAL – *Direito de intervenção humanitária*, in RJ, nº 20, novembro de 1996

CARREAU, DOMINIQUE – *Droit International*, 2ª ed., Paris, 1988

CARRIÓN, ALEJANDRO J. RODRÍGUEZ – *Leciones de Derecho Internacional Público*, 3ª ed., Madrid, 1994

CARVALHO, PEDRO RAPOSO DE MEDEIROS – *Nações Unidas – um ator na resolução dos conflitos*, Lisboa, 2003

CARVALHO, RITA ALMEIDA DE – *A Concordata de Salazar*, Lisboa, 2013

CARVALHO, VIRGÍLIO DE – *A importância do mar para Portugal – passado, presente e futuro*, Venda Nova, 1995

CARVALHO, VIRGÍLIO DE JESUS MIRANDA – *Os valores constitucionais fundamentais: esboço de uma análise axiológico-normativa*, Coimbra, 1982
– *Para uma Constituição democrático-liberal*, Coimbra, 1986

CASSESE, ANTÓNIO – *Individuo (Diritto Internazionale)*, in ED, XXI, 1971
– *Article 51*, in AAVV, *La Charte des Nations Unies* (dir. de JEAN-PIERRE COT e ALAIN PELLET), 2ª ed., Paris, 1991
– *International Law in a divided world*, Oxford, 1994
– *Los derechos humanos en el mundo contemporáneo*, Barcelona, 1993
– *International Law*, Oxford, 2003
– *International Criminal Law*, New York, 2003

CASTRO, PAULO CANELAS – *De quantas cartas se faz a paz internacional?*, in AAVV, *75 anos da Coimbra Editora*, Coimbra, 1998
– *A Comunidade dos Países de Língua Portuguesa – para um discurso jurídico sobre a sua identidade e um seu programa de ação*, in AAVV, *Colóquio de Direito Internacional – Comunidade dos Países de Língua Portuguesa*, Coimbra, 2003

CAUPERS, JOÃO – *Os direitos fundamentais dos trabalhadores e a Constituição*, Coimbra, 1985
– *Direito Internacional Público II – Sumários*, Lisboa, 1988
– *Introdução ao Direito Comunitário*, Lisboa, 1988
– *Introdução ao Direito Administrativo*, Lisboa, 2001

CEREXHE, ETIENNE – *O Direito Europeu – as instituições*, Lisboa, 1985

CHAUMONT, CHARLES – *Le Droit de l'Espace*, Paris, 1960
– *Organização das Nações Unidas*, Oeiras, 1992

CHENG, BIN – *Studies in International Space Law*, Oxford, 2004

CHORÃO, MÁRIO BIGOTTE – *Introdução ao Direito*, I, Coimbra, 1989
– *Temas fundamentais de Direito*, Coimbra, 1991

CHURCHIL, ROBIN ROLF/LOWE, ALAN VAUGHAN – *The Law of the Sea*, 3ª ed., Manchester, 1999

CLARO, JOÃO MARTINS/NEVES, ANA FERNANDA/FERREIRA, ANDRÉ FOLQUE – *Direito Internacional Público – elementos de estudo*, I, Lisboa, 2002

COCATRE-ZILGIEN, ANDRÉ – *Les mesures conservatoires décidées par le juge ou par l'arbitre international*, in RGDIP, 1966

COLLAÇO, ISABEL DE MAGALHÃES – *Lições de Direito Internacional Privado*, I, Lisboa, 1958-1959

COLOMBOS, JOHN – v. HIGGINS, PEARCE

CONFORTI, BENEDETTO – *Le Nazioni Unite*, 7ª ed., Padova, 2005
– *Diritto Internazionale*, 7ª ed., Napoli, 2006

CORDEIRO, ANTÓNIO MENEZES – *Direito das Obrigações*, II, Lisboa, 1986
– *Tratado de Direito Civil Português*, vol. I, t. I, 2ª ed., Coimbra, 2000
– *Tratado de Direito Civil Portguês*, vol. I, t. III, Coimbra, 2004

CORREIA, JOSÉ DE MATOS – *Direito das Relações Externas: o "parente pobre" da Constituição de 1976?*, in REJP, ano VI, nºs 7/8, Janeiro-Dezembro de 1999
– *Tribunais penais internacionais – coletânea de textos*, Lisboa, 2004
– v. SEARA, FERNANDO ROBOREDO
COSTA, ALBERTO – *Tribunal Penal Internacional*, Lisboa, 2002
COSTA, ANTÓNIO – *A Constituição e as relações externas*, in AAVV, PSPC, pp. 675 e ss.
COSTA, JOSÉ MANUEL CARDOSO DA – *Os princípios gerais de Direito como fonte do Direito Internacional*, Coimbra, 1963
– *A hierarquia das normas constitucionais e a sua função na proteção dos direitos fundamentais*, Lisboa, 1990
COUSTERE, VICENT COUSSIRAT – v. EISEMANN, PIERRE MICHEL
COUTINHO, FRANCISCO PEREIRA – *Comunidade dos Países de Língua Portuguesa*, in AAVV, *Enciclopédia das Relações Internacionais* (org. de NUNO CANAS MENDES e FRANCISCO PEREIRA COUTINHO), Lisboa, 2014
– v. RIBEIRO, MANUEL DE ALMEIDA
COUTINHO, JOSÉ LUÍS PEREIRA – *Poderes do Estado costeiro sobre os recursos vivos da zona económica exclusiva*, in OD, ano 120º, 1988, III e IV
COUTO, FERNANDO AMADO – *O Direito do Mar*, Maputo, 1988
CRAIG, PAUL/BÚRCA, GRAÍNNE DE – *EU Law*, 3ª ed., Oxford, 2003
CRAVINHO, JOÃO GOMES – *Visões do Mundo – as Relações Internacionais e o Mundo Contemporâneo*, Lisboa, 2002
CRAWFORD, JAMES – *The International Law Commission's Articles on State Responsibility – introduction, Text and Commentaries*, Cambridge, 2002
– *The drafting of the Rome Statute*, in AAVV, *From Nuremberg to The Hague – the future of international criminal justice* (ed. de PHILIPPE SANDS), Cambridge, 2003
CUNHA, JOAQUIM DA SILVA – *Administração e Direito Colonial*, III, Lisboa, 1957
– *Nações Unidas – possibilidades atuais e perspetivas de futuro*, in RFDUL, XI, 1958, sep.
– *A interpretação dos tratados na jurisprudência e na doutrina*, Lisboa, 1960
– *Problemas da vigência dos tratados*, in OD, 1962
– *Interpretação dos Tratados*, Lisboa, 1960
– *O Ultramar, a Nação e o "25 de Abril"*, Coimbra, 1977
– *Problemas da vigência dos tratados*, in *Estudos de Direito*, I, Porto, 1986
– *Estudos de Direito*, I, Porto, 1986
– *Direito Internacional Público – relações internacionais*, Lisboa, 1990
– *Formação e evolução do Direito Internacional – os ventos de mudança*, in ND, XV, nº 53, Janeiro-Março de 1990
– *Direito Internacional Público – introdução e fontes*, 5ª ed., Coimbra, 1991
– *Direito Internacional Público – a sociedade internacional*, 4ª ed., Lisboa, 1993
– *As relações diplomáticas entre Estados – aspetos gerais do seu regime jurídico*, in RPIIC, nº 4, 2º semestre de 2002, Lisboa, 2002
CUNHA, JOAQUIM DA SILVA/PEREIRA, MARIA DA ASSUNÇÃO DO VALE – *Manual de Direito Internacional Público*, 2ª ed., Coimbra, 2004
CUNHA, PAULO – *O Procedimento Administrativo*, Coimbra, 1987
CUNHA, PAULO DE PITTA E – *Dos funcionários internacionais*, Lisboa, 1964
– *O Tratado de Adesão e o Direito Comunitário Derivado*, in AAVV, *A Feitura das Leis – como fazer leis*, II, Oeiras, 1986
CURCIO, MASSIMO – *La Dichiarazione dei Diritti delle Nazioni Unite*, Milano, 1950

CURRIE, JOHN – *Public International Law*, Toronto, 2001

DAILLIER, PATRICK – v. DINH, NGUYEN QUOC

DAS, KAMLESHWAR – *Instituições das Nações Unidas – instituições e processos decorrentes das convenções relativas aos direitos do homem e às liberdades fundamentais*, in AAVV, *As dimensões internacionais dos direitos do homem* (org. de KAREL VASAK), Lisboa, 1983

DAUSES, M. – *La protection des droits fondamentaux dans l'ordre juridique des Communautés Européennes*, in DDC, nºs 41/42, 1990

DAVID, RENÉ/JAUFFRET-SPINOSI, CAMILE – *Les grands systèmes de Droit contemporains*, 11ª ed., Paris, 2002

DELGADO, JOSÉ MANUEL AVELINO DE PINA – *A Carta das Nações Unidas e a legalidade das intervenções humanitárias unilaterais*, in DeC, ano V, nºs 16/17, setembro de 2002 a abril de 2003, Praia
– *Legítima defesa e antecipação no Direito Internacional – desenvolvimentos recentes*, in ReDiP, nº 2, julho-dezembro de 2009

DELGADO, JOSÉ PINA/TIUJO, LIRIAM – *Textos de Direitos Fundamentais e Direito Internacional da Proteção da Pessoa Humana – com algumas anotações e indicações bibliográficas*, Praia, 2014

DEMPSEY, PAUL STEPHEN – *European Aviation Law*, The Hague, 2004

DESCARTES, RENÉ – *Discurso do Método*, 11ª ed., Lisboa, 1982

DIAS, JOSÉ FIGUEIREDO/OLIVEIRA, FERNANDA PAULA – *Direito Administrativo*, 2ª ed., Coimbra, 2003

DIEDERIKS-VERSCHOOR, I. H. PH – *An Introduction to Space Law*, 2ª ed., The Hague/London/Boston, 1999
– *An Introduction to Air Law*, 7ª ed., The Hague/London/New York, 2001

DINH, NGUYEN QUOC/DAILLIER, PATRICK/PELLET, ALAIN – *Droit Internacional Public*, 8ª ed., Paris, 2009
– *Direito Internacional Público*, 2ª ed., Lisboa, 2003

DIOGO, JOÃO FRANCISCO/GOUVEIA, JORGE BACELAR – *A incorporação e aplicação do Direito Internacional Público na Ordem Jurídica Porrtuguesa: uma perspetiva panorâmica*, in ReDiLP, nº 8, julho-dezembro de 2016

DIOGO, LUÍS DA COSTA/JANUÁRIO, RUI – *Direito Internacional do Mar e temas de Direito Marítimo*, Lisboa, 2000

DOBELLE, JEAN-FRANÇOIS – *La convention de Rome Portant Statut de la Cour Pénale Internationale*, AFDI, 1998

D'ORS, ALVARO – *Derecho y sentido común – siete leciones de derecho natural como limite del derecho positive*, Madrid, 1995

DOUGHERTY, JAMES E./PFALTZGRAFF, Jr., ROBERT L. – *Relações Internacionais – as teorias em confronto*, Lisboa, 2003

DUARTE, MARIA LUÍSA – *O Conselho da Europa e a proteção europeia dos direitos do homem*, in DDC, nºs 39/40, 1989
– *A liberdade de circulação de pessoas e a ordem pública no Direito Comunitário*, Coimbra, 1992
– *A cidadania da União e a responsabilidade dos Estados por violação do Direito Comunitário*, Lisboa, 1994
– *A teoria dos poderes implícitos e a delimitação de competências entre a União Europeia e os Estados-membros*, Lisboa, 1997
– *A União Europeia e os Direitos Fundamentais – métodos de proteção*, in *Estudos de Direito da União e das Comunidades Europeias*, Coimbra, 2000
– *Direito da União Europeia e das Comunidades Europeias*, vol. I, t. I, Lisboa, 2001
– *União Europeia e entidades regionais: as regiões autónomas e o processo comunitário*

de decisão (relatório português), in RFDUL, vol. XLIII, nº 1 de 2002
– *Contencioso Comunitário*, Cascais, 2003
– *Introdução ao Estudo do Direito – sumários desenvolvidos*, Lisboa, 2003
– *A Convenção Europeia dos Direitos do Homem*, in AAVV, *Organizações internacionais* (coord. de João Mota de Campos), 2ª ed., Lisboa, 2006
– *União Europeia e Direitos Fundamentais – no espaço da internormatividade*, Lisboa, 2006
– *Direito Internacional Público e ordem jurídica global do século XXI*, Lisboa, 2016

Duarte, Maria Luísa/Alves, Pedro Delgado – *União Europeia e Jurisprudência Constitucional dos Estados-Membros*, Lisboa, 2006

Dubois, Louis – v. Blumann, Claude

Dugard, John – *International Law*, Cape Town, 1994

Dupuy, Pierre Marie – *Droit International Public*, Paris, 1992

Dupuy, René-Jean – *La mer sous competence nationale*, in AAVV, *Traité du Nouveau Droit de la Mer* (org. René-Jean Dupuy e Daniel Vignes), Paris/Bruxelles, 1985
– *La Zone, patrimoine commun de l'humanité*, in AAVV, *Traité du Nouveau Droit de la Mer* (org. de René-Jean Dupuy e Daniel Vignes), Paris/Bruxelles, 1985
– *Direito Internacional*, Coimbra, 1993

Duroselle, Jean-Baptiste/Mayeur, Jean-Marie – *História do Catolicismo*, Lisboa, 1988

Eisemann, Pierre Michel/Coustere, Vicent Coussirat/Hur, Paul – *Petit Manuel de la Jurisprudence de la Cour Internationale de Justice*, 4ª ed., Paris, 1984

Ellscheid, Günter – *O problema do Direito Natural – uma orientação sistemática*, in AAVV, *Introdução à Filosofia do Direito e à Teoria do Direito Contemporâneas* (org. de Arthur Kaufmann e Winfried Hassemer), Lisboa, 2002

Ert, Gibran Van – v. Freeman, Mark

Escarameia, Paula V. C. – *Coletânea de Jurisprudência de Direito Internacional*, Coimbra, 1992
– *Formation of concepts in International Law*, Lisboa, 1993
– *Reflexões sobre Temas de Direito Internacional*, Lisboa, 2001
– *Quando o mundo das soberanias se transforma no mundo das pessoas: o Estatuto do Tribunal Penal Internacional e as Constituições nacionais*, in RFDUNL, Lisboa, ano II, nº 3 de 2001, pp. 143 e ss.
– *O Direito Internacional Público nos princípios do século XXI*, Coimbra, 2003

Espada, Cesário Gutiérrez – *El estado de necessidad y uso de la fuerza en Derecho Internacional*, Madrid, 1987

Espiell, Hector Gross – *Le système interaméricain comme régime régional de protection internationale des droits de l'homme*, in RCADI, 1975, II
– *A Organização dos Estados Americanos*, in AAVV, *As dimensões internacionais dos direitos do homem* (org. de Karel Vazak), Lisboa, 1983

Espil, Jorge A. Aja – *A plataforma continental no Direito do Mar*, in AAVV, *Curso de Direito Internacional*, Rio de Janeiro, 1977

Esposito, Bruno – *A contribuição do Papa João Paulo II para a evolução de um Direito Internacional ao serviço da família das nações*, in *L'Osservatore Romano*, nº 28, de 10 de julho de 2004

Essen, Alfred van der – *Les régions arctiques et antarctiques*, in AAVV, *Traité du Nouveau Droit de la Mer* (org. de René-Jean Dupuy e Daniel Vignes), Paris/Bruxelles, 1985

Esteves, Maria da Assunção Andrade – *O indivíduo como sujeito do Direito Inter-*

nacional Público, in RJ, nº 6, Abril-Junho de 1986

EUSTAHIADES, CONSTANTIN – *Les sujets de Droit International et la responsabilité internationale*, in RCADI, 1953

FACHILLE, PAUL – *Traité de Droit Intrenacional Public*, Paris, 1922

FARIA, DUARTE LYNCE DE – *A jurisdição e a delimitação dos espaços marítimos em Portugal*, Lisboa, 2002

FARINHA, JOÃO DE DEUS PINHEIRO – *Convenção Europeia dos Direitos do Homem*, Lisboa, 1980
– *A proteção dos direitos humanos no âmbito do Conselho da Europa*, in DCC, 1980, nº 3
– *O processo equitativo garantido na Convenção Europeia dos Direitos do Homem*, in OD, ano 122º, II, Abril-Junho de 1990

FEIJÓ, CARLOS – *Problemas atuais de Direito Público Angolano – contributos para a sua compreensão*, Cascais, 2001

FENWICK, CHARLES G. – *International Law*, 3ª ed., New York, 1952

FERNANDES, ANTÓNIO JOSÉ – *Conflitos e Paz Mundial – a importância da ONU*, Lisboa, 2011

FERNANDES, JOSÉ PEDRO – *Território nacional*, in DJAP, VII, Lisboa, 1996

FERNANDES, LUÍS A. CARVALHO – *Teoria Geral do Direito Civil*, I, 3ª ed., Lisboa, 2001

FERREIRA, EDUARDO ANDRÉ FOLQUE – *Os poderes do Presidente da República na conclusão de tratados e acordos internacionais*, in AAVV, *Estudos em Homenagem ao Prof. Doutor Joaquim Moreira da Silva Cunha*, Coimbra, 2005
– v. CLARO, JOÃO MARTINS

FERREIRA, DINIZ – *Elementos de Aeronáutica Civil Nacional e Internacional*, Lisboa, 1952

FERREIRA, EDUARDO PAZ – *As finanças regionais*, Lisboa, 1985
– *Valores e interesses – desenvolvimento económico e política comunitária de cooperação*, Coimbra, 2004

FERREIRA, FERNANDO AMÂNCIO – *As regiões autónomas na Constituição Portuguesa*, Coimbra, 1980

FERREIRA, MÁXIMO – *O pequeno livro da Astronomia*, Lisboa, 2003

FERREIRA, PEDRO G. – *O estado do Universo*, Lisboa, 2007

FERRO, MÓNICA – *As Administrações Transitórias das Nações Unidas e a construção do Estado de Timor Leste*, in RPIIC, nº 4, 2º semestre de 2002, Lisboa, 2002
– v. RIBEIRO, MANUEL DE ALMEIDA

FIERENS, JACQUES – *La Charte Africaine des Droits de l'Homme et des Peuples*, in RUDH, 1990

FIGUEIRA, ANTÓNIO – *Modelos de legitimação da União Europeia*, Cascais, 2004

FIGUEIREDO, SUSANA VITAL DE – v. CARMONA, MAFALDA RAMOS

FILIBECK, GIORGIO – *Direitos do Homem – de João XXIII a João Paulo II*, Cascais, 2000

FISCHER, BÉAT DE – *L'ordre souverain de Malte*, in RCADI, 1979

FLORIO, FRANCO – *Spazi marini e principi di Diritto Internazionale*, Milano, 1977

FLORY, THIÉBAUT – *Article 103*, in AAVV, *La Charte des Nations Unies* (dir. de JEAN-PIERRE COT e ALAIN PELLET), 2ª ed., Paris, 1991

FRAGA, THELMA ARAÚJO ESTEVES – v. MELLO, CLEYSON DE MORAES

FRANCO, ANTÓNIO DE SOUSA – *Noções de Direito da Economia*, I, Lisboa, 1982-1983

FREIRE, PAULA VAZ – *Os novos passos da integração europeia*, Lisboa, 2002

FREITAS, JOSÉ LEBRE DE – *Introdução ao processo Civil – conceito e princípios gerais*, Coimbra, 1996
– *A ação declarativa comum*, Coimbra, 2000

FREITAS, PEDRO CARIDADE DE – *Portugal e a Comunidade Internacional na segunda metade do século XIX*, Lisboa, 2012

FREEMAN, MARK/ERT, GIBRAN VAN ERT – *International Human Rights Law*, Toronto, 2004

FUKUYAMA, FRANCIS – *State Building – Governance and World Order in the Twenty-First Century*, London, 2004

FUR, LOUIS LE – *Des représailles en temps de guerre*, Paris, 1919

GALVÃO, SOFIA – v. SOUSA, MARCELO REBELO DE

GARCIA, MARIA DA GLÓRIA F. P. D. – *O lugar do Direito na proteção do ambiente*, Coimbra, 2007

GARRONE, FANNY CASTRO-RIAL – *La Carta Africana de Derechos Humanos y de los Pueblos*, in REDI, 1984

GASPAR, CARLOS – *Organização das Nações Unidas*, in DHP, VIII, Porto, 1999

GHAI, YASH – *Hong Kong's New Constitutional Order*, 2ª ed., Hong Kong, 1999

GHALI, B. BOUTROS – *A Liga dos Estados Árabes*, in AAVV, *As dimensões internacionais dos direitos do Homem* (org. de KAREL VASAK), Lisboa, 1983

GIALDINO, AGOSTINO CURTI – *Guerra (Diritto Internazionale)*, in ED, XIX, Milano, 1970

GIDEL, GILBERT – *Le Droit International Public de la Mer – le temps de paix*, II, Chateauroux, 1932
– *Le Droit International public de la Mar*, III, Chateauroux/Paris, 1934

GIULIANO, MARIO/SCOVAZZI, TULLIO/TREVES, TULLIO – *Diritto Internazionale*, I, 2ª ed., Milano, 1983

GLASER, STEPHAN – *La guerre d'agréssion à la lumière des sources du Droit International*, in RGDIP, ano 57º, nº 3, Julho-Setembro de 1953

GLORIA, CHRISTIAN – *Internationales öffentliches Seerecht*, in AAVV, *Völkerrecht* (org. de KNUT IPSEN), 3ª ed., München, 1990

GODINHO, FABIANA DE OLIVEIRA – *A proteção internacional dos direitos humanos*, Belo Horizonte, 2006

GOLDIE, L. F. E. – *Archipelagos*, in EPIL, North-Holland, 1989

GOMES, CARLA AMADO – *A natureza constitucional do Tratado da União Europeia*, Lisboa, 1997

GOMES, EDUARDO BIACCHI – *A celebração dos tratados no Ordenamento Constitucional Brasileiro e os Direitos Fundamentais*, in AAVV, *O Direito Constitucional Internacional após a Emenda 45/04 e os Direitos Fundamentais* (coord. de EDUARDO BIACCHI GOMES e TARCÍSIO HARDMAN REIS), São Paulo, 2007

GOMES, M. SATURINO DA COSTA – v. GOUVEIA, JORGE BACELAR

GOMEZ, PRIMITIVO MARIÑO – *Introdução* ao livro de HUGO GRÓCIO, *Del Derecho de la Guerra y de la Paz*, Madrid, 1987

GONÇALVES, MARIA EDUARDA – *Direito da Informação – novos direitos e formas de regulação na sociedade de informação*, Coimbra, 2003

GOODRICH, LELAND/HAMBRO, EDVARD – *Commentaire de la Charte des Nations Unies*, Neuchâtel, 1948

GOUTTENOIRE, ADELINE – v. SUDRE, FRÉDÉRIC

GOUVEIA, JORGE BACELAR – *Os direitos fundamentais à proteção dos dados pessoais informatizados*, in ROA, 1991, III
– *O valor positivo do ato inconstitucional*, Lisboa, 1992
– *O direito de passagem inofensiva no nosso Direito Internacional do Mar*, Lisboa, 1993
– *A zona económica exclusiva*, in DJAP, VII, Lisboa, 1994
– *Des collectivités locales en attente de région*, in AAVV, *Les collectivités décentralisées de l'Union Européenne* (org. de ALAIN DELCAMP), Paris, 1994
– *Os direitos fundamentais atípicos*, Lisboa, 1995
– *Segredo de Estado*, in DJAP, VII, Lisboa, 1996

– *Zona económica exclusiva*, in DJAP, VII, Lisboa, 1997
– *A Declaração Universal dos Direitos do Homem e a Constituição Portuguesa*, in AAVV, 75 Anos da Coimbra Editora, Coimbra, 1998
– *Benefícios fiscais das organizações e funcionários internacionais no Direito Fiscal português – alguns breves apontamentos*, in *Fiscália*, nº 20, Lisboa, 1998
– *Acordos de Cooperação entre Portugal e os Estados Africanos Lusófonos*, Lisboa, 1998
– *O estado de exceção no Direito Constitucional – entre a eficiência e a normatividade das estruturas de defesa extraordinária da Constituição*, I, Coimbra, 1998
– *Reflexões sobre a próxima revisão da Constituição Moçambicana de 1990*, Maputo, 1999
– *Da codificação Jurídica em geral à codificação no Direito Internacional*, in *Estudos de Direito Público*, I, Cascais, 2000
– *As Constituições dos Estados da União Europeia*, Lisboa, 2000
– *Direito da Igualdade Social – fontes normativas*, Lisboa, 2000
– *Reflexões sobre a 5ª Revisão da Constituição Portuguesa*, in AAVV, *Nos 25 anos da Constituição da República Portuguesa de 1976 – evolução constitucional e perspetivas de futuro*, Lisboa, 2001
– *Estado de guerra*, in DJAP, 2º sup., Lisboa, 2001
– *Constituição da República Portuguesa e Legislação Complementar*, Lisboa, 2001
– *Autonomia regional, procedimento legislativo e confirmação parlamentar*, in *Novos Estudos de Direito Público*, Lisboa, 2002
– *Segredo de Estado e Lei Constitucional em Angola*, in AAVV, *A produção de informações de segurança no Estado Democrático de Direito – o caso angolano* (org. de Carlos Feijó), Cascais, 2003
– *A Lei Básica da Região Administrativa Especial de Macau – contributo para uma compreensão de Direito Constitucional*, in BFDUM, ano VI, nº 13, 2002
– *Organizações Internacionais – Textos Fundamentais*, 1ª ed., Lisboa, 1995
– *Ensinar Direito Constitucional*, Coimbra, 2003
– *Textos Fundamentais de Direito Internacional*, 4ª ed., Lisboa, 2004
– *O Tribunal Penal Internacional: uma perspetiva de Direito Internacional e de Direito Constitucional*, in *Juris Poiesis – Revista do Curso de Direito da Universidade Estácio de Sá*, ano 7, nº 6, 2004, e in AAVV, *Estudos em Homenagem ao Prof. Doutor Joaquim Moreira da Silva Cunha*, Coimbra, 2005
– *Ensinar Direito Internacional Público*, Coimbra, 2006
– *Direito Internacional Humanitário – Introdução e Textos Fundamentais*, Coimbra, 2006
– *A feitura das convenções internacionais em Portugal*, in AAVV, *O Direito Constitucional Internacional após a Emenda 45/2004 e os direitos fundamentais* (coord. de Eduardo Biacchi Gomes e Tarcísio Hardman Reis), São Paulo, 2007
– *A passagem do navio "Borndiep" pelo mar territorial português e o Direito Internacional do Mar*, in *Novíssimos Estudos de Direito Público*, III, Coimbra, 2006
– *Direito Internacional Público*, in DJAP, III sup., Lisboa, 2007
– *O procedimento legislativo*, in DJAP, III sup., Lisboa, 2007
– *Manual de Direito Constitucional*, I e II, 2ª ed., Coimbra, 2007
– *Direito Internacional Penal – uma perspetiva dogmático-crítica*, Coimbra, 2008
– *Direito Constitucional de Timor-Leste*, Lisboa/Díli, 2012
– *O Direito Internacional Público no Direito de Portugal e dos Estados de Língua Portu-*

guesa, in *Direito Constitucional de Língua Portuguesa – caminhos de um Constitucionalismo Singular*, Coimbra, 2012
– *A autonomia legislativa das Regiões Autónomas Portuguesas – um contributo de Direito Constitucional Regional*, Lisboa, 2012
– *O uso da força no Direito Internacional Público*, in AAVV, *Estudos em Comemoração do X Aniversário do Instituto Superior de Ciências Jurídicas e Sociais*, I volume (org. de Mário Pereira da Silva, Leão de Pina e Paulo Monteiro Júnior), Praia, 2012
– *Direito Constitucional de Macau*, Lisboa/Macau, 2012
– *Direito, Religião e Sociedade no Estado Constitucional*, Lisboa, 2012
– *Legislação de Direito Constitucional*, 3ª ed., Lisboa, 2013
– *Direito Internacional da Segurança*, Coimbra, 2013
– *Direito Internacional Público*, in AAVV, *Enciclopédia das Relações Internacionais* (org. de Nuno Canas Mendes e Francisco Pereira Coutinho), Lisboa, 2014
– *Direito Constitucional de Angola*, Lisboa/Luanda, 2014
– *As Constituições dos Estados de Língua Portuguesa*, 4ª ed., Coimbra, 2014
– *Direito Constitucional de Moçambique*, Lisboa/Maputo, 2015
– *Textos Fundamentais de Direito Internacional Público*, 4ª ed., Coimbra, 2017
– v. Miranda, Jorge
– v. Quadros, Fausto de

Gouveia, Jorge Bacelar/Gomes, M. Saturino da Costa/Loja, Fernando Soares – *Legislação de Direito da Religião*, Coimbra, 2006

Goy, Raymond – *La Cour Internationale de Justice et les droits de l'homme*, Bruxelles, 2002

Gribbin, John – *Universo – uma biografia*, Lisboa, 2009

Grinda, Georges – *La principauté de Monaco*, Paris, 2005

Grócio, Hugo – *De Jure Praedae*, The Hague, 1868
– *The Freedom of the Seas*, New York, 1916
– *Del Derecho de presa – Del Derecho de la Guerra y Paz*, Madrid, 1987

Groux, Jean/Manim, Philippe – *As Comunidades Europeias na Ordem Internacional*, Lisboa, 1985

Guedes, Armando M. Marques – *Responsabilidade Internacional*, Lisboa, 1950
– *Direito Internacional Público*, 1ª ed., Lisboa, 1985
– *La Justice Constitutionnelle au Portugal – préface*, in AAVV, JCP, Paris, 1989
– *Direito Internacional Público*, 2ª ed., Lisboa, 1992
– *O Direito e a Guerra*, in AAVV, *A crise do Golfo e o Direito Internacional*, Porto, 1993
– *Direito Internacional Público*, in DJAP, 1º sup., Lisboa, 1998
– *Direito do Mar*, 2ª ed., Coimbra, 1998

Guerra, Sidney – *Direito Internacional Público*, 2ª ed., Rio de Janeiro, 2005

Guerreiro, Alexandre Teixeira Neto – *A resistência dos Estados Africanos à Jurisdição do Tribunal Penal Internacional*, Coimbra, 2012

Guggenheim, Paul – *Les mesures conservatoires dans la procedure arbitrale et judiciaire*, in RCADI, 1932, II
– *Traité du Droit International Public*, II, Genève, 1954
– *Traité du Droit International Public*, I, 2ª ed., Genève, 1967

Häberle, Peter – *Das Menschenbild im Verfassungsstaat*, Berlin, 1988

Hambro, Edvard – v. Goodrich, Leland

Harouel-Bureloup, Véronique – *Traité de Droit Humanitaire*, Paris, 2005

HAWKING, STEPHEN W. – *A Teoria de Tudo – a origem e o destino do Universo*, Lisboa, 2010

HEGEL, FRIEDRICH – *Pricípios da Filosofia do Direito*, Lisboa, 1990

HEINEGG, HEINTSCHEL VON – *Internationales öffentliches Umweltrecht*, in AAVV, *Völkrrecht* (org. por KNUT IPSEN), München, 1990

HENKIN, LOUIS – *International Law: politics and values*, Dordrecht/Boston/London, 1995

HESPANHA, ANTÓNIO MANUEL – *Cultura jurídica europeia – síntese de um milénio*, 3ª ed., Mem Martins, 2003

HIGGINS, PEARCE/COLOMBOS, JOHN – *The International Law of the Sea*, 2ª ed., London/New York/Toronto, 1952

HOBSBAWM, ERIC – *Globalização, Democracia e Terrorismo*, Lisboa, 2008

HOMEM, ANTÓNIO PEDRO BARBAS – *História das Relações Internacionais – o Direito e as conceções políticas na Idade Moderna*, Coimbra, 2003

HUARAKA, TUNGURU – *Les fondements des droits de l'homme en Afrique*, in AAVV, *Les dimensions universelles des droits de l'homme* (org. de ANDRÉ LAPEYRE, FRANÇOIS DE TINGUY E KAREL VASAK), I, Bruxelles, 1990

HUNTINGTON, SAMUEL P. – *O choque das civilizações e a mudança na ordem mundial*, 2ª ed., Lisboa, 2001

HUR, PAUL – v. EISEMANN, PIERRE MICHEL

HUSEK, CARLOS ROBERTO – *Curso de Direito Internacional Público*, 6ª ed., São Paulo, 2006

IPSEN, KNUT – *Individualschutz im Völkerrecht*, in AAVV, *Völkerrecht* (org. de KNUT IPSEN), 3ª ed., München, 1990

ISAAC, GUY/BLANQUET, MARC – *Droit général de l'Union européenne*, 9ª ed., Paris, 2006

ISASCA, FREDERICO – *Estados interiors e Direito do Mar*, Lisboa, 1988

JACINTO, JOSÉ LUÍS – *O trabalho e as relações internacionais*, Lisboa, 2002

JACQUES, JEAN-PAUL – *Article 102*, in AAVV, *La Charte des Nations Unies* (dir. de JEAN-PIERRE COT e ALAIN PELLET), 2ª ed., Paris, 1991

JALLES, MARIA ISABEL – *Implicações jurídico-constitucionais da adesão de Portugal às Comunidades Europeias – alguns aspetos*, Lisboa, 1980

JANUÁRIO, RUI – v. DIOGO, LUÍS DA COSTA – v. WILENSKY, ALFREDO HÉCTOR

JAUERNIG, OTHMAR – *Direito Processual Civil*, Coimbra, 2002

JAUFFRET-SPINOSI, CAMILE – v. DAVID, RENÉ

JELLINEK, GEORG – *Teoría General del Estado*, Granada, 2000

JOHNSON, D. H. N. – *Innocent passage, transit passage*, in EPIL, vol. 11, North-Holland, 1989

JOURDIN, MICHEL MOLLAT DU – *A Europa e o Mar*, Lisboa, 1995

JÚNIOR, TÉRCIO SAMPAIO FERRAZ – *Introdução ao Estudo do Direito*, 2ª ed., São Paulo, 1996

JÚNIOR, WILLIAM W. BISHOP – v. SAHOVIC, MILAN

JUSTO, A. SANTOS – *Introdução ao Estudo do Direito*, Coimbra, 2001

KANT, IMMANUEL – *Sobre la paz perpetua*, 5ª ed., Madrid, 1996
– *A Metafísica dos Costumes*, Lisboa, 2005

KELSEN, HANS – *Teoría General del Estado*, 15ª ed., Cidade do México, 1979
– *Teoria Pura do Direito*, 6ª ed., Coimbra, 1984
– *L'Illecito dello Stato*, Roma, 1988
– *Il problema della sovranità e la teoria del Diritto Internazionale*, Milano, 1989
– *Teoria Geral do Direito e do Estado*, São Paulo, 1990

KELSEN, HANS/CAMPAGNOLO, UMBERTO – *Direito Internacional e Estado Soberano* (org. de MARIO G. LOSANO), São Paulo, 2002

KENNEDY, PAUL – *Desafios para o Século XXI*, I, Mem Martins, 1993

– *O Parlamento do Homem – História das Nações Unidas*, Lisboa, 2009

KISS, ALEXANDRE – *Droit International de l'Environnement*, Paris, 1989

KISSINGER, HENRY – *Diplomacia*, 3ª ed., Lisboa, 2007

KLAFKOWSKI, ALFONS – *Les formes de cessation de l'état de guerre en Droit International*, in RCADI, I, 1976

KNITEL, HANS G. – *La role de la Croix-Rouge dans la protection internationale des droits de l'homme*, in AAVV, *La protection internationale des Droits de l'Homme* (org. Centro Henri Rolin), Bruxelles, 1977

KODO, EDLM – *La Charte Africaine des Droits de l'Homme et des Peuples*, in RUDH, 1989

KÖTZ, HEIN – v. ZWEIGERT, KONRAD

KUNZ, JOSEPH – *Individual and collective self-defense in article 51 of the Charter of the United Nations*, in AJIL, 1947

LABROUSSE, PIERRE – *Des servitudes en Droit International Public*, Bordeaux, 1911

LACHS, MANFRED – *The International Law of Outer Space*, in RCADI, 1964, III

LAGE, DÉLBER ANDRADE – *A jurisdicionalização do Direito Internacional*, Belo Horizonte, 2009

LAGONI, RAINER – *Internal waters*, in EPIL, vol. 11, North-Holland, 1989

LAPIDOTH, RUTH – *Les détroits en Droit International*, Paris, 1972

LATORRE, ANGEL – *Introdução ao Direito*, Coimbra, 1978

LEAL, ANTÓNIO DA SILVA – *O direito à segurança social*, in ESC, II, Lisboa, 1978

LEITÃO, LUÍS MENEZES – *Direito das Obrigações*, I, 2ª ed., Coimbra, 2002

LEVINET, MICHEL – v. SUDRE, FRÉDÉRIC

LÉVY, JEAN-PIERRE – *La Conférence des Nations Unies sur le Droit de la Mer – histoire d'une négociation singulière*, Paris, 1983

LIMA, LOBO D'ÁVILA – *Da Sociedade das Nações*, Lisboa, 1927

LIMA, RENATA MANTOVANI DE/BRINA, MARINA MARTINS DA COSTA – *O Tribunal Penal Internacional*, Belo Horizonte, 2006

LLANO, ALEJANDRO ETIENNE – *La protectión de la persona humana en el Derecho Internacional – los derechos humanos*, Cidade do México, 1987

LOJA, FERNANDO SOARES – v. GOUVEIA, JORGE BACELAR

LOMBARDIA, PEDRO/ARRIETA, JUAN IGNAZIO – *Código de Direito Canónico – edição anotada*, Braga, 1984

LOPES, JOSÉ ALBERTO AZEREDO – *Autodeterminação dos povos, uso da força e responsabilidade internacional – algumas questões e poucas respostas*, in AAVV, *Juris et de Jure – Nos vinte anos da Faculdade de Direito da Universidade Católica Portuguesa – Porto*, Porto, 1998

– *Entre solidão e intervencionismo – direito de autodeterminação dos povos e reações de Estados terceiros*, Porto, 2003

– v. MARTINEZ, PEDRO ROMANO

LOPES, NUNO A. BESSA – *A Constituição e o Direito Internacional*, Vila do Conde, 1979

LOUIS, JEAN-VICTOR – *A Ordem Jurídica Comunitária*, 2ª ed., Lisboa, 1983

LOWE, ALAN VAUGHAN – v. CHURCHIL, ROBIN ROLF

LUCCHINI, LAURENT/VOELCKEL, MICHEL – *Droit de la Mer*, I, Paris, 1990

– *Droit de la Mer*, II, Paris, 1996

MACHADO, JOÃO BATISTA – *Introdução ao Direito e ao Discurso Legitimador*, Coimbra, 1983

– *Lições de Direito Internacional Privado*, 3ª ed., Coimbra, 1988

MACHADO, JÓNATAS E. M. – *Liberdade religiosa numa comunidade inclusiva – dos*

direitos da verdade aos direitos dos cidadãos, Coimbra, 1996
– *Direito Internacional – do paradigma clássico ao pós-11 de setembro*, 3ª ed., Coimbra, 2003

MACHETE, PEDRO – *Elementos para o estudo das relações entre atos legislativos do Estado e das Regiões Autónomas no quadro da Constituição vigente*, RDES, ano XXXIII, nºs 1-2, Janeiro-Junho de 1991
– *A zona económica exclusiva: um conceito do novo Direito internacional do Mar*, in DJ, IV-1989/1990, pp. 221 e ss. e V-1991

MADURO, MIGUEL POIARES – *Striking the Elusive Balance Between Economic and Social Rights in the EU*, in AAVV, *The EU and Human Rights*, Oxford, 1999
– *The Heteronyms of European Law*, in ELJ, pp. vol. 5, nº 2, June 1999

MAGALHÃES, JOSÉ CALVET – *Manual Diplomático*, 2ª ed., Lisboa, 1991
– *A Diplomacia Pura*, Lisboa, 1995

MAIA, ELÍSIO BORGES – *Armas nucleares e Direito Internacional*, Coimbra, 2003

MALTEZ, JOSÉ ADELINO – *Curso de Relações Internacionais*, Cascais, 2002

MANIM, PHILIPPE – v. GROUX, JEAN

MARCHÁN, JAIME – *Derecho Internacional del Espacio – teoría y política*, 2ª ed., Madrid, 1990

MAREK, KRISTINA – *Contribution à l'étude de l'histoire du traité multilatéral*, in AAVV, *Festschrift Bindschedler*, 1980

MARGUÉNAUD, JEAN-PIERRE – v. SUDRE, FRÉDÉRIC

MARIE, JEAN-BERNARD – *La comission des Droits de l'Homme de l'O.N.U.*, Paris, 1975

MARQUES, JOSÉ DIAS – *Teoria Geral do Direito Civil*, I, Coimbra, 1958
– *Teoria Geral do Direito Civil*, II, Coimbra, 1959
– *Introdução ao Estudo do Direito*, 4ª ed., Lisboa, 1972
– *Introdução ao Estudo do Direito*, 5ª ed., Lisboa, 1986

MARTÍNEZ, MIGUEL ANGEL ALEGRE – *La dignidad de la persona como fundamento del ordenamento constitucional español*, León, 1996

MARTINEZ, PEDRO ROMANO – *Relações entre o Direito Internacional e o Direito Interno*, in DJ, IV, 1989/1990

MARTINEZ, PEDRO ROMANO/LOPES, JOSÉ ALBERTO AZEREDO – *Textos de Direito Internacional Público*, 6ª ed., Coimbra, 2000

MARTÍNEZ, PEDRO SOARES – *Comentários à Constituição Portuguesa de 1976*, Lisboa, 1978
– *História Diplomática de Portugal*, Lisboa, 1986

MARTINS, AFONSO D'OLIVEIRA – *O Direito do Mar na recente Jurisprudência Internacional*, Lisboa, 1992
– *O desenvolvimento sustentável e o regime dos cursos de água internacionais*, in AAVV, *Estudos em Homenagem ao Prof. Doutor Joaquim Moreira da Silva Cunha*, Coimbra, 2005, pp. 39 e ss.

MARTINS, A. G. LOURENÇO – *Direito Internacional da Droga: sua evolução*, in AAVV, *Droga: Situação e Novas Estratégias*, Lisboa, 1998

MARTINS, ANA MARIA GUERRA – *Algumas notas sobre o regime jurídico da revisão da Convenção de Montego Bay*, in ROA, ano 53, III, dezembro de 1993
– *O Tratado da União Europeia – contributo para a sua compreensão*, Lisboa, 1993
– *As origens da Constituição Norte-Americana – uma lição para a Europa*, Lisboa, 1994
– *Introdução ao Estudo do Direito Comunitário – sumários desenvolvidos*, Lisboa, 1995
– *A natureza jurídica da revisão do Tratado da União Europeia*, Lisboa, 2000

– *Direito Internacional da Droga e da Toxicodependência*, in RFDUL, sup., Lisboa, 2003
– *Direito Internacional dos Direitos Humanos – Relatório*, Coimbra, 2006

MARTINS, JOÃO FILIPE – *A ONU e os conflitos internacionais: os casos de Kosovo e de Timor-Leste sob o olhar atento do Ruanda*, in DeC, ano IV, nos 10/11, julho de 2000 a fevereiro de 2001, Praia

MARTINS, MARGARIDA SALEMA D'OLIVEIRA – *O princípio da subsidiariedade em perspetiva jurídico-política*, Coimbra, 2003
– *As reformas nas Nações Unidas e a Reforma das Nações Unidas*, in AAVV, *Homenagem ao Prof. Doutor André Gonçalves Pereira*, Coimbra, 2006

MARTINS, MARGARIDA SALEMA D'OLIVEIRA/MARTINS, AFONSO D'OLIVEIRA – *Direito das Organizações Internacionais*, I e II, 2ª ed., Lisboa, 1996

MATIAS, NUNO VIEIRA – *O Mar – um oceano de oportunidades para Portugal*, in *Cadernos Navais*, nº 13, Abril-Junho de 2005

MATTEI, ROBERTO DE – *Pio IX*, Porto, 2000

MATTE, NICOLAS MATEESCO – *Droit Aérospatial*, Montréal/Paris, 1982

MATTOS, ADHERBAL MEIRA – *Direito Internacional Público*, 2ª ed., Rio de Janeiro/São Paulo, 2002

MAYEUR, JEAN-MARIE – v. DUROSELLE, JEAN-BAPTISTE

MAZZUOLI, VALÉRIO DE OLIVEIRA – *A incorporação dos tratados internacionais de proteção dos direitos humanos no ordenamento brasileiro*, in RIL, ano 37, nº 147, julho/setembro de 2000
– *O poder legislativo e os tratados internacionais*, in RIL, ano 38, nº 150, abril/junho de 2001
– *O Supremo Tribunal Federal e os conflitos entre tratados internacionais e leis internas*, in RIL, ano 39, nº 154, abril/junho de 2002
– *Tratados Internacionais*, 2ª ed., São Paulo, 2004
– *O novo § 3º do Artigo 5º da Constituição e sua eficácia*, in AAVV, *O Direito Constitucional Internacional após a Emenda 45/04 e os Direitos Fundamentais* (coord. de EDUARDO BIACCHI GOMES e TARCÍSIO HARDMAN REIS), São Paulo, 2007
– *O controle jurisdicional da convencionalidade das leis*, 3ª ed., São Paulo, 2013
– *Integração das convenções e recomendações da OIT no Brasil e sua aplicação sob a perspectiva do princípio pro homine*, in RDT, nº 152, 2013
– *Curso de Direito Internacional Público*, 10ª ed., São Paulo, 2016

M'BAYE, KÉBA – *A Organização da Unidade Africana*, in AAVV, *As dimensões internacionais dos direitos do homem* (org. de KAREL VASAK), Lisboa, 1983

MEDEIROS, RUI – *Valores jurídicos negativos da lei inconstitucional*, in OD, 1989, III
– *Relações entre normas constantes de convenções internacionais e normas legislativas na Constituição de 1976*, in OD, ano 122º, II, Abril-Junho de 1990
– *A Convenção Europeia dos Direitos do Homem e o Estado Português*, in AAVV, *Nos 25 anos da Constituição da República portuguesa de 1976 – evolução constitucional e perspetivas futuras*, Lisboa, 2001
– *A Carta dos Direitos Fundamentais da União Europeia* (coord. de VITAL MOREIRA), Coimbra, 2001

MEDEIROS, RUI/SILVA, JORGE PEREIRA DA – *Estatuto Político-Administrativo da Região Autónoma dos Açores Anotado*, Lisboa, 1997

MELLO, ALEXANDRA – *O alto mar e o princípio da liberdade*, Lisboa, 1991

MELLO, CELSO D. DE ALBUQUERQUE – *Curso de Direito Internacional Público*, II, 2ª ed., Rio de Janeiro/São Paulo, 1974

– *Direito Constitucional Internacional – uma introdução*, 2ª ed., Rio de Janeiro/São Paulo, 2000
– *Alto-Mar*, Rio de Janeiro/São Paulo, 2001
MELLO, CLEYSON DE MORAES/FRAGA, THELMA ARAÚJO ESTEVES – *Direitos Humanos – Coletânea de Legislação*, Rio de Janeiro, 2003
MELO, ANTÓNIO BARBOSA DE – *A preferência de lei posterior em conflito com normas convencionais recebidas na ordem interna ao abrigo do nº 2 do art. 8º da Constituição da República (a propósito do art. 4º do Decreto-Lei nº 262/83, de 16 de junho)*, in CJ, IX, 1984, t. 4
MELO, HELENA PEREIRA DE – *Lua*, in AAVV, *Enciclopédia de Direito Internacional* (coord. de MANUEL DE ALMEIDA RIBEIRO, FRANCISCO PEREIRA COUTINHO e ISABEL CABRITA), Coimbra, 2011
MENDES, JOÃO DE CASTRO – *História do Direito Romano*, Lisboa, 1958
– *Direitos, liberdades e garantias – alguns aspetos gerais*, in AAVV, ESC, I, Lisboa, 1977
– *Teoria Geral do Direito Civil*, I, Lisboa, 1978
– *Teoria Geral do Direito Civil*, II, Lisboa, 1979
– *Direito Comparado*, Lisboa, 1982-1983
– *Introdução ao Estudo do Direito*, Lisboa, 1984
– *Direito Processual Civil*, I, Lisboa, 1986
– *Direito Processual Civil*, II, Lisboa, 1987
MENDES, PAULO DE SOUSA – *Vale a pena o Direito Penal Internacional?*, Lisboa, 2000
MESQUITA, MARIA JOSÉ RANGEL DE – *Justiça Internacional – Lições*, Lisboa, 2010
MIGUEL, JOÃO MANUEL DA SILVA – *Tribunal Penal Internacional: o após Roma e as consequências da ratificação*, in RMP, ano 22, Abril-Junho de 2001, nº 86
MIRANDA, ALBERTO SOUTO DE – *Temas de Direito Comunitário*, Coimbra, 1990
MIRANDA, JOÃO IRINEU DE RESENDE – *O Tribunal Penal Internacional e a Constituição Brasileira*, AAVV, *O Direito Constitucional Internacional após a Emenda 45/04 e os Direitos Fundamentais* (coord. de EDUARDO BIACCHI GOMES e TARCÍSIO HARDMAN REIS), São Paulo, 2007
MIRANDA, JORGE – *A Declaração dos Direitos do Homem e a Constituição*, in AAVV, ESC, I, Lisboa, 1977
– *A Declaração Universal e os Pactos Internacionais de Direitos do Homem – introdução*, Lisboa, 1977
– *Sobre a previsível criação de um tribunal constitucional*, in DemL, nº 15 (A revisão constitucional), junho de 1980
– *Inconstitucionalidade*, in Pol., III, Lisboa, 1985
– *As atuais normas internacionais e o Direito Internacional*, in ND, nº 36, Outubro-Dezembro de 1985
– *Decreto*, in DJAP, III, Lisboa, 1990
– *A fiscalização da constitucionalidade – uma visão panorâmica*, in SI, XLII, Julho-Dezembro de 1993, nºs 244/246
– *Direito Internacional Público* I – *Apontamentos das aulas*, Lisboa, 1995
– *As relações entre ordem internacional e ordem interna na atual Constituição Portuguesa*, in AAVV, *Ab Uno ad Omnes – 75 Anos da Coimbra Editora*, Coimbra, 1998
– *Manual de Direito Constitucional*, III, 4ª ed., Coimbra, 1998
– *Sobre as modificações de tratados internacionais*, in AAVV, *Estudos em Homenagem a Joaquim M. da Silva Cunha*, Porto, 1999
– *Manual de Direito Constitucional*, IV, 3ª ed., Coimbra, 2000
– *Manual de Direito Constitucional*, V, 2ª ed., Coimbra, 2000
– *Direito Internacional Público – I, substituições e aditamentos*, Lisboa, 2000
– *Sobre a audição dos órgãos das regiões autónomas pelos órgãos de soberania*, in AAVV,

Estudos em Homenagem à Professora Doutora Isabel de Magalhães Collaço, II, Coimbra, 2001
– *O Direito Constitucional Português da Integração Europeia – alguns aspetos*, in AAVV, *Nos 25 anos da Constituição da República Portuguesa de 1976 – Evolução constitucional e perspetivas futuras*, Lisboa, 2001
– *A "Constituição Europeia" e a Ordem Jurídica Portuguesa*, in OD, anos 134º e 135º, 2002/2003
– *Manual de Direito Constitucional*, VI, 2ª ed., Coimbra, 2005
– *Artigo 7º*, in AAVV, *Constituição Portuguesa Anotada* (org. de JORGE MIRANDA e RUI MEDEIROS), I, Coimbra, 2005
– *Artigo 8º*, in AAVV, *Constituição Portuguesa Anotada* (org. de JORGE MIRANDA e RUI MEDEIROS), I, Coimbra, 2005
– *Curso de Direito Internacional Público*, Cascais: 1ª ed, 2002; 2ª ed., 2004; 3ª ed., Cascais, 2006

MIRANDA, JORGE/GOUVEIA, JORGE BACELAR – *A duração da patente no Acordo do TRIPS no novo Código da Propriedade Industrial à luz da Constituição Portuguesa*, in ROA, ano 57, I, janeiro de 1997

MONACO, RICCARDO – *Manuale di Diritto Internazionale Pubblico*, 2ª ed., Torino, 1985

MONCADA, ANTÓNIO CABRAL DE – *Curso de Direito Internacional Público*, I, Coimbra, 1996

MONGIARDIM, MARIA REGINA – *Diplomacia*, Coimbra, 2007

MONIZ, CARLOS BOTELHO – *A Constituição da República Portuguesa e a participação de Portugal na União Europeia*, in AAVV, *Juris et de Jure – Nos vinte anos da Faculdade de Direito da Universidade Católica Portuguesa – Porto*, Porto 1998

MONIZ, CARLOS BOTELHO/PINHEIRO, PAULO MOURA – *As relações da ordem jurídica portuguesa com a ordem jurídica comunitária – algumas reflexões*, in L-CCL, nº 4/5, Abril-Dezembro de 1992

MONTEIRO, ANTÓNIO PINTO – *Noções Gerais de Direito*, Coimbra, 2003

MORAIS, CARLOS BLANCO DE – *O direito à autodeterminação dos povos – o estatuto jurídico do Enclave de Cabinda*, Lisboa, 1998

MORAIS, ISALTINO/ALMEIDA, JOSÉ MÁRIO F. DE/PINTO, RICARDO L. LEITE – *Constituição da República Portuguesa anotada e comentada*, Lisboa, 1983

MOREIRA, ADRIANO – *Política Internacional*, Braga, 1970
– *Direito Internacional Público*, Lisboa, 1983
– *Relações Internacionais*, in Pol., V, Lisboa, 1987
– *Teoria das Relações Internacionais*, 3ª ed., Coimbra, 1999
– *A Comunidade Internacional em Mudança*, 3ª ed., Coimbra, 2007

MOREIRA, VITAL – *Constituição e revisão constitucional*, Lisboa, 1980
– *O Tribunal Penal Internacional e a Constituição*, in AAVV, *O Tribunal Penal Internacional e a Ordem Jurídica Portuguesa*, Coimbra, 2004
– v. CANOTILHO, J. J. GOMES

MORELLI, GAETANO – *Nozioni di Diritto Internazionale*, 7ª ed., Milano, 1967

MOTA, HENRIQUE – *Biomedicina e novos direitos do homem*, Lisboa, 1986

MOURÃO, FERNANDO ALBUQUERQUE – *A CPLP e os seus modelos: que comunidade?*, in AAVV, *Colóquio de Direito Internacional – Comunidade dos Países de Língua Portuguesa*, Coimbra, 2003

MUBIALA, MUTOY – *Le système régional africain de protection des Droits de l'Homme*, Bruxelles, 2005

MURTY, B. S. – *Solución de las controversias*, in AAVV, *Manual de Derecho Internacional*

Público (ed. por MAX SORENSEN), Cidade do México, 1985

NABAIS, JOSÉ CASALTA – *Os direitos na Constituição Portuguesa*, in BMJ, nº 400, novembro de 1990
– *Os direitos fundamentais na jurisprudência do Tribunal Constitucional*, Coimbra, 1990
– *Direito Fiscal*, 2ª ed., Coimbra, 2003

NEVES, ANA FERNANDA – v. CLARO, JOÃO MARTINS

NEVES, CASTANHEIRA – *A revolução e o Direito*, in Digesta, 1º vol., Coimbra, 1995

NIKKEN, PEDRO – *La protección internacional de los derechos humanos: su desarrollo progresivo*, Madrid, 1987

NORRIS, ROBERT E. – v. BUERGENTHAL, THOMAS

NYS, ERNEST – *Le Droit International*, I, Paris, s. d.
– *Le Droit International*, II, Paris, s. d.

OCCHIOCUPO, NICOLA – *Liberazione e promozione umana nella Costituzione – unità di valori nella pluralità di posizioni*, Milano, 1988

O'CONNEL, DANIEL PATRICK – *The International Law of Sea*, I, Oxford, 1989

ODA, SHIGERU – *El individuo en el Derecho Internacional*, in AAVV, *Manual de Derecho Internacional Público* (org. de MAX SORENSEN), Cidade do México, 1985
– *Exclusive Economic Zone*, in EPIL, vol. 11, North-Holland, 1989

OLIVEIRA, ANDREIA SOFIA PINTO – *Tratado e acordo internacional na Constituição – a propósito do acórdão do Tribunal Constitucional nº 494/99*, in OD, ano 133º, 2001, III
– *O direito de asilo na Constituição Portuguesa – âmbito de proteção de um direito fundamental*, Coimbra, 2009

OLIVEIRA, FERNANDA PAULA – v. DIAS, JOSÉ FIGUEIREDO

OLIVEIRA, HERMES DE ARAÚJO – *O problema da Índia Portuguesa*, Lisboa, 1958

OLIVEIRA, JOAQUIM DIAS MARQUES DE – *Aspetos da delimitação das fronteiras de Angola*, Coimbra, 1999
– *Subsídios para o estudo da delimitação e jurisdição dos espaços marítimos em Angola*, Coimbra, 2007

ORLANDIS, JOSÉ – *História Breve do Cristianismo*, Lisboa, 1985

OTERO, PAULO – *A Autoridade Internacional dos Fundos Marinhos*, Lisboa, 1988
– *Declaração Universal dos Direitos do Homem e Constituição: a inconstitucionalidade de normas inconstitucionais?*, in OD, 122º, III-IV, Julho-Dezembro de 1990
– *Direitos históricos e não tipicidade pretérita dos direitos fundamentais*, in AAVV, *75 anos da Coimbra Editora*, Coimbra, 1998
– *Lições de Introdução ao Estudo do Direito*, I, Lisboa, 1998
– *O valor hierárquico-normativo do Direito Internacional Público na Ordem Jurídica Portuguesa*, in AAVV, *Estudos em Homenagem ao Prof. Doutor Joaquim Moreira da Silva Cunha*, Coimbra, 2005
– v. QUADROS, FAUSTO DE

OVERY, RICHARD – *The Nuremberg trails: International Law in the making*, in AAVV, *From Nuremberg to The Hague – the future of international criminal justice* (ed. de PHILIPPE SANDS), Cambridge, 2003

OXMAN, BERNARD H. – *La troisième Conférence des Nations Unies sur le Droit de la Mer*, in AAVV, *Traité du Nouveau Droit de la Mer* (org. por RENÉ-JEAN DUPUY e DANIEL VIGNES), Paris/Bruxelles, 1985

PAIS, MARTA SANTOS – *A ação das Nações Unidas no domínio dos direitos do homem*, in DDC, nºs 53 e 54, 1993

PALLIERI, GIORGIO BALLADORE – *Diritto Internazionale Pubblico*, 8ª ed. Milano, 1962

PALMA, MARIA FERNANDA – *Tribunal Penal Internacional e Constituição Penal*, in RPDC, 2001

PALMA, MARIA JOÃO/D'ALMEIDA, LUÍS DUARTE – *Direito Comunitário*, Lisboa, 2000

PANCRACIO, JEAN-PAUL – *Droit International des Espaces*, Paris, 1997

PATRÍCIO, SIMÕES – *Conflito de lei interna com fontes internacionais: o artigo 4º do Decreto-Lei nº 262/83*, Lisboa, 1984

PAULUS, ANDREAS L. – *Do Direito dos Estados ao Direito da Humanidade? – a instituição de um Tribunal Penal Internacional e o desenvolvimento do Direito Internacional*, in AAVV, *Direito Penal Internacional para a proteção dos direitos humanos*, Lisboa, 2003

PEDRO, JOSÉ GARCÍA SAN – *Análisis jurídico del terrorismo*, in AAVV, *Terrorismo* (coord. de ADRIANO MOREIRA), Coimbra, 2004

PELLET, ALAIN – v. DINH, NGUYEN QUOC

PERASSI, TOMASO – *L'ordinamento delle Nazioni Unite*, Padova, 1962

PEREIRA, ANDRÉ GONÇALVES – *Curso de Direito Internacional Público*, 1ª ed., Lisboa, 1964, e 2ª ed., Lisboa, 1972
– *Da sucessão de Estados quanto aos tratados*, Lisboa, 1968
– *Aspetos Especiais da feitura dos Tratados*, in AAVV, *A Feitura das Leis*, II, Oeiras, 1986

PEREIRA, ANDRÉ GONÇALVES/QUADROS, FAUSTO DE – *Manual de Direito Internacional Público*, 3ª ed., Coimbra, 1993

PEREIRA, BRUNO YEPES – *Curso de Direito Internacional Público*, São Paulo, 2006

PEREIRA, MARGARIDA SILVA – *A proteção dos direitos, liberdades e garantias dos cidadãos pela ordem jurídica das comunidades europeias*, in RJ, Outubro-Dezembro de 1983, nº 2

PEREIRA, MARIA DA ASSUNÇÃO DO VALE – *O Protocolo Adicional nº 11 à Convenção Europeia dos Direitos do Homem*, in *Revista Jurídica da Universidade Portucalense Infante D. Henrique*, nº 2, março de 1999
– *As medidas provisórias na jurisprudência recente do Tribunal Internacional de Justiça*, Coimbra, 1998
– *Algumas considerações acerca da proteção da mulher no Direito Internacional Humanitário*, in AAVV, *Estudos em Comemoração do Décimo Aniversário da Licenciatura em Direito da Universidade do Minho*, Coimbra, 2004
– *A intervenção humanitária no Direito Internacional Contemporâneo*, Coimbra, 2009
– *Noções fundamentais de Direito Internacional Humanitário*, Coimbra, 2014
– v. JOAQUIM DA SILVA CUNHA

PEREIRA, MIGUEL MENDES – *O direito de informação na televisão face ao Direito Comunitário*, in ROA, ano 56, III, dezembro de 1996

PEREIRA, PEDRO SILVA – *Direito Internacional Público do Ambiente: as convenções internacionais e suas implicações para Portugal*, in AAVV, *Direito do Ambiente*, Oeiras, 1994

PÉREZ, JESÚS GONZÁLEZ – *La dignidad de la persona*, Madrid, 1986

PESCATORE, PIERRE – *The context and significance of fundamental rights in the law of the European Communities*, in HRLJ, 1981, vol. 2, nºs 3-4

PETER, CHRIS MAINA – *A Carta Africana sobre os Direitos Humanos*, Maputo, 1994

PEYREFITTE, LÉOPOLD – *Droit de l'Espace*, Paris, 1993

PFALTZGRAFF, Jr., ROBERT L. – v. DOUGHERTY, JAMES E.

PIÇARRA, NUNO – *O Tribunal de justiça das Comunidades Europeias como Juiz legal e o processo do artigo 177º do Tratado CEE – as relações entre a ordem jurídica comunitária e as ordens jurídicas dos Estados membros na perspetiva dos tribunais constitucionais*, Lisboa, 1991

PIERNAS, CARLOS JIMÉNEZ – *El processo de formación del Derecho Internacional de los Archipelagos,* Madrid, 1982
– *Régimen jurídico de los espacios marítimos (I): aguas interiores, mar territorial y zona contigua,* in MANUEL DÍEZ DE VELASCO, *Instituciones de Derecho Internacional Público,* I, 8ª ed., Madrid, 1988

PIEROTH, BODO/SCHLINK, BERNHARD – *Grundrechte Staatrecht II,* 6ª ed., Heidelberg, 1990

PINHEIRO, LUÍS LIMA – *Direito Internacional Privado,* I, Coimbra, 2001

PINHEIRO, PAULO MOURA – V. MONIZ, CARLOS BOTELHO

PINTO, CARLOS ALBERTO DA MOTA – *Teoria Geral do Direito Civil,* 3ª ed., Coimbra, 1985

PINTO, EDUARDO VERA-CRUZ – *Apontamentos de História das Relações Internacionais,* LISBOA, 1998

PINTO, MARIA DO CÉU – *As Nações Unidas e a manutenção da paz e as atividades de peacekeeping doutras organizações internacionais,* Coimbra, 2007
– *O papel da ONU na criação de uma nova ordem mundial,* Lisboa, 2010

PINTO, RICARDO L. LEITE – v. MORAIS, ISALTINO

PINTOS, EDUARDO VILARIÑO – *Curso de Derecho Diplomático y Consular,* 2ª ed., Madrid, 2003

PIOVESAN, FLÁVIA – *Direitos humanos e Justiça Internacional,* São Paulo, 2006

PIRES, FRANCISCO LUCAS – *Introdução ao Direito Constitucional Europeu,* Coimbra, 1997

PIRES, MARIA JOSÉ MORAIS – *As reservas à Convenção Europeia dos Direitos do Homem,* Coimbra, 1997
– *Carta Africana dos Direitos do Homem e dos Povos,* in DCC, nºs 79/80, 1999

POHL, REYNALDO GALINDO – *Zona internacional dos fundos marinhos,* in AAVV, *Curso de Direito Internacional,* Rio de Janeiro, 1977

PRADELLE, ALBERT DE LA – *La paix moderne (1899-1945),* Paris, 1947

PRIETO, JOSÉ LUÍS RODRIGUEZ-VILLASANTE – *La justicia penal internacional y el Estatuto de Roma,* in DeC, ano IV, nºs 10/11, julho de 2000 a fevereiro de 2001, Praia

PROENÇA, JOSÉ JOÃO GONÇALVES – *Relevância do Direito Matrimonial Canónico no Ordenamento Estadual,* I, Coimbra, 1955

PUREZA, JOSÉ MANUEL – *O património comum da Humanidade: rumo a um Direito Internacional da solidariedade?,* Porto, 1998

QUADRI, ROLANDO – *Le fondement du carác-tere obligatoire du Droit International Public,* in RCADI, 1952, I
– *Droit International Cosmique,* in RCADI, 1959, III, 98

QUADROS, FAUSTO DE – *A Carta das Nações Unidas e Estatuto do Tribunal Internacional de Justiça – tradução e nota introdutória,* Lisboa, 1978
– *Direito das Comunidades Europeias – sumários,* Lisboa, 1983
– *Direito Internacional Público – contributo para o estudo da natureza jurídica do Direito Comunitário Europeu,* Lisboa, 1984
– *Exaustão dos meios internos (princípio da),* in DJAP, IV, Lisboa, 1991
– *Direito Internacional Público I – programa, conteúdos e métodos de ensino,* in RFDUL, XXXII, 1991
– *A proteção da Propriedade Privada pelo Direito Internacional Público,* Coimbra, 1998
– *Direito Comunitário I – programa, conteúdos e métodos do ensino,* Coimbra, 2000
– v. PEREIRA, ANDRÉ GONÇALVES

QUADROS, FAUSTO DE/GOUVEIA, JORGE BACELAR – *As Relações Externas de Portugal – aspetos jurídico-políticos,* Lisboa, 2001

QUADROS, FAUSTO DE/OTERO, PAULO/GOUVEIA, JORGE BACELAR – *Portugal e o Direito do Mar,* Lisboa, 2004

QUEIRÓ, AFONSO RODRIGUES – *Lições de Direito Internacional Público,* Coimbra, 1960

– *Guerra (Direito Internacional Público),* in VELBC, 9º vol., Lisboa, 1977

– *A hierarquia das normas de Direito Administrativo Português,* in BFDUC, 1985

– *Guerra – aspetos jurídicos,* in Pol., III, Lisboa, 1985

QUEIROZ, CRISTINA M. M. – *Direito Internacional Público II – organizações internacionais,* Lisboa, 2002

– *A reforma das Nações Unidas e a construção de uma "Nova Ordem Mundial",* in *Revista da Faculdade de Direito da Universidade do Porto,* ano V, Coimbra, 2008

– *Direito Internacional e Relações Internacionais,* Coimbra, 2009

– *Direito Constitucional Internacional,* Coimbra, 2011

QUENEUDEC, JEAN-PIERRE – *La zone économique exclusive,* in RGDIP, 1975

RADBRUCH, GUSTAV – *Filosofia do Direito,* 6ª ed., Coimbra, 1979

RAIMUNDO, ISABEL – *Imperativo humanitário e não ingerência – os novos desafios do Direito Internacional,* Lisboa, 1999

RAMOS, RUI MOURA – *Direito Internacional Privado e Constituição,* Coimbra, 1980

– *A Convenção Europeia dos Direitos do Homem – sua posição face ao ordenamento jurídico português,* in DDC, nº 5, 1981

– *Tratado,* in Pol., V, Lisboa, 1987

– *Da Lei aplicável ao contrato de trabalho internacional,* Coimbra, 1991

– *Da Comunidade Internacional e do seu Direito – estudos de Direito Internacional Público e Relações Internacionais,* Coimbra, 1996

– *Relações entre a ordem interna e o Direito Internacional e Comunitário,* in IDEM, *Da Comunidade Internacional e do seu Direito,* Coimbra, 1996

– *A Carta dos Direitos Fundamentais da União Europeia e a proteção dos direitos fundamentais,* in AAVV, *Estudos de Homenagem ao Prof. Doutor Rogério Soares,* Coimbra, 2001, pp. 963 e ss., e in RBDC, nº 23, 2º semestre de 2002, Rio de Janeiro, 2003

– *Direito Comunitário – programa, conteúdos e métodos de ensino,* Coimbra, 2003

RANGEL, VICENTE MAROTTA – *Le plateau continental dans la Covention de 1982 sur le Droit de la Mer,* in RCADI, 1985, V

RAPOSO, ALBERTO RUANO BASTOS – *Os direitos fundamentais nas Comunidades Europeias,* in ND, XIII, nº 47, Julho-Setembro de 1988

RAPOSO, MÁRIO – *Estudos sobre o novo Direito Marítimo – realidades internacionais e situação portuguesa,* Coimbra, 1999

RENTELN, ALISON DUNDES – *International Human Rights – universalism versus relativism,* Newbury Park/London/New Delhi, 1990

REUTER, PAUL – *Quelques refléxions sur l'équité en Droit International,* in RBDI, 1980

– *Direito Internacional Público,* Lisboa, 1981

– *Instituições Internacionais,* Lisboa, s. d.

REZEK, JOSÉ FRANCISCO – *Direito Internacional Público – curso elementar,* 10ª ed., São Paulo, 2006

RIBEIRO, ANTÓNIO SILVA – *Teoria Geral da Estratégia – o essencial ao processo estratégico,* Coimbra, 2010

RIBEIRO, GONÇALO ALMEIDA – *Equidade,* in AAVV, *Enciclopédia de Direito Internacional* (coord. de MANUEL DE ALMEIDA RIBEIRO, FRANCISCO PEREIRA COUTINHO e ISABEL CABRITA), Coimbra, 2011

RIBEIRO, MANUEL DE ALMEIDA – *A zona económica exclusiva,* Lisboa, 1992

– *A Organização das Nações Unidas*, Coimbra, 1998
– *Revisitando a Convenção de Montego Bay*, in AAVV, *Estudos em Homenagem a Joaquim M. da Silva Cunha*, Porto, 1999
– *Introdução ao Direito Internacional Privado*, Coimbra, 2001
– *Traços gerais da evolução do Direito Internacional do Ambiente*, in RPIIC, nº 4, 2º semestre de 2002, Lisboa, 2002
– *A Região Administrativa Especial de Macau e o Direito Internacional*, in BFDUM, ano VI, nº 13, 2002

RIBEIRO, MANUEL DE ALMEIDA/COUTINHO, FRANCISCO PEREIRA – *Jurisprudência resumida do Tribunal Internacional de Justiça* (1947-2015), Lisboa, 2016

RIBEIRO, MANUEL DE ALMEIDA/SALDANHA, ANTÓNIO VASCONCELOS DE/FERRO, MÓNICA – *Textos de Direito Internacional Público – organizações internacionais*, 2ª ed., Lisboa, 2003

RICHER, LAURENT – *Les droits de l'homme et du citoyen*, Paris, 1982

RIDRUEJO, JOSÉ A. PASTOR – *Curso de Derecho Internacional Público y Organizaciones Internacionales*, 3ª ed., Madrid, 1989

RIPHAGEN, WILLEM – *Le droit de passage inoffensif après la 3eme Convention*, in AAVV, *Perspetives du Droit de la Mer a l'issue de la 3eme Conférence des Nations Unies*, Paris, 1984

RIQUITO, ANA LUÍSA – *O Direito Internacional Penal entre o risco de Cila e o de Caríbdes*, in AAVV, *O Tribunal Penal Internacional e a Ordem Jurídica Portuguesa*, Coimbra, 2004

RIVERO, JEAN – *Les libertés publiques*, I, 3ª ed., Paris, 1981

ROBERT, HENRI – *Grandes julgamentos da História*, São Paulo, 2008

ROBERTSON, A. H. – *The American Convention on Human Rights and the European Convention: a comparative study*, in AE, 1983

ROCHA, ANTÓNIO DA SILVA – *Direito Internacional – fases e fontes*, Porto, 2007

ROCHA, MÁRIO DE MELO – *O direito ao ambiente como direito do homem no quadro europeu*, in AAVV, *Juris et de Jure – Nos vinte anos da Faculdade de Direito da Universidade Católica Portuguesa – Porto*, Porto, 1998
– *A avaliação de impacto ambiental como princípio do Direito do Ambiente nos quadros internacional e europeu*, Porto, 2000

ROCHA, ROSA MARIA MARTINS – *O mar territorial : largura e natureza Jurídica*, Porto, 1996
– *O costume e a Convenção do Direito do Mar de 1982*, in AAVV, *Estudos em Homenagem a Joaquim M. da Silva Cunha*, Porto, 1999
– *O Fundo do Mar – Património Comum da Humanidade*, Porto, 2002

RODRIGUES, ANABELA MIRANDA – *Princípio da jurisdição penal universal e Tribunal Penal Internacional – exclusão ou complementaridade?*, in AAVV, *Direito Penal Internacional para a proteção dos direitos humanos*, Lisboa, 2003

RODRIGUES, GUALDINO – *As fontes internacionais do Direito Aéreo*, Lisboa, 2003

RODRIGUES, LUÍS BARBOSA – *Interpretação de tratados – elementos para uma dogmática*, Lisboa, 1990
– *O processo de conclusão de convenções internacionais após a revisão constitucional de 1989*, Lisboa, 1991
– *O referendo português a nível nacional*, Coimbra, 1994

ROMANÍ, CARLOS FERNÁNDEZ DE CASADEVANTE – *El Convenio Europeu de Derechos Humanos: demandas contra España (1979-1988)*, Bilbao, 1988

ROMANO, SANTI – *L'Ordre Juridique*, Paris, 1975
– *Il Diritto Pubblico Italiano*, Milano, 1988

ROSA, ORIOL CASANOVAS Y LA – *El Derecho Internacional Humanitário en los conflictos*

armados, in MANUEL DIEZ DE VELASCO, *Instituciones de Derecho Internacional Público*, 16ª ed., Madrid, 2007
– *El princípio de la prohibición del uso de la fuerza*, in MANUEL DIEZ DE VELASCO, *Instituciones de Derecho Internacional Público*, 16ª ed., Madrid, 2007

ROUSSEAU, CHARLES – *Droit International Public*, 10ª ed., Paris, 1984

ROUSSEAU, DOMINIQUE – *La justice constitutionnelle en Europe*, Paris, 1992

RUDA, J. M. – *Reservations to treaties*, in RCADI, 1975, III

RUIZ, GAETANO ARANGIO – *Legittima difesa (Diritto Internazionale)*, in NssDI, VI, Torino, 1960

SAGAN, CARL – *Cosmos*, 4ª ed., Lisboa, 1994
– *As ligações cósmicas – uma perspetiva extraterrestre*, Lisboa, 2001

SAHOVIC, MILAN/JÚNIOR, WILLIAM W. BISHOP – *Autoridad del Estado: su alcance en relación con las personas y lugares*, in AAVV, *Manual de Derecho Internacional Público* (ed. de MAX SORENSEN), Cidade do México, 1973

SALCEDO, JUAN ANTONIO CARRILLO – *Soberanía de los Estados y derechos humanos en Derecho Internacional Contemporáneo*, 2ª ed, Madrid, 2001
– *El Convenio Europeo de Derechos Humanos*, Madrid, 2003

SALDANHA, ANTÓNIO VASCONCELOS DE – v. RIBEIRO, MANUEL DE ALMEIDA

SALDANHA, NELSON – *A politicidade do Direito e o problema do Direito Natural*, in RFDUL, XXXIII, 1992

SAMBO, JOSÉ EDUARDO – *Os princípios processuais do Tribunal Penal Internacional*, in ReDiLP, nº 1 de 2013

SANCHO, ANGEL G. CHUECA – *Los derechos fundamentales en la Comunidad Europea*, Barcelona, 1989

SANDE, PAULO – *O sistema político na União Europeia*, Lisboa, 2000

SANDS, PHILIPPE – *After Pinochet: the role of national courts*, in AAVV, *From Nuremberg to The Hague – the future of international criminal justice* (ed. de PHILIPPE SANDS), Cambridge, 2003

SANTOS, ANTÓNIO MARQUES DOS – *As normas de aplicação imediata no Direito Internacional privado – esboço de uma teoria geral*, I, Coimbra, 1991
– *Direito Internacional Privado – introdução*, I, Lisboa, 2001
– *Direito Internacional Privado*, in DJAP, II sup., Lisboa, 2001
– *Breves notas sobre o Direito Internacional Privado do Ambiente*, in AAVV, *Estudos em Homenagem ao Professor Doutor Jorge Ribeiro de Faria*, Coimbra, 2003

SANTOS, SOFIA – *Die Reform des Sicherheitsrates des Vereinten Nationen und ihre Auswirkungen auf die internationale Ordnung*, Baden-Baden, 2011
– *O uso da força no Direito Internacional e os desafios do paradigma onusiano*, in RFDU-FMG, nº 61, julho-dezembro de 2012

SANTOS, VICTOR MARQUES DOS – *A Humanidade e o seu património – reflexões contextuais sobre a conceptualidade evolutiva e dinâmica operatória em Teoria das Relações Internacionais*, Lisboa, 2001

SARDINHA, JOSÉ MIGUEL – *O terrorismo e a restrição dos direitos fundamentais em processo penal*, Coimbra, 1989

SAUL, JOHN RALSTON – *The Collapse of Globalism and the reinvention of the World*, Toronto, 2006

SCELLE, GEORGES – *Plateau continental en Droit International*, Paris, 1955

SCHLINK, BERNHARD – v. PIEROTH, BODO

SCHWEBEL, STEPHEN – *Agression, intervention and self-defense in modern International Law*, in RCADI, nº 136, 1972

SCHWELB, EGON – *Instituições das Nações Unidas – instituições principais e derivadas baseadas na Carta*, in AAVV, *As dimensões internacionais dos direitos do homem* (org. de KAREL VASAK), Lisboa, 1983

SCOVAZZI, TULLIO – *Elementi di Diritto Internazionale del Mare*, Milano, 1990
– v. GIULIANO, MARIO

SEARA FERNANDO ROBOREDO/BASTOS, FERNANDO LOUREIRO/CORREIA, JOSÉ DE MATOS – *Direito Internacional Público – documentos fundamentais*, 2ª ed., Lisboa, 1995

SERRA, ANTÓNIO TRUYOL Y – *Noções Fundamentais de Direito Internacional Público*, 2ª ed., Coimbra, 1962
– *Los derechos humanos*, Madrid, 1984
– *História do Direito Internacional Público*, Lisboa, 1996

SERRA, MANUEL LIMPO – *A zona económica exclusiva – história e aspetos jurídicos*, in BSGL, 1981

SHARMA, SURYA P. – *Territorial Sea*, in EPIL, vol. 11, North-Holland, 1989

SHAW, MALCOLM N. – *International Law*, 5ª ed., Cambridge, 2003

SHELTON, DINAH – v. BUERGENTHAL, THOMAS

SILVA, G. E. DO NASCIMENTO DA/ACCIOLY, HILDEBRANDO – *Manual de Direito Internacional Público*, 13ª ed., São Paulo, 1998

SILVA, JORGE PEREIRA DA – *Região Autónoma*, in DJAP, VII, Lisboa, 1996
– v. MEDEIROS, RUI

SILVA, JOSÉ LUÍS MOREIRA DA – *Dois textos de Direito do Mar*, Lisboa, 1999
– *Direito dos Conflitos Internacionais*, Lisboa, 2003
– *Direito do Mar*, Lisboa, 2003

SILVA, MANUEL DUARTE GOMES DA – *O dever de prestar e o dever de indemnizar*, Lisboa, 1944
– *Esboço de uma conceção personalista do Direito*, Lisboa, 1965

SILVA, MARIA DE FÁTIMA B. – v. CARMONA, MAFALDA RAMOS

SILVA, MARIA MANUELA MAGALHÃES – *Princípios gerais do Direito Internacional do Desenvolvimento*, in AAVV, *Estudos em Homenagem a Joaquim M. da Silva Cunha*, Porto, 1999

SILVA, VASCO PEREIRA DA – *Régions autonomes – rapport portugais*, in AAVV, *Études de Droit Constitucionnel Franco-Portugais*, Paris, 1992
– *Verde Cor de Direito – Lições de Direito do Ambiente*, Coimbra, 2002

SILVESTRINI, EMÍLIO – *Il fondamento ético-giuridico del principio internazionale "Pacta sunt servanda"*, Roma, 1987

SKUBISZEWSKI, KRZYSZTOF – *Use of force by States, collective security, law of war and neutrality*, in AAVV, *Manual of Public International Law* (org. de MAX SORENSEN), London, 1968
– *Uso de la fuerza por parte de los Estados*, in AAVV, *Manual de Derecho Internacional Público* (org. de MAX SORENSEN), Cidade do México, 1985

SOARES, ALBINO DE AZEVEDO – *Lições de Direito Internacional Público*, 4ª ed., Coimbra, 1988

SOARES, ANTÓNIO GOUCHA – *A carta dos Direitos Fundamentais da União Europeia – a proteção dos direitos fundamentais no ordenamento comunitário*, Coimbra, 2002
– *Plataforma continental – seus limites à luz da Convenção de Montego Bay*, in RMP, ano 10º, nº 38

SOUSA, MARCELO REBELO DE – *Direito Constitucional I – Introdução à Teoria da Constituição*, Braga, 1979
– *A integração de Portugal na CEE e o Direito Constitucional vigente*, in DemL, nº 9, fevereiro de 1979
– *O valor jurídico do ato inconstitucional*, I, Lisboa, 1988

SOUSA, MARCELO REBELO DE/GALVÃO, SOFIA – *Introdução ao Estudo do Direito*, Lisboa, 2000

SOARES, MARIA BARROSO – *Cruz Vermelha,* Lisboa, 2002

SOUSA, MIGUEL TEIXEIRA – *Introdução ao Processo Civil,* Lisboa, 1993

SOUSA, NUNO E – *Curso de Direito Internacional Público,* Coimbra, 1991

SPENCER, ROY – *A mentira do aquecimento global – mito ou ciência?,* Lisboa, 2009

SPERDUTTI, GIUSEPPE – *L'individu et le Droit International,* in RCADI, 1956, II

SPINELLI, LORENZO – *Diritto Ecclesiastico,* 2ª ed., Torino, 1987

STARKE, J. G. – *Introduction to International Law,* 10ª ed., London, 1989

STEIN, TORSTEN/BUTTLAR, CHRISTIAN VON – *Völkerrecht,* 13ª ed., München, 2012

STRUPP, K. – *Le droit du juge international de statuer selon l'équité,* in RCADI, 1930, III

SUÁREZ, SIMON PLANAS – *Tratado de Derecho Internacional Público,* II, Madrid, 1916

SUDRE, FRÉDÉRIC – *Droit Européen et International des Droits de l'Homme,* 7ª ed., Paris, 2005

SUDRE, FRÉDÉRIC/MARGUÉNAUD, JEAN-PIERRE/ANDRIANTSIMBAZOVINA, JOËL/GOUTTENOIRE, ADELINE/LEVINET, MICHEL – *Les grandes arrêts de la Cour européenne des Droits de l'Homme,* 3ª ed., Paris, 2003

SUY, ERIC – *Les actes juridiques unilatraux en Droit International Public,* Paris, 1962

SWIFT, JONATHAN – *As viagens de Gulliver,* Porto, 2004

SZABO, IMRE – *Fundamentos históricos e desenvolvimento dos direitos do homem,* in AAVV, *As dimensões internacionais dos direitos do homem* (org. de KAREL VASAK), Lisboa, 1983

TEIXEIRA, ANTÓNIO BRAZ – *Direito Comunitário – sumários,* Lisboa, 1989

TEIXEIRA, ANTÓNIO DIAS – *A natureza das Comunidades Europeias,* Coimbra, 1993

TELES, MIGUEL GALVÃO – *Eficácia dos tratados na ordem interna portuguesa (condições, termos e limites),* Lisboa, 1967

– *Inconstitucionalidade pretérita,* in AAVV, NDAC, Lisboa, 1986

– *Timor Leste,* in DJAP, 2º sup., Lisboa, 2001

– *Costume bilateral em Direito Internacional Público,* in OD, ano 142º, 2010, II

TELES, PATRÍCIA GALVÃO – *Obligations* erga omnes *in International Law,* in RJ, nº 20, novembro de 1996

– *O contributo das Nações Unidas e da Comissão do Direito Internacional para a formação do Direito Internacional: breve balanço por ocasião do 70º aniversário da Organização das Nações Unidas,* in RFDUNL, ano XVII, nºs 30/31, 2016

TELLES, INOCÊNCIO GALVÃO – *Direito das Obrigações,* 6ª ed., Coimbra, 1989

– *Introdução ao Estudo do Direito,* I, 11ª ed., Coimbra, 1999

THIEFFRY, PATRICK – *Direito Europeu do Ambiente,* Lisboa, 2000

THORNBERRY, PATRICK – *International Law and the Rights of Minorities,* Oxford, 1994

TIUJO, LIRIAM – v. DELGADO, JOSÉ PINA

TOFFLER, ALVIN – *A Terceira Vaga,* Lisboa, 1984

TOMÉ, LUÍS L. – *Novo recorte geopolítico mundial,* Lisboa, 2004

TORIELLO, PIERLUIGI – *Guerra,* in NssDI, ap. III, Torino, 1982

TOUSCOZ, JEAN – *Direito Internacional,* Lisboa, 1993

TREVES, TULLIO – *La Convenzione delle Nazione Unite sul Diritto del Mare del 10 Dicembre 1982,* Milano, 1983

– v. GIULIANO, MARIO

TRIEPEL, HEINRICH – *Völkerrecht und Landsrecht,* Leipzig, 1889,

– *Les rapports entre le Droit International et le Droit Interne,* in RCADI, 1923, I

TRINDADE, ANTÓNIO AUGUSTO CANÇADO – *Princípios do Direito Internacional Contemporâneo*, Brasília, 1981
– *As dimensões internacionais dos direitos do homem* (redator-geral KAREL VASAK), Lisboa, 1983
– *O esgotamento de recursos internos no Direito Internacional*, Brasília, 1984
– *Dilemas e desafios da proteção internacional dos direitos humanos*, in AAVV, *Educando para os Direitos Humanos*, Brasília, 2004

URBANO, MARIA BENEDITA PIRES – *O Referendo*, Coimbra, 1998

VALDÉS, FLÓREZ – v. ARCE, JOAQUÍN

VALENTE, MANUEL MONTEIRO GUEDES – *Terrorismo – fundamento de restrição de direitos?*, in AAVV, *Terrorismo* (coord. de ADRIANO MOREIRA), Coimbra, 2004

VALLADÃO, HAROLDO – *A justiça social e o Direito Internacional*, in AAVV, *Estudos em Memória do Professor Doutor Paulo Cunha*, Lisboa, 1989

VALLE, JAIME – *A conclusão dos tratados internacionais na Constituição Timorense de 2002*, Lisboa, 2007

VALLÉE, CHARLES – *O Direito das Comunidades Europeias*, Lisboa, 1983

VARELA, JOÃO DE MATOS ANTUNES – *Das obrigações em geral*, I, 10ª ed., Coimbra, 2000

VASAK, KAREL – *Por um Direito Internacional específico dos Direitos do Homem*, in AAVV, *As dimensões internacionais dos direitos do homem* (org. de KAREL VASAK), Lisboa, 1983
– *O Conselho da Europa*, in AAVV, *As dimensões internacionais dos direitos do homem* (org. de KAREL VASAK), Lisboa, 1983

VASCONCELOS, PEDRO PAIS – *Teoria Geral do Direito Civil*, I, Lisboa, 1999

VATTEL, EMMERICH – *O Direito das Gentes*, Brasília, 2004

VECCHIO, GIORGIO DEL – *Direito e Paz (ensaios)*, Braga, 1968
– *Lições de Filosofia do Direito*, 5ª ed., Coimbra, 1979

VEIGA, PAULA – *Direito do Espaço Extraterrestre: nota sobre uma nova área do Direito*, in BFDUC, vol. LXXX, 2004

VELASCO, MANUEL DIEZ DE – *Las organizaciones internacionales*, 11ª ed., Madrid, 1999
– *Instituciones de Derecho Internacional Público*, 18ª ed., Madrid, 2013

VENTURA, CATARINA SAMPAIO – *O significado do Tribunal Penal Internacional para a ex-Jugoslávia na edificação de um sistema de justiça penal internacional*, in AAVV, *Direito Penal Internacional para a proteção dos direitos humanos*, Lisboa, 2003

VERDROSS, ALFRED – *Le fondement de Droit International*, in RCADI, 1927, I, vol., 16

VIANA, VÍTOR RODRIGUES – *Segurança coletiva – a ONU e as operações de apoio à paz*, Lisboa, 2002

VICENTE, DÁRIO MOURA – *Direito Internacional Privado – ensaios*, I, Coimbra, 2002

VICUÑA, FRANCISCO ORREGO – *The exclusive economic zone*, Cambridge, 1989

VIEIRA, MARIA INÊS ALVES – v. CARMONA, MAFALDA RAMOS

VILAÇA, LUÍS DA CRUZ – *A proteção dos direitos fundamentais na Ordem Jurídica Comunitária*, in AAVV, *Estudos em Homenagem ao Prof. Doutor Rogério Soares*, Coimbra, 2001

VILLANI, UGO – *Diritti dell'Uomo*, in NssDI, ap. II, Torino, 1980

VIRALLY, MICHEL – *Fuentes del Derecho Internacional*, in AAVV, *Manual de Derecho Internacional Público* (org. de MAX SORENSEN), Cidade do México, 1985
– *Article 2 – Paragraphe 4*, in AAVV, *La* Charte *des Nations Unies* (dir. de JEAN-PIERRE COT e Alain Pellet), 2ª ed., Paris, 1991

VITORINO, ANTÓNIO – *Proteção constitucional e proteção internacional dos direitos do homem: concorrência ou complementaridade?*, in RFDUL, XXXIV, 1993
– *Carta dos Direitos Fundamentais da União Europeia*, Cascais, 2002

VOELCKEL, MICHEL – v. LUCCHINI, LAURENT

WALDOCK, HUMPHREY M. – *The regulation of the use of force by individual States in International Law*, in RCADI, nº 81, 1952

WALTZ, KENNETH N. – *Teoria das Relações Internacionais*, Lisboa, 2002

WALZ, GUSTAV ADOLF – *Esencia del Derecho Internacional y crítica de sus negadores*, Madrid, 1943

WATSON, ADAM – *A evolução da sociedade internacional – uma análise histórica comparativa*, Brasília, 2004

WEBER, MAX – *Economia y Sociedad*, Cidade do México, 1996

WERLE, GERHARD – *Principles of International Criminal Law*, The Hague, 2005

WILENSKY, ALFREDO HÉCTOR/JANUÁRIO, RUI – *Direito Internacional Público Contemporâneo*, Lisboa, 2003

WOOLDRIDGE, FRANK – *Contiguous zone*, in EPIL, vol. 11, North-Holland, 1989

XAVIER, ALBERTO – *Direito Tributário Internacional*, Coimbra, 1993

ZANARDI, PIER LUIGI LAMBERTI – *La legittima difesa nel Diritto Internazionale*, Milano, 1972

ZIPPELIUS, REINHOLD – *Teoria Geral do Estado*, 3ª ed., Lisboa, 1997

ZOLLER, ELISABETH – *La bonne foi en Droit International Public*, Paris, 1977

ZWEIGERT, KONRAD/KÖTZ, HEIN – *An Introduction to Comparative Law*, 2ª ed., Oxford, 1992

ÍNDICE GERAL

CAPÍTULO IV – OS TRATADOS INTERNACIONAIS EM ESPECIAL

III – OS SUJEITOS DO DIREITO INTERNACIONAL

IV – O DOMÍNIO DO DIREITO INTERNACIONAL

CAPÍTULO IX – O DOMÍNIO INTERNACIONAL EM GERAL

§ 33º AS MANIFESTAÇÕES DO DOMÍNIO INTERNACIONAL

§ 34º A DELIMITAÇÃO DO DOMÍNIO INTERNACIONAL

CAPÍTULO X – O DOMÍNIO INTERNACIONAL INDIRETO

§ 35º OS ESPAÇOS ESTADUAIS EM GERAL

§ 36º OS ESPAÇOS MARÍTIMOS EM ESPECIAL

CAPÍTULO XI – O DOMÍNIO INTERNACIONAL DIRETO

§ 37º OS ESPAÇOS INTERNACIONAIS EM GERAL